A vous de jouer les " touristes de l'air " !

Cette expression, utilisée dès 1912 dans le premier « aéro-guide », pourrait tout à fait caractériser ce qui est proposé dans cette nouvelle édition enrichie du Guide Petit Futé pour découvrir ou re-découvrir la France en avion léger de tourisme en aéro-club.

Pour ceux qui n'ont jamais pris les commandes d'un avion alors qu'ils en ont toujours rêvé, ils découvriront dans le « Carnet de vol » que [illegible] qu'on ne l'imagine. Il suffit d'assister au premier [illegible] l'intensité du plaisir de voler est immense aut[illegible] breveté sait bien que ce grand moment compt[illegible] que vous aurez décroché votre brevet de pilot[illegible] vous tendront les bras ... ou plutôt les ailes !

Pour ceux qui sont déjà pilotes, ce guide fourmille d'idées de destinations. Mais bien plus encore, ce guide plaira à votre entourage. Ici, pas de langage aéronautique abscons où les hauteurs sont en pieds, les distances en milles nautiques, les vitesses en noeuds, dans lesquels risquent de se perdre des non-initiés. Aussi ..., vous pouvez laisser traîner nonchalamment cet ouvrage dans votre salon, c'est même fortement conseillé ! Famille ou amis seront interpellés par ce restaurant incroyable à deux pas d'un aérodrome, ou cet hôtel caché entre l'aérodrome et la plage. Ce petit guide vous aidera à définir des destinations pour voler avec vos proches.

Quel plus grand bonheur que de partager sa passion avec sa famille ou ses amis ! Trop souvent nos idées de destination se trouvent être déterminées par des critères strictement aéronautiques, ce qui n'emporte pas l'adhésion spontanée de notre entourage... Grâce à ce guide, vous pourrez choisir des activités qui plairont à votre famille et à vos amis et vous n'aurez plus qu'à préparer la navigation, le Petit Futé ayant balisé pour vous la partie touristique du vol.

Avec la complicité de la FFA, et d'infoPilote, ce guide va vous donner envie à sortir du tour de piste ou du vol local pour vous lancer dans les balades aériennes de plus en plus longues. Vous ne trouverez pas ici de conseils techniques, ce n'est pas le rôle d'un Guide Petit Futé : cela reste celui de votre documentation aéronautique réglementaire actualisée au jour du vol.

La FFA souhaite que ce guide vous aide à « voler touristique » et vous permette de partager votre passion.

Bon vols au-dessus de notre beau pays !

Jean-Michel OZOUX
Président de la Fédération Française Aéronautique

Sommaire

Carnet de vol

20 balades en France

EDITION
Directeurs de collection et auteurs : Dominique AUZIAS et Jean-Paul LABOURDETTE
Auteurs : Valérie PRATDESSUS, Emily CANTON, Jean-Paul LABOURDETTE, Dominique AUZIAS et alter
Directeur Editorial : Stéphan SZEREMETA
Rédaction France : François TOURNIE, Jeff BUCHE, Grégoire DECONIHOUT, Perrine GALAZKA
Rédaction Monde : Patrick MARINGE, Caroline MICHELOT, Morgane VESLIN, Julien BERNARD, Pierre-Yves SOUCHET

FABRICATION
Responsable Studio : Sophie LECHERTIER assistée de Romain AUDREN
Maquette et Montage : Julie BORDES, Élodie CLAVIER, Sandrine MECKING, Delphine PAGANO, Laurie PILLOIS
Iconographie et Cartographie : Robin BEDDAR

WEB ET NUMERIQUE
Directeur technique : Lionel CAZAUMAYOU
Chef de projet et développeurs : Jean-Marc REYMUND assisté de Florian FAZER, Anthony GUYOT, Cédric MAILLOUX, Christophe PERREAU

DIRECTION COMMERCIALE
Directeur commercial et web : Olivier AZPIROZ
Responsable Régies locales : Michel GRANSEIGNE
Adjoint : Victor CORREIA
Relation Clientèle : Nathalie GONCALVES et Vimla MEETTOO

REGIE NATIONALE
Responsable Régie Nationale : Aurélien MILTENBERGER assisté de Sandra RUFFIEUX
Chefs de Publicité : Caroline AUBRY, Perrine DE CARNE MARCEIN, Caroline GENTELET, Sacha GOURAND, Alexandra GUILLAUME, Stéphanie MORRIS, Caroline PREAU, Virginie SMADJA

REGIE INTERNATIONALE
Directrice : Karine VIROT assistée de Elise CADIOU
Chefs de Publicité : Romain COLLYER, Camille ESMIEU, Guillaume LABOUREUR

DIFFUSION ET PROMOTION
Directeur des Ventes : Bénédicte MOULET assistée d'Aissatou DIOP et Alicia FILANKEMBO
Responsable des ventes : Jean-Pierre GHEZ
Relations Presse-Partenariats : Jean-Mary MARCHAL

ADMINISTRATION
Président : Jean-Paul LABOURDETTE
Directeur Administratif et Financier : Gérard BRODIN
Directrice des Ressources Humaines : Dina BOURDEAU assistée de Léa BENARD, Sandra MORAIS
Responsable informatique : Pascal LE GOFF
Responsable Comptabilité : Nicolas FESQUET assisté de Jeannine DEMIRDJIAN, Oumy DIOUF, Christelle MANEBARD
Recouvrement : Fabien BONNAN assisté de Sandra BRIJLALL
Standard : Jehanne AOUMEUR

■ PETIT FUTE FRANCE EN AVION 2014 ■
Petit Futé a été fondé par Dominique AUZIAS.
Il est édité par Les Nouvelles Editions de l'Université
18, rue des Volontaires - 75015 Paris.
✆ 01 53 69 70 00 - Fax 01 42 73 15 24
Internet : www.petitfute.com
SAS au capital de 1 000 000 € - RC PARIS B 309 769 966
Couverture : © OSCAR LABORDA
Impression : GROUPE CORLET IMPRIMEUR - 14110 Condé-sur-Noireau
Dépôt légal : Avril 2014
ISBN : 9782746971097

Pour nous contacter par email, indiquez le nom de famille en minuscule suivi de @petitfute.com
Pour le courrier des lecteurs : info@petitfute.com

PEFC
10-31-1510
Certifié PEFC
Ce produit est issu de forêts gérées durablement et de sources contrôlées.
pefc-france.org

Légende des pictos

G Gastronomie	N Sites naturels
H Histoire	A Culture et Art
F Famille	S Sport

Autres aérodromes et aéro-clubs en France

Carnet de vol

Passer son brevet

Voler

Monter à bord d'un avion de loisir, s'envoler, voler, piloter, survoler des sites inoubliables, découvrir la France comme vous ne l'avez jamais vue, vous enivrez du sentiment de liberté inégalable qui vous submerge de là-haut, au-dessus de tout, au-dessus du monde, spectateur privilégié de la terre et de ses merveilles... aventurier d'un jour ou passionné d'une vie... Touriste ou voyageur pressé... qui de nous n'a jamais rêvé de voler ? C'est ce rêve que le Petit Futé, avec la complicité de la Fédération Française Aéronautique, se propose de vous aider à réaliser ! Alors vous qui rêviez d'une balade aérienne, vous qui osiez à peine avouer votre envie de devenir pilote, vous qui pilotez déjà et souhaitiez faire découvrir à vos proches des destinations fabuleuses et insolites, vous ne rêvez plus : voici pour vous les clés de votre rêve, réunies en un guide... Bien sûr les clés de 30 des plus belles balades aériennes que vous pourrez faire aux 4 coins du ciel de France, les clés pour vous restaurer, vous loger, vous distraire et vous véhiculer à votre atterrissage... Mais aussi et en préambule, retrouvez quelques clés élémentaires et indispensables pour vous familiariser avec l'aviation de loisir dans votre carnet de vol !

Pourquoi passer son brevet ?

Et pourquoi pas ? Là est la vraie question. Impossible, direz-vous ? Vous voilà donc accroché à ces préjugés tenaces qui rendent aux yeux du plus grand nombre l'accès au brevet de pilote inabordable et inenvisageable à bien des égards. Pourtant, les choses ont bien évolué avec le temps et le brevet de pilote est aujourd'hui plus accessible qu'il n'y paraît ! Voici donc, avant de voir comment passer son brevet de pilote, quels sont les grands avantages de devenir pilote d'avion de loisirs. Des avantages qui pourraient bien finir par vous convaincre !

Avantages

A quoi vous servirait le brevet de pilote ? A quoi bon prendre les commandes ?

- Indéniablement à faire pâlir de jalousie vos amis ! Ou plutôt à les épater... ou leur donner à eux aussi l'envie de franchir le pas ?
- Connaître et savourer à chaque vol le bonheur de réaliser le rêve de vos pairs.
- Gagner du temps dans vos déplacements : 250 km/h, sans les contraintes de la route (restrictions de vitesse, circulation pénible...) c'est tentant, non ?
- Profiter du sentiment incomparable de liberté et de grandeur, ressenti aux commandes d'un bel et somptueux engin volant.
- Concentré mais « zéro stress » aux commandes ! Finis embouteillages, circulation épuisante et stress au volant !
- Se faire plaisir, piloter pour le plaisir, en faire un loisir.
- Et en faire un sport ? Pourquoi pas ! Rallyes, pilotage de précision, voltige, il y a le choix !
- En faire son métier ? Et pourquoi pas !
- Découvrir la géographie française et européenne vue du ciel.
- Faire du tourisme en dehors des sentiers battus !

Voilà de quoi vous « donner des ailes » pour entreprendre la formation !

Un rêve plus accessible qu'il n'y paraît

Aussi incroyable que cela puisse paraître, passer son brevet de pilote est bel et bien un rêve plus accessible qu'il n'y paraît ! Vous êtes sceptique ? Normal, les préjugés sont assez tenaces ! Voilà pourquoi le Petit Futé a décidé, pour vous, de briser certains a priori.

Mais au fait, qu'entend-on par « aviation de loisir » ?

Au travers du terme « aviation de loisir », autrement appelée « aviation légère », on désigne tous les appareils et engins volant (les « aéronefs ») utilisés en tant que loisir, activité sportive ou pour faire du tourisme. Parmi eux : l'ULM, l'hélico léger, le ballon et le dirigeable, les modèles réduits, le planeur, les appareils de voltige aérienne, le parapente, le delta plane et celui à bord duquel le Petit Futé vous propose ici 30 balades en France : l'avion de tourisme.

Et l'avion de loisir, comment est-il ?

L'avion de loisir, autrement nommé « avion de tourisme » est un petit avion (ou plutôt un beau petit bijou) capable d'accueillir à son bord de 2 à 5 personnes. Variant par la taille et la puissance, deux types d'avions de loisir existent : le monomoteur et le bimoteur, qui, comme leurs noms l'indiquent d'ailleurs très bien, sont respectivement équipés de 1 ou de 2 moteurs. La plupart des avions de loisir (plus de 90% du parc aéronautique français) sont des monomoteurs.

Idée reçue n° 1

« C'est très cher... hors de prix... inabordable... », OK le coût final de formation n'est pas comme qui dirait « donné donné » (comptez pour un brevet de base entre 2 000 et 3 000 € et pour un brevet de pilote privé entre 5 000 et 7 000 €), mais l'avantage, c'est que l'on peut étaler les dépenses dans le temps. Le but de la formation étant d'acquérir de l'expérience et de cumuler un certain nombre d'heures de vol, libre à chacun de répartir ces heures comme bon lui semble, de sorte à espacer les frais occasionnés par chacune d'entre elles ! Et là-dessus, c'est moins cher qu'on ne pourrait l'imaginer : comptez seulement 75 € à 135 € l'heure de vol en fonction du type d'appareil ! La suite des dépenses de votre nouveau loisir, une fois le brevet acquis ? Somme toute assez comparable à beaucoup d'autres loisirs ! A raison de 12 heures de vol dans l'année (c'est le minimum requis pour maintenir votre brevet valide), vous tombez dans une dépense annuelle variant de 900 € à 1 400 €, auxquels s'ajoutent quelques frais divers comme la licence F.F.A. et la cotisation à votre aéro-club !
Sachez qu'en passant votre brevet en France, vous serez en quelque sorte un privilégié. Pourquoi ? Tout simplement parce que nos voisins européens pratiquent des prix bien plus élevés ! Un plus non négligeable, une facilité donnée aux Français, grâce à la spécificité de nos associations et de leurs bénévoles, pour leur permettre de prétendre financièrement au brevet de pilote ! Pas mal, non ? Et ce privilège, ce petit coup de pouce, cette French Touch... c'est en partie à nos pilotes instructeurs français qu'on la doit ! Eh oui, pour preuve que la passion française de l'avion de loisir se partage bien volontiers : 90 % d'entre eux dispensent leur enseignement à titre totalement bénévole, sans rémunération aucune ! Précisons que cette spécificité française ne repose néanmoins pas que sur le bénévolat des instructeurs, même s'il en est un des rouages essentiels, et que c'est la structure associative des aéro-clubs qui rend l'aviation accessible ! En effet, au sein des aéro-clubs, instructeurs, dirigeants et certains techniciens sont bénévoles. De sorte que seuls le matériel, les avions, les hangars et leur entretien ont un coût. Du bénévolat de qualité que celui des bénévoles des aéro-clubs qui sont de vrais pros, répondant à l'obligation qui est la leur de respecter des normes officielles pour la formation des pilotes et l'entretien des avions. Ne vous étonnez donc pas de voir très souvent des pros tels que des pilotes de lignes, venir transmettre bénévolement, au sein d'un aéro-club, leur passion du pilotage !
Sachez aussi que pour les moins de 21 ans, c'est cadeau ! Enfin presque : la formation peut leur revenir très peu chère, grâce à des bourses qu'ils peuvent solliciter ! Versées suivant et au fil de leur progression, ces bourses accumulées peuvent atteindre un total de 2 175 € ! Un bel apport capable de couvrir une grande partie des frais de formation au brevet de base ! Vous trouverez toutes les informations nécessaires sur le site www.ff-aero.fr, rubrique Apprendre/aides aux jeunes pilotes.
Idée reçue n° 1 brisée ! Passer son brevet de pilote peut être financièrement accessible ! Reste à faire quelques économies, arrêter de fumer ou... suggérer l'idée cadeau à vos proches !

Idée reçue n° 2

« Pas besoin d'être une tête pour apprendre à voler et garder la tête dans les étoiles ! » Compliquée la formation ? Pointue au point d'exiger de vous d'avoir la bosse des maths, le génie scientifique ? Point du tout ! Certes il va vous falloir plancher sur quelques savoirs, mais rien d'inaccessible ! Pas besoin d'être une tête pour décrocher le brevet de pilote ! Pas nécessaire non plus d'avoir fait des études scientifiques ! Pour preuve : nombreux heureux possesseurs du brevet de pilote en France ont un profil plutôt littéraire ! Inutile d'avoir d'infinis bagages scientifiques, ni d'infinis bagages en général pour pouvoir prétendre à la formation. Et non, vous l'aurez compris : pas besoin d'être une tête pour devenir pilote, sinon garder la tête dans les étoiles et rester suffisamment accroché à ses rêves pour avoir la volonté et se donner les moyens de les réaliser ! Pour ce qui est de l'âge, beaucoup débutent leur formation en tant que nouveaux « jeunes retraités » et deviennent d'excellents pilotes. Pour preuve aussi : la partie théorique est accessible dès 15 ans, c'est à dire pour un niveau de fin de collège, début de lycée !
Idée reçue n° 2 brisée ! Pas besoin d'être une tête pour apprendre à voler et garder la tête dans les étoiles !

Idée reçue n° 3

« Impossible de devenir pilote sans une vue parfaite : 10/10 à chaque œil : sinon rien ! » Si vous croyez cela, il faut d'urgence que le Petit Futé vous aide à recouvrer la vue ! Ouvrez les yeux : cette condition n'est absolument pas requise pour prétendre au brevet de pilotage ! D'accord, le bon sens exige que votre vue soit bonne, mais cela n'exclut en rien les porteurs de lentilles et autres lunettes ! Toute vue corrigée est recevable... Enfin nuançons cela tout de même : vous devez au moins avoir 1/10e à chacun de vos yeux lorsqu'ils ne sont pas corrigés et 7/10e au moins lorsqu'ils sont corrigés. Autre précision : il faut que la correction apportée à chacun de vos yeux soit inférieure ou égale à 5 dioptries (c'est-à-dire que les corrections maximales acceptées sont + 5 dioptries et – 5 dioptries). On retrouve ces exigences de bonne vue (même corrigée) dans l'examen médical régulier qui est demandé aux pilotes : vue, ouïe, système cardiovasculaire sont passés en revue... Un contrôle régulier et obligatoire plutôt rassurant et légitime qui permet de vérifier que tout pilote ne risque et ne fasse pas risquer sa vie aux autres en vol ! Du bon sens ! Etat de santé général bon et « standard », bonne vue quitte à ce qu'elle soit corrigée... Il ne s'agit là que d'un minimum qu'il est tout à fait légitime d'exiger des pilotes ! Un minimum finalement pas si contraignant que cela, non ? Et le 10/10 à chaque œil, on en fait quoi ? Eh bien on l'oublie ! Et on réalise qu'entrer dans le cadre des prérequis du brevet de pilote, même côté santé, c'est plutôt très possible pour un très grand nombre d'entre nous ! Et là, on est très rassurés ! Idée reçue n° 3 brisée ! Se dire que pour devenir pilote il faut avoir 10/10 à chaque œil, c'est se mettre le doigt dans l'œil !

Quel brevet ?

La question vous étonne ? Vous pensiez qu'il n'existait qu'un seul brevet de pilotage ? Eh bien non ! Preuve que tout est bien pensé pour ouvrir l'aviation de loisir à chacun d'entre nous, vous avez le choix entre différents brevets, selon vos envies, vos ambitions, votre budget, votre âge... Et là encore, il n'y a guère qu'en France que vous pourrez ainsi apprendre à piloter « à la carte » !

Le Brevet de Base

Le Brevet de Base, autrement appelé le « B.B. », est la formule la plus simple, la moins coûteuse et la plus rapide pour devenir pilote. Attention, ces facilités engendrent naturellement quelques petites restrictions : après l'obtention de ce brevet, vous ne pourrez voler seul (c'est-à-dire sans instructeur et sans passager) que dans un rayon de 30 km aux alentours de l'aérodrome d'où vous aurez décollé. Mais c'est déjà ça ! D'autant que le « B.B. » est tout de même beaucoup plus accessible que les autres : d'abord, il est accessible dès l'âge de 15 ans ; ensuite, outre sa partie théorique qui est identique à celle de l'autre brevet, sa partie pratique est largement édulcorée avec un minimum imposé de seulement 6 heures de vol en compagnie d'un instructeur, 4 heures de vol en solo et 20 atterrissages ! Le Brevet de Base a ceci de particulier qu'il est tout à la fois facile d'accès et assez facile à obtenir tout en faisant de vous un pilote à part entière (même s'il ne vous permettra pas de faire, seul aux commandes, un long trajet)... Et puis ajoutons que le Brevet de Base porte bien son nom, car il est une bonne entrée dans votre vie de pilote : avec lui, un pilote en vous va naître et grâce à lui, vous pourrez acquérir toutes les bases pour amorcer sereinement et fort de votre expérience le brevet « suivant » : le « P.P.L. ».

Attention, le Brevet de Base va définitivement disparaître le 8 avril 2015. Toute BB en cours de validité peut être converti en licence LAPL (Light Aircraft Pilot Licence) restreint c'est-à-dire avec les limitations du Brevet de base (vol local, espaces aériens non contrôlés, et sans emport de passager). Pour convertir votre BB en LAPL avant le 8 avril 2015, il vous suffit de vous rendre dans un bureau des licences pour procéder à l'échange. Ensuite, pour les personnes qui seront détentrice de ce LAPL restreint, une passerelle sera proposée vers le LAPL.

LAPL : Light Aircraft Pilot Licence, la Licence de pilote de loisir

La formation doit s'effectuer dans un aéro-club ATO (Approved Training Organisation). Pour l'instant tous les aéro-clubs ne sont pas ATO mais ils le seront à partir du 8 avril 2015. Le LAPL permet de voler en VFR dans tout l'espace économique européen, y compris en Suisse, sur un avion monomoteur de masse maximum inférieure à deux tonnes.

« V.F.R. » et « I.F.R. »

Pour tous ceux qui comprennent à peine la question, voici l'explication de ces 2 termes « V.F.R. » et « I.F.R. ». Il existe 2 manières de piloter un avion : avec ou sans visibilité. Il faut bien comprendre que piloter est plus ou moins compliqué selon les conditions météorologiques, selon s'il fait jour ou s'il fait nuit... et qu'il va de soi que tout brevet de pilotage ne peut pas donner droit de piloter dans des conditions difficiles ! La plupart des brevets ne donnent aux pilotes que le droit de piloter de jour et dans de bonnes conditions météo (temps suffisamment dégagé et beau pour que le ciel laisse au pilote une bonne visibilité). C'est le cas du brevet de base (le B.B.) et du P.P.L. (Licence de Pilote Privé). Vous qui débutez ou allez débuter une formation de pilote quelle qu'elle soit, vous êtes donc en passe de devenir un « pilote V.F.R. », c'est-à-dire un pilote ayant la capacité de voler à vue, de voler en évitant les obstacles qu'il voit à l'œil nu, de voler « avec une complète visibilité »... D'où le terme « V.F.R. », qui signifie *Visual Flight Rules* (règles de vol à vue). Seuls les pilotes ayant validé avec succès leur « brevet de pro » (l'I.F.R. ou I.R. mais attention, cela ne signifie pas qu'il faille être pilote I.F.R. pour devenir pro ! On peut devenir pro sans être pour autant pilote I.F.R !) sont en mesure de voler sans visibilité (par mauvais temps, par temps très couvert, très nuageux...) et de nuit (s'ils sont qualifiés pour le vol de nuit), car ils sont les seuls capables de piloter sans aucune visibilité, dans le noir total en quelque sorte. On appelle cette manière très pointue de piloter (sans visibilité et seulement à partir des cadrans du tableau de bord de l'appareil : les instruments de pilotage) le « pilotage aux instruments » : d'où le terme I.F.R. qui signifie *Instrument Flight Rules* (pilotage aux instruments).

« renouez avec le plaisir »
SUBARU BRZ

Campagnes TV
SFR
numericable
free
CANALSAT
Bouygues Telecom
orange
GARDONS LES PIEDS SUR TERRE
facebook.com/campagnestv
© gedeon.com

Vous pourrez emporter trois passagers maximum après une expérience de 10 heures de vol après l'obtention de la licence. La formation demande 30 heures de vol minimum dont 15 heures en double commande et 6 heures en solo. Il faudra passer une épreuve théorique dont le contenu est quasiment identique à l'examen théorique pour le PPL. Il faudra également une aptitude médicale. Selon votre âge, il faudra passer une visite médicale tous les 5 ans avant 40 ans et tous les 2 ans après 40 ans.

le P.P.L.

Le « P.P.L. », littéralement « Privat Pilot Licence » (traduction pour les non-anglophones : « Licence de pilote privé »), est LE brevet de pilotage. Reconnu par tous, ce brevet est européen. Contrairement au « B.B. », il vous permettra de voler partout (enfin bien entendu là où c'est autorisé), sans limite kilométrique aux alentours de l'aérodrome d'où vous décollerez.

Seule restriction (mais c'est une question de bon sens) : vous ne serez autorisé à voler que de jour et si et seulement si les conditions météo sont clémentes (c'est-à-dire si le ciel n'est pas trop encombré, vous laissant complète visibilité). Ouvert aux jeunes dès l'âge de 17 ans, le « P.P.L. » se présente comme suit : une partie théorique (la même que pour le « B.B. ») à valider en répondant à un Q.C.M., et une partie pratique à valider en vol et aux commandes, aux côtés d'un examinateur, c'est-à-dire en passant un « vol-examen ». Pour préparer cette épreuve pratique, il est demandé de faire au minimum et au préalable 45 heures de vol sous la responsabilité ou en compagnie d'un instructeur (parmi lesquelles 25 au moins devront être faites en double commande) et 10 heures de vol en solo (un solo pas vraiment solo puisque néanmoins supervisé). Enfin côté délai, comptez entre 6 mois et 1 an, suivant votre disponibilité, pour valider complètement le P.P.L.

Le Brevet d'Initiation Aéronautique

Les jeunes ont leur brevet théorique bien à eux, excellente préparation au Brevet de Base. Le Brevet d'Initiation Aéronautique (le B.I.A.) s'adresse aux scolaires, c'est-à-dire aux jeunes de 13 ans et plus, amenés à découvrir l'aviation de loisir et à s'initier au pilotage avec leur classe, grâce à une convention signée entre leur établissement scolaire et un aéro-club. Explication : tout établissement scolaire peut, en partenariat avec un aéro-club, faire découvrir l'aviation de loisir à l'une ou plusieurs de ses classes et permettre à ses élèves de passer leur tout premier brevet aéronautique. Comment ? C'est simple : la partie théorique du brevet est enseignée en classe (elle comprend notamment des notions de navigation, de météorologie et un peu d'histoire de l'aviation) et la partie pratique (constituée de 2 à 3 vols de 30 à 40 minutes chacun) est faite avec l'aéro-club. Un vrai diplôme, délivré (s'il vous plait !) par le ministère de l'Ecologie, de l'Energie, du Développement durable et de la Mer, en charge des Transports, et par l'Education Nationale ! Un vrai coup de pouce pour les jeunes ce brevet ! Un sacré coup de pouce même, qui suscite plus de vocations chaque année qu'on ne pourrait le croire ! Pas moins d'un tiers des élèves passant le B.I.A. passent ensuite le B.B ! Etonnant, non ? Pas tant que ça, quand on sait (et ça les jeunes, il faut que vous le sachiez) que tout titulaire du B.I.A. a de grandes chances de décrocher des bourses ! En somme le B.I.A., plus qu'un coup de pouce, c'est carrément la porte ouverte au Brevet de Base à moindre coût !

L'I.F.R.

Après le P.P.L. et beaucoup d'heures de vol, les pilotes chevronnés peuvent prétendre à L'I.F.R. (littéralement « Instrument Flight Rules ») ou I.R. (littéralement « Instrument Rated », pour les non-anglophones : vol aux instruments), auquel, répétons-le, seuls les pilotes déjà bien chevronnés peuvent prétendre pour aller encore plus loin. Attention, par « aller encore plus loin », il faut comprendre plusieurs choses : « aller plus loin dans la difficulté », tant ce brevet est pointu (en théorie comme en pratique), ardu et difficile à valider et « aller plus loin dans les possibilités de vol » du fait que ce brevet ouvre au pilote la liberté de voler de nuit et par mauvais temps (ce qu'aucun autre brevet ne permet). En général, ceux qui se lancent dans l'IFR projettent de devenir pilote de ligne. Néanmoins, depuis fin juin 2011, un nouvel IFR a vu le jour en France, beaucoup plus adapté aux pilotes privés et à leurs machines. Le fond est toujours le même mais il n'est plus besoin de savoir combien il faut d'extincteurs dans un avion de 200 places, quand vous ne piloterez jamais qu'un appareil de 4 places !

Autres qualifications

Enfin, d'autres qualifications existent, plus spécifiques :

- Le vol de nuit, pour s'élancer dans l'obscurité, la tête dans les étoiles... même si la connotation d'être pour un temps rêveur s'arrête à l'idée que l'on peut s'en faire et au but que l'on peut se donner, car piloter de nuit requiert toute l'attention du pilote, absolument toute, ne pouvant se fier, pour se diriger, qu'aux seules indications que lui donne les différents instruments de son tableau de bord... Une prouesse de concentration qui garantit au pilote plus que le plaisir de s'évader dans la nuit et de s'approcher des étoiles, la fierté d'être capable d'une telle prouesse de pilotage et celle de faire corps avec son avion pour s'orienter dans l'immensité du ciel de nuit qui invite piétons et passagers de l'avion au rêve !
- La qualification bimoteur, pour pouvoir prendre les commandes d'un avion bimoteur.
- Le vol montagne, pour s'offrir l'époustouflant bonheur de piloter en survolant des sites d'exception : parce les sites de montagne restent des sites majestueux et fantastiques ! Sans compter que cette qualification donne aussi la possibilité au pilote de se poser à des endroits aussi improbables que magiques, comme au sommet d'un glacier enneigé !
- La qualification voltige, pour les amateurs de sensations fortes, désireux de faire du pilotage un loisir, voire un sport de compétition !
- La qualification hydravion, pour voguer dans les airs et sur les eaux !

Comment passer son brevet ?

Pour passer un brevet de pilotage, rien de plus simple : vous devez prendre la direction de l'aéro-club le plus proche de chez vous ! Reste à le trouver. Afin de vous faciliter les choses, nous vous proposons une liste d'aéro-clubs dans ce guide. A vous maintenant de choisir celui qui vous conviendra le mieux !

Première étape : trouver un aéro-club

Retrouvez les coordonnées des aéro-clubs de votre région à la rubrique « Autres aéro-clubs de France » ou dans la balade aérienne la plus proche de chez vous (à la rubrique « Aérodromes et aéro-clubs »). Pour connaître l'aéro-club le plus proche de chez vous, il vous suffit de vous adresser à la F.F.A. (Fédération Française Aéronautique), soit par téléphone, soit en pianotant sur votre ordinateur l'adresse du site très complet de la fédération : www.ff-aero.fr rubrique Aéro-clubs/carte des aéro-clubs, pour situer les aéro-clubs sur la carte de France.

Deuxième étape : se rendre à l'aéro-club de votre choix

Attention, les aéro-clubs étant tenus par des personnes volontaires et bénévoles, il se peut qu'il n'y ait pas tous les jours quelqu'un de présent pour vous y accueillir ! Veillez à les contacter au préalable, ne serait-ce que pour connaître les horaires de permanence à l'accueil du club. Une fois reçu, vous serez renseigné au mieux. Dans un premier temps vous pourrez réaliser un vol d'initiation de 20 minutes avec un instructeur qui vous fera tenir les commandes ! Dès que vous serez décidé à franchir le pas... à vous élancer dans les airs vers l'obtention d'un brevet... vous serez encadré dans vos démarches et le suivi de votre formation. Tous les aéro-clubs affiliés à la FFA sont agréés par la Direction Générale de l'Aviation Civile pour former des pilotes privés.

Troisième étape : la formation

Une fois ce pas franchi, vous aborderez la formation sous ses 2 angles : théorique et pratique. Eh oui, passer un brevet de pilotage, quel qu'il soit, implique de plancher sur une partie théorique et à vous entraîner en pratique à piloter. Mais n'ayez crainte, tout est plaisir ! Il suffit d'être motivé, curieux et passionné d'aviation pour qu'apprendre devienne plaisir et dérouler la formation de pilote soit facile.

La théorie

La théorie (en dehors de celle du brevet des « champions » : l'I.F.R. ou I.R.) est relativement simple et rassemble tout ce que vous aurez besoin de savoir en vol :

- Le vocabulaire spécifique propre à l'aviation, les termes employés en vol.
- Quelques notions de météorologie (pour mieux connaître les nuages et les vents... Que des choses utiles en pratique...).
- Quelques notions de relief (pour bien appréhender les zones que vous allez survoler : il est évident qu'une zone montagneuse ne se survole pas de la même manière qu'une zone de plaines).
- Les signalisations, la règlementation, la législation... Que des notions finalement très proche du code de la route, mais en trois dimensions ! Parce que d'une certaine façon, le ciel est fait de routes lui aussi, de routes où il faut respecter les règles pour que la circulation ou plutôt les vols, le trafic se fassent dans les meilleures conditions de sécurité.
- Quelques notions de santé (pour mieux connaître son corps en altitude et adopter les bonnes réactions en cas de problème en vol).
- Un peu de mécanique (pour mieux connaître l'engin qui va vous conduire dans les airs).
- Apprendre à lire une carte et ses coordonnées géographiques.
- Apprendre à lire et à suivre les instruments de pilotage (c'est-à-dire le tableau de bord de l'avion et tous ses cadrans).
- Apprendre à utiliser un équipement de radiocommunication.
- Savoir quelle réaction adopter en cas de problème, de panne...

Que des choses essentielles et riches d'enseignement pour tous les amoureux et toutes les amoureuses de l'avion de loisir. Inutile de dire que la partie pratique sera un cocktail de frissons, d'émotions... et que lorsque vous prendrez les commandes, pour la première fois et toutes celles qui suivront, vous serez empli d'un sentiment de fierté, de liberté et de plénitude dont vous ne pourrez plus vous passer ! Apprendre à piloter, c'est une séance de dépassement de soi et d'épanouissement, pendant laquelle on apprend beaucoup sur soi-même !

La pratique

Pour la pratique, un certain nombre d'heures de vol sont exigées (pas le même nombre d'heures selon le brevet auquel vous allez prétendre). Voici listé le nombre d'heures de vol minimum que vous devrez effectuer selon le brevet que vous souhaitez passer et en fonction de votre progression personnelle :

- Brevet de base (B.B.) : 6 heures de vol avec un instructeur, 4 heures en solo et 20 atterrissages.

Bienvenue à bord de la Fédération Française Aéronautique !

La FFA c'est :

600 aéro-clubs - 41 000 pilotes - 2 200 instructeurs
2 500 avions - 600 000 heures de vol par an.

FFA
Fédération Française Aéronautique

Depuis 1929, La FFA s'engage à :

- Promouvoir et développer l'aviation légère,
- Conseiller les aéro-clubs,
- Défendre les aérodromes et la liberté de voler,
- Assurer la formation des pilotes au sein des aéro-clubs,
- Sensibiliser les plus jeunes à l'aéronautique et les aider à accéder au pilotage,
- Être l'interlocuteur des autorités pour la mise en œuvre de la réglementation et la défense des intérêts des pilotes privés,
- Organiser les épreuves sportives aéronautiques en France.

Aux commandes

Le Président de la FFA est élu tous les quatre ans par l'Assemblée Générale des aéro-clubs. Pour «piloter» la FFA, le Président s'entoure de six copilotes qui structurent et mettent en œuvre une politique d'action, c'est le Bureau Directeur. Les dirigeants de la FFA sont tous bénévoles, comme le sont les dirigeants d'aéro-clubs. Enfin, le Comité Directeur, composé de 24 personnes, se réunit tous les trimestres pour décider des grandes orientations à donner aux différentes politiques menées.

Les commissions

Elles sont très souvent en première ligne dans les réunions avec la Direction Générale de l'Aviation Civile (DGAC) ou l'Agence Européenne de Sécurité Aérienne (EASA) pour défendre et promouvoir notre activité. Voici leur répartition :

- Aéro-club et Développement
- Défense des terrains-sûreté-environnement
- Espace aérien-Réglementation
- Europe
- Formation
- Matériel
- Médical-Antidopage
- Recrutement et jeunes
- Sécurité
- Sport

En plus des Commissions, huit chargés de mission rendent compte au Président : Relations avec les Armées, CCRAGALS, EPFU, International, Météo et SIA, Outre Mer, Tour Aérien des Jeunes Pilotes, Vol Adapté.

Les Comité Régionaux Aéronautiques (CRA)

La Fédération est décentralisée en 25 Comités Régionaux Aéronautiques (CRA) qui constituent autant de relais actifs pour informer et conseiller. Les CRA regroupent les Comités Départementaux Aéronautiques.

La tour de contrôle FFA

Le 155 avenue de Wagram à Paris est la plaque tournante de la vie aéronautique fédérale. Une équipe de salariés soutient efficacement le travail des dirigeants d'aéro-clubs et des élus. Au cours de votre trajectoire aéronautique, vous aurez sans doute l'occasion de contacter cette « Tour de Contrôle « pour obtenir des informations sur l'aviation légère, les formalités d'inscription aux compétitions, les conditions d'attribution pour les aides aux « jeunes », etc. Vous y serez toujours les bienvenus !

Conseil National des Fédérations Aéronautiques et Sportives (le CNFAS)

Depuis 2006, la FFA participe au CNFAS qui regroupe les 9 fédérations aéronautiques correspondantes aux différentes disciplines du secteur, et 150 000 pratiquants, selon l'adage « l'union fait la force ».

Une reconnaissance institutionnelle

La FFA fait partie intégrante du paysage aéronautique français. Juridiquement, elle est une association de type loi 1901, reconnue d'utilité publique depuis 1933, Membre du Comité National Olympique Sportif Français, Membre de la Fédération Aéronautique Internationale (FAI). Agréée par :

- le Ministère de l'Ecologie, de l'Energie, du Développement Durable et de l'Aménagement du Territoire
- le Ministère des sports.

FFA • 155 avenue de Wagram • 75017 PARIS
Tél. 01 44 29 92 00 • Fax 01 44 29 92 01
contact@ff-aero.fr • www.ff-aero.fr

Jeunesse déploie tes ailes ! Les aides FFA pour les jeunes

Vous avez moins de 21 ans et apprendre à piloter vous fait rêver?
Suivez toutes les étapes d'Objectif Pilote pour obtenir jusqu'à 2 175 € d'aides FFA !

La FFA a lancé le programme « Objectif Pilote ». Sa philosophie repose sur un contrat entre le jeune pilote et son aéro-club : à la réalisation de l'objectif choisi (premier vol solo ou « lâcher », brevet de base, licence de pilote privé, qualification « voltige » ou « vol montagne »), le licencié reçoit une bourse et peut poursuivre ainsi son parcours et obtenir jusqu'à 2 175 €.

Les Bourses Objectif Pilotes

Lâcher	: 335 €
Brevet de base	: 335 €
Brevet de base avec BIA	: 500 €
PPL	: 670 €
Qualification voltige 1er cycle	: 335 €
Qualification Montagne	: 335 €

Ces aides sont le résultat concret d'une politique « Jeunes » ambitieuse, cohérente et suivie. Chaque licencié contribue à hauteur de 8 € environ au financement de cette opération sans équivalent dans les autres fédérations. L'Etat contribue pour un peu moins du tiers du budget total de l'opération.

Le Brevet d'Initiation Aéronautique (BIA)

Cette action permet d'intéresser chaque année près de 4 000 jeunes de 13 ans et plus à nos activités par le biais d'une formation diplômante reconnue par l'Education Nationale et réalisée en aéro-club. Un tiers des brevetés de base sont titulaires du BIA.

Objectif BIA

Il s'agit d'un Programme de « fidélisation ». Parallèlement à une inscription au BIA, la FFA propose un programme simple d'accompagnement à la réussite du BIA avec des bénéfices immédiats et à terme (Tuteur, relation privilégiée FFA, ...). En cas d'obtention du BIA, une licence-Assurance FFA de l'année et un abonnement semestriel à Info Pilote sont offerts : en s'inscrivant pour une saison, licence et abonnement sont donnés pour deux saisons.

Construction d'avions en milieu scolaire

La construction d'avions est un axe non négligeable d'action en direction des établissements d'enseignement, notamment pour faire voler les jeunes à moindre coût. Le principe : un établissement (public ou privé) d'enseignement supérieur, un lycée ou un collège construit un avion avec ses élèves, qui peuvent préparer le BIA parallèlement.

Pour obtenir ces bourses, votre point de contact est l'aéro-club !

ne3155c

Les assurances pour les pilotes et les instructeurs d'aéro-clubs

La FFA a négocié pour vous une palette de contrats vous permettant, que vous soyez pilote débutant, confirmé ou instructeur, d'exercer sereinement votre activité et d'être bien couvert. En effet, l'une des missions fondamentales de la FFA est la protection de ses licenciés. Cette couverture assurance comprend :

- **L'assurance individuelle accidents et l'assistance de base**, et plus encore en fonction des options choisies lors de la prise de licence permettant d'optimiser votre couverture assurance.
- **La protection juridique du licencié** en contactant le service juridique fédéral.
- **Le pack assurance instructeurs (comprenant une garantie en responsabilité civile et une individuelle accidents personnels)**, le plus complet sur le marché.
- **L'assistance en cas d'interruption du vol.** Si vous avez souscrit l'assurance de base, n'engagez aucune dépense sans accord préalable de l'assisteur mentionné au dos de la carte fédérale. Pour cela, appelez le **01 48 82 62 97**, même le week-end !

Le Mémo du pilote VFR

Pour vous aider à ne rien oublier dans la préparation d'un vol, la commission Sécurité de la FFA a réalisé le Mémo du pilote VFR. Ce guide vous apporte sous forme synthétique les informations principales utiles avant, pendant et immédiatement après le vol en VFR de jour en France.

Le Retour d'Expérience (REX) de la FFA

Le REX a pour objet de recueillir des témoignages rapportés volontairement par les usagers en décrivant des situations et des événements liés à l'utilisation d'un aéronef. Ainsi, le REX en détectant les faiblesses et les défaillances contribue à améliorer la sécurité des vols. S'il vous arrive un incident, remplissez une fiche REX directement sur le site **www.ff-aero.fr** rubrique Guide du pilote / Sécurité-Rex.

Le Tour Aérien des Jeunes Pilotes :

une fois tous les deux ans en alternance avec le Top Fly-in, 45 pilotes de 18 à 24 ans affinent leur pilotage au fil d'épreuves techniques au cours de deux semaines intenses et sont plongés dans toutes les facettes de l'univers aéronautique. Deux temps forts marquent le TAJP : le meeting aérien recevant 20 à 30 000 personnes chaque année et le rassemblement d'avions (fly-in).

Le Jour le Plus Long

Concours interclubs dont l'objectif est de faire voler un maximum de membres d'un club au cours d'une journée.

Vols de nuit pour développer le voyage de nuit.

Le Top fly'in - L'Etoile FFA :

Une fois tous les deux ans, en alternance avec le TAJP, rassemblement de pilotes de tous les âges sur plusieurs jours. Au programme : un vol par jour vers une destination aéronautique importante, des visites au sol, des animations le soir et un meeting aérien.

La campagne télévisée de promotion des aéro-clubs

L'aéronautique attire autant qu'elle impressionne, c'est pourquoi la FFA donne rendez-vous au grand public un week-end par an dans ses 600 aéro-clubs pour un décollage immédiat !

Chaque année, 8 000 personnes débutent l'apprentissage du pilotage

Adresse de l'aéroclub le plus proche de chez vous sur www.enviedepiloter.fr

ne3155e

- P.P.L. (Licence de pilote privé) : 45 heures de vol avec un instructeur (dont minimum 25 en double commande) et 10 heures de vol en solo supervisé.
- L'I.F.R. ou I.R. (Vol aux instruments) : après validation de plusieurs modules théoriques, stages de pratiques et nombreuses heures de vol avant de se présenter au vol-examen.

Le coût

Enfin dernier point et non des moindres : passer un brevet de pilotage a un coût, mais lequel ? Pour vous donner un ordre d'idée, voici, brevet par brevet, ce qu'il vous en coûtera :

- Brevet de base (B.B.) : 2 000 € à 3 000 €.
- P.P.L. (Licence de pilote privé) : 5 000 € à 7 000 €.
- L'I.F.R. ou I.R. (Vol aux instruments) : 1 200 € à 1 300 € pour la partie théorique et pour la partie pratique, les prix décollent, mais comptez au minimum 8 000 €.

A noter avant de refermer cette parenthèse financière : quand on sait que le coût moyen du permis de conduire voiture, que tout un chacun se voit dans l'obligation de passer (par nécessité professionnelle et commodité au quotidien), avoisine aujourd'hui les 1 200 €, on se dit que passer un brevet de pilote n'est pas loin d'être devenu à la portée du tout un chacun, grâce au plus accessible brevet de base.
Imaginez maintenant que vous avez franchi avec succès toutes ces étapes : vous voilà pilote ! C'est beau non ? Et ça, ça n'a pas de prix !

Et pourquoi pas un baptême de l'air pour découvrir les joies et les sensations qu'offre l'aviation de loisir ?

Un baptême de l'air peut être l'occasion idéale de découvrir les joies et les sensations qu'offre l'aviation de loisir ! Les aéro-clubs sont en mesure de vous embarquer à bord d'un de leurs aéronefs pour vous faire goûter au plaisir de voler, découvrir de fabuleux paysages vus d'avion et partager avec vous leur passion ! A ce sujet, il est important de rappeler quelques principes et règlementations : quasiment tous les aéro-clubs remplissent les conditions réglementaires pour vous faire découvrir les joies du pilotage à l'occasion d'un baptême de l'air. Cela étant, les aéro-clubs n'étant pas des entreprises commerciales, l'usage des avions est normalement réservé aux membres de l'aéro-club ! Aussi, une réglementation particulière s'applique de manière dérogatoire aux vols effectués pour des personnes étrangères à l'association, mais ayant pour but d'encourager le développement de l'aviation légère en aéro-club. Ces vols ne sont pas considérés comme des prestations de transport mais comme des vols de découverte de la troisième dimension. Un baptême de l'air effectué en aéro-club est donc strictement défini par la réglementation. En date du mois de novembre 2011, il est considéré qu'un baptême de l'air doit être un vol local de moins de trente minutes entre le décollage et l'atterrissage sur un même aérodrome et dans un périmètre de 40 kilomètres maximum autour de cet aérodrome. Ce vol coûtera en général entre 30 € et 70 € selon le type d'avion utilisé. Un baptême de l'air peut être effectué par tout pilote privé remplissant les conditions restrictives définies par la D.G.A.C.. Le pilote effectuant le baptême doit être majeur, titulaire d'une licence de pilote professionnel (avion ou hélicoptère) ou d'une licence de pilote privé (avion ou hélicoptère) et, dans ce dernier cas, totaliser deux cents heures de vol au titre de la licence détenue, dont trente heures dans les douze derniers mois. Il doit être détenteur d'un certificat d'aptitude physique et mentale délivré depuis moins d'un an.
Maintenant que vous êtes informé de la règlementation en vigueur des baptêmes de l'air proposés par les aéro-clubs, n'attendez plus pour vous offrir ou offrir à l'un de vos proches cette expérience ! Le baptême de l'air est un tel moment inoubliable et sensationnel qu'il serait dommage de vous en priver plus longtemps ! Et peut-être sera-t-il le début d'une longue passion entre vous, peut-être futur pilote, et l'aviation de loisirs ! En tous les cas, il ne reste qu'à vous conseiller de ne pas hésiter à vous adresser à l'aéro-club le plus proche de chez vous et à vous souhaiter un bon vol !

Les premières démarches

Vous qui brûlez d'envie de vous lancer dans l'aventure de la formation pour devenir pilote, n'hésitez pas à vous rapprocher de l'aéro-club le plus proche de chez vous. Vous y rencontrerez des passionnés qui vous accueilleront chaleureusement, prêts à vous faire partager leur hobby qui pourrait bien devenir le vôtre ! Le tout est donc de trouver cet aéro-club le plus proche de votre domicile. Rendez-vous pour ce faire sur le site de la F.F.A. (Fédération Française Aéronautique) au www.ff-aero.fr rubrique Aéro-clubs/carte des aéro-clubs ou sur le site www.enviedepiloter.fr ! Il va sans dire qu'au préalable, si vous avez la moindre interrogation, la F.F.A. (Fédération Française Aéronautique) se fera un plaisir de vous renseigner. Vous pouvez les joindre par téléphone au 01 44 29 92 00 ou vous rendre directement à leur accueil situé au 155, avenue de Wagram à Paris, si vous êtes parisien, domicilié à proximité de Paris ou de passage dans la capitale. Sinon, Internet reste encore une manière facile et rapide de leur soumettre vos questions par mail à l'adresse suivante : contact@ff-aero.fr. Cela étant, difficile de ne pas trouver réponse à vos questions en consultant le site très complet et bien documenté www.ff-aero.fr ! Vous y retrouverez notamment l'info essentielle et première qu'il vous faut : la carte de France avec le symbole d'un avion partout où se trouve un aéro-club. Il vous suffit de saisir le lieu de votre domicile et le site vous propose une carte plus précise de votre secteur. Là, très facile de trouver l'aéro-club le plus proche de chez vous : une fois repéré, un clic sur le symbole de l'avion qui le désigne et vous obtenez toutes ses coordonnées (nom de l'aéro-club, adresse, numéro de téléphone, site Internet). Une fois obtenues les coordonnées de l'aéro-club le plus proche de chez vous, plusieurs possibilités s'offrent à vous :

- Vous y rendre pour obtenir toutes les informations nécessaires et vous inscrire à un cursus de formation (prenez soin de téléphoner au préalable pour connaître les plages horaires et les jours où les membres de l'aéro-club seront présents pour vous y accueillir).
- Vous renseigner des événements prochainement organisés par cet aéro-club : une fête ou une journée portes ouvertes peut être l'occasion idéale de découvrir l'aéro-club, ses membres, ses activités, l'aérodrome, les avions du club... et pourquoi pas découvrir les sensations de vol, en vous offrant un vol d'initiation ? Pour seulement 70 € en moyenne (20 minutes de vol), vous pourrez goûter au bonheur et au plaisir de voler ! A savoir : des journées portes ouvertes sont organisées chaque année dans les aéro-clubs de France. Un grand nombre ont lieu à l'occasion des Journées Découvertes du Pilotage initiées par la FFA et relayées par les aéro-clubs.

AIRWAYS FORMATION
Aérodrome Agen La Garenne
LE PASSAGE
✆ 05 53 96 95 48
www.airways-formation.com
contact@airways-formation.com

Stages toute l'année. Pour les stages, se renseigner au 0 820 202 216.

Avec Airways Formation (qui possède deux centres, l'un à Agen, l'autre à Nîmes avec trois centres d'hébergement sur site), on n'obtient pas simplement une licence ou une qualification, on apprend aussi véritablement le métier de pilote. Et les chiffres concernant la qualité de la structure sont parlants, puisque plus de 2000 pilotes professionnels et instructeurs ont été formés ici ! Trois filières d'apprentissage s'offrent à vous : pilote de ligne, instructeur, et qualification de classe et de type. Le plus : depuis décembre 2013, Airways-Formation dispense également des formations d'examinateurs.

- **Autre adresse :** Aéroport Nîmes Arles Camargue – 30800 Saint-Gilles (04 66 70 93 01)

Vue aérienne de Paris.

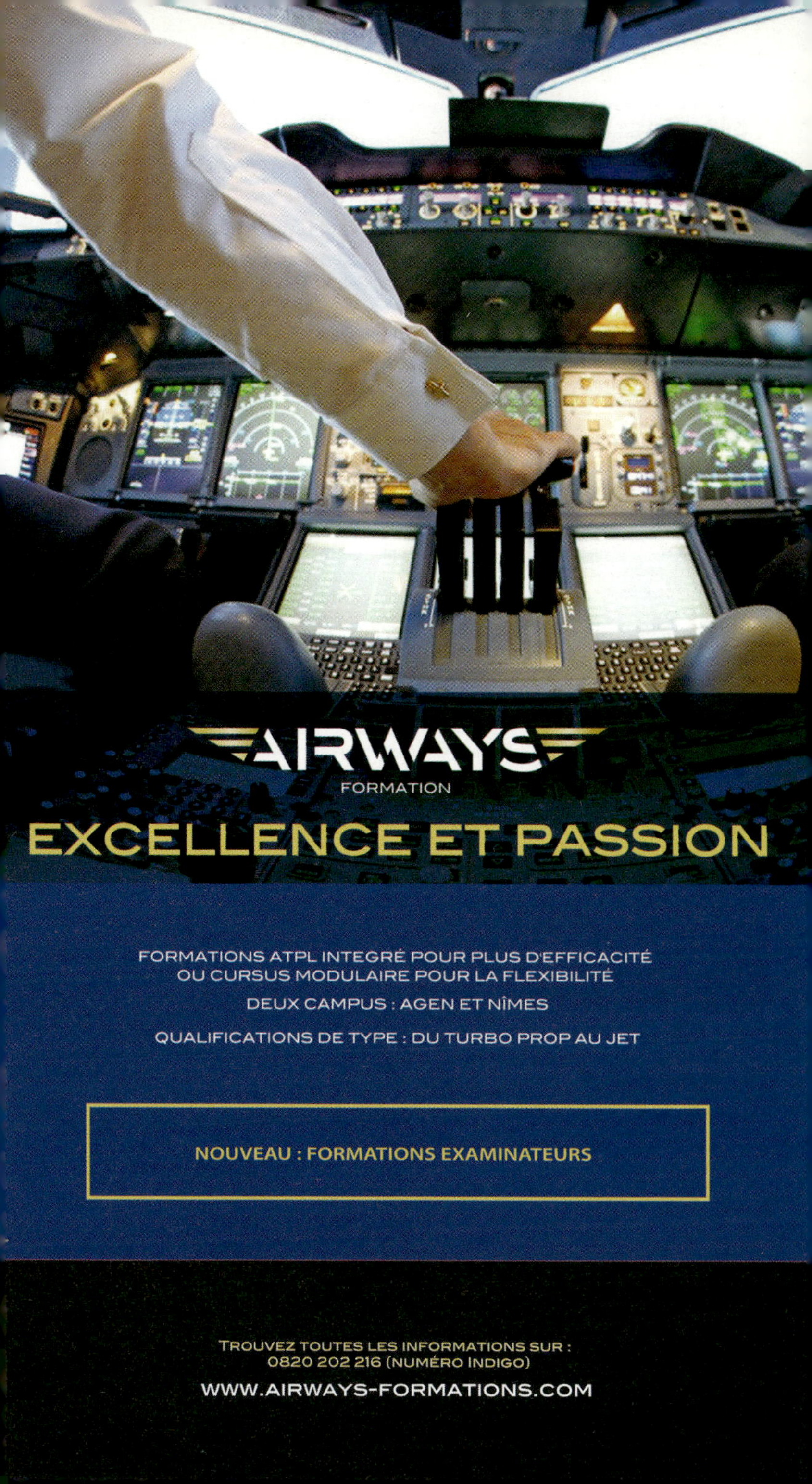
AIRWAYS
FORMATION
EXCELLENCE ET PASSION
FORMATIONS ATPL INTEGRÉ POUR PLUS D'EFFICACITÉ
OU CURSUS MODULAIRE POUR LA FLEXIBILITÉ
DEUX CAMPUS : AGEN ET NÎMES
QUALIFICATIONS DE TYPE : DU TURBO PROP AU JET
NOUVEAU : FORMATIONS EXAMINATEURS
TROUVEZ TOUTES LES INFORMATIONS SUR :
0820 202 216 (NUMÉRO INDIGO)
WWW.AIRWAYS-FORMATIONS.COM

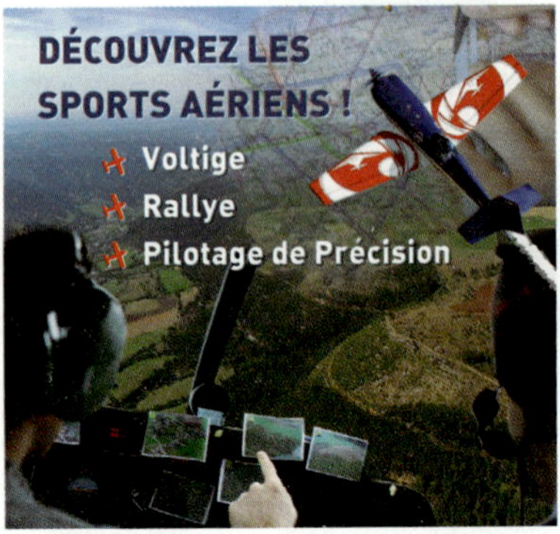

Augmentez votre domaine de vol, découvrez les sports aériens !

Passion - Convivialité - Adrénaline
Amélioration - Partage

La FFA a reçu une délégation du Ministère des Sports pour l'organisation des sports aériens, la délivrance des titres de Champions de France et la représentation des équipes nationales aux plus grandes compétitions internationales.

Voltige aérienne

La voltige est un enchaînement de figures « acrobatiques » très spectaculaires sur un avion spécifique, noté par des juges. Elle apporte aisance et adresse. Elle vous conduira à appréhender, en toute sécurité, les limites du domaine de vol. Les compétitions de voltige aérienne se répartissent en six niveaux de pratique : Espoir, Promotion, National 2, National 1, Excellence, Élite. Elles permettent à chaque pilote, au cours de sa progression, de se mesurer à d'autres pilotes et d'accéder aux compétitions d'un niveau supérieur. La voltige aérienne est reconnue sport de haut niveau par le Ministère des Sports.

Rallye aérien

Vous voulez devenir un navigateur précis et fiable ? Augmenter la précision de votre pilotage ? Améliorer la sécurité de vos vols ? Découvrez le rallye aérien ! Le rallye aérien consiste, par équipage de deux (un pilote et un navigateur), à préparer et à réaliser une navigation d'une heure environ. Ce parcours consiste à respecter un itinéraire et des horaires de passage (parfois à la seconde !) aux points tournants, à observer l'environnement (reconnaissance de photos), puis à atterrir au moteur avec précision. La pratique de ce sport permet d'améliorer ses qualités de pilotage (navigation et atterrissage) et de travail en équipe.

Pilotage de précision

Vous préférez piloter seul ? Vous gérez votre temps à la perfection? Vous êtes d'une précision millimétrée aux atterrissages ? Vous êtes donc le pilote idéal des épreuves de pilotage de précision.

Pour le rallye et la précision, tout avion habituel d'aéro-club est utilisable (il faut même privilégier un avion plutôt lent). **Nous vous invitons chaleureusement à participer au moins une fois à une séance d'initiation conçue par les Comités Régionaux Aéronautiques de la FFA.**

Les équipes de France des sports aériens

Elles sont la vitrine des sports aériens français. Et quelle vitrine ! En voltige aérienne, la France est une des nations les plus titrées et son palmarès est éloquent. Plusieurs fois Championne du Monde et d'Europe, elle présente des programmes de plus en plus sophistiqués sur des avions ultramodernes. En rallye aérien et en pilotage de précision, nous avons à notre actif un titre de Champion d'Europe et plusieurs places sur le podium.

■ **INSTITUT MERMOZ**
Parc d'affaires SILIC
43, avenue Robert-Schuman
RUNGIS
✆ 01 46 86 81 00
www.institut-mermoz.com
pilot@institut-mermoz.com

Formations de pilote d'avion ou hélicoptère, d'hôtesse de l'air, de steward... L'institut Mermoz, basé à Rungis, propose une gamme complète de stages. Leur durée dépend de la formation que vous choisissez (deux semaines pour pilote privé, douze mois pour pilote de ligne, un mois pour hôtesse ou steward, etc.). Ils vous en diront plus par téléphone, n'hésitez pas à les contacter ou à vous rendre sur place, car l'institut organise régulièrement des journées portes ouvertes pour vous faire découvrir les services dispensés.

■ **FB AÉRO**
François Garet
Mazère
CAZES-MONDENARD
✆ 06 11 54 13 83
www.fbaero.com
fbaero@aliceadsl.fr

Que vous soyez un particulier, l'organisateur d'une manifestation sportive, une commune, une municipalité, une société ou une industrie... FB Aéro met toute sa passion et ses compétences à votre service ! Béatrice, photographe professionnelle et navigant DGAC pourra réaliser avec talent vos photos aériennes (obliques, panoramiques ou verticales), votre photo d'entreprise ou votre photo animalière (et même des photos animalières). François, pilote professionnel mono et multi-moteurs, qualifié vol de nuit et IFR, pourra effectuer une surveillance ou du repérage, larguer des parachutistes ou des charges légères, remorquer des planeurs... Sinon FB Aéro vous propose aussi de beaux itinéraires de tourisme aérien à faire avec eux, en vous émerveillant des paysages qu'ils vous feront découvrir ! FB aéro : une équipe sympathique, compétente et passionnée à votre service !

■ **FÉDÉRATION FRANÇAISE AÉRONAUTIQUE**
155, avenue de Wagram (17e)
PARIS
✆ 01 44 29 92 00
www.ffa-aero.fr
contact@ff-aero.fr

Depuis 1929, année de sa création, la Fédération Française Aéronautique contribue au développement de l'aviation légère et des aéro-clubs. Sous l'appellation aviation légère, est défini l'ensemble des aéronefs utilisés dans le cadre des sports et loisirs ou dans le tourisme aérien, à savoir : les avions de tourisme monomoteurs, les avions d'écoles de pilotage et les avions de voltige aérienne. La F.F.A. saura renseigner les passionnés d'aviation que vous êtes, éveiller votre rêve de devenir pilote, aider les plus jeunes à accéder à moindre coût à une formation et informer et soutenir les déjà pilotes et leurs aéro-clubs...

CARNET DE VOL

La F.F.A. veille aux acquis des pilotes, conseille et défend les aéro-clubs, préserve leur qualité, diffuse et veille au développement des connaissances en aéronautique, facilite la formation des pilotes, soutient et accompagne les jeunes dans leur formation de pilote, contribue à la mise en œuvre de la règlementation et défend les intérêts des pilotes privés, sert d'interlocuteur entre les pilotes et la D.G.A.C. (Direction Général de l'Aviation Civile)... Enfin sachez que la F.F.A. organise régulièrement des activités et des épreuves sportives aéronautiques en France et à l'étranger !

■ **AERALP**
Aéroport International de Grenoble-Isère
SAINT-ETIENNE-DE-SAINT-GEOIRS
✆ 04 76 06 07 71
www.aeralp.com
contact@aeralp.com
Aéralp est un centre de formations professionnelles aéronautiques, certifié par la DGAC. Une référence en la matière ! Vous pourrez y suivre une formation de pilote de loisir ou une formation professionnelle, y acquérir une qualification Airbus ou Boeing, y suivre des stages de pilotage, y faire un baptême de l'air, y effectuer un vol touristique... Aeralp propose également de vous transporter sur vos voyages d'affaires ou privés ou de transporter du fret. Une adresse de pro à votre service, Aéralp, dans l'Isère, est sans doute l'adresse qu'il vous faut !

Aérodrome ou aéro-club ?

La confusion est vite faite et cela méritait quelques explications. « Aéro-club » et « aérodrome » sont 2 termes distincts qui ne désignent absolument pas la même chose ! D'un côté, l'aéro-club renvoie comme son nom l'indique à la notion de « club ». Il s'agit d'un groupe d'individus, bénévoles, qui sont réunis autour d'une structure associative. Cette structure, généralement affiliée à la F.F.A. et agréée par la Direction Générale de l'Aviation Civile (la D.G.A.C.), fédère les pilotes et futurs pilotes et propose, outre les formations aux brevets, différentes manifestations et services aux pilotes mais aussi au tout public. 600 aéro-clubs, répartis sur la France entière, sont aujourd'hui répertoriés par la F.F.A.. Pilotes chevronnés et jeunes pilotes avides d'expériences partagent au sein des aéro-clubs leur passion dans la plus grande convivialité. En toute simplicité, chacun y va de ses compétences pour faire tour à tour de la mécanique, de l'accueil, de la formation, rendre un service ou emmener quelqu'un en vol. D'un autre côté, l'aérodrome désigne tout simplement le lieu : les pistes de décollage et d'atterrissage, les hangars... L'aérodrome est l'endroit, l'espace réservé aux avions de loisir. De même que l'on peut trouver plusieurs aéro-clubs sur un même aérodrome, il peut tout aussi bien ne pas y avoir du tout d'aéro-club sur un aérodrome. En France métropolitaine et dans les Dom Tom, on compte 450 aérodromes répartis sur tout le territoire.

Aides aux jeunes

Que d'efforts faits par la F.F.A. pour faciliter aux jeunes l'accès au brevet de pilote ! D'abord tous les jeunes âgés de moins de 21 ans peuvent recevoir une aide financière considérable de la part de la F.F.A : avec le programme « Objectif pilotes », ils peuvent cumuler jusqu'à 2 175 € ! Oui, oui, vous avez bien lu : 2 175 € ! C'est-à-dire, faites vous-même le calcul, qu'au final, en ayant cumulé toutes les aides, le brevet de base peut revenir à un jeune à... rien : c'est gratuit, c'est cadeau ! Autre effort fait et encore trop peu connu de la F.F.A : le B.I.A. (le Brevet d'Initiation Aéronautique), un brevet que 4 000 élèves passent quand même chaque année avec les aéro-clubs ! Formation diplômante et complète avec sa partie théorique et sa partie pratique, le B.I.A. est, mine de rien, une expérience unique que la F.F.A. et l'Education Nationale offrent aux jeunes dans le cadre de leur cursus scolaire. Une expérience unique et formidable... mais pas seulement : le B.I.A. est également une porte ouverte remarquable pour les jeunes au brevet de base. Une fois le B.I.A. en poche et fort de cette expérience et formation, tout jeune peut prétendre à des bourses qu'il obtiendra facilement pour financer son brevet de base.

Avant, pendant et après le vol

Que vous soyez déjà pilote ou en devenir, la *check-list* (pour les non-anglophones la « liste de vérification ») est ou va être pour vous un outil précieux et indispensable. Qui dit piloter dit faire preuve de rigueur et en la matière, tout document écrit sur lequel se reposer vaut de l'or ! Pour vous assurer un maximum de sécurité et de confort dans la préparation de vos vols, pendant vos vols et après vos vols, la F.F.A. a, entre autres, édité un support très pratique : *Le Mémo du pilote VFR*. Pour la préparation des vols notamment, ce mémo liste rigoureusement les différentes étapes à suivre : un guide très utile pour faire les choses correctement et dans le bon ordre. Vous pouvez télécharger le document directement sur le site de la F.F.A. (www.ff-aero.fr). Mais avant de faire de ce petit manuel votre livre de chevet, en voici les grandes lignes.

Préparer son vol

Avertissement !

Cette rubrique « Avant, pendant et après le vol » ne peut et ne veut en aucun cas se subsituer à la documentation aéronautique officielle ! Elle a pour seule vocation de donner un aperçu simplifié au plus grand nombre, de la préparation d'un vol et de la règlementation aéronautique. Les pilotes doivent dans tous les cas se référer aux textes officiels pour préparer leurs vols !

Étapes à respecter, dossier de vol et service météo

Préparer son vol est affaire de rigueur ! Plusieurs choses à faire, plusieurs documents et sources d'information à étudier... avec rigueur et dans un ordre bien précis. Voici les différentes étapes de préparation du vol que chaque pilote se doit de suivre scrupuleusement :

- **1re étape :** déterminer le tracé précis du vol. Voler, c'est suivre un itinéraire, comme sur la route ! Le tracé, ou disons l'itinéraire, doit donc faire l'objet de toutes les attentions lors de la phase de préparation du vol : il faut déterminer le trajet à suivre ainsi que l'altitude de sécurité à choisir à chaque tranche du voyage. Pour cela, il faut d'abord définir le point de départ du vol, le lieu du décollage. Ensuite, le tracé du vol : là, c'est assez simple sur papier... mais une fois aux commandes de l'avion, vus d'en haut, les repères sont tout autres ! Alors il est impératif de cibler une série de points stratégiques, de sites faciles à repérer vus d'avion, tels qu'un pont, une grande ville, un monument imposant... Le moindre élément voyant est une aide précieuse pour pouvoir se repérer depuis le cockpit. Il reste à lister tous ces points de repère et à les positionner très précisemment sur le tracé du vol. L'altitude de sécurité à choisir à différents moments du vol est elle aussi essentielle : il va de soi que l'on ne peut pas survoler à la même altitude des sites qui comporterait ou non des obstacles à éviter. Là, le relief des zones survolées est déterminant. Il faut aussi repérer toutes les zones à contourner : des zones qu'il est interdit de survoler de manière temporaire ou permanente, des zones qui poseraient certaines difficultés à être survolées (à cause de la météo annoncée perturbée à tel ou tel endroit par exemple...). Le trajet posé, les distances évaluées, on connaît à ce stade de la préparation, le temps qu'il faut pour parcourir l'itinéraire, en tenant compte des conditions climatiques bien entendu (plus ou moins de vent peut faire varier le temps de vol pour une même distance). Le trajet est divisé en plusieurs tranches qui vont d'un point à l'autre. A chaque tranche et à chaque point ses repères visuels... et pour passer d'un point à l'autre, un cap à prendre. Ces caps sont à définir lors de la préparation du vol aussi. De même il faut relever la distance qui sépare chaque tranche du vol d'un point à l'autre, ainsi que la vitesse qui sera adoptée pour la parcourir et le temps estimé pour la parcourir... Toutes ces informations sont rassemblées sur un même document : une fiche de navigation, appelée le « log de navigation ».

Le dossier de vol

Chacune des étapes de préparation du vol décrites ci-dessus permet de rassembler des informations indispensables dont le pilote aura besoin en vol. L'ensemble de ces informations constitue le dossier de vol. Préparer son vol, c'est donc monter un dossier de vol, en prenant connaissance de toutes les données utiles au pilotage. Rien ne doit y être négligé et tout doit être étudié avec la plus grande attention : gage de sécurité oblige ! Le dossier de vol peut être établi sur Internet grâce à l'outil OLIVIA, (Outil en Ligne Intégré de Visualisation d' Informations Aéronautiques). Cet outil complet est un service rendu aux pilotes par le SIA (Service de l'information aéronautique). Ce dossier, facile d'usage, est accessible par les pilotes sur Internet (vous retrouverez l'adresse du site dans cette même rubrique « Etapes à respecter, dossier de vol et service météo »). Il fournit un dossier très complet d'informations de vol, à renseigner pour chaque vol à préparer : NOTAMs, SUP AIP, AZBA, météo (OPMET (TAF & METAR), WINTEM, TEMSI, EUROC...) et dépôt de plan de vol. L'utilisation du site OLIVIA facilite grandement la préparation du vol aux pilotes : bien plus pratique qu'un relevé d'informations manuel, sur papier, il est pour les pilotes un outil précieux, presque rassurant, son allié privilégié et à privilégier dans la préparation de ses vols. Les cartes VAC (auxquelles les étapes de préparation décrites dans cette rubrique font référence) ne sont pas incluses dans l'outil OLIVIA. Le pilote devra donc aller faire un tour du côté du site Internet qui leur est consacré et dont vous retrouverez aussi le lien dans cette rubrique (sous l'intitulé « le SIA, Service d'Information Aéronautique ») : un site Internet que le SIA met à la disposition des pilotes.

Chacun l'aura compris, le dossier en ligne avec OLIVIA est l'outil précieux des pilotes pour préparer leurs vols mais un vol peut être préparé sans ce support. Chaque donnée nécessaire pour monter le dossier de vol sans OLIVIA seront alors recueillies une par une et indépendamment par le pilote qui les réunira pour constituer son dossier de vol. L'essentiel étant de constituer un bon dossier de vol, réfléchi, bien préparé et parfaitement renseigné !

Le service Météo

Eh bien oui : lorsque l'on s'évade dans le ciel, lorsque l'on s'approprie son univers l'instant d'un vol, il faut connaître sur le bout des doigts les conditions météo qui nous attendent là-haut ! Il en va de la sécurité de tous ! Dans la phase de préparation du vol, c'est d'ailleurs l'un des éléments phares parmi les données à rassembler, à évaluer et à connaître.
Les sources à consulter pour accéder à des informations météo fiables sont le site de météo France. Vous retrouverez toutes les coordonnées pour obtenir les données météorologiques via Internet, sms ou téléphone dans cette même rubrique « Etapes à respecter, dossier de vol et service météo ».
A savoir que sur le guide aviation en vigueur de la Fédération Française Aéronautique (téléchargeable sur le site Internet de la fédération), vous retrouverez tous les éléments pour pouvoir et savoir interpréter les messages météo qui vous parviendront en vol notamment : un outil indispensable dont il faut se munir à bord de l'avion !

- **2e étape :** il est question dans cette étape de prendre connaissance du terrain d'où l'on va décoller et celui où l'on va atterrir. Pour ce faire, des documents existent bien entendu et sont libres d'accès pour pouvoir être consultés et imprimés. Il s'agit des cartes V.A.C. (entendez *Visual Approach Chart*, c'est-à-dire : des cartes d'approche et d'atterrissage à vue). Ces cartes sont fournies par le S.I.A. (Service d'Information Aéronautique) qui les édite. Sur chacune de ces cartes, on trouve tout ce qu'il faut savoir sur un aérodrome : ses équipements, ses services... A raison d'une carte par aérodrome bien sûr. Grâce aux cartes V.A.C., on peut anticiper son voyage, savoir ce que l'on trouvera ou non sur place et surtout savoir comment l'on va devoir gérer son décollage et son atterrissage en fonction des exigences des différents terrains. Altitude, directions à suivre sur les pistes, caps à suivre selon les terrains, points de repère lumineux donnés depuis les terrains, revêtements des sols des différentes pistes, trajectoires à suivre, fréquences radios que l'on peut capter sur les terrains et différentes installations mises à disposition des pilotes sur les aérodromes, tout ou à peu près tout figure sur les cartes V.A.C.. S'agissant des aménagements, installations et services, il est évident que certaines informations sont essentielles, telles que savoir si l'aérodrome donne ou non la possibilité de s'approvisionner en carburant ou savoir s'il existe sur place une tour de contrôle... Cela étant, il n'est pas négligeable non plus de se renseigner quant aux autres équipements et services utiles : possibilité de stationner son aéronef sur place, service de transport à proximité (du type taxis) ou possibilité de se faire véhiculer par des personnes sur place à l'arrivée en avion, présence d'un aéro-club sur le terrain pouvant proposer d'autres services et vous accueillir à votre arrivée, restauration et/ou hébergement sur place... Incontournables sont donc les cartes V.A.C. à imprimer et à étudier attentivement en phase 2 de la préparation du vol.
- **3e étape :** Etudier le ciel que l'on va traverser ; vérifier qu'aucun signalement n'est fait sur les zones que l'on va traverser : trafic aérien perturbé pour telle ou telle raison, etc... Examiner et imprimer les NOTAMS (*notice to air men*) : messages aux navigants. Messages publiés par les agences de contrôle de la navigation aérienne. Mises à jour continue du suivi de l'espace aérien français et de tout ce qui peut se passer au sol susceptible de gêner les vols. Modifications de l'espace aérien sur une certaine période.
- **4e étape :** recenser les zones traversées : faire la liste de toutes les zones que vous aurez à traverser, selon le tracé du vol déterminé dans la première étape de préparation du vol.
- **5e étape :** la météo ! Une notion capitale. Consulter la météo sur le site Aéroweb de Météo France est essentiel et devra être fait avec la plus grande attention et la plus grande précision. Il y va de la sécurité de chacun !
- **6e étape :** éditer les données météo, à partir de différents types de données : METAR (*Meteorogical Aerodrome Report* : message d'observation aérodrome), TAF (*Terminal Air Forecast* : message de prévision), SPECI (*Special report* : message d'observation spécial), SIGMET (*Significant met report* : phénomènes météo significatifs en route), TEMSI (*significant weather* : carte du temps significatif) et WINTEM (cartes des vents).
- **7e étape :** préparer le bilan masse et centrage et connaître son autonomie. S'il s'avère que l'autonomie de votre avion ne permettra pas d'avoir une quantité suffisante de carburant pour accomplir tout le vol, repérer et noter à cette étape, les terrains où il vous sera possible de vous ravitailler en carburant.
- **8e étape :** vérifier les performances de décollage, de montée, d'atterrissage selon le terrain utilisé.
- **9e étape :** vérifier que toute la documentation de l'avion, qui doit obligatoirement être en votre possession en vol, est bien à bord de l'avion.
- **10e étape :** vérifier vos conditions d'expérience récente : après avoir vérifié que votre avion est bien en règle, il est bien naturel de vérifier que vous êtes vous-même en règle avec les obligations des pilotes, notamment en terme d'expérience de vol récente. Sécurité oblige !
- **11e étape :** rédiger votre log de navigation : un dossier de route qui répertorie les points essentiels de votre étape de préparation.

■ INFORMATIONS MÉTÉO PAR SMS ✆ 71002

0,50 € l'accès puis coût du SMS.

Les pilotes qui souhaitent recevoir des informations météo en temps réel par sms peuvent le faire à partir de leur téléphone mobile. Il leur suffit d'envoyer METAR (*Meteorological Airport Report*, qui est un rapport d'observation et non de prévision), SPECI (ce qui correspond à un message d'alerte météorologique), TAF (message de prévisions météorologiques) ou SIGMET (*Significant Meteorological information*, qui est un message destiné aux aéronefs en vol signalant les phénomènes météorologiques très dangereux), suivi du code OACI (il s'agit du code attribué par l'organisation de l'aviation civile internationale (OACI ou ICAO en anglais) à un aérodrome, puis d'envoyer le tout au 71002. Exemple : METARLFOT.

■ OLIVIA

http : //olivia.aviation-civile.gouv.fr/

OLIVIA est un « Outil en Ligne Intégré de Visualisation d'Informations Aéronautiques ». Autrement dit, dans la phase de préparation d'un vol, le montage du dossier de vol peut se faire sur un même et unique outil : OLIVIA sur Internet. Il s'agit d'un outil complet auquel les pilotes ont accès via Internet et le site du SIA (Service de l'information aéronautique). OLIVIA propose aux pilotes de monter leur dossier de vol en ligne, en remplissant directement sur la page web prévue à cet effet les informations nécessaires pour chaque vol : NOTAMs, SUP AIP, AZBA, météo (OPMET (TAF & METAR), WINTEM, TEMSI, EUROC...) et en déposant leur plan de vol. La préparation du vol n'en est que facilitée grâce à ce support très pratique, complet et facile à utiliser. Attention, OLIVIA n'inclut pas les cartes VAC ! Il est donc nécessaire de compléter le montage du dossier sur OLIVIA par la consultation du site Internet consacré aux cartes VAC (dont vous retrouverez le lien dans cette rubrique (sous l'intitulé « le SIA, Service d'Information Aéronautique »).

« Petit dico » de quelques-uns des codes utilisés en aviation

Codes météo :

- BR : brume.
- CLR, comme *clear* : temps clair.
- FG, comme *fog* : brouillard.
- GR : grêle.
- RA, comme *rain* : pluie.
- SN, comme *snow* : neige.
- NSC, comme *no significant cloud* : pas de nuages significatif.
- SKC, comme *Sky clear* : ciel clair.
- OVC, comme *overcast* : couvert.
- OBSC, comme *obscure clouds* : obscurci (nuageux).
- TS, comme *Thunder storm* : orage.
- TURB : turbulence.

Indicateurs intensité :

- xx : pour symbole du terme anglais *strong* : fort.
- XXSH : fortes averses.
- INTSF, comme *intensively* : s'intensifiant.
- MOD xx, comme *moderate* : modéré.
- -xx, pour *light* : faible.
- -RASN : faibles averses de neige.

Noms de nuages :

- AC, comme altocumulus.
- AS, comme altostratus.
- CB, comme cumulonimbus.
- CI, comme cirrus.
- CU, comme cumulus.
- NS, comme nimbostratus.
- SC, comme strato-cumulus.
- ST, comme stratus.

Indicateurs d'évolution dans l'espace :

- CIT, comme *city* : ville.
- COT, comme *coast* : sur les côtes.
- ISOL, comme *isol* : isolément.
- LAN, comme *inland* : dans les terres.
- LOC, comme *locally* : localement.
- MAR, comme *maritim* : en mer.
- MOUN, comme *mountain* : en montagne.
- MOV, comme *moving* : en mouvement.
- SFC, comme *surface* : en surface.
- VAL, comme *in valley* : dans les vallées.
- VC, comme *vicinity* : dans les environs.

Indicateurs d'évolution dans le temps :

- BECMGxx, comme *becoming* : devenant.
- FRQxx, comme *frequent* : fréquent.
- INTER, comme *intermittent* : par intermittence.
- NOSIG, comme *no significant change* : pas de changement significatif.
- OCNL, comme *occasionnaly* : occasionnellement.
- PROBxx yy, comme *probability xx %* : probabilité xx %.
- RAPID, comme *rapidly* : rapidement.
- RExx, comme *recent* : récent.
- STNR, comme *stationnary* : stationnaire.
- TEMPOxx, comme *temporary* : temporairement.
- TEND, comme *tendancy* : tendance.
- TLxx, comme *till* : jusqu'à...

LE PRÉVISIONNISTE DE MÉTÉO FRANCE
✆ 08 99 70 12 15
1,35 € l'accès puis 0,34 € la minute.
Météo France met à la disposition des pilotes une ligne téléphone qui leur est consacrée : à ce numéro, les pilotes, moyennant un coût car l'appel est payant, peuvent accéder aux données météorologiques dont ils ont besoin pour préparer leur vol. Un prévisionniste leur répond et les informe des conditions météo qui se profilent sur une zone donnée et à un moment donné.

LE SIA (SERVICE DE L'INFORMATION AÉRONAUTIQUE)
www.sia.aviation-civile.gouv.fr
La référence des pilotes ! Le rendez-vous incontournable qui leur est donné sur le web est sans doute le site Internet du SIA. Le Service de l'Information Aéronautique rassemble pour les pilotes les informations de vol qui leur sont utiles et indispensables. C'est également ce service qui met à la disposition des pilotes l'outil pour la bonne conduite de leurs préparations de vols : OLIVIA ! Parmi les informations auxquelles les pilotes ont accès en consultant sur Internet le site du SIA : les NOTAMS (littéralement *Notice To Air Men*, c'est-à-dire « messages aux navigants », des messages qui sont publiés par les agences gouvernementales de contrôle de la navigation aérienne (en France, le SIA), visant à informer les pilotes des changements et évolutions qui s'opèrent dans l'espace aérien, la nouvelle présence d'obstacles ou de tout autre danger potentiel pouvant se présenter à un endroit donné et à un moment donné), les SUP AIP (suppléments aux publications aéronautiques), les données AZBA (qui donnent l'activité des zones de basse altitude), les informations concernant l'activité des zones règlementées, ainsi que les cartes VAC (AIP) nécessaires pour la préparation d'un vol.

SITE AÉROWEB DE MÉTÉO FRANCE
https : //aviation.meteo.fr
Le site aéroweb de météo France est un site réservé aux usagers aéronautiques. Il permet de constituer le dossier « météo » que les pilotes doivent absolument étudier avant le départ. Les pilotes y entrent en saisissant leur nom d'utilisateur et leur mot de passe. Après quoi, ils accèdent à toutes les données météorologiques qui leur sont utiles et indispensables à la préparation de leurs vols. C'est l'un des supports indispensables qui permet d'obtenir les renseignements météorologiques pour l'aéronautique.

FB AÉRO
François Garet – Mazère
CAZES-MONDENARD
✆ 06 11 54 13 83
Voir page 21.

Conditions à respecter et documents obligatoires pour l'avion et le pilote

Inutile d'entamer la préparation d'un vol sans s'être assuré des prérequis obligatoires ! Le pilote doit tout d'abord remplir les conditions suivantes :

- avoir sa licence de pilote valide ;
- justifier d'un certificat médical à jour ;
- pouvoir justifier du nombre de décollages et d'atterrissages récents requis (3 atterrissages et 3 décollages dans les 3 mois précédents le vol si le pilote prévoit de transporter à bord de son avion des passagers) ;
- être en possession d'une pièce d'identité valide.

Enfin, après s'être assuré de répondre à ces prérequis, le pilote devra s'assurer qu'il possède bien à bord de son avion les documents suivants (dont la possession à bord de l'aéronef est obligatoire pendant le vol) :

- le carnet de route ;
- la fiche de pesée valide (datée de moins de 5 ans) ;
- le manuel de vol.

Et, si le vol est un voyage :

- le certificat de navigation et le certificat d'examen de navigabilité ;
- le certificat d'immatriculation ;
- le document de limitation de nuisance (s'il y en a un) ;
- la licence de station d'aéronef ;
- l'attestation d'assurance.

Autres documents de navigation et supports d'information

Les autres documents indispensables en vol sont les documents de navigation suivants :

- les cartes VFR du secteur survolé (ces cartes doivent être en cours de validité) ;
- les informations météo ;
- les calculs de masse et de centrage ;
- la pochette VFR et le guide Aviation de Météo France ;
- le plan de vol (non indispensable en VFR sauf pour le vol de nuit, le passage d'une frontière ou le survol d'une zone inhospitalière comme la mer).

Pendant le vol

Quelques éléments de réglementation

Voici quelques points essentiels à connaître concernant la règlementation à respecter pendant le vol :

- Il faut connaître les différentes zones traversées pendant le vol. En effet, il faudra détecter et éviter les zones interdites, contacter les zones où il faut demander l'autorisation avant de pénétrer. Il est important de connaître les particularités de l'aérodrome de destination.
- L'utilité du contact radio en vol est de voir et d'éviter d'autres avions, de demander des autorisations d'entrer dans des zones contrôlées, de bénéficier d'un service radar pour être prévenus de la présence d'autres avions autour de nous, etc. Un contact radio doit être clôturé explicitement pour ne pas déclencher des procédures de secours.

Zones contrôlées ou non et contrôle aérien

Il faut bien comprendre que le contrôle aérien vise avant tout à garantir la sécurité de tous. Dans cet esprit, il a pour missions de s'assurer des parfaites conditions de sécurité du trafic aérien, d'accélérer s'il le faut le trafic aérien et de l'optimiser. En France, le ciel n'est pas contrôlé dans son intégralité : il est découpé en 5 régions dites de responsabilité : Marseille, Bordeaux, Brest, Paris et Reims. Ces 5 régions sont appelées des FIR (*Flight Information Region*) : en d'autres termes ce sont des régions d'information de vol (une FIR va de la surface (SFC) au FL 195). Chaque FIR a son propre centre en route de la navigation aérienne (CRNA), c'est-à-dire son propre centre de contrôle. Pour chapoter l'ensemble de ces CRNA ? La région d'information supérieure, autrement appelée l'UIR (*Upper Information Region*) qui va du FL 195 à l'illimité.
Les grands EAC (Espaces Aériens Contrôlés) sont :

- la LTA (*Lower Traffic Area*), l'espace aérien inférieur (FL 115 à 195), de classe D ;
- l'UTA (*Upper Traffic Area*), l'espace aérien supérieur (FL 195 à 660), de classe A.

Les plus petits EAC (Espaces Aériens Contrôlés) sont :

- le CTR, espace aérien contrôlé où le contact radio est obligatoire. On trouve cet espace à la verticale de certains terrains, le plus souvent de classe D ;
- le TMA, une zone contrôlée dans le but d'assurer la protection des trajectoires de départ et d'arrivée des vols contrôlés ;
- la AWY, une voie aérienne de l'espace inférieur, sur laquelle les pilotes bénéficient d'un service de contrôle, s'il s'agit d'un vol contrôlé.

Pour définir les espaces aériens en fonction des services qui y sont rendus et des conditions qui s'y appliquent pour respecter les VMC (*VFR Meteorological Conditions*), il a été convenu en 1992 qu'ils seraient classifiés de la classe A à la classe G.
Côté services rendus sur ces espaces : une zone de classe A aura nombreux services quand une zone de classe G en aura très peu : c'est de A à G, un classement dégressif en matière de services.
Pour ce qui est des conditions qui s'appliquent dans chaque espace pour respect des VMC, le classement des espaces aériens se présente comme suit :

- Un espace aérien de classe A est un espace contrôlé où le vol VFR est interdit.
- Un espace aérien de classe B (qui n'existe pas en France) est un espace contrôlé où il y a des espacements assurés pour IFR/IFR VFR/VFR et VFR/IFR, des conditions VMC (être en dehors des nuages et avoir 5 kilomètres de visibilité horizontale et 8 kilomètres au-dessus du FL 100), l'obligation d'avoir un contact radio et clairance et, pour le vol VFR spécial, la visibilité en vol doit être au moins de 1 500 mètres (800 mètres pour les hélicoptères) ou la distance parcourue en 30 secondes de vol.
- Un espace aérien de classe C est un espace contrôlé où les espacements sont assurés pour IFR/IFR et VFR/IFR, on peut obtenir des informations sur le trafic pour les VFR/VFR, les conditions VMC sont fixées à 300 mètres verticalement et 1 500 mètres horizontalement par rapport aux nuages et avec une visibilité horizontale de 5 kilomètres (ou 8 kilomètres au-dessus du FL 100), il est obligatoire d'avoir un contact radio et clairance, la vitesse est limitée à 250 kts au maximum sous le FL 100 et, pour le vol VFR spécial, la visibilité en vol doit être au moins égale à 1 500 mètres (800 mètres pour les hélicoptères) ou la distance parcourue en 30 secondes de vol.
- Un espace aérien de classe D est un espace contrôlé où les espacements sont assurés pour IFR/IFR et VFR spécial/IFR, l'on peut obtenir des informations sur le trafic pour VFR/VFR et IFR/VFR, les conditions VMC sont posées à 300 mètres verticalement et 1 500 mètres horizontalement par rapport aux nuages et avec une visibilité horizontale de 5 kilomètres (8 kilomètres au-dessus du FL 100), il est obligatoire d'avoir un contact radio et clairance, la vitesse est limitée à 250 kts au maximum sous le FL 100 et, pour le VFR spécial, la visibilité en vol doit être au moins égale à 1 500 mètres (800 mètres pour les hélicoptères) ou la distance parcourue en 30 secondes de vol.
- Un espace aérien de classe E est un espace contrôlé où les espacements sont assurés pour IFR/IFR et VFR spécial/IFR, des informations sur le trafic peuvent être obtenues pour le VFR spécial/VFR spécial, les conditions VMC sont posées à 300 mètres verticalement et 1 500 mètres horizontalement par rapport aux nuages et avec une visibilité horizontale de 5 kilomètres (8 kilomètres au dessus du FL 100), le contact radio et clairance ne sont pas exigés (sauf VFR spécial), la vitesse est limitée à 250 kts au maximum sous le FL 100 et, pour le VFR Spécial, la visibilité en vol doit âtre au moins égale à 1 500 mètres (800 mètres pour les hélicos) ou la distance parcourue en 30 secondes de vol.
- Un espace aérien de classe F (qui n'existe pas en France) est un espace non contrôlé où aucun espacement n'est assuré, aucune information de trafic ne peut être donnée, les conditions VMC sont de 300 mètres verticalement et 1 500 mètres horizontalement par rapport aux nuages et 5 kilomètres de visibilité horizontale (8 kilomètres au-dessus du FL 100), en dehors des nuages et en vue du sol la visibilité en vol doit au moins être égale à 1500 mètres (800 mètres pour les hélicos) ou la distance parcourue doit être en 30 secondes de vol, le contact radio n'est pas exigé, clairance non plus et la vitesse est limitée à 250 kts au maximum sous le FL 100.
- Un espace aérien de classe G est un espace non contrôlé identique à la classe F, sauf qu'il n'y a pas forcément d'organisme consultatif et donc pas la possibilité d'obtenir des informations de vol.

Dans le cadre de ces contrôles aériens, le plan de vol est essentiel. Porté à la connaissance des organismes de la circulation aérienne, il peut ainsi leur permettre de faire bénéficier au pilote de tous les services possibles sur les zones qu'il traverse, si cela est possible. Dans certains cas, il peut arriver que le dépôt du plan de vol auprès de ces organismes soit obligatoire (pour un vol IFR notamment, ou un vol VFR mais qui aurait à survoler un espace maritime ou à passer une frontière, par exemple).

- Circulation aérienne oblige : se croiser, se dépasser, c'est possible entre pilotes, entre avions... Mais pas n'importe comment ! Des règles d'évitement sont posées ainsi : 2 avions arrivant face à face doivent chacun virer sur la droite, un avion voyant un autre avion sur sa droite doit s'écarter et laisser donc la priorité à cet avion sur sa droite, avion prioritaire qui, lui, ne doit pas dévier de sa trajectoire, enfin un avion dépassant un autre avion doit le faire en le contournant sur la droite, parce qu'en aviation, on double à droite, laissant ainsi la priorité à l'appareil qui est dépassé et qui lui ne doit pas dévier de sa trajectoire.
- L'altitude de l'avion est soit choisi par le pilote soit imposée. Dans les zones de vol où le pilote peut choisir son altitude de vol, on dit que l'altitude est libre. Dans les zones de vol où l'altitude est imposée, le pilote doit s'en remettre à la règlementation. Pour survoler les agglomérations, les villes, la règlementation est notamment très précise : des hauteurs minimales de survol y sont imposées. Avant de vous donner un aperçu de cette règlementation, il fallait bien vous donner une petite explication : l'altitude (ou hauteur) en aéronautique est exprimée en feet. Cette unité de mesure a pour abréviation « ft ». En la rapprochant de l'unité de mesure qui nous est la plus familière : 1 foot équivaut à 0,3048 mètres.

Retour à la règlementation de certaines zones pour lesquelles l'altitude minimale de survol est imposée ! De manière générale, et sauf indication contraire sur la carte, un parc ou une réserve naturelle doivent être survolés à une hauteur minimale de 1 000 ft, une petite agglomération (de largeur moyenne inférieure à 1 200 mètres) doit être survolée à une hauteur minimale de 1 700 ft, une agglomération de taille moyenne (dont la largeur moyenne est comprise entre 1 200 et 3 600 mètres) doit être survolée à une hauteur minimale de 3 300 ft et une grande agglomération (de largeur moyenne supérieure à 3 600 mètres) doit être survolée à une hauteur minimale de 5 000 ft. Pour info, il n'est pas question pour la capitale de hauteur minimale de survol puisqu'il est tout simplement interdit de survoler Paris ! Enfin sachez que, dans la mesure du possible, l'altitude minimale recommandée dans les zones non règlementées à ce niveau-là est de 1 500 ft.

Sécurité

Question de bon sens, la sécurité est au cœur des préoccupations de tous ceux qui pratiquent l'aviation de loisir. C'est pourquoi connaître parfaitement sa règlementation est essentiel. Pour vous en donner un aperçu, l'encadré « règlementation » de cette même rubrique se propose de vous présenter quelques exemples de règles en vigueur. Attention, ces informations futées ne peuvent en aucun cas se substituer aux documentations officielles, manuels de maintenance et autres sources d'informations indispensables aux pilotes ! Parenthèse fermée et retour au sujet : la sécurité ! En aviation de loisir, la sécurité implique des règles et les règles sont le gage de la sécurité !

Autre moyen de prévention : le REX. REX signifie « Retour d'expérience ». C'est la Fédération Française Aéronautique qui s'occupe de recueillir, via ce système REX, « des témoignages rapportés volontairement par les usagers en décrivant des situations et des événements liés à l'utilisation d'un aéronef », à exclusion des « faits directs en relation avec un accident ou un incident qui font l'objet d'un traitement réglementaire particulier ». Collecter ces informations permet de faire état d'éventuelles faiblesses ou défaillances : une excellente manière donc de prévenir d'éventuelles pratiques dangereuses qui pourraient induire de ces faiblesses et défaillances... Un bon moyen de contribuer à l'amélioration continue de la sécurité des vols. L'équipe en charge du REX est joignable par mail, en réponse duquel un pilote contacte par téléphone l'expéditeur du message.

Dans le domaine de la sécurité du transport aérien français, la DGAC (Direction Générale de l'Aviation Civile) joue un rôle très important : « Responsable de la sécurité et de la sûreté, acteur de la prévention pour le respect de l'environnement, régulateur du marché du transport aérien, prestataire de service, garante de la qualité de la formation des hommes, partenaire des industriels et des exploitants... » Pour suivi de la sécurité du transport aérien français, la DGAC établi chaque année, au titre de l'article L. 722-4 du code de l'Aviation civile, un rapport sur la sécurité aérienne. On y trouve un bilan sécurité en transport public et en aviation générale, d'un point de vue national ainsi que d'un point de vue mondial et un rapport d'actions d'amélioration de la sécurité aérienne en France. Des actions d'amélioration de la sécurité sont menées en permanence ! De beaux succès sont à observer dans ce domaine en effet : les retours d'expérience par exemple ont permis de revoir la cartographie des risques en transport aérien commercial par exemple...

■ LE REX (RETOUR D'EXPÉRIENCE DE LA FÉDÉRATION FRANÇAISE AÉRONAUTIQUE)

www.ffa-aero.fr

contactrex@ff-aero.fr

Le REX est le dispositif que la Fédération Française Aéronautique a mis en place pour recueillir des témoignages d'expériences malheureuses vécues en vol à savoir toute situation inhabituelle ayant pu être vécue en vol. Tout pilote qui s'est fait peur en vol ou qui s'est étonné ou inquiété d'une situation inhabituelle liée à l'utilisation de son aéronef est invité à en faire part à la FFA. Pour cela, il peut accéder en ligne au formulaire prévu à cet effet sur le site Internet de la FFA et renseigner ce formulaire, en décrivant la situation qu'il a vécue comme anormale. Cela constitue pour la FFA un retour d'expérience important qui permettra peut-être de soulever et de détecter des faiblesses ou des défaillances et d'y remédier pour l'avenir : une excellente démarche pour contribuer à améliorer la sécurité des vols !

Signalisations

Les panneaux de signalisation utilisés en aéronautiques sont soit des panneaux d'obligation, soit des panneaux d'indication, soit des panneaux indicateurs de points précis. Le balisage des obstacles prend une place importante dans la palette des signalisations utilisées en aéronautique. Cela peut être sous forme d'un balisage

par marques, c'est-à-dire sous forme de peintures (le plus souvent les couleurs utilisées sont le blanc et le rouge ou, en montagne notamment le jaune et le noir) faites sur un objet considéré comme un obstacle, de sorte à le rendre visible vu d'avion. Ce peut être aussi un balisage à l'aide de feux de balisage (feux rouges ou blancs avec modulation de leur intensité).
Le balisage dont sont équipés les aérodromes permet de baliser les pistes (pour l'approche, etc...) et les voies de circulation (sens de navigation au-dessus des plate-formes...).
Enfin il existe aussi le balisage lumineux des hélistations (aérodromes réservés aux hélicoptères), qui comprend un phare, avec dispositifs lumineux d'approche, de décollage et de poste de stationnement, indicateur visuel de trajectoire d'approche et des feux pour indiquer un point cible ou une voie de circulation.
Notons que tout balisage aéronautique possède obligatoirement un certificat de conformité et que ce certificat de validité a une durée de validité limitée dans le temps à 5 ans ! Soucis d'assurer aux pilotes la meilleure et la plus visible des signalisations oblige !

Liaison radio

Sources essentielles d'informations pour les pilotes : les liaisons radio !
L'une d'elle : l'ATIS (*Automatic Terminal Information Service*) donne aux pilotes des informations en continu. Chaque message de l'ATIS donne aux pilotes des infos sur une zone donnée (un aérodrome) à un moment donné et se présente comme suit :

- Identité de l'aérodrome concerné par le message
- Identifiant du message
- Heure de l'enregistrement du message
- Type d'approche
- Piste en service et renseignements sur l'état de la surface dudit aérodrome
- Niveau de transition
- Renseignements divers
- Direction et vitesse du vent
- Temps présent
- Quantité et hauteur des nuages
- Température de l'air
- Point de rosée
- QNH (pression qui existe au niveau de la mer à un point donné)
- QFE (éventuellement QFE seuil) (pression QNH mesurée au niveau du sol)
- Phénomènes significatifs
- Tendance
- Instruction ATIS particulière

Les fréquences radio des messages ATIS se trouvent sur les cartes VAC.
Autre source d'informations via une liaison radio : les messages STAP. Selon les équipements de chaque terrain, les messages STAP peuvent contenir tout ou partie de ces éléments :

- Direction et Vitesse du vent en surface
- Visibilité au sol
- Hauteur de la base des nuages
- Température de l'air
- Température point de rosée
- QNH (pression qui existe au niveau de la mer à un point donné)
- QFE (pression QNH mesurée au niveau du sol)

Les fréquences des messages STAP se trouvent elles aussi sur les cartes VAC.
Pour d'autres fréquences radio, vous retrouverez dans le Mémo VFR édité et distribué par la Fédération Française Aéronautique ces fréquences : fréquences VOLMET, TRANSPONDEUR, fréquences radio spécifiques, urgence radio (la fréquence de détresse est 121.500), VOR ou ADF ainsi que... l'alphabet morse !

Alphabet international OACI
(Organisation de l'Aviation Civile Internationale)

- A : Alpha
- B : Bravo
- C : Charlie
- D : Delta
- E : Echo
- F : Fox-trot
- G : Golf
- H : Hôtel
- I : India
- J : Juliet
- K : Kilo
- L : Lima
- M : Mike
- N : November
- O : Oscar
- P : Papa
- Q : Quebec
- R : Roméo
- S : Sierra
- T : Tango
- U : Uniform
- V : Victor
- W : Whiskey
- X : X-Ray
- Y : Yankee
- Z : Zoulou

Le spécialiste des cartes et des systèmes de navigation aéronautique

■ JEPPESEN

Fondée en 1934, Jeppesen Sanderson est spécialisé dans les cartes et systèmes de navigation aéronautique. Elle vous offre des informations de navigation inégalées, avec des mises à jour régulières. Vous pouvez visualiser les sites que vous souhaitez survoler, vous en aurez une description précise et détaillée. Avec Jeppesen, vous avez également la possibilité de consulter les prévisions météo à cinq jours.

Après le vol

L'avion atterrit, le moteur est coupé, le vol terminé, mais ce n'est pas fini, le pilote a encore quelques procédures à respecter ! Elles sont importantes – indispensables, même – et il est donc très important que vous les connaissiez parfaitement. Nous vous les détaillons ci-après.

Enregistrements

D'abord, et afin que tout soit en règle et bien enregistré, le plan de vol doit être clôturé si vous en avez déposé un. Une action qui se fait par radio ou, à défaut, par téléphone en contactant le 0 810 437 837, accessible 24h/24.

Mises à jour

Ensuite une sorte de bilan du vol doit être établi : dès l'atterrissage et au plus tard à la fin de la journée même où le vol a eu lieu, le pilote se doit de mettre à jour le carnet de vol et le carnet de route (c'est sur ce carnet de route que le pilote pourra indiquer de quelles quantités de carburant il a approvisionné son aéronef avant ou après le vol). Il y apposera alors la mention « RAS » (rien à signaler) s'il n'a rencontré aucun problème pendant le vol. Une fois ces deux carnets renseignés, le pilote aura à les signer de sa main.

■ LE REX (RETOUR D'EXPÉRIENCE DE LA FÉDÉRATION FRANÇAISE AÉRONAUTIQUE)

Voir page 28.

S'équiper

■ AERO TECHNIQUE ASSISTANCE MONTFAVET
141, allée de la Chartreuse
Aéroport d'Avignon Provence
Zone Delta II © 04 90 02 05 82
www.ata-maintenance.aero

Ouvert du lundi au vendredi de 9h à 12h et de 13h30 à 17h30 ; le samedi de 9h à 13h30.

Idéalement implantée dans le Sud de la France sur les aérodromes d'Avignon-Provence et d'Aix-les-Milles, Aéro Technique Assistance (ATA) est une société aéronautique multi-activités. L'équipe, forte d'une quinzaine de personnes, saura vous apporter toute sa compétence et son sérieux dans le cadre de votre étude d'acquisition d'un aéronef neuf ou de seconde main (ATA est distributrice pour la France de la gamme d'avions Diamond Aircraft, avions modernes, propres et économiques et propose également plusieurs avions d'occasions révisés en ses ateliers), du suivi de navigabilité, du renouvellement de certificat de navigabilité de votre aéronef (agrément EASA, parties G & I), de la maintenance de votre aéronef (agrément EASA, partie F), de votre recherche de pièces détachées origine constructeur (Diamond Aircraft, Austro Engine, Centurion, etc.) et de la distribution de carburants aéronautiques. Compétente et passionnée, toute l'équipe d'ATA est à votre entière disposition pour vous accompagner dans votre vie aéronautique… N'hésitez pas à les contacter !

FB AÉRO

François Garet – Mazère
CAZES-MONDENARD ✆ 06 11 54 13 83
Voir page 21.

TROYES AVIATION

Aéroport de Troyes-Barberey
LA CHAPELLE-SAINT-LUC
✆ 03 25 74 60 14
www.troyesaviation.com
infos@troyesaviation.com
Ouvert toute l'année.

Depuis 1973, Troyes Aviation vous offre son expertise en assurant la maintenance des avions ; elle est notamment en charge de la maintenance de la flotte de la compagnie américaine Mooney. Si vous souhaitez acquérir un avion, les experts de Troyes Aviation sont là pour vous donner les meilleurs conseils et vous aider pour les différentes démarches. La société est également le seul distributeur Daher Socata (premier distributeur mondial des pièces détachées de la marque) en France. Comme vous pouvez le voir, Troyes Aviation vous propose une gamme de services complète et variée.

TOTAL

Arche Nord – Coupole/Regnault
2, place Jean-Millier
LA DÉFENSE ✆ 01 47 44 45 46
www.total.fr

Avec Total, vous vous envolez en toute liberté et sans vous poser de questions. A travers son réseau Air Total et sa carte de paiement dédiée, la compagnie s'attache en effet à proposer des produits aviation et des stations près de chez vous. Elle joue sur la proximité et sa politique est d'être présente dans toutes les régions françaises. Total soutient aussi la formation des jeunes pilotes par le biais, notamment, du Tour de France aérien.

AMTI COURTAGE ASSURANCES

Siège Social – BP 450
LE HAVRE ✆ 02 35 22 66 44
www.amti.fr – contact@amti.fr

Cabinet de courtage spécialisé dans le domaine de l'aviation de loisir, l'AMTI Courtage Assurances répond à vos attentes par son professionnalisme et ses compétences que chaque courtier voue à mettre au service d'une clientèle choyée. Possibilité de se faire établir un devis en ligne ou de contacter directement un courtier qui sera à votre écoute et de bon conseil. En plus, avec AMTI Courtage Assurances, vous pouvez vous assurer en toute confiance, selon vos besoins, en choisissant parmi les nombreuses formules proposées ici : assurance heure de vol, assurance marchandises, assurance avions, Responsabilité Civile Professionnelle Aéronautique, assurance Manifestations Aériennes, assurance Gestionnaire Aérodrome, Aéroport ou Héliport... Une gamme fiable, défiant toute concurrence, une gamme proposée par des pros connaisseurs de l'aviation de loisir... Une excellente adresse de cabinet de Courtage pour vous pilotes !

Autres adresses : A.M.T.I. : s.a.19, quai George-V – BP 45076057 Le Havre cedex FRANCE, Dominic VICOMTE - François-Joseph VASSAL ✆ +33 2 35 22 66 44. Fax : +33 2 35 42 23 02. E-mail : contact@amti.fr • DERO Courtage : 13, quai George-V – BP 33876056 Le Havre Cedex FRANCE, Christophe DERO ✆+33 2 32 74 61 40. Fax : +33 2 32 74 61 49. E-mail : contact@amti.fr • DTAMT : 19, quai George-V – BP 33876056 Le Havre cedex FRANCE, Jérôme LEES ✆+33 2 32 74 61 40. Fax : +33 2 32 74 61 49.E-mail : jerome.lees@dero-assurances.com • STAFF Courtage : 30, rue de la Bourgeonnière 44300 NANTES FRANCE, François FAURE ✆ +33 2 40 40 21 97. Fax : +33 2 40 74 32 37.E-mail : francois.faure@dero-assurances.com –Site : www.staffcourtage-assurances.com

APCOM

Aérodrome de Nangis
NANGIS
✆ 01 60 58 55 70
www.apcom.aero.fr
contact@aerodima.fr

La gamme la plus complète de casques, la meilleure gamme de casques se trouve chez APcom ! Reconnus pour le confort du port de ses casques et la qualité de leur son, APcom propose toute une gamme importante de casques pour les élèves, les pilotes privés, les grands voyageurs, les pilotes d'hélicoptère... Vous trouverez toutes les tailles, une gamme en termes de tailles qui n'oublie pas les femmes et les enfants, qui trouveront ici de quoi s'équiper correctement. Enfin, APcom, c'est aussi toute une collection d'accessoires, compatibles avec la plupart d'autres marques de casques !

Autres adresses : Boutique de Blagnac : 6, allée Henry-Potez – Zone d'Aviation d'Affaires et de Fret – 31700 Blagnac (✆ 05 34 60 56 04) – E-mail : contact@boutique.aero - Site Internet : www.boutique.aero • Boutique de Cannes La Bocca : Pilot Shop – Aéroport de Cannes – 06150 Cannes La Bocca (✆ 04 93 90 67 05) – E-mail : pilotshop@free.fr - Site Internet : www.pilot-shop.fr • Boutique de Monterblanc : Aérodrome de Vannes-Meucon – 56250 Monterblanc (✆ 06 19 58 80 73) – E-mail : contact@airlag.com - Site Internet : www.airlag.com • Boutique de Nogent-sur-Marne : 38, rue Thiers – BP 12 – 94731 Nogent-sur-Marne Cédex (✆ 01 49 74 69 69) – E-mail : info@volez.com - Site Internet : www.volez.com

■ **ATLANTAS**
BP 51013
9, boulevard Guist'Hau
NANTES ✆ 02 51 72 38 38
www.atlantas.fr
Cabinet de courtage spécialisé dans la couverture des risques aériens, ATLANTAS vous permet de prendre votre envol en toute sécurité. ATLANTAS assure des avions, des aéro-clubs, des jets commerciaux et non commerciaux, des montgolfières... ATLANTAS propose des solutions complètes et vous trouverez sans aucun doute la formule qui vous convient. N'hésitez pas à les contacter pour une étude personnalisée, ils réaliseront, pour votre compte un appel d'offre auprès des meilleures compagnies d'assurances

■ **BISON FUTÉ**
41, rue de Maubeuge (9e)
PARIS ✆ 01 48 05 56 55
www.bisonfutecuir.fr
contact@bisonfutecuir.fr
Magasin ouvert du lundi au vendredi de 9h à 12h30 et de 14h à 18h30. Horaires d'été : de mai à septembre : le magasin est fermé le samedi.
Bison Futé est la référence en termes de cuirs ! Proposant des vêtements de cuir de grande qualité, la boutique se veut aussi et surtout spécialiste de vêtements spécifiquement destinés aux pilotes d'avions. Pour preuve de sa notoriété en la matière : Bison Futé n'est pas moins que le fournisseur officiel de l'armée de l'air ! Une boutique sous le signe de l'aviation donc pour le plus grand plaisir des pilotes qui apprécient déjà et, pour ceux qui ne connaissent pas encore, qui apprécieront. Blousons tous aussi beaux les uns que les autres, de styles différents mais toujours d'une qualité incomparable, vous trouverez forcément votre bonheur parmi les *Flights* des années mythiques de l'aviation et autres vestes aéropostales, bombardiers, Jaguar, Flight vachette, blousons imprimés ou avec une chaude doublure... Le blouson d'aviateur qu'il vous faut et dont vous rêvez est chez Bison Futé !

Autre adresse : Autres points de vente : AJB Salis à La Ferté-Alais (91) ; La Boutique du Pilote à Toussus le Noble (78) ; Boutique Aéro à Blagnac (31) ; Friebe France à Cannes – La Bocca (06) ; Globaero Shop Paris (75012) ; Kiss Landing à Caen-Carpiquet (14) ; Liquidoma à Bruxelles ; Pilote Shop au Luxembourg ; SEAM à Montpellier (34) ; Sud Air Équipement à Aix-les-Milles (13) ; Aéro Superbatics au Royaume-Uni ; Outremer à Paris 11e et Doursoux à Paris 15e.

GLOBAEROSHOP

7 bis, boulevard de Picpus (12e)
PARIS
© 01 55 78 21 65
www.globaeroshop.com
contact@globaeroshop.com
M° Bel Air ou Daumesnil

Ouvert le lundi de 9h30 à 13h et de 14h30 à 18h ; du mardi au vendredi de 10h30 à 13h et de 14h30 à 19h ; le samedi de 10h30 à 13h et de 14h à 18h30. Boutique de Moussy-le-Neuf : Ouverture du lundi au vendredi : 9h à 12h et 14h à 17h.

Avec ses 2 boutiques (l'une à Paris, l'autre à Moussy-le-Neuf, à proximité de Roissy CDG) et sa vente en ligne, Globaeroshop propose une gamme complète de produits (plus de 5 000 références en stock !) aux pilotes et passionnés, qui trouveront écoute, qualité, grand choix et tarif étudié ! Venez découvrir toute la gamme de Globaeroshop en boutique ou sur son site Internet : Avionique, sacs et sacoches, librairie, médiathèque, bandes dessinées, jouets, maquettes, bijoux, montres et chronos, maroquinerie, vêtements, objets de décoration et idées de cadeaux, cartes, casques et micros, entretien et accessoires, GPS, ingrédients et lubrifiants, instruments de bord, matériel de vol, outillage et pièces détachées, accessoires radio et intercom, systèmes anticollision, matériel simulation de vol... Le choix est vaste et l'accueil chaleureux : alors, rendez-vous aux pilotes est donné chez Globaeroshop !

Autre adresse : Globaeroshop : rue du Bonneret, ZA La Barogne, 77230 Moussy-le-Neuf (01 60 03 85 30)

AON

31-35, rue de la Fédération (15e)
PARIS
© 01 47 83 10 10
www.aon.fr
assurancesffa@aon.fr

Ouvert du lundi au vendredi de 9h à 12h et de 14h à 19h, et le samedi de 9h à 12h.

Numéro 1 mondial du courtage en assurances, Aon accompagne les grands groupes internationaux, les PME-PMI, les professionnels et les particuliers dans l'évaluation et l'adaptation de solutions de gestion de leurs risques et l'optimisation de leurs coûts. En France, ce ne sont pas moins de 1 200 collaborateurs qui s'investissent auprès des professionnels et des particuliers pour apporter le savoir et le savoir-faire du groupe Aon. Notons que Aon, courtier d'assurance de la Fédération Française Aéronautique, accompagne la FFA pour la mise en place de contrats d'assurance adaptés aux spécificités aéronautiques et met à la disposition de la FFA une plate-forme de gestion qui répond aux questions d'assurance des pilotes licenciés. Notons que toute l'équipe Aon peut également répondre aux sollicitations des pilotes pour leurs assurances personnelles : assurance auto ou habitation !

La Butte de Montfaucon.

LA BOUTIQUE DU PILOTE

25, rue de la Convention (15e)
PARIS
✆ 01 45 75 72 27
www.boutique-du-pilote.com
infos@boutiquedupilote.fr
M° Javel

Boutique à Paris : du mardi au samedi de 10h30 à 13h30 et de 14h30 à 19h. Boutique de Toussus : 10h à 13h30. Et de 14h30 à 17h45. Du mardi au vendredi de 10h à 18h. Boutique de Lyon-Bron : du lundi au jeudi de 9h30 à 12h30 et de 13h30 à 17h30. Vendredi non-stop de 9h30 à 19h. Samedi de 9h30 à 12h30 et de 13h30 à 17h30.

La boutique du pilote propose de la vente en ligne sur le web depuis 1998 ! Des années que cette boutique est forte de son succès bien mérité. Si vous résidez ou passez près de Paris, Toussus-le-Noble ou Lyon-Bron, n'hésitez pas à faire un tour à l'une de ces trois boutiques où vous serez accueilli chaleureusement pour découvrir les dernières nouveautés, les produits du musée Air France, ainsi que de toutes nouvelles bandes dessinées ! Sur le site Internet de la boutique ou en magasin, vous pourrez, en passionné d'aviation, faire votre shopping et votre choix parmi les ouvrages de la librairie, dont des bandes dessinées, les casques, radios et accessoires, les cartes et documentations, les bâches, les pièces mécaniques et autres consommables, les accessoires d'avion, les DVD, les logiciels de navigation et autres logiciels de simulation assistée par ordinateur, les montres, bagages, protège-documents, maquettes, cadeaux et gadgets, les produits du musée Air France, les balises, GPS et accessoires de navigation, les blousons, uniformes, combinaisons, galons, badges et insignes, cravates, écharpes et foulards et autres lunettes et casquettes... La boutique du Pilote est la première boutique aéronautique en ligne et, comme nous, vous l'aimerez et ne pourrez plus vous en passer !

Autre adresse : Boutique du Pilote à Toussus (78) : Aéroport de Toussus-le-Noble (78117) Tél. 01 39 56 25 60.

AIR COURTAGE ASSURANCES

Hôtel d'entreprises Pierre Blanche
Allée des Lilas
Parc Plaine de l'Ain
SAINT-VULBAS
✆ 04 27 46 54 00
www.air-assurances.com
info@air-assurances.com

Horaires d'ouverture : du lundi au jeudi 9h-12h et 14h-18h. Vendredi 9h-12h /14h-17h30.

Excellent courtier indépendant auprès des plus grandes compagnies d'assurances, Air Courtage Assurances s'applique à représenter les intérêts de ses clients auprès des assureurs. Une équipe de professionnels compétents met sa longue expérience dans ce domaine au service de ses clients, y compris pour des produits touchant à des domaines spécifiques tels que le domaine de l'assurance aéronautique (et c'est bien là ce qui fait leur spécificité et leur raison d'être parmi les bonnes adresses à retenir dans votre Petit Futé de l'aviation de loisir). A ce jour, plusieurs dizaine de milliers de clients font déjà confiance à Air Courtage assurances. Implantée dans l'Ain, au nord-est de Lyon, toute l'équipe de Aire Courtage Assurances saura répondre à vos questions et vos attentes, alors n'hésitez pas à les contacter au plus vite !

Les îles Saint-Marcouf, sur la côte est du Cotentin.
Elles font partie du domaine privé de l'Etat et sont interdites d'accès.

ICOM France adopte la nouvelle règlementation

Depuis janvier 2014, la réglementation concernant les radios embarquées à bord des aéronefs a été modifiée. Il faut désormais un espacement de 8,33 kHz entre les canaux. Face à ces nouvelles exigences, ICOM France s'est efforcé de s'adapter rapidement en proposant aux utilisateurs de nouveaux émetteurs-récepteurs IC-A6FRII et IC-A24FRII qui offrent un espacement de canaux de 8,33 kHz et 25 kHz. Ce sont les seuls portables agréés par la Direction Générale de l'Aviation Civile (Agrément n° AGR 12-041 DGAC). Les anciens modèles IC-A6FR et IC-A24FR ne permettant un espacement de canaux que de 25 KHz ne sont plus autorisés depuis l'entrée en vigueur de la nouvelle législation.

■ ICOM FRANCE SAS
ZAC de la Plaine
1, rue Brindejonc-des-Moulinais
BP 45804 – TOULOUSE
✆ 05 61 36 03 03
www.icom-france.com
ICOM France est spécialisée dans le domaine des radiocommunications terrestre aéronautique et maritime. Créée en1976, l'entreprise ICOM France est le représentant du fabriquant ICOM Inc., l'un des leaders mondial du secteur.

■ FRISOMAT
17, rue Paul-Langevin
SEVRAN ✆ 01 48 67 53 53
www.frisomat.fr
infoparis@frisomat.fr
Ouvert du lundi au vendredi de 9h à 12h30 et de 14h à 18h.
Les avions de loisir aiment Frisomat et Frisomat aime les avions de loisir ! Parce que Frisomat conçoit des hangars spacieux, pratiques et adaptés aux besoins des pilotes... Parce que Frisomat conseille et accompagne dans le choix du hangar qui correspondra le plus aux attentes et aux spécificités de votre terrain et de vos activités... Comme beaucoup, faites confiance à Frisomat pour la construction du hangar qui abritera le mieux vos avions ! N'hésitez pas à contacter Frisomat qui vous proposera, en plus, des prix défiant toute concurrence sur le marché ! Avec Frisomat, vous serez satisfaits rapidement, conseillés parfaitement, vous aurez une véritable écoute de votre demande et vos avions seront à l'abri dans un hangar de qualité, un bâtiment dont l'entretien sera facile (c'est l'un des autres atouts des constructions Frisomat) et où la réparation et le stationnement des petits avions seront possibles et aisés !

Autre adresse : Frisomat Sud : ZA de Fiancey 26250 Livron (✆04 75 61 00 67) infovalence@frisomat.fr

■ VOLIRIS
Centre d'Affaires de Moulins-M
Aérodrome
TOULON-SUR-ALLIER
✆ 08 99 23 57 26
Ouvert du lundi au samedi de 9h à 17h30.
L'adresse de référence en matière de réparation et de maintenance d'aéronefs et d'engins spatiaux est à Toulon-sur-Allier ! Avec Voliris, c'est en toute confiance que vous pourrez confier votre aéronef ! Excellent service, personnel qualifié et accueil charmant, Voliris est une adresse à retenir dans l'Allier !

■ VIJA AIRCRAFT ENGINES
96, avenue de la Colonne
TOULOUSE
✆ 05 31 98 40 54
Vincent Trincal ✆ 06 88 03 29 18
Jacques Trincal ✆ 06 16 44 91 03
http : //vija-engines.com
vijaengines@free.fr
Ouvert toute l'année, du lundi au samedi toute la journée, le dimanche matin. Horaires variables.
Chez Vija Aircraft Engines, vous trouverez de quoi vous équiper d'un moteur performant, à la pointe de la technologie et de grande qualité. Avec une technologie qui a fait ses preuves depuis presque 20 ans, les moteurs Vija – modèles VIJA J-12Si (J-10A), VIJA AG-12Si (J-12A) et VIJA J-16Ti (J-16T) – sont reconnus et connus pour leur valeur sûre. Imbattables, ils sont les meilleurs sur l'économie de carburant qu'ils permettent et sur le plan de la fiabilité (grâce à leur système d'injection électronique). Pouvant être utilisés en mode tractif ou propulsif, les moteurs Vija ont un système de refroidissement global par huile qui permet un maintien en température optimum. Un excellent compromis qui s'adapte à tous les aéronefs : ULM, autogires, avions légers... Une adresse à retenir !

Volez en toute sérénité !
IC-A6FRII
IC-A24FRII
Conformes à la nouvelle règlementation applicable au 1er janvier 2014, ces appareils offrent un espacement de canaux de 8,33 kHz et 25 kHz.
Les IC-A6FRII et IC-A24FRII sont les seuls portatifs agréés par l'administration pour être utilisés comme radio principale d'un aéronef de type ULM, CNRA, CNRAC ou CNSK (niveau de vol inférieur au FL150 et vitesse max 300 Km/h).
IC-A15
IC-A15S
Facile d'utilisation et de conception robuste, pour des transmissions performantes ! Existe en version avec et sans clavier.
Espacement des canaux
8,33 et 25 kHz
Les seules VHF aviation portables agréées DGAC ! Agrément N°AGR12-041 DGAC
IC-R6
Récepteur portatif 0,15-1300 MHz Triple scanning.
IC-A110EURO
L'outil de communication indispensable pour les équipes de piste et les services aeroportuaires.
ICOM
ICOM France, leader en radiocommunication aviation vous propose toute une gamme de radios disponibles dans son réseau de distribution
N'hésitez pas à nous contacter : 05 61 36 03 03
Site internet ICOM : http://www.icom-france.com

S'informer

■ **LA DIRECTION GÉNÉRALE DE L'AVIATION CIVILE (DGAC)**
50, rue Henri Farman (15e)
PARIS ✆ 01 58 09 43 21
www.developpement-durable.gouv.fr
La Direction Générale de l'Aviation Civile (DGAC) est une administration française. Rattachée au ministère de l'Ecologie, de l'Energie, du Développement durable et de la Mer, elle regroupe l'ensemble des services de l'Etat chargés de réglementer et de superviser la sécurité aérienne, le transport aérien et les activités de l'aviation civile en général. L'un de ses interlocuteurs est la Fédération Française Aéronautique, avec qui elle contribue à la mise en œuvre de la réglementation et à la défense des intérêts des pilotes privés. Enfin dans sa mission de garantir la sécurité et la sûreté du transport aérien, la DGAC met un point d'honneur à suivre la logique du développement durable pour accomplir son action.

Fédération

■ **FÉDÉRATION FRANÇAISE AÉRONAUTIQUE**
155, avenue de Wagram (17e)
PARIS ✆ 01 44 29 92 00
Voir page 21.

Associations

■ **AMICALE JEAN-BAPTISTE SALIS**
Aérodrome de Cerny La Ferté–Alais
LA FERTÉ-ALAIS ✆ 01 64 57 55 85
www.ajbs.fr
Le secrétariat est ouvert du lundi au samedi de 9h à 12h30 et de 13h30 à 17h, fermé le jeudi et le dimanche.
Pour mémoire et continuité aux « Pilotes du souvenir », créée en 1929 par Jean-Baptiste Salis, l'Amicale Aéronautique de Cerny, autrement nommée l'Amicale Jean-Baptiste Salis depuis 1972, vise à préserver et entretenir des avions de collection, qui, grâce à l'association restent aujourd'hui encore en état de vol (30 avions historiques sont aujourd'hui encore en état de vol grâce à l'association) et contribuent à enrichir le patrimoine aéronautique français. Dans ce même esprit de valoriser et préserver ce patrimoine, l'association s'emploie à construire aussi des avions légendaires et historiques. Les membres de l'association Jean-Baptiste Salis partagent et font partager leur passion pour l'aéronautique en toute amitié. C'est donc sans hésiter que nous vous invitons à leur rendre visite... Une visite qui sera à n'en point douter des plus plaisante, amicale, instructive et passionnante ! Ici, la passion pour l'aéronautique se transmet dans la pratique du pilotage comme dans le hangar du musée Jean Salis (un musée que vous retrouverez à la rubrique « Musées » de votre guide futé).

■ **ASSOCIATION LES CHEVALIERS DU CIEL**
7, place des Jacobins
BP 425
NARBONNE
✆ 04 68 41 20 97
www.revesdegosse.com
jean-yves.glemee@chevaliersduciel.com
Une permanence est assurée tous les jours de 9h à 12h, et de 13h30 à 15h30.
Quels autres mots que « bravo » et « merci », peut-on dire à l'association Les Chevaliers du Ciel pour les féliciter et les encourager dans leur action ? Aucun ; bravo et merci à Jean-Yves Glemee, président et fondateur de l'association, à tous ses membres actifs et à toutes les personnes, autres associations, partenaires et clubs qui participent, encouragent, aident et soutiennent de près ou de loin l'association (n'hésitez d'ailleurs pas à soutenir à votre tour leur action) ! Voilà des années que les Chevaliers du ciel font rêver et voler des enfants handicapés, dits « extraordinaires » et des enfants dits « ordinaires » ! L'objectif réussi de l'association : réunir dans un cadre exceptionnel et dans une activité qui suscite le rêve, des enfants souffrant d'un handicap moteur ou mental et des enfants valides, pour générer entre eux amitié, tolérance et acceptation de l'autre ! Une acceptation qui va, avec les enfants, souvent au delà des espérances des adultes : avec eux, les différences s'effacent et la cohésion et l'amitié deviennent totales ! Pour arriver à cette formidable leçon de vie, les Chevaliers du Ciel invitent les enfants de toute la France à partager leur aventure « Rêves de gosses ». Le concept ? Enfants handicapés et enfants « ordinaires » embarquent ensemble à bord d'un avion et partagent, le temps d'un vol, d'inoubliables sensations, de fabuleux souvenirs et de sublimes images : des paysages vus d'avion à jamais gravés dans leur mémoire ! Bravo et merci aux Chevaliers du ciel pour réaliser tous ces « Rêves de Gosses » et pour les belles leçons de citoyenneté qu'ils donnent à des milliers d'enfants !

■ **LES VIEILLES TIGES**
228-230, rue Lecourbe
(Angle rue de Javel et rue Cournot) (15e)
PARIS ✆ 01 40 28 00 16
www.vieillestiges.com
contact@vieillestiges.com
« Pionniers », revue trimestrielle d'histoire de l'aéronautique publiée par l'association des Vieilles Tiges : 21 € l'abonnement.
Vous avez ou avez eu un brevet de naviguant et vous souhaitez partager votre passion de l'aéronautique entre amis pilotes ? Filez à la rencontre des membres de l'association des Vieilles Tiges ! L'appellation amusante annonce la bonne humeur qui règne dans cette association ! Une association qui vous permettra de faire la rencontre de personnes passionnantes et passionnées, d'amis, des pilotes d'essai, des pilotes privés, des pilotes de ligne, des voltigeurs, des instructeurs, des pilotes de la patrouille

de France... Une association qui vous proposera de vous abonner à leur revue trimestrielle qui vous enseignera beaucoup sur l'histoire de l'aviation... Une association qui honore par sa dynamique et sa convivialité, de grands noms qui y ont figuré comme Clément Adler, Louis Blériot, Iouri Gagarine, Roland Garros, Jean Mermoz, Charles Nungesser ! Au programme : déjeuners, participations à des salons, meetings et rassemblements aéronautiques, rencontres et sorties !

■ ASSOCIATION FRANÇAISE DES FEMMES PILOTES

6, rue Galilée (16e)
PARIS ✆ 06 42 99 46 22
http : //femmes-pilotes.com
secretaire@femmes-pilotes.com

Permanence tous les jours de 9h30 à 16h.

Il a fallu un certain temps et surmonter des difficultés pour que le terme de « pilote » se conjugue au féminin ! C'est aujourd'hui chose faite : les femmes ont leur place dans l'aéronautique, tant dans la pratique de l'aviation comme un loisir que sur le plan professionnel. Mais comme il est toujours bon et nécessaire d'entretenir cet acquis (finalement assez récent dans l'histoire de l'aéronautique) et d'encourager les femmes à le devenir, l'on ne peut que se réjouir de l'existence, depuis sa création en 1971 par un groupe de femmes pilotes, de l'association française des femmes pilotes ! Le but de l'association : faciliter la promotion et l'intégration des femmes dans le milieu aéronautique, encourager les jeunes femmes pilotes et créer des liens intergénérationnels, ainsi qu'entretenir la mémoire des pionnières de l'aéronautique à qui les femmes doivent aujourd'hui leur présence possible parmi les hommes pilotes. Pour atteindre ces objectifs et fédérer entre elles les femmes pilotes dans toute la France, l'association organise des rencontres, des stages, des visites, des sorties... Mesdames, mesdemoiselles pilotes qui ne faites pas encore partie de l'association française des femmes pilotes, n'hésitez pas à vous joindre à ses sympathiques et dynamiques membres ! Mesdames, mesdemoiselles, chez qui la passion de l'aviation sommeille, vous savez ce qu'il vous reste à faire !

■ ASSOCIATION DES AMIS DU MUSÉE SAFRAN (AAMS)

Rond-point René-Ravaud
RÉAU ✆ 01 60 59 72 58
www.museesafran.com
aams@museesafran.com

Entrée libre et gratuite au musée. Horaires du musée aéronautique et spatial du groupe Safran : ouvert le mercredi de 9h à 12h et de 14h à 18h et le dernier samedi de chaque mois de 14h à 18h ou sur rendez-vous (pour les groupes).

L'association des amis du musée Safran s'illustre, comme son nom l'indique, au musée de l'Aéronautique et spatial du groupe Safran. Chaque visite du musée est d'ailleurs commentée par l'un des membres de l'association. Dans ce musée, les amoureux de l'aviation se plairont à revivre la fabuleuse aventure humaine qu'elle constitue. Au travers d'une collection unique de plus de 100 moteurs d'avions, de fusées et d'hélicoptères, mais aussi de trains d'atterrissage, de freins et d'autres équipements, c'est tout un parcours chronologique qui est proposé aux visiteurs. Situé dans un hangar à l'origine construit pour abriter des hydravions dans les années 1930, le musée aéronautique et spatial du groupe Safran ne fera que des heureux parmi les passionnés d'avion et tous les autres qui auront le plaisir de suivre cette visite aussi plaisante qu'instructive.

■ MEMORIAL-FLIGHT

6, rue d'Artois
RIS-ORANGIS
http : //memorial.flight.free.fr
memorial.flight@free.fr

Créée en 1988, l'association Memorial-Flight entretient, comme son nom l'indique, la mémoire... La mémoire de l'histoire de l'aviation. Elle contribue dans ce cadre à la préservation et à l'enrichissement du patrimoine aéronautique français. Pour ce faire, l'association jouit d'une utile et précieuse collaboration avec le Musée de l'Air et de l'Espace : le musée met notamment à la disposition de l'association un atelier où Memorial-Flight s'affaire à restaurer et reconstruire des appareils (un atelier aujourd'hui certifié en qualité d'unité d'entretien par la Direction Générale de l'Aviation Civile et ce depuis 1999). Il va de soit que la période historique la plus marquée en termes d'aviation tient une grande place au sein de l'association : la première guerre mondiale. Afin de préserver et entretenir le patrimoine historique de l'aéronautique, Memorial-Flight collecte des informations du type plans, pièces et documentations diverses. Leurs sources ? Les musées français et étrangers (Memorial-Flight est d'ailleurs membre de British Preservation Council et a, de plus, signé une convention avec le musée de Berlin en mai 1994) ainsi que des collections personnels de particuliers. Vous pourrez retrouver les avions restaurés par l'association sur l'aérodrome de Cerny/La Ferté Alais !

■ ASSOCIATION DASSAULT PASSION

78, quai Marcel Dassault – Cedex 300
SAINT-CLOUD

Depuis 2003, année de sa création, l'association Dassault Passion s'emploie à préserver le patrimoine aéronautique lié aux avions Bloch, Breguet et Dassault. Pour cela, l'association participe à différents meetings et rassemblements aéronautiques, réunit des passionnés autour de sa vocation et prend soin de maintenir en état des avions, en s'affairant à leur rénovation et à leur remise en état. Où ? Et bien ces rénovations et entretiens se font en lieu et place des hangars de l'association à Bordeaux Mérignac, où sont stationnés les avions de Dassault Passion. Une association qui bouge et dont la notoriété est bien méritée !

CARNET DE VOL

Musées

■ MUSEE DE L'HYDRAVIATION

332, avenue Louis-Bréguet
BISCARROSSE ✆ 05 58 78 00 65
www.hydravions-biscarrosse.com

Ouverture en juillet et août de 10h à 19h non-stop (fermeture billetterie à 18h). Hors saison de février à juin et de septembre à décembre : de 14h à 18h (fermeture billetterie à 17h), fermé le lundi et jours fériés. Adulte : 5 €. Enfant (de 6 à 12 ans) : 2 €. Groupe (10 personnes) : 3 € (enfant 1 €. Accueil des groupes sur réservation, pour les scolaires, dossier pédagogique sur demande). Famille 14 € (2 adultes + 3 enfants). Demandeur d'emploi, Rmiste, handicapé 3 €. Chèque Vacances.

Un jour, Biscarrosse, village de résiniers, que rien ne désignait pour un destin aéronautique, fut choisi par Pierre-Georges Latécoère pour devenir le lieu de montage et d'essais des plus grands hydravions français. C'était en 1930 ; le lac de Biscarrosse vit ainsi partir plus de cent vingt hydravions gigantesques, les « paquebots des airs », à destination de New-York ou de Fort de France... Aux commandes de ces prestigieux appareils, des aviateurs comme Saint-Exupéry, Mermoz ou Guillaumet ont marqué de leur empreinte, l'histoire de l'aéronautique. Leurs exploits ont dépassé le simple fait de voler, ils ont créé la légende... Le Musée de l'Hydraviation, au label « Musée de France », situé sur le lieu mythique de l'ancienne base, vous raconte l'histoire mondiale, de son premier vol en 1910 à nos jours. Entrez dans la légende... et embarquez pour un voyage à travers les époques. Retrouvez à travers une collection unique de maquettes, pièces mécaniques, films et documents d'époque, toutes les émotions de cette épopée, l'une des plus belles pages de l'aviation française. Accueil des groupes sur réservation, pour les scolaires (dossier pédagogique sur demande). Expositions temporaires. Animations (tous publics). Centre de documentation et bibliothèque, ouverts sur rendez-vous (réponse à toute demande de recherche par télécopie, courrier postal, courrier électronique). Biscarrosse, véritable capitale de l'hydraviation, s'impose aujourd'hui comme référence internationale pour les amateurs et passionnés. Tous les deux ans, la ville de Biscarrosse en collaboration avec le musée organise un grand rendez-vous le week-end de l'Ascension.

■ MUSÉE VOLANT DE L'AMICALE JEAN-BAPTISTE-SALIS

Aérodrome de Cerny-La Ferté-Alais
LA FERTÉ-ALAIS
✆ 01 64 57 55 85
www.musee-volant-salis.fr
Situé à 18 km au nord-ouest de Milly-la-Forêt.

Fermé de décembre à février. Ouvert tous les jours de 9h30 à 12h et de 14h à 17h. Jusqu'à 18h le week-end. Gratuit jusqu'à 3 ans. Adulte : 6 €. Enfant (de 3 à 14 ans) : 4 €. Visite guidée (pour les groupes sur rendez-vous. Durée : 1h).

Pionnier de l'aviation, Jean-Baptiste Salis est le fondateur de l'aérodrome de La Ferté-Alais. Ce fut aussi un collectionneur passionné de « vieux coucous ». Suivant son exemple, l'amicale qui porte son nom s'est fixée comme objectif de restaurer et faire voler des dizaines d'avions anciens à hélices, dont le fameux Blériot XI de 1919. Son exceptionnelle collection comporte notamment des Piper club, un Mustang P 51 et un bimoteur Dee Havilland Dragon Rapide DH 89 qui fait la ligne Paris-Londres en 1937. Le week-end de la Pentecôte est le théâtre d'un grand meeting aérien durant lequel on peut voir voler ces magnifiques machines. Le Musée propose également des baptêmes de l'air à bord d'un Stinson Reliant (jet d'affaire des années 1930, de 85 à 105 € par personne), d'un Travel Air (biplan des années 1920, 250 € pour deux personnes), ou encore d'un Boeing Stearman, utilisé pendant la Seconde Guerre mondiale (250 € pour une personne, initiation au pilotage possible).

■ MUSÉE DE L'AIR ET DE L'ESPACE

Aéroport du Bourget
LE BOURGET
✆ 01 49 92 70 62 / 01 49 92 70 00
www.museeairespace.fr
RER B Le Bourget, puis bus n° 152, arrêt Musée de l'Air et de l'Espace.

Fermé le 1er janvier et le 25 décembre. Basse saison : ouvert du mardi au dimanche de 10h à 17h. Haute saison : du mardi au dimanche de 10h à 18h. Gratuit. Pour les expositions permanentes mais les autres expositions se visitent par pass : 1 animation à 8 € ; 2 animations à 13 € ; 3 animations à 16 €. Tarifs réduits : 6 €, 10 €, 12 €. Visite guidée. Restauration. Boutique. Animations.

Créé en 1919, il est le plus ancien musée aéronautique du monde. Établi au Bourget en 1975, ses collections

La gare d'Albert.

se sont enrichies au fil des ans. Du Blériot XI au Boeing 747 en passant par le Concorde, le Dakota, le Super Frelon, la capsule Soyouz T-6 et bien d'autres, on part à la découverte d'un monde qui fait toujours rêver... Car ici on voit l'envers du décor, les parties cachées, les coulisses de l'aéronautique... On embarque même à bord pour vivre les sensations des pilotes comme si l'on se trouvait à leurs côtés. Les simulateurs de vols ont un succès fou chez les enfants mais aussi auprès des adultes : ils s'installent aux commandes d'un avion, suivent un plan de vol, expérimentent les procédures utilisées par le pilote comme le décollage, le vol et l'atterrissage. Le premier week-end de chaque mois, le musée organise des mini-visites commentées pour appréhender l'un des grands thèmes de l'aéronautique et de l'espace. Enfin, au planétarium, on part à la conquête du royaume des étoiles et du soleil. Un espace est dédié aux enfants de 6 à 12 ans, Planète Pilote : plus de 40 animations interactives sur les thèmes de l'air et de l'espace.

■ **ESPACE AIR PASSION**
Anciennement musée régional de l'Air
Aéroport d'Angers Loire Métropole
MARCÉ ✆ 02 41 33 04 10
www.musee-aviation-angers.fr
info@musee-aviation-angers.fr
Basse saison : ouvert le week-end de 14h à 18h. Haute saison : du mardi au samedi de 14h à 18h ; le dimanche de 15h à 19h. En juillet-août, ouvert aussi le matin de 10h à 12h. Gratuit jusqu'à 7 ans. Adulte : 6 € (2 adultes et 2 enfants : 15 €). Enfant (de 7 à 18 ans) : 3 €. Groupe (15 personnes) : 4 €. Tarif réduit : 3 € ; Etudiant et personne en situation de handicap : 3 €. Label Tourisme & Handicap.
A proximité de l'aéroport d'Angers, le musée régional de l'Air présente une collection impressionnante de planeurs et avions restaurés (en état de vol ou en expo), que l'on découvre sur les 3 500 m² d'exposition que compte le musée. Cent ans d'aviation rassemblés pour tout connaître de l'histoire de la conquête des airs, marquée par des aventuriers téméraires, des tragédies et toujours l'avancée du progrès pour aller plus vite, plus loin, plus haut... Plans de vol mythiques, cartes, photos, fiches explicatives pour ne rien manquer. On peut aussi aller faire un tour dans la section consacrée au modélisme ou tester un simulateur de vols. Au programme de 2014 : la nuit des musées, le 17 mai, à partir de 21h. Dans la pénombre, découvrez l'étonnante collection du musée et les mystères de l'aviation ancienne. Ateliers de restauration, collection et réserves vous ouvriront leurs portes. Prévoir une lampe torche. Le 7 juin, soirée théâtro-gustative, à 20h30. Le musée et la troupe « Pincés de Scène » de Montreuil-Juigné présentent pendant 2 heures 30 l'histoire de l'aviation angevine au travers de saynètes. Dégustation des produits régionaux.

■ **MUSÉE AÉRONAUTIQUE ET SPATIAL DU GROUPE SAFRAN**
Rond-point René-Ravaud
RÉAU ✆ 01 60 59 41 66
www.museesafran.com
info@museesafran.com
Situé à proximité de l'aérodrome de Melun-Villaroche.
Ouvert le mercredi de 9h à 12h et de 14h à 18h. Le dernier samedi de chaque mois de 14h à 18h ou sur rendez vous pour les groupes. Gratuit.
Les amoureux de l'aviation se plairont à revivre cette fabuleuse aventure technologique et humaine. Au travers d'une collection unique de plus de 100 moteurs d'avions, de fusées et d'hélicoptères, mais aussi de trains d'atterrissage, de freins et d'autres équipements, c'est tout un parcours chronologique qui est proposé aux visiteurs. Situé dans un hangar à l'origine construit pour abriter des hydravions dans les années 1930, le musée aéronautique et spatial du groupe Safran ne fera que des heureux parmi les passionnés, ou non, d'avion et tous les autres qui découvriront cette visite aussi plaisante qu'instructive.

Presse

■ **AÉRO JOURNAL**
www.aero-journal.com
Bimestriel. Prix du numéro : 6,90 €.
Aéro Journal est un bimestriel grand public, anciennement intitulé Dog Fight. Il aborde l'histoire de l'aviation militaire pendant la Seconde Guerre mondiale. Désormais dans le giron de la maison d'édition Caraktère, Aéro Journal s'adresse avant tout aux passionnés d'engins militaires et plus particulièrement aux avions. Les passionnés d'aéronautique y trouvent leur bonheur pour un rapport qualité/prix très intéressant. Il est possible de le commander via le site Web.

■ **AIR ACTUALITÉS**
Mensuel. Prix au numéro : 5 €.
C'est le magazine professionnel mensuel de l'armée de l'Air, il cible donc avant tout le personnel et un public d'initiés. Air et Actualités traite de l'actualité à travers plusieurs thématiques : vie des professions et de l'armée de l'Air, évènements, métiers, formation, expériences, dossiers thématiques... Bon à savoir : les anciens numéros sont consultables gratuitement via le site officiel du ministère de la Défense.

■ **AIR ANSORAA**
✆ 05 46 92 86 72
www.ansoraa.fr
siege@ansoraa.fr
Trimestriel. Sur abonnement.
Trimestriel de l'Association Nationale des Sous-Officiers de Réserve de l'Armée de l'Air ; association réunissant les personnes qui ont servi dans l'Armée de l'Air tels que sous-officier, caporal-chef ou militaire technicien de l'air. Actualité, histoire, interviews, portraits, musées, vie des groupements et des sections sont au nombre des différentes rubriques de ce magazine.

Thiepval.

■ AIR & COSMOS

www.air-cosmos.com
air-cosmos@air-cosmos.com
Hebdomadaire. Prix au numéro : 4,90 €.
Cet hebdomadaire, créé en mars 1963, couvre avant tout l'actualité mondiale de l'industrie aéronautique et spatiale. Depuis ses débuts, ce magazine suit de près l'évolution de cette industrie, celle de ses produits civils et militaires, de ses clients et partenaires financiers. Tous les grands événements aéronautiques – en particulier le Salon du Bourget – sont aussi couverts par Air & Cosmos. De plus, chaque semaine, la revue propose à ses lecteurs un dossier spécial à un thème majeur du secteur... Pas étonnant donc qu'aujourd'hui Air & Cosmos soit considéré comme la référence en matière d'informations aéronautiques par l'industrie et ses clients dans tous les pays francophones.

■ AVIASPORT

www.aviasport.fr
Mensuel. Prix au numéro : 6,90 €.
Informer les pilotes et défendre leurs activités... Tels sont les objectifs que s'est fixés depuis 1954 Aviasport, respectant ainsi les souhaits de son créateur, Raymond Siretta. Aviasport est considéré comme le premier mensuel d'aviation a participer à toutes les évolutions, et en a initié beaucoup. De l'aviation légère et sportive à l'aviation de loisirs d'aujourd'hui en passant par l'aviation privée ou d'affaires, Aviasport tente chaque mois de répondre aux demandes des pilotes professionnels sans cesse plus nombreuses, plus poussées et n'hésite pas à réviser les fondamentaux du pilotage, sans oublier également des récits de voyages qui apportent la part de rêve attendu et qui perpétuent la passion des toutes ces aventures humaines.

■ AVIATION CIVILE MAGAZINE

Parution aléatoire. Sur abonnement.
Aviation civile magazine est une publication destinée aux personnels de la DGAC. A ce titre, elle vise à informer les personnels sur les missions de la DGAC, ses projets, ses métiers et plus largement sur le secteur de l'aviation civile. Aviation civile magazine s'adresse aussi aux partenaires de la DGAC (compagnies, constructeurs, aéroports, institutions, etc.).

■ AVIATION ET PILOTE

www.aviation-pilote.com
Mensuel. Prix au numéro : 5,95 €.
Créé en 1973, Aviation et Pilote est le premier mensuel indépendant d'information sur l'aviation générale et commerciale ainsi que sur les activités aériennes de loisirs et de tourisme. En relation permanente avec les différents acteurs du secteur de l'aérien, la rédaction d'Aviation et Pilote élabo re tous les mois des articles, des enquêtes, des dossiers spécialisés permettant de porter à la connaissance de nos lecteurs les nouveautés, les tendances, la réglementation mais aussi un retour d'expérience incontournable pour les pilotes et futurs initiés. Les membres et collaborateurs d'Aviation et pilote, pour la majorité pilotes – privés ou professionnels – n'ont qu'un objectif : transmettre leur passion et informer pour mieux voler !

Faites le plein de
SÉCURITÉ
AVGAS UL 91
Garanti sans éthanol
Conçu spécifiquement pour l'aviation ultra-légère
Approuvé par Rotax et Lycoming *
Répond à la norme ASTM D7547
* Consulter la liste des moteurs agréés dans :
• Rotax Service Instruction SI-912-016R5 et SI-914-019R5
• Lycoming Service Instruction SI-1070R et SI-1070S
Se référer aussi au « Safety Information Bulletin N° 2011-01R2 » de l'EASA.
Scannez ce QR code sur votre smartphone pour plus d'informations.
L'énergie est notre avenir, économisons-la !
www.total.fr
Vous ne nous choisirez pas par hasard
TOTAL

AVIATION INTERNATIONALE

www.aviation-international.aero

Mensuel. Prix au numéro : 6,90 €.

Magazine mensuel d'aviation générale, destiné spécialement aux pilotes, propriétaires, exploitants et professionnels, permettant de retrouver toute l'actualité, des dossiers techniques, des essais d'aéronefs (ULM, avions légers, avions d'affaires, hélicoptères) mais aussi des compte-rendus de salons, des fiches techniques ou bien encore des récits de voyages, des dossiers pilotage et des petites annonces sans oublier l'Argus officiel.

AVIONS

www.avions-bateaux.com

Prix du numéro : 8 €.

Depuis 1993, Avions présente à ses lecteurs des profils de types d'avions, des forces aériennes et des pilotes remarquables. Couvrant toutes les périodes de l'histoire de l'aviation depuis ses débuts, et dans de nombreux pays, à grand renfort de photographies en noir et blanc, de dessins, d'écorchés et profils en couleur, Avions propose également des sujets approfondis développés sur plusieurs numéros.

AVIONS ET COMPAGNIES

www.avions-et-compagnies.com
info@avions-et-compagnies.com

Trimestriel.

Avions et Compagnies, est à ce jour le seul magazine en français dédié exclusivement au voyage aérien. Rédigé et géré par une équipe de professionnels passionnés par l'aéronautique, il s'adresse aussi bien à l'amoureux des avions et des compagnies aériennes qu'au touriste comme au businessman.

BATAILLES AÉRIENNES

www.avions-bateaux.com

Trimestriel.

Publiée par les éditeurs de la revue Avions Lela Presse, cette revue, de 80 pages en moyenne, détaille les grandes batailles de la Seconde Guerre mondiale en présentant les forces en présence de chaque camp avant la bataille ainsi que les principaux types d'avions impliqués à travers des fiches monographiques comportant des profils en couleur, des plans 3-vues et leurs spécifications.

LE FANA DE L'AVIATION

Mensuel. Prix au numéro : 6,40 €.

Née en 1969, le Fana de l'aviation fait partager à ses lecteurs des témoignages et des analyses historiques qui s'appuient sur la coopération des meilleurs historiens de différents pays. Il suit également l'actualité des avions de collection qui volent toujours et des meetings aériens à travers le monde. La qualité de ses monographies, le choix de ses illustrations souvent inédites, une iconographie riche et souvent rare pour soutenir des textes denses et très documentés séduiront tous les lecteurs passionnés.

FLY INTERNATIONAL

www.fly-international.fr
evelyne.rccars@orange.fr

Mensuel. Prix au numéro : 6,50 €.

Revue mensuelle grand public dédiée à l'aéromodélisme. Tests matériels, reportages, salons, actualité...

HELICOPTER MAGAZINE EUROPE

www.helicomag.com

Bimestriel bilingue.

Anciennement Hélicoptère business loisirs, Hélicoptère news & business, puis Hélicoptère magazine, Helicopter Magazine Europe – son nom actuel –, est un bimestriel dédié au marché civil de l'hélicoptère, avec pour particularité, celle de proposer ses textes en français et en anglais.

HÉLICO REVUE

www.helico-revue.ch

Bimestriel. Prix au numéro : 8,50 €.

Bimestriel édité en Suisse et entièrement dédié à l'hélicoptère sous toutes ses formes. Des modèles réduits, aux maquettes jusqu'aux engins grandeur nature, Hélico Revue propose de nombreux reportages avec test, poster, portraits de sociétés, histoire, technique, etc.

ICARE

www.revue-icare.com
revueicare@aol.com

Trimestriel. Prix au numéro : 18,00 €.

Destinée à tous les passionnés d'aviation et d'histoie, cette publication trimestrielle est réalisée par des membres du SNPL (Syndicat National des Pilotes de Ligne) et dédiée à l'histoire de l'aviation et à ses moments épiques.

INFO PILOTE

www.info-pilote.fr

Mensuel. Prix au numéro : 5,70 €.

Info Pilote est le 1er magazine mensuel aéronautique traitant de l'aviation légère, de loisir et sportive. Disponible uniquement sur abonnement, Info Pilote est le magazine de la Fédération Française Aéronautique (FFA). Mensuel s'adressant principalement aux pilotes privés, il propose chaque mois un tour d'horizon de l'actualité du monde de l'aéronautique à travers des reportages sur les salons, les nouveaux aéronefs et autres produits, l'actu des aéro-clubs mais aussi des essais en vol, d'avions modernes ou anciens, parfois même de warbirds ! De plus, à travers le « cahier de la Fédération », il permet à chaque pilote d'être informé des actions menées par la FFA, sans oublier une rubrique Sécurité pour approfondir ses connaissances et, la mise en avant dans chaque numéro, d'un aérodrome français et de son activité.

L'Airbus A300-600ST dit avion Beluga.

■ MICRO SIMULATEUR

www.micsim.com

Mensuel. Prix au numéro : 7,70 €.

Unique en son genre, le mensuel Micro Simulateur est la référence incontournable de tous les passionnés de simulation aéronautique et militaire mais également terrestre et maritime. Micro Simulateur décrit en profondeur les logiciels aériens sous forme de dossiers ou de fiches pratiques et les pousse jusqu'à leurs limites. Les débutants y trouvent de nombreux articles d'initiation, et les joueurs confirmés des dossiers pointus validés par tous les professionnels du secteur.

■ MODÈLES MAGAZINE

Mensuel. Prix au numéro : 5,95 €.

Tous les mois Modèles Magazine vous propose le vrai plan original encarté double face (57 x 82 cm) d'un modèle original accompagné d'une présentation technique détaillée de plusieurs pages permettant sa réalisation. On y retrouve également toute l'actualité du modélisme avion, des dossiers techniques complets, le cahier Planeur VZ et des petites annonces. Modèle Magazine conjugue loisir et passion avec un même dynamisme et traite de l'information sous des aspects à la fois pratique, technique et ludique permettant de brosser un panorama complet d'un loisir extrêmement riche et varié, à travers des articles de fonds tels que reportages, essais, dossiers techniques... Rédigé par une équipe de spécialistes maîtrisant chacun des domaines aussi pointus que la voltige, le planeur, l'électrique, la maquette ou l'électronique, Modèle Magazine est la lecture idéale pour tous les modélistes qui veulent avoir la tête dans les nuages tout en gardant les pieds sur terre.

■ LE MONDIAL DE L'AVIATION DE LOISIR

www.vol-libre.fr

Seulement 9,95 € pour cet incontournable de la presse aéronautique ! Diffusé à 100 000 exemplaires et édité en 4 langues (en version française, en version anglaise, en version allemande et en version chinoise), le Mondial de l'aviation est la plus célèbre des parutions de l'été en association avec plusieurs magazines internationaux. On y retrouve des informations sur toutes les formes de vol, mais aussi sur différents aéronefs : paramoteurs, ULM, avions de construction amateur, monomoteurs certifiés, ainsi que sur les équipementiers... Un magazine très complet et un outil indispensable, un excellent carnet d'adresse, même, qui rassemble nombreux contacts bons à connaître des pilotes.

■ MRA

www.mra-magazine.com

Bimestriel.

Avec les progrès des moteurs électriques et des batteries, les performances deviennent intéressantes, les modélistes reviennent à la turbine électrique. Cette fois, exit les problèmes de démarrage et de réglages, exit les pannes subites connues avec les moteurs thermiques hyper sollicités. Avec l'électrique, on charge la batterie, on actionne un inter et c'est tout... Conscients du parti qu'ils peuvent en tirer, les fabricants s'engouffrent dans la brèche et proposent pléthore de kits de jets. Pour entraîner ces avions, il faut une turbine. Ici aussi, l'offre est phénoménale, on y trouve le meilleur comme le pire : des turbines de divers diamètres des plus petites au plus grandes, des produits en vulgaire plastique ou du tout carbone, bref un choix énorme dans lequel il est facile de se perdre. C'est pour vous aider dans votre sélection et pourquoi pas, dans la conception de votre premier jet que MRA vous propose de vous accompagner dans cette aventure entièrement dédiée à l'aéromodélisme. Magazine destiné, vous l'aurez compris, aux passionnés de modélisme, MRA propose des analyses et essais, donne des conseils techniques et pratiques tout en proposant des reportages liés l'actualité du modélisme, le tout, accompagné de plans et autres dossiers spéciaux.

■ PILOTER

www.pilotermag.com
redaction@pilotesmag.com

Bimestriel. Prix au numéro : 7,50 €.

Rédigée par une équipe de passionnés d'aviation, tous pilotes, réunis par l'éditeur Altipresse, spécialisé dans le domaine aéronautique depuis plus de 10 ans, Piloter est destinée aux pilotes d'avions, d'ULM et d'hélicoptères légers, qu'ils volent en club ou non, que les machines soit certifiées ou non, de construction industrielle ou amateur, y compris les appareils de collection. Piloter propose entre autres un dossier sur un thème donné ainsi qu'un cahier technique présentant les derniers points en matière de réglementation, espace aérien, pilotage, sécurité des vols, etc. Piloter s'est donné pour objectif d'aider les pilotes dans leur pratique au quotidien, être au cœur du débat et participer à la défense de l'aviation générale, bien menacée ces derniers temps. C'est donc une revue militante, qui n'hésitera pas à dénoncer les dysfonctionnements et les freins mis au développement de cette activité en France.

■ PLEIN VOL

www.pleinvol.com
info@pleinvol.com

Bimestriel. Prix au numéro : 6,00 €.

Publié au Québec depuis 1997, Plein Vol est un magazine spécialisé portant sur le milieu de l'aéronautique. Entièrement, Plein Vol offre à ses lecteurs un contenu varié avec des articles inédits, signés par des professionnels du domaine aéronautique, qui portent sur des sujets aussi divers que les nouvelles technologies, les grandes industries et PME, les essais en vol, l'histoire aéronautique et l'aviation de loisirs. Plein Vol est au nombre des références incontournables pour quiconque souhaite connaître en profondeur tous les aspects de cette industrie.

■ RC PILOT INTERNATIONAL

www.rcpilot-online.com
webmaster@rcpilot-online.com

Mensuel. Prix au numéro : 5,80 €.

Mensuel spécialisé dans les modèles réduits radiocommandés volants : avions, planeurs, hélicoptères. Principales rubriques : Essais, Reportages, Technique, Plan encarté, Chronique, Dossiers...

■ ULM INFO

Trimestriel. Sur abonnement.

Trimestriel de la Fédération Française de Planeur Ultra Léger Motorisé destinée aux adhérents ou par abonnement. ULM Info est également distribué gratuitement sur les salons et propose de nombreuses rubriques telles que l'agenda événementiel, sécurité, réglementation, championnats, clubs, boutique fédérale, etc.

■ ULMISTE

www.ulmiste.net

contact@ulmiste.com

Bimestriel. Prix au numéro : 6,90 €.

ULMiste est, comme son nom le laisse deviner, un magazine 100 % ULM, un magazine de passionnés. Chaque numéro propose des rubriques aussi riches que variées telles que : essais d'appareils neufs (en vol et au sol), présentations d'appareils d'occasion ou des astuces occasions, des voyages mais aussi des actualités recoupées et mises en perspective, un portrait, un article pédagogique et un dossier technique mais également une réflexion sur l'accidentologie, des trucs et astuces, des chroniques libres, etc.

■ VOL À VOILE

Bimestriel. Prix au numéro : 7,90 €.

Bimestriel grand public consacré au pilotage de planeur proposant l'actualité du vol à voile, les compétitions, racontées par les compétiteurs eux-mêmes, mais aussi des dossiers techniques (pilotage, mécanique du vol, météorologie, etc.) rédigés par des spécialistes reconnus mais également, des impressions de vol par des champions, des dossiers de fond (les treuils, les remorqueurs, les planeurs en kit, etc.), des performances ou bien encore des récits de vols significatifs ou exceptionnels.

■ VOLEZ ! L'AÉROPRATIQUE

www.volez.com

Mensuel. Prix au numéro : 5,50 €.

Fait par des pilotes pour les pilotes, Volez ! est depuis 1997 le premier mensuel pratique des loisirs aériens. C'est aussi l'éditeur du Guide annuel des formations et carrières aéronautiques, ainsi que de nombreux ouvrages d'aviation. Volez ! propose également une boutique pour les pilotes et une librairie des plus riches (manuels aéronautiques, casques, radios et GPS aviation, accessoires pour avions, ULM, planeurs, hélicos, etc.). Destiné aux débutants comme aux initiés, Volez ! propose tous les mois des dossiers on ne peut plus complet tels que Le cahier vol à voile, Le cahier Ulm, Aviation Verte, etc. Un incontournable dans ce domaine !

■ VOL MOTEUR

www.vol-moteur.fr

dimitri@flying-pages.com

Mensuel. Prix au numéro : 6,30 €.

Mensuel des éditions Editions Flying Pages grand public dédié à l'aviation légère. A chaque numéro, retrouvez l'actualité des ulm, paramoteurs, avions légers et autogyres. Le magazine se compose également d'articles sur les grands évènements du mois, la présentation des nouveaux modèles, des interviews d'acteurs du milieu, des tests et essais et un compte rendu de l'état du marché des constructeurs. Ce mensuel consacré à l'ULM s'adresse aux pilotes et leur propose de bons conseils pratiques, des dossiers ciblés, les nouveautés... Les lecteurs y trouvent également l'agenda des salons et autres dates liées à cette pratique.

■ WING MASTERS

Mensuel. Prix au numéro : 6,90 €.

Bienvenue à bord pour une visite sans fin du monde merveilleux de la maquette d'avions, un monde qui n'a jamais été aussi riche, aussi varié, aussi dynamique, aussi révélateur de talents et, également, aussi bien traité par les fabricants de modèles en plastique injecté, résine, photodécoupe ou thermoformé, petits (comme les nombreux spécialistes du short run) et grands, extrêmes-orientaux ou européens de l'Est.

La côte d'Albâtre

Les îles du golfe du Morbihan.

■ AIR CONTACT
Ciel & Plume
352, rue Victor-Hugo
COMMELLE-VERNAY
✆ 04 77 72 32 25 / Skype : geraldine.galland2
www.air-contact.com
info@air-contact.com

Journal mensuel gratuit pour tous les loisirs aériens, Air contact est distribué à 14 000 exemplaires en France. Envoyé gratuitement aux clubs et aux professionnels de l'aviation ou aux particuliers qui y sont abonnés, il rassemble, depuis sa première édition en 2004, des annonces : aéronefs, pièces détachées ou accessoires à vendre, offres de troc, offres ou demandes d'emplois, livres à vendre, offres de cours, annonces de diverses manifestations... Chacun peut y vendre ou y acheter un avion, un hélicoptère, un moto-planeur, un planeur, un ULM, un autogyre, une montgolfière, un deltaplane, un parapente, un paramoteur, un parachute, un kite, un cerf-volant ou des articles d'aéro-modélisme... Pour le dépôt des annonces, la date limite de remise des documents pour diffusion d'une petite annonce ou d'un encart publicitaire est posée au 11 de chaque mois, pour une parution le mois suivant.

■ RC COPTER
7, mail René-Clair
COURCOURONNES
✆ 01 60 77 58 04
www.rccopter-online.com

Bimestriel spécialisé dans les modèles-réduits radio-commandés : hélicoptères, quadricoptères... Essais, reportages, technique, plan encarté, dossiers, etc : un incontournable pour tous les passionnés du genre.

■ AEROMAG AQUITAINE
Bordeaux Technowest
25, rue Marcel Issartier
BP 2005
MÉRIGNAC
✆ 05 56 34 35 44
www.technowest.com

Trimestriel régional dédié à l'actualité économique aéronautique et spatiale de la région Aquitaine. Edité par la technopole Bordeaux Technowest, on y retrouve une première partie sur l'actualité régionale du secteur et une seconde partie, Copernic des ailes et des étoiles, consacrée aux événements et réalités aéronautiques régionales.

■ RAIDS AVIATION
Histoire & Collection
5, avenue de la République (11e)
PARIS
✆ 01 40 21 18 20
www.raidsaviationmag.com

Bimestriel grand public dédié à l'aéronautique militaire, pour un public de passionnés et de connaisseurs.

Radios

■ FRANCE INFO – CHRONIQUES DU CIEL

www.france-info.com

Diffusions le dimanche à 7h49, 12h10, 15h20, 17h40, 22h40 et 0h40.

Chronique hebdomadaire proposée par Frédéric Beniada, passionné d'aviation et pilote privé lui-même. Depuis 2002, il s'occupe de l'actualité aéronautique et propose chaque semaine un survol de l'actualité économique des compagnies aériennes, des constructeurs et des aéroports, mais aussi des nouvelles technologies, des sports, de l'aviation légère et du vol libre.

Autre adresse : Fréquences : à Paris sur 105.5 FM ; pour les autres fréquences, consulter le site Internet de la station.

TV

■ PEGASE TV

www.pegase.tv

Le 25 novembre 2002 arrivait sur le net un nouveau média aérospatial : pegase.tv. Proposé et présenté par Bernard Chabbert et son équipe audiovisuelle, ce site vous plonge dans un univers romantique, parsemé d'aventures, dans la lignée de son ancienne émission Pegase sur France 3.

Internet

■ AIR-COSMOS.COM

www.air-cosmos.com

air-cosmos@air-cosmos.com

Site de l'hebdomadaire du même nom présentant l'actualité de l'industrie aéronautique, des compagnies aériennes et de la défense. Dès la home-page, le site propose, en accès libre et gratuit et en temps réel, toutes les dépêches aéronautiques issues de l'Agence France Presse (AFP), ainsi que les communiqués issus des flux Business Wire, Hugin, et PR Newswire... Tous ces communiqués ont bien évidemment trait au secteur de l'industrie aéronautique, des compagnies aériennes et de la défense et sont facilement et rapidement accessibles. De nombreuses rubriques viennent compléter ce site leader dans le domaine, rubriques passant de la librairie spécialisée aux offres d'emploi.

■ OLIVIA

Voir page 25.

■ OPENFLYERS

✆ **08 92 494 123**

www.openflyers.com/

OpenFlyers : l'application web de réservation et de gestion qui facilite vos démarches et vous accompagne. Cela fait de nombreuses années que Openflyers se donne comme objectif d'offrir aux structures associatives, très petites entreprises et petites et moyennes entreprises aéronautiques un support de qualité ! Avec Openflyers vous aurez à votre disposition une application de gestion en ligne pour votre structure utile et adaptée. Un outil indispensable qui met à votre disposition des ressources matérielles et humaines idéales et compétentes.

■ LE SIA (SERVICE DE L'INFORMATION AÉRONAUTIQUE)

Voir page 26.

■ SITE AÉROWEB DE MÉTÉO FRANCE

Voir page 26.

Le phare d'Oléron.

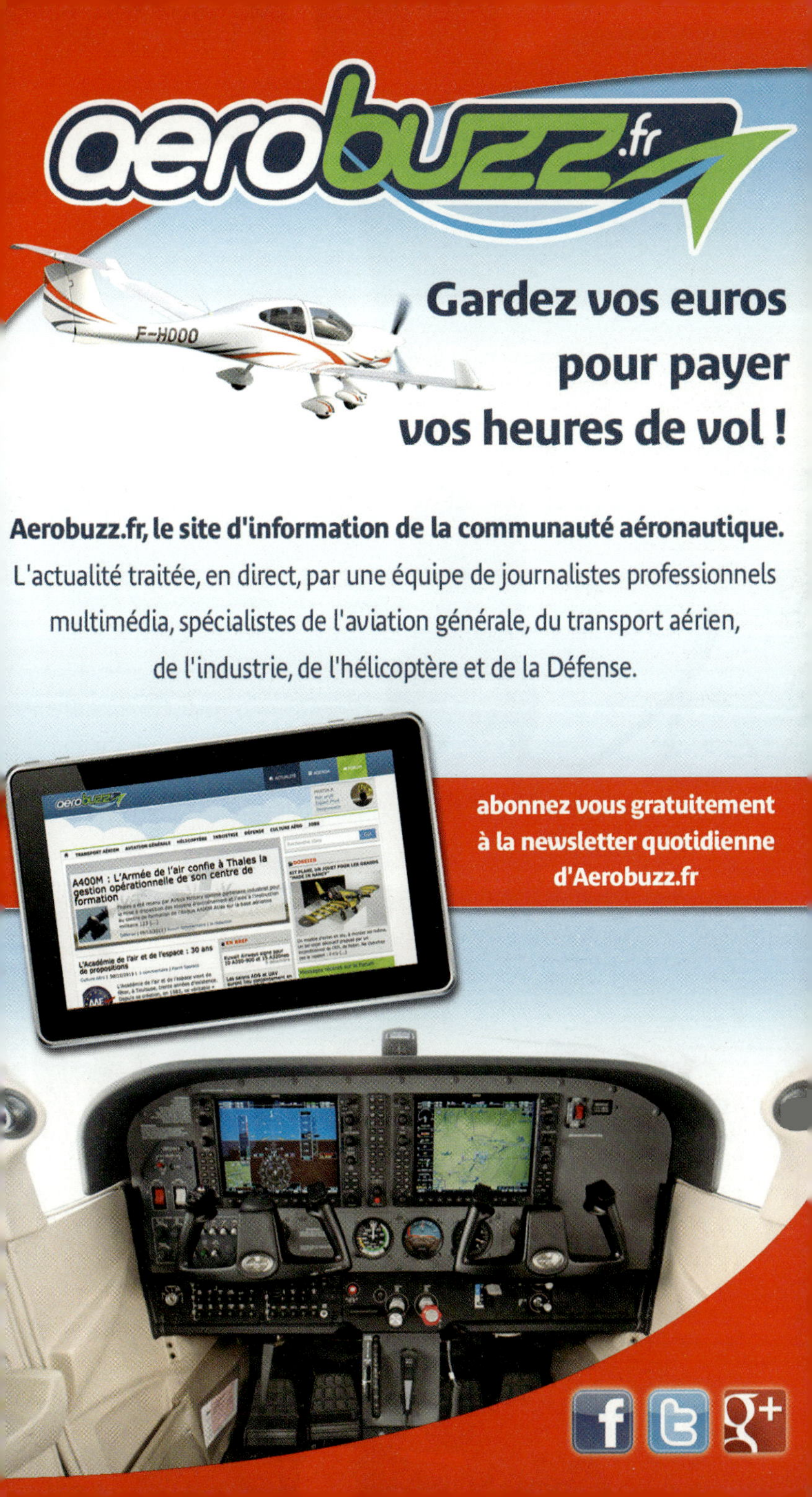
aerobuzz.fr
F-HOOO
Gardez vos euros
pour payer
vos heures de vol !
Aerobuzz.fr, le site d'information de la communauté aéronautique.
L'actualité traitée, en direct, par une équipe de journalistes professionnels
multimédia, spécialistes de l'aviation générale, du transport aérien,
de l'industrie, de l'hélicoptère et de la Défense.
abonnez vous gratuitement
à la newsletter quotidienne
d'Aerobuzz.fr

ALT
VERTICAL SPEED
CAUTION

© MAGAZINE INFO PILOTE

20 balades en France

20 balades en France

Retrouvez 20 des plus belles balades aériennes à faire en France, classées selon 7 grandes régions : « Autour de Paris », le « Nord », « l'Ouest », le « Centre », « l'Est », le « Sud-Ouest et Pyrénées » et le « Centre Méditerranée, Sud-Est ».
20 des plus belles balades aériennes à faire en France, pour survoler les sites les plus insolites, les plus beaux, les plus incontournables, les plus représentatifs du riche patrimoine français, les plus riches d'histoire, les plus sensationnels pour leurs reliefs et leurs paysages... pour survoler ces sites, tous ces sites qui font la richesse et la variété de la France : ses villages, ses châteaux, ses monuments, ses sites naturels, ses parcs et ses réserves, ses montagnes, ses vallées, ses cours d'eau, ses étangs, ses forêts, ses bords d'océan, ses bords de mer...
A chaque balade aérienne, ses aérodromes, ses aéro-clubs, ses adresses partiques, ses bons plans sorties après l'atterrissage et ses bonnes adresses pour bien manger et bien dormir à proximité des aérodromes ! C'est balade aérienne clés en main : futé, non ?

Autour de Paris

Tour de Paris GHFA

Faire le tour de Paris est impressionnant et difficile en raison d'un trafic soutenu et des pièges tue-licence. Toutefois, s'offrir la boucle, venir en visite ou transiter par la capitale en avion léger reste envisageable dès l'instant que l'on reste sur le bon trait.

Saint-Cyr-l'École – Les Mureaux

LFPZ : plateforme la plus proche de la capitale, c'est en décollant de Saint-Cyr que vous verrez le mieux Paris. Profitez-en ! Car après, seule la tour Eiffel émergera par moments d'une brume de pollution. Attention de ne pas taper la zone R 84 A, surtout le week-end quand le

La navigation

Vous n'êtes pas obligé de réaliser cette grande boucle francilienne d'environ 2 heures de vol en un coup. Surtout le week-end... Pour une première fois, et toutes proportions gardées, c'est un peu comme si le jour de l'obtention de votre permis de conduire, vous décidiez de faire plusieurs fois le tour de la place de l'Etoile en pleine heure de pointe. L'exercice est délicat. Il demande une préparation soignée au sol et une grande concentration en vol. Le mieux est d'être accompagné par un copilote qui gèrera la navigation, allégeant ainsi la charge de travail du commandant de bord, plus concentré sur son pilotage et ce qui se passe dehors. Pas en raison de l'aspect touristique, qui présente un intérêt limité depuis que l'on passe au grand large de la capitale, mais à cause des nombreux trafics volant tous à 1500 feet sur la plupart du tour. Le danger est réel et quelques aéro-clubs, comme ceux de Saint Cyr, s'équipent de détecteurs anti-collision de type TCas et Flarm. Même si une navigation les yeux rivés au GPS est évidemment à proscrire, l'emport d'un tel appareil s'avère utile, voire indispensable pour éviter de perdre son cap après un slalom entre les multiples agglomérations placées sur le trait. La proximité des zones de classe A de Creil et Paris ne supporte pas l'hésitation ou le doute quant à sa position. Une stricte phraséologie et une vigilance radio sont tout aussi indispensables pour envisager l'aventure. Un Notam Sup AIP oblige à se caler sur 120.075 entre les fréquences des aérodromes respectivement croisés. Enfin à de rares exceptions, nos amis contrôleurs sont toujours prêts à vous remettre dans le droit chemin.

Président et la Première dame séjournent à la Lanterne, résidence royale et présidentielle située dans le parc du château de Versailles quasiment sous les ailes.

Pour rejoindre Paris : 15 minutes à pied jusqu'au RER C station Saint-Cyr-l'Ecole.

La nav : la sortie de LFPZ s'effectuera par le nord (330°) pendant 2 minutes sur 5 Nm à 1500 feet. Au croisement de l'autoroute A13, cap au 300° pendant deux autres minutes pour rejoindre l'ouest d'Orgeval. De là, cap au nord jusqu'aux Mureaux.

Les Mureaux – Pontoise

LFXU : remarquez le large tour de piste des Mureaux. En cas de fortes pluies, la piste est vite fermée. Reportez-vous bien à la carte VAC et aux NOTAM si vous souhaitez vous y poser. La particularité des deux pistes est et ouest peut surprendre. Un petit coup de fil aux aéro-clubs basés aidera.

La nav : rallier le nord des Mureaux constitue le premier point sensible de ce tour francilien. Une fois en l'air, il faut cheminer en longeant la Seine à l'est de façon à éviter les agglomérations d'Evecquemont et de Vaux-sur-Seine, puis remonter vers le nord en prenant bien soin de ne surtout pas survoler le village carré jaune de Menucourt où d'implacables jumelles veillent. Ensuite, un cap 035° vous amènera après 6 Nm sur Pontoise. Dans la TMA de Pontoise, n'hésitez pas à monter, permission jusqu'à 2500 feet. L'encombré point S est à éviter – sauf en VFR spécial, et seulement si le contrôleur vous l'ordonne.

Pontoise – Le Plessis

LFPT : pas trop de soucis de vent de travers avec les deux pistes en croix. La difficulté majeure de Pontoise tient en sa grande fréquentation, surtout le week-end, où vous pouvez être numéro 10 dans le TDP ! Une bonne maîtrise de la radio est indispensable, car parfois les contrôleurs peuvent perdre patience.

Pour rejoindre Paris : 10 minutes en voiture (ou 38 à pied) jusqu'au RER Boissy-l'Aillerie. Taxi : Philippe (pilote et taxi !) au 06 60 35 38 60.

La nav : vous décollez en annonçant une sortie par l'Isle-Adam toujours à 1500 feet QNH. Le transit du Bourget est certes bien tentant, mais cela fait belle lurette qu'il est interdit. Il faudra donc passer par la partie étroite de l'entonnoir que forment les zones interdites de Creil (PON 076°) et Paris (PON 088°). Un cap au 082° sur 26 Nm sera suivi pour voler bien au milieu de l'entonnoir. Comme le trafic est dense, vous pouvez veiller la fréquence de Persan dans ce goulet délicat. Faire attention au slalom entre les agglos qui peuvent vite déboussoler. Un coup d'œil au GPS est ici bien utile. Ensuite, à l'orée de la forêt, cap au 145° jusqu'au Plessis. Sur le trajet, vous aurez survolé l'abbaye de Royaumont, le Parc Astérix et au final la Mer de Sable d'Ermenonville.

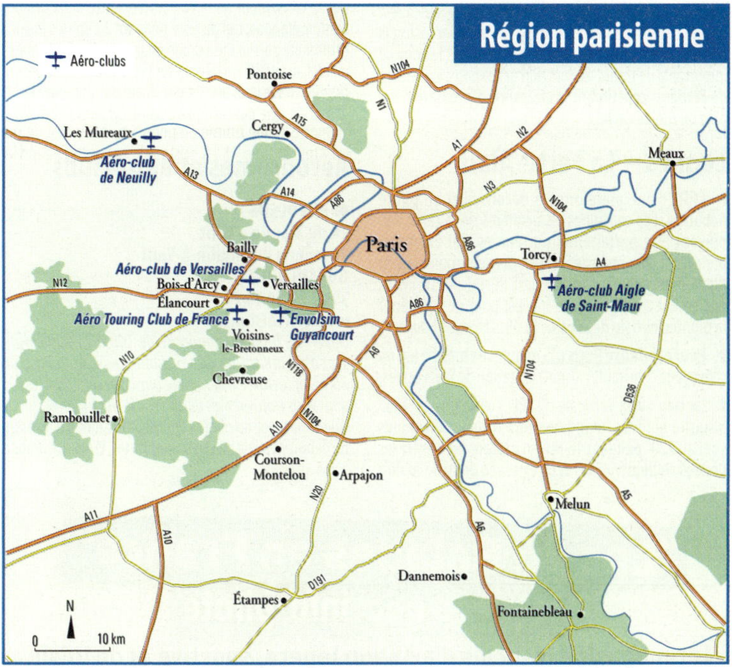

Le Plessis – Meaux

LFPP : pas ou peu de difficulté, si ce n'est la proximité de la zone interdite de Roissy, surtout si vous arrivez par le sud. Si vous choisissez la piste en herbe, bien veiller à respecter le tour de piste qui longe la nationale et qui évite le survol de riverains prompts à se servir du téléphone.

Pour rejoindre Paris : la gare du Plessis-Belleville est à 3 km et relie la Gare de l'Est, mais les membres des clubs vous amènent souvent à Roissy.

La nav : juste après le décollage, prendre un cap Est sur 4 Nm, soit 2 minutes. Cet écartement sera suffisant pour suivre ensuite un cap 185° sur 11 Nm qui vous conduira directement jusqu'à Meaux en passant entre la zone VFR interdite et la ville de Meaux avec une vue imprenable, toutefois à distance, sur la cour de la prison. Le symbole du carré rouge et blanc de la carte est d'ailleurs peint sur le toit de la prison.

Meaux – Lognes

LFPE : les quatre pistes croisées règlent grandement les problèmes de vent de travers. Les circuits de piste sont précis (voir la carte VAC) et visent principalement à éviter les villages alentours. Les pistes 07/25 sont un peu plus délicates à gérer que les 16/34, mais quoi qu'il en soit, les contrôleurs sont sympas.

Pour rejoindre Paris : la gare d'Esbly n'est qu'à 3 km. La station RER de Disneyland un peu plus loin mais vous trouverez souvent de bonnes âmes pour vous y conduire.

La nav : cap au 110° pendant 4 Nm, le temps de croiser l'autoroute trois fois pour finalement la suivre en cheminant pendant plus de 12 Nm vers le sud-ouest jusqu'à Lognes. L'approche n'est pas simple avec les forêts (dans les deux sens), les zones industrielles et le nombre importants de trafics. En fonction des saisons, le château de Ferrières constituant la clearance d'intégration est plus ou moins caché.

Lognes – La Ferté-Alais

LFPL : une plateforme à déconseiller au pilote débutant. Les consignes particulières de la carte VAC doivent être parfaitement intégrées. Par exemple, préférez la gazonnée de la 26 en cas de turbulences en finale (hangars) par vent d'ouest et sud-ouest. Evitez également d'arriver par le sud-est pour ne pas gêner la montée initiale décalée de la 08... Pas de la tarte.

Pour rejoindre Paris : 15 minutes de marche (ou un convoyage charitable) jusqu'à la station de RER Lognes.

La nav : à la verticale d'LFPL, suivre un cap 125° jusqu'au nord de l'étang de Gretz-Armainvilliers puis virer au 220° pendant 16 Nm en passant bien entre les grosses agglomérations et en évitant à droite le couloir « tue-licence ». Au 5e croisement avec l'autouroute, cap au 235° jusqu'à la Ferté.

La Ferté-Alais – Toussus

LFFQ : pour vous poser sur ce terrain mythique, il faut avoir l'autorisation du gestionnaire (voir VAC) avoir réalisé au moins 200 hdv et un vent traversier inférieur à 15 kt. Après, à vous l'ambiance incomparable du musée volant et le restaurant (réputé !).

Pour rejoindre Paris : RER D La Ferté.

La nav : cap 305° jusqu'au VOR de Rambouillet. Le but de l'exercice est de maintenir ce cap sur 16 Nm tout en évitant les villes sans pénétrer dans la zone interdite, pas si loin sur la droite. Restez très vigilant aux abords d'un des points tournants les plus fréquentés de l'Ile-de-France. Passé le VOR, virage au 045° jusqu'au point S de Toussus. Attention à bien suivre ce cap au risque de se retrouver dans le TDP d'Orly. Au point S, vous devez impérativement obtenir une clearance d'intégration – sinon, attendez.

Toussus – Saint-Cyr

LFPN : pas simple ; surtout qu'au point S, le terrain n'est pas visible. Mieux vaut être avec un basé pour découvrir les circuits et secrets de l'aérodrome le plus fréquenté de Paris.

Pour rejoindre Paris : pas simple non plus. Taxi : Eric Lamy au 06 07 62 85 24.

La nav : retour au point de départ avec un cap au 265° sur 8 Nm, histoire de s'éloigner des zones habitées. Dès le croisement de la voie ferrée, entre deux grosses agglomérations, cap au nord pendant 2 minutes jusqu'à l'autoroute puis virage à droite pour la longer en cheminement. Cap au 030° en laissant sur la droite une autre prison. Dernier virage pour une longue finale si vous prenez la 11. Attention à ne pas confondre Saint-Cyr avec Chavenay !

Aérodromes et aéro-clubs

■ **ENVOLSIM**
ZA du Moulin à Vent
4, chemin du Moulin-à-Vent
GUYANCOURT
✆ 01 30 54 14 71
www.envolsim.fr
Ouvert du lundi au dimanche de 10h à 21h. Envolsim propose l'utilisation de son simulateur sur la base de 75 €/h, facturée à la minute ainsi que différents packs dont vous trouverez les détails sur le site Internet.
Que vous soyez un pilote confirmé, passionné d'aviation ou débutant avide de sensations fortes, Envolsim répond à vos attentes.

Tour de Paris

Ce centre de simulation de pilotage d'avions de tourisme vous embarque dans un environnement de vol simulé immersif. Vous prendrez place dans l'OVO-04, une cabine possédant un écran en triptyque et un tableau de bord reproduisant fidèlement celui d'un avion de tourisme. Les sensations sont donc garanties ! Le premier décollage a lieu à 10h, le dernier à 20h avec un dernier atterrissage à 21h. Envolsim qui jouit également d'une bonne situation géographique puisqu'il est proche des aérodromes de Toussus-le-Noble, Saint-Cyr-l'Ecole et Chavenay-Villepreux et à 20 minutes de Paris permet à tous d'accéder au pilotage selon son niveau et ses envies.

■ **AÉRO-CLUB DE NEUILLY**
Aérodrome des Mureaux
Route de Verneuil
LES MUREAUX ✆ 01 34 74 21 42
http : //aeroclub.neuilly.free.fr
aeroclubneuilly@ml.free.fr
7j/7.
L'aéro-club de Neuilly se situe sur l'aérodrome des Mureaux et il est très facile d'accès que vous veniez de Paris ou de la Province. Ouvert en permanence, il y aura toujours quelqu'un pour répondre à vos questions pour faire les plus belles balades autour de Paris. Cet aéro-club existe depuis quarante ans et il est doté d'une piste en herbe de 2000 mètres, l'une des plus grandes en Europe. Toutes proches, les boucles de la Seine vous invitent à de magnifiques balades.

■ **AÉRO-CLUB AIGLE DE SAINT-MAUR**
Aérodrome de Lognes – Emerainville
LOGNES ✆ 01 60 05 37 33
www.acaigle.fr
acaigle2@yahoo.fr
Ouvert tous les jours de 9h à 17h. Tarifs horaires : à partir de 95 €.
Situé sur l'aérodrome de Lognes-Emerainville, à 20 minutes de Paris seulement, l'aéro-club Aigle de Saint-Maur vous permet de vous élancer de Seine-et-Marne pour des balades autour de l'Ile-de-France en embarquant sur des avions de tourisme Cessna, Piper, Robin... Vous avez la possibilité de survoler le château de Ferrières, Disneyland, le château de Vaux-le-Vicomte... En Seine-et-Marne, vous n'êtes pas loin de Paris, tout en étant à la campagne !

■ **AÉRO-CLUB DE VERSAILLES**
Bâtiment 43
SAINT-CYR-L'ECOLE
✆ 01 30 45 00 95 / 07 60 32 28 57
www.aeroclub-versailles.com
jllemee@free.fr
Ouvert tous les jours. Horaires variables.
Il n'est pas très compliqué de trouver l'aéro-club de Versailles sur l'aérodrome de Saint-Cyr-l'Ecole. C'est le bâtiment 43 et le seul qui est orné d'un dessin d'avion et avec le nom du club. De Saint-Cyr-l'Ecole, de beaux paysages s'offrent à vous avec notamment le célèbre château de Versailles, Saint-Germain, Saint-Cloud, la Bièvre... Versailles et ses environs, c'est un peu le pays des rois, des peintres, des châteaux et des bois à quelques kilomètres de distance.

■ **AÉRO TOURING CLUB DE FRANCE**
TOUSSUS-LE-NOBLE ✆ 01 39 56 21 17
www.aeroclub-atcf.com
atcf@aeroclub-atcf.com
Ouvert tous les jours, toute l'année.
Géré par Aéroport de Paris, l'aérodrome de Toussus-le-Noble est le plus important aérodrome d'affaires et d'aviation du Sud parisien, avec notamment ses deux pistes en dur de plus de 1000 mètres. Tous les types d'avion peuvent y décoller ou y atterrir. Sur cet aérodrome se trouve l'Aéro Touring Club de France, un aéro-club où vous pourrez préparer au mieux votre vol et ainsi découvir (ou redécouvrir) les beaux paysages des Yvelines.

À voir – À faire

■ **BALADE SUR LE CHEMIN DES IMPRESSIONNISTES**
BAILLY
Créée à l'initiative du syndicat intercommunal des Coteaux de Seine, qui regroupe neuf communes (Bougival, Carrières-sur-Seine, Chatou, Croissy-sur-Seine, Louveciennes, Marly-le-Roi, Le Pecq, Port-Marly et Noisy-le-Roi), cette balade se situe au nord de Noisy-le-Roi, au-delà de la forêt de Marly. Elle a pour objectif de promouvoir la tradition de l'impressionnisme en entraînant les curieux sur les pas des plus grands peintres du mouvement. Sur ce chemin, sont exposés quelques reproductions sur plaques émaillées des œuvres de Renoir, Sisley et Pissarro. Les amateurs s'attarderont au Hameau Fournaise, à Chatou, ou Renoir peignit le fameux « Déjeuner des canotiers ». A Noisy-le-Roi, Alfred Sisley posa son chevalet sur un petit promontoire d'où il avait vue sur le clocher de l'église Saint-Lubin. La reproduction du tableau se trouve à l'entrée de la ville, le long de la RD307.

■ **DOMAINE DE COURSON**
Château Courson
COURSON-MONTELOUP ✆ 01 64 58 90 12
www.domaine-de-courson.fr
En voiture : A10 sortie Les Ulis, puis N446 vers Marcoussis, puis D3 vers Dourdan.
Ouvert du 15 mars au 15 novembre. Ouvert le dimanche et les jours fériés de 10h à 18h. Adulte : 9,50 € (parc seul : 7,50 €). Tarif réduit : 7,50 € (parc seul : 5,50 €). Visite guidée.
Ancienne résidence des Lamoignon, le château a été édifié au XVIIIe siècle autour d'une cour intérieure. Constitués de briques, de pierres et coiffés d'ardoises, le bâtiment central et ses deux ailes forment un ensemble harmonieux. À l'intérieur, on peut notamment admirer un grand salon de style italien qui s'élève sur deux étages. Depuis ce lieu magnifique, on a une vue saisissante sur les jardins. À l'origine de style français, ces derniers ont été transformés en un parc paysager au XIXe siècle. Des perspectives sont dégagées vers la campagne environnante et les bosquets qui ponctuent le parc deviennent petit à petit forêt... Ces aménagements sont encore aujourd'hui entretenus, régénérés et repensés. Deux fois par an, au printemps et en automne, se tiennent des Journées des Plantes dans le parc, le temps d'un week-end. De réputation internationale, elles réunissent deux cent cinquante exposants, horticulteurs et botanistes venus de toute

l'Europe. De nombreuses activités et animations valent qu'on s'y attarde. Le Domaine de Courson vous accueille aussi lors des Journées du Patrimoine, en septembre.

■ MOULIN DE DANNEMOIS – ANCIENNE DEMEURE DE CLAUDE FRANÇOIS
32, rue du Moulin
DANNEMOIS ✆ 01 64 98 45 54
www.moulindedannemois.com
Situé à 7,5 km au nord de Milly-la-Forêt.
Ouvert du jeudi au mardi. Adulte : 12 €. Enfant (jusqu'à 12 ans) : 6 €. Visite guidée (à 11h, 14h, 15h, 16h et à 17h également samedi et dimanche). Restauration.
C'est ici que l'idole yéyé a posé ses valises en 1964. Loin de l'effervescence de la capitale parisienne, Claude François transforma ce moulin en un véritable havre de paix. En 1998, vingt ans après la mort de l'artiste, le site a été pris en charge par M. et Mme Lescure, un couple de boulangers venus de Dordogne. Une visite guidée y est depuis organisée. Elle permet de découvrir dans quel cadre vivait le chanteur : sa chambre, sa salle de bains, sa piscine, son sauna, sa cave à vins... Ce moulin est devenu un véritable lieu de pèlerinage pour les inconditionnels de Cloclo. Parmi les « reliques » qu'ils peuvent admirer figurent le costume de scène d'Alexandrie Alexandra, une chemise de ville en soie naturelle modèle Rive Gauche d'Yves Saint Laurent, des bottines créées pour Claude par le bottier M. Anello, portées en 1973... Un restaurant se situe sur place.

■ LA COMMANDERIE DES TEMPLIERS DE LA VILLEDIEU
Route de Dampierre
ELANCOURT
commanderie.des.templiers@agglo-sqy.fr
Entrée libre du mercredi au dimanche de 14h à 18h. Visite guidée (sur réservation).
La fondation de la commanderie remonte à la fin du XIIe siècle, quand, vers 1180, Gui II le seigneur de Chevreuse donna en aumône aux Templiers une maison à la Villedieu. L'édifice est situé sur la route de Saint-Jacques-de-Compostelle et il servit de bastion d'où les moines guerriers protégeaient la route et de lieu d'accueil pour les pèlerins. Du XIIe siècle au XIVe siècle, les chevaliers reçurent de nombreux dons qui furent en partie confisqué par le roi Philippe IV le Bel. Puis l'ordre fut radié. À l'exception de la chapelle de style gothique primitif, tous les bâtiments furent saccagés lors de la guerre de Cent Ans. En 1474, le domaine délabré est cédé à l'hôpital de Saint-Jean-de-Latran à Paris. C'est à cette époque que la commanderie est convertie en exploitation agricole. Au XIXe siècle, le développement de l'industrie transforme l'exploitation en distillerie. Entre 1971 et 1978, elle est restaurée, réhabilitée et ouverte au public. La chapelle a été entièrement restaurée. Elle se visite à la demande et accueille régulièrement des expositions. Le bâtiment des gardes, à gauche en entrant dans le domaine, est dédié à l'accueil d'expositions artistiques, n'hésitez pas à y jeter un œil !

■ LA CATHÉDRALE SAINT-ÉTIENNE
Rue Notre-Dame
MEAUX
Basse saison : ouvert tous les jours de 8h30 à 11h45 et de 14h à 18h. Haute saison : tous les jours de 8h30 à 11h45 et de 14h à 19h. Horaires variables.
Elle figure parmi les 51 plus belles cathédrales de France et est considérée comme le plus bel édifice religieux de tout le pays Briard. Sa construction s'étale sur 400 ans entre 1180 à 1540. Elle met en avant des styles architecturaux gothiques variés : ensemble à la fois majestueux et élégant en pierre de Varreddes, trois portails monumentaux, et la tour Noire, en bois qui abrite les cloches. On entre sur les côtés de l'édifice, et c'est la hauteur qui surprend : 31,50 mètres à la croisée du transept ! Dans une chapelle de bas-côté sud de la nef se situe la dalle funéraire de Jean Rose et de son épouse. Jacques Bénigne Bossuet repose également ici, derrière les grilles en fer du chœur de la cathédrale. On trouve aussi deux statues monumentales de l'auteur des Sermons, l'une, à gauche de l'entrée, et l'autre, de 1904, où il est représenté en prédicateur surmontant son aigle. L'orgue est aussi un véritable joyau, construit en 1627 par Valéran de Héman, le plus habile facteur d'orgues de son temps. La rénovation de la tour nord a permis de faire redécouvrir à travers les multiples sculptures, pas toujours accessibles au regard, un bestiaire médiéval fantastique.

■ CHÂTEAU DE RAMBOUILLET
RAMBOUILLET
✆ 01 34 83 00 25 / 01 34 94 28 79
www.monuments-nationaux.fr
Basse saison : ouvert du mercredi au lundi de 10h à 11h et à partir de 14h (dernière visite à 16h). Haute saison : du mercredi au lundi de 10h à 12h et à partir de 15h (dernière visite à 17h). Du 1er octobre au 31 mars jusqu'à 16h. Gratuit jusqu'à 25 ans (gratuit pour les demandeurs d'emploi, sur présentation d'une attestation de moins de 6 mois et les personnes handicapées avec accompagnateur). Adulte : 8,50 €. Groupe (20 personnes) : 6,50 € (tarif réduit 5,50 €. L'entrée donne également accès à la Laiterie de la Reine et à la Chaumière aux coquillages). Visites conduites par des agents d'accueil ou de surveillance, en français. Visites conduites par guide-conférenciers proposées par l'office de tourisme. Chiens guides et d'assistance autorisés. Visite guidée. Boutique.
Le Prévôt de Paris Jehan Bernier fut nommé « souverain informateur des Eaux et Forêts du royaume » par le roi Charles V, et dut s'établir à Rambouillet où il acquit en 1368 un modeste manoir, lequel il transforma en un château fort. Sous les familles d'Angennes, le domaine fut agrandi, et le château accueillit François Ier, François II et Marie Stuart, Catherine de Médicis, Charles IX, le duc de Guise (aux prémices de la Ligue), puis encore Henri II et Henri IV. À la fin du XVIIIe siècle, Louis XVI acheta Rambouillet et invita Marie-Antoinette à s'y rendre : le roi chargea l'architecte Jacques-Jean Thevenin d'édifier une laiterie en référence au Hameau du Petit Trianon de Versailles. En 1804, Napoléon Ier décida de restaurer le monument fort délabré (mais aussi son jardin et son réseau hydraulique) ; l'Impératrice Marie-louise s'y réfugia 10 ans plus tard. Le château accueillit successivement Louis XVIII et Charles X, et, sans intéresser Louis-Philippe, trouva différents locataires entre 1834 et 1852, date à laquelle Napoléon III réintégra le domaine dans la liste civile sans pour autant y résider. En 1896, il devint la résidence d'été des présidents de la République.

■ CHÂTEAU DE VERSAILLES

1, rue Robert-de-Cotte
VERSAILLES ✆ 01 30 83 78 00
www.chateauversailles.fr

Ouvert toute l'année. Basse saison : du mardi au dimanche de 9h à 17h30. Haute saison : du mardi au dimanche de 9h à 18h30. Dernière admission 30 minutes avant la fermeture. Gratuit jusqu'à 18 ans (gratuit jusqu'à 25 ans pour les membres de l'Union Européenne). Adulte : 15 €. Tarif réduit 13 €. Le billet Passeport (18 € / 25 €) donne accès à l'ensemble du domaine de Versailles (Château, jardins, châteaux de Trianon et Domaine de Marie-Antoinette) ainsi qu'aux Grandes Eaux musicales et à toutes les expositions. Visite guidée. Boutique.

Dès 1623, Louis XIII construisit à Versailles « un rendez-vous de chasse, un petit château de gentilhomme » en brique, pierre et ardoise, dans lequel il se plaisait tant qu'il le fit agrandir par son ingénieur et architecte Philibert Le Roy : cette première version du château de Versailles correspond aujourd'hui aux bâtiments qui entourent la Cour de Marbre. De 1661 à 1668 le jeune Louis XIV le fit embellir par Louis Le Vau. Mais ce « petit Château de Cartes » (selon l'expression de Saint-Simon) demeurait trop étroit, et des agrandissements furent commandés à l'architecte. Celui-ci entreprit, de 1668 à 1670, la construction de « l'enveloppe » autour du petit château d'origine. La terrasse centrale, inspirée des modèles italiens, fut achevée à la mort de Le Vau en 1670, par François d'Orbay. Les façades de pierre blanche, qui cernent le château vieux en brique et pierre firent dire, toujours à Saint-Simon : « Le beau et le vilain, le vaste et l'étranglé furent cousus ensemble. » Le 6 mai 1682, Versailles devint la résidence principale de la Cour de France, aux dépens du Louvre et de Saint-Germain : la Galerie des Glaces, symbole de la puissance du monarque absolu fut élevée (1678-84) sur l'ancienne terrasse du château neuf, et, sous les ordres de Jules Hardouin-Mansart, on éleva rapidement les ailes du Nord et du Midi, l'Orangerie, les Écuries, le Grand Commun, enfin la chapelle, dernière grande construction de l'époque du Roi-Soleil achevée en 1710 par Robert de Cotte. À la fin du règne de Louis XV, en 1770, Ange-Jacques Gabriel édifia l'Opéra et s'attela à la transformation des façades côté ville. Mais seul le pavillon de droite, dit pavillon Gabriel, fut effectivement reconstruit, selon les règles de l'architecture classique. À l'intérieur, le grand escalier dit « Grand Degré », commencé en 1772, ne fut achevé qu'en 1985 ; de l'autre côté de la cour, le pavillon symétrique, commandé par Napoléon Ier, fut réalisé en 1814. Les lieux ouverts à la visite libre sont : les Grands Appartements du roi et de la reine, la Galerie des glaces, la chambre du roi, les appartements du dauphin et de la dauphine et ceux de Mesdames, filles de Louis XV, la Galerie des Batailles, la Galerie de l'histoire du Château. Les petits appartements de Louis XV et Louis XVI, la Chapelle et l'Opéra sont accessibles en visites-conférence Depuis le début 2006, le château de Versailles est, plus que jamais, revenu sous les feux de la rampe de l'actualité touristique, avec la restauration de Galerie des glaces ouverte au public. C'est un travail monumental allant de l'infime détail de dorure ou de peinture au gigantisme des immenses glaces. Pour triste mémoire, ces glaces furent fabriquées en France à l'initiative de Colbert, certes pour le château mais aussi pour tenter de contrecarrer la suprématie de la miroiterie italienne. Utilisant une technique à base de vapeurs de mercure, leur fabrication causa la mort de bon nombre d'ouvriers. Rappelons que cette galerie mesure 73 m de long. Le château de Versailles propose aussi régulièrement une riche programmation d'expositions historiques ou d'art contemporain. Depuis juin 2012, un nouvel espace *La Galerie de l'histoire du Château* permet de comprendre les grandes étapes de sa construction et de son histoire. Et d'octobre 2013 à février 2014, Versailles a célébré l'année Le Nôtre à travers plusieurs événements et expositions.

Se restaurer

■ LA PÉNICHE

8, quai Sadi-Carnot
MEAUX ✆ 01 60 01 16 16
http : //la.peniche.free.fr

Ouvert toute l'année. Du mardi au samedi le soir ; du mardi au dimanche le midi. Le Capitaine est ouvert toute l'année. Le Sundeck est ouvert d'avril à fin septembre. Réservation recommandée. Menus de 17 € à 32 € (au Sundeck de 14 € à 17 €). Menu enfant : 12 € (au Sundeck : 10 €). Accueil des groupes. Terrasse. Animations.

Cette véritable péniche de 38,50 m de long, amarrée sur les quais face à la cathédrale, réunit deux restaurants ! Selon vos envies et votre appétit, vous opterez pour l'ambiance club du Capitaine ou la terrasse boisée du Sundeck. Au Capitaine, le chef Christian Marinone propose une cuisine gastronomique traditionnelle. La carte change toutes les 6 semaines environ. Aucun moyen de se lasser ! Pour les petites faims, direction Le Sundeck. Plutôt brasserie, ce restaurant est fermé en hiver. Le reste de l'année, vous pourrez profiter de sa terrasse couverte et chauffée. De grandes salades vous sont proposées. Idéal pour déjeuner ou dîner sur le pouce. Formule dîner-concert jazz manouche à 50 € par personne tous les troisièmes jeudis du mois de mars à octobre. Nous vous recommandons vivement de réserver.

■ RACONTE-MOI TES SAVEURS

7-9, rue Jean-Jaurès
MEAUX ✆ 01 60 32 34 10

Ouvert tous les jours de 12h à 15h ; du mercredi au samedi de 19h45 à 23h30. Réservation recommandée. Menus de 12,50 € à 17,50 € (plat + café, entrée + plat/plat + dessert + café, entrée + plat + dessert + café). Carte : 26 € environ. Menu enfant : 7,50 €. Chèque Restaurant. Accueil des groupes. Chaises bébé. Vente à emporter.

Ambiance bistro très chic pour ce restaurant intimiste dont la décoration se décline en un camaïeu de gris et de taupe très réussi. Une élégance décontractée qui met d'emblée à l'aise. La carte change tous les 6 mois environ. Les menus ainsi que les promotions ponctuelles sont annoncés régulièrement sur la page Facebook. Vous savez ce qu'il vous reste à faire. On peut déjà vous dire que les recettes traditionnelles et locales côtoient des saveurs exotiques. Les assiettes sont à la fois raffinées et généreuses. Et on vous met au défi de résister à la pyramide de tiramisus, une superposition de 3 verrines de 3 saveurs différentes. L'endroit propose également un service traiteur pour vos événements privés ou d'affaires.

■ **AUBERGE DU CHEVAL BLANC**
47, rue de Gisors
PONTOISE
✆ 01 30 32 25 05
www.chevalblanc95.net
infos@chevalblanc95.net
RER C : Pontoise. Gare SNCF : Pontoise. En voiture : autoroute A15, sortie n° 9 Pontoise Centre, ou N184.

Fermé en août. Ouvert du mardi au vendredi le midi et le soir ; le samedi soir. Réservation recommandée. Menu unique à 43 €. Carte : 60 € environ. Accueil des groupes. Terrasse. Animations.

Beaucoup de saveurs sont ici finement réunies dans une cuisine basée sur de bons produits frais et de saison : les légumes proviennent du plateau de Carrières-sur-Seine, la viande de l'Aubrac vient directement de chez Lucien Conquet... Dans cet ancien relais de poste reconverti en restaurant, on déguste par exemple velouté de petits pois servi froid, huîtres de Saint-Vaast et émulsion Saint-Jacques-huître ; magret de canard du Sud-Ouest, pommes de terre rattes confites du Touquet ; carpaccio de betteraves de J. Thiébault ; vacherin aux figues, jus de shiso ou tartelette pistache di bronte, framboises fraîches et roquette à l'huile d'olive vanillée. Deux cents références de vins « nature » sélectionnés chez des vignerons indépendants figurent à la carte. Notez que l'établissement propose aussi des chambres confortables (à partir de 100 € la nuit pour une chambre double).

■ **LA FONTAINE DE TREVI**
3, rue Carnot
PONTOISE
✆ 01 30 30 32 95
RER C : Pontoise. Gare SNCF : Pontoise. En voiture : autoroute A15, sortie n° 9 Pontoise Centre, ou N184.

Ouvert du mardi au samedi le midi et le soir. Carte : 35 € environ. Formule du midi : 22 € (entrée/plat/café gourmand + verre de vin). Verrière ouverte l'été.

Installée dans un ancien jardin, cette vaste salle présente un joli mélange de tables et d'arbres. L'été, le toit s'ouvre, on prend l'air et on profite du soleil, tandis que l'hiver, on se ressource au chaud dans un îlot de verdure. Quant à la cuisine, elle est de tradition française et préparée à base de produits frais. On se régale par exemple d'un foie-gras maison, d'un filet d'églefin au paprika ou d'un palet breton aux poires. La formule déjeuner varie de jour en jour, selon le marché. Et le premier samedi du mois, le concert de jazz ouvert à tous vaut le détour.

■ **LA CANTINE DES GRANDS**
2, rue André-Chénier
VERSAILLES ✆ 01 39 50 24 54
www.lacantinedesgrands.fr

Ouvert tous les jours de 12h à 14h30 et de 19h à 22h30. Carte : 25 € environ. Plat du jour : 13 €. Terrasse.

S'asseoir à la Cantine des Grands, c'est retrouver l'ambiance des cantines de notre enfance. Ici, on joue à fond la carte de la cantine avec pichets, verres cigognes Duralex numérotés, grandes tablées, tableaux noirs accrochés aux murs et ce qu'il faut de détails pour se replonger dans une ambiance « bon enfant » décontractée, quelque peu branchée, mais très conviviale. L'idée est très originale et bien pensée. Côté carte, La Cantine ne démérite pas à côté de sa grande sœur (L'Aparthé) : les tartares et les carpaccios de bœuf en tout genre figurent en bonne place parmi ses spécialités. En entrée, on y savoure des nems végétariens bio à la menthe ou une très bonne salade fruitée, épinards, chèvre frais, kiwi, figues et tomates confites. En plat, un copieux « burger de la cantine ». En dessert, on termine sur une pomme rôtie au pain d'épices ou une tarte du jour. À ne pas manquer non plus : la carte des vins et des jus de fruits, sélection bio.

■ **LA FERME DE VOISINS**
4, rue de Port-Royal
VOISINS-LE-BRETONNEUX
✆ 01 30 44 18 18
www.lafermedevoisins.fr
contact@lafermedevoisins.fr

Ouvert du lundi au vendredi le midi et le soir ; le samedi soir. Le samedi midi et le dimanche pour les groupes, sur réservation. Menus de 26 € à 68 €. Carte : 45 € environ. Accueil des groupes. Terrasse. Animations.

Situé dans le vieux village, ce beau restaurant est à la fois raffinée et convivial. À l'intérieur, on trouve une salle très accueillante avec des poutres apparentes, où trône une cheminée et où l'on mange sur de jolies tables en bois et en ardoise. On peut aussi s'installer dans la véranda ou sur la terrasse fleurie, aux beaux jours. Sur la carte, les plats élaborés par le chef Romain Gicquel, sacré maître restaurateur, sont à la fois traditionnels et originaux. En entrée, on dégustera par exemple le sablé au parmesan, Saint-Jacques, moelle et émulsion de parmesan ou le velouté de potiron, raviole de champignons et châtaignes ; en plat, l'entrecôte à la plancha et gratin dauphinois à l'ail rose de Lautrec ou le dos de cabillaud, topinambour et beurre blanc à la mandarine. Enfin, en dessert, le généreux baba bouchon, rhum vieux et chantilly rivalise avec le délice de chocolat blanc et mangue. Les vins sont excellents et accompagnent parfaitement les mets présentés. L'établissement ouvre ses portes aux réceptions, mariages et séminaires, et propose des prestations clés en main. Côté animations, chaque premier vendredi du mois, le restaurant organise une soirée jazz, tandis que le troisième vendredi du mois, c'est un magicien qui entre en scène.

Se loger

■ **PARK & SUITES VILLAGE*****
2 A, rue Georges-Méliès
BOIS-D'ARCY ✆ 01 39 48 14 40
www.parkandsuites.com
boisdarcy@parkandsuites.com

Studio / appartement à partir de 84 €. Parking. Wifi. Sauna.

Le concept Park & Suites Village est des plus intéressants. Il vous permet de profiter d'un appartement-hôtel tout confort. Les services proposés sont les mêmes que ceux d'un hôtel : chambre avec salle de bains, télévision, téléphone, connexion wifi, coin bureau... et vous bénéficiez en plus d'une kitchenette équipée et d'un espace repas. Les appartements et villas peuvent accueillir jusqu'à six personnes. Le ménage est fait quotidiennement, l'accueil a lieu 24h/24. Vous avez également accès à un espace sport, une laverie, un parking...

■ APPART'CITY CERGY-LE-HAUT***
52, boulevard de l'Evasion
CERGY ✆ 01 34 46 62 00
www.appartcity.com
cergy@appartcity.com
RER A : Cergy le Haut. En voiture : autoroute A15, sortie n°9 Cergy Préfecture

Accueil jusqu'à 19h. 108 appartements. Studio / appartement de 70 € à 150 €. Petit déjeuner : 9 €. Parking fermé. Animaux acceptés. Connexion Internet. Service de ménage.

Cette résidence est située au cœur d'un quartier calme, à quelques pas de la station de RER, à proximité de l'axe routier Paris-Normandie et à quelques minutes du centre d'affaires de La Défense. A la journée, à la semaine ou au mois, elle propose des appartements pour 1 à 6 personnes entièrement meublés et équipés, cuisine comprise. Ils sont desservis par un ascenseur. La décoration est moderne, et l'ensemble lumineux et impeccable. Notez que des offres promotionnelles sont régulièrement mises en ligne sur le site Internet d'Appart'City. N'hésitez donc pas à y faire un tour !

■ RÉSIDENCE HÔTEL LES DUCS DE CHEVREUSE
7, route de Choisel
CHEVREUSE ✆ 01 30 07 33 30
www.lesducs.com
accueil@lesducs.com

48 appartements dont 22 duplex. Studio / appartement à partir de 99 €. Parking (souterrain payant, gratuit à l'extérieur). Animaux acceptés. Connexion Internet. Tv satellite, Canal +.

L'endroit est parfait pour séjourner si vous souhaitez partir à la découverte de la vallée de Chevreuse. Dans un parc arboré d'un hectare se dresse une résidence blanche et bleu comprenant 48 appartements (de 16 à 60 m^2) avec terrasses et petits jardins. La décoration est simple et confortable. De nombreux services sont proposés : parking, Internet, téléphone, ascenseur... Vous voilà dans d'excellentes conditions pour découvrir la région !

■ HÔTEL ACOSTEL***
RN 3 – 336, avenue de la Victoire
MEAUX ✆ 01 64 33 28 58
www.acostel.fr
reservation@acostel.fr

Ouvert toute l'année. Accueil jusqu'à 22h30. De 67 € à 125 €. Petit déjeuner : 8,50 € (servi à table). Chèques non acceptés. Chèque Vacances. Animaux acceptés. Séminaires. Réceptions et mariages. Wifi gratuit. Tv satellite, Canal +.

Ancienne base de loisir de Meaux abandonnée pendant la guerre, ce domaine a gardé son charme des années 1930. Situé sur un parc de 3 ha en bord de Marne, l'hôtel offre à ses convives confort, détente et lâcher prise. Vous apprécierez les parties de ping-pong ou de pêche, les baignades et les promenades sur les rives de la Marne. D'ailleurs, beaucoup de clients pensent à venir avec leur vélo en prévision de balades et découvertes dans les environs. Les 41 chambres et studios au style Art déco ont été rénovés il y a un an. Une parfaite villégiature pour familles avec enfants ou salariés d'entreprises en séjour *incentive*.

■ HÔTEL RESTAURANT CAMPANILE MARNE LA VALLÉE TORCY
34, rue du Général-De-Gaulle
TORCY ✆ 01 60 17 84 85
www.campanile-marne-la-vallee-torcy.fr
torcy@campanile.fr

Ouvert toute l'année. Accueil 24h/24. 155 chambres. Chambre double de 70 € à 120 €. Petit déjeuner : 9,50 €. Chèques non acceptés. American Express, Chèque Vacances. Connexion Internet. Wifi. Restauration (parking gratuit).

Situé à une demie-heure de Paris et à un quart d'heure de Disneyland, l'hôtel Campanile vous offre repos et hospitalité, à proximité des centres d'affaires de Val d'Europe et de notre belle capitale. Accessible par l'autoroute A4, par le RER A et situé à proximité du centre commercial régional Bay 2, l'hôtel est ouvert toute l'année sans interruption pour votre plus grand confort. Avec une centaine de chambres disponibles, il vous accueillera dans les meilleures conditions.

■ À L'HÔTEL DES ROYS**
14, avenue de Paris
VERSAILLES ✆ 01 39 50 56 00
www.hotel-roys-versailles.com
contact@hotel-roys-versailles.com

37 chambres. Chambre double de 103 € à 140 €. Petit déjeuner : 11 €. Wifi gratuit.

Façade couleur bleu roi, emblèmes monarchiques au sol et sur les murs : à l'Hôtel des Roys, le ton est donné ! Installé dans un bâtiment du XVIIIe siècle sur l'avenue de Paris, à quelques minutes à peine du château, cet établissement est idéalement situé pour qui veut découvrir la richesse patrimoniale de la cité des Rois. Le décor est soigné et l'accueil de qualité. Les chambres, sobrement meublées, sont pour certaines habillées de la célèbre Toile de Jouy, déclinée pour l'occasion en plusieurs teintes. Parmi elles, huit sont familiales et certaines accessibles aux personnes à mobilité réduite. Elles sont spacieuses et bien équipées avec salle de bains ou douche, télévision écran plat, Canal+ et Satellite, connexion wifi. Le service est agréable et personnalisé.

■ HÔTEL DU CHEVAL ROUGE***
18, rue André-Chénier
VERSAILLES
✆ 01 39 50 03 03
www.chevalrougeversailles.fr
chevalrouge@sfr.fr

40 chambres. Chambre double de 86 € à 98 € ; chambre triple 135 €. Petit déjeuner : 8,60 €. Parking inclus. Wifi gratuit. Tv satellite, Canal +.

Élevé en 1676, l'imposant bâtiment constituait alors la Pourvoirie de Louis XIV. De cette époque, l'établissement a su conserver la tradition de l'auberge où il fait bon se reposer. Idéalement situé dans la contre-allée d'une place du Marché-Notre-Dame très fréquentée (à cinq minutes à pied du château), l'hôtel surprend par son calme. À l'avenant de cette quiétude également illustrée par le jardin de l'hôtel, le confort de ses chambres, parmi lesquelles huit familiales et autres studios meublés (salle de bains ou douche, télévision satellite, connexion wifi), et de la salle du petit déjeuner.

■ **VILLA VERSAILLES**
6, rue Borgnis-Desbordes
VERSAILLES ✆ 06 14 86 90 46
www.villa-versailles.com
villa-versailles@hotmail.fr
Bed & Breakfast France (3 soleils). 1 chambre. Chambre double 140 €. Petit déjeuner inclus. Lit supplémentaire : 60 €. Connexion Internet gratuite. Wifi gratuit. Restauration (sur demande).
Située dans le quartier Saint-Louis, cette maison d'hôtes de 42 m² peut accueillir jusqu'à trois personnes. Dotée d'un accès indépendant, elle reçoit ses hôtes dans un cadre soigné et raffiné, avec du mobilier Louis XV. Elle comporte un séjour (avec canapé-lit une place), une cuisine, une chambre à l'étage, une salle de bains et une terrasse privée. Sur place, les visiteurs ont accès au wifi, et ils disposent d'une télévision avec lecteur DVD. Le propriétaire porte un soin tout particulier au petit déjeuner, inclus dans le prix de la nuitée : sur leur table, les hôtes trouvent tous les matins un petit-déjeuner traditionnel et copieux : boisson chaude, pain frais, des viennoiseries, des pots de confiture, des jus de fruits frais... Le linge et les draps sont fournis.

Pratique

■ **TAXIS DE MEAUX**
Gare de Meaux
MEAUX ✆ 01 64 33 85 86
Disponble toute l'année, 7j/7, jours fériés.
Les Taxis de Meaux sont facilement localisables puisqu'ils sont basés à la gare de Meaux. Juste un coup de fil et votre course sera effectuée. Si vous vous trouvez près de la Gare de Meaux, vous pouvez vous rendre à la station de taxis et demander directement un véhicule. Seize d'entre eux sont disponibles pour vous mener vers différentes destinations, vers l'aéro-club de votre choix ou encore vers un endroit que vous souhaitez visiter.

■ **ACCORD CERGY-PONTOISE TAXI**
8, rue Robert-Schuman
PONTOISE
✆ 01 30 30 45 45
www.0130304545.com
accord-taxi-standard@orange.fr
Toute l'année, 7j/7, 24h/24.
Cette société est basée à Pontoise. Elle couvre de nombreuses destinations autour de Pontoise, Cergy, Boissy-l'Aillerie, Saint-Ouen-l'Aumône... Les chauffeurs peuvent venir vous chercher à l'aéroport ou dans une gare si nécessaire. Pour vos retours, le chauffeur de taxi vous donne rendez-vous à un endroit précis. N'hésitez pas à les appeler pour leur demander les meilleures tranches horaires pour circuler. Accord Cergy-Pontoise Taxi, c'est l'assurance de la qualité et du professionnalisme.

■ **TAXIS ABEILLE**
23 bis, rue Molière
VERSAILLES
✆ 01 39 50 50 50
www.taxisabeille.com
taxis-abeille@wanadoo.fr
Ouvert 7j/7 et 24h/24.
Ah, le confort d'un taxi... rien de tel que d'être déposé d'une porte à une autre ! Depuis les années 70, ce groupement d'artisans-taxis des Yvelines comptent une flotte de 85 véhicules (berline, break et monospace) pour vous servir tous les jours de la semaine, et cela 24h/24. Que ce soit pour vous et vos bagages encombrants, mais aussi pour transporter colis, plis confidentiels, et pour toutes les destinations.

Nord

Des plages du Débarquement au Mont-Saint-Michel

N H F

Le tracé que nous a conseillé Francis Studer, président du CRA de Basse-Normandie, est à réaliser en deux étapes. La première vous conduira en 115 nautiques (1h10 de vol environ) de Caen à Granville en longeant les plages du Débarquement, les îles Saint-Marcouf, la pointe de Barfleur ou encore les nombreux havres égrenant la côte ouest du Cotentin. Arrivé à Granville, vous pourrez faire escale au Madinina, restaurant installé sur la plateforme. La plage est accessible très facilement depuis le terrain. Vous avez le temps de vous relaxer. Votre retour à Caen prendra une quarantaine de minutes seulement (64 nautiques). Il comprend l'incontournable passage à proximité du Mont-Saint-Michel (attention à la R12 – voir ci-dessous) puis un cheminement très simple le long de l'autoroute A84 entre Avranches et Caen. Les contraintes liées aux altitudes de vol sont limitées (pour ne pas dire inexistantes) si vous restez en dessous de 2 500 feet QNH, altitude minimale de la TMA de Deauville. Naviguer au-dessus, ce qui offre peu d'intérêt d'un point de vue touristique, vous obligera à entrer en contact avec Deauville sur 120.350 MHz. Pas de difficulté particulière à signaler pour cette navigation donc, si ce n'est deux zones à ne pas pénétrer : la P81 de Cherbourg (active du sol au niveau 195) et la R12 du Mont-Saint-Michel (diamètre de 3 Nm centré sur le Mont, du sol jusqu'à 3 000 feet).

Le Havre de Portbail, sur la côte ouest du Cotentin. Un paysage qui se transforme au gré des marées.

Caen – Courseulles-sur-Mer

Cap 357° – 10 Nm – 6 mn

Décollage de LFRK. Une fois sorti du tour de piste, cap au nord pour rejoindre la Manche et plus précisément la baie de la Seine. Elle s'étend d'est en ouest du Havre à Barfleur, notre troisième point tournant. Une fois arrivé sur la côte, vous découvrez Courseulles-sur-Mer. Cette station balnéaire marque le vrai début de la navigation. Ses plages faisaient partie du secteur de Juno Beach, nom de code de la seconde plage la mieux fortifiée (après Omaha Beach) lors du Débarquement de juin 1944, qui fut libérée par les Canadiens.

Courseulles-sur-Mer – Îles Saint-Marcouf

Cap 291° – 28,5 Nm – 17 mn

En longeant la côte, un peu avant Port-en-Bessin, vous survolez les vestiges du port artificiel d'Arromanches, nom de code Port Winston. Créé par les Alliés, constitué de plusieurs centaines de caissons en béton, il joua un rôle important lors du Débarquement. Plus ou moins immergé selon les marées, il reste toutefois visible en permanence. En poursuivant le long de la côte, vous arrivez sur Omaha Beach, surnommée « la plage de sang » par les Américains car elle fut la plus meurtrière du Débarquement. Le cimetière américain de Colleville-sur-Mer (9 387 tombes) est bien visible en vol. Sur votre carte, il est symbolisé par une croix noire située sous le « B » de Omaha Beach. N'hésitez pas à passer sur le SIV de Deauville (120.350), qui vous signalera les trafics.

La navigation

La navigation que nous vous proposons vous permet de réaliser une journée complète de balade aérienne en Basse-Normandie, au départ de l'aéroport de Caen-Carpiquet. En prime, une pause détente, plage et restauration à Granville.

Passé Grandcamp-Massy, vous arrivez sur la côte est du Cotentin. Sous votre aile gauche se trouve Utah Beach, autre plage sur laquelle débarquèrent les troupes américaines le 6 juin 1944. Sous votre aile droite, vous apercevez l'archipel des îles Saint-Marcouf.

Îles Saint-Marcouf – Pointe de Barfleur

Cap 343° – 13,2 Nm – 7 mn

L'île du Large et l'île de Terre composent l'archipel Saint-Marcouf. Il a été baptisé ainsi en hommage à un prêtre du VIe siècle qui avait le don de guérir des maladies d'origine tuberculeuse, et qui se rendait tous les ans sur l'archipel pour le Carême. Fortifiées au début du XIXe siècle, les deux îles sont aujourd'hui interdites d'accès. Réserve naturelle, elles abritent cormorans et goélands (jusqu'à 30 000 en hiver). Pensez à leur tranquillité en restant à distance raisonnable. A mi-chemin entre Saint-Marcouf et la pointe de Barfleur, vous trouverez dans votre aile gauche Saint-Vaast-la-Hougue, village de pêche inscrit au patrimoine mondial de l'Unesco grâce à sa tour Vauban. En face, l'île de Tatihou. 28 hectares ouverts aux promeneurs, aux passionnés d'histoire, de photographie et d'ornithologie.

Pointe de Barfleur – Cap Lévi

Cap 270° – 8,2 Nm – 5 mn

Cap situé à l'extrême nord-est de la presqu'île du Cotentin, la pointe de Barfleur est facilement identifiable grâce à son phare de près de 75 m, le deuxième plus haut d'Europe. Inauguré en 1835 et de forme cylindrique, il est composé de près de 11 000 blocs de granit. L'histoire veut que Guillaume le Conquérant ait traversé la Manche depuis Barfleur pour remporter la bataille qui l'opposa au roi Harold à Hastings en 1066. D'un extrême à l'autre, nous vous emmenons plein ouest destination le Cap Lévi. Lui aussi comporte un phare, une tour carrée de 28 mètres de haut qui remplace depuis 1947 un premier phare érigé vers 1860 pour guider les bateaux jusqu'au port de Cherbourg. Vous constaterez que la côte nord du Cotentin est plus rocheuse que la côte est, aux longues plages de sable.

Des plages du Débarquement au Mont-Saint-Michel

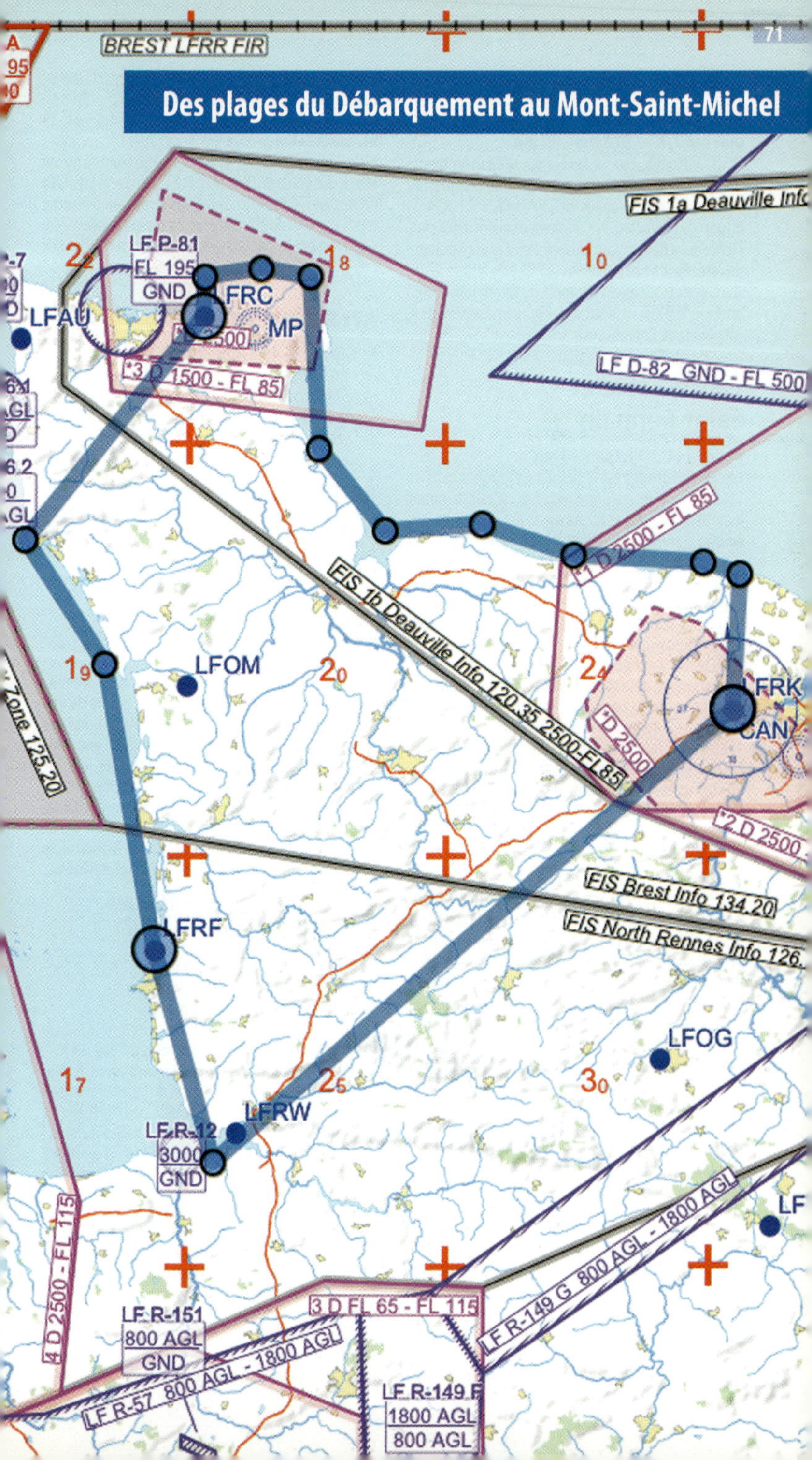

Cap Lévi – Cap de Carteret

Cap 193° – 2, 6 Nm – 1 mn Cherbourg LFRC, puis cap 218° – 20,8 Nm – 12 mn
Nous mettons le cap sur la côte ouest du Cotentin par les terres. Poursuivre par le cap de la Hague obligerait à composer avec les zones P81, P7 et P6 (P6.1 et P6.2) du port de Cherbourg, des centrales de Flamanville et de l'usine de La Hague. Nous laissons donc ces complications de côté. Pour ne pas pénétrer la P81 en mettant le cap sur Carteret, survolez l'aéroport de Cherbourg (LFRC) en seuil de piste 10 avant de prendre la direction de la côte ouest du Cotentin.

Cap de Carteret – Saint-Germain

Cap 144° – 11,7 Nm – 6 mn
Le cap de Carteret est le dernier des grands caps du Cotentin dans le cas d'une navigation est-ouest, comme la nôtre. Ici débute votre survol de la Côte des havres. Jusqu'à Granville, Carteret est le premier des sept havres (un havre est un port abrité construit à l'embouchure d'un fleuve) que vous trouverez sur votre route. Une fois repris votre transit côtier depuis Carteret, vous survolerez la pointe de Saint-Germain, point d'entrée du transit maritime vers les îles Anglo-Normandes. Par beau temps, sans brume, vous apercevrez distinctement Jersey. Le long de la côte ouest du Cotentin, attention à ne pas pénétrer la zone A des Anglo-Normandes. Dans cette zone potentiellement plus fréquentée, pensez à veiller Brest Info (134.2 MHz), fréquence utilisée par les pilotes désirant se rendre à Jersey, avant de rentrer en contact avec la fréquence de l'île (119.450 MHz).

Saint-Germain – Granville

Cap 172° – 21 Nm – 12 mn
Entre la pointe de Saint-Germain et Granville, vous découvrez d'abord dans votre aile gauche le terrain en herbe de Lessay (LFOM). Puis vous survolerez successivement sept havres dont ceux de Geffosses, Blainville et Regnéville, les trois plus faciles à identifier sur votre carte. Avant de vous poser à Granville, nous vous suggérons de réaliser le tour de la ville. Vous découvrirez ainsi les falaises schisteuses de la pointe du Roc, sur laquelle s'est développée Granville. Une fois posé, après 1h10 de vol environ, profitez de la terrasse avec vue sur piste ou de la grande salle du Madinina. Ce restaurant propose des spécialités antillaises mais aussi des plats plus traditionnels. Ensuite, vous pourrez vous promener sur la plage, accessible à pied en moins de dix minutes depuis le restaurant. Les plus courageux pourront tenter la baignade !

Granville – Avranches Mont-Saint-Michel

Cap 156° – 14,6 Nm – 8 mn
En quittant Granville, longez la côte jusqu'à Carolles, commune qui marque l'entrée dans la baie du Mont-Saint-Michel. Deux options s'offrent alors à vous : poursuivre votre route au sud pour contourner le Mont par la droite, ou prendre un cap plus à l'est direction Avranches (LFRW) pour contourner le Mont par la gauche. Rappel : la R12 mesure 3 Nm de diamètre. Restez attentifs aux autres aéronefs susceptibles de réaliser le tour du Mont en même temps que vous, et n'hésitez pas à contacter le SIV Nord Rennes sur 126.950 MHz. Avranches sera le point de sortie une fois le tour du Mont achevé. Le terrain pouvant être recouvert par la mer lors des grandes marées ; dans ce cas, reportez-vous sur la ville comme repère.

Avranches – Caen

Cap 052° – 48,6 Nm – 29 mn
Au nord d'Avranches, vous identifierez facilement l'autoroute A84. Cheminez le long de celle-ci en la laissant à votre gauche. Elle vous conduira directement à l'aéroport de Caen-Carpiquet.

Aérodromes et aéro-clubs

■ AERO-CLUB DE GRANVILLE
Aérodrome de Granville (LFRF)
BRÉVILLE-SUR-MER
✆ 02 33 50 24 24
www.aeroclubgranville.com
acgranville@wanadoo.fr
Ouvert toute l'année.
L'aéro-club de Granville vous propose de vous conseiller pour choisir les points à survoler, des points de vue d'exception comme le Mont-Saint-Michel, les îles Chausey, Granville... Mais le club, c'est aussi une école de pilotage, où vous pourrez découvrir les joies de survoler vous-même ces sites incroyables de beauté. Parmi les services que le club propose : accueil des pilotes venant de toute la France, distribution d'essence à ceux qui n'ont pas la carte Total, et ordinateurs à disposition pour préparer les vols, consulter la météo, les NOTAM...

■ AÉRO-CLUB CÔTE DE NACRE – CAEN
Route de Caumont
CARPIQUET
✆ 06 87 63 15 93 / 06 81 29 08 46
www.aeroclub-caen.org
secretariat@aeroclub-caen.org
Ouvert toute l'année. 105 €/h en solo + 35 €/h d'instruction. Adhésion club : 137 €/an.
Brevets de pilote, handivol, survols touristiques, formations au pilotage, l'aéro-club Côte de Nacre propose un large éventail d'activités sur la base aéroportuaire de Carpiquet. Elle possède deux avions monomoteurs : un rallye pouvant accueillir trois adultes, et un Jabiru qui vole avec quatre adultes maximum à son bord. Son partenariat avec l'association handivol lui permet d'ouvrir ses activités à tous les publics, valides ou handicapés.

■ AERO-CLUB REGIONAL DE CAEN
Aéroport de Caen Carpiquet (LFRK)
Route de Caumont
CARPIQUET
✆ 02 31 26 52 00
www.aeroclub-caen.org
aeroclub-caen@wanadoo.fr

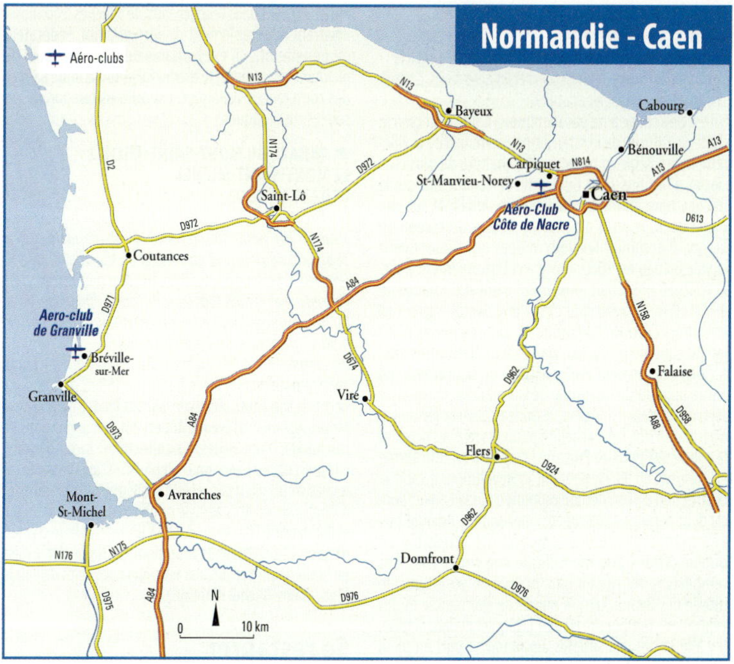

Pont de Normandie, falaises d'Etretat... Vous pourrez survoler ces sites depuis l'aérodrome de Caen Carpiquet. Sinon, l'aéro-club régional de Caen (basé ici) propose des vols d'initiation et des formations. La flotte du club se constitue de trois Robin DR400-120 pour la formation, d'un DR400-160 pour le voyage, d'un avion de voltige Cap 10c, d'un Jodel D119 et d'un Volksplane contruit au club ! Plus des améliorations à venir qui font la fierté des membres du club et le bonheur de tous ceux qui en profitent ! Enfin, si vous mettez le cap sur Deauville et Honfleur, vous compléterez en beauté ce tour de Normandie, dont les merveilles dévoilées sous vos pieds n'auront pu laisser aucun et aucune d'entre vous indifférent. Vous pourrez découvrir et admirer le Marais Vernier en arc-de-cercle sur la rive sud de la Seine, surplombé par le phare de Fastougrain dont la vigie est transformée en chambre d'hôte. Honfleur n'est d'ailleurs pas loin.

Autre adresse : Autres aéro-clubs sur le terrain : Aéro-club ASPTT Caen.

■ AÉRO-CLUB LES AILES DU CALVADOS

Aéroport de Caen Carpiquet (LFRK)
SAINT-MANVIEU-NORREY
✆ 02.31.80.67.22
http ://lesailesducalvados.fr

Le restaurant les 2 clubs (juste à côté des locaux de l'aéro-club) : 02 31 38 27 10, ouvert du Lundi au Vendredi de 10h à 17 h, Le plat du jour à 7,50 €. Les formules à 10 € et 12 €. La carte de 9 € à 18 €.

A l'ouest de l'aéroport de Carpiquet, l'aéro-club les Ailes du Calvados vous accueille pour vous apporter des conseils pour programmer une balade aérienne ou pour vous emmener sur un vol d'initiation, à la découverte de sites tels que la côte normande. Les vols d'initiation durent environ 1 heure 30. Vous pourrez vous restaurer sur place, au restaurant Les 2 Clubs, situé juste à côté des locaux de l'aéro-club. Un restaurant sympathique et où l'on peut partager un bon repas en toute convivialité pour un prix défiant toute concurrence !

À voir – À faire

■ ABBAYE AUX HOMMES

Esplanade Jean-Marie Louvel
CAEN ✆ 02 31 30 42 81

Ouvert tous les jours. Tarifs visites : de 4,50 € à 7 €. Tarifs réduits : de 3,50 € à 5,50 €. Tarifs groupe (à partir de 10 personnes, sur réservation) : de 4 € à 5 €. Gratuité pour les – de 18 ans, les chômeurs...

Sur les traces de Guillaume le Conquérant, cette abbaye est à visiter si vous êtes dans le coin. Édifiée au XIe siècle par Guillaume le Conquérant, l'Abbaye aux Hommes se trouve dans le quartier de Bourg-l'Abbé. Très bel ensemble architectural, elle mêle styles roman et gothique et abrite le tombeau du Duc-Roi ainsi que l'Hôtel de Ville, le Cloître et la Salle des Gardes (XIVe siècle). C'est un site magnifique, très bien restauré avec un très beau cloître. Les jardins sont splendides, tout comme la salle des mariages et ses dorures. Un lieu chargé d'art et d'histoire qui vous envoûtera !

■ **CHÂTEAU DUCAL**
CAEN ✆ 02 31 27 14 14
www.chateau.caen.fr – tourisminfo@caen.fr
Ouvert toute l'année. Tous les jours et les jours fériés. Gratuit. Visite guidée (en juillet et août).
S'il est une chose à ne pas manquer à Caen, c'est bien le château. Difficile de le rater, il trône au milieu de la ville, témoin privilégié et quelque peu chahuté de plusieurs siècles d'histoire. C'est Guillaume Le Conquérant qui le fit construire au milieu du XIe siècle. Implanté sur une roche de 30 mètres à peine au-dessus du niveau de la mer, il dominait les deux vallées qui alimentaient la ville en eau en 1060. Grâce à cet escarpement à pic, le château possédait ainsi une fortification naturelle à l'Est. Il faut savoir que c'est l'une des plus grandes enceintes castrales d'Europe et que ses fossés n'ont jamais contenu d'eau, leur profondeur étant suffisante. À l'intérieur, on peut visiter le Logis du Gouverneur qui abrite aujourd'hui le musée de Normandie. Après avoir servi de résidence princière, le château devient forteresse à partir de 1204. Il est assiégé à plusieurs reprises pendant la guerre de Cent Ans. Puis au XIXe siècle il est transformé en caserne. En 1793, pendant la Révolution, il subit la destruction de son donjon ordonnée par la Convention, car deux députés y avaient été emprisonnés. Aujourd'hui, une grande partie des remparts est accessible au public, offrant une magnifique vue sur la ville. Ces remparts renferme un parc peuplé de sculptures, le musée des Beaux-Arts, le musée de Normandie et des expositions temporaires dans l'Échiquier et dans l'église. Il y a le Jardin des Simples, un monde à part en plein centre-ville.

■ **MÉMORIAL DE CAEN – CITÉ DE L'HISTOIRE POUR LA PAIX**
Esplanade du Général-Eisenhower
CAEN ✆ 02 31 06 06 45
www.memorial-caen.fr
resa@memorial-caen.fr
Fermé le 25 décembre, le 1er janvier et du 5 au 27 janvier inclus. Ouvert tous les jours du 15 février au 11 novembre, de 9h à 19h. Le reste de l'année, ouverture du mardi au dimanche, de 9h30 à 18h. Ouverture exceptionnelle les lundi 22 et 29 décembre 2014. Adulte : 19 €. Tarif réduit : 16,50 €. Pass famille : 49 €. Accueil enfants. Restauration. Boutique. Animations.
Attention, étape incontournable, surtout en cette année de 70e anniversaire du Débarquement. Pour l'occasion, le Mémorial réaménage et offre à la visite le bunker souterrain sur lequel il a été édifié, ancien poste de commandement du général Richter de la 716e division d'infanterie pendant l'Occupation. Fin mai, deux expositions commémoreront les 100 jours de la Bataille de Normandie : « Les 100 objets » et « Les 100 photos ». Hormis ces événements, le Mémorial conserve sa ligne directrice : présenter un panorama de l'histoire de 1918 à nos jours. Bien sûr, l'histoire de la Seconde Guerre mondiale est au centre des préoccupations, à travers ses origines et ses différentes étapes : la Bataille de Normandie, l'avancée des forces alliées en France, l'histoire de la Shoah, la vie quotidienne sous l'Occupation par l'Allemagne nazie... Mais le parcours historique est également enrichi d'informations détaillées sur la Guerre froide, la chute du Mur de Berlin ainsi que d'une réflexion sur la paix et la fragilité des droits de l'homme. Des dessins de presse du monde entier exposés dans l'espace intitulé « Taches d'opinion » illustrent admirablement ce dernier point. Fédérateur de générations (il est l'organisateur du Concours de plaidoirie des lycéens) le Mémorial propose toute l'année des conférences, colloques, expositions temporaires et soirées thématiques.

■ **ABBAYE DU MONT-SAINT-MICHEL**
LE MONT-SAINT-MICHEL
✆ 02 33 89 80 00
Ouvert toute l'année. Basse saison : de 9h30 à 18h (dernière visite à 17h). Haute saison : de 9h à 19h (dernière visite à 18h). Gratuit jusqu'à 18 ans. Adulte : 9 € (réduit 5,50 €). Groupe (20 personnes) : 6,50 €. Parcours nocturne en visite libre en juillet et août tous les soirs sauf le dimanche. Visite guidée. Audioguides : en supplément au droit d'entrée, 4,50 €/personne, 6 € pour un couple.
Au sommet du rocher du Mont-Saint-Michel, l'ancienne abbaye bénédictine élève à plus de 150 m d'altitude la flèche de son église abbatiale. Elle fut fondée dans le haut Moyen Age quand l'évêque Aubert eut trois apparitions de l'archange. D'une richesse architecturale incomparable, elle présente un panorama complet du Xe au XVe siècle car les bâtisseurs n'ont pas cessé de construire, de modifier et d'ajouter des édifices de style carolingien, roman, gothique et flamboyant. Elle comprend tout un ensemble de cryptes, d'églises et de bâtiments exceptionnels. A signaler la mise en lumière qui permet aux visiteurs nocturnes de voir le Mont-Saint-Michel illuminé.

Se restaurer

■ **LES PIEDS DANS LE PLAT**
1 bis, place Saint-Gervais
AVRANCHES ✆ 02 33 68 31 60
www.lespiedsdansleplat-avranches.fr
Ouvert toute l'année. Le lundi, le mardi et du jeudi au samedi le midi et le soir ; le dimanche midi. Fermé mercredi toute la journée et dimanche soir. Menu enfant : 9,50 €. Menu du midi : de 9 € à 13,50 €. Menu du soir : de 15 € à 22 €. Menu du dimanche : de 13 € à 20,50 €. Accueil des groupes (sur réservation). Terrasse. Aux Pieds dans le Plat, vous trouverez une belle alliance de bon goût et de diversité. Chaque jour, une viande ou un poisson sont proposés à l'ardoise. Dans chaque assiette, le chef Giovanni met à l'honneur 5 à 8 légumes frais et croquants. Si la fondue normande composée d'un demi-camembert, de poitrine grillée fumée et de longe de porc fumée au foin servie avec salade et frites maison met en appétit, attention aux frites trempées dans le camembert chaud... Une fois que l'on y a goûté, on ne peut plus s'arrêter !

■ **LE TRIPOT**
11, rue du Tripot
AVRANCHES ✆ 02 33 60 59 23
www.letripot.fr
Basse saison : ouvert du mardi au dimanche le midi et le soir. Haute saison : tous les jours le midi et le soir. Menus de 25 € à 34 €. Plat du jour : 8 €. Menus du midi : de 11 € à 13 € ; Menus « suggestion du jour » : de 17 € à 20 €. Bar à vins, Wifi. Une adresse que s'échangent les trentenaires de la région. Bonne musique, bonne ambiance, bonne cuisine, le trio en a fait revenir plus d'un. L'endroit n'est pas immense mais il permet de jouer sur plusieurs atmosphères : d'un côté, le bar et son ambiance

disco. Le mobilier très 70's jouxte un espace restaurant un rien insulaire avec palmiers, couleurs ensoleillées, accueil chaleureux et décontracté. Voilà de quoi vous réconcilier avec la Normandie et son ciel parfois chagrin. L'exotisme est aussi dans l'assiette : filet d'agneau en croûte de parmesan et basilic ou papillote de daurade poire champignon, c'est beau et bon à la fois. Nouveau : la viande est aussi cuite à la plancha ! La pomme est dans tous ses états mais mention spéciale pour la tarte glacée caramel, rehaussée d'une pointe de fleur de sel. A noter, des expositions d'artistes contemporains dans le restaurant.

■ **LA GLYCINE**
11, place du Commando
BÉNOUVILLE ✆ 02 31 44 61 94
www.la-glycine.com – la-glycine@wanadoo.fr
Logis (3 cocottes). Menus de 28 € à 58 €. Formule : 18 € (servie en semaine).
Une table qui reste en bonne place dans notre édition. Et pour cause, la qualité ne change pas. Le service est rôdé et bien en jambe, tandis qu'en cuisine, Christophe et Fred, ici depuis 20 ans, font des merveilles. Merci à eux pour ces plats généreux en sauce (qui se font rares en ces temps de cuisine minimaliste), un bonheur ! D'autant que celles-ci sont délicieuses. Le Menu du Terroir (le moins coûteux) suffit pour s'en convaincre, avec ce filet de daurade et cabillaud, bien mis en valeur par un divin fumet de homard. Rien qu'en l'écrivant, l'eau nous vient à la bouche… Ne reste plus alors qu'à faire son choix parmi de superbes références de whiskys, ou de vins en provenance de toutes les régions (du grand cru au moyen), pour chatouiller le bonheur. La situation du restaurant, elle aussi, a ses avantages, à Bénouville, dans un petit coin tranquille où il fait bon faire une halte, à dix minutes du centre-ville de Caen, trois de Ouistreham et des plages Riva-Bella, et quatre à pied du Pegasus Bridge. Idéal pour les repas de famille du dimanche midi.

■ **L'ASSIETTE GOURMANDE**
Route de Caen
83, avenue Guillaume le Conquérant
CABOURG ✆ 02 31 91 02 06
Ouvert toute l'année. Basse saison : tous les jours le midi ; du mardi au samedi le soir. Haute saison : tous les jours le midi et le soir. Menus de 18 € à 25 €. Formule du midi : 13 € (buffet d'entrée, plat du jour au choix, buffet de dessert, 1/4 de vin ou de cidre plus café). Chèque Restaurant. Terrasse. Il en faut pour tous les goûts ! Ce restaurant, situé à la périphérie de Cabourg, tenu par Annabelle et « Phiphi », n'est pas, c'est clair, un « gastro », mais la maison assume ! En effet, le couple cuisine parfois des produits congelés, mais joue la totale transparence sur le sujet, puisque pour le savoir, il suffit de demander. L'avantage : les tarifs. Vous pourrez par exemple le midi faire un repas plus que complet pour seulement 13 €. Autre atout, et pas des moindres : le resto est ouvert... 7 jours sur 7 !

■ **LE BOUCHE À OREILLE**
Place du Marché
10, avenue des Dunettes
CABOURG ✆ 02 31 91 26 80
www.boucheaoreille-cabourg.fr
contact@boucheaoreille-cabourg.fr
Fermé du 29 novembre au 31 janvier. Ouvert du mardi au samedi le midi et le soir ; le dimanche midi. Menus de 28 € à 36 €. Carte : 50 € environ. Menu enfant : 12 € (plat et dessert) ou 17 euros (entrée, plat et dessert)). Formule : 18 € (menu Affaires). Vin au verre. En cuisine, c'est vrai, José Aparicio se décarcasse. Bien que la plupart des plats manquent d'originalité et de diversité dans leurs accompagnements, les pièces maîtresses de ses compositions sont bien travaillées, avec patience et minutie et révèlent en bouche des saveurs exquises, à l'image des poissons, en provenance des ports locaux, relevés avec des sauces parfaites. Les desserts sont peut-être plus inégaux. On va, en fonction des variations de la carte, de l'excellent au moyen bien. Pour autant, si quelques sourires francs et chaleureux accompagnaient le repas, si, encore, on ne nous forçait pas un peu la main, la table pourrait être reconnue comme une des meilleures des environs. Mais on reste au conditionnel. Un dernier conseil, encore : regardez bien les prix avant d'entrer car les menus de base (18 et 28 €) n'étant servis qu'en semaine et les menus enfants (moins de 13 ans) variant entre 13 et 17 €, l'addition risque d'être très, très peu digeste.

■ **L'OLIVIER**
46, avenue de la Mer
CABOURG ✆ 02 31 91 07 83
www.lolivier-cabourg.fr
contact@lolivier-cabourg.com
Du 1er avril au 30 septembre, ouvert tous les jours (en semaine, service jusqu'à 15h et 22h, service continu le week-end). Le reste de l'année, fermé le lundi et le mardi sauf pendant les vacances scolaires (zone C). Menu enfant : 8 €. Menu du jour en semaine : 13,50 €. Suggestions du jour les week-ends : de 10 € à 19 €.
Tout est là pour rappeler la Méditérranée dans ce restaurant situé dans la rue piétonnière de Cabourg. De nombreux objets anciens y sont exposés (notamment un tandem suspendu au mur), des couleurs rafraîchissantes et une ambiance tamisée donnent le ton... Un arbre centenaire est planté au milieu du jardin, qui fait également office de terrasse ; une terrasse très originale, sans vis-à-vis et donc idéale aussi pour un repas en amoureux par exemple. Tout est fait afin que votre passage à l'Olivier se transforme en un vrai moment de détente et de plaisir. Les spécialités italiennes, les pizzas (et leur pâte succulente), les salades complètes et copieuses, les pâtes fraîches maison... Tout est fait avec des produits maison. Nous vous conseillons de craquer pour la charcuterie italienne et les desserts, qui sont délicieux – mention spéciale à la tarte normande ! La carte propose des vins siciliens qu'il faut que vous testiez ; demandez conseil au serveur pour choisir celui qui vous conviendra le mieux. Le petit calva servi après le repas met un point final à cette belle sortie dans Cabourg.

■ **LE MADININA**
Restaurant de l'aérodrome de Granville
GRANVILLE ✆ 02 33 59 43 52 / 06 70 50 48 07
restaurant.madinina@wanadoo.fr
Ouvert toute l'année. Du lundi au vendredi le midi. Ouvert soir et week-end à la demande. Menus de 16 € à 32 €. Carte : 13 € environ. Voici un très bon resto que vous trouverez sur l'aérodrome de Bréville-sur-Mer ! Le Madinina : vivement conseillé par les membres de l'aéroclub de Granville. Ses spécialités antillaises font l'unanimité auprès des habitués et les pilotes de passage en reviennent comblés. A votre tour, venez savourer les bons petits plats du Madinina : les plats antillais, qui sont la spécialité des lieux (goûtez aux acras : un délice !), ou, si vous préférez, des plats d'une cuisine plus traditionnelle qui sont aussi servis ici.

Un restaurant aussi bon sur la plate-forme, ça ne se manque sous aucun prétexte ! Alors prévoyez bien de vous restaurer ici en vous gorgeant de soleil ! C'est compris au menu ! En bonus, vous aurez peut-être la chance de manger en musique, au rythme d'un des concerts de zouk organisés de temps à autre le temps de l'apéritif !

Se loger

■ LA GLYCINE

11, place du Commando
BÉNOUVILLE ✆ 02 31 44 61 94
www.la-glycine.com
la-glycine@wanadoo.fr

Chambre simple 64 € ; chambre double à partir de 74 € ; chambre triple 90 €. Demi-pension. Petit déjeuner : 7,50 € (5 € moins de12 ans). Restauration (menus de 18 € à 58 €).

Le plaisir des yeux à l'extérieur, en contemplant la façade lorsque fleurit la glycine éponyme, se retrouve à l'intérieur. La déco a été entièrement repensée, dans des tons plus actuels et c'est une réussite totale : un comptoir mêlant métal et incrustations de pierres à l'entrée, dans les salles, le rouge brique flirte avec le gris souris, le prune est intense, l'éclairage soigné et chaleureux. Plusieurs salles, plusieurs ambiances, le tout rehaussé par les toiles de la maîtresse des lieux. Esprit d'Afrique, d'Asie ou plus urbain, choisissez le vôtre. Ce qui n'a pas changé en revanche, c'est la qualité de la cuisine. Le homard sauce corail est toujours incontournable et demeure la pièce maîtresse depuis l'ouverture du restaurant (par ailleurs les sauces sont à découvrir) ! Côté chambres, là encore, rien n'est laissé au hasard : c'est cosy et chaleureux à souhait et vous avez le choix entre le bâtiment principal ou l'annexe attenante. Pour une pause gastronomique ou un séjour prolongé, en famille ou en amoureux, dans un établissement qui se transmet de génération en génération, depuis 1920.

■ LE MANOIR D'HASTINGS – HÔTEL LA POMMERAIE

18, avenue de la Côte-de-Nacre
BÉNOUVILLE ✆ 02 31 44 62 43
www.manoirhastings.com
contact@manoirhastings.com

Ouvert toute l'année. 15 chambres. Chambre simple à partir de 60 € ; chambre double à partir de 75 € ; chambre triple à partir de 120 €. Pension complète (+ 45 €). Demi-pension (+ 35 €). Petit déjeuner : 8 €. Parking fermé. Wifi. Restauration (sauf le dimanche soir et le lundi, menu : 32 €, déjeuner en semaine : 25 €). Tv satellite.

La porte de ce manoir du XVIIe siècle franchie, votre hôte, Alain, vous accueille avec élégance et discrétion. Ambiance mi-cottage du Pays de Galles, mi-château écossais isolé dans sa brume nocturne. Les chambres sont toutes différentes, marquées par une touche d'ancienneté soit dans le mobilier, soit dans les poutres qui dominent la pièce. Malheureusement, cette touche est un peu trop prononcée, et confère à l'ensemble un aspect quelque peu vieillot. Côté restaurant, l'impression est semblable, avec des plats qui cherchent l'excellence mais restent ternes et sans grands éclats.

■ LA CLOSERIE HÔTELS & RÉSIDENCES***

Jardins du Casino – 11, avenue Jean-Mermoz
CABOURG ✆ 02 31 24 25 26
www.lacloseriecabourg.com
info@lacloseriecablourg.com

Ouvert toute l'année. Petit déjeuner : 10 €. Tarifs : de 113 € à 349 € – Prix indicatifs. Animaux acceptés (5 €/ jour). Séminaires. Wifi.

À 200 mètres seulement de la plage de sable fin, La Closerie est romantique à souhait avec ses toits pointus qui percent le ciel bleu azur, ses balcons en fer forgé et sa robe de pierre à rayures beiges et à briques rouges. Le cliché de la villa cabourgeaise par excellence, un ravissement ! Ajoutez à cela une aire de jeu pour les enfants, une piscine extérieure chauffée de mai à septembre, des parasols et chaises longues, des espaces verts arborés où virevoltent au printemps les papillons… À l'intérieur, vous bénéficiez des services de l'hôtellerie, tout en conservant votre indépendance, de vrais petits appartements. La cerise sur le gâteau, c'est une seconde adresse, proche du port. Ambiance résolument cottage avec jardins privatifs et un grand soin apporté à la déco. La vue est superbe et les amateurs de calme seront ravis. Vous pouvez même vous faire livrer un plateau de fruits de mer ! Côté port ou casino, choisissez votre adresse pour un séjour sans nuage. Par ailleurs, La Closerie vous accueille également à Deauville et Honfleur : des établissements flambants neufs et toujours un maître mot : la qualité pour tous. Une idée pour un prochain séjour...

■ LE CLOS SAINT-MARTIN

18 bis, place Saint-Martin
CAEN ✆ 02 31 50 08 71 / 06 80 87 39 05
www.leclosaintmartin.com
chambre.hotes.caen@gmail.com

Fermé pendant les vacances de Noël. 4 chambres. Chambre double de 105 € à 135 € ; chambre triple à partir de 135 €. Petit déjeuner inclus. Lit supplémentaire : 25 €. Parking inclus (sur réservation). Wifi.

Situé au cœur du centre historique de Caen (juste au-dessus des fossés Saint-Julien), cet hôtel particulier du XVIIIe entièrement restauré est un modèle du genre. D'emblée vous allez être conquis. Passez la porte, le porche et là, ô surprise, on découvre une adorable petite cour aménagée et le bâtiment tout aussi magnifique. Les propriétaires ont beaucoup de goût et ont su restituer à ce lieu son cachet d'antan : matériaux anciens, plafonds en pierres jointées, cheminée du XVIIIe siècle, ciels de lits et ferronnerie ancienne, terrasse dans la cour pour se détendre aux beaux jours en admirant la fontaine, dans les chambres la soie côtoie la toile de Jouy, la vaisselle est monogrammée ainsi que le linge de maison… Vous l'aurez compris, rien n'est laissé au hasard, tout comme l'accueil : gentillesse de rigueur, pochettes de documentation touristique pour chacun des arrivants (on vous distille aussi des conseils pertinents sur les plus beaux coins à visiter dans la région), bouilloire dans les chambres… La cage d'escalier daterait de Guillaume le Conquérant… ce dernier n'aurait certainement pas renié cette étape de charme ! Et chambre de charme ne veut pas dire d'antan et allergique aux nouvelles technologies, elles disposent toutes d'un accès Internet ! Quant au petit déjeuner, laissez-vous donc conter les produits du terroir normand...

■ MERCURE PORT DE PLAISANCE****
1, rue de Courtonne
CAEN © 02 31 47 24 24
www.mercure.com
H0869@accor.com
Ouvert toute l'année. Tous les jours. 126 chambres (28 chambres privilèges dont 4 suites). Chambre double à partir de 85 €. Petit déjeuner : 16 €. Garage : 10 €. Animaux acceptés (10 €). Séminaires. Wifi gratuit. Restauration. Tv satellite, Canal +.
Le Mercure Port de Plaisance jouit d'un excellent emplacement. Et si vous vous y prenez à l'avance pour réserver une chambre double à partir de 85 €, vous trouverez difficilement meilleur rapport qualité/prix à Caen. Les 126 chambres dont 28 privilèges et 4 suites sont toutes impeccables, régulièrement modernisées et remises à neuf avec, comme leur nom l'indique, quelques privilèges, pour certaines, comme des grandes télévisions, la station d'accueil iPhone/iPad, la boisson (non alcoolisée) offerte dans les chambres etc...Dans l'ensemble des chambres, on retrouve le confort des lits de la chaîne, la télévision écran plat avec des chaines internationales et des films à la location, la connexion Wifi gratuit, la bouilloire, la salle de bains avec douche et sèche-cheveux, le mini bar et cette ambiance feutrée et cosy, qui satisfait l'homme d'affaire et éblouit le jeune couple en voyage. L'hôtel dispose d'un bar classieux, le Between, avec notamment son vin au verre et vous propose de vous restaurer au Campanile, pour déjeuner, dîner ou se satisfaire d'un petit déjeuner buffet bien garni. Le Mercure met en place des offres spéciales régulières, n'oubliez-donc pas de consulter le site internet de temps en temps ! À proximité de nombreux sites à visiter, le Mercure Port de Plaisance est l'endroit idéal pour une pause bien-être à Caen. En toute simplicité !

Pratique

■ ABBEILLES TAXI-CAEN
52, place de la Gare
CAEN © 02 31 52 17 89
www.taxis-abbeilles-caen.com
taxis.abbeilles.caen@wanadoo.fr
Ouvert toute l'année, 7j/7 et 24h/24. Tarifs à la demande.
Vous êtes à la recherche d'un transport pour vous déplacer à Caen et dans les environs ? La compagnie de taxis Abbeilles Taxi-Caen est à votre service. C'est l'une des plus importantes de la région car elle possède un parc de cinquante-neuf véhicules (berline, break, petit et grand monospace etc.) et elle a une très longue expérience puisqu'elle existe depuis 35 ans. Elle couvre toutes les distances pour des trajets professionnels ou personnels et peut même vous conduire jusqu'aux différents aéroports parisiens. Si vous le souhaitez, après votre vol dans le coin, vous pouvez aussi découvrir, par son biais, des sites importants de la région (plages du Débarquement etc.), différents circuits avec chauffeurs parlant anglais étant disponibles. Le central téléphonique et le service sont assurés 24h/24 et vous pouvez réserver votre trajet à l'avance. Les véhicules sont tous équipés d'un système de localisation par satellite qui permet d'optimiser le temps d'arrivée par rapport au client qui n'aura pas un grand temps d'attente en l'occurrence. Les véhicules sont très confortables, certains possédant le terminal permettant de régler la course par carte bleue. Les tarifs sont corrects et conforment à ceux qui se pratiquent dans la région avec des suppléments possibles pour les bagages lourds, les animaux, la prise en charge d'un quatrième passager. Lors de la réservation vous devez préciser si vous souhaitez avoir un véhicule qui possède un terminal carte bancaire.

■ TAXI DES ILES
286, avenue des Vendéens
GRANVILLE © 02 33 50 69 24 / 06 70 30 60 41
Ouvert 7j/7 et 24h/24. Tarifs sur demande. Si vous souhaitez payer par carte bancaire précisez-le lors de la réservation.
Le nom de cette compagnie fleure bon le sable chaud et les cocotiers. Mais son objectif premier est de vous conduire au mieux, quelle que soit la destination demandée. Se trouvant souvent aux alentours de la gare de Granville, les Taxis des Iles desservent les gares et les aéroports ; ils peuvent même venir vous chercher à l'endroit de votre atterrissage après votre vol (ils vous ramèneront alors jusqu'à votre voiture). Les différents véhicules peuvent également transporter des bagages volumineux. La flotte est importante et variée, et certaines voitures sont dotées d'un terminal pour les cartes bleues. Si vous souhaitez payer par carte, il faut le préciser lors de votre réservation afin que l'on vous envoie le véhicule adapté. La compagnie couvre l'ensemble de la région, avec des passages également dans les hauts lieux du département. Les chauffeurs sont expérimentés, sympathiques, et la compagnie est joignable en permanence (24h/24 et 7j/7).

■ AVRANCHES TAXI
8, rue des Mimosas
SAINT-MARTIN-DES-CHAMPS
© 06 07 08 78 93
www.avranches-taxi.fr
avranches.taxi50@gmail.com
Ouvert 7j/7 et 24h/24. Tarifs sur demande.
Avranches Taxi est une société très connue et qui possède une bonne réputation dans la Manche. Elle propose des déplacements aussi bien privés que professionnels. La compagnie arpente les routes de la région, avec des véhicules climatisés et confortables où vous vous sentirez donc parfaitement à l'aise. Vous pourrez vous relaxer si vous en prenez un après votre vol. Les animaux de compagnie sont acceptés, ce qui n'est pas toujours le cas chez la concurrence. La compagnie est connue pour sa rapidité d'intervention, la qualité de ses prestations, et la gentillesse de ses chauffeurs, toujours à l'écoute des clients. Vous pouvez également leur demander des renseignements sur les plus beaux endroits à visiter dans la région, ils vous donneront des conseils pertinents et pourront également vous y conduire. Ils connaissent le coin comme leur poche ! Comme la plupart des compagnies de taxis, elle est ouverte 7 jours sur 7 et 24 heures sur 24, de même que son central téléphonique. Avranches Taxi se fait un devoir de vous satisfaire au plus vite. Le paiement se fait par chèque ou en espèces.

Les Champs de Bataille de la Somme H F A

Les Français ont Verdun, les Anglo-Saxons ont la Somme ! 200 000 britanniques, Australiens, Néo-Zélandais et Canadiens se déplacent tous les ans pour visiter les Mémoriaux de la Première Guerre mondiale autour d'Albert. Jamais les Britanniques n'ont connu une telle catastrophe militaire. En 1916, environ 1,2 million d'hommes ont été mis hors de combat (sur un effectif total de 3 millions) en quatre mois et demi de combats, pour une progression d'environ 12 km. La Somme porte encore aujourd'hui les stigmates de ces terribles affrontements. Cette page mouvementée de l'histoire peut se découvrir en survolant le Circuit du Souvenir, jalonné de lieux de mémoire souvent très impressionnants, de vestiges des combats et de cimetières.

Ici, l'aviation fait son entrée dans la guerre. Si les dirigeables ont été privilégiés au début de la guerre, ils sont rapidement éclipsés par les avions. L'aviation d'observation et de reconnaissance permet d'effectuer des missions de renseignements et de réglage d'artillerie qui nécessitent de s'enfoncer 20 à 30 km à l'intérieur des lignes ennemies. Sur la Somme, les Français regroupent 113 chasseurs. Les Britanniques alignent 185 appareils du Royal Flying Corps. Un mois et demi après l'apparition de ces groupes de combat, le général Foch admet l'apport stratégique de l'aviation : « La supériorité en aviation permet seule la supériorité en artillerie, indispensable pour avoir la supériorité dans la bataille actuelle ». Les bombardements se font uniquement de jour jusqu'en mai 1916, puis la nuit par groupement de 6 à 12 avions larguant chacun 200 kg de bombes. Pour la première fois, les ballons sont équipés d'émetteurs TSF qui remplacent les téléphones pour les liaisons avec le sol. Certains avions volent très haut (à 6500 m) pour éviter les chasseurs. Les pilotes sont équipés de masques à oxygène et de vêtements chauffants.

Les zones. L'aérodrome d'Albert-Bray se trouve dans une zone contrôlée de classe D afin de protéger l'arrivée IFR du Beluga. Comptez environ 30 à 40 minutes pour faire le tour à 100 kt. Volez prudemment, en particulier lorsque vous serez en virage au-dessus des Mémoriaux, et restez attentif à vos paramètres (vitesse, inclinaison, sécurité extérieure, etc.).

La ville d'Albert

Elle comptait 7 343 habitants en 1914, puis seulement 120 en janvier 1919. La statue de la Vierge dorée que vous voyez briller au sommet de la basilique, au centre-ville est touchée par un obus allemand en janvier 1915. Elle reste suspendue à l'horizontale jusqu'en 1918, date à laquelle elle s'écroule. Surnommée « la Vierge penchée », elle donne naissance à une croyance chez les soldats qui pensent que sa chute signifiera la fin de la guerre. La ville d'Albert est restée un symbole pour les Britanniques. Faites le tour de la ville afin de prendre un cap nord-est (030° environ). Repérez une route bien rectiligne qui suit ce cap en partant d'Albert. Le cratère se trouve à droite de cette route, au niveau d'une petite route qui s'éloigne en diagonale. Vous sortez normalement de l'espace contrôlé d'Albert.

Le cratère de La Boisselle

Tout commence le 1er juillet 1916, à 7h28 précises, par l'explosion simultanée de plusieurs formidables fourneaux de mines dont le cratère Lochnagar à La Boisselle est l'unique vestige. L'explosion marque le déclenchement de la Bataille de la Somme par les Britanniques. Juste derrière le barrage roulant de l'artillerie, l'infanterie française et britannique bondit hors de ses tranchées. Il y avait 11 mines similaires disposées sous les lignes allemandes sur les 25 km du front, mises à feu simultanément.

Les stigmates de la guerre sont encore visibles.

Les Champs de Bataille de la Somme

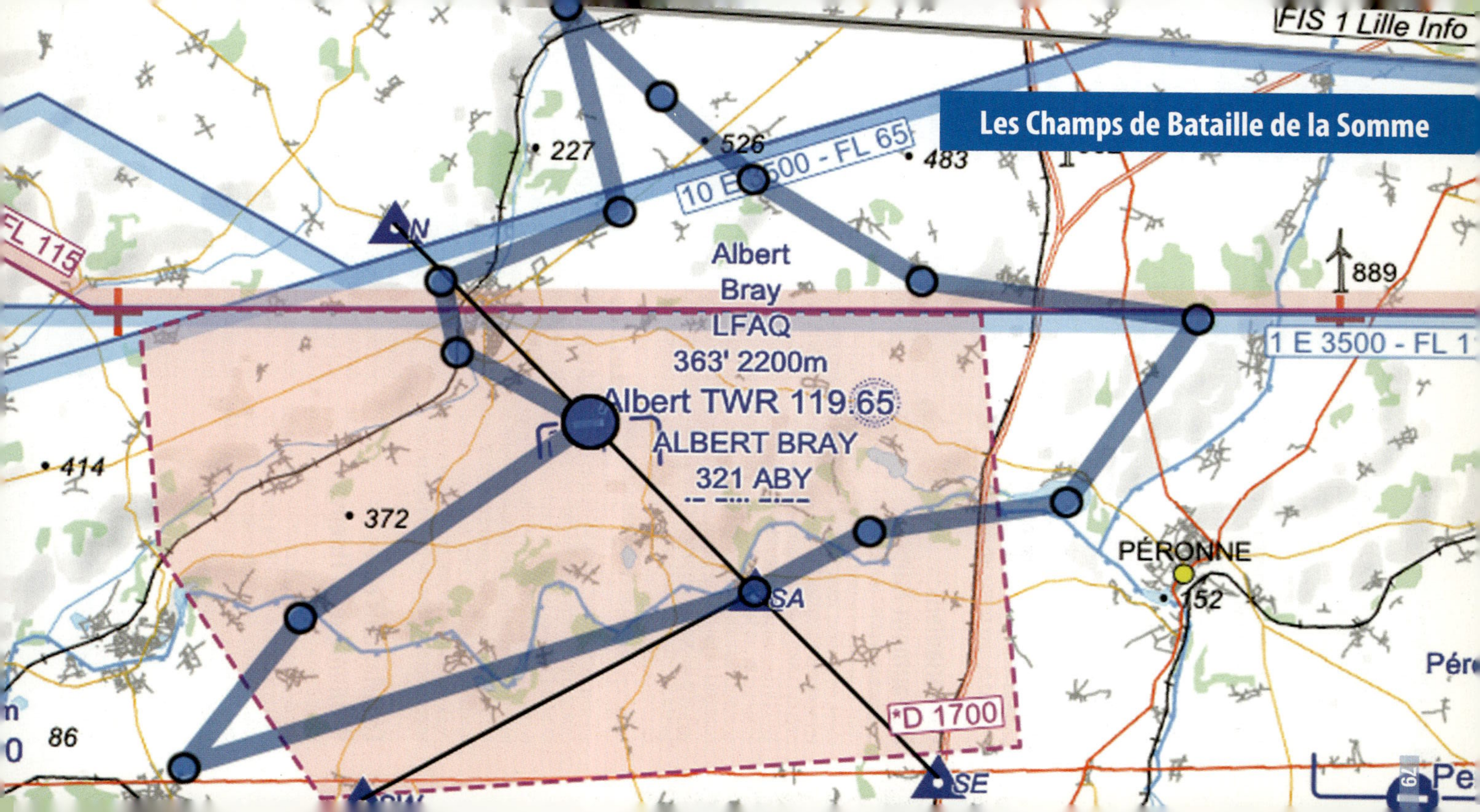

La Boisselle était la plus grosse : 27 tonnes d'explosifs. On raconte que l'explosion a été entendue jusqu'à Londres. L'assaut a été donné 2 minutes après. Pendant ce court laps de temps, les Allemands se sont réorganisés. Les Anglais ont été massacrés à cause de ces deux minutes de délai. Le lendemain, les chiffres des pertes tombent, horribles : 20 000 tués. 32 des bataillons ont perdu deux-tiers de leur effectif. Le bataillon de Terre-Neuve a perdu plus de 700 de ses 800 hommes en 30 minutes... Quand on voit la taille du cratère par rapport à la taille des véhicules en bas de l'image, on imagine plus facilement la violence de l'explosion. Le cratère se « visite » au sol, mais nous trouvons que l'on se rend mieux compte de la violence de l'explosion vu du ciel. Prenez ensuite un cap nord-ouest (315° environ) sur 5 Nm. Vous allez croiser une toute petite vallée avec une voie ferrée à la perpendiculaire de votre route. Le Mémorial de Beaumont-Hamel se trouve sur le haut de la vallée. C'est un champ parsemé de trous (et pour cause !).

Les Canadiens à Beaumont-Hamel

Cet espace, aujourd'hui terre canadienne, donne une vision émouvante et réaliste des batailles grâce à un réseau de tranchées admirablement bien conservé. Les tranchées alliées sont les lignes zigzaguant aux pieds du Caribou, insigne du régiment de Terre-Neuve, qui regarde les tranchées allemandes situées au niveau du monument en face. Au milieu : le no man's land dévasté par les trous d'obus, les champs de barbelés... Remarquez les tranchées de liaisons entre la 1ère ligne de front et la deuxième. A la sortie des tranchées, ce 1er juillet à 9h, les hommes du régiment de Terre-Neuve se font massacrer par les mitrailleuses allemandes. Une demi-heure plus tard, ils n'étaient plus que 68 valides sur près de 4000 hommes... Ils restèrent ainsi face aux Allemands pendant 5 mois. Même si les champs environnants ont repris leur fonction initiale, il est fréquent d'apercevoir les lignes de tranchées en dehors des périodes de forte végétation des cultures, par temps humide. Ouvrez l'œil ! Après cet émouvant survol de ce lieu chargé d'histoire, il faut prendre un cap 120° pour rejoindre la tour d'Ulster à 2 Nm. Vous voyez sûrement déjà le monument de Thiepval. La tour d'Ulster se trouve un peu avant et sur la gauche (elle est assez petite).

Les Irlandais et les Britanniques à Thiepval

La tour d'Ulster est la réplique exacte d'une tour située près de Belfast dans le camp d'entraînement de la 36e division qui, le 1er juillet 1916, fut prise entre les tirs allemands et ceux de l'artillerie britannique. Cette tour constitue aussi le mémorial de tous les soldats irlandais morts pendant la Grande Guerre.

L'impressionnant monument britannique de Thiepval, haut de 45 m, est LE mémorial aux soldats disparus britanniques et sud-africains tombés sur le front de la Somme. Les noms de plus de 70 000 hommes sont gravés sur ses piliers. Le lieu fut, le 1er juillet 1916, l'un des principaux théâtres du désastre de l'aile gauche britannique. Ayant perdu 58 000 des siens dont 20 000 tués, la Grande-Bretagne y connut la plus grande tragédie de son histoire à laquelle le nom de Thiepval reste à jamais attaché. Le Mémorial franco-britannique est visible à des kilomètres à la ronde. Tous les ans, d'importantes cérémonies du souvenir sont organisées par le gouvernement britannique le 1er juillet. La Reine d'Angleterre est venue plusieurs s'incliner à la mémoire des soldats tombés sur ces collines.

Les Australiens à Pozières

Restez au cap 120°. Essayez de repérer une petite route qui suit votre cap. Le Mémorial de Pozières est assez difficile à trouver en avion. Nous vous conseillons de ne pas le chercher et de continuer tranquillement vers Longueval. Néanmoins, le village de Pozières a été le théâtre du premier engagement d'envergure des troupes australiennes sur le front occidental. Le nom de Pozières possède une telle renommée dans la mémoire australienne qu'il a été donné, après la guerre, à un petit village du Queensland en Australie. Le monument à la 1ère division et les vestiges de deux blockhaus évoquent cette bataille. Le 15 septembre 1916, les chars apparurent pour la première fois sur un champ de bataille. Des 32 tanks britanniques Mark I qui se déployèrent sur une ligne Courcelette-Longueval, seulement 9 atteignirent leurs objectifs. C'est à Pozières également que se trouve le monument aux chars orné de 4 modèles réduits de tanks.

Les Néo-Zélandais et les Sud-Africains à Longueval

Le cimetière se trouvant légèrement avant Longueval commémore la participation de la division néo-zélandaise à la Bataille de la Somme en 1916. Cet endroit se révèle particulièrement émouvant, autant en raison des couleurs que de la pensée des gens venus de l'autre bout du monde pour mourir ici. Encore aujourd'hui, des Néo-Zélandais font le déplacement en souvenir de ceux qui sont tombés dans ce conflit mondial. Longueval est également un lieu de mémoire pour les Sud-Africains. Sur les 3 200 soldats sud-africains qui participent à l'attaque du 15 juillet 1916, seuls 143 reviennent indemnes 5 jours plus tard, après la prise du bois de Delville rebaptisé « Devil's Wood » (« le bois du Diable »). Le Musée et le Mémorial national sud-africains leur rendent hommage aux soldats qui connurent leur baptême du feu dans le bois Delville. C'est pour cela qu'il faut chercher le Mémorial dans le bois à la sortie de Longueval. Après Longueval, continuez sur votre cap 120° vers Rancourt à 5 Nm. Passer la ligne TGV Paris-Lille et l'autoroute du Nord (A1) à la perpendiculaire de votre route.

Les Français à Rancourt

La Chapelle du Souvenir Français, auprès du vaste cimetière, est le seul site français du département. Ce village a également le triste privilège de regrouper en un même lieu un cimetière français, un cimetière britannique et une nécropole allemande. Après Rancourt, prenez un cap au sud. Longez l'autoroute. Juste avant de croiser la Somme (la rivière), vous allez à nouveau pénétrer les espaces de classe D d'Albert-Bray. Il sera temps de vous annoncer de retour dans la zone par l'est pour un cheminement au-dessus de la Somme en direction de l'ouest. Vous laisserez Péronne sur votre gauche. Plus tard, vous pourrez toujours vous poser à Péronne (LFAG) pour visiter l'Historial de la Grande Guerre, un musée trilingue qui, à travers les histoires parallèles des 3 principaux protagonistes (Allemagne, France et Royaume-Uni), explique la guerre, ses origines et ses conséquences.

Les méandres de la Somme

Mais pour l'instant, laissons de côté la Grande Guerre et profitons du spectacle offert par les nombreux méandres de la Somme pendant 11 Nm. Prenant sa source dans l'Aisne, la Somme se jette dans la Manche 250 km plus loin (en baie de Somme, qu'il vous faudra absolument survoler un jour). Ce fleuve paisible coule dans un ruban de verdure et d'humidité à travers l'aride plateau picard. Tantôt il se divise en plusieurs bras jalonnés de saules et de peupliers divaguant parmi les jardins et les prés, tantôt les eaux s'étalent en de nombreux étangs argentés, tourbières noirâtres ou marais (dont les « Hortillonnages » à Amiens).

L'« Australian Corps Memorial Park » à Hamel

Ce mémorial a été inauguré en 1998. Il rend hommage à l'Australian Corps et à l'action des soldats australiens dirigés par le général John Monash, le premier de l'histoire de cette (à l'époque) toute jeune nation. Ici, les Australiens ont connu une réussite importante, arrivant même à abattre (même si les Canadiens se l'attribuent aussi) le fameux Baron Rouge. Des tranchées y sont encore visibles.

Les Australiens encore à Villers-Bretonneux

Villers-Bretonneux est un endroit symbolique pour les Australiens. C'est là que, le 25 avril 1918, ils ont stoppé définitivement les Allemands et libéré le village. Après la guerre, les Australiens en ont fait un symbole national, en participant financièrement à la reconstruction de la commune. Le Musée franco-australien, et le cimetière Adélaïde témoignent de la force des liens et de la reconnaissance mutuelle qui unissent l'Australie et la France.

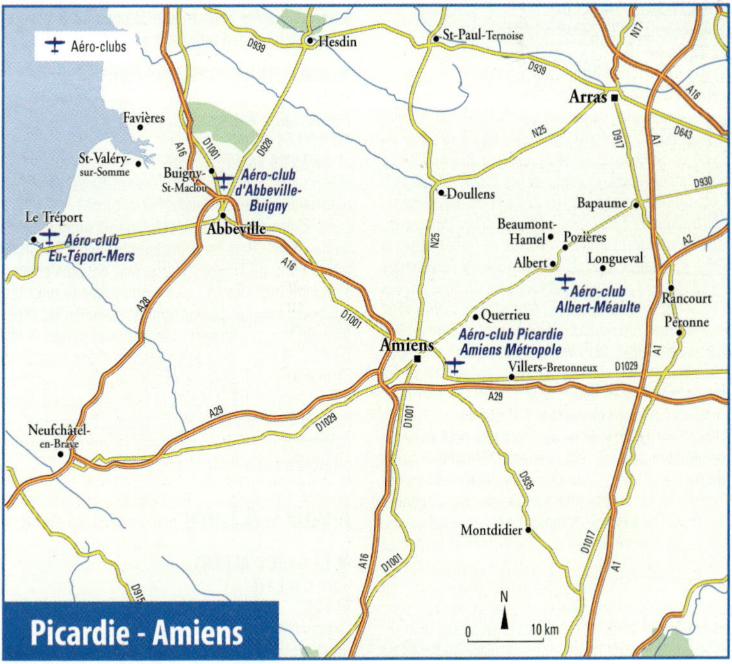

Aérodromes et aéro-clubs

■ AERO-CLUB PICARDIE AMIENS METROPOLE
Aérodrome d'Amiens-Glisy (LFAY) – BP 202
AMIENS ✆ 03 22 38 10 70
www.aeroclub-picardie-amiens.com
contact@aeroclub-picardie-amiens.com
Label Tourisme & Handicap. Handivol. Bar. Club House. Parking pour avions et hangars. Salle de cours et de préparation des vols (avec accès Météo, fax, plans de vol...). Equipement informatique.
Circuits historiques pré-établis, balades, l'aéro-club Picardie a tout prévu pour vous aider à découvrir les plus beaux et les plus intéressants sites à survoler dans le coin. Le circuit du souvenir vous emmènera par exemple à la découverte des grands champs de bataille de la baie de Somme. Situé sur l'aérodrome d'Amiens-Glisy, l'aéroclub Picardie se trouve à seulement 1h30 de Paris par l'autoroute ! Deux instructeurs professionnels et des bénévoles forment une équipe efficace qui vous accueille avec la plus grande sympathie. Les équipements et services proposés par l'aéro-club aux pilotes sont ici on ne peut plus complets : bar, club-house (accessible aux personnes à mobilité réduite), équipement informatique, salle de cours et de préparation des vols (avec accès à météo, plans de vol, fax, etc.), terrasse vouée aux beaux jours à restaurer ses « hôtes » autour d'un barbecue... Le maître-mot ici, c'est la convivialité !

■ AÉROCLUB D'ABBEVILLE – BUIGNY – BAIE DE SOMME
Aérodrome d'Abbeville LFOI – RN 1
BUIGNY-SAINT-MACLOU
✆ Bureau : 03 22 24 08 48 / Atelier : 03 22 24 62 18
http : //aeroclub.abbeville.free.fr
aeroclub.abbeville@free.fr
Flotte : 4 appareils : 2 DR 400 (120 ch), 1 DR 400 (160 ch) et 1 cessna 172 (160 ch). Taxis (Tél.) 06 07 79 63 37 ou 06 64 54 79 99 ou 03 22 24 24 00 ou 03 22 24 03 11. Le club se propose aussi de vous amener en ville : distance de 4 km. Location voiture (Tél.) 03 22 24 33 00. Installations : 1 piste en dur et 2 pistes en herbe. Taxe atterrissage : 6 €. Motel-restaurant sur la plate-forme de l'aérodrome : le Relais de l'Europe (Tél.) 03 22 24 11 91. 49 €/chambre double, 60 €/3 personnes, petit déjeuner à 6,50 €, menus à 16,50 €, 24 € et 35,50 €, fermé le dimanche soir et le lundi midi. Distribution de carburant. Espace accueil avec grande table, accès Internet et sanitaires. Boutique (Huile et fournitures diverses). Bivouac possible (2,50 €/ personne/nuitée en tente sur le terrain). Hangar pour stationner aéronefs de passage (10 €/jour).
A l'aéroclub d'Abbeville, on a pensé à tout pour accueillir les pilotes de passage : équipement informatique, accès Internet, sanitaires, boutique, salle tout confort pour préparer les vols, la place dans un hangar pour stationner un aéronef de passage (attention, assurez-vous qu'une place soit disponible avant votre arrivée et contactez l'aéroclub au préalable), la possibilité de planter votre tente sur le terrain pour séjourner sur place pour 1 ou 2 nuits à tout petit prix (là aussi, prenez soin de contacter au préalable l'aéroclub) ou, si vous préférez séjourner à l'hôtel, la possibilité de loger sur place au Relais de l'Europe, un motel restaurant tout confort dont vous apprécierez la bonne table ! Côté balade aérienne, vous pourrez vous élancer vers la Baie de Somme, les falaises de la côte vers le sud et les grandes plages de la Côte d'Opale vers le nord, les châteaux, abbayes et monuments de la région. Enfin au sol, à à peine plus d'1 km du terrain, vous pourrez vous adonner au golf au Golf d'Abbeville, un golf de 18 trous – 5 924 m par 72.

■ AÉRO-CLUB ALBERT MEAULTE
Aéroport Albert-Picardie (LFAQ)
Route de Bray
MÉAULTE ✆ 03 22 91 07 11
www.avion80.net
eric@choquet.org
Local Club à disposition (prépa navigations/dossier météo). Accès Internet. Essence à l'aérodrome. Demande préalable au 03 22 75 34 24. Carte TOTAL. Taxis : Albert transport (Tél.) 03 22 74 47 44. Taxis de l'Authie (Tél.) 03 22 74 68 57 ou 06 74 65 35 26.
Autour de l'aérodrome Albert-Picardie où est implanté l'aéroclub Albert Meaulte, les sites incontournables à survoler sont : la vallée de la Somme, les sites de la Première Guerre mondiale (dont le village de Thiepval, situé au nord de la ville d'Albert et qui fut le théâtre d'une bataille tristement célèbre dans la Somme, de juillet à septembre 1916, ainsi que le Camp terre-neuvien, un champ de bataille resté intact depuis les combats qui y ont eu lieu en 1916 et où 6 000 Canadiens ont perdu la vie pour défendre la France) et la Baie de Somme. Sinon, avec l'aéroclub d'Albert Meaulte, vous aurez accès à un local mis à votre disposition pour préparer vos vols, aurez la possibilité d'obtenir un dossier météo, aurez libre accès à Internet et la possibilité de vous réapprovisionner en carburant.

■ AERO-CLUB EU-TREPORT-MERS
D925
Route Saint-Valéry
MERS-LES-BAINS
✆ 02 35 86 56 34
Ouvert toute l'année, du lundi au dimanche. Se renseigner par téléphone pour les horaires et les tarifs.
L'aéro-club est implanté sur la colline qui surplombe les 3 villes-sœurs, Mers-les-Bains, Eu et le Tréport. Il se situe à 2 km au nord d'Eu. Vous pourrez faire des promenades aériennes avec des vols d'une quinzaine de minutes minimum qui vous permettront de découvrir les villes d'Eu, de Mers, du Tréport ainsi que leurs plages et les falaises. Si vous optez pour des vols d'une trentaine de minutes, vous pourrez admirer la baie de somme, toute la côte entre St Valéry et le Tréport sans oublier bien sûr le survol des « 3 Villes Sœurs ». L'aéro-club est également une école de pilotage agréée où l'on peut commencer à partir de 15 ans.

À voir – À faire

■ LA GARE D'ALBERT
Gare d'Albert
ALBERT
Ce pourrait paraître bien étrange comme site touristique où vous rendre à votre arrivée dans la petite

ville d'Albert, si l'on ne vous disait pas pourquoi. Et quand vous saurez ce pourquoi, vous courrez voir cette curiosité qu'est la gare d'Albert ! Ville-berceau de l'aéronautique, Albert lui est presque entièrement dédiée. Tout ou presque à Albert se place sous le signe de l'aviation. Et sa gare en est l'exemple le plus frappant : d'architecture flamande, le hall de la gare abrite une très curieuse, imposante et surprenante décoration : le Potez 36 (en hommage à l'aéronautique et à son pionnier albertin, Henry Potez) ! Eh oui, un avion que vous verrez exposé là, suspendu, trônant de toute sa majesté sur son piédestal de métal qui le soutient, nez en l'air, comme nez au vent, semblant vouloir prendre son envol au beau milieu de la gare !

■ MUSEE DE L'EPOPEE DE L'INDUSTRIE ET DE L'AERONAUTIQUE ALBERT
ALBERT
✆ 06 07 36 84 43
www.musee-eia.com
contact@musee-eia.com

Ouvert toute l'année. Tarifs : 5 €/personne. Visite guidée (en semaine, visite uniquement sur réservation par téléphone au 06 07 36 84 43). Pour les groupes, réservez au minimum 30 jours à l'avance.

Dans ce Musée de l'épopée de l'industrie et de l'aéronautique, vous aurez la possibilité de côtoyer au plus près les appareils de différentes époques avec notamment la collection Bétrancourt, une exceptionnelle collection d'avions anciens. Une quarantaine d'appareils militaires évoquent l'épopée de l'industrie et de l'aéronautique. Vous pouvez même monter à bord de certains d'entre eux. C'est tout un pan de l'histoire de l'aéronautique qui vous est compté dans ce lieu où les passionnés vont se régaler.

■ MUSÉE SOMME 1916
Rue Anicet-Godin
ALBERT
✆ 03 22 75 16 17
www.musee-somme-1916.eu
musee@somme1916.org

Fermé de mi-décembre au 31 janvier inclus. Du 1er février à fin mars et d'octobre à mi-décembre, ouvert tous les jours de 9h à 12h et de 14h à 18h. D'avril à septembre, ouvert tous les jours de 9h à 18h. Gratuit jusqu'à 6 ans. Adulte : 6 €. Enfant (de 6 à 18 ans) : 4 €. Groupe (15 personnes) : 5 € (scolaires : 3,20 €). Chèque Vacances. Visite guidée (sur réservation). Boutique. Animations.

Ce musée est installé dans l'un des abris anti-aériens aménagés en 1939 afin de protéger la population. En effet, en raison de la proximité de l'usine d'aviation Henry Potez, la ville et ses habitants étaient particulièrement exposés aux bombardements. Cette usine, première d'Europe en 1936, a évolué vers un site EADS pour devenir Aerolia de nos jours. Néanmoins, dans ce musée, il est bien question de la bataille de la Somme, donc de la Première Guerre et plus particulièrement de la vie des soldats dans les tranchées lors de l'offensive du 1er juillet 1916. Cette visite vous emmène à 10 mètres de profondeur, dans un souterrain de 250 mètres de long, le plus important des abris anti-aériens de la ville. Dans des vitrines sont exposés des photographies, des grenades, des obus de toutes tailles, des masques à gaz, des mitrailleuses, des baïonnettes, des casques ou encore de l'artisanat de tranchée. Parfois terribles, parfois étonnantes, quinze scènes installées dans des alcôves reproduisent des moments de vie dans les tranchées. Théâtre d'une vie passée mais bien réelle, cette visite se termine par une pièce où le sifflement atroce des bombardements a été reconstitué.

■ LA CATHÉDRALE D'AMIENS
AMIENS
✆ 03 22 71 60 50 (OT)
www.amiens-cathedrale.fr
ot@amiens-metropole.com

Ouvert toute l'année. Les tours sont fermées les 1er janvier, 1er mai, le dernier dimanche de septembre et le 25 décembre. Basse saison : tous les jours de 8h30 à 17h30. Haute saison : tous les jours de 8h30 à 18h30. Gratuit. Visite guidée (informations auprès de l'Office de Tourisme). Boutique. Animation. Spectacle son et lumière.

Impossible de visiter Amiens sans passer visiter cette grande dame classée au Patrimoine Mondial de l'Unesco depuis 1981. Superbe et gigantesque édifice de pierre, elle trône au centre d'Amiens, une situation et un style gothique qui la rend emblématique de la cité. Quelques chiffes pour vous laisser imaginer l'ampleur d'un tel bâtiment : sa flèche s'élève à 112 mètres du sol. Pour une longueur totale de 145 mètres, un volume intérieur d'environ 200 000 m^3 et une superficie de 7 700 m^2, sa hauteur sous voûte dans la nef atteint 43 mètres. Elle est construite sur un plan en forme de croix latine, avec une nef à bas-côtés, un transept à collatéraux et un choeur à double-collatéraux. Une visite à ne surtout pas manquer !

■ MÉMORIAL TERRE-NEUVIEN DE BEAUMONT-HAMEL
Rue de l'Eglise
BEAUMONT-HAMEL
✆ 03 22 76 70 86

Situé là où s'est déroulé une terrible bataille en 1916, ce mémorial honore les Canadiens de Terre-Neuve qui ont combattu durant la Première Guerre mondiale, en particulier ceux qui n'avaient pas de tombe connue lors de son inauguration en 1925. En haut d'une petite butte se trouve une statue de caribou, emblème du Royal Newfoundland Regiment. Elle est environnée de plantes et de pierres originaires de l'île de Terre-Neuve et domine un site où l'on peut voir un réseau d'anciennes tranchées, ce qui ajoute à l'émotion qui saisit le visiteur. Un centre d'accueil évoque la vie que menaient les soldats sur leur île au début du XXe siècle, ainsi que l'histoire du Royal Newfoundland Regiment, à travers des expositions, la découverte de souvenirs, des vidéos…

■ **MEMORIAL NATIONAL SUD-AFRICAIN DE DELVILLE WOOD**
Route de Ginchy
LONGUEVAL
✆ 03 22 85 02 17
www.delvillewood.com
info@delvillewood.com
Fermé de décembre à janvier. Basse saison : ouvert du mardi au dimanche de 10h à 16h. Haute saison : du mardi au dimanche de 10h à 17h30. Gratuit. Boutique.
En tant que troupe du Commonwealth, la Première brigade d'infanterie sud-africaine prit part à la bataille de la Somme. Ces soldats furent engagés dans la prise du bois Delville, qu'ils surnommèrent Devil's Wood, « le bois du Diable ». Les 3 200 engagés se trouvèrent vraiment pris dans un enfer qui ne laissa que 143 rescapés. Autour de ce champ de bataille se sont construits le mémorial national des Sud-Africains, un musée (réplique du fort du Cap rappelant la contribution sud-africaine à la résolution des conflits du XXe siècle) ainsi qu'une nécropole dont les deux-tiers des tombes abritent des dépouilles n'ayant pu être identifiées. Dans ce même village, un monument a été édifié en mémoire des soldats néo-zélandais qui prirent part, eux aussi, à la bataille de la Somme.

■ **CHATEAU DE QUERRIEU**
Corbie Bocage 3 Vallées
3, rue du Bois-Gallant
QUERRIEU
✆ 03 22 40 14 09 / 06 10 22 47 73
Ouvert du mardi au dimanche. Visites guidées à 16h et 17h chaque dimanche. Adultes : 15 €. Gratuit pour les enfants de moins de 15 ans.
Tout en longueur, en brique et en pierre, le château de Querrieu a un style picard. Construit par Charles le Chauve en 853, et donc d'origine médiévale, il est rebâti au XVIIe siècle puis modifié au XIXe. C'est un lieu très visité, avec son superbe parc où vous pourrez faire de longues et belles balades. Un très beau château romantique, à taille humaine, avec deux petites tours, et des rambardes en ferronnerie qui ajoutent à son charme.

■ **NECROPOLE ET CHAPELLE DU SOUVENIR FRANÇAIS**
RANCOURT
✆ 03 22 85 04 47
Rancourt s'est trouvé au cœur de combats importants lors de la bataille de la Somme, car le village était situé sur une route essentielle pour les Allemands, entre Bapaume et Péronne. La prise de Rancourt fut confiée au 32e corps d'armée français. 8 566 soldats reposent dans la nécropole française, la plus grande de la Somme avec ses 28 000 m², à proximité d'un cimetière britannique et d'une nécropole allemande. La chapelle du Souvenir Français, de style néo-gothique, a été construite par des particuliers, la famille du Bos, en l'honneur de leur fils combattant et de ses camarades. Elle est entretenue depuis 1937 par l'association qui lui donne son nom.

Se restaurer

■ **HOTEL RESTAURANT DE LA BASILIQUE**
3 et 5, rue Gambetta
ALBERT ✆ 03 22 75 04 71
www.hoteldelabasilique.fr
contact@hoteldelabasilique.fr
Ouvert tous les jours. Menus de 13 € à 37 €. Menu enfant : 8 €. Carte brasserie.
Charmant cet hôtel avec sa petite terrasse aux parasols verts aux beaux jours et sa façade aux briques rouges. Accueillis par une famille charmante elle aussi, digne héritière des aînés de sa famille qui possède l'hôtel depuis des générations, vous serez logés comme des rois et restaurés à une table où vous pourrez déguster de bons produits et spécialités de la région. Si le temps le permet à la belle saison, vous pourrez déjeuner ou dîner sur la terrasse, face à la basilique : un site très agréable où il fait bon faire une halte gourmande.

■ **LA BISTOUILLE**
51, quai Belu
AMIENS ✆ 03 22 91 38 91
sylvie.sppg@sfr.fr
Ouvert toute l'année. Le lundi, le mercredi et le jeudi de 12h à 14h et de 19h à 22h. Ouvert vendredi, samedi et dimanche de 12h à 14h30 et de 19h à 23h. Réservation recommandée. Formule : 20 €. Vin au verre. Terrasse.
Un petit café arrosé d'eau-de-vie, la bonne vieille bistouille fait toujours son petit effet. Tout comme ce charmant restaurant, idéalement situé sur le quai Belu, le long de la Somme. On vous conseille d'ailleurs de profiter de la jolie terrasse chauffée, au bord de l'eau. Le cadre séduit tout autant que la cuisine. De belles et copieuses assiettes vous seront proposées. De la classique cuisine de bistrot (os à moelle, croustillant au maroilles) aux plats plus travaillés et joliment dressés (effiloché d'agneau, marmite de poisson), La Bistouille fait le job sérieusement, et avec le sourire !

■ **LE SAINT-ROCH**
2, place Foch
AMIENS ✆ 03 22 91 38 69
www.restaurant-le-saint-roch.fr
contact@restaurant-le-saint-roch.fr
Ouvert tous les jours. Menus de 22,50 € à 26,50 €.
Dans une décoration aux couleurs des Hortillonnages, ce restaurant fleuri n'est pas très spacieux, mais suggère une certaine convivialité. Le personnel, souriant, attentif et prévenant, sert de délicieux repas traditionnels préparés avec des produits du terroir maison. La carte propose des plats de poisson dont des choucroutes mitonnées aux produits de la mer. Pour la viande, les sauces sont relevées juste ce qu'il faut. L'un des points forts reste les desserts, particulièrement copieux et dotés d'une personnalité propre au restaurant. Ainsi, la crème brûlée est dotée d'un goût unique et original et les glaces sont généreuses en crème chantilly.

■ **LE BISTROT D'ANTOINE**
8, place André-Audinot
PÉRONNE ✆ 03 22 85 84 46
bistrot-antoine@wanadoo.fr
Ouvert du mardi au samedi de 12h à 14h30 et de 19h à 21h30 ; le dimanche de 12h à 14h30. Menus de 15 € à 27,90 €. Menu enfant : 10 €. Vin au verre. Terrasse.
Le type d'établissement qui ne peut laisser indifférent. Situé sur la place du château de Péronne, le bistrot vous fait inévitablement de l'œil. Couleurs champêtres qui rappellent les estaminets : le cadre est chaleureux, l'accueil est attentif. On apprécie la jolie terrasse pour un repas ensoleillé en saison, accompagné d'un vin noble qui ne coûte pas un bras. Le rapport qualité/prix est de ceux qui font revenir ! De même, les assiettes servies n'ont pas à rougir face à des adresses d'un autre standing. Les produits de marché sont joliment travaillés ; mais surtout, le goût est présent ! Sauté de canard à l'orange, panaché de poissons aux pruneaux, carbonade de bœuf à la bière : du bon, du frais, du plaisir !

■ **HOTEL-RESTAURANT LE PRIEURE**
24, RN17 – RANCOURT
✆ 03 22 85 04 43
www.hotel-le-prieure.fr
contact@hotel-le-prieure.fr
Ouvert toute l'année. Tous les jours et les jours fériés de 12h à 14h et de 19h à 21h. Réservation recommandée. Menus de 15 € à 56 €. Menu enfant : 7 €. American Express, Chèque Vacances, Chèque Restaurant.
Un restaurant ouvert tous les jours, midi et soir : c'est déjà l'assurance de trouver de quoi vous restaurer, si vous êtes de passage dans le coin. Mais en plus, la cuisine proposée est très bonne ! Croustillant de camembert aux pommes, bouquet de salades mêlées aux noix et au magret fumé ; portefeuille de saumon au jambon cru et croûte persillée, crème de petits pois ; faux gratin de fraises et framboises façon amandine... Le tout dans un menu à 29 € ! Le service est en outre des plus agréables. Une escale s'impose !

■ **LE VICTORIA**
1 bis, route d'Amiens
VILLERS-BRETONNEUX
✆ 03 22 48 15 07
www.restaurant-levictoria.fr
Fermé en août. Ouvert tous les jours de 10h à 15h. Carte : 25 € environ. Formule du midi : 12,90 €. Chèque Vacances, Chèque Restaurant. Vente à emporter.
En pleine zone touristique, à 800 mètres du mémorial australien, Le Victoria propose une restauration gastronomique de qualité. Vous pourrez y goûter sur place, des plats savoureux, dans la salle du restaurant qui dispose de 120 places (et plus les jours de beau temps avec la terrasse). En plus de la cuisine, l'accueil chaleureux est un des autres atouts de l'établissement. Rien n'est négligé et le client est accueilli avec la plus grande attention.

Se loger

■ **HOTEL BEST WESTERN ROYAL PICARDIE**
138, avenue Général-Leclerc
ALBERT
✆ 03 22 75 37 00
www.royalpicardie.com
reservation@royalpicardie.com
Chambres de 78 € à 229 €. Restaurant ouvert tous les soirs. Sur réservation à midi en semaine. Plats à la carte.
Ce splendide hôtel 3-étoiles (3 grandes étoiles) possède à la fois le charme et l'opulence : les vingt-quatre chambres personnalisées dont les tissus fleuris et les bois cirés nous renvoient au poème « Là, tout n'est qu'ordre et beauté… » Le marbre et le confort des salles de bains. Le bar qui invite à prendre un verre et bavarder avant de rejoindre le restaurant où chaque repas est un peu une fête. Des petits salons et des salles de séminaires autorisent toutes les réceptions familiales ou professionnelles. Enfin tennis et sauna sont à votre disposition. Cet établissement est déjà bien connu des touristes, on peut même dire des pèlerins, venus d'outre-manche, d'Amérique ou d'Australie, qui visitent les champs de batailles de la Première Guerre mondiale, car il n'est pas interdit de joindre à ce devoir de mémoire un séjour privilégié de confort, de détente et de gastronomie dans un cadre somptueux. L'hôtel est à une demi-heure d'Amiens et une heure de la Côte d'Opale.

■ **HOTEL-RESTAURANT DE LA PAIX*****
41, rue Victor-Hugo
ALBERT
✆ 03 22 75 01 64
www.hoteldelapaix-albert.fr
hoteldelapaix-albert@voila.fr
Accueil 24h/24. 12 chambres. Chambre simple à partir de 81,50 € ; chambre double à partir de 103 € ; chambre triple à partir de 122,50 € ; suite à partir de 158 €. Petit déjeuner inclus. Parking inclus. Animaux acceptés. Wifi gratuit. Restauration.
Une belle surprise ! En plus d'un accueil des plus chaleureux, vous trouverez ici un hôtel récemment refait de fond en comble, bien entretenu, décoré de manière élégante et rustique. Les chambres, au nombre de 12, disposent de tout le confort nécessaire : belles salles de bains, téléviseurs, literies en parfait état... Le tout bénéficiant d'une exigence de propreté bien appréciable. Autre point fort de l'hôtel : le restaurant. Que vous choisissiez de vous y asseoir le soir pour dîner, ou le matin après une bonne nuit douillette, vous vous régalerez de la cuisine de la maison, généreuse et gourmande !

■ **HÔTEL MAROTTE**********
3, rue Marotte
AMIENS
✆ 03 60 12 50 00 / 06 13 39 22 47
www.hotel-marotte.com
contact@hotel-marotte.com
Ouvert toute l'année. 12 chambres (dont 2 suites). Chambre double à partir de 160 €. Petit déjeuner : 22 €. Wifi gratuit. Restauration (d'appoint). Sauna.
Avant l'ouverture du Marotte, les amateurs de prestations haut de gamme n'avaient pas grand chose à se mettre sous la dent à Amiens. Il y avait bien quelques grandes chaînes qui cherchaient à tenir le haut du pavé, mais celles-ci peinaient à flamber. Désormais, le créneau laissé vacant est donc occupé, et de bien belle manière ! Les 12 somptueuses chambres de l'hôtel rivalisent de style, avec leur mobilier design et un soin particulier apporté aux salles de bains. Mosaïques aux murs, baignoires-îlots atypiques et craquantes (celle en pierre taillée dans la roche dans les suites est tout bonnement splendide), et pour les plus chanceux, un sauna... Difficile de sortir de la pièce une fois qu'on y a passé la nuit ! Les différents salons ou le bar-lounge, eux aussi, séduiront les plus exigeants des clients, avec leur décoration Belle Epoque et leurs moulures. Quelle que soit l'heure, il est possible d'en profiter, à l'occasion du petit déjeuner ou au cours de la journée pour déguster une pâtisserie, boire un thé, ou même goûter un vin ou un champagne de la cave, sélectionnés par Romain, le sommelier. Quant à la gentillesse de l'accueil et du service, elle finit de parfaire le séjour. L'hôtel Marotte est digne des plus grandes capitales, et pourtant, il est installé à Amiens ; vous auriez tort de ne pas en profiter !

■ **HOTEL LES SAULES******
1075, rue des Forges
FAVIÈRES
✆ 03 22 27 04 20
www.hotel-baie-somme.com
contact@hotel-les-saules.com
21 chambres. Chambre double à partir de 99 € ; chambre triple à partir de 119 € ; suite à partir de 129 €. Petit déjeuner : 12 €. Lit supplémentaire : 20 €. Animaux acceptés (12 €). Wifi gratuit. Restauration (ouvert midi et soir tous les jours, sauf le dimanche soir en basse saison ; menu à partir de 24 €).
Cet hôtel a indéniablement de nombreux atouts : son restaurant (où l'on se délecte de mets de la région), son somptueux cadre (un grand jardin au bord d'un étang), et ses 21 chambres modernes, spacieuses et confortables dans lesquelles on se ressource et qui disposent toutes d'une terrasse. Un espace bien-être vous permettra également de profiter de massages et de soins du visage. Voilà un hôtel qui a de la ressource et qui vous promet un séjour sans nuage ! Bien que de construction récente, il s'intègre parfaitement dans l'esprit du charmant village.

■ **BUTTERWORTH FARM**
Chemin Georges Butterworth
Route de Bazentin
POZIÈRES
✆ 03 22 74 04 47 / 06 22 30 28 02
www.butterworth-cottage.com
contact@butterworth-cottage.com
Gîte de France (3 épis). Ouvert toute l'année. Pour 14 personnes (5 chambres). 7 nuits : 1 800 €. 1 nuit : de 54 € à 117 €. CB non acceptée.
Un séjour parfait ! Voilà ce que vous vous penserez probablement à l'issue des quelques jours passés dans ce gîte, ou dans l'une des chambres d'hôtes. Baptisé du nom du compositeur britannique George Butterworth, qui fut tué à Pozières le 5 août 1916 dans une tranchée située à proximité, l'endroit a en effet tout pour séduire, à commencer par les propriétaires des lieux qui accueillent véritablement leurs hôtes comme des amis. Il n'est par exemple pas rare qu'un gâteau maison et une boisson chaude attendent à leur arrivée les voyageurs. Sans compter les récits de Bernard, passionné d'Histoire et plus particulièrement par celle de la Grande Guerre, qui en quelques mots vous plonge dans l'émotion des combats de l'époque, et en dit plus que bon nombre de guides-conférenciers. Et puis il y a les chambres bien entendu, aux noms évocateurs : « La vie en rose », « Out of Africa »... Toutes décorées avec goût, et entretenues avec minutie, elles permettent un repos profond et réparateur. En somme (sans mauvais jeu de mots !), un lieu comme nul autre, que l'on ne saurait trop vous conseiller !

■ **HÔTEL DES CORDERIES******
214 rue Moulins
SAINT-VALÉRY-SUR-SOMME
✆ 03 22 61 30 61
www.lescorderies.com
hotel@lescorderies.com
18 chambres. Chambre double de 160 € à 250 € ; suite de 300 € à 360 €. Pension complète. Demi-pension. Petit déjeuner : 15 €. Wifi. Restauration. Canal +. Hammam, bain bouillonnant, sauna.
Un magnifique hôtel, aux quatre étoiles bien méritées. Différents types de chambres sont proposés, de la supérieure, déjà très confortable et très agréable, à la suite Fantastic Vue, qui offre un panorama exceptionnel sur la baie. Toutes sont équipées d'une belle salle de bains avec douche ou baignoire, d'un accès Internet illimité, et d'un téléviseur à écran plat (18 chaînes). Et puisqu'aujourd'hui hôtel de luxe rime avec spa, on dispose également ici de prestations incroyables : piscine intérieure chauffée à 29°C, sauna, hammam, bain bouillonnant, solarium... Un séjour de rêve vous tend les bras !

■ **AU VELOCIPEDE**
1, rue du Puits-Salés
SAINT-VALÉRY-SUR-SOMME
✆ 03 22 60 57 42 / 06 47 85 45 42
www.auvelocipede.fr
info@auvelocipede.fr
Fermé en janvier. 4 chambres. Chambre double 95 €. Petit déjeuner inclus. CB non acceptée. Wifi gratuit. Restauration.
Tout simplement on adore ! Les quatre chambres de cet établissement sont toutes décorées avec beaucoup de goût. On retrouve beaucoup d'objets chinés comme la tête de lit faite à partir d'un volet récupéré, le stockman qui trône au milieu de la chambre ou la statue de la Vierge Marie qui se mêle dans des teintes de taupe, blanc et gris

et qui apportent ce raffinement et cette originalité qui rend ce lieu si génial. Toutes les chambres sont équipées de salle de bains avec douche. Le petit déjeuner est très copieux. Le Vélocipède dispose également d'un restaurant. L'une des meilleures adresses de Saint-Valéry. Les propriétaires ont ouvert une seconde maison d'hôtes, la Ferme d'à côté. Elle se trouve juste en face du Vélocipède. Pour la découvrir, consultez le site www.lafemmedacote.fr.

Pratique

■ **RADIO TAXI ALBERTIN**
80, avenue de la République
ALBERT
✆ 03 22 74 47 40
quequet.jacky@wanadoo.fr
Radio Taxi Albertin vous propose toutes sortes de services. La société, basée dans la petite ville d'Albert, se situe à proximité d'aéro-clubs et d'aérodromes de la Somme. Elle n'est pas non plus très éloignée de Paris. Le service est de qualité, professionnel, et on vous conseille au mieux sur les meilleurs coins de la région à visiter. Afin que votre balade se passe dans la sérénité, Radio Taxi Albertin est là pour vous conduire sans aucun problème et avec ponctualité.

■ **AMIENS TAXIS METROPOLE**
72, rue des Jacobins
AMIENS
✆ 03 22 72 80 80
www.amiens-taxis-metropole.fr
amiens.taxis.metropole@orange.fr
Avec ses 14 taxis, Amiens Taxis Métropole vous garantit un taxi 7j/7 et 24h/24. Vous y trouverez des navettes vers les aéroports, gares SNCF et la gare maritime de Calais de 1 à 7 personnes. Si vous avez de nombreux bagages, des remorques sont disponibles sur demande. La prise en charge est de 1,70 €. Ensuite, la course est calculée à 0,83 du km dans la journée et 1,08 du km la nuit. Si vous désirez aller à Roissy, le forfait s'élève à 165 € en journée et 185 € en tarif nuit. Vous pouvez régler en carte bleue, il suffit de le préciser lors de votre réservation.

■ **GROUPEMENT DES RADIOS AMIENOIS**
2, passage Alphonse-Fiquet
AMIENS
✆ 03 22 91 30 03
groupementradiostaxis@orange.fr
Il y a 44 taxis regroupés au sein du groupe. La prise en charge initiale est de 1,70 € quels que soient l'heure ou le jour. Le montant de la course se calcule ensuite au kilomètre. Le groupement fonctionne 7j/7 et 24h/24, 365 jours par an. Il est tout à fait possible de réserver, c'est même vivement conseillé. Des forfaits sont proposés pour se rendre aux aéroports, aller à Roissy par exemple coûtera 170 €, sachant que vous pouvez monter jusqu'à quatre dans la voiture. La station principale et la plus connue est celle de la gare, mais il en existe d'autres en bas de la rue de la République, rue de la Malmaison, devant l'hôpital nord l'après-midi et parfois devant la gare Saint-Roch.

La Normandie des impressionnistes, de Saint-Cyr à Dieppe

Au XIXe siècle, des peintres sont sortis de leurs ateliers grâce aux nouveaux et ingénieux tubes de peinture, aux chevalets en bandoulière et aux chemins de fer. Ils ont arpenté la vallée de la Seine ainsi que les plages normandes en cherchant à saisir les nuances des ciels maritimes, observer les effets changeants de la lumière à travers le filtre des nuages, étudier les reflets de l'eau. Leur objectif : saisir sur la toile les impressions fugitives en privilégiant la couleur par rapport à la forme. Ils ont créé un style bien particulier, l'impressionnisme. Les jardins de Monet, les plages de Boudin, les falaises de Courbet, etc : le paysage sous toutes ses formes est sans conteste le sujet de prédilection des artistes de cette époque. La Seine, d'abord, devient le motif de nombreuses toiles. Les impressionnistes évoqueront le passage des saisons, les activités fluviales et portuaires, les loisirs des bords de Seine, et les villégiatures d'artistes. Le goût des peintres pour le paysage est en résonance avec la mode des bains de mer, lancée par l'aristocratie de la Restauration et de la Monarchie de Juillet. Le succès de la balnéothérapie va faire la célébrité des stations de Dieppe, d'Etretat ou de Trouville avant de faire celle de Deauville, de Sainte-Adresse et de Cabourg. La présence sur la côte normande d'une « élégante société » fait aussi le bonheur des peintres, tels Courbet ou Boudin, qui savent lui offrir un miroir flatteur. Une navigation au-dessus de la vallée de la Seine vous permettra-t-elle de retrouver l'inspiration des peintres impressionnistes ? Serez-vous, à votre tour, séduits par la beauté des éléments naturels de ce territoire : le ciel, l'eau, la lumière, les nuages, la Seine, la mer ?

L'estuaire de la Seine

Saint-Cyr-l'École

Le terrain de Saint-Cyr n'a certes rien à voir avec les impressionnistes, mais son survol permet de s'approcher au plus près du château de Versailles, ce qui ne manquera de vous procurer quelques sensations ! Soyez particulièrement vigilant aux itinéraires pour y arriver, au plafond assez bas sous la classe A de Paris et aux nombreux trafics attirés par le château du Roi Soleil. Après le décollage, prenez un cap au 300° en direction du sud de Mantes-la-Jolie. Vous prendrez alors au cap 20° pour rejoindre le village de Vétheuil. Si vous décollez en 30 vous aurez le château de Versailles malheureusement dans le dos. Demandez une verticale avant de commencer la navigation, ainsi vous pourrez mieux en profiter. Si vous décollez en 12, c'est en vent traversier que vous le verrez le mieux. Vous passerez à environ 1600 mètres du château.

Première boucle de la Seine : Vétheuil

Le village de Vétheuil est renommé pour avoir été le cadre du séjour de Claude Monet, peintre impressionniste qui y peignit environ 150 de ses œuvres. Il se trouve que l'aviation Gabriel Voisin y a aussi vécu. En fait, depuis le ciel, c'est la boucle de la Seine qu'il faut prendre dans toute sa splendeur. Dites à vos passagers de se laisser envoûter par les reflets du soleil dans les ondulations du fleuve. Les pilotes devront veiller aux trafics, toujours denses en région parisienne, et en particulier les planeurs de Mantes qu'il est préférable d'appeler.

Giverny

A Vétheuil, dirigez-vous vers le centre de la boucle de la Seine sur un cap 275° (attention aux planeurs de Mantes), en direction du village de Giverny. C'est ici que Claude Monet, fondateur du mouvement impressionniste, a vécu pendant 43 ans. Les jardins de sa maison, le village et les alentours de Giverny ont été ses modèles et attirent encore, chaque année, un demi-million de visiteurs du monde entier, ainsi que les peintres séduits par la lumière si particulière du val de Seine. Vu du ciel, n'espérez pas voir sa maison rose avec des volets verts. Vous verrez surtout les parkings d'autocar... Pour retrouvez le Monet qui sommeille en vous, tournez plutôt le regard vers la Seine. C'est sans doute à Giverny que la lumière devient le souci prédominant de Monet, éclipsant le motif et la forme. « Ces paysages d'eau sont devenus une obsession », déclare-t-il à la fin de sa vie. Cette obsession l'a conduit à traiter plusieurs fois un sujet et à créer ses fameuses séries : « les Peupliers » et surtout « les Nymphéas ». La présence de Monet provoque l'arrivée de nombreux peintres américains. Aujourd'hui, le Musée d'Art américain de Giverny expose des vues de Giverny réalisées par la première génération de peintres venus au village, ainsi que des tableaux exécutés à travers la France.

Le pilote n'aura pas trop le temps de se laisser prendre par les couleurs du ciel car il devra éviter la zone d'essais des réacteurs des fusées spatiales, au nord de Vernon, et contacter les militaires d'Evreux pour demander l'autorisation de pénétrer dans leur zone pour continuer la navigation. Comme souvent, la zone est inactive le week-end, mais il faut les appeler quand même pour s'en assurer. Nous vous invitons à contourner Vernon par le sud, puis à rejoindre la verticale de la Seine et entrer dans cette deuxième boucle du fleuve. Vous trouverez les Andelys sur la rive nord-est de la boucle.

Les Andelys

Si la ville des Andelys est surplombé par les ruines du Château Gaillard, ce sont à nouveau les reflets de la ville dans la Seine que le peinte Signac tente de capturer dans une série de dix paysages selon la technique divisionniste. La Seine occupe l'essentiel de la composition, et Signac s'est plu à analyser la décomposition des formes qui se reflètent à la surface du fleuve. Après les Andelys, prenez un cap 290° et visez le sud de l'agglomération rouennaise. Il sera alors temps de contacter Rouen pour leur demande l'autorisation de transiter par leur zone.

La Seine.

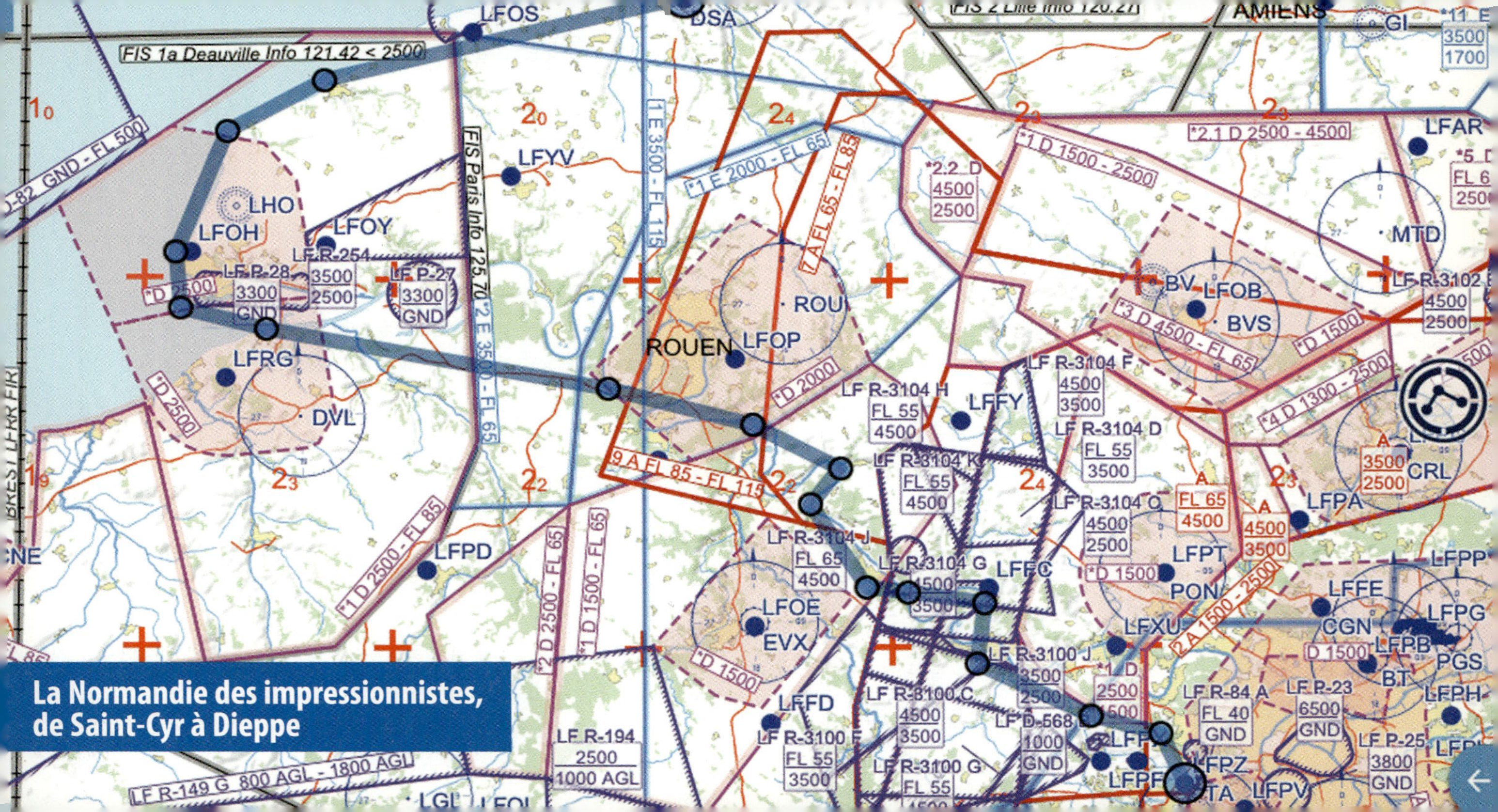

La Normandie des impressionnistes, de Saint-Cyr à Dieppe

Rouen

Les plus grands peintres comme Monet, Sisley, Gauguin ou Pissarro ont séjourné ou vécu à Rouen et y ont immortalisé des monuments ou quartiers de la ville : le pont Boieldieu, la cathédrale Notre-Dame ou la rue de l'Epicerie. Vous pourrez apercevoir la cathédrale en vous engouffrant dans la boucle de la Seine par le sud et en remontant un peu vers le nord. Vous serez bien vite obligé de faire demi-tour pour ressortir de la boucle par le sud. En repartant vers l'Ouest, à la sortie de Rouen, le bac qui traverse la Seine de la Bouille à Sahurs a inspiré Alfred Sisley en 1894 pour son tableau « Le sentier au bord de l'eau à Sahurs, le soir ».

Le pont de Normandie et Honfleur

Après ces enchaînements un peu serrés, vous allez prendre un peu le large en direction du Pont de Normandie et de Honfleur au cap 280°. Si les peintres impressionnistes avaient connus le pont de Normandie, ils l'auraient probablement peint dans de nombreuses toiles... Depuis 1995, il constitue un repère majestueux marquant l'entrée de l'estuaire de la Seine. C'est aussi un point de report de la CTR de Deauville, avec laquelle vous serez en contact. Presque aux pieds du pont est blottie la ville de Honfleur. Honfleur a été maintes fois représentée par des artistes, dont notamment Gustave Courbet, Eugène Boudin, Claude Monet et Johan Barthold Jongkind. L'atmosphère et le charme de la ville entre mer et campagne inspirent toujours de nombreux artistes.

Les falaises d'Etretat

La navigation continue ensuite en évitant la zone P28 et en contournant le Havre qui a un peu perdu son caractère impressionniste depuis les bombardements de la Seconde Guerre mondiale. Prenez un cap nord en suivant la côte d'Albâtre pour filer jusqu'aux falaises d'Etretat, renommées dans le monde entier grâce aux peintres : Claude Monet en particulier, qui y a peint 80 tableaux, mais aussi Gustave Courbet, Barthold Jongkind, Camille Corot, Eugène Isabey, Eugène Delacroix, Eugène Boudin... Monet a peint ces falaises d'Etretat par tous les temps, et à différents moments de la journée. Il souhaitait saisir l'instant, l'impression, la luminosité si changeante de cet endroit. Mais Etretat est aussi le dernier sol français survolé le 8 mai 1927 par Charles Nungesser et François Coli à bord de « L'oiseau blanc ». Ils étaient partis du Bourget et voulaient faire la traversée de l'Atlantique Nord sans escale, et ce pour la première fois de la jeune histoire de l'aviation. Malheureusement, il semble qu'ils se soient écrasés au large de Terre-Neuve, n'atteignant jamais la côte américaine. Un musée à leur mémoire se trouve sur la commune d'Etretat.

Dieppe

Après Etretat, continuez en direction de Dieppe en longeant la côte. Mais évitez la centrale nucléaire de Saint-Valéry ! Nous vous proposons de terminer votre navigation à LFAB. Ici aussi, les impressionnistes ont fait escale. Camille Pissarro a notamment mené une campagne de peinture dans le port de Dieppe, à la fin de sa vie. Eugène Boudin s'est quant à lui laissé inspirer par les falaises du Pollet. Plus habitué jusque là aux paysages de l'estuaire, auxquels sa peinture restera toujours intimement liée, Boudin fait cette fois escale à Dieppe et peint les « falaises du Pollet ». Le ciel occupe comme souvent tout l'espace de la toile. Enfin, une des rares femmes impressionnistes, Eva Gonzalès, retirée à Dieppe pendant la guerre franco-prussienne de 1870, y peignit des tableaux assez sombres comme la « plage de Dieppe ».

Aérodromes et aéro-clubs

■ **AERO-CLUB DE ROUEN NORMANDIE**
Aéroport Rouen Vallée de Seine
BOOS
✆ 02 35 79 18 26
www.aeroclub-rouen.fr
contact@aeroclub-rouen.fr
Ouvert toute l'année. Tous les jours.
Au départ de l'aéro-club de Rouen Normandie, vous aurez de nombreuses belles choses à survoler et notamment la belle et imposante cathédrale de la ville, ou le bac qui traverse la Seine de la Bouille à Sahurs ; c'est l'endroit qui a inspiré Alfred Sisley en 1894 pour son tableau « Le sentier au bord de l'eau de Sahurs, le soir ». L'aéro-club vous proposera les services nécessaires pour organiser votre vol culturel.

■ **AEROPORT DE ROUEN VALLEE DE SEINE**
Rue Maryse-Bastié
Aéroport de Rouen Vallée de Seine
BP 87
BOOS
✆ 02 35 79 41 00
L'aéroport de Rouen Vallée de Seine, géré par la SEAR, est le premier aéroport normand en terme de trafic aérien. Il propose de nombreux vols directs pour Figari (Corse du Sud) dès 137 euros TTC. Le parking est gratuit, les transports en commun se trouve à 1000 mètres et il est important de savoir qu'il est bien desservi. Enfin, sur place vous trouverez tout ce qu'il faut pour vous restaurer avec un joli restaurant.

■ **AERO-CLUB CDT FAYOLLE DIEPPE**
Aérodrome
DIEPPE
✆ 02 35 84 86 55
http : //acdieppe.free.fr
jean-claudedumont@wanadoo.fr
Ouvert toute l'année. Tous les jours.
Le parc de l'aéro-club de Dieppe est composé de trois avions. Du côté de Dieppe, vous pouvez survoler l'Avenue verte, la forêt d'Arques, les villages et la campagne des alentours. Le port de pêche de Dieppe et la commune de Varengueville-sur-Mer sont des endroits qu'il ne faut pas rater non plus au cours de votre balade dans les airs. L'aéro-club possède également un bar convivial pour vous détendre en toute tranquilité et dans la bonne humeur.

Normandie - Dieppe

■ **AERO CLASSIC FALAISE**
Falaise-Monts-d'Eraines
FALAISE
✆ 02 31 90 96 87
pierre-yves.gibert@hagakhanstuds.com
Basé à Falaise-Monts-d'Eraines, l'aéro-club de Falaise vous accueille en toute simplicité. Vous trouverez une équipe d'instructeurs à l'écoute et expérimentés. À votre départ de Falaise, vous trouverez sur votre chemin l'abbaye de Saint-Pierre-sur-Dives, le château de Vandeuvre ainsi que son magnifique parc ainsi que le château de Courcy. Vous remarquerez la grande richesse du territoire grâce à une nature préservée et à une large diversité de paysages.

■ **CHERBOURG MAUPERTUS AEROPORT**
Aérodrome de Cherbourg Maupertus
7, rue Jean-Mermoz
GONNEVILLE
✆ 02 33 88 57 60
www.cherbourg.aeroport.fr/
Pour visiter Cherbourg et le Cotentin, quoi de mieux que l'aéroport de Cherbourg Maupertus ? Géré par la société SECMA, il est très facile d'utilisation, et ne pose aucun problème de stationnement puisqu'il possède un parking gratuit. Un restaurant-bar au bord des pistes (avec un point presse) vous attend également pour gérer au mieux une petite faim. Sur place, vous trouverez également une école de parachutisme.

■ **AEROPORT DU HAVRE OCTEVILLE**
Rue Louis-Blériot
LE HAVRE
✆ 02 35 54 65 00
www.lehavre.aeroport.fr
L'aéroport du Havre-Octeville se trouve à proximité du Havre, à 5 minutes en voiture. Il possède toutes les installations nécessaires (parking de 155 places notamment), permettant aux voyageurs d'être dans les meilleures conditions. Les responsables ont confié la gestion du site à la société SEHA. Assistance en escale, salon équipage, restaurant-bar, salle de réunion, transports en commun en 900 mètres, tout est prévu à l'aéroport du Havre. Vous ne manquerez de rien.

■ **AERO-CLUB DE BOULOGNE-BILLANCOURT**
SAINT-CYR-L'ECOLE
✆ 01 30 45 10 61
http : //acbb.org
acbb@acbb.org
Ouvert toute l'année, tous les jours.
Saint-Cyr-l'Ecole abrite l'aéro-club de Boulogne-Billancourt et il peut être le point de départ de magnifiques balades. En vous élançant de Saint-Cyr, vous survolerez forcément le célèbre château de Versailles ; vous passerez aussi à proximité du château de Dampierre, et de l'abbaye de Port-Royal-des-Champs à Magny-les-Hameaux. Toujours à Dampierre, il y a aussi la Maison de Fer, une maisonnette de style colonial construite par un proche de Gustave Eiffel.

À voir – À faire

■ **CHÂTEAU DE DAMPIERRE**
Grande-Rue
DAMPIERRE-EN-YVELINES
✆ 01 30 52 53 24
www.chateau-de-dampierre.fr
chateau.dampierre@orange.fr
Ouvert de début avril à fin septembre. Jardins ouverts de 10h30 à 19h. Ouvert du lundi au samedi de 14h à 18h ; le dimanche et les jours fériés de 11h à 12h et de 14h à 18h. Château et jardins : 12,50 € ; tarif réduit : 10 €. Jardins seuls : 9 € et 7,50 €. Visite guidée (durée : 45 minutes).
Bâti au XVIe siècle, l'ancien château fut détruit en 1670 puis reconstruit de 1675 à 1683 par Jules Hardouin-Mansart pour l'un des esprits les plus distingués de son temps, le ministre d'État Charles Honoré d'Albert, duc de Luynes, Chaulnes et Chevreuse. Cerné par de larges fossés remplis d'eau, le fort possède vers l'avant deux bâtiments parallèles formant une cour séparée par les douves de la cour d'honneur. À l'intérieur, les différentes époques s'exposent à travers des meubles anciens (XVIIe siècle), de somptueuses boiseries Régence (XVIIIe siècle) qui ornent la salle à manger et le grand salon, la cage d'escalier, les peintures en trompe-l'œil, la salle des fêtes (XIXe siècle), qui dévoile tour à tour « L'Âge d'Or », peinture murale signée par Jean-Auguste-Dominique Ingres et la reproduction au quart de la statue de « Minerve » par Pierre-Charles Simart, et enfin le vestibule qui abrite la statue de « Pénélope endormie » de Cavelier. Le parc fut confié aux plans du célèbre André Le Nôtre. Il bouleversa quelque peu la vue du manoir avec sa pièce d'eau, le Grand Canal et l'île aux quatre canaux, distribuant des bassins, taillant dans le coteau un « fer à cheval », perçant routes et étoiles à travers bois.

■ **CHÂTEAU-MUSÉE**
Rue de Chastes
DIEPPE
✆ 02 35 06 61 99
www.mairie-dieppe.fr
chateau-musee@mairie-dieppe.fr
Ouvert toute l'année. Basse saison : le lundi et du mercredi au samedi de 10h à 12h et de 14h à 17h ; le dimanche jusqu´à 18h. Haute saison : tous les jours et les jours fériés de 10h à 12h et de 14h à 18h. Gratuit jusqu'à 12 ans. Adulte : 4 €. Enfant (de 12 à 17 ans) : 2 €. Tarif réduit : 2 €. Visite guidée (5,50 €).
À partir d'un donjon (XIVe siècle), le château en silex et grès fut construit par le capitaine Desmarets après 1435 pour défendre la ville contre les Anglais au cours de la guerre de Cent Ans. Il était alors relié aux fortifications qui enserraient la ville. Siège du gouverneur jusqu'à la Révolution française, lieu de garnison jusqu'en 1820, le château a été agrandi et remanié à plusieurs reprises. Racheté par la commune, il devient musée en 1923 et abrite une exceptionnelle collection d'ivoires sculptés dans les ateliers dieppois. Cartographie ancienne, maquettes de bateaux traditionnels, pièces d'ivoire, peintures des grandes écoles européennes évoquent l'aventure maritime de Dieppe et de son port depuis l'époque des grandes découvertes du XVIe siècle au XXe siècle des paquebots.

Le musée accueille aussi régulièrement des expositions temporaires. À l'extérieur, l'esplanade du Belvédère offre une vue exceptionnelle sur la ville et la plage. Une modification de la scénographie du musée est prévue durant l'année 2014, c'est pourquoi il n'y aura pas d'expositions temporaires cette année.

■ QUARTIER DU POLLET
DIEPPE

C'est LE quartier traditionnel de Dieppe, habité par les pêcheurs, appelés les « Polletais », depuis le Moyen Âge. Ce quartier se compose de modestes demeures en silex, et ses rues étroites résonnent encore des chants des marins d'autrefois. Épargné lors de l'incendie de la ville en 1694, le quartier est profondément marqué par l'industrialisation du port et, à partir de 1880, par le creusement d'un chenal qui le coupe en deux. Autrefois zone méprisée par de nombreux Dieppois la considérant comme malsaine, le Pollet suscite depuis quelques années un engouement collectif. Cet enthousiasme s'explique par la volonté de vivre dans ce quartier riche en histoire et par un programme de réhabilitation urbaine réussi qui a donné un coup d'éclat aux rues sans altérer le patrimoine architectural ancestral.

■ LES FALAISES D'ÉTRETAT
ETRETAT

On ne se lasse jamais des célèbres falaises d'Étretat. Celle d'Aval avec son arche monumentale et celle d'Amont avec sa petite chapelle. Au sommet de l'une ou l'autre : balades impressionnantes et vues magnifiques. Sur la falaise d'Aval, le sentier longe le golf et dégage une vue grandiose, puis redescend vers la mer, ce qui permet d'accéder à la tranquille plage du Tilleul. De la falaise d'Amont, on aperçoit une immense flèche dressée vers le ciel, qui indique le monument à la mémoire des aviateurs Nungesser et Coli (dont la première traversée de l'Atlantique en 1927 a échoué : c'est ici que l'appareil aura été aperçu pour la dernière fois). Une autre façon de profiter de ce lieu magique consiste, à marée basse, à se glisser depuis la plage dans la grotte du « Trou à l'Homme », visible en bas de la falaise d'Aval. Une échelle métallique conduit à un tunnel qui débouche sur la plage suivante, la plus sauvage. C'est sans doute ici que le site est le plus dépaysant. Mais consultez bien avant l'heure des marées. Chaque année, sauveteurs en mer et pompiers doivent partir au secours de promeneurs imprudents, coincés dos aux falaises face à la marée montante. Alors, soyez très vigilants.

■ FONDATION CLAUDE MONET
84, rue Claude-Monet
GIVERNY
✆ 02 32 51 28 21
www.fondation-monet.com
contact@fondation-monet.com

Fermé du 2 novembre au 31 mars. Ouvert tous les jours du 1er avril au 1er novembre de 9h30 à 18h (dernière visite à 17h30). Gratuit jusqu'à 7 ans. Adulte : 9,50 €. Enfant (de 7 à 12 ans) : 6 € (étudiants : même tarif). Groupe : 7,50 €. Personnes handicapées : 4 €. Des billets jumelés existent avec le Musée Marmottan-Monet de Paris (18,50 €), le Musée des Impressionnistes (16,50 €), le Musée de Vernon A.G. Poulain (11,50 €) et le Musée de l'Orangerie à Paris (18,50 €). Boutique.

La propriété de Claude Monet, léguée par son fils à l'Académie des Beaux-Arts en 1966, est devenue, après d'importants travaux de restitution, la Fondation Claude Monet. La maison au crépi rose a retrouvé son charme intime d'autrefois. Elle abrite la célèbre collection d'estampes japonaises de Monet. À quelques pas, le vaste atelier des Nymphéas, également restauré, accueille une boutique (une cafétéria et une graineterie sont également présentes sur le parking). Les jardins ont été reconstitués à l'identique et offrent aux yeux des visiteurs le décor qui inspira le peintre pendant de longues années. Devant la maison, le Clos normand, aux voûtes de plantes aériennes entourant d'éblouissants massifs, propose la palette changeante d'un peintre jardinier « fou de fleurs ». Ses roseraies sont parmi les plus belles de la région, et particulièrement à leur avantage en mai-juin. Plus bas, formé par une dérivation de l'Epte, ombragé par les saules pleureurs, le Jardin d'Eau avec son célèbre pont Japonais, ses glycines, ses azalées, son étang, est redevenu cet écrin de ciel et d'eau qui donna naissance à l'univers pictural des nymphéas. Le temple de l'impressionnisme attire plus de 500 000 visiteurs par an. À juste titre !

■ JARDIN D'EAU DE LA FONDATION DE CLAUDE MONET
84, rue Claude Monet
GIVERNY
✆ 02 32 51 28 21
A 70 km de Paris, accès par l'A13.

Fermé du 2 novembre au 31 mars. Ouvert tous les jours de 9h30 à 18h.

Commencé en 1895, le jardin japonais de Monnet est le premier du genre en France. Impressionné par le monde nippon, et spécialement par les estampes, le peintre français a voulu recréer à Giverny un jardin d'eau japonais. Ce qui ressort de cette création, ressemblant beaucoup à celle d'origine, est l'importance donnée aux fleurs. On est en effet très loin des jardins dits secs. L'ensemble est planté de bon nombre de fleurs et d'arbres japonais : cerisiers du japon, seringats, pivoines, anémones du Japon, érables du Japon, cognassiers du Japon, rhododendrons, ginkgo... Le jardin est composé de deux parties : la partie haute par laquelle on arrive et la partie connue de tous, le lac des nymphéas. Ce dernier a fait l'objet de toute une série de peintures de la part du maître. Autre coin entré dans la mémoire collective : le petit pont vert enjambant le lac. Surmonté d'une pergola de laquelle dégouline une glycine aux beaux jours, c'est une vraie merveille, un petit paysage parfait sur lequel on pourrait poser nos yeux une journée durant. Pour les Occidentaux, c'est surtout le petit pont qui est charmant alors que pour l'œil japonais, c'est la glycine qui en fleurs, symbolisant la préciosité de la vie. En sous-texte, on entend profiter de cet instant... La maison de Monet appartient depuis 1966 à l'académie des Beaux-Arts. Avant d'ouvrir ses portes au grand public, les jardins ont fait l'objet d'une importante restauration. Depuis lors, toujours bien entretenus dans le respect de ce que le maître avait voulu, ils attirent des centaines de milliers de visiteurs chaque année.

L'ÉGLISE SAINTE-CATHERINE ET LE CLOCHER
Quartier Sainte-Catherine
HONFLEUR ✆ 02 31 89 23 30

Ouvert à la visite en dehors des offices.

Une nouvelle fois, avec l'église Sainte-Catherine, Honfleur marque sa singularité. Édifiée à la fin de la guerre de Cent Ans, afin de remercier Dieu du départ des anglais, elle est la plus grande église construite en bois avec un clocher séparé de France. Ce choix de matériau s'explique par le manque de moyens des habitants de l'époque. Mais d'un inconvénient, les Honfleurais ont su faire un atout. Forts de leurs connaissances en construction navale, ils ont charpenté l'église à la manière d'un navire, à l'aide notamment de bois en provenance de la forêt de Touques. Le résultat est époustouflant. À ne pas manquer.

CATHÉDRALE NOTRE-DAME
Place de la Cathédrale
ROUEN
www.cathedrale-rouen.net
ndrc@cathedrale-rouen.net

Ouvert toute l'année. Fermé le lundi matin. Messes à 10h du mardi au samedi (dans la chapelle d'Albane), à 8h30 et 10h30 le dimanche. Gratuit. Visite guidée (pour les groupes jusqu'à 19 personnes sur réservation au 02 35 71 51 23 ; audioguide : 5 €).

Située au cœur de la ville, clôturant la rue du Gros-Horloge, la cathédrale Notre-Dame témoigne de l'évolution de l'art gothique du milieu du XIIe siècle jusqu'au début du XVIe siècle. La construction de l'édifice a été entreprise à l'emplacement de la cathédrale romane dont on a conservé la crypte. Achevée une centaine d'années plus tard, elle fut ensuite souvent remaniée pour être terminée au cours des siècles suivants. La jolie tour lanterne a reçu au XIXe siècle une flèche en fonte qui s'élève à une hauteur de 151 mètres, flèche que Flaubert détestait et qu'il qualifiait de « tentative extravagante de quelque chaudronnier en folie » ! Cela n'empêcha pas l'écrivain de s'inspirer de certains vitraux de la cathédrale pour écrire *La légende de Saint Julien l'hospitalier*... Dans le déambulatoire, la cathédrale abrite quelques sépultures des anciens ducs de Normandie, comme celles de Rollon, le fondateur du duché, et de Richard Cœur de Lion, qui demanda que son cœur soit déposé dans la crypte. Toute l'histoire du vitrail du XIIe siècle à nos jours peut également se lire à l'intérieur. Un monument incontournable à Rouen, connu dans le monde entier grâce à la vingtaine de cathédrales peintes par l'illustre Claude Monet, père de l'impressionnisme.

MUSÉE DES BEAUX-ARTS
Esplanade Marcel-Duchamp
ROUEN ✆ 02 35 71 28 40
www.rouen-musees.com
musees@rouen.fr

Fermé les 1er janvier, 1er et 8 mai, Ascension, 14 juillet, 15 août, 1er novembre, 11 novembre et 25 décembre. Ouvert du mercredi au lundi de 10h à 18h. Adulte : 5 €. Tarif réduit : 3 €. Gratuit pour les moins de 26 ans et les demandeurs d'emploi. Visite guidée. Restauration. Boutique. Animation.

Rouen peut s'enorgueillir de la richesse de ses collections, l'une des plus importantes de France et de Navarre. Tous les grands noms de la peinture sont là, au fil des salles labyrinthiques. Ils s'affichent partout, dans le hall, dans l'esplanade, au-dessus des portes... Rubens, Vélasquez, Poussin, Fragonard, Ingres, Géricault, Delacroix, Corot, Degas, Renoir, Sisley et bien d'autres encore répondent présent dans cette belle bâtisse du XIXe siècle. Ne vous inquiétez pas : le célèbre Monet n'est pas en reste, car où mieux admirer le « Portail de la Cathédrale de Rouen » que dans la ville où il a été peint ? Et pour que l'art ne soit jamais passéiste, une galerie consacrée à l'art contemporain et à Marcel-Duchamp complète l'endroit. Des ateliers pour les enfants, des animations et des conférences sont régulièrement organisés.

PONT GUSTAVE-FLAUBERT
ROUEN

Nouveau pont levant entre deux rives qui ne demandent qu'à mieux se connaître, promesse d'un désengorgement des autres ponts et du centre-ville aux heures de pointe (55 000 véhicules l'empruntent quotidiennement), prouesse technologique (avec ses 670 mètres de long, ce pont est le plus long du monde, et ses 86 mètres de haut en font le plus haut d'Europe), le pont Flaubert n'est pas qu'un pont de plus dans la ville : c'est toute une œuvre à la fois architecturale et urbaine qui a ouvert en septembre 2008. La structure levante la plus haute d'Europe à cette hauteur a été conçue par Aymeric Zublana, architecte du Stade de France et Michel Virlojeux, concepteur du pont de Normandie et du viaduc de Millau. Deux énormes pointures ! Franchir ce sixième pont tant attendu est aussi pratique qu'impressionnant, et la belle vue qu'on a sur la cathédrale ne gâche rien... Attention quand même à la limitation de vitesse !

CHÂTEAU DE VERSAILLES
1, rue Robert-de-Cotte
VERSAILLES
✆ 01 30 83 78 00

Voir page 66.

Se restaurer

LE BISTROT DU POLLET
23, rue Tête-de-Bœuf
DIEPPE ✆ 02 35 84 68 57
www.bistrotdupollet.fr

Fermé du 1er au 8 janvier. Ouvert du mardi au samedi de 12h à 14h et de 19h30 à 21h30. Réservation recommandée. Carte : 35 € environ. Formule du midi : 19 €. Vin au verre. Accueil des groupes (15 personnes maximum).

Dans le quartier traditionnel de Dieppe, le bistrot du Pollet propose une cuisine à la fois classique et savoureuse. Dieppe oblige, les produits de la mer sont les chouchous, et le chef, Xavier Héricher, ne choisit que le meilleur et l'extra-frais pour sa cuisine : c'est la marée du jour qui décide ! Le bistrot est réputé pour sa cuisine généreuse (salade de bulots vinaigrette, galette de crabe au chou vert, encornets, Saint-Jacques à la plancha ou saint-pierre au cidre, par exemple...), mais aussi pour la grande variété de poissons qui y est proposée.

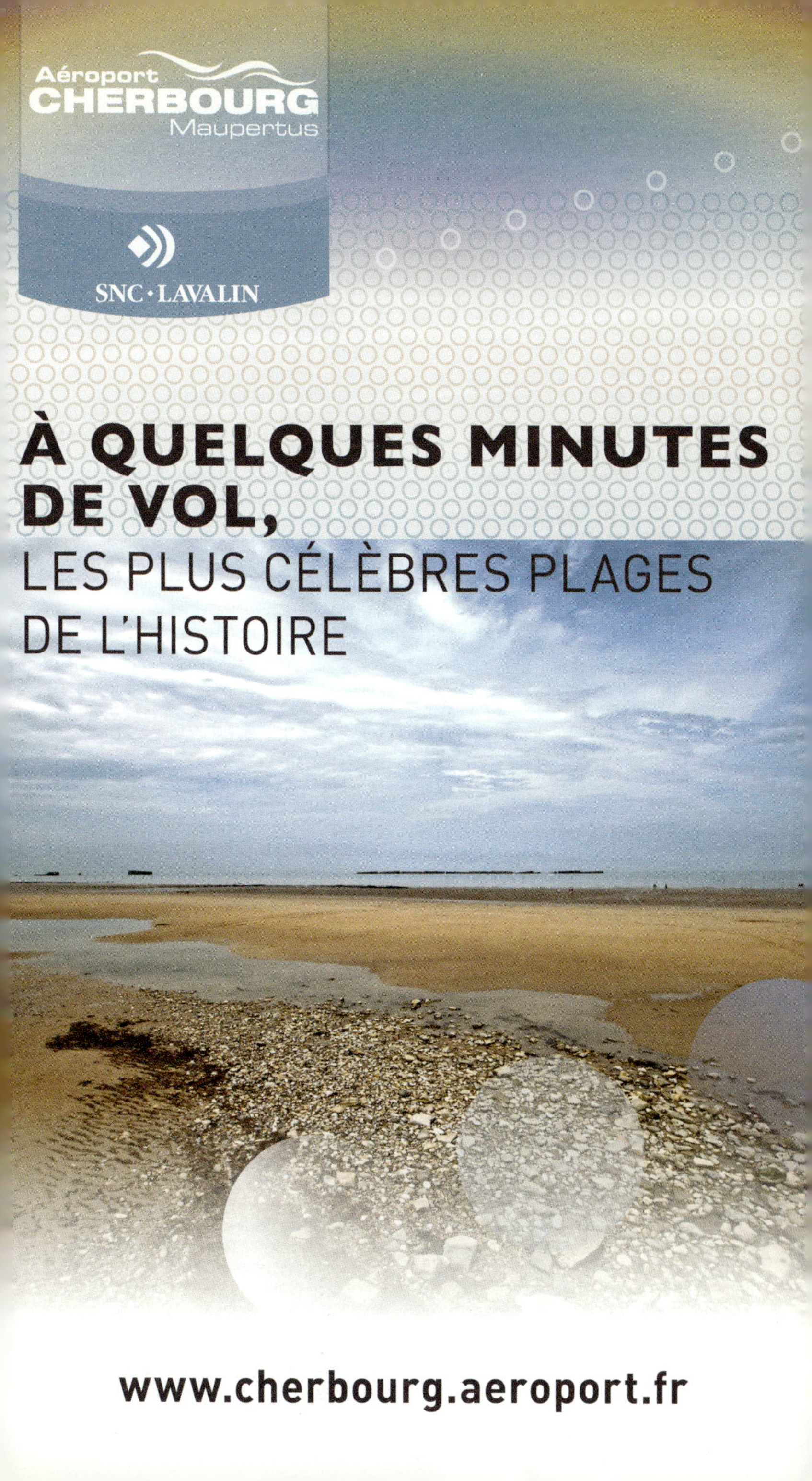
Aéroport
CHERBOURG
Maupertus
SNC·LAVALIN
À QUELQUES MINUTES
DE VOL,
LES PLUS CÉLÈBRES PLAGES
DE L'HISTOIRE
www.cherbourg.aeroport.fr

Les plus réfractaires au poisson trouveront leur bonheur avec le rognon de veau entier moutarde à l'ancienne ou la tartine chaude de Neuchâtel... Les assiettes laissent à penser qu'on est bien loin d'une simple « cuisine de bistrot », et que le chef a plus d'un tour dans son sac ! Dans une ambiance maritime à souhait, un service attentif et soigné complète avec charme un endroit que tous les Dieppois connaissent et apprécient. Nouveauté lancée en septembre 2013, un menu est proposé à 29 € (midi et soir toute la semaine) avec le choix entre trois entrées, trois plats, deux desserts ou une assiette de fromage.

■ **LES VOILES D'OR**
2, chemin de la Falaises
Neuville-lès-Dieppe
DIEPPE ✆ 02 35 84 16 84
http : //lesvoilesdor.fr
Ouvert du mercredi au dimanche le midi et le soir. Fermé le dimanche soir. Réservation recommandée. Menus de 35 € à 52 € (menu à 35 € servi uniquement le midi sauf le dimanche). Carte : 31 € environ. Menu enfant : 12 € (entrée, poisson, dessert). Vin au verre. Accueil des groupes.
Tristan et Corinne Arhan ont largué les voiles à Neuville-lès-Dieppe pour rendre hommage à la cuisine normande. C'est le restaurant star de la région, récompensé par une étoile au guide Michellin en 2012. Tout dépend ici des offrandes de la mer et de ce que le chef déniche sur le marché le matin même, et la pêche est toujours bonne : le poisson est à l'honneur, et se fait surprise dans les assiettes selon les humeurs du chef... Pour les moins téméraires, la carte est riche de saveurs, et tient ses promesses, de la déclinaison autour du canard, comme la cuisse confite au porto, au demi-homard rôti en carapace aux herbes fraîches en passant par l'escalope poêlée. . . Les desserts, véritables péchés de gourmandise, ne sont pas en reste, et le sabayon à la pistache n'a qu'à bien se tenir. Un moment de bonheur comme en on rencontre rarement. Nouveauté, 3 magnifiques chambres d'hôtes d'esprit balinais viennent d'ouvrir leurs portes. Décidément, on n'a qu'une envie : jeter l'ancre aux Voiles d'or !

■ **DOMAINE SAINT-CLAIR – LE DONJON**
Chemin de Saint-Clair
ETRETAT ✆ 02 35 27 08 23
www.hoteletretat.com
info@hoteletretat.com
Ouvert tous les jours le soir de 19h à 21h30 ; du vendredi au dimanche le midi de 12h à 14h. Menus de 25 € à 75 €. Carte : 36 € environ. Menu enfant : 15 €. Formule du midi : 25 € (du vendredi au dimanche). Panier pique-nique : 30 € par personne. Accueil des groupes. Jardin. Terrasse.
Surplombant les falaises d'Etretat, vue superbe, immortalisée par de nombreux peintres, le Domaine Saint-Clair s'étend sur deux demeures de charme, le donjon et la villa. Dans le Donjon, vous dégusterez des mets raffinés mêlant spécialités locales et saveurs méditerranéennes et donnant une définition illustrée de l'art de vivre à la française, le tout orchestré par un jeune chef, Olivier Foulon. Parmi les créations de ce dernier, la Saint-Jacques fumée, thym citron, tartare, cardamone et le pigeon cuit vapeur avec du chou vert, du foie gras et à côté les cuisses confites. Le pain d'épices de Bertrand est une gourmandise dont on ne se lasse pas en fin de repas.

■ **LE JARDIN DES PLUMES**
1, rue du Milieu
GIVERNY ✆ 02 32 54 26 35
www.lejardindesplumes.fr
contact@lejardindesplumes.fr
Ouvert toute l'année. Du jeudi au lundi. Réservation recommandée. Menus de 36 € à 80 €. Menu enfant : 15 € (à 22 €). Formule du midi : 29 €. Chambres et suites : de 180 à 320 €. Petit déjeuner : 17 ou 22 €.
Eric Guérin, chef étoilé au Michelin pour son restaurant en Loire-Atlantique, revient sur les terres de son enfance avec cette nouvelle adresse haut de gamme. Après un coup de cœur pour une maison anglo-normande, complètement rénovée et redécorée dans un style Art Déco plein d'élégance, il s'est entouré de deux complices, Joachim Salliot, en cuisine, et Nadia Socheleau, en maîtresse de maison. Une table raffinée avec de belles associations de viande et de poissons, des recettes innovantes et délicieuses, voilà un lieu promis à un bel avenir. Huit chambres, dont 4 suites, sont également à votre disposition pour prolonger votre séjour.

■ **LA LIEUTENANCE**
12, place Sainte-Catherine
HONFLEUR ✆ 02 31 89 07 52
www.restaurant-honfleur.com
lalieutenance.honfleur@gmail.com
Basse saison : ouvert du mercredi au dimanche. Haute saison : du mardi au dimanche. Menus de 20 € à 47 €.
Si vous choisissez de vous asseoir en terrasse, il vous faudra faire de la place à un invité surprise : le clocher de l'église Sainte-Catherine. Cependant, même si le cadre est magnifique, il n'arrivera qu'en second dans les souvenirs que vous laisseront cette table. En effet, côté cuisine, le chef envoie lourd, si bien que les saveurs de ses plats imprimeront plus que le reste votre mémoire. Le menu Malin, affiché au prix de 29 € (entrée, plat, dessert) est d'un rapport qualité/prix inattaquable, avec en entrée sa merveilleuse fraîcheur de tourteau, dôme d'aspic à la pomme et au citron confit, en plat son efficace pavé de saumon rôti, cuit au millimètre, et sa sauce aux poivrons rouges, et en dessert son inoubliable moelleux au chocolat, à faire chavirer n'importe quel palais, du plus aguerri au plus innocent ! Fort heureusement, à la sortie du restaurant, Sainte-Catherine veille, et vous ramènera sur le droit chemin de la raison. On regrette uniquement un service un peu engoncé, qui gagnerait à se laisser aller à davantage de sourires et de simplicité.

■ **LE BISTROT D'OSCAR**
74, rue Marcel-Lefèvre
Le Grand-Andély
LES ANDELYS
✆ 02 32 54 20 34
www.aubistrotdoscar.moonfruit.fr
Ouvert le dimanche, le lundi et le jeudi le midi ; le mardi, le mercredi, le vendredi et le samedi le midi et le soir. Menus de 17 € à 28 €. Menu enfant : 7,06 €. Formule du midi : 13 € (3 plats, en semaine uniquement). Jardin.
Ce restaurant du centre des Andelys arbore une déco contemporaine sobre mais agréable. L'accueil est charmant et le service rapide. Les petits plats concoctés par le chef font la part belle aux produits frais et locaux, avec une carte qui change quasiment toutes les semaines. On vous suggère le caquelon d'escargots aux noisettes, la souris d'agneau ou la tête de veau gribiche, et pour finir le crumble aux deux saveurs, pomme et rhubarbe. L'été, vous pourrez déjeuner ou dîner dans le jardin intérieur.

■ **LA COURONNE**
31, place du Vieux-Marché
ROUEN
✆ 02 35 71 40 90
www.lacouronne.com.fr
contact@lacouronne.com.fr
Ouvert toute l'année. Tous les jours et les jours fériés le midi et le soir. Réservation recommandée. Menus de 25 € à 49 €. Carte : 35 € environ. Formule du midi : 25 €. Vin au verre. Terrasse. Salons particuliers.
Quand la plus vieille auberge de France a le bon goût de se trouver à Rouen, il serait dommage de se priver d'un repas dans ses murs ! Et quand on sait que les lieux accueillent les gourmands depuis 1345, n'est-ce pas la promesse d'un repas parfait ? L'auberge a un cachet fou, avec sa façade à pans de bois, ses géraniums qui mettent une touche de couleur sur la place du Vieux-Marché, et ses drapeaux multicolores qui symbolisent l'ouverture aux autres et le sens de l'accueil jamais démenti qu'on trouve ici. Des célébrités, de la princesse Grace de Monaco à Salvador Dali, en passant par Serge Gainsbourg, s'y sont bousculées, et le canard à la rouennaise y est une tradition. Mais si c'est cette réputation un peu tape-à-l'œil qui vous fait venir, c'est définitivement la qualité de la cuisine qui vous fera revenir ! En cuisine, le chef Vincent Taillefer sait mieux que personne préparer le canard à la presse et les croquants pieds de mouton, tous deux des must de la gastronomie rouennaise. Quant aux autres plats et gourmandises, difficile de choisir ou de recommander quoi que ce soit, Vincent Taillefer élaborant à chaque saison une nouvelle carte dans laquelle tradition fait bon ménage avec innovation. Une adresse sûre.

■ **LA PÊCHERIE**
29, place de la Basse-Vieille-Tour
ROUEN
✆ 02 35 88 71 00
www.lapecherie.fr
lapecherierouen@orange.fr
Ouvert toute l'année. Du mardi au samedi de 12h à 14h30 et de 19h à 22h. Réservation recommandée. Menus de 23,50 € à 42,50 €. Carte : 20 € environ. Menu enfant : 12 €. Chèque Restaurant. Accueil des groupes.
Les pêcheries sont les lieux où le poisson et les produits de la mer sont travaillés. Autant dire qu'ici, le poisson est roi et que le chef met tout son savoir-faire et son amour de la cuisine au service de ses mets. Qui dit poisson, dit fraîcheur. C'est pour cette raison que les plats présentés à la clientèle changent au gré des arrivages directs des ports normands et du marché du jour, Mickaël Lemesle adaptant sa carte chaque semaine. Pour accompagner le tout, on vous conseillera de plus un vin subtil, servi, comme l'ensemble de votre repas, avec une grande classe mêlée de convivialité. Un mélange rare et apprécié, qui fait de l'endroit un lieu d'autant plus prisé que l'établissement a ouvert une salle avec vue panoramique sur Rouen pouvant accueillir de 40 à 80 couverts.

■ **RESTAURANT-BRASSERIE L'ABBAYE**
36, rue Gabriel-Péri
SAINT-CYR-L'ECOLE
✆ 01 30 58 16 16
Ouvert tous les jours le midi et le soir. Carte : 15 € environ. Terrasse.
Cet établissement situé au niveau des nouveaux lotissements de Saint-Cyr-l'École, au cœur du Parc de l'Abbaye, est d'un genre nouveau puisqu'il allie la cuisine française, à la cuisine chinoise et japonaise. Le restaurant est bien tenu, joliment décoré et d'un bel aspect extérieur qui rehausse agréablement le quartier. Les plats sont préparés à partir de produits frais (le poisson est livré tous les matins). Le cadre est classique et spacieux et l'accueil très agréable. Vous pourrez y déguster des noix de Saint-Jacques sur une fondue de poireaux, accompagnées d'éclats de champignons, des gambas sautées au beurre et au persil, ou encore un canard laqué. Ou bien démarrer par des nems et continuer sur des nouilles sautées, proposés dans un buffet à volonté. On trouve également au menu des makis, sushis et sashimis.

Se loger

■ **HÔTEL AGUADO*****
30, boulevard de Verdun
DIEPPE
✆ 02 35 84 27 00
www.hoteldieppe.com
aguado@hotelsdieppe.com
Ouvert toute l'année. Accueil 24h/24. 56 chambres. Chambre double de 80 € à 145 € ; chambre triple jusqu'à 160 €. Petit déjeuner buffet ou en chambre : 10 €. Stationnement juste autour de l'hôtel. American Express, Chèque Vacances. Jeux pour enfants. Séminaires. Wifi gratuit. Service de ménage. Tv satellite.
L'hôtel Aguado bénéficie d'un emplacement exceptionnel au cœur de la station et en bord de plage. Il surplombe la mer et vous offre une magnifique vue panoramique. Les chambres sont raffinées et spacieuses, l'accueil chaleureux et souriant, et le personnel n'hésite pas à se mettre en quatre pour vous apporter toute satisfaction, jusqu'à vous fournir des renseignements touristiques ! Une salle de petit déjeuner et un salon face à la mer ainsi qu'un bar au style anglais sont également à votre disposition. Devant les beautés de la mer, l'hôtel Aguado a conçu un art de vivre sur terre, et l'on se sent comme chez soi dans cet hôtel qui mérite bien ses trois étoiles.

■ **HÔTEL LES FALAISES**
1, boulevard du Président-René-Coty
ETRETAT ✆ 02 35 27 02 77
www.hoteldesfalaisesetretat.com
info@hotelfalaisesetretat.com
Ouvert toute l'année. 24 chambres. Chambre double de 62 € à 95 €. Petit déjeuner : 7 €. Garage. Wifi.
Comme tous les hôtels d'Etretat, l'Hôtel des Falaises est parfaitement situé, entre plage et centre-ville. Comme tous les hôtels d'Etretat, ou presque, il offre une vue sur les halles, sur le manoir de la Salamandre ou sur la mer. Comme tous les hôtels d'Etretat, il accueille une foule de touristes. La différence, c'est qu'ici, on n'est pas qu'un numéro de chambre, et que tout est fait pour que les clients se sentent comme chez eux, et non de passage. Sourire, efficacité et confort sont donc les devises de l'établissement, et on ne va pas s'en plaindre. Ajoutez à cela des chambres contemporaines, toutes agencées avec goût et douillettes, et vous obtiendrez un excellent hôtel. Dernier atout, des garages privés sont disponibles à la location.

■ **LA FERME SAINT-SIMÉON**
Rue Adolphe-Marais
HONFLEUR ✆ 02 31 81 78 00
www.fermesaintsimeon.fr
contact@fermesaintsimeon.fr
Ouvert toute l'année. 29 chambres. Chambre double de 150 € à 515 € ; suite de 620 € à 990 €. Petit déjeuner : 28 €. Wifi. Restauration.
Un lieu magique où le temps semble s'être arrêté. Entre 1825 et 1865, la Ferme Saint-Siméon, alors Auberge de la Mère Toutain, accueillait des artistes tels Courbet, Monet ou Bazille. Baudelaire y séjourna également. C'est un peu de leur âme qui plane aujourd'hui à la Ferme. Architecture du XVIIIe siècle, colombages bleus, jardins somptueux et la vue sur l'estuaire et le pont de Normandie, bienvenue au paradis ! À l'intérieur, chaque pièce, chaque objet participe à ce cadre de rêve : salon aux poutres massives, lustres, tableaux, idem pour le restaurant. Les chambres sont dans le même esprit (mobilier d'époque, mini-bar, home-cinéma...), vous pouvez loger au Pressoir ou à la Ferme (l'originalité des chambres : elles donnent à la fois sur la cour et sur l'Estuaire). Le summum : l'espace détente et remise en forme, avec piscine, bains bouillonnants, sauna, hammam et autres massages aquatiques. Une certaine idée du bonheur en somme. Si d'aventure l'hôtel était complet n'hésitez pas à vous adresser à la Chaumière ou au Manoir du Butin, qui appartiennent à la même famille.

■ **HÔTEL DU CHEVAL BLANC*****
2, quai des Passagers
HONFLEUR ✆ 02 31 81 65 00
www.hotel-honfleur.com
info@hotel-honfleur.com
Accueil 24h/24. 35 chambres. Chambre double de 75 € à 229 € ; chambre triple de 125 € à 199 € ; suite de 190 € à 435 €. Petit déjeuner : 13 €. Lit supplémentaire : 15 €. Parking fermé inclus. Animaux acceptés (12 €). Wifi gratuit. Tv satellite, Canal +. Bain bouillonnant.
Cet établissement plusieurs fois centenaire (il date du XVe siècle) à la superbe façade regarde fièrement le vieux port droit dans les yeux. L'hôtel a reçu de nombreux hôtes de marque tels que Victor Hugo, Claude Monet ou encore l'Empereur Joseph II. Le même soin est apporté à la décoration des chambres avec un bon point également pour les salles de bains. Si vous souhaitez réellement vous faire plaisir, optez pour les suites (toutes deux équipées d'un bain bouillonnant et d'une douche hydromassante) : « Alphonse Allais », avec son style XVIIIe et son balcon ou « Erick Satie », un duplex sur fond de pourpre et d'or. Le « Studio » mansardé au dernier étage comblera l'âme des plus romantiques. Ouverture très prochaine d'un Spa, en collaboration avec Auriège. On vous conseille les vues sur le port, notamment lachambre 330 avec sa vue. Futée, venez de notre part, le p'tit déj vous sera offert.

■ **HÔTEL DE BOURGTHEROULDE*******
15, place de la Pucelle
ROUEN ✆ 02 35 14 50 50
www.hotelsparouen.com
info@hotelsparouen.com
Ouvert toute l'année. Accueil 24h/24. 78 chambres (2 suites). De 215 € à 380 €. Demi-pension : 40 €. Petit déjeuner : 18 €. Séminaires. Réceptions et mariages. Connexion Internet. Wifi gratuit. Restauration. Tv satellite, Canal +. Hammam, sauna.
Situé dans l'ancien hôtel particulier Renaissance à deux pas de la place du Vieux-Marché, l'hôtel de Bourgtheroulde est le seul de sa catégorie en Haute-Normandie. Il propose bien entendu tout le confort et les services dont peut disposer un établissement de ce niveau, dans une décoration résolument contemporaine avec des tons chocolat, rouge et noir. Quatre sortes de chambres invitent la clientèle au repos et à la détente, les « Tradition », les « Modernes », les « Privilège », ces dernières possédant une vue directe sur la Cour d'honneur, la place de la Pucelle et le temple Saint-Éloi. Derrière la catégorie « Prestige » se cachent deux suites uniques à l'architecture mêlant patrimoine Renaissance et art contemporain. Si vous ne réservez pas de chambre, prenez au moins un verre au bar l'Atrium dont le plancher en verre offre une vue imprenable sur la piscine intérieure chauffée de l'hôtel... Ou bien profitez également du Spa du drap d'Or, ouvert à tous avec accès au hammam, au sauna ainsi qu'à la piscine pendant une heure... Un écrin de douceur et un accueil aux petits soins.

■ **HÔTEL L'ERMITAGE BOUQUET*****
58, rue Bouquet
ROUEN ✆ 02 32 12 30 40
www.hotel-ermitagebouquet.com
contact@hotel-ermitagebouquet.com
Ouvert toute l'année. 13 chambres (1 chambre pour handicapé et 1 chambre familiale). Chambre simple 95 € ; chambre double 120 € ; suite 160 €. Petit déjeuner buffet : 14 €. Parking fermé : 6 €. Taxe de séjour : 0,65 €/pers/jour. Wifi gratuit. Tv satellite, Canal +.
L'hôtel Ermitage bouquet est un très bel hôtel situé à deux pas de la gare, un peu excentré mais très au calme. Ouvert toute l'année, il possède 10 chambres et trois suites et a été entièrement construit dans un ancien hôtel particulier ce qui fait tout son charme. Pour découvrir la ville hors des sentiers battus et ce bien que l'Ermitage réponde à tous les critères de confort que l'on est en droit d'attendre de la part d'un établissement trois étoiles. En effet, loger à l'hôtel permet d'avoir tous les avantages de la ville sans en posséder les inconvénients, puisque sa proximité de la gare, vous permettra de sillonner la ville et l'agglomération en transports en commun.

■ **AEROTEL ÉTAPE DU SILENCE*****
88, rue Docteur-Vaillant
SAINT-CYR-L'ECOLE
✆ 01 30 45 07 44
www.aerotel.fr
aerotel@wanadoo.fr
26 chambres. Chambre double de 50 € à 79 € ; chambre triple de 79 € à 81 €. Petit déjeuner buffet : 8 €. Lit supplémentaire : 10 €. Parking inclus. American Express, Chèque Vacances. Animaux acceptés. Wifi. Tv satellite, Canal +.

C'est un confort simple dans un hôtel chaleureux qui est proposé à la clientèle. Il présente une situation géographique privilégiée non loin du château de Versailles, et bien qu'il soit face à l'aérodrome, les avions (principalement de petite taille) sont peu bruyants. Ses chambres sont accueillantes, spacieuses (surtout les familiales, véritables petits appartements avec kitchenette), et fonctionnelles, notamment équipées d'une télévision avec Canal+ et Satellite, d'un téléphone direct, d'une connexion Wifi, de surfaces de rangement et d'un mini bar. L'accueil des séminaires, le jardin fleuri, et quelques forfaits à tarif réduit le week-end complètent l'offre de cet agréable établissement.

Pratique

■ **RADIO-TAXI LE HAVRE**
1, rue Charles-Laffitte
LE HAVRE ✆ 02 35 25 81 81
www.radiotaxi-lehavre.com
contact@radiotaxi-lehavre.com
7j/7, 24h/24.

Avec les radio-taxis du Havre, vous ne resterez pas en rade ! Leur flotte est très importante avec près de 150 taxis qui vous emmèneront partout, au Havre mais aussi plus loin si vous le désirez, comme vers Etretat par exemple. De nombreux taxis vous attendent à la gare, à l'aéroport et au niveau des ferries. Ils peuvent aussi vous conduire vers les aérodromes ou aéro-clubs de la région.

■ **RADIO TAXIS**
8, avenue Jean-Rondeaux
ROUEN
✆ 02 35 88 50 50 (numéro de réservation unique, 7/7 et 24/24)
www.radiotaxi.fr/
standard@radiotaxi.fr
Taxis disponibles pour déplacements sanitaires.

Sur la flotille de 100 véhicules que compte cette compagnie, vous trouverez toujours un chauffeur pour vous emmener où vous le souhaitez, quelle que soit la distance. Tout est possible ! La solution idéale pour se déplacer et être pris en charge de votre domicile jusqu'à votre destination finale pour celles et ceux qui n'ont pas le permis ou qui ne souhaitent pas conduire, peu importe la distance souhaitée.

■ **TAXIS ABEILLE**
23 bis, rue Molière
VERSAILLES
✆ 01 39 50 50 50
Voir page 69.

Ouest

Le golfe du Morbihan N H S F

Au départ de Vannes, partez en bordée aux pays des îles, des galettes et des fées. Pas besoin d'aller très loin pour goûter à l'exotisme breton ! Ce matin d'été, la brume traîne sur le seuil de la 22. Un phénomène qui n'inquiète en rien André Bardoux : « Ça va se lever. Le temps d'un *ty* café à l'aéro-club et en route pour les îles ! » ; et sa promesse fleure bon l'aventure... Il faut dire que Vannes LFRV se trouve à 32 Nm de Brocéliande. Et c'est précisément de cette forêt que des fées, chassées et inconsolables, versèrent tant de larmes qu'elles donnèrent naissance au golfe du Morbihan. Jetées à l'eau, les fleurs de leurs couronnes se transformèrent en 365 îles et îlots dont certains, il est vrai, peuvent à peine accueillir une mouette... Passée la légende, cette « petite mer » (*mor bihan* en breton) de 20 km de long sur 15 km de large n'est émaillée que d'une quarantaine d'îles à la superficie notable. Toutes partagent une attirante beauté iodée et sauvage. L'île aux Moines et l'île d'Arz étant les plus grandes et les seules réellement habitées. Et puis en sortant du golfe, il y a Belle-Ile, escortée par deux cailloux fantastiques appelés Houat et Hoëdic. Il s'agit de ces îles (forcement féeriques) qu'André Bardoux, président de l'aéro-club du Pays de Vannes, nous invite à survoler. Elfes et korrigans ont bien voulu bouter la marée de nuages vers le nord. Le temps est à la tempête de ciel bleu... Nous embarquons sur Bravo Roméo, l'un des trois DR400 qui, avec un PA 28 de voyage et un DA20 école, constituent la flotte du club. Les appareils sont bichonnés par Frédéric David, le responsable d'UEA dont le travail semble être très apprécié par les quelques 150 membres. A peine a-t-on décollé, la mer s'impose, à perte de vue.

Le golfe du Morbihan

Le golfe du Morbihan défile immédiatement sous nos ailes, le point SW étant reporté au nord de l'île aux Moines. Le survol du golfe reste la destination favorite des pilotes de toute la région, ce qui implique un trafic potentiellement chargé. Nous passons derechef sur les 122.8 FM de Brest Info. Grâce à un nouveau radar installé dans le Finistère sud, vous êtes localisés dès 1500 feet. Cap au large. Nous décidons de tracer directement sur Hoëdic. Deux kilomètres de long sur 800 m de large et probablement la plus belle des îles du Ponant. A découvrir pour ses plages, son fort Vauban, son village blanc et partout, la senteur curry de la fleur éternelle. Virage à droite. Cinq petits kilomètres séparent Hoëdic de Houat, sa sœur un brin ennemie. Plus grande et légèrement plus « développée », l'île est réputée pour son immense plage presque toujours déserte (même un 15 août) et ses pêcheurs de homards. On ne peut pas aller sur l'une sans visiter l'autre, ne serait-ce que pour comparer. Virage à gauche. Nous contournons Belle-Ile-en-Mer par sa côte sud. Changement géologique. La plus grande île de Bretagne nous présente son plateau de 85 km^2 aux hautes falaises déchiquetées. Somptueux ! Le phare de Goulphar nous permet de vite repérer le terrain. LFEA est situé au centre de l'île. La tentation de se poser est grande mais pas le temps. Tant pis, ce sera pour une autre fois. Alors nous remontons la Côte sauvage jusqu'aux vents dominants qui balaient la pointe des Poulains. Le port de Sauzon arrive sur notre droite. Ses charmantes maisons colorées et son petit phare en font toujours une valeur « refuge » pour un séjour romantique. La presqu'île de Quiberon est bien tentante mais une activité parachutiste intense nous empêche d'aller voir de plus près. Ce sport extrême se pratique également d'une façon assidue et époustouflante sur la plateforme de Vannes. Retour vers l'entrée du Golfe. Lors des dernières grandes marées de septembre, 400 millions de m^3 d'eau du large se sont engouffrées dans cette porte, entre les pointes de Port-Navalo et de Locmariaquer. Classé deuxième plus fort d'Europe, le courant atteint alors les 8 nœuds (4m/s). Des centaines de petits sillages blancs traçant en tout sens témoignent de la forte affluence nautique. Nous pénétrons dans le golfe tout en veillant à respecter une altitude de 1000 feet pour ne pas déranger spatules blanches, bernaches ou autres hérons cendrés. De nombreuses colonies ornithologiques ont trouvé le site à leur goût. Les plus importantes se trouvent dans les marais de Duer et de Penvins. Histoire de repérer les lieux et d'éviter de voler dans leurs plumes, l'aéro-club remet un très utile document explicatif aux pilotes de passage. Stibiden, Holavre, Brouel... La carte nous indique des noms d'îles magiques. Que faut-il faire pour acquérir son îlot privée avec maison et bateau à la cale ? En attendant la réponse, nous rêvons devant ces magnifiques propriétés ceintes par les flots. La Bretagne est le pays des vieilles pierres. Sur Er Lannic, nous apercevons des vestiges mégalithiques en partie immergés. Sur Gavrinis, un cairn datant de 3500 av. J.-C. est considéré comme un joyau de l'architecture néolithique. Les parcs à huîtres ornent certains rivages comme de grands sparadraps sous-marins. Sans parler de température de l'eau, les couleurs de l'océan n'ont rien à envier à celles des Mers du Sud.

Après deux tours de l'île aux Moines, retour sur terre. La piste se voit de loin. Depuis deux ans, la plateforme est la propriété de la Communauté d'Agglomération du Pays de Vannes. Sa nouvelle appellation est d'ailleurs Aérodrome de Vannes Golfe du Morbihan, et plus Vannes Meucon (d'autant plus que le terrain est situé sur la commune de Monterblanc). Il faudra penser à changer l'ensemble des panneaux routiers... Une fois posé, nous débriefons au bar. La moustache gauloise d'André ne cache pas une franche banane. Ce jeune retraité de l'Education Nationale est heureux de nous avoir fait découvrir sa région !

Aérodromes et aéro-clubs

■ AERO-CLUB DE BELLE-ILE-EN-MER

Aérodrome
BANGOR
✆ 02 97 31 53 19
www.acbelleile.com
aeroclub.belleile@gmail.com

Ouvert toute l'année, tous les jours.

Les plus beaux coins de Bretagne, les plus belles vues aériennes, rien n'échappera aux pilotes et aux passagers qui s'élanceront dans le ciel de Belle-Ile-en-Mer... Laissez-vous tenter par une balade aérienne ici ou un vol d'initiation et laissez-vous émerveiller par des paysages incroyables de beauté. Toute l'année, l'aéroclub de Belle-Ile vous accueille pour vous faire partager sa passion et elle est grande.

■ LES AILES ARMORICAINES

Pont Person
GUISCRIFF
✆ 02 97 34 09 80
www.ailesarmoricaines.com
contact@ailesarmoricaines.com

Ouvert toute l'année, tous les jours. Flotte : deux Cessna 172 et un Cessna 152.

Balade aérienne sur les conseils des membres de l'aéroclub des ailes armoricaines ou vol d'initiation en leur compagnie, avec l'aéroclub les ailes armoricaines vous allez découvrir des sites incroyables : à seulement quelques minutes de Concarneau, des Iles Glénan, de la pointe du Raz, de Quimper, de Morlaix et de Pontivy ! De quoi faire des balades aériennes d'exception ! Bien entendu le club est aussi une école et vous pourrez avoir la joie et le plaisir d'apprendre à piloter dans le cadre exceptionnel qu'offre la région.

■ AERO-CLUB DU PAYS DE VANNES

Aérodrome de Vannes-Meucon
MONTERBLANC
✆ 09 65 26 15 60
www.aeroclub-vannes.net
acpvannes@wanadoo.fr

Transport/Taxi : Avel Mor taxis (Tél.) 06 74 27 88 32, Atlantic Taxis (Tél.) 02 97 43 21 43 / 06 79 52 03 87. Locations voitures : Super U, route de Pontivy 56890 Saint Ave (Tél.) 02 97 47 61 62, Hertz gare (tél.) 02 97 42 66 69. Accueil assuré pour les pilotes de passage au club-house de l'aéro-club, internet, météo, préparation des vols... Possibilité de se faire conduire en centre-ville (prévenir par téléphone la veille si possible).

Golfe du Morbihan, Ile-aux-Moines, île d'Arz, ou, en sortant du golfe, Belle-Ile et ses deux acolytes Houat et Hoëdic : l'aéro-club du pays de Vannes vous conseillera pour partir survoler ces sites pleins de magie. En traçant directement sur Hoëdic, avec ses 2 km de long pour 800 m de large, probablement la plus belle des îles du Ponant, magnifique... Virage à droite. Cinq petits kilomètres séparent Hoëdic de sa petite sœur : Houat... Immense plage presque toujours déserte, même en été, et pêcheurs de homards... Virage à gauche pour contourner Belle-Ile-en-Mer par sa côte sud. Changement géologique : la plus grande île de Bretagne a un plateau de 85 km^2, avec de hautes falaises déchiquetées. Le décor est somptueux ! Le phare de Goulphar permet de vite repérer l'aérodrome, situé au centre de l'île. La tentation de se poser est inévitable, mais préférer poursuivre en vol, pour remonter la côte sauvage jusqu'aux vents dominants qui balaient la pointe des Poulains. Le port de Sauzon arrive alors sur la droite, avec ses maisons colorées et son petit phare, qui lui confère un air romantique.

■ AEROPORT VANNES GOLFE DU MORBILHAN

Golfe du Morbilhan
Aérodrome de Vannes Meucon
MONTERBLANC
✆ 02 97 60 78 79
www.vannes.aeroport.fr/

Vannes Golfe du Morbilhan est un aéroport à usage civil et commercial, ouvert au trafic national et international. Il se trouve sur la commune de Monterblanc, à 8 km de Vannes. Il possède un parking gratuit et offre un snack-bar ouvert toute la journée. Vous pouvez également faire des demandes spécifiques comme une réservation pour obtenir un taxi, le catering etc...L'aéroport de Vannes fait en sorte d'offrir le meilleur service aux utilisateurs de l'aviation privée, d'affaires ou de loisirs. Un service de qualité qui ne se dément pas.

■ AERO-CLUB DE LA REGION DE LORIENT

Aérodrome Lann-Bihoue
PLOËMEUR
✆ 02 97 86 00 34
www.aeroclub-region-lorient.com
acrl2@wanadoo.fr

Ouvert toute l'année. Ecole de pilotage, entraînement sur simulateur. Pièce pour prépa navigations. Accès Internet. Transports : club situé à 200 m de l'Aéroport de Lorient Bretagne Sud, où il y a une station de taxis.

Ile de Groix, presqu'île de Quiberon, Belle-Ile-en-Mer, golfe du Morbihan, Ouessant, archipel des Glénans... Eh bien oui, tous ces sites, vous pourrez les découvrir depuis l'aérodrome Lann-Bihoué de Ploëmeur ! Les activités de l'aéroclub de la région de Lorient ? Ecole de pilotage, préparation BB et PPL, école de voltige, vol d'initiation, entraînement sur simulateur... Si vous prévoyez d'atterrir ici, attention à prévoir de prévenir obligatoirement l'aéroclub de votre arrivée : l'aéroclub étant sur le domaine de la base aéronavale de Lann-Bihoué, il est indispensable qu'il soit informé de votre venue au moins 24 heures à l'avance et il est indispensable aussi de prévoir un plan de vol !

À voir – À faire

■ LES ALIGNEMENTS DE CARNAC

CARNAC

carnac@monuments-nationaux.fr

Accueil de mai à juin de 9h à 19h, en juillet et août de 9h00 à 20h00 et de septembre à avril de 10h à 17h. Gratuit jusqu'à 18 ans. Adulte : 6 €. Enfant (de 18 à 25 ans) : 5 €. Tarif public spécifique : 4 €. Gratuit pour personne en situation de handicap et son acompagnateur. Label Tourisme & Handicap. Fauteuil manuel en prêt, parking gratuit.

C'est le lieu du mégalithisme mondial. Sorte de Mecque des amoureux des « grosses pierres », l'endroit recèle dans un périmètre de quelques kilomètres carrés la plus forte concentration de mégalithes au monde. De toutes sortes et de tout genre. Mais c'est surtout pour ses alignements que Carnac est célèbre ! Les chiffres bruts donnent le vertige ! Plus de 3 000 pierres levées, menhirs ou peulvens selon l'ancienne appellation, répartis dans les 4 grands groupes du Ménec, de Kerzerho, de Kerlescan et de Kermario, très proches les uns des autres, auxquels on peut ajouter encore celui du Petit Menec qui comporte une centaine de pierres réparties sur 8 rangées. Le paysage est à ce point marqué par la présence des pierres qu'il a donné son nom à la commune. Carnac tire en effet son nom de carn, mot commun à toutes les langues celtiques qui désigne un tas de pierres.

■ LE GRAND MENHIR BRISE

LOCMARIAQUER

Le grand menhir brisé fait partie des pierres les plus connues car elle est la plus grande jamais travaillée par l'homme préhistorique (20 mètres de long pour environ 280 tonnes...). Aujourd'hui, il offre au regard l'image d'un géant brisé, longtemps appelé la Pierre de la Fée. C'est un obélisque incroyablement impressionnant qui debout, devait à peu près mesurer 18 mètres hors du sol... rien que ça !

■ BASE DE SOUS-MARINS DE KEROMAN

LORIENT

✆ 02 97 02 23 29

http : //patrimoine.lorient.fr

patrimoine@mairie-lorient.fr

Fermé les 25 et 31 décembre, en janvier. Visite guidée le dimanche à 15h ; tous les jours pendant les vacances scolaires (toutes zones) à 15h (de 10h30 à 17h en été). Gratuit jusqu'à 12 ans. Adulte : 6 €. Tarif réduit : 3 €.

Datant de la Seconde Guerre mondiale, la base des sous-marins de Lorient est constituée de trois blocs formant le plus grand complexe militaire en béton armé construit par le IIIe Reich hors d'Allemagne. L'ensemble occupe une position stratégique à l'entrée de la rade. Son emplacement a été choisi au lendemain de la signature de l'Armistice et l'amiral Dönitz – chargé du commandement de la flotte sous-marine allemande – installa, en face de la base de l'autre côté du Ker à Kernevel (Larmor-Plage), son quartier général. Cette base, l'une des cinq grandes bases installées sur les côtes françaises de l'Atlantique pour abriter les sous-marins de la *Kriegsmarine* – a été construite de février 1941 à janvier 1943. Les 15 000 ouvriers, dont bon nombre étaient issus du STO, travaillaient sous les bombes. Cette base Keroman était capable d'abriter vingt-cinq submersibles, les fameux U-Boote. Réputée indestructible pour les moyens de l'époque, sa seule présence a valu à Lorient de se retrouver sous le feu nourri des bombardements de la Royal Air Force. Très peu endommagée, cette base de sous-marins continua à servir après-guerre à l'entretien et à l'armement des sous-marins et à l'entraînement des sous-mariniers, et ce durant plus de cinquante ans. Une partie des blocs K2 et K3 est aujourd'hui ouverte à la visite. Une partie des blocs a été reconvertie après le départ de la marine nationale pour accueillir des entreprises liée au nautisme. Le K3 est de loin le plus important des trois blocs : 170 mètres de long pour 142 mètres de large. Environ 20 0000 m^3 de béton ont été coulés pour sa seule construction (3 millions de m^3 pour l'édification de l'ensemble). Ses sept alvéoles sont protégées par une toiture de 7 mètres d'épaisseur que les bombes anglaises de 4 et 5 tonnes n'ont fait qu'érafler. La visite guidée d'une heure trente permet de parcourir l'ensemble du site et de pénétrer dans les blocs K2 et K3 pour comprendre la construction de la base et les différentes périodes d'activité qu'elle a connues.

■ ÉCOLE DE PARACHUTISME SPORTIF DE VANNES BRETAGNE

Aérodrome Vannes-Meucon

MONTERBLANC

✆ 02 97 60 78 69

www.parachutisme-vannes.fr

Fermé de décembre à janvier. Basse saison : ouvert du lundi au jeudi de 9h à 11h ; du vendredi au dimanche de 8h30 à 11h30 et de 13h30 à 18h. Haute saison : tous les jours de 8h30 à 11h30 et de 13h30 à 18h.

A tous ceux qui rêvent du grand frisson et du grand saut, alors vous ne pouviez pas mieux tombé ! Située aux portes du golfe du Morbihan, cette école, haut lieu du sport en Bretagne, figure parmi les cinq plus grandes structures de parachutisme en France (elle est équipée de deux salles de cours, deux espaces de debriefing, un club-house, huit chambres, d'un avion Pilatus B2H4/A-34 en permanence et d'un avion supplémentaire lors des stages ou animations) avec plus de 25 000 sauts par an. L'école propose le saut en automatique à 1 100 m (progression classique vers la chute libre), le saut en chute libre à 4 000 m (progression accompagnée en chute) et le saut en tandem en chute libre à 4 000 m.

■ L'ILE DE KERAGAN DIT LE FORT-BLOQUE

PLOËMEUR

Le fort fut construit en 1747, sur une petite île de 6 000 m^2 située à une centaine de mètres du rivage, pour défendre la cité florissante de Lorient contre les attaques des Anglais. Mais il ne servira que durant les guerres révolutionnaires et impériales. Les bâtiments actuels sont l'objet d'une reconstruction qui date du XIXe siècle. Le fort, propriété privée qu'il est possible de louer, est accessible à pied à marée basse et en voiture.

LE GOLFE DU MORBIHAN
COMME VOUS NE L'AVEZ
JAMAIS VU

Port de l'Île-aux-Moines.

Maison traditionnelle au toit de chaume, Sarzeau..

Vue sur le port de Locmariaquer.

AQUARIUM OCÉANIQUE TROPICAL DU GOLFE DU MORBIHAN

Rue Daniel-Gilard
VANNES © 02 97 40 67 40 / 08 10 40 69 01
www.aquarium-du-golfe.com

Navette gratuite en juillet et août, de 10h à 19h, tous les quarts d'heure au départ du port de Vannes. Basse saison : ouvert tous les jours de 14h à 18h. Haute saison : tous les jours de 10h à 12h et de 14h à 18h. Gratuit jusqu'à 4 ans. Adulte : 12,40 €. Enfant (de 4 à 11 ans) : 8,60 €. Tarif groupe. Abonnement. Label Tourisme & Handicap. Toilettes, parking. Visite guidée (deux heures).

Du golfe du Morbihan à la mer Rouge en passant par l'Amazone... Cet aquarium vous invite à une plongée dans trois univers aquatiques, à la découverte de véritables chefs d'œuvres de la nature. Alors que certaines espèces aquatiques du golfe du Morbihan son en voie de disparition, l'aquarium s'est donné pour mission de les présenter au public afin que chacun puisse être sensibiliser et participer à leur sauvegarde. En apprenant à respecter notre environnement, nous aidons ainsi à maintenir l'équilibre marin du golfe du Morbihan, aujourd'hui menacé. Deux espèces emblématiques sont particulièrement présentées : l'hippocampe et la seiche. L'hippocampe, ou cheval de mer, appartient à la famille des syngnathidés. Cette famille regroupe dans les mers européennes deux groupes très caractéristiques par leur forme : les syngnathes (les aiguilles de mer ou vipères de mer) et les hippocampes. Deux espèces d'hippocampes fréquentent les eaux européennes : *Hippocampus hippocampus* (hippocampe à museau long) et *Hippocampus ramulosus* que l'on trouve notamment dans le golfe du Morbihan et qui peuvent être admirés à l'Aquarium. La seiche, pour sa part, est un mollusque de la famille des céphalopodes (comme le calmar, le nautile ou la pieuvre). Elle a dix tentacules, dont deux plus longs utilisés pour la capture des proies. Les seiches se déplacent souvent en bancs sur de longues distances. Il existe environ 80 espèces de seiches, la seiche commune (*Sepia officinalis*) vit près des côtes du Morbihan. Vous découvrez aussi la richesse et la féérie des poissons tropicaux, sans oublier les requins, piranhas et murènes !

BATEAUX BUS DU GOLFE

Gare Maritime
7, allée Loic Caradec
VANNES © 02 97 44 44 40
www.ile-arz.fr
groupes@ile-arz.fr
Embarcadère : 1) Vannes Gare Maritime : du 1 avril au 30 septembre. 2) Vannes Conleau : du 1 octobre au 31 décembre. 3) Séné Barrarac'h : du 1 octobre au 31 décembre.

Pour Vannes-Ile d'Arz, les navettes circulent toute l'année du 1/01 au 31/12 - Pour l'île aux Moines c'est d'avril à octobre. Gratuit jusqu'à 3 ans. Adulte : 9,90 €. Enfant (de 4 à 16 ans) : 5,40 €. Tarif insulaire adulte : 3 €, enfant 1,5 €. Visite guidée (visites commentées d'avril à octobre).

Le Golfe du Morbihan est sans nul doute l'un des sites les plus visités de Bretagne. Son golfe calme, préservé des vents, offre une véritable mer intérieure au sein même de l'océan, parsemée de 42 îles et îlots, ce qui en fait un site remarquable, prisé par de nombreux touristes et amoureux de la nature ! Les bateaux bus du golfe permettent de visiter 2 des plus grandes îles : l'île d'Arz et l'île aux Moines. Les départs des navettes ont lieu depuis la gare maritime de Vannes, mais également de Séné (Barrara'ch) ou bien de Port Navalo. En basse saison il y a 12 traversées aller-retour/jour. En haute saison (juillet /août) comptez jusqu'à 18 traversées entre 6h45 et 19h45 environ, ce qui laisse un certain choix ! Il faut seulement 30 minutes pour atteindre l'île d'Arz, ses plages sablonneuses, ses chemins de randonnées, ses vasières, sa faune et flore exceptionnelles. Pour rejoindre l'île aux Moines, 1 à 2 traversées par jour existent d'avril à octobre (depuis Vannes ou Port Navalo). Sur cette même période, 3 idées d'excursion en vedette (croisières touristiques commentées) sont proposées avec ou sans escales sur l'une ou les deux îles, avec anecdotes et commentaires de vrais marins !

LES REMPARTS

Rue du Rempart
VANNES

Les remparts de Vannes ont été érigés entre les IIIe et XVIIe siècles pour protéger la ville de Vannes. Depuis plusieurs décennies, la ville entreprend la remise en état et la mise en valeur des parties des remparts dont elle est propriétaire. Clé de voûte du patrimoine vannetais et élément touristique par excellence, les remparts de Vannes comptent parmi les rares fortifications urbaines qui subsistent encore en Bretagne. Une balade à ne pas manquer.

Se restaurer

LA MALICETTE

Locqueltas
GROIX © 02 97 86 56 97
www.lamalicette-groix.fr
restaurant.lamalicette@orange.fr

Ouvert toute l'année. Tous les jours. Menus de 19 € à 28 €. Menu enfant : 10 €. Formule : 12 € (15 € pour 3 plats. Plat du jour à 8,80 €). Jardin. Terrasse.

Dans le joli restaurant d'Isabelle et Claude, les papilles tombent sous le charme d'une cuisine du marché traditionnelle et de qualité. Salade Terre et Mer (magret de canard fumé, andouille de Guémené, Saint-Jacques marinées, saumon fumé, crudités), poêlée de noix de Saint-Jacques aux cèpes crème d'ail et persil, magret d'oie rôti au jus de betteraves rouges et racines de raifort d'Alsace, dos de cabillaud au chorizo accompagné de son risotto et fèves de soja ou encore tiramisu à la crème de marrons et Bailey's sont quelques pépites extraites de la carte. Une délicieuse adresse, avec terrasse de 60 couverts abritée et jardin, située au sud de l'île, à 1 km du bourg et à 200 m des plages.

■ CHEZ CHARLEMAGNE
Le Lério – Port
ILE-AUX-MOINES
✆ 02 97 26 32 43

Ouvert du mardi au dimanche de 12h à 14h et de 19h30 à 21h30. Bar ouvert du mardi au dimanche jusqu'à 1h. Carte : 15 € environ. Menu enfant : 7,50 €. Salades, pizzas, moules, poissons et viandes.

Ce lieu est une véritable institution du côté de l'Ile-aux-Moines. Les locaux et les touristes se côtoient dans la bonne humeur pour manger ou prendre simplement un verre. Ici, vous dégusterez d'excellents fruits de mer, vous aurez un large choix de poissons grillés, de viandes. Nous vous conseillons tout particulièrement la terrine de poisson maison sauce cocktail, le filet de merlu sauce poivrons et en dessert le Far Breton. Chez Charlemagne c'est l'occasion de passer un bon moment, dans un superbe cadre, face à la mer.

■ LA BASE
ZA Keroman
Base des sous-marins
LORIENT ✆ 02 97 88 01 93
labase.lorient@orange.fr

Ouvert du lundi au samedi de 9h30 à 1h ; le dimanche de 10h à 1h. Service de 12h à 15h et de 19h à 23h. Accueil des groupes. Terrasse. Parking gratuit. Wifi gratuit.

Ce très bel établissement à la fois chic et convivial, lieu de prédilection du marin comme du commercial, et pour toute la famille, est situé face au port de plaisance, à côté des trimarans et de la Cité de la Voile. L'équipe vous réservera un accueil particulièrement chaleureux et attentif, et vous invitera à vous installer dans la salle de 100 couverts, sur la grande terrasse de 150 couverts ou encore profiter du « jardin » aux beaux jours. A la carte, vous aurez le choix entre deux spécialités : des salades repas, gourmandes et copieuses, comme la Montagne ou l'Océane, ainsi que des brochettes de viandes (poulet, bœuf, agneau, magret de canard) et de poissons (saumon, thon, merlu, Saint-Jacques), disponibles en trois tailles, pour les petites et les grandes faims. En entrée, ne manquez pas les huîtres de la Ria d'Etel. A découvrir également, les nombreux cocktails de la maison, à consommer avec modération... A découvrir absolument !

■ LE PETIT PORT
Port du Logeo
SARZEAU ✆ 02 97 26 89 87
www.restaurant-lepetitport.com

Fermé du 1er janvier au 29 février. Basse saison : ouvert le lundi midi ; du jeudi au dimanche le midi et le soir. Haute saison : tous les jours le midi et le soir. Réservation recommandée. Carte : 25 € environ. Terrasse.

Un cadre de toute beauté pour cette véritable paillotte bretonne installée au port de Logeo, face au golfe du Morbihan qui offre au regard un paysage exceptionnel. Dans un cadre chaleureux notamment sur la merveilleuse terrasse « les pieds dans l'eau », vous serez comblé par les spécialités de la mer que propose la maison. Au menu, poissons frais, coquillages et crustacés, les fameuses huîtres du golfe, rillettes du pêcheur, tartare de saumon, brochettes de Saint-Jacques ou encore sardines et gambas grillées.

■ DAN EWEN
3, place Général-de-Gaulle
VANNES
✆ 02 97 42 44 34
www.danewen.fr
danewen@orange.fr

Basse saison : ouvert du mardi au samedi. Haute saison : du lundi au samedi. Service tardif le week-end et en saison. Réservation recommandée. Menus de 11,50 € à 18 €. Formule du midi : 9,50 €. Accueil des groupes (jusqu'à 50 personnes sur réservation).

Ici, les galettes sont fabriquées à la demande devant le client, avec une farine de blé noir soigneusement sélectionnée, et on privilégie les produits du terroir. La Patern (andouille, pomme de terre, oignons, champignons, emmental, salade) et la Malo (moules, champignons, curry, ananas) sont à tomber tandis qu'entre autres spécialités de crêpes, la Korrigans ont fait craquer nos papilles. La maison propose également de copieuses salades telle que la Fisel (salade, pommes de terre tièdes, lardons chauds à la crème), ou encore des coupes de glace faites maison à vous faire fondre de bonheur... La déco, est réussie, on se croirait presque dans une vieille taverne bretonne, aux poutres apparentes, et à la cheminée en pierres. De vieilles photographies en noir et blanc rappellent aux convives à quoi ressemblait la vie en Bretagne au début du siècle précédent, soit le XXe siècle ! Les objets sont bretons jusqu'à la soucoupe métallique où l'on vous dépose l'addition. L'établissement est labellisé Crêperie Gourmande depuis 2005.

■ LE GAMBETTA
1, place Gambetta
VANNES
✆ 02 97 47 22 05

Ouvert tous les jours de 7h à 0h. Menus de 12,50 € à 27,50 €. Menu enfant : 8 € (menus : 12,50, 14,90, 19,50, 22,50, 27,50 €). Vin au verre. Plateau du Marayeur 35,50 € et 79 € pour 2 personnes avec 2 coupes de champagne.

Situé face au port de Vannes et à côté de la porte Saint-Vincent, cette brasserie est idéalement positionnée. Sa grande terrasse permet de profiter d'une pause rafraîchissante autour d'un verre entre amis, en famille. A tout moment de la journée un kir breton, une sangria, un cocktail alcoolisé, un café gourmand, seront proposés. A moins qu'on ait juste envie d'une coupe glacée, avec ou sans chocolat chaud ou chantilly : la coupe Gambetta est gourmande avec son caramel au beurre salé, ses meringues ! A l'heure de l'apéro, un Muscadet ou autre breuvage régional accompagnera le coin de l'écailler avec des assiettes de fruits de mer pour picorer. Ou plus généreux, le plateau du Mareyeur 35 € ou la formule Gambetta (double plateau de fruits de mer à partager à 2 avec coupe de champagne). Plus abordable : des grandes salades repas (terre, mer, pêcheur...), un tartare aux 2 saumons, une soupe de poissons, des moules marinières frites, une cotrillade et des spécialités iodées avec poissons entiers grillés à la plancha (bar, daurade). Quatre menus Océan, Gambetta, Transat, Grand large au choix devraient vous satisfaire ! Les enfants ont un menu à 8 € et pizzas et pâtes sont aussi à la carte.

■ **LE MOULIN A POIVRE**
30, rue Thiers
VANNES
✆ 02 97 47 09 34
Ouvert du lundi au samedi de 12h à 14h30 et de 19h à 23h ; le dimanche de 19h à 23h. Menus de 17,50 € à 23,90 €. Formule du midi : 9 €. Plat du jour : 6,70 €. Carte de fidélité.
Ce restaurant du monde-pizzeria est l'un des endroits branchés de Vannes. Avant-gardiste et original, il a mis en place un nouveau concept « Mini-lounge » qui offre un tour en Mini gratuit ! D'un excellent rapport qualité-prix, il propose le midi des formules anticrise imbattables comme la « midi-Mini » à 7,90 € (plat du jour + café gourmand) ou la « midi-Mini étudiant » à 6 € (plat + dessert). Le soir, la formule « Mini-lounge » à 19,90 € régalera vos papilles d'un cocktail suivi d'une entrée, un plat et un dessert. Les habitués ne se lassent pas des incontournables de la carte que sont par exemple le demi-magret rôti aux baies roses, la brochette de Saint-Jacques au lard et gambas, le tajine de canard sauté à l'aigre-douce, les carpaccios et tartares, les pizzas, planchas, woks et autres salades gourmandes. A découvrir également, les dernières nouveautés de la maison comme les tortellinis aux morilles, le risotto au poulet, chèvre et basilic, le mix-grill de poissons ou de viandes, le tartare d'espadon » ou encore l'assiette thaï au bœuf sauté, nouilles chinoises, nems, salade et menthe. Une tenue de route parfaite !

Se loger

■ **AUBERGE DU PECHEUR**
58, rue du Général de Gaulle
Port-Tudy
GROIX
✆ 02 97 86 56 92
http : //aubergedupecheur.free.fr
aubergedupecheur@aol.com
Ouvert toute l'année. 8 chambres. Chambre double de 39 € à 60 €. Demi-pension : 50 € (à 65 par personne). Petit déjeuner : 7,50 €. Lit supplémentaire : 15 €. Parking ouvert. Wifi. Restauration (voir rubrique).
Pour faire un break et déstresser, rendez-vous à Groix à l'Auberge du Pêcheur. L'équipe de ce petit hôtel-restaurant, situé au début de la montée vers le bourg à partir de Port-Tudy, vous accueille chaleureusement. Huit chambres vous attendent, certes rustiques, mais pleines de charme. On vient ici pour l'inimitable ambiance qui règne sur le port tout proche, mais aussi parce que la maison fait restaurant, et que celui-ci n'est pas le premier venu en matière de cuisine de la mer. En journée, élancez-vous vers l'est, en direction de la plage des Grands Sables, qui change de place progressivement, au fil des années, une curiosité. Si vous tenez la forme, allez plutôt vers l'ouest. Après avoir passé les petits ports et vallées de la côte nord, vous arriverez à Pen Men, pointe flanquée d'un phare majestueux. Si vous n'êtes pas un champion de la rando pédestre, n'hésitez pas à louer un vélo. Ceux-ci sont réglés pour monter facilement les côtes. Au retour, le très familial pub de l'Auberge vous attend pour divers rafraîchissements non laitiers.

■ **LA GREK**
3, place du Leurhé
GROIX
✆ 02 97 86 89 85 / 06 09 71 01 91
www.lagrek.com
contact@groix.com
Fermé en janvier. 4 chambres. De 40 € à 98 €. Petit déjeuner inclus. Animaux acceptés (5 €). Wifi gratuit.
Merveilleuse, telle est cette ancienne maison d'armateurs de thonniers transformée en maison d'hôtes de charme, ancrée en sortie de bourg direction Trou de l'Enfer (pourtant un paradis...) à 900 m de Port Tudy, à 600 m de la plage et à 3 km de la réserve ornithologique. Depuis 1993, la Grek offre à sa clientèle conquise un cachet authentique, un confort sans faille avec des chambres chaleureuses et colorées, d'inspiration bretonne maritime. On apprécie le calme olympien et l'atmosphère enhousiaste qui y règnent, l'impression de bien-être qui s'en dégage sans oublier l'agréable grand jardin clos propice à la flânerie. Un lieu de délices.

■ **HÔTEL CLERIA*****
27, boulevard Franchet-d'Esperey
LORIENT ✆ 02 97 21 04 59
www.hotel-cleria.com
info@hotel-cleria.com
33 chambres. De 59 € à 139 €. Petit déjeuner buffet : 10 €. Parking gratuit ou garage fermé à 10 €. Garage individuel fermé : 10 €. Animaux acceptés (8 €). Wifi gratuit. Pensée avec goût, la décoration de cet hôtel situé en plein centre-ville est douce et nuancée, dans les tons café et vanille pour les salons, la salle de petit déjeuner avec sa vaisselle blanche sur son nappage de tissu rouge, les tables sont raffinées et invitantes. Un ascenseur dessert les trois étages qui comptent entre autres, deux chambres quadruples et trois chambres triples. Les chambres disposent toutes d'une salle de bains avec douche ou bain, WC, sèche-cheveux, télévision câblée (31 chaînes, Canal +, TPS...), téléphone avec prise modem et Wifi dans tout l'hôtel. Et l'été, quel plaisir de prendre son petit déjeuner dans le jardin ! Le conseil futé : réservez à l'avance !

■ **LE NEPTUNE****
Port-Maria – 4, quai de Houat
QUIBERON ✆ 02 97 50 09 62
www.hotel-neptune-quiberon.com
neptune.quiberon@wanadoo.fr
Ouvert toute l'année. 21 chambres. Chambre double de 59 € à 86 €. Petit déjeuner : 9 € (continental ou buffet). Parking. Animaux acceptés (chiens : 5 €). Wifi gratuit. Anglais parlé.
Depuis près de 50 ans, le même service attentionné est pratiqué dans cet établissement familial : les filles, Michèle et Albane, vous réservent le meilleur des accueils, convivial et chaleureux, au Neptune. L'hôtel, idéalement situé face à la mer et à 300 m des embarcadères pour les îles, propose des chambres vue mer d'où vous découvrirez une vue panoramique sur Quiberon et les îles ainsi que des chambres côté jardin. De bon confort et joliment décorées, elles bénéficient toutes d'une tv écran plat LCD, du wifi gratuit et d'une salle de bains complète. Certaines d'entre elles bénéficient même de balcon et de couette. Ici, on se sent comme chez soi ! Excellent rapport qualité-prix.

■ **BEST WESTERN LE ROOF**
10, allée des Frères-Cadoret
Presqu'île de Conleau
VANNES
✆ 02 97 63 47 47
www.le-roof.com
Ouvert toute l'année. 40 chambres. Chambre double de 89 € à 165 €. Demi-pension. Petit déjeuner : 13 €. Parking. Séminaires. Wifi gratuit. Restauration (menu Déjeuner Affaire en semaine à 26 € entrée-plat ou plat-dessert avec eau minérale et café inclus et menus à 31 €, 43 € et 61 €).
Cet établissement prestigieux situé sur la presqu'île de Conleau offre de très belles chambres, spacieuses et joliment décorées, avec presque toutes un balcon, minibar, Canal +, écran plat et téléphone direct ainsi qu'un plateau de courtoisie ; et bénéficient presque toutes de la vue mer. Pour vous restaurer, l'établissement dispose d'un restaurant et d'une brasserie pour le plaisir de vos papilles car ici on déguste les meilleurs assiettes et plateaux de fruits de mer de Vannes sans oublier le homard bleu sorti directement du vivier et présenté vivant au client, dans un cadre idyllique. L'endroit est idéal pour manger face à la mer ou pour prendre un apéritif en terrasse face au Golfe. Une belle adresse à découvrir ou à redécouvrir.

■ **BEST WESTERN PLUS CENTRE VANNES ET RESIDENCE LOCATIVE MEUBLEE******
6, place de la Libération
VANNES ✆ 02 97 63 20 20
www.bestwestern-vannescentre.com
info@bestwestern-vannescentre.com
Ouvert toute l'année. Location à la nuitée, à la semaine, au mois et au week-end. Accueil 24h/24. 58 chambres (climatisées dont 10 familiales en duplex). Parking (privé et payant). Parking gratuit pour la clientèle du restaurant midi et soir. Chambre double standard de 79 € à 124 €. Studio appartement de 389 € à 665 €. Séminaires. Wifi gratuit. Restauration (menu plat du jour à partir de 11,90 €). Tv satellite. Terrasse 20-25 places à votre disposition.
En plein centre-ville, à deux pas de la cité médiévale et de ses commerces, cet hôtel très tendance est tout à la fois chic et design, sobre et coloré, moderne et cosy. Les chambres, élégantes et de grand confort (lit double, couette, tv écran plat par satellite, terrasse ou balcon privatif...), ont été entièrement pensées pour que vous vous sentiez ici comme chez vous. Charmant avec ses vieilles pierres et son patio avec jardin aromatique, le restaurant au décor très tendance propose une cuisine de brasserie contemporaine. Pour vous détendre, fitness et sauna en accès libre. L'Hôtel Best Western Plus Centre Vannes accueille les séjours d'affaires et propose des salles de réunions entièrement équipées. Enfin, l'établissement offre 21 appartements de standing, confortables et parfaitement équipés (location à la semaine, au mois ou au week-end). Tarifs dégressifs selon la période). Le mobilier y est contemporain, la décoration raffinée et soignée. Un lieu high-tech et chaleureux, parfait en toutes circonstances.

■ **LE MANCHE OCEAN****
31, rue Lieutenant-Colonel-Maury
VANNES
✆ 02 97 47 26 46
www.manche-ocean.com
info@manche-ocean.com
Fermé du 15 décembre au 7 janvier. Accueil 24h/24. 42 chambres. Chambre double de 55 € à 97 €. Petit déjeuner buffet : 9 €. Garage : 6,50 € (sur réservation). Plateau repas sur réservation. Animaux acceptés (6,50 €). Séminaires. Wifi gratuit. Tv satellite, Canal +.
Situé en centre-ville, à deux pas des remparts et de la cathédrale, cet hôtel calme et de bon confort tenu par Isabelle et Pierre-Yves Le Gal, offre de belles chambres entièrement rénovées dans des tons chaleureux, toutes équipées d'une literie récente avec couette, d'une salle de bains (baignoire ou douche) avec sèche-cheveux, d'un téléviseur écran plat, d'un accès Internet wifi, mini-bar et téléphone direct. Ascenseur, garage et séminaires. Accueil distingué et courtois.

Pratique

■ **MICHEL POUGET**
3, rue de Lanveur
LORIENT
✆ 02 97 83 88 02
Disponible toute l'année, 7j/7.
Basé à Lorient, Michel Pouget peut vous faire découvrir la région de la Pointe du Raz jusqu'à Sarzeau. Et même au-delà, si vous avez besoin de vous rendre dans un endroit précis, un aéro-club par exemple... Michel Pouget connait la Bretagne comme sa poche, il vous délivrera de précieux conseils et répondra à toutes vos questions concernant la Bretagne. Le service est parfait, peu de temps d'attente. Vraiment une bonne adresse !

■ **GIE DES RADIO-TAXIS VANNETAIS**
Place de la Gare
VANNES
✆ 02 97 54 34 34
Disponible tous les jours, toute l'année.
Avec les Radio-Taxis Vannetais, fini les problèmes de transport. Vous êtes pris en charge dans des véhicules spacieux (jusqu'à six places) et serez transportés en toute sécurité. La société possède une grande expérience puisque cela fait plus de 30 ans qu'elle existe. Elle dessert les principaux aéro-clubs de la région et les taxis sont basés place de la Gare, un endroit stratégique à Vannes. Pour réserver un taxi, n'hésitez pas à les appeler.

■ **TAXI BRETAGNE PLUS**
1, place Vivaldi
VANNES
✆ 02 97 54 04 03
Disponible 7j/7, 24h/24.
Transfert vers les gares, les aéroports, les embarcadères : Taxi Bretagne Plus propose de nombreux services dont un service de transport vers le golfe du Morbihan. Sourire et ponctualité sont les atouts des chauffeurs de la société. La gamme se compose de véhicules pouvant accueillir de une à sept personnes. Les prix pratiqués ne sont pas élevés, équivalents à ce qui se pratique ailleurs en Bretagne.

Les îles de la côte Atlantique N F

La navigation

Pour cette navigation, vous survolerez rien de moins que cinq îles de la côte Atlantique française : Oléron, Aix, Ré, Yeu et Noirmoutier. Nous vous conseillons de prévoir un arrêt au milieu pour profiter pleinement des beautés du paysage et de ses lumières. A vous de voir pour la durée du stop : une heure ou une nuit.

L'île d'Oléron

Au décollage du terrain d'Oléron, en fonction du QFU en vigueur ce jour-là, il vous faudra décider par vous-même du sens de la navigation, sachant que vous aurez la possibilité de survoler pas mal de lieux en quelques nautiques : à l'ouest de l'île d'Oléron, la pointe de Chassiron, au nord le fort Boyard et l'île d'Aix, et enfin sur le continent la citadelle de Brouage. Nous vous suggérons par exemple de vous rendre tout d'abord vers la pointe de Chassiron, puis de longer l'île d'Oléron par le sud jusqu'à la citadelle de Brouage sur le continent pour ensuite prendre un cap vers le nord en passant par le fort Boyard et l'île d'Aix. Tout cela se fait sans plan de vol, alors à vous de ne pas trop vous éloigner afin de pouvoir rejoindre la terre ferme en cas de panne moteur.

La pointe de Chassiron

Avec son phare datant de 1836, il apporte une touche sauvage à la douceur du reste de l'île. La mer vient frapper durement les falaises calcaires et le vent couche les arbres le long du rivage. Les hauts fonds à vue du ciel sont saisissants... Deuxième plus grande île de France après la Corse, l'île d'Oléron bénéficie d'une douceur de climat exceptionnelle pour sa position géographique. Eté comme hiver, le temps est moins pluvieux qu'en Bretagne et moins chaud que sur la Côte d'Azur. Il arrive même que les mimosas fleurissent en février ! 19 000 insulaires y vivent à l'année, reliés depuis 1966 au continent par un pont de 3 km de long. L'île d'Oléron est demeurée, de ses origines à la Seconde Guerre mondiale, un site stratégique très convoité, qui se trouve inclus tant dans le système de défense des côtes de Vauban que dans le mur de l'Atlantique.

La citadelle de Brouage

Bien avant de revenir sur le continent, vous devinerez très facilement la citadelle à son aspect « à la Vauban ». Vous apprécierez du ciel la précision de ses proportions. Lieu unique par son environnement naturel et architectural, la citadelle de Brouage était un port de renommée internationale il y a quelques centaines d'années, avant que l'océan se retire petit à petit loin de la ville. Au XIVe siècle, le port de Brouage devint le plus important d'Europe grâce au commerce du sel. Jusqu'à 200 bateaux pouvaient venir mouiller dans le port ! Mais la vaste baie se combla peu à peu, à cause de la baisse du niveau de la mer et de l'absence d'une rivière drainante. La fondation et l'ascension de la voisine Rochefort, choisie par Vauban en remplacement, plongea Brouage dans l'oubli dès le XVIIIe siècle. Les marais salants furent abandonnés, la ville commença à tomber en ruine... De nombreux bâtiments disparurent. La citadelle de Brouage se trouve proche de l'aérodrome de Marennes, à usage restreint, regardez donc bien autour de vous les éventuels avions.

Fort Boyard

Situé à mi-chemin entre l'île d'Aix et l'île d'Oléron, le fort Boyard a été conçu pour protéger la rade de l'île d'Aix et l'Arsenal de Rochefort. Il vient renforcer le système de défense édifié le long du littoral et sur les îles de l'actuelle Charente-Maritime. Napoléon avait décidé que le fort serait élevé aux portes d'un des plus précieux arsenaux de l'Empire, sur le banc de sable de la « longe de Boyard ». Le fort Boyard devient, à la fin du Second Empire, une prison militaire. Les soldats prussiens et autrichiens de la guerre de 1870 y sont détenus. Les prisonniers politiques de la Commune, en partance pour la Nouvelle-Calédonie, leur succéderont. Dites bonjour au père Fouras !

Boyard.

L'île d'Aix

Enjeu des rivalités entre les royaumes de France et d'Angleterre, l'île se hérisse de fortifications. Elle devient alors la pièce maîtresse du système défensif du port de guerre de Rochefort et de sa rade. Sous le Premier Empire, époque où l'activité militaire est à son paroxysme, elle est transformée en forteresse. En juillet 1815, au lendemain de la bataille de Waterloo, Napoléon passe ses trois derniers jours en terre de France dans la maison du gouverneur, avant de se rendre aux autorités anglaises et d'être exilé à l'île de Sainte-Hélène. Vous rejoindrez ensuite le bord du continent en visant Châtelaillon-plage. Vous devrez entrer en contact avec La Rochelle pour leur demander l'autorisation de transiter par leur zone en passant entre la ville de La Rochelle et l'île de Ré. Si vous ne tombez pas en même temps qu'une arrivée d'avion de ligne, vous l'obtiendrez sans problème. Et sinon, les contrôleurs vous espaceront. Dans le pertuis délimité par les deux îles jumelles, Ré et Oléron, l'air marin de l'océan vient à la rencontre des estuaires de la Seudre et de la Charente. La combinaison de ces deux atmosphères crée une luminosité toute en douceur, où les tons irisés dominent. On peut comparer ce phénomène à celui de la célèbre baie d'Along, reconnue comme l'une des merveilles naturelles terrestres.

La Rochelle

En arrivant par le sud, vous aurez une chance d'apercevoir les deux tours médiévales qui gardent l'entrée du vieux port. Situé sur le vaste plan d'eau que constitue le pertuis d'Antioche, que vous survolez actuellement, La Rochelle a naturellement développé trois ports (de pêche, de commerce et de plaisance) depuis le XIIe siècle. Le port des Minimes est le plus grand port de plaisance de la côte Atlantique. La Pallice, un port en eau profonde, est largement accessible aux navires de haute mer et aux paquebots. Unique port de la côte atlantique française libre de toute contrainte de marée, avec une profondeur importante à marée basse, il peut recevoir des navires de plus de 200 000 tonnes de port en lourd, disponible 24 heures sur 24. Mais La Rochelle cultive aussi son côté rebelle, depuis sa fondation au Xe siècle : démocrate bien avant l'heure, elle élit son premier maire en 1199 ; elle est protestante quand la France entière est catholique ; elle se trouve protégée des rois quand le pays plie sous le poids des impôts ; durant la guerre de Cent Ans, La Rochelle passa sous la couronne anglaise à plusieurs reprises...

L'île de Ré

Sur votre gauche juste avant de croiser les axes de la piste de l'aéroport de La Rochelle : l'île de Ré. Avec 2600 heures d'ensoleillement par an, les vignobles de l'île de Ré reçoivent autant de lumière que la ville de Nice. Le terroir exceptionnel de l'île de Ré, au climat doux et ensoleillé, balayé par les brises marines du noroît, et aux sols calcaires, secs et filtrants, permet d'y développer une viticulture de qualité. L'île de Ré produit du pineau, du vin de pays charentais et du cognac. Les marais de l'île de Ré s'étendent sur 1500 hectares. Ils ont été creusés par l'homme à la fin du Moyen Age. Un cinquième est encore exploité pour produire du sel. Une partie des bassins est utilisée aujourd'hui par les ostréiculteurs. La pomme de terre primeur de l'île de Ré doit sa notoriété à sa précocité et à ses qualités gustatives.

Le marais poitevin

Après l'île de Ré, prenez garde à rester proche de la côte. Devant vous se présente la baie de l'Aiguillon, où le marais poitevin s'ouvre à l'océan. On raconte qu'un jour, mort de soif, le géant Gargantua s'assit sur le clocher de Fontenay-le-Comte et but d'une traite la Sèvre niortaise et l'Autise, créant ainsi le marais desséché. Il se serait ensuite soulagé sur les habitants de la Rochelle, créant alors le marais mouillé. En réalité, le marais poitevin est le résultat d'une longue évolution. L'océan a progressivement comblé le golfe du Poitou et y a déposé une terre sous forte influence hydraulique. Le combat de l'Homme contre l'envahissement des eaux commence dès le XIIe siècle : la construction de digues et creusement de canaux donne naissance au paysage actuel, si particulier.

Les Sables d'Olonne

A l'entrée de la baie de l'Aiguillon, virez à gauche pour continuer à longer la côte. Vous allez bientôt survoler La Faute-sur-Mer et L'Aiguillon-sur-Mer, qui furent durement touchées par la tempête Xynthia en février 2010. Vous entrez en Vendée. Les stations balnéaires de cette côte aux longues plages de sable, comme La Tranche-sut-Mer, passe de 3000 habitants l'hiver à 100 000 l'été. Un peu plus loin dans les terres, quelques nautiques avant d'arriver aux Sables d'Olonne, se trouve Vendée Air Park, un village aéronautique (à Talmont-Saint-Hilaire). Attention, piste privée : il faut demander l'autorisation avant de vous poser. L'aérodrome des Sables est lui ouvert à la Circulation Aérienne Publique. Vous serez environ à la moitié de la navigation, c'est donc le bon moment pour faire escale. Depuis 1989, les Sables d'Olonne est la ville de départ du Vendée Globe, une course à la voile autour du monde en solitaire sans escale. Tous les deux ans au mois de novembre, les spectateurs massés sur les pontons voient s'élancer une vingtaine de marins qui vont affronter toutes les conditions climatiques en plusieurs mois avant de revenir au même endroit, mais pas dans le même état...

L'île d'Yeu

Après les Sables, il faudra vérifier que la zone militaire D18A est inactive. Pour rejoindre l'île d'Yeu sans déposer de plan de vol, nous vous suggérons de monter vers 4500 feet et de commencer à la traverser vers Saint-Jean-de-Monts. C'est aussi un bon plan pour une escale, mais attention en été si vous souhaitez y passer la nuit, car tous les hôtels risquent d'être complets. Située à une dizaine de Nm du continent, l'île d'Yeu s'étend sur 9,5 km de long pour 4 km de large. Sa côte orientale est sablonneuse et verdoyante, semblable à celle que l'on rencontre sur la côte vendéenne. Sa côte occidentale, est une côte sauvage, granitique, avec des criques et des falaises ; elle ressemble fortement à la côte bretonne. Elle vit principalement du tourisme et de la pêche. La plupart des bateaux de pêche de l'île sont des petits bateaux côtiers, naviguant pendant la journée.

Les îles de la côte Atlantique

L'île de Noirmoutier

Pour revenir sur le continent, visez la terre la plus proche avant de reprendre un cap nord vers Noirmoutier. Vous ferez attention à la classe D de Nantes. Le plus simple étant d'être en contact avec Nantes Info, qui connaîtra ainsi vos intentions et vous laissera tranquille. Selon les marées, vous pourrez ou non voir le passage du Gois qui relie le continent à l'île à marée basse. A marée haute, la route disparaît entièrement sous la mer. L'agriculture, la pêche et la saliculture, activités traditionnelles, cohabitent aisément avec le tourisme. Depuis une cinquantaine d'années, l'ostréiculture a pris son essor autour de l'île. Sur ses vastes estrans, on a implanté de larges cultures marines. Les ostréiculteurs de Noirmoutier y produisent annuellement 1300 tonnes d'huîtres creuses. En fin de cycle, elles séjournent dans des claires (marais alimentés en eau de mer) où elles gagnent en rondeur et en finesse. Entre son captage et sa commercialisation, il aura fallu plus de 3 années à l'huître pour se développer. Après Noirmoutier, en reprenant un cap nord, veillez à rester à portée de la terre ferme, pour rejoindre La Baule-Escoublac (LFRE)

La Baule

Située au cœur d'une baie de 8 km de long, la beauté du site n'échappe pas à deux promoteurs parisiens, Messieurs Hennecart et Darlu, à la fin du XIXe siècle. Ils achètent une quarantaine d'hectares de dunes autour de La Bôle et réalisent de toutes pièces, avec le concours des entrepreneurs et des commerçants, une station balnéaire à partir de 1890. La Bôle devient La Baule (1896), s'équipe de rues tracées à partir de l'avenue de la Gare (l'actuelle avenue De-Gaulle) qui relie la gare à la mer, multiplie les constructions, s'offre une promenade en bordure de mer, une estacade implantée... La Baule devient un lieu privilégié de vacances toniques et familiales. L'aérodrome d'Escoublac se situe à seulement deux kilomètres de la plage et pourra vous accueillir pour la fin de cette navigation maritime.

Aérodromes et aéro-clubs

■ AERO-CLUB DE LA COTE D'AMOUR

Avenue du Breton – Aérodrome d'Escoublac
LA BAULE-ESCOUBLAC
✆ 02 40 60 23 84
www.aeroclub-labaule.com
accotedamour@orange.fr

Aéro-club ouvert tous les jours de 9h à 18h30.

Dans cet aéro-club se trouve une école de pilotage. Vous pourrez vous y offrir un vol où vous serez seul au commande de l'avion pendant une quarantaine de minutes avec à vos côtés un instructeur. Les promenades aériennes à faire en partance de l'aérodrome d'Escoublac vous permettront de survoler la presqu'île guérandaise, la côte sauvage et la baie de La Baule. Une balade qui vaut le coup d'œil ! L'association MAPICA (restauration d'avions anciens et musée aéronautique), les U.L.M. de l'Anglais volant et le Cap 10 de l'Atlantic Aerobatic Association sont également basés sur la plate-forme.

■ AERO-CLUB DE LA ROCHELLE ET CHARENTE-MARITIME

Aéroport de La Rochelle-Ile de Ré (LFBH)
LA ROCHELLE ✆ 05 46 42 54 74
http : //aeroclub17.com
contact@aeroclub17.com

Ouvert toute l'année. Secrétariat ouvert les lundis, mardis, jeudis et vendredis de 8h30 à 12h et de 13h30 à 17h. Cadre convivial. Club-house.

Depuis l'aéroport de La Rochelle-Ile de Ré, vous partez survoler les îles d'Aix, d'Oléron, de Ré... De splendides paysages avec vues sur la baie de La Rochelle, de l'embouchure de la Charente, l'anse de l'Aiguillon et le fort Boyard. Côté services rendus par les membres de l'aéroclub de La Rochelle : les pilotes de passage peuvent, après avoir transité par l'aéroport (espace Shenghen), et une fois sortis de l'aéroport, rendre visite aux sympathiques membres du club qui se feront un plaisir de leur offrir un café ou une boisson fraîche.

Vendée Airpark

La Rochelle

Aéro-clubs
La Roche-Bernard
D774
N165
N137
A11
Ancenis
D723
La Baule
St-Nazaire
Aéro-club
de la Côte d'Amour
Nantes
D213
Pornic
N249
A87
A83
Noirmoutier-
en-l'île
Cholet
D753
Ile de
Noirmoutier
Beauvoir-
sur-Mer
Fromentine
Challans
D763
D160
Les Epesses
St-Jean
de-Monts
A87
D137
St-Gilles-
Croix-de-Vie
Aéro-club
de la Roche-sur-Yon
A83
Chantonnay
la Roche-
sur-Yon
D160
Les Sables-
d'Olonne
Fontenay-
Le-comte
A83
D137
La Guérinière
La Tranche-
sur-Mer
Aéro-club
de la Rochelle et
Charente-Maritime
D137
St-Martin-
de-Ré
Ars-
en-Ré
N11
Ile de
Ré
La Rochelle
D137
Aéro-club
Les Ailes Oléronaises
Fouras
Rochefort
A837
St-Pierre-
d'Oléron
Dolus-
d'Oléron
Ile d'Oléron
Océan
Atlantique
St-Trojan-
les-Bains
D137
Saujon
N150
Royan
Le Verdon-sur-Mer
N
0
15 km

De même, à l'aéroclub de La Rochelle, les pilotes de passage peuvent consulter sur place la météo et, si l'un des membres est disponible pour ce faire, se faire véhiculer gentiment jusqu'en ville.

■ AERO-CLUB DE LA ROCHE-SUR-YON

Aérodrome René Couzinet
Les Ajoncs
LA ROCHE-SUR-YON
✆ 02 51 37 05 17
http : //aeroclub-yonnais.com
info@aeroclub-yonnais.com

Location de vélos : Impulsyon – 02 51 37 13 93 (3,60 €/jour et 3 €/demi-journée). Le week-end, il est facile de trouver quelqu'un qui peut vous déposer en centre-ville. Station météo sur la plate-forme ouverte 7j/7 et possibilité de prendre la météo sur PC à l'aéro-club directement. Services AFIS, ILS et balise radio compas. Station météo. Pompes à essence avec essence disponible pour avions de passage (carte Total du club réservée aux pilotes de passage).

Ils sont nombreux, ils sont nombreux, les services proposés par l'aéroclub de La Roche-sur-Yon ou sur l'aérodrome René Couzinet ! Hébergement sur place à pas cher et restaurant de qualité, ravitaillement essence pour les pilotes de passage, tout pour préparer les vols, station météo... Le tout dans une ambiance conviviale garantie ! Si vous souhaitez partir pour des balades aériennes originales et insolites : pas de problème, depuis l'aérodrome de La Roche-sur-Yon, vous pourrez vous envoler pour le grand parc du Puy-du-Fou avec son arène, sa villa gallo-romaine, pour le passage du Gois, menant à l'île de Noirmoutier (une route submersible), pour l'incontournable Ile-d'Yeu, située à seulement 20 minutes de vol du terrain et, bien entendu, pour l'exceptionnel fort Boyard, situé lui aussi à seulement 20 minutes de vol du terrain !

■ AÉROCLUB LES AILES OLÉRONAISES

Aérodrome de Bois-Fleury (LFDP)
SAINT-PIERRE-D'OLÉRON
✆ 05 46 47 02 31
aeroclub-oleron@orange.fr

Ouvert toute l'année. Club-house avec bar et local pilotes. Location possible sur place de vélos (06 71 10 60 79).

Tour de l'Ile d'Oléron, survol de la Seudre, de l'Estuaire de la gironde (Cordouan, Talmont au sud de Royan...), les balades conseillées par l'aéroclub les Ailes oléronaises sont variées et toutes aussi belles les unes que les autres. Les membres du club auront le plaisir de vous accueillir si vous êtes pilote de passage et de mettre à votre disposition leur bar et leurs locaux, ainsi que de vous donner l'accès à la météo et au ravitaillement en essence (même si vous n'êtes pas en possession d'une carte Total). Le petit plus de Saint-Pierre-d'Oléron : la location sur place, sur l'aérodrome, de vélos et l'affichage des numéros de téléphone des différentes sociétés de taxis !

À voir – À faire

■ LE PASSAGE DU GOIS

BEAUVOIR-SUR-MER

Le Gois est un lieu naturel qui se situe sur la côte vendéenne. Cette étonnante route, sous-marine à ses heures, relie à marée basse seulement l'île de Noirmoutier au continent par la commune de Beauvoir-sur-Mer. La liaison est possible à chaque marée, c'est-à-dire deux fois par jour, pendant 4 heures environ. Ce gué d'une longueur de 4,150 km, est relativement dangereux, il est fortement recommandé de se renseigner sur les horaires de marées. La première traversée remonterait à 843. Le tracé actuel remonte à la fin du XVIIIe siècle. Il est également un lieu très apprécié des pêcheurs à pied. Six balises-refuges, au sommet desquelles se trouve une plate-forme, parcourent le Gois et accueillent les voyageurs étourdis qui se seraient fait surprendre par la montée des eaux. Bien que fréquenté par des milliers de voitures chaque été, il demeure un site extraordinaire et unique au monde ! Ne manquez pas la manifestation de renom « Les Foulées du Gois » (voir rubrique « Festivals et Manifestations »).

Quelques conseils de prudence pour le passage du Gois :

- **Ne franchir ce passage qu'à marée basse** (le franchissement est possible 1 h 30 avant et 1 h 30 après la marée basse).
- **Respecter scrupuleusement la signalisation et les consignes de sécurité** affichées aux abords de ce site.

■ LE MARAIS AUX OISEAUX

Les Grissotières
DOLUS-D'OLÉRON
✆ 05 46 75 37 54
www.centre-sauvegarde-oleron.com
maraisauxoiseaux@wanadoo.fr

Fermé du 15 novembre au 15 février. Ouvert du lundi au vendredi de 10h à 13h et de 14h à 18h ; le week-end de 14h à 18h. Basse saison : le mercredi et le dimanche de 14h à 18h. Haute saison : tous les jours de 10h à 19h. Ouvert tous les jours durant les vacances scolaires sauf samedi de 14h à 18 h. Gratuit jusqu'à 6 ans. Adulte : 4,50 €. Enfant (de 6 à 14 ans) : 2,80 €. Groupe (20 personnes) : 3,70 € (enfant : 2,20 €). Visite commentée 5,50 €, scolaire 3,20 €.

Créé en 1982, le Marais aux Oiseaux est implanté au cœur de l'île d'Oléron, dans un espace naturel sensible bordé d'anciens marais salants. Cygnes, hérons, aigrettes, oies cendrées... plus de 60 espèces et 500 animaux profitent de cet environnement unique. La visite s'effectue le long d'un sentier de 1,5 km, accessible à tous, jalonné de bornes d'information sur la vie et les mœurs des principales espèces rencontrées. Vous pourrez grimper en haut d'une plate-forme d'observation pour profiter d'une vue remarquable sur les alentours. Le Marais aux Oiseaux abrite également un centre de sauvegarde – non accessible au public – qui recueille ainsi des animaux blessés ou malades. Choyés par les vétérinaires, ils sont ensuite remis en liberté. Les enfants se presseront à la mini-ferme pédagogique pour voir des volatiles familiers. Le Marais aux Oiseaux s'investit activement dans des actions de sensibilisation du public à la protection de l'environnement au travers de sorties à thème, de publications et d'expositions, ainsi que dans divers recensements et études sur la faune locale.

■ LA CHAPELLE SAINTE-ANNE
Place Leclerc
LA BAULE-ESCOUBLAC

Edifiée entre 1880 et 1886 par l'architecte Georges Lafont, la chapelle est agrandie en 1903 de deux nefs latérales. Elle fût délaissée à la construction d'une nouvelle église, Notre-Dame, en 1931. La chapelle est laissée à l'abandon pendant plusieurs années et est vendue en 1981 par la paroisse à la ville de La Baule, qui la rénove en 1989. Les voûtes et la charpente en bois, mariées aux murs et piliers de pierre accueillent régulièrement des expositions et des concerts. Elle est devenue un des centres culturels de la ville. C'est un lieu idéal pour découvrir les « trésors » de notre pays et d'ailleurs. L'espace culturel de la chapelle Sainte-Anne constitue un lieu de culture par excellence. Tout au long de l'année, les manifestations culturelles qui y sont organisées sont nombreuses et variées. Certaines sont récurrentes comme « les écrivains de bord de mer », les salons d'automne et de printemps de la SLAB (Société littéraire et artistique de La Baule), les expositions de l'association Culture et Foi, le festival de musique de chambre de l'Eté Musical, et bien sûr l'exposition de la Ville de La Baule.

■ L'ILE AUX PAPILLONS
ZA Les Mandeliers
LA GUÉRINIÈRE ✆ 02 51 35 77 88
ile.aux.papillons@orange.fr

Fermé d'octobre au 10 avril. Basse saison : ouvert du lundi au vendredi de 14h à 19h ; le week-end et les jours fériés de 10h30 à 19h. Haute saison : tous les jours de 10h à 19h30. Gratuit jusqu'à 3 ans. Adulte : 8,50 €. Enfant (jusqu'à 12 ans) : 6,20 €. Chèque Vacances. Boutique. Aire de pique-nique couverte.

Découvrez le cycle de vie du papillon et assistez à sa naissance dans l'éclosoir : voilà ce que vous propose l'île aux Papillons ! Au cœur de la plus grande volière de France, maintenue à 26 °C, vous vous promènerez au milieu de centaines de papillons exotiques volant en toute liberté parmi les plantes et les fleurs tropicales. Plusieurs centaines de papillons d'une soixantaine de variétés différentes venant des quatre coins du monde (Madagascar, Kenya, Madagascar, Philippines…) évoluent dans une serre au climat tropical reconstitué (taux d'humidité entre 70 % et 90 %). Un film documentaire retrace les stades de transformation de la vie d'un papillon, depuis l'œuf, la chenille et la chrysalide, pour devenir enfin papillon. Vous pourrez d'ailleurs observer ces étapes à l'entrée de la serre, dans l'écloserie – sorte de nurserie – et voir les plus beaux spécimens ayant vécu dans la volière, dont les formes et les couleurs rivalisent d'originalité. Seul petit bémol : le tarif peut sembler un peu cher, mais c'est le prix pour un brin d'exotisme au cœur de la Vendée...

■ AQUARIUM DE LA ROCHELLE
Bassin des Grands-Yachts
Quai Louis Prunier
LA ROCHELLE ✆ 05 46 34 00 00
www.aquarium-larochelle.com
communication@aquarium-larochelle.com

Ouvert toute l'année. D'octobre à mars de 10h à 20h. Avril à juin et septembre de 9h à 20h. Juillet et août de 9h à 23h. Basse saison : tous les jours de 9h à 19h. Haute saison : tous les jours de 9h à 20h. En été ouvert jusqu'à 23h. Gratuit jusqu'à 3 ans. Adulte : 15 €. Enfant (de 3 à 17 ans) : 11,50 €. Audioguide : 3 euros. Label Tourisme & Handicap. Visite guidée. Restauration (le restaurant Le Café de l'Aquarium). Boutique.

C'est l'un des joyaux de La Rochelle. Tout de verre vêtu, cet aquarium est d'abord une histoire de famille, celle de René Coutant, qui a créé un premier établissement en 1970 à la Ville-en-Bois. La passion familiale ne s'est jamais tarie, comme en témoigne ce magnifique vaisseau placé à deux pas du bassin des Grands Yachts et du Vieux Port. Pendant deux heures, vous partirez à la découverte des fonds marins, à la rencontre de plus de 12 000 espèces de l'Atlantique, de Méditerranée et des tropiques. Les étoiles de mer côtoient les hippocampes et les méduses. Vous serez sans doute surpris de voir apparaître une murène verte, un poisson-ballon à tâches noires et le roi de l'aquarium : le requin. C'est l'occasion de se familiariser avec une espèce si longtemps décriée et se plonger pendant deux heures dans un monde féérique. Le Petit Futé vous conseille de vous y rendre le soir en été pour passer de longues minutes face aux différents aquariums, jusqu'à la tombée de la nuit. Sensations garanties ! A noter, une boutique « Mémoires d'Océans » vous permet de ramener quelques souvenirs : livre, film, jeux pédagogiques, peluches... Et si vous voulez prendre un café dans une atmosphère tropicale, rendez-vous au deuxième étage, au Café de l'aquarium.

■ LE PUY DU FOU
CS 70 025
LES EPESSES
✆ 08 20 09 10 10
www.puydufou.com
Autoroute A87, sortie n°28

Ouvert du 12 avril au 28 septembre 2014 (voir dates sur Internet pour Cinéscénie). Grand Parc ouvert de 10h à 22h30 (19h certains jours) ; fermeture à 21h les soirs de Cinéscénie. Grand Parc, tarif guichet : adulte 33 €, enfant 23 €. Cinéscénie : adulte 26 €, enfant 18 €. Forfait Cinéscénie + Grand Parc, adulte : 46 €, enfant : 29 €. Réductions si réservation préalable. Pass Premium : adulte 63 €, enfant 43 €. Restauration. Boutique. Animations.

Élu meilleur parc du monde en 2012 à Los Angeles, le Puy du Fou® vous offre une explosion de spectacles et d'aventures pour toute la famille, et 4 nouveautés 2014 dans le nouvel univers « Renaissance » du Grand Parc. Spectacles grandioses et villages authentiques vous propulsent à travers les siècles, au cœur d'une forêt de 50 hectares peuplée d'animaux ! Les héros de légende vous donnent rendez-vous dans les grands spectacles du Puy du Fou : de la fureur des jeux du cirque aux aventures de cape et d'épée, des tournois de chevalerie aux attaques vikings, vivez un incroyable voyage dans le temps ! Après les Chevaliers de la Table Ronde en 2013, voici la nouveauté 2014 : La Renaissance du Château... Les tableaux vous parlent, les miroirs vous observent, les fantômes dansent encore… Vivez une expérience encore plus forte en séjournant dans l'un des 4 hôtels insolites du Puy du Fou dont le dernier : Le Camp du Drap d'Or. Quant au célèbre spectacle nocturne de la Cinéscénie, qui a fait la renommée du Puy du Fou avec 1 200 acteurs sur la plus grande scène du monde, vivez 1h40 d'émotions intenses et 700 ans d'histoire pour une fresque géante unique au monde.

■ LES SALINES EN BATEAU

Embarcadère Village de l'Aubraie
Route de l'Aubraie
LES SABLES-D'OLONNE ✆ 02 51 21 01 19
www.lessalines.fr
lessalines@wanadoo.fr
Direction La Chaume.

Plusieurs promenades par jour, d'avril à septembre (durée environ 2h). Réservation recommandée. Adulte : 19,50 €. Enfant (jusqu'à 14 ans) : 6,50 €. Groupe (20 personnes) : 16 €. Jardin des Salines : 6,50 € et enfant : 4 €. Chèque Vacances. Boutique. Parking camping-cars de 18h à 10h, vidange, alimentation en eau. Accès Wifi.

Découvrez les marais salants, leur histoire, le métier de saunier et la récolte du sel. Embarquez à bord du bateau Le Mireille ou Le Jonathan, pour une balade de 8 km au fil de l'eau, au cœur d'un site authentique, une escapade qui vous transportera dans le temps... Les sauniers vous accueillent sur la saline, démonstration de la récolte du sel. Le Jardin des Salines peut se faire indépendamment, à pied. Au détour des sentiers, retrouvez les témoignages commentés de l'histoire du sel, les fours à sel gaulois, les cabanes de Gabelous, les campagnes de pêche morutières. Au Salorge, découvrez les différents produits du marais – sel, fleur de sel, poteries... –, tandis que les enfants pourront faire un jeu d'énigmes. Autre moyen de locomotion pour visiter les marais Olonnais : le canoë (tel.) 06 74 08 86 24. Ouvert de mai à fin septembre. Location à l'heure ou à la demi-journée, randonnées de 1h à 5h. En famille ou entre amis, découvrez, à votre rythme, le marais d'Olonne de l'intérieur. La remontée se fait sur un bras de mer d'environ 15 km. Vous êtes en prise directe avec la faune et la flore. Dépaysement total.

■ CROISIERE CAP SUR FORT BOYARD ET L'ILE D'AIX

Corderie Royale
ROCHEFORT

D'avril à septembre (le dimanche) : départ entre 9h et 10h et retour 18h ou 19h. Tous les jours en juillet et août : départ : 9h et retour 19h. Adulte : 24 €. Enfant (de 4 à 12 ans) : 18 €. Enfant de 0 à 3 ans : 8 €.

Au départ du ponton de la Corderie Royale, cette croisière vous permet de rejoindre l'île d'Aix depuis Rochefort. L'occasion vous est donnée de descendre la Charente jusqu'à l'estuaire, d'approcher le fort Boyard avant de vous offrir un moment de liberté de 5h à 6h. Ce voyage vous fera apprécier le fleuve (son histoire, son mariage avec l'océan) et ses différents franchissements, l'Arsenal maritime et les multiples ouvrages défensifs.

■ LE CLOCHER DE L'EGLISE SAINT-MARTIN

Centre bourg
SAINT-MARTIN-DE-RÉ
✆ 05 46 09 58 25

Ouvert toute l'année. Sauf entre les vacances de Noël et de février. Tous les jours. En juillet et août, visite autorisée jusqu'à 23h30. Gratuit jusqu'à 12 ans. Adulte : 1,70 €. Enfant : 0,90 €.

Un mot : splendide. Après le phare des Baleines, la deuxième construction la plus élevée de l'île offre un panorama sur la citée fortifiée, son port et toute une vue d'ensemble. L'instant photo est recommandé. Si vous avez la chance de passer lors des tintements des cloches, observez-les en action ainsi que l'horloge monumentale, du coin du petit escalier en colimaçon. Vous en aurez plein la vue et les oreilles ! A savoir, en saison estivale, vous pouvez revenir le soir pour une vue nocturne. Magie garantie !

■ LE P'TIT TRAIN DE SAINT-TROJAN

Avenue du Débarquement
Rue Camille-Samson
SAINT-TROJAN-LES-BAINS
✆ 05 46 76 01 26 / 06 79 79 45 23
www.le-ptit-train.com
ecrire@le-ptit-train.com

Fermé d'octobre à avril. Ouvert pendant les vacances de la Toussaint. Basse saison : ouvert tous les jours à partir de 11h et de 14h30 à 17h30. Haute saison : tous les jours de 10h à 18h15. Départ toutes les 45 minutes. En mai, fin septembre et pendant les vacances de la Toussaint : 3 départs à 11h, 14h30 et 16h. Gratuit jusqu'à 4 ans. Adulte : 12 € (tarif réduit : 10,50 €). Enfant : 9 € (tarif réduit : 7,50 €). Train du soleil couchant (18 €).

Tous en train, et pas n'importe lequel ! Ce petit train peut fièrement afficher ses couleurs chaudes, car il sillonne ces quelques 12 km de rails depuis 50 ans. Imaginé par le docteur Pol Gala, un passionné du rail, ce train propose une magnifique balade aux confins sauvages du pertuis de Maumusson, et ses somptueux paysages de sable fin et pinèdes inaccessibles par la route. Vous n'irez pas seulement à la plage, vous profiterez d'une promenade inédite dans un milieu naturel préservé. Le soir, place au coucher de soleil ! Embarquez à bord du train tous les mardis du 16 juillet au 20 août pour un spectacle inédit : chants de marins et répertoire des années 1960 à 1980 forment une soirée musicale délicieusement marquée par les derniers rayons du soleil.

Se restaurer

■ LA FUMEE

Pointe de la Fumée
FOURAS ✆ 05 46 84 60 38
www.restaurant-la-fumee.com
restaurant.lafumee@wanadoo.fr

Ouvert toute l'année. Basse saison : du mardi au samedi le midi et le soir ; le dimanche midi. Haute saison : tous les jours le midi et le soir. Réservation recommandée. Menus de 19 € à 45 €. Menu enfant : 9 €. Assiette de fruits de mer à partir de 28 €. Plateaux de fruits de mer. Moules marinières : 10,20 €. Il n'y a pas de fumée sans feu. Si ce restaurant est cité par de nombreux consommateurs c'est avant tout par la fraîcheur de ses produits. Comment pourrait-il en être autrement ? L'établissement est situé au bout de Fouras, sur la pointe de la Fumée face à deux monuments de la Charente-Maritime : Fort Boyard et l'île d'Aix. C'est donc à côté de l'océan dans une décoration marine ou sur la terrasse que vous dégusterez des produits particulièrement frais. Le Petit Futé ne peut que vous conseiller les huîtres, les langoustines, la seiche à la plancha et l'une des spécialités régionales : la chaudrée. Si vous êtes à deux, profitez du plateau spécial Fumée dans lequel se pavanent un homard de 400 g, 2 tourteaux, des crevettes, des coquillages... Les carnivores trouveront quelques plats à se mettre sous la dent à l'image de l'entrecôte ou du Parmentier de confit de canard. Pour finir, un petit clin d'œil aux desserts faits maison qui ne manquent pas de générosité. Au fait, pensez à réserver, le restaurant est réputé.

■ LE TI'SABLE
Avenue du Général-De-Gaulle
FOURAS
✆ 05 46 84 61 10
www.tisable.com
tisablefouras@gmail.com

Fermé de novembre à avril. Basse saison : ouvert du mercredi au dimanche. Haute saison : tous les jours. Menus de 19 € à 26,50 €. Carte : 16 € environ. Menu enfant : 7 € (enfant de moins de 8 ans). Formule du midi : 11,50 € (et 13,50 € sauf dimanches et jours fériés). Terrasse.

A quelques pas de la plage, sur le front de mer, une devanture en aluminium attirera peut être votre regard. C'est là que se trouve ce restaurant dont le nom rappelle inévitablement certaines îles lointaines visitées par le propriétaire, un ancien skipper. Les plats sont gorgés de soleil à l'image de cette brandade aux saveurs d'ailleurs et nous transportent vers les lagons turquoise, comme la dorade royale rôtie aux trois couleurs. Mais le Ti'sable propose également des plats régionaux comme le farcin charentais (fait maison), des petits encornets à la crème de pineau, ou encore ce surprenant rôti de porc cuisson basse température et sa crème de cognac. Si vous hésitez, osez le plat d'inspiration créole du moment ou mélangez les deux cuisines avec par exemple des nems d'inspiration landaise, confit de canard et magret fumé. Les serveurs sont rapides et souriants et les plats s'enchaînent dans une douce ambiance entre bois et peintures représentant des paysages idylliques. Côté dessert, le Petit Futé a laissé ses papilles s'évader un court moment sur un dôme de fruits frais aux épices et coulis d'ananas et sur une épatante cordillère... des Anges ! A noter, ce restaurant propose des cocktails à base de lait de coco, rhum. Une raison de plus pour voyager !

■ LES SABLONS
6, boulevard René-Dubois
LA BAULE-ESCOUBLAC
✆ 02 40 11 36 11

Fermé de décembre à janvier. Basse saison : ouvert du jeudi au lundi le midi et le soir. Haute saison : tous les jours le midi et le soir. Carte : 20 € environ. Galettes et crêpes à partir de 2,60 €. Terrasse.

Venez profiter d'une vue exceptionnelle et magnifique sur la baie de la Baule. Une terrasse abritée vous permettra de profiter du point de vue sans les inconvénients du froid en hiver. Cette crêperie est également spécialisée dans les plateaux de fruits de mer. L'accueil est convivial, William et Fabienne, les propriétaires, sont souriants, attentifs et plein d'humour. Autant d'éléments qui font de la maison une valeur sûre de la Baule depuis une dizaine d'années : il est donc plus prudent de réserver en saison, surtout si vous souhaitez être placé en terrasse. Par ailleurs, la carte de galettes recense les recettes traditionnelles mais aussi quelques originalités dont la chèvre et pommes maison au cidre ou la roquefort aux petits oignons. Les galettes sont bien garnies et les plateaux de fruits de mer copieux. Parmi les desserts, coupes de glaces mais aussi crêpes, dont un large choix de crêpes flambées. Une excellente adresse !

■ LA SUITE
15, rue de la Chaîne
LA ROCHELLE
✆ 05 46 50 51 98
www.lasuite.com
suite@orange.fr

Ouvert toute l'année. Tous les jours le midi et le soir. Bar Lounge ouvert aux horaires du restaurant. Réservation recommandée. Menus de 26 € à 75 €. Menu enfant : 10 €. Formule du midi : 18 € (menu du marché). Terrasse.

La Suite, c'est d'abord l'établissement d'un homme qui ne cesse d'accumuler les récompenses. Petit-fils et fils de pêcheur, Johan Leclerre est passé chez les plus grands (Alain Ducasse à Monaco) et son talent a été plusieurs fois reconnu comme en 2000 où il est élu Chef de Poitou-Charentes et consécration suprême, en mars 2007, où il devient Meilleur Ouvrier de France, le seul de la région. Ce maître restaurateur a ouvert ce temple des saveurs à deux pas du Vieux-Port offrant un cadre résolument contemporain. Avec sa belle hauteur sous plafond, un bar à champagne particulièrement magnifique qui s'étend sur tout un mur et un salon fumoir pour les amateurs de cigare, le lieu est ravissant. A l'étage, vous disposerez d'une vue unique sur le Vieux-Port pour un dîner en amoureux ou dans l'un des salons privatifs. Revenons à votre assiette. Le midi, la Suite se veut accessible avec un menu du marché comportant un verre de vin. Accessible et délicieux, il change quotidiennement vous permettant de déguster notamment un velouté de brocolis et ses rillettes de poulet rôti. Le soir, les menus s'envolent vers des sommets gastronomiques offrant des myriades de saveurs à l'image du foie gras pressé et son crémeux de nougat ou encore ce carré d'agneau rôti, épaule confite et son pesto de roquette. Les amateurs de caviar ne manqueront pas de déguster le caviar d'aquitaine.

■ BRASSERIE LE CLEMENCEAU
40, rue Georges-Clemenceau
LA ROCHE-SUR-YON
✆ 02 51 37 10 20
www.brasserie-le-clemenceau.fr
contact@brasserie-le-clemenceau.fr

Ouvert toute l'année. Tous les jours. De 9h à minuit (10h le dimanche). Menu enfant : 7,70 € (ou 9,80 €). Plat du jour : 9,70 €. Formule bistrot servie le midi en semaine : 11,60 € (2 plats) et 13,90 € (3 plats). Menus : 24,30 €, 29,90 €, 31,40 €. Label Tourisme & Handicap. Labellisation en cours. Ascenseur. Accueil des groupes. Terrasse. Ascenseur. Wifi gratuit. Salons privatifs climatisés.

Depuis qu'ils ont pris les rênes de cette institution yonnaise, Christine et Philippe Villalon l'ont entièrement transformée : d'abord la salle du bas à l'atmosphère chaleureuse. Puis les salons à l'étage aux tons crème, avec pour maîtres mots sobriété et classe. L'an dernier, ce fut au tour de la terrasse de subir un gros lifting, pour offrir une belle véranda lumineuse doublée d'une grande terrasse extérieure surélevée. Le Clem' est un lieu convivial qui se fréquente à toute heure de la journée, pour le café du matin, à l'occasion de votre shopping en centre-ville, ou pour une pause rafraîchissante ou gourmande en choisissant l'une des pâtisseries du salon de thé.

Cette brasserie véhicule la tradition bistrot et demeure l'endroit pour manger des fruits de mer à La Roche. Au travers de menus, suggestions ou l'ardoise du marché, retrouvez les spécialités : choucroute Royale ou de la Mer, jarret de porc, tête de veau, foie gras et confit de canard, brochette de noix de Saint-Jacques, tamis de poisson vapeur, tartare de bœuf, saumon d'Ecosse fumé maison... puis succombez à la véritable tarte des sœurs Tatin. Un dernier mot sur la carte des vins qui propose aussi des grands crus.

■ LE SALE GOSSE

7, rue Charles-de-Gaulle
LA ROCHE-SUR-YON
✆ 02 51 42 51 49
le.salegosse@orange.fr

Ouvert du mardi au samedi le midi ; du jeudi au samedi le soir. Réservation recommandée. Menus : 20,50 € et 26,50 €.

Des « sales gosses » comme ça, on les adopterait bien tous les jours, tant la cuisine est bonne et inventive, et le rapport qualité/prix incomparable ! Un menu-carte à partir de 20,50 € avec des produits frais bien travaillés, des assiettes joliment présentées : on n'a pas trouvé mieux ! Nous ne sommes d'ailleurs pas les seuls à adorer ce Sale Gosse, qui depuis sa création en 2012 fait le plein ; la réservation est donc conseillée. Cet enfant terrible a de quoi plaire... Derrière une jolie façade gris anthracite, un cadre contemporain aéré, avec parquet, banquettes et mobilier moderne, un mange-debout pour un tête-à-tête ou une grande table d'hôtes conviviale pour les repas entre amis, avec l'ouverture sur la cuisine, dans laquelle le chef, Frédéric Hervé, s'affaire. Un parcours atypique l'a mené à la cuisine, pour laquelle il s'est pris de passion. Il a notamment fait ses armes dans de grandes maisons comme celle de Thierry Drapeau à La Chabotterie, chez Cayola ou Coutanceau à La Rochelle... Une cuisine moderne, créative et conviviale à la fois, des produits de saison travaillés selon l'humeur, pas de carte mais des suggestions à l'ardoise, peu, changées 2 fois par mois, et surtout la passion de ce jeune chef sympathique.

■ LE BISTROT DU PORT

Port de pêche
7, quai Emmanuel-Garnier
LES SABLES-D'OLONNE
✆ 02 51 21 55 45
www.lebistrotduport-85.com
bistrotdessables@gmail.com

Ouvert toute l'année. Basse saison : du jeudi au mardi. Haute saison : tous les jours. Menus : 19,50 € et 24,50 €. Menu enfant : 8,50 €. Formule du midi : 13 € (en semaine). Chèque Vacances, Chèque Restaurant. Terrasse.

Une marquise en fer forgé annonce l'esprit XIXe de l'intérieur du Bistrot du Port : mobilier typique des bistrots parisiens, nappes à carreaux et banquette en cuir vertes, objets empreints du passé, plaques émaillées de réclames... Cette adresse située en plein cœur du port de pêche, est spécialisée dans les fruits de mer et poissons. Coup de projecteur sur la formule Bistrot à 13 €, dont on soulignera le rapport qualité prix, puisque les plats proposés figurent à la carte, avec un astérisque. Le Bistrot du Port offre une cuisine dans la tradition de la mer avec parmi les plats phares : fruits de mer bien sûr, terrine de poissons aux queues de langoustines et son aïoli, sole sablaise ou aile de raie, Saint-Jacques à l'anis, gambas flambées au whisky, anguilles beurre d'escargot et l'incontournable cassoulet maison. Les amateurs de viandes ne seront pas en reste avec le tartare haché ou le confit et ses mogettes au jus de veau corsé. En été, la carte s'enrichit de salades composées. Sur la carte des desserts figurent toujours les indétrônables profiteroles du chef et le café gourmand avec ses 3 desserts de la carte.

■ LE GALWAY

Port Olona – 4, quai Albert-Prouteau
LES SABLES-D'OLONNE
✆ 02 51 32 64 29
galwayportolona@bbox.fr

Ouvert toute l'année. Du mardi au dimanche. Brasserie, bar, bar à vins. Bar ouvert à partir de 9h. Menu enfant : 10 €. Plat du jour : 10,50 € (13,50 € pour 2 plats et 16,50 € pour entrée, plat et dessert). Menus : 25 €, 28 € et 32 €. Accueil des groupes (menus groupe à partir de 15 personnes). Terrasse. Service tardif (semaine : 22h30, week-end : 23h).

Clémence et Bruno tiennent cette belle affaire incontournable de Port Olona. Dès les premiers rayons de soleil, la terrasse est plébiscitée ; on y prend un café tout en profitant de la vue magnifique sur le port de plaisance. Poussons la porte du Galway, qui donne sur plusieurs salles : au rez-de-chaussée, donnant sur le port et la terrasse, une jolie véranda s'ouvre sur un beau bar. Là, un escalier conduit à la salle à l'étage, puis sur une autre terrasse semi-couverte surplombant le port. Le tout arbore une jolie déco moderne : classe et sobre, conviviale et cosy. Tonalités gris souris, parquet assorti au mobilier, banquettes et fauteuils en cuir chocolat. Le midi, les menus avec le plat du jour font un carton. La nouvelle carte propose un tartare de thon au citron vert et un carpaccio de bœuf aux pépites de foie gras. Egalement en spécialités : foie gras maison, os à moelle, gambas à la plancha, riz façon risotto, poisson frais du moment ou andouillette 5A et frites maison. En dessert, goûtez les profiteroles de crêpes ! Un autre atout, la très belle cave : 50 références, de 16 à 159 € la bouteille, dont 18 au verre, avec de belles découvertes comme un médoc cru bourgeois ou un Quincy.

■ LA GRAND'VOILE

Port de l'Herbaudière – 1, rue de la Pointe
NOIRMOUTIER-EN-L'ILE
✆ 02 51 39 09 30
www.la-grand-voile.net

Fermé en janvier. Haute saison : ouvert du mardi au dimanche. Hors saison, fermé dimanche soir, lundi et vendredi soir. En février et mars, fermé les soirs (sauf pour les groupes). Menus de 13,60 € à 38,70 €. Menu enfant : 9,60 € (jusqu'à 12 ans). Formule du midi : 11,60 € (sauf week-end et jours fériés). Accueil des groupes. Terrasse. Salle privée pour 20 à 30 couverts.

La Grand'Voile déploie sa façade aux larges baies et sa terrasse ensoleillée sur le port de l'Herbaudière. Depuis les deux salles, vous jouirez d'une vue panoramique sur le port. La Grand'Voile offre un excellent rapport qualité prix, illustré dans le menu à 24,50 €, incluant 2 entrées : la godaille du pêcheur et les moules, raie au beurre de salicornes – le plat phare – et pâtisserie maison. Les autres menus sont du même acabit : accessibles à toutes les bourses et tous les goûts.

C'est sans doute pour sa diversité de menus, ses prix ajustés, et sa grande capacité d'accueil, que les groupes choisissent ce restaurant à la cuisine traditionnelle. La carte dévoile d'autres spécialités : terrine de foie gras, andouillette grillée et son camembert rôti, confit de canard, avec une présence marquée des poissons comme le filet de bar rôti à la fleur de sel, la choucroute de poissons et le blanc de seiche grillé. Et pour terminer le repas avant une balade sur le port : coupe Grand'Voile ou café gourmand. Autre bon point : une carte des vins à prix très abordables de 8,60 € à 32 €. De mi-juillet à fin août, pour les p'tits creux de l'après-midi, des salades, desserts, glaces et boissons.

■ **LA MARINE**
Port de l'Herbaudière – 5, rue Marie-Lemonnier
NOIRMOUTIER-EN-L'ILE
© 02 51 39 23 09
http : //restaurantlamarine.blogspot.com
marinedalex@orange.fr
Fermé 2 semaines fin novembre, 1 semaine début décembre et 3 semaines en janvier. Basse saison : ouvert le lundi et du jeudi au samedi le soir ; du jeudi au lundi le midi. Haute saison : du jeudi au mardi le midi et le soir. Menus : 58 € et 98 €. American Express. Label Tourisme & Handicap.
Depuis février 2013 La Marine a doublement la tête dans les étoiles... En effet, cette belle maison a obtenu sa seconde étoile ! Une magnifique récompense qu'Alexandre et Céline Couillon partagent avec leur valeureuse équipe. Apprêtez-vous à passer un moment plein d'émotions dans cet établissement face au port de l'Herbaudière. La belle maison adopte un concept unique : deux façades, deux entités propres pour un seul chef dans une cuisine ouverte reliant les deux restaurants. La Marine, propose une cuisine créative affirmée mettant en lumière saveurs et associations de goûts, et juste à côté, La Table d'Elise, un bistrot à la cuisine d'hier au goût d'aujourd'hui. La Marine offre un cadre contemporain épurée, design, intimiste : dans l'entrée, salon avec canapé rouge de créateur italien ; en salle, chaises en cuir blanc signées Starck, murs anthracite et belle vaisselle. Une décoration belle et classe, sobre et soignée à l'image de la cuisine d'Alexandre, qui laisse le produit parler, d'où un choix rigoureux dans leur sélection. Il distille avec talent sa passion dans une carte renouvelée au rythme des saisons autour d'un fil conducteur « marine et végétal ». On est conquis ! Alors, ouvrez bien les yeux et laissez-vous porter... L'huître au bouillon de lard et encornet, la coquille Saint-Jacques, poire et anguille sauvage, la barbue, panais et myrtilles, œufs de poisson bio ou le canard challandais, betterave et rose. Et pour finir en beauté un étonnant mélange entre la noix et le citron. Un festival des sens que tout le monde peut s'offrir. A la fin du repas, des étoiles plein les yeux, on ne rêve que d'une chose : son prochain voyage à bord de La Marine.

■ **AU POT D'ETAIN**
19, rue Jean-Jaurès
SAINT-MARTIN-DE-RÉ © 05 46 09 33 40
Fermé en janvier et du 15 novembre au 20 décembre. Ouvert pendant les fêtes. Basse saison : ouvert du jeudi au lundi le midi et le soir. Haute saison : tous les jours le midi et le soir. Sans réservation. Menus de 12,50 € à 16,50 € (midi uniquement). Carte : 12 € environ. Suggestions du jour sur ardoise dont poissons selon arrivage. CB à partir de 15 €.
Située dans une des rues commerçantes descendant au port de Saint-Martin, cette crêperie est bien connue des Rétais. Depuis près de 40 ans, une même famille rhétaise est aux commandes de l'établissement, un gage de qualité ; surtout que la concurrence en matière de crêperies ne manque pas dans le village ! Le Pot d'Etain affiche une décoration volontiers campagnarde avec des poutres apparentes, de grandes tables en bois et une belle cheminée dans laquelle crépiteront en hiver quelques bûches. L'île de Ré s'affiche partout : des ânes, des marins et les marais salants parsèment le mur. On apprécie des menus aux prix tous doux qui permettent à chacun de profiter de véritables galettes faites maison, des crêpes, salades ou autres viandes pour les carnivores. Toutes sont préparées avec des produits frais à l'image des salades Rhéta et Guaraga, des omelettes et des crêpes au froment bien cuites et garnies par exemple de chocolat maison. La crêperie propose également des viandes comme le steack haché maison servis avec des frites ou des haricots verts. A noter que les assiettes sont généreusement garnies.

Se loger

■ **UN HÔTEL EN VILLE**
20, place du Maréchal-Foch
LA ROCHELLE
© 05 46 41 15 75 / 06 22 35 18 75
www.unhotelenville.fr
larochelle@unhotelenville.fr
Ouvert toute l'année. Accueil de 17h à 20h, au delà, téléphoner. 11 chambres. Chambre simple de 60 € à 70 € ; chambre double de 70 € à 100 € ; suite de 120 € à 139 €. Petit déjeuner buffet ou en chambre : 9 € (11 € en chambre ou en terrasse). Lit supplémentaire : 15 €. Parking public devant l'hôtel. Animaux non autorisés. Poste Internet. Wifi.
Ce petit hôtel profite avant tout d'une situation exceptionnelle. Dans un immeuble du centre-ville, sur la Place de la préfecture et à deux pas de la plage de la Concurrence et des tours, il vous offrira un accès au cœur historique de La Rochelle. L'accueil de Fred (ancien rugbyman) et de Florence y est agréable presque familial et on se plaît à admirer la décoration des chambres, moderne et sobre avec des tons gris. Qu'il fait bon y passer du temps pour profiter du calme, d'une vue magnifique sur les toits de la vieille ville et la tour de la Lanterne. La terrasse et son faux gazon n'attendent que vous pour vous délasser sur l'un des transats ou prendre le temps de déguster un copieux petit déjeuner. L'accessibilité est encore compliquée avec les deux marches qui composent le perron et ses deux étages – à noter les trois chambres au rez-de-chaussée. Malgré cela, le Petit Futé aime ce lieu qui invite indubitablement à la détente.

■ CAMPING DU VOL A VOILE YONNAIS
Les Ajoncs – Aérodrome René Couzinet
LA ROCHE-SUR-YON
✆ 02 51 05 01 91
www.planeur-vvy.fr/index.php/camping
contact@planeur-vvy.fr

Emplacement : 2 €/jour. Pour les accompagnants : 1 €/jour, et 48 €/mois. Caravane : 130 €. Chalet : 150 €.

Où trouver moins cher pour s'héberger que sur le terrain de l'aérodrome de la Roche-sur-Yon ? Nulle part ! Car pour seulement 2 € par jour et par emplacement, vous serez logé sur la camping de l'aérodrome dans une ambiance très sympathique et baignée dans la passion de l'aviation. Les membres de l'aéroclub de la Roche-sur-Yon n'hésiteront pas à vous conseiller vivement d'opter pour cet hébergement en camping, simple mais confortable, peu coûteux, très pratique et fort convivial. C'est sur le terrain du VVY, à 200 mètres des pistes, que se situe le camping, bien aménagé, tout confort, calme et ombragé. Ici, vous trouverez en plus pour vous distraire et vous adonner à un peu de sport : un court de tennis et une piscine !

■ HOTEL ARC-EN-CIEL***
13, rue Chanzy
LES SABLES-D'OLONNE
✆ 02 51 96 92 50
www.arcencielhotel.com
contact@arcencielhotel.com

Fermé de novembre à mars. 37 chambres. Chambre double de 56 € à 95 €. Petit déjeuner : 10 €. Parking : 12 € (et 10 € en basse saison). Animaux acceptés (7 € par jour). Wifi.

Situé à moins de 100 m du remblai et de la plage, l'hôtel est très bien aménagé jusqu'au vaste patio intérieur aux couleurs inspirées de Miami. La réception affiche un style pop art, plus loin, un coin salon au mobilier coloré design tout en rondeur accueille un point Internet. La salle de petit déjeuner mérite le détour : c'est une œuvre d'art de style Belle Epoque (1903), avec moulures et cheminée en bois sculptée, demeure. Un salon chargé d'histoire comme l'atteste cet impact de balle dans le mur, quand l'hôtel fut réquisitionné par les Allemands pendant la guerre. Vous y dégusterez un petit déjeuner sous forme de buffet avec des confitures maison. Les chambres sont réparties sur trois étages desservis par un ascenseur, et possédant toutes une déco très personnalisée, avec une thématique changeant d'une chambre à l'autre. L'atout atout, outre sa situation : un espace spa.

■ FLEUR DE SEL***
BP 207 – 10, rue des Saulniers
NOIRMOUTIER-EN-L'ILE
✆ 02 51 39 09 07
www.fleurdesel.fr
contact@fleurdesel.fr
500 m à droite après l'église

Ouvert de mars à la Toussaint. 35 chambres. Chambre double de 105 € à 185 € ; chambre triple de 175 € à 205 €. Petit déjeuner inclus. Chambre quadruple : de 195 € à 225 € (petits-déjeuners inclus). Chambre double avec dîner de 155 € à 285 €. Wifi gratuit. Restauration (menus de 25 € à 45 €, menus enfants à 10 € et 20 € ; réservation conseillée). Séminaires jusqu'à 24 personnes. Piscine, petit practice de golf « découverte », terrain de pétanque, badminton, salle de jeux vidéo.

Une institution sur l'île ! Tenue par la famille Wattecamps depuis plus de 30 ans ! Cet établissement de charme est situé au calme, dans un parc paysagé de 2 hectares. Ses chambres spacieuses offrent 3 types de confort : « cosy », « marine », plus spacieuses avec terrasse privée et des chambres familiales. Les prestations sont de grande qualité, comme la table, gastronomique, également une des meilleures de l'île. Le repas se fait dans une grande salle à la charpente en bois blond, ou sur la terrasse. Au hasard de la carte : moules du Gois gratinées à l'ail, tartare de bar et saumon à la mangue sauce vanille, dos de maigre ou filet de canette de Challans au chutney de fruits exotiques. Et comme douceur : tarte au chocolat tiède, sorbet orange-pamplemousse à l'estragon. Fleur de Sel jouit de nombreux services et prestations de qualité : piscine chauffée à 28°C (d'avril à octobre), bain bouillonnant extérieur, practice de golf « découverte », tennis (rénové), badminton, pétanque, et la nouveauté : une salle de jeux vidéo (Wii) qui va ravir toute la famille. Sérieux, régularité et prestations haut de gamme font de Fleur de Sel une excellente adresse dans un environnement calme à deux pas du centre-ville.

■ HÔTEL LES VIGNES DE LA CHAPELLE – RELAIS DU SILENCE****
5, rue de la Manne
SAINTE-MARIE-DE-RÉ
✆ 05 46 30 20 30
www.lesvignesdelachapelle.com
hotel@lesvignesdelachapelle.com

Eco-label. Ouvert d'avril à octobre. 17 suites et 2 chambres. De 100 € à 445 €. Petit déjeuner buffet : 14 € (et 7 € pour les 3-12 ans). Parking fermé : 5 €. Suite de 115 € à 360 € la nuit pour 1-2 personnes, de 145 € à 445 € pour 4-5 personnes. Label Tourisme & Handicap. Animaux non autorisés. Poste Internet. Wifi gratuit. Bain bouillonnant, sauna. Modelages. Option coin-collation : 20 €.

Dans un écrin de verdure, face au vignoble et à la mer, cet établissement s'intègre dans son environnement naturel. Fort de cette démarche de protection de l'environnement engagée dès la conception de l'hôtel, cet établissement est distingué depuis 2008 par l'Ecolabel Européen « Services d'Hébergement Touristique », et également par le label Clé Verte. Cette propriété de plain-pied, reconnaissable à son allure rhétaise, allie architecture traditionnelle et contemporaine. Tout a été mis en œuvre pour adopter une démarche écologique et préserver le patrimoine naturel et l'environnement. Vous prendrez le petit déjeuner à l'abri du préau, dans la salle à manger ou sur la terrasse en bois privative de votre chambre. Les suites, aménagées sur un style contemporain, comprennent 1 ou 2 chambres, séjour, coin collation en option, minibar, coffre-fort, TV satellite, Wifi gratuit, téléphone et une terrasse en bois. Vous pouvez aussi profiter de modelages du corps à l'espace bien-être sur place (sur réservation). La nature environnante mérite quelques paisibles ou sportives balades : partez donc à pied ou à vélo pour découvrir cette côte encore sauvage, les bois et les vignobles tout autour.

Atterrissage à l'aérodrome d'Oléron.

■ **HOTEL L'OCEANE*****
47, route de Matha – La Cotinière
SAINT-PIERRE-D'OLÉRON
✆ 05 46 75 09 85
www.hotel-oceane-oleron.com
hotel.oceane@wanadoo.fr

Fermé de mi-novembre à mi-mars. 43 chambres. Chambre double de 86 € à 120 € ; studio / appartement à partir de 99 €. Petit déjeuner : 9,80 €. Parking fermé. Animaux acceptés (5 €). Hammam, bain bouillonnant.

Résidence de standing et prestations de qualité, l'hôtel l'Océane constitue une étape détente et bien-être sur l'île qu'il serait dommage de rater. Des chambres spacieuses et confortables de une à quatre personnes se prolongent par une terrasse ou un balcon où il fait bon se prélasser. Les chambres sont lumineuses et décorées autour de couleurs douces, bleu, orangé, à la manière d'une chambre d'amis, avec des prestations d'exception. Salle de bains, télévision, téléphone, et même coffre-fort, rien ne manque. Les studios quant à eux disposent de leur propre kitchenette équipée pour plus d'indépendance. On s'y sent rapidement comme chez soi ! L'hôtel se trouve à deux pas de la plage mais que ceux qui préfèrent la piscine se rassurent, l'établissement dispose de deux piscines, une intérieure et une en extérieur, chauffée de mi-mai à mi-septembre. Un Jaccuzzi et même désormais un hammam sont également à votre disposition. A noter également : un parking et un abri à vélo fermés la nuit. Difficile dans ces conditions de ne pas se laisser tenter par un séjour à l'Océane !

Pratique

■ **ALLO TAXI WOMAN NIORT**
650, route de Mairé
AIFFRES
✆ 06 08 01 95 56

Allo Taxi Woman met à votre disposition un véhicule climatisé et confortable pour un transport de courte ou longue distance. Si vous sortez faire la fête et que vous avez besoin de ses services en pleine nuit (celui qui conduit c'est celui qui ne boit pas), n'oubliez pas de réserver à l'avance, sinon vous vous en passerez. Si vous décidez de vous déplacer à plusieurs, pas de souci, le véhicule peut accueillir jusqu'à sept personnes. Service fiable et agréable. Colis express.

■ **ABEILLES TAXIS**
LA ROCHELLE
✆ 05 46 41 22 22 / 05 46 41 55 55
www.taxi-la-rochelle.com
contact@taxi-la-rochelle.com

Toute l'année, 7j/7, 24h/24.

Des taxis à des prix très intéressants, c'est ce que vous propose Abeilles Taxis. Que vous leur demandiez de venir vous chercher ou de vous déposer à un endroit précis, ce sera fait dans les meilleurs délais. La société, aux 44 véhicules de différentes tailles, vous propose aussi de vous conduire dans les endroits touristiques comme les îles de Ré et d'Oléron, Cognac... Accessibles 24h/24 et 7j/7, ils se déplacent sur un simple appel.

■ **TAXI DUPRAT**
170, route du Puy-Charpentreau
LA ROCHE-SUR-YON
✆ 02 51 47 93 97

Disponible toute l'année, tous les jours.

Si vous optez pour les taxis Duprat basés à La Roche-sur-Yon, vous obtiendrez un excellent service car en plus de vous transporter le chauffeur sera à même de vous donner quelques conseils puisqu'il est également pilote de planeur. Le ciel, il connaît donc parfaitement et aussi bien que la route, et il prendra plaisir à vous guider pour profiter au mieux de la région que ce soit par les airs ou sur terre. Donc n'hésitez pas à lui poser des questions !

Centre

Les châteaux de la Loire en 60 minutes chrono

H F A

Profitant des conseils et du log de navigation de l'aéro-club de Blois Vendôme, nous vous proposons ce mois-ci un grand classique au départ de LFOQ : une balade en boucle d'une heure au-dessus des châteaux de la Loire.

Blois – Le Breuil – Château de Chambord

Cap 110° – 13,5 Nm – 8 mn.

Décollage de LFOQ. Dès la sortie du TDP, dirigez-vous vers la Loire. Vous laissez Blois à droite et au passage du fleuve, admirez sur votre gauche le château de Ménars, résidence de Madame de Pompadour. En suivant le même cap, l'imposant château de Chambord apparaît. Attention, vous êtes limité à 1 300 feet et devez rester dans un rayon de deux kilomètres au large du bâtiment. Une distance non pénalisante pour passagers et photographes, tant la vue est grandiose. C'est d'ailleurs peut-être le plus beau des châteaux de la Loire vu du ciel ! Ouvrez l'œil car cela attire le trafic. Le 360 est autorisé en respectant la R 96 et la zone P 34 au nord. Côté radio, restez sur Blois 118.450.

Chambord – Cheverny

Cap 202° – 8 Nm – 4 mn

Vous allez survoler la forêt domaniale de Boulogne et découvrir bon nombre de châteaux privés. Le souci, c'est qu'ils sont souvent de même taille et du même XVIIe siècle que la cible : le château de Cheverny.

Pas si facile, dans ces conditions, de trouver la demeure qui inspira Moulinsart à Hergé, en l'absence de repères. Si vous ne volez pas avec un pilote de la région, un coup d'œil au GPS peut aider. Avis aux utilisateurs d'applications type Air Nav Pro, la carte OACI ne localise pas le château. Une fois sur zone, passez au sud de l'édifice pour réaliser les plus belles photos et avoir la perspective des jardins à la française de 100 hectares avec une allée principale de six kilomètres.

Cheverny – Montrichard

Cap 232° – 13,7 Nm – 8 mn

Vous quittez la Sologne pour entrer dans la vallée du Cher. Pendant le premier tiers de la route, vous volez à gauche du château de Fougères-sur-Bièvre, bastion militaire maintes fois reconstruit et, d'après la légende, hanté par Mélusine, la célèbre Dame blanche. Vous pouvez passer avec Amboise sur 118.775. Sur le second tiers de la navigation, laissez sur la droite l'imposante abbaye de Pontlevoy pour arriver, après une forêt, sur la commune de Montrichard avec son château médiéval du XIe siècle, en ruines.

Montrichard – Chenonceau

Cap 256° – 5 Nm – 2 mn

A partir du village de Montrichard, cheminez le long du Cher en prenant la rive sud. A mi-parcours, vous avez sous l'aile droite le château de Chissay, demeure de plusieurs rois de France (comme beaucoup de châteaux dans la région). Les personnes désirant effectuer un 360 autour des belles tours de ce bâtiment (qui fait hôtel) devront se méfier d'une antenne de télévision située au nord. Suivez le Cher pour être sûr de rallier le château de Chenonceau, qui ne se voit pas de très loin. Là encore, soyez très prudent quant au trafic et aux cercles au-dessus du site. La proximité de la plateforme d'Amboise doit également éveiller l'attention ainsi qu'une piste ULM assez fréquentée au sud du château.

Château de Chambord.

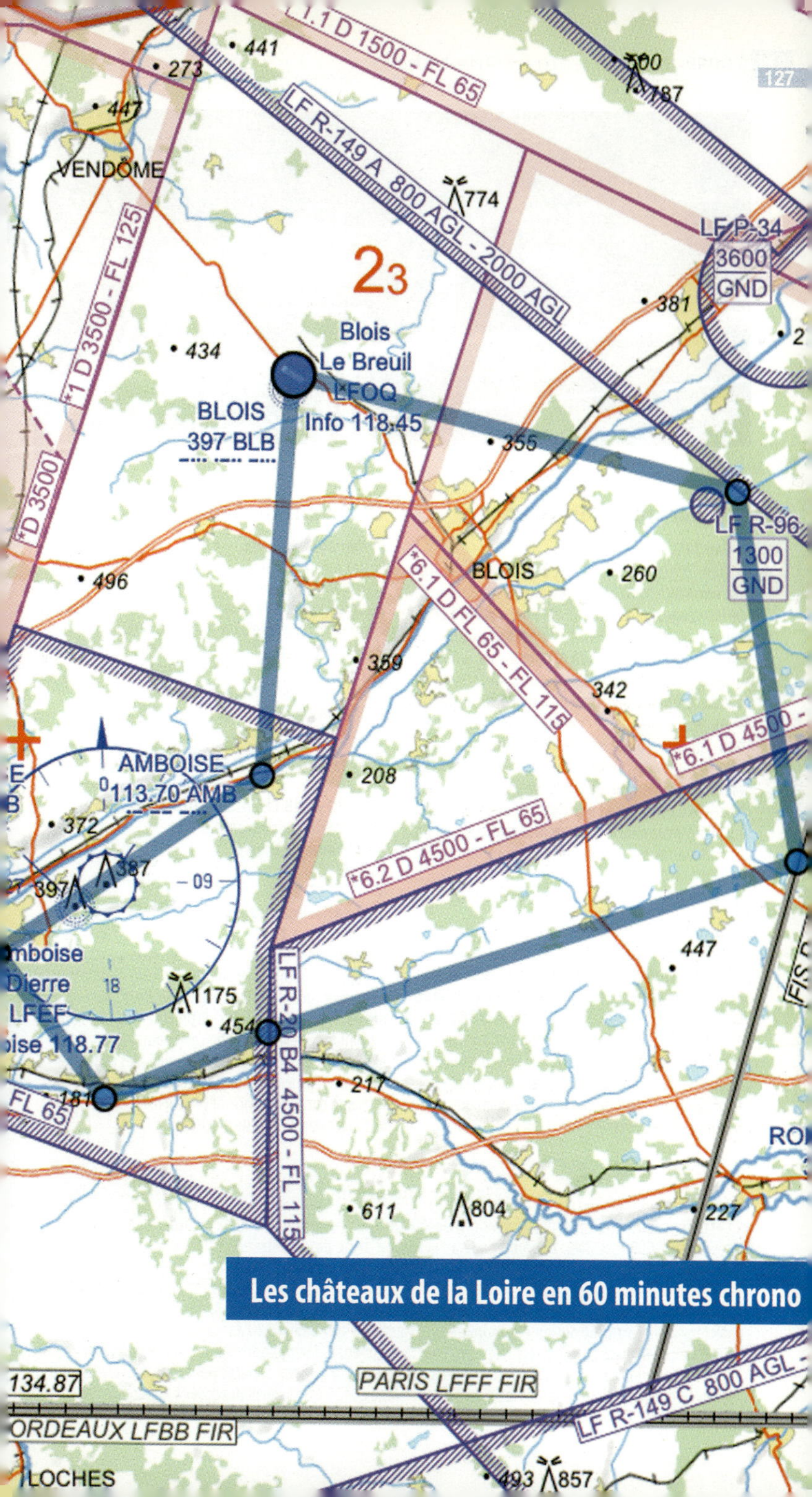

Les châteaux de la Loire en 60 minutes chrono

Château de Chenonceau.

Chenonceau – Ville d'Amboise

Cap 315° – 5,8 Nm – 3 mn

Là, deux options s'offrent à vous. Soit vous désirez faire une pause (certains passagers peuvent être lassés par les virages) et il suffit de cheminer jusqu'à LFEF, Amboise-Dierre, avec sa terrasse sympathique. Soit vous poursuivez au nord-ouest en remontant sur Amboise. Sur la gauche, ne ratez pas les 44 mètres de l'étonnante pagode de Chanteloup. Bien qu'indiqué sur certaines cartes, ne cherchez pas le château, il a été détruit sous Louis-Philippe. Passez au nord de la ville puis virage à droite. Vous apercevrez le château d'Amboise mais vraisemblablement pas le clos Lucé, château situé en centre-ville consacré à l'univers de Léonard de Vinci. Ami pilote, juste pour les œuvres aéronautiques, il faut absolument revenir par la route pour le visiter !

Amboise – Chaumont-sur-Loire

Cap 072° – 10,75 Nm – 6 mn

Un cheminement en remontant la Loire sur sa rive nord permet d'apercevoir plus de châteaux. Prudence quant aux avions convergents, compte tenu de la proximité du VOR d'Amboise. N'hésitez pas à passer sur la fréquence de Tours 118.3. Le château de Chaumont-sur-Loire se trouve sans difficulté. Un cercle est possible avec les précautions de sécurité qui s'imposent. Sinon, la façade sud présente un point de vue plus photogénique, avec les jardins en perspective.

Chaumont-sur-Loire – Blois

Cap 045° – 7,5 Nm – 4 mn

Restez au sud du fleuve pour profiter des plus beaux paysages de la Loire. Bien qu'il soit possible de passer au-dessus de l'eau à 1 500 feet entre Blois et Vineuil pour bien voir le château de Blois, nous vous conseillons, pour la paix des riverains, de contourner la ville par le nord et de regagner tranquillement LFOQ (cap 328, 7,86 Nm, 4 mn). Même par fort vent de travers, les pistes en croix faciliteront agréablement votre posé final.

Aérodromes et aéro-clubs

■ **AERO-CLUB LES AILES TOURANGELLES**
4, route de l'Aérodrome
Aérodrome de Dierre
BLÉRÉ
✆ 02 47 57 93 91
www.ailestourangelles.fr
a.krust@free.fr

Les châteaux de la Loire, l'aéroclub des Ailes tourangelles va pouvoir vous conseiller pour les découvrir comme vous ne les avez jamais vus ! Basé à Amboise-Dierre, sur l'aérodrome de Dierre à Bléré, le club propose également des formations : brevet d'initiation aéronautique, brevet de base, brevet de pilote privé et vol de nuit. Des manifestations sont régulièrement organisées par l'aéro-club, dont le championnat de France rallye aérien, le championnat de France de pilotage de précision...

La navigation

Cette navigation ne présente pas de grosses difficultés à condition de bien regarder dehors. En restant à 1 500 feet QNH, la promenade a l'avantage de ne pas pénétrer dans les zones militaires de Tours et de rester en dessous d'Orléans. Par expérience, l'aéro-club régional de l'étape préconise de réaliser le tour dans le sens développé ci-dessous pour croiser le moins possible de trafics convergents. Lorsque vous arrivez sur les châteaux, redoublez d'attention, spécialement si vous décidez de faire un 360 autour des monuments. Vous n'êtes probablement pas seul... Restez vigilant au risque de décrochage en basse vitesse et en virage engagé. Le temps additionné pour rejoindre les différents points tournants est de 40 minutes. Comptez environ deux minutes par cercle autour des quatre principaux châteaux, puis les temps de décollage et d'atterrissage pour arriver à l'heure de vol.

Les châteaux de la Loire
Aéro-clubs
Aéro-club de Châteaudun
Aérodrome Blois-le Breuil
Aéro-club de St-Denis-de-l'Hôtel
Aéro-club Les Ailes Tourangelles
Aéro-club de Touraine
Dreux
Palaiseau
Rambouillet
Arpajon
Mortagne-au-Perche
Chartres
Etampes
Nogent-le-Rotrou
Pithiviers
Châteaudun
St-Calais
Orléans
Châteauneuf-sur-Loire
Vendôme
Chambord
Blois
Lamotte-Beuvron
Chaumont-sur-Loire
Montlouis-sur-Loire
Amboise
Tours
Chissay-en-Touraine
St-Martin-le-Beau
Dierre
Bléré
Chenonceaux
Romorantin-Lanthenay
Vierzon
Loches
Châtillon-sur-Indre
St-Florent-sur-Cher
Issoudun
Buzançais
Châtellerault
Châteauroux
Le Blanc
Chauvigny
St-Savin
La Châtre
N12
N154
N10
N104
A10
A11
D910
D191
D923
D2020
D2152
N23
D357
A71
D952
A28
A85
D976
D943
A20
D951
N
0
10 km

■ **AERO-CLUB DE CHATEAUDUN**
2, route d'Orléans
CHÂTEAUDUN ✆ 02 37 45 43 43
http : //aeroclubchateaudun.yotabe.fr
daniel_bonneval@yahoo.fr
Ouvert toute l'année, 7j/7.
Vous avez toujours rêvé d'être libre comme un oiseau, de profiter du ciel au plus près, l'aéro-club de Châteaudun vous offre la possibilité de réaliser tous vos rêves aériens. Avec une flotte d'avions complète (deux avions, un ULM, etc.), différentes activités vous sont proposées avec des instructeurs qualifiés à la base aérienne de Châteaudun, et des installations dignes d'un aéroport. Ces installations vous permettent non seulement de suivre des cours théoriques, mais l'aéro-club peut aussi être le point de départ de balades au-dessus de la Loire, avec comme principaux sites à survoler : Chambord, la petite ville fortifiée de Bonneval, Châteaudun et son château médiéval et Renaissance, les châteaux de la Loire ou le patrimoine et la beauté de la Beauce.

■ **AERODROME BLOIS-LE BREUIL**
Aérodrome de Blois-le-Breuil
Au départ de LFOQ Aérodrome de Blois-le-Breuil.
LA CHAPELLE-VENDÔMOISE
✆ 02 54 20 30 30
Le restaurant le Concorde situé sur l'aérodrome vous accueillera tous les jours de 6h30 à 23h. Possibilité de location de véhicules.
A 10 minutes de Blois et au cœur du Val de Loire, inscrit au patrimoine mondial de l'Humanité par l'Unesco au titre de ses paysages culturels (châteaux de Chambord, de Chaumont-sur-Loire, de Blois, de Cheverny, Commanderie d'Arville, etc.), l'aérodrome de Blois-le-Breuil est accessible 7j/7. Un accueil pour les pilotes est disponible 24h/24 offrant une salle de repos, équipée d'une TV, du wi-fi et de toutes les commodités. Les pilotes pourront bénéficier d'un ravitaillement 24h/24, d'un service d'information et d'alerte, et d'un service pompier ouvert du lundi au vendredi de 9h30 à 12h et de 14h à 17h (24h/24 sur demande). L'aérodrome propose de nombreuses activités de loisirs et dispose de 5 pistes adaptées à toutes les pratiques (avions, hélicoptères, ULM toutes classes, planeurs), dont une piste revêtue de 1250 m. Trois écoles de pilotage vous y accueilleront.
▸ **L'Air Club Blois-Vendôme** (02 54 20 17 68) est ouvert tous les jours du lever au coucher du soleil et vous proposera de découvrir les activités avions, ULM et planeurs, ainsi que les plus beaux sites du département au travers de l'une des plus belles balades aériennes en France.
▸ **La société Centre Air Pilot** (02 54 42 12 12) vous proposera également au travers de vols d'initiation en avion de prendre la dimension du cœur du Val de Loire.
▸ **La société Héli-Passion** (02 54 81 05 92) vous proposera des survols sensationnels en hélicoptère.

■ **AÉROCLUB DE SAINT-DENIS-DE-L'HÔTEL**
Aérodrome de Saint-Denis-de-l'Hôtel
SAINT-DENIS-DE-L'HÔTEL
✆ 02 38 59 18 34
www.aeroclub-orleans.fr
aeroclub.orleans@wanadoo.fr
Apprendre à piloter, découvrir les châteaux de la Loire et le Loiret sur les conseils des membres du club, tout est possible à l'aéroclub de Saint-Denis-de-l'Hôtel. Un club plein de vie qui bouge beaucoup et s'intéresse autant à ses membres qu'aux pilotes de passage. Manifestations festives liées à l'aviation ou non (rallyes, soirées musicales, comme la soirée jazz du 26 novembre 2011...), le club ouvre ses portes à tous les passionnés d'aviation et leurs proches, dans une ambiance conviviale. Au pilotes de passage, les membres du club réservent non seulement un accueil chaleureux mais moult conseils : des idées de balades aériennes à faire en partance de l'aérodrome de Saint-Denis-de-l'Hôtel et nombreux bons plans, tels que de bons restos à découvrir à chaque étape ! Façon guide Futé, alors on aime forcément la démarche ! A savoir que l'aéroclub de Saint-Denis-de-l'Hôtel a la chance de se trouver sur un aérodrome très dynamique où se côtoient à la fois les passionnés d'aviation et une clientèle d'affaires : l'aérodrome jouit effectivement d'excellentes infrastructures et d'une plate-forme aéronautique parfaitement sécurisée. Sur l'aérodrome, avions et hélicos sont essentiellement utilisés dans le cadre des loisirs (nombreuses associations sont regroupées sur l'aérodrome, en plus de l'aéroclub, proposant des activités comme le parachutisme, la voltige, le planeur, le modélisme...), mais le commercial, l'armée et les voyages d'affaires ont aussi une place sur l'ensemble du trafic aérien qui se fait ici. Il semble d'ailleurs que l'aviation d'affaires soit appelée à se développer sur l'aérodrome de Saint-Denis-de-l'Hôtel ! Enfin l'allongement de la piste et la reconstruction de hangars font déjà le bonheur des pilotes !

■ **AÉROCLUB DE TOURAINE**
Aérodrome, RN 10
SORIGNY ✆ 02 47 26 01 14 / 06 32 29 32 25
www.aeroclubdetouraine.com
Le secrétariat est ouvert du lundi au vendredi de 14h30 à 18h30. Les samedis, dimanches et jours fériés la permanence du club est généralement assurée de 8h30 à 18h30. Vols d'initiation. Voyages. Vols en patrouille. Formations.

Fondé en 1908, l'aéroclub de Touraine est l'un des plus anciens aéroclubs de France. Les pilotes de passages peuvent, à partir de l'aérodrome de Sorigny, faire des balades aériennes au-dessus de l'Indre, du Cher, de la Loire... Mais aussi partir survoler les châteaux et découvrir ainsi, vus d'en haut, les châteaux de Chenonceau, Amboise, Villandry, Luynes, Azay-le-Rideau... ainsi que des villages typiques et charmants. Fanas d'aviation et de leur région, les membres de l'aéroclub se feront un plaisir de vous accueillir, que vous souhaitiez démarrer une formation, obtenir des informations, faire un vol d'initiation ou que vous soyez pilote de passage sur l'aérodrome.

À voir – À faire

■ CHÂTEAU DU CLOS-LUCÉ – PARC LEONARDO DA VINCI

2, rue Clos-Lucé
AMBOISE © 02 47 57 00 73
www.vinci-closluce.com
infos@vinci-closluce.com

Ouvert toute l'année, sauf le 25 décembre et le 1er janvier. Ouvert de 10h à 18h en janvier, de 9h à 19h de février à juin et en septembre et octobre, de 9h à 20h en juillet et août, de 9h à 18h en novembre et décembre. Gratuit jusqu'à 7 ans (ainsi que pour les personnes handicapées). Adulte : 14 €. Enfant (de 7 à 18 ans) : 9 €. Groupe (20 personnes) : 11 €. Exposition « Léonard de Vinci et la France » : adulte 5€, enfant 1€. Tarif réduit pour les étudiants, chômeurs et familles nombreuses. Restauration (auberge du Prieuré, table du Moulin et terrasse Renaissance). Boutique. Animations. Nouveau : Application IPhone Ipad gratuite « Les machines de Léonard de Vinci ».

A 500 mètres du château, découvrez la demeure où Léonard de Vinci vécut les dernières années de sa vie jusqu'à sa mort en 1519. On y découvre les fabuleuses machines conçues par le maître, et reconstituées pour parfaire le musée. La visite de l'hôtel particulier permet de se plonger dans l'intimité du génie italien. Les quatre salles des machines abritent de superbes maquettes : le char d'assaut, la pompe à eau, les bombardes, l'hélicoptère... Poursuivez par une balade originale, pleine de rêveries dans le parc d'une grande tranquillité et regardez des vidéos sur l'artiste, sur un grand écran dans l'une des dépendances du château.

■ PAGODE DE CHANTELOUP

Route de Bléré
AMBOISE © 02 47 57 20 97
www.pagode-chanteloup.com
info@pagode-chanteloup.com
A cinq minutes de la cité royale en direction de Bléré/Loches

Fermé du 15 novembre au 15 février. Février et mars (week-end et vacances scolaires seulement) : 14h-17h ; avril : 10h-18h30 ; mai, juin et septembre : 10h-19h ; juillet et août : 9h30-19h30 ; octobre : 10h30-12h et 14h-18h en semaine et 10h30-18h le week-end. Novembre : 10h30-12h et 14h-17h en semaine, et 10h30-17h le week-end. Fermeture annuelle le 12 novembre. Gratuit jusqu'à 7 ans. Adulte : 10 €. Enfant (de 7 à 15 ans) : 8 €. Tarif handicapé : 8 €. Etudiant : 9 €. Tarif famille : 30,60 € (2 adultes + 2 à 5 enfants). Promenade en barque : 5 €. Restauration (petit déjeuner, buffet campagnard, paniers pique-nique, goûter, apéritif). Vols en hélicoptère ou en mongolfière, réceptions, mariages.

Monument d'inspiration chinoise construit par le duc de Choiseul en 1775, elle offre du haut de ses 44 mètres une vue splendide sur la vallée de la Loire et la forêt d'Amboise. A l'intérieur, la pagode abrite une petite expo qui raconte son histoire et évoque ses propriétaires successifs. Autour d'elle, goûtez aux charmes d'un pique-nique champêtre et découvrez les jeux de plein air à l'ancienne, embarquez pour une promenade romantique sur le plan d'eau de 3 ha ou flânez dans le jardin d'inspiration chinoise qui regorge d'essences asiatiques... A découvrir aussi : la restitution virtuelle en images 3D de l'évolution du monument et de ses jardins.

■ CHÂTEAU ROYAL DE BLOIS

Place du Château
BLOIS © 02 54 90 33 33
www.chateaudeblois.fr
contact@chateaudeblois.fr

Ferlé le 25 décembre et le 1er Janvier. Basse saison : ouvert tous les jours de 9h à 12h30 et de 13h30 à 17h30. Haute saison : tous les jours de 9h à 19h. Son et lumière historique tous les soirs à 22h en mars, avril, mai et septembre -22h30 de juin à août, du 30 mars au 1er avril et du 6 avril au 22 septembre ; sauf le 21 juin et le 13 juillet. Durée 45 minutes, en anglais le mercredi. Gratuit jusqu'à 5 ans. Adulte : 9,50 € ('visite insolite' : 12 €). Enfant (de 6 à 17 ans) : 4 €. Tarif réduit : 7 €. Billet combiné château + spectacle : 14,50 €, enfant : 6,50 €, tarif réduit : 10,50 €. Château + maison de la Magie + son et lumière : 19 €, enfant : 10 €, tarif réduit : 14 €. Chèque Vacances. Label Tourisme & Handicap. Visite guidée (sans supplément en français et anglais). Boutique. Animations.

Aux portes du Val de Loire, le château royal de Blois présente un véritable panorama de l'art et de l'histoire des Châteaux de la Loire, ce qui en fait la meilleure introduction à leur visite par sa richesse architecturale. Autour de la cour, dominée par le monumental escalier François Ier, se déploie un florilège de quatre styles de l'architecture française, le style gothique avec la salle des Etats Généraux, les prémices de l'influence italienne avec l'aile Louis XII, Renaissance dans l'aile François Ier et enfin classique avec l'aile bâtie par Mansart pour le duc d'Orléans. Résidence de sept rois et de dix reines de France, le Château Royal est le lieu évocateur du pouvoir et de la vie quotidienne de la cour à la Renaissance, comme en témoignent les appartements royaux, meublés et ornés de magnifiques décors polychromes. Sur la façade extérieure, le portail est surmonté de la statue équestre du roi Louis XII. Dominant la ville, la façade aux multiples loges colorées est tout simplement remarquable... Pour vous surprendre, la « visite insolite » du château (sur réservation uniquement) : parcours atypique privilégiant les parties fermées au public. Un nouveau parcours de visite des appartements royaux avec l'histoire du château en 3D (écrans géants interactifs) ainsi qu'une nouvelle présentation du musée des Beaux-Arts ont été mises en place. Un nouveau spectacle d'escrime et de musique ancienne se tient du 14 juillet au 31 août à 11h30,15h et 17h, sans supplément tarifaire. Le spectacle son et lumière est tout simplement magnifique.

■ **SON ET LUMIERE HISTORIQUE AU CHÂTEAU ROYAL DE BLOIS**
Place du Château
BLOIS ✆ 02 54 90 33 33
www.chateaudeblois.fr
contact@chateaudeblois.fr

Spectacle tous les soirs, du 30 mars au 1er avril et du 6 avril au 22 septembre (sauf les 21 juin et 13 juillet). Spectacle en anglais le mercredi. Possibilité d'acheter des billets combinés avec le château et avec la maison de la Magie.
« *Ainsi Blois vous est conté...* » Ce festival d'effets spéciaux sonores et de projections géantes rend un vibrant hommage à l'architecture grandiose du château. A travers un dédale de couleurs et de lumière, redécouvrez les épisodes célèbres de l'histoire de France. Dans la cour royale, les voix de Robert Hossein, Pierre Arditi ou Fabrice Luchini racontent la tumultueuse histoire du château royal de Blois. Grâce aux images qui défilent, profitez d'un spectacle unique en Europe, écrit par Alain Decaux.

■ **CHÂTEAU DE CHAMBORD**
CHAMBORD
✆ 02 54 50 40 00
www.chambord.org
info@chambord.org

Ouvert toute l'année. Basse saison : tous les jours de 10h à 17h. Haute saison : tous les jours de 9h à 18h. Dernier accès au site : 16h30 en basse-saison, 17h30 en haute-saison. Fermé le 25 Décembre et le 1er Janvier. Gratuit jusqu'à 25 ans (pour les étudiants de l'U.E. et en individuel). Adulte : 11 €. Groupe (20 personnes) : 9 €. Chèque Vacances. Les chiens accompagnant les personnes en situation de handicap sont acceptés dans l'enceinte du monument. Visite guidée (réservation conseillée. Audioguides disponibles en 10 langues). Restauration. Boutique. Consigne gratuite pour les sacs à dos volumineux.
Merveille des merveilles, Chambord est LE site incontournable de la vallée de la Loire. Construit au XVIe siècle à l'initiative de François Ier, l'architecture unique du château s'inspire autant des traditions françaises médiévales que des idées nouvelles de la Renaissance italienne. Vous découvrirez l'aile royale qui abrite l'ancien logis du roi, l'immense chapelle dans l'aile opposée ou divers appartements meublés des XVIIe, XVIIIe et XIXe siècles. A ne surtout pas manquer : les splendides voûtes à caissons sculptés du donjon, les terrasses avec vue unique sur le parc, et le célèbre escalier à doubles révolutions. N'hésitez pas à découvrir Chambord avec un guide. Les visites insolites (2 heures) et approfondies (3 heures) en particulier vous permettront de comprendre ce lieu classé par l'Unesco et de parcourir des salles fermées à la visite libre. Chambord propose chaque année une riche programmation culturelle, avec du 6 au 20 juillet, un festival de musique classique et contemporaine avec de grands interprètes. Le public peut assister aux concerts dans la cour du château après la fermeture, dans certaines salles du donjon ou dans la partie fermée de la forêt. On peut acheter son billet sur place : il donne l'accès gratuit au monument ! A noter : des expositions historiques ou d'art contemporain en haute saison, incluses dans le droit d'entrée, et les Nuits Insolites au programme inconnu à l'avance, à l'instar des « soirées surprises » de la Renaissance.

■ **CATHEDRALE NOTRE-DAME DE CHARTRES**
16, cloître Notre-Dame
CHARTRES
✆ 02 37 21 59 08

Ouverte toute l'année, tous les jours de 8h30 à 19h30.
La cathédrale Notre-Dame de Chartres a été construite au début du XIIIe siècle sur les ruines d'une cathédrale romane détruite par un incendie en 1194. De par ses sculptures, ses vitraux, ses dallages (pour la plupart d'origine), elle est magnifiquement conservée. Véritable chef-d'œuvre de l'art gothique, elle est l'une des plus vastes en France, tout comme la nef, qui est la plus large de France avec 16 mètres entre les piliers (la voûte s'élève à 37 mètres au-dessus du sol). Les statues, les bas-reliefs et les vitraux des XIIe et XIIIe siècles forment un ensemble d'iconographie chrétienne et d'art sculptural gothique. Inscrite au Patrimoine mondial de l'Unesco en 1979, la cathédrale Notre-Dame de Chartres est à visiter impérativement si vous êtes dans le coin.

■ **CHATEAU DE LA BOURDAISIERE**
25, rue de la Bourdaisière
MONTLOUIS-SUR-LOIRE
✆ 02 47 45 16 31
www.labourdaisiere.com
contact@chateaulabourdaisiere.com

Ouvert de début avril à fin octobre. Ouvert tous les jours de 10h à 19h. Dégustations de tisanes de plantes médicinales et de tomates du potager à partir de 11 heures. Gratuit jusqu'à 10 ans. Adulte : 7 €. Groupe (20 personnes) : 5,50 €. Tarif réduit : 6,50 €. Scolaires : 5 €. Festival de la tomate : 7 €. Boutique. Bar à Tomates.
Un cadre exceptionnel pour des jardins somptueux, notamment le Dahliacolor avec ses 180 variétés de Dahlias et le fameux conservatoire de la Tomate qui héberge plus de 600 variétés ! Ce mécène passionné du jardin qu'est Louis Albert de Broglie a entrepris au château de la Bourdaisière une belle aventure : celle d'une vie en harmonie avec la nature. Et il souhaite en faire profiter tous les petits curieux. Ainsi les jardiniers du château sont très disponibles pour vous livrer des conseils en maraîchage bio. Outre les visites, de multiples évènements sont organisés tout au long de l'année : rencontres Sens et Développement Durable (les 2 et 3 décembre), expositions pédagogiques temporaires, cours de cuisine, Festival de la Tomate, Fête des arbres et de la famille, etc., etc. Et le duc de Broglie nourrit aujourd'hui un projet ambitieux de maraîchage en permaculture... En tous cas prenez le temps de serpenter autour du magnifique château et même dans les douves !

Se restaurer

■ **L'ALLIANCE**
14, rue Joyeuse
AMBOISE
✆ 02 47 30 52 13
restaurant.lalliance@wanadoo.fr

Ouvert toute l'année. Du mercredi au lundi de 19h15 à 21h30 ; du jeudi au lundi de 12h à 13h45. Menus de 21 € à 50 €.

Vous cherchez un endroit raffiné pour passer une agréable soirée en amoureux ? Vous voulez dîner sur une magnifique terrasse ombragée ou en véranda ? Vous avez frappé à la bonne porte ! Le chef Frédéric Renard et son équipe vous accueillent avec beaucoup de professionnalisme dans leur Alliance. L'établissement jouit maintenant d'une excellente réputation. Ils vous proposent des produits d'une grande fraîcheur variant suivant les saisons et le marché. Dépêchez-vous de réserver votre table !

■ LE CHÂTEAU DE PRAY

Rue du Cèdre
AMBOISE ✆ 02 47 57 23 67
www.chateaudepray.fr/
contact@chateaudepray.fr

Fermé mi novembre à mi décembre, midi inclus et du 2 janvier au 1er février midi. Le déjeuner est servi de 12h à 13h30 et le dîner entre 19h et 21h. Fermé les lundi et mardi toute la journée et le mercredi midi. Menus de 55 € à 68 €. Carte : 60 € environ. Menu enfant : 22 €. Formule du midi : 40 €.

Le chef de ce restaurant gastronomique propose des produits de la région sélectionnés avec soin et cuisinés avec une grande créativité. Les menus évoluent au rythme des saisons et le menu du marché est élaboré en fonction des arrivages. A découvrir par exemple, l' Eclade de coquillages au lait d'amandes, pomme Granny Smith et brocolis, les noix de Saint-Jacques cuites à la plancha, cuisine de champignons et bouillon de cèpes, ou encore le veau de lait rôti lentement aux sucs de carotte, cresson et jus de veau et en dessert, la poire Conférence de pays juste pochée, pralin et glace aux noix. L'été, savourez votre repas sur une agréable terrasse face à la Loire.

■ AU COIN D'TABLE

9, rue André Drussy
BLOIS
✆ 02 54 74 20 20
www.aucoindtable.com
aucoindtable@gmail.com

Ouvert du jeudi au lundi midi et soir. Fermé le mardi et mercredi. Formule : 14 €. Menu : 16 €. Pichet de 50cl : 8,50 €.

En entrant vous serez peut-être surpris par la décoration originale et rétro. Mais l'ambiance est très sympa avec des patrons accueillants, qui possèdent une bonne dose d'humour et vous passerez donc un bon moment. La cuisine servie est simple mais de qualité, la viande très tendre et de qualité et les frites maison sont délicieuses. Nous vous conseillons la poêlée de légumes et la salade de fruits avec des produits frais et maison ou le tartare de bœuf. Les vins du terroir ne sont pas à des prix exorbitants. D'ailleurs, ce restaurant a beaucoup de succès, il y a toujours du monde et il est donc plus sûr de réserver avant si vous ne voulez pas avoir de mauvaise surprise. Mais même s'ils sont débordés les patrons trouvent toujours un peu de temps pour discuter, ce qui est très agréable. Pour rendre ce moment encore plus agréable, installez-vous en terrasse, si le temps le permet, derrière le restaurant, elle est très sympa et un peu isolée. Avec un service convivial, théâtral, tout en décontraction, de la musique pour adoucir les mœurs, vous serez conquis, à n'en pas douter !

■ LES PLANCHES

5, rue du Grenier à Sel
BLOIS ✆ 02 54 55 08 00

Ouvert du mardi au samedi le midi et le soir. Ouvert plus largement en haute saison. Menu enfant : 6,50 €. Bruschettas de 9,90 à 15,5 € ; Salades de 12 à 14 € ; Plat du jour aux alentours de 14 €. Terrasse.

Au cœur du vieux Blois, sur une place tout à fait charmante et reposante, Estelle vous accueille dans son restaurant cosy, alliant les vieilles pierres et une décoration moderne. La spécialité de la maison, ce sont les bruschettas, revisitées par la chef ! À la fois rapide et savoureux. En dessert, un large de choix de crêpe est proposé. L'atout charme supplémentaire de l'établissement reste la terrasse estivale, pouvant nous faire revivre les plus heures du Blois médiéval.

■ LE SAINT LOUIS

Place Saint-Louis
CHAMBORD
✆ 02 54 20 31 27

Fermé le lundi et le mardi. Menus de 15 € à 32 €.

Le Saint-Louis jouit d'une excellente situation puisqu'il est juste en face du Château de Chambord. Ce restaurant est simple mais très agréable avec quelques petits mets savamment préparés et qu'il ne faut pas rater. Le suprême de pintade rôtie au basilic, les spaghettis de courgettes ou le rouleau croustillant au caviar d'aubergines sont excellents. La carte de vins est importante et vous trouverez également votre bonheur. Le Saint Louis est une petite étape gourmande sympathique dans votre visite des châteaux de la Loire ou après un vol dans les cieux de la Loire.

■ HOSTELLERIE DU CHATEAU

2, rue Maréchal-de-Lattre-de-Tassigny
CHAUMONT-SUR-LOIRE
✆ 02 54 20 98 04
www.hostellerie-du-chateau.com

Logis (2 cocottes). Fermé de la mi-novembre à mi-mars. Ouvert tous les jours du 1er juin au 30 septembre. Menus de 21,50 € à 35,50 €. Menu enfant : 12,50 € (jusqu'à 12 ans). Formule du midi : 19,50 €. 15 chambres à grand lit ou à deux lits. Prix des chambres : standard de 71 € à 84 €, supérieure de 75 € à 92 €, triple de 85 € à 104 €, quadruple de 96 € à 117 €. Demi-pension de 64,5 € à 75 €. Petit déjeuner : 10,50 €, soirée-étape : 75 €. Jardin. Terrasse. Piscine.

L'Hostellerie du Château est située idéalement sur le circuit des châteaux de la Loire, entre Blois, Amboise et Chenonceau, au pied du château de Chaumont. Un cadre de caractère allié à une cuisine audacieuse et pleine de saveur, avec juste comme il faut la touche de cuisine traditionnelle française : voila tout le charme de cet établissement. On se régalera donc d'un foie gras au vin jaune et pruneaux ou encore d'un filet de saint-pierre poêlé avec sa mousseline de petits pois et carottes fanées ou bien d'une poulette de Racan en papillote à la graine de moutarde d'estragon et son choux braisé au lard, et pour finir, d'une déclinaison fabuleuse autour du chocolat (fondant au chocolat, praliné feuilleté, lait chocolat au jasmin, crème chocolat). Une adresse incontournable, parole de futé !

■ RELAIS CHENONCEAUX
10, rue Docteur-Bretonneau
CHENONCEAUX ✆ 02 47 23 98 11
www.chenonceaux.com
info@chenonceaux.com
Fermé du 16 novembre au 1er février. Menus de 19 € à 39 €. Carte : 16 € environ. Menu enfant : 9,80 €. Formule du midi : 15,50 €. Terrasse.
Situé au cœur du village, à 500 m du prestigieux château de Chenonceau, cet ancien relais de poste aux poutres apparentes, dispose de chambres de caractère dans un style rustique et personnalisé. L'ambiance y est toujours agréable et familiale, la cuisine se veut gourmande et vante les produits locaux : rillettes, rillons, magret de canard, sandre au beurre blanc, andouillette de Vouvray... Aux beaux jours les amateurs de soleil seront séduits par la terrasse fleurie et tranquille. A proximité du relais, on se distrait grâce aux promenades sur les bords du Cher à pied, à cheval ou à vélo. On peut aussi organiser votre séjour avec des exemples de circuits qui s'effectuent sur une journée au départ du relais de Chenonceaux. Une halte fort agréable ! La maison propose aussi le gîte.

Se loger

■ LE CHÂTEAU DE PRAY****
Rue du Cèdre
AMBOISE ✆ 02 47 57 23 67
www.chateaudepray.fr/
contact@chateaudepray.fr
Fermetures annuelles de l'hôtel : du 19 Novembre au 4 Décembre inclus et du 2 Janvier au 23 Janvier inclus. Fermetures annuelles du restaurant : du 19 Novembre au 13 Décembre midi inclus et du 2 Janvier au 1er Février midi inclus. Réception de 7h à 23h30. Vue sur la vallée de la Loire ou sur la cour d'honneur. 19 chambres (prix variables suivant le nombre de personnes, des disponibilités et des périodes. Chambre pour 3 à 4 personnes entre 275 à 285 euros). Chambre double de 135 € à 285 €. Demi-pension (de 66 € à 71 € supplémentaires par adulte et 22 € par enfants (petit déjeuner + dîner)). Petit déjeuner buffet : 16 € (adultes : 20 € en chambre, 16 € en salle. Enfants : 11 € en chambre, 7 € en salle). Lit bébé gratuit. Animaux acceptés (supplément de 10 €). Réceptions et mariages. Restauration (menus de 55 € à 68 € sur réservation. Menu enfant à 22 €). Petits déjeuners servis de 7h30 à 10h dans l'Orangerie ou de 8h30 à 10h30 en chambre. Hôtel entièrement non fumeur.
Havre de paix, dans un écrin de verdure dominant la Loire, le château de Pray, qui tient son nom de Geoffroy de Pray, conjugue passé et présent dans un cadre idyllique. Le château date du XIIIe siècle et les tours témoignent de son passé de forteresse. Il devient résidence à la Renaissance et Madame Alphonse Daudet choisit même d'y vivre au XXe siècle. Aux beaux jours, la situation est parfaite pour un moment de détente dans le bois, les jardins, au bord de la piscine ou même dans le potager avant d'aller rejoindre la table raffinée du chef. Le restaurant, un macaron au guide Michelin, propose des menus imaginatifs et raffinés comme l'Eclade de coquillages au lait d'amandes, pomme Granny Smith et brocolis, les noix de Saint-Jacques cuites à la plancha, cuisine de champignons et bouillon de cèpes veau de lait rôti lentement aux sucs de carotte, cresson et jus de veau et en dessert la poire conférence de pays juste pochée, pralin et glace aux noix. Le dîner en terrasse, face au coucher de soleil, reste un moment privilégié où l'intimité reste de mise. Côté chambres, la déco se place sous le signe de l'authenticité avec lits à baldaquins et mobilier ancien.

■ LES HAUTS DE CHAUMONT
2 Rue Des Argillons,
CHAUMONT-SUR-LOIRE
✆ 02 54 33 91 45 / 06 82 67 35 78
www.leshautsdechaumont.fr
contact@leshautsdechaumont.fr
Gîte de France (3 épis). Gîte de France (4 épis). 4 chambres (2 chambres et 2 gites). Gratuit pour les moins de 2 ans. Linge de maison fourni. 1 à 2 personnes en chambre d'hôte : 68 € à 100 € la nuit ; 2 nuits en gite 170 à 200 euros pour 1 à 2 personnes.
Idéalement située à proximité de Cheverny, Chambord, Chenonceau et Chaumont-sur Loire le domaine Les Hauts de Chaumont est une ancienne demeure vigneronne au milieu d'un immense jardin de 3 000 m², rénovée avec gout et modernité. La piscine y est entièrement sécurisée et chauffée et des jeux pour enfants sont installés à proximité. Le lieu est donc idéal pour se reposer dans le calme et un confort exceptionnel mais aussi pour profiter des patrimoines culturels, historiques et culinaires de la région du Val de Loire.

■ HOTEL CHATEAU DE CHISSAY
Château Chissay
CHISSAY-EN-TOURAINE ✆ 02 54 32 32 01
www.chateaudechissay.com
chissay@leshotelsparticuliers.com
Ouvert toute l'année. Chambre de 135 € à 210 €. Appartements à partir de 235 €. Suites privilèges à partir de 300 €. Quand vous entrez à l'hôtel Château de Chissay, vous vous retrouvez dans une magnifique demeure. L'endroit est d'ailleurs une ancienne demeure royale, à l'ombre du château de Chenonceau. Les chambres et les appartements sont d'époque mais avec tout le confort nécessaire. Elles sont tout simplement splendides, avec vue sur la piscine et la vallée pour un certain nombre d'entre elles. La suite Duplex est l'une des plus belles, elle se situe dans le donjon du XIII siècle. La suite Jacuzzi est une suite mansardée avec une bain à remous dans la chambre. L'hôtel Château de Chissay est l'endroit idéal pour découvrir les plus beaux coins de la Touraine.

■ GITE DE LA ROCHE DE DIERRE
8, rue de la Roche
DIERRE ✆ 06 58 28 70 82
www.legitedelaroche.fr
Ouvert toute l'année. Tarifs : de 80 € à 130 €/jour ; de 140 € à 210 € le week-end ; de 235 € à 350 € la semaine. Le gîte de la Roche de Dierre est situé au cœur de la Touraine et de la Vallée du Cher. D'une superficie de 70 m², ce gîte se trouve dans une maison de carrier datant de 1760. Régulièrement rénovée, elle allie la tradition des murs en tuffeau et d'une cheminée monumentale en pierre de Bourrée. Le gîte est confortable, cosy et entièrement équipé. La chambre est décorée avec soin, et très lumineuse, tout comme la salle de bains. Si vous souhaitez vous restaurer en extérieur, pas de problème, vous avez une terrasse à votre disposition avec possibilité de faire un barbecue, dans un superbe décor.

■ **CHATEAU DE LA BOURDAISIERE**
25, rue de la Bourdaisière
MONTLOUIS-SUR-LOIRE
✆ 02 47 45 16 31
www.labourdaisiere.com
contact@chateaulabourdaisiere.com
Ouvert toute l'année. 22 chambres (et 5 appartements). Chambres de 170 € à 275 €. Appartements de 305 € à 590 €. Petit déjeuner : 15 € (7,5 € pour les enfants). Demi-pension : 45 € (23 € pour les enfants). Animaux admis (suppément 13 €). Lit supplémentaire : 30 €. Séminaires. Réceptions et mariages.
Cadre exceptionnel, jardins somptueux, le conservatoire de la Tomate en plus ! Tout en bas, de la rue, vous ne pouvez pas manquer ce magnifique château durable. « Durable ? » Oui Môssieur, ici l'énergie provient de ressources renouvelables et les jardins sont cultivés en bio ! Imaginé par ce mécène passionné de la nature qu'est Louis Albert de Broglie, le site accueille de nombreux évènements pédagogiques et promeut un mode de vie quelque peu alternatif. Rassurez-vous, le confort des chambres n'en a pas été sacrifié pour autant ! Qu'elles se situent dans le corps du château, dans le pavillon Choiseul ou dans le Clos Bourdaisière, elles ont toutes été récemment rénovées, décorées avec des tissus des célèbres maisons Braquenier et Frey et elles donnent toutes sur le parc. Sachez que le château se visite d'avril à octobre et que des salles de réception sont à la location de mars à novembre.

■ **HOTEL DU PIGEONNIER DE FOMBÈCHE**
3, vallée des Brunettes
SAINT-MARTIN-LE-BEAU
✆ 02 47 50 25 52
www.le-pigeonnier-de-fombeche.eu
Ouvert toute l'année. 8 chambres. Chambre simple 55 € ; chambre double 70 € ; chambre triple 85 €. Petit déjeuner inclus (le petit déjeuner traditionnel est servi tous les jours de 7h30 à 9h30). Séjour supérieur à 3 nuits : 50 euros pour 1 personnes, 65 euros pour 2 et 80 euros pour trois personnes. Wifi. Restauration.
Situé dans une commune à 20 kilomètres de Tours, cet hôtel propose des chambres récemment restaurées, spacieuses, confortables et calmes, dont quatre possèdent une terrasse, à un prix intéressant. La famille Gestault sait accueillir ! Convivialité, famille et tradition sont au rendez-vous ! Viticulteurs de père en fils, ils possèdent une cave à vin ouverte aux visites et aux dégustations de vin de leur propriété. Hôtel idéalement situé pour découvrir la région et possédant un restaurant troglodyte de qualité, nous vous le conseillons.

Pratique

■ **ALPHA TAXI**
29, rue de la Taille-Saint-Julien
BLÉRÉ
✆ 06 70 04 98 91
Ouvert toute l'année, 7j/7, couvre toute la France.
L'Alpha Taxi de Bléré se trouve non loin de Chenonceau, et peut donc vous conduire jusqu'à l'aérodrome de Chenonceau, ou aller vous y récupérer sans le moindre souci. Il intervient dans le département d'Indre-et-Loire, ainsi que dans toute la France sur demande. Les véhicules sont confortables, agréables ; l'équipe de quatre personnes est à votre service, toujours souriante. Alpha Taxi travaille pour les particuliers, les professionnels et les collectivités. Si vous souhaitez avoir des renseignements sur les tarifs et les voyages proposés, n'hésitez pas à les contacter.

■ **TAXI CARTON**
13, rue Claude-Bernard
BLOIS
✆ 02 54 78 74 63
Ouvert toute l'année, 7j/7.
Liaisons aéroport, transports locaux, les taxis Carton répondent à toutes vos attentes. Ils peuvent vous conduire vers le lieu de votre balade sans aucun problème, et se situent en plein centre de Blois. Ils pourront donc vous déposer à la gare si vous le souhaitez (ou ailleurs), ou vous conduire à l'endroit où vous avez déposé votre voiture, lieu de départ de la balade en avion. Les équipes qualifiées sont à votre service tout au long de l'année, 7j/7. N'hésitez donc pas à les solliciter, elles vous transporteront au mieux et vous serez satisfaits par le service.

■ **TAXI BRULE**
781, rue de la Martinière
CHAMBORD
✆ 02 54 70 76 76
Services disponibles toute l'année, 7j/7. Réservation d'une course sur appel téléphonique.
Jean-Claude Brulé arpente les routes de Chambord et des environs depuis des années au service de ses clients. Pour réserver, il suffit de lui passer un petit coup de fil. Il possède une grande expérience ; que vous soyez seul ou non, avec ou sans bagages, il vous transportera dans le confort le plus total. Les prix ne sont pas excessifs, la zone couverte est importante et l'accueil est agréable, ce qui est loin d'être négligeable. Une adresse à recommander !

Est

Sur les traces de la Première Guerre Mondiale H F A

Sortir du tour de piste hebdomadaire ou de la balade locale impressionne certains pilotes. Pourtant, ce sont les voyages et les découvertes qui entretiennent le feu sacré de ceux qui pilotent depuis de nombreuses années. En regardant d'un œil distrait les commémorations du 11 novembre à la télévision, nous nous sommes demandés s'il était encore possible d'identifier des traces du conflit. Antoine de Saint-Exupéry disait « les pilotes ne regardent pas les paysages, ils les méditent ». C'est dans cet esprit que nous avons parcouru les 120 Nm menant de Verdun à la clairière de l'armistice, à côté de Compiègne. Le paysage actuel est-il encore marqué, près d'un siècle après le début des combats ? Le temps d'une navigation, nous allons chercher les sites encore remarquables des grandes batailles de la Première Guerre mondiale.

Décollage de Verdun – Le Rozelier LFGW

Revigoré par un bon repas à La Paillote Meusienne, nous décollons en ce début février de la piste 28 sur l'aérodrome de Verdun-Le Rozelier. C'est une belle journée d'hiver, avec du soleil et 10°C au thermomètre, après une semaine passée à attendre la fenêtre météo pour rejoindre Verdun (LFGW). Pas de trafic, nous virons à droite au cap 340° vers les champs de batailles au nord-est de Verdun, à seulement 5 Nm. Avant d'atteindre 2000 feet QNH, nous contactons les militaires de la base d'Etain sur 120.125 pour confirmer que la R93B1 est inactive. Accueil par une agréable voix féminine qui nous laisse évoluer librement dans la zone. Nous laissons la ville de Verdun sur notre gauche en jetant un coup d'œil à son hôpital, qui occupe le terrain de l'aérodrome de l'époque à l'est de l'agglomération. Déjà, nous survolons la zone des combats ; tout s'enchaîne très vite. Aujourd'hui, une immense forêt a recouvert d'un discret linceul les tranchées. La bataille de Verdun, ce sont 300 jours et 300 nuits de combats acharnés, effroyables. 26 millions d'obus tirés par les artilleries, soit 6 obus au m^2. La forêt que nous survolons n'existe alors plus, ce n'est qu'un immense bourbier. Environ 300 000 soldats français et allemands sont portés disparus. Le Mémorial pour la paix, l'ossuaire de Douaumont, et les forts de Douaumont et Vaux sont là pour nous le rappeler. Ils sont très rapprochés les uns des autres. Nous avons ralenti pour les apprécier, mais probablement pas assez. Il faut probablement configurer sa machine comme en tour de piste, volets sortis et vitesse de manœuvre.

Le Mémorial pour la paix

GPS : 49.12.19 N 05.25.35 E

Le Mémorial pour la Paix se présente le premier sous nos ailes. Ce cube assez inesthétique vu du ciel est pourtant le lieu à visiter en premier si vous disposez de suffisamment de temps au sol. Il rassemble les vestiges de cette terrible bataille d'usure et d'atrocité, symbole de courage et d'opposition pour la nation entière. Il a été construit sur les ruines du village entièrement détruit de Fleury-devant-Douaumont, pris et repris 16 fois en deux mois par les Français et les Allemands. C'est devant ce monument que le Président François Mitterrand et le Chancelier allemand Helmut Kohl ont choisi de ce tenir la main en signe de réconciliation. Nous vous suggérons de passer à l'ouest du Mémorial et de virer à droite au cap 065° juste après le Mémorial, afin d'éviter la zone D523. Cela vous évitera un virage à grande inclinaison et tous les risques associés à un virage engagé à basse hauteur. Vous aurez aussi positionné l'ossuaire de Douaumont sur votre gauche.

Verdun LFGW.

Pour la première fois, l'aviation a joué un grand rôle dans le conflit

La Première Guerre mondiale survient alors que l'aviation n'en est qu'à ses débuts. Les aéronefs de 1914 paraissent bien frêles à côté de ceux de 1918 ! Les progrès accomplis durant cette période sont énormes, aussi bien pour les performances (certains appareils volent à 250 km/h et à plus de 7000 m, sur terre et sur mer avec le premier porte-avions en 1917 par la Royal Navy). Fin 1918, l'industrie française a construit plus de 50 000 avions et 90 000 moteurs, employant 186 000 ouvriers, contre quelques centaines en 1914.

L'Ossuaire de Douaumont

GPS : 49.12.19 N 05.25.35 E

Notre regard était déjà focalisé depuis quelques secondes sur la spectaculaire tour en forme d'obus de 46 m de haut de l'ossuaire de Douaumont. Avec ses 15 000 croix couchées au pied, ce monument en impose et honore les soldats tombés ici au champ d'honneur.

Les ruines du Fort de Douaumont

GPS : 49.13.25 N 05.26.39 E

Immédiatement dans le prolongement de l'ossuaire, nous survolons les restes du fort de Douaumont. En 1914, Verdun se situe à la frontière avec l'Allemagne puisque la France a perdu l'Alsace et une partie de la Lorraine. Au déclenchement de la Première Guerre mondiale, la région comprend 19 ouvrages d'infanterie, comme celui de Douaumont. Voyez ce qu'il reste d'un fort d'une longueur de 400 m avec un plafond de six mètres d'épaisseur, logeant entre 800 et 3000 hommes ! Il fut tour à tour occupé par les Allemands et les Français. Une chapelle marque l'emplacement de la galerie murée où furent inhumés 679 soldats allemands, tués par l'explosion accidentelle d'un dépôt de munitions. Si vous réalisez des 360° autour de ces sites, faites très attention au virage engagé et aux trafics autour de vous.

Le fort de Vaux

GPS : 49.12.01 N 05.28.38 E

Pour rejoindre le fort de Vaux, situé au sud-ouest du village du même nom, nous avons prolongé pendant 30 secondes au cap 65° afin de faire un 180° tranquillement et de revenir sur la zone du fort les ailes à plat, ce qui est plus pratique pour faire des photos en Cessna. Plus petit que celui de Douaumont, il se trouve à peu près dans le même état... Achevé en 1911, le fort de Vaux occupe une position stratégique à 304 m d'altitude et pouvait accueillir 250 hommes de garnison. Les Allemands s'en emparent le 7 juin 1916 après une héroïque défense du commandant Raynal et de ses hommes. Les Allemands rendirent d'ailleurs les honneurs aux soldats survivants. A la vue des ruines de ces deux places-fortes, on imagine le déluge de feu utilisé pour les détruire... Après le fort de Vaux, cap au 280° sur 10 Nm pour essayer de trouver la cote 304. Nous repassons devant le Mémorial et l'ossuaire.

La cote 304

GPS : 49.13.59 N 05.15.08 E

Située sur la rive gauche de la Meuse, entre Esnes-en-Argonne et Malancourt (sortez la carte routière !), la cote 304 est une petite colline qui fut pendant 14 mois un haut lieu des combats pour protéger Verdun. A partir du printemps 1916, les Allemands essayent de reprendre cette colline. C'est un déluge qui s'abat sur les lignes françaises (120 coups d'obus à la minute). En juin, les Allemands atteignent le sommet mais ne parviennent pas à contrôler la position. Au cœur de la forêt, un monument en forme d'obélisque rappelle le sacrifice des troupes françaises. Le monument n'est pas facile à apercevoir car il est moins haut que les arbres ! Ceux qui trouveront le monument peuvent s'inscrire immédiatement en rallye aérien, les médailles vont pleuvoir... Nous prenons ensuite le cap 310° sur 4 Nm afin de rejoindre la butte Montfaucon. Les cartes AZBA du site Internet du SIA nous indiquaient que la zone R45N5 serait active à l'heure de notre passage, mais nous demandons confirmation à Etain. Les secondes sont longues, surtout à 140 Nm de vitesse de croisière quand on fonce sur une zone supposée active... Etain nous confirme l'activité de la zone. C'est donc parti pour un vol à moins de 800 feet.

La butte de Montfaucon

GPS : 49.16.18 N 05.08.41 E

De loin, nous apercevons une colonne blanche à la lisère du village de Montfaucon et à quelques centaines de mètres d'une haute antenne. Le style néo-classique de ce grand monument détonne dans la campagne meusienne. C'est un monument américain surmonté d'une statue de la Liberté. Elle fait face à la ligne de front de la Première Armée américaine au matin du 26 septembre 1918, lorsque l'attaque débuta. C'est en Meuse que l'armée américaine a, pour la première fois de son histoire, été engagée de manière autonome en Europe. La mémoire américaine est fortement présente en Meuse. Toujours à moins de 800 feet, nous continuons au 310° sur 4 Nm pour rejoindre la plus importante nécropole américaine en Europe.

Retrouvez le sommaire en début de guide

Sur les traces de la Première Guerre Mondiale

Le cimetière militaire américain à Romagne-sous-Montfaucon

GPS : 49.19.46 N 05.05.50

14 246 soldats américains reposent ici. Ils sont tombés lors des combats de libération du secteur Meuse-Argonne. Attention, vous survolez une terre américaine. En effet, le terrain fut concédé, à perpétuité, par le peuple français. Le cimetière est géré et entretenu par une agence gouvernementale des Etats-Unis. Ce n'est pas tous les jours que l'on passe une frontière américaine en Europe ! Et pourtant, pas le peine de déposer un plan de vol, ni même de convertir votre licence... Le point suivant se trouve au sud ; nous procédons à un 360° par la droite à faible inclinaison autour du cimetière, à l'organisation typiquement américaine. Cap au 190° sur 6 Nm, toujours sous la R45N5, pour survoler la butte de Vauquois, au sud-est de Varennes-en-Argonne.

La Butte de Vauquois

GPS : 49.13.14 N 05.03.51 E

Ce site spectaculaire est demeuré intact. Il présente un enchaînement de cratères de mines gigantesques, parcouru de galeries souterraines visitables. La butte de Vauquois fut considérée par les états-majors des deux camps comme un observatoire exceptionnel et un verrou stratégique. Le village de 168 âmes qui se trouvait au sommet de cette butte séparait les premières lignes allemandes et françaises. Il fut coupé en deux par une succession de cratères immenses formant un fossé profond de 10 à 20 m. Les soldats s'enterrèrent, creusant des kilomètres de galeries et de rameaux de combats afin de s'infiltrer dans le réseau ennemi et de lui causer le plus de pertes possibles, à coups de tonnes d'explosifs. La butte de Vauquois devint ainsi une véritable termitière (plus de 17 km de puits, galeries et rameaux). Avec 519 explosions recensées (199 allemandes et 320 françaises), le Vauquois est l'un des symboles de la guerre des mines. La plus importante est une mine allemande, chargée de 50 à 60 tonnes d'explosif. C'est cette vision de cauchemar que découvrirent les américains de la 35e D.I.U.S. le 26 septembre 1918 à 9h30, dont le futur Président Truman.

Infos terrain LFGW

- Deux pistes orientées 10-28, l'une revêtue de 1110 m, l'autre en herbe de 600 m.
- Pas de taxes d'atterrissage.
- Pompe 100LL : carte Total (ou voir avec l'aéro-club).
- L'Aéro-club Robert Thiéry, du nom d'un pilote de la Grande Guerre, peut vous aider à rafraîchir votre dossier de vol.
- Restaurant La Paillote Meusienne sur le terrain ; cuisine traditionnelle et très bonne ambiance. Ouvert tous les jours. Le menu du jour est publié sur Facebook et la carte sur le site Web de l'établissement : www.lapaillotemeusienne.fr

Le camp militaire de Suippes

Nous sortons ensuite de la zone N45N5, mais nous n'en avons pas fini avec les zones militaires : R69, R175A, D39, P30... Les NOTAMS avant le vol et Reims Info ne sont pas de trop pour savoir quelle zone est active ou non. Mais finalement, le plus simple, c'est quand même de contacter les militaires qui acceptent en général très aimablement les vols touristiques, pourvus qu'ils ne gênent pas les manœuvres et à condition de savoir où ils se trouvent. Aujourd'hui, une partie des zones en direction de Reims est active. La R175A nous oblige à contourner le camp militaire de Suippes, mais en le longeant nous avons pu apercevoir un étonnant monument en forme de pyramide entouré de trous d'obus encore visibles : la ferme de Navarin, où se sont déroulés des combats acharnés. Le camp militaire de Suippes, l'un des plus grands de France, a été établi sur des terres ravagées par la Première Guerre mondiale. Ce camp dispose d'une zone pour le tir air-sol. Le camp abritait autrefois des lanceurs de missiles nucléaires Hadès. Les silos de stockage des têtes nucléaires sont maintenant désaffectés et viennent de retrouver une nouvelle utilisation : le stockage des obus chimiques de la guerre de 1914-18 trouvés dans toute la partie nord-est de la France.

Reims

Pendant la traversée de la CTR de Reims, nous contournons la ville qui a été détruite à 70% pendant la Première Guerre mondiale. Dès septembre 1914, les Allemands vont bombarder le centre-ville. Théâtre des débuts de l'aviation dès 1908-1909, l'aérodrome militaire fut créé en 1913. Réduit à néant en septembre 1914 quand il fut pris par les Allemands, il a fallu attendre l'arrêt des hostilités pour y voir la reprise de l'activité aéronautique.

Le Chemin des Dames

A la sortie de la CTR de Reims, nous cherchons en vain des traces de cette bataille où près de 1000 aéroplanes alliés vont prendre part à l'offensive d'avril 1917. Nous repérons la D18 à 17 Nm à l'ouest de LFSR, sur une crête entre la vallée de l'Aisne, au sud, et la vallée de l'Ailette, au nord, mais aucune trace de conflits ni même de monument. En bout d'aile, le Center Park autour du lac de l'Ailette.

Pour finir, la clairière de l'Armistice

En continuant au cap 85° sur une trentaine de nautiques, nous terminons cette navigation au-dessus de la clairière de l'Armistice, non loin de la ville et de l'aérodrome de Compiègne. Avec Paris Info, nous rejoignons un repère naturel, la vallée de l'Aisne, et descendons progressivement pour nous retrouver sous la classe A de Creil qui débute à 1200 feet. Située entre l'Aisne et la nationale parallèle au sud entre Rethondes et Compiègne, cette clairière est le symbole de la fin d'un cauchemar. Ici, le maréchal Foch, généralissime des armées alliées, dicta aux Allemands le texte de l'armistice de 1918 dans le wagon n°2419D, ce qui marqua la fin de la Grande Guerre. En 1940, Hitler parodia cette cérémonie sur les

Les as de la Première Guerre mondiale

L'aviation occupe une place à part dans la Première Guerre mondiale : elle est le dernier espace des combats singuliers. Tandis que la guerre révèle son visage le plus absurde et horrible (des hommes croupissant en masses dans les tranchées pour mener des attaques condamnées à l'échec), l'aviation est le refuge des valeurs aristocratiques d'honneur et d'héroïsme. Elle forme de nouveaux Achilles qui ont troqué le char et la lance contre le biplan et la mitraillette. Parmi eux, le Baron rouge, héros de l'aviation allemande. De son vrai nom Manfred von Richthofen, il se distingue par ses 80 victoires dans le ciel de la Somme, et est demeuré célèbre pour sa vaillance au combat et pour son Fokker triplan rouge. Le 19 juillet 1915, George Guynemer remporte sa première victoire à bord d'un Morane-Saulnier. Le 19 octobre 1917, l'Assemblée Nationale et le Sénat installent le capitaine Guynemer, « symbole des aspirations et de l'enthousiasme de l'armée de la Nation », au Panthéon, « dont la seule coupole avait assez d'envergure pour abriter de telles ailes ».

mêmes lieux. Surprise : le wagon de l'armistice n'y est plus ! Il est temps de rentrer sur Pontoise pour notre part. Pour être complet sur la thématique de la Première Guerre mondiale, vous pourrez compléter ce vol par une autre navigation au-dessus des champs de bataille de la Somme, beaucoup plus connus des Anglo-saxons.

Aérodromes et aéro-clubs

■ AERO-CLUB DU SUD MEUSIEN

Les Hauts de Chée – Condé-en-Barrois
BAR-LE-DUC ✆ 03 29 77 18 30 / 03 29 45 02 54
http : //aeroclub-sudmeusien.fr
aeroclub_sudmeusien@yahoo.fr
Aéroclub ouvert tous les jours ; se renseigner par téléphone pour les horaires et les tarifs.

Situé sur l'aérodrome des Hauts de Chée, l'aéro-club du Sud Meusien vous accueille pour vous faire partager les sensations de l'aviation légère. Un pilote confirmé et habilité pourra vous proposer un vol d'initiation ou une formation à un brevet de pilotage. Pilotes de passage, les membres de l'aéroclub pourront vous conseiller pour partir survoler et découvrir le quartier Renaissance de Bar-le-Duc, ainsi que les châteaux de la vallée de la Saux, le Pays Barrois, ou le lac du Der notamment.

■ AERO-CLUB DE CHAMPAGNE

Aérodrome de Reims-Prunay
REIMS ✆ 03 26 49 11 05
www.accraf.com – accraf@orange.fr
Ouvert toute l'année. Vol d'initiation de 30 minutes avec instructeur : 75 €, 41 € à partir de 2 personnes. Location d'avion de 112 € à 192 €/h.

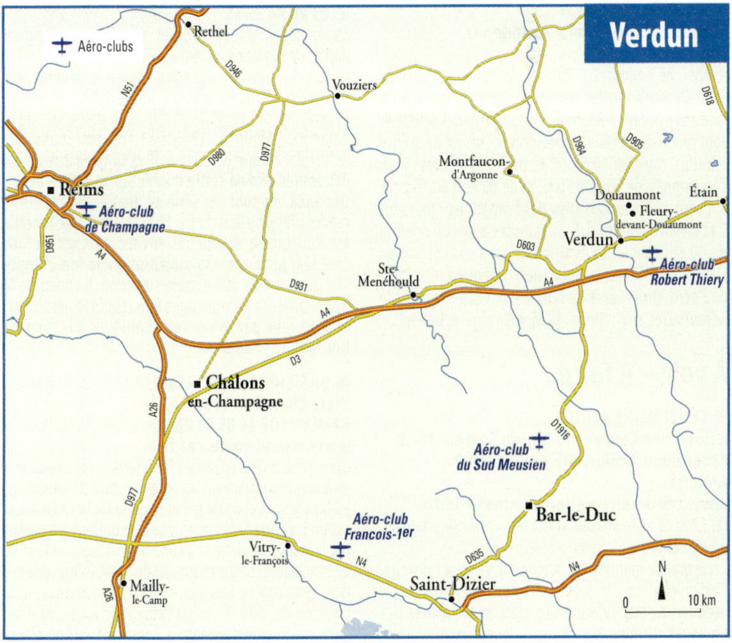

Pour faire un tour en Cessna 150, vous êtes au bon endroit. Le forfait découverte comprend trois briefings théoriques avant chaque vol, trois vols de 45 minutes en place pilote et à chaque fois, au retour, un débriefing de vol. Pour ce petit plaisir, il en coûte 365 €, tarif qui prend en compte l'assurance et un instructeur professionnel. Mais l'aéro-club propose de nombreuses autres formules, une formation au vol aux instruments notamment, et pour les pilotes confirmés, une possibilité de location d'avions à l'heure.

■ AERO-CLUB ROBERT THIERY
Le Rozelier
VERDUN ✆ 06 82 77 23 72 / 06 08 51 72 07 / 06 33 40 24 99
http : //acrt.free.fr
acrtvdn@wanadoo.fr
Les bureaux ACRT sont ouverts les mercredis et samedis après-midis. Vols avions : à partir de 105 €/h. Les tarifs sont disponibles par mail ou par téléphone.
Amateurs et professionnels, bienvenue à l'aéro-club Robert Thiéry. Ici, vous pourrez apprendre à piloter, passer votre licence, vos brevets ou alors simplement prendre un avion, décoller et effectuer un petit tour en Lorraine et en France. Reportages photo, présentation des avions, espace personnel pour les membres... Jetez un coup d'œil au site Web, puis prenez votre envol pour découvrir les beautés de la région...

■ AERO-CLUB FRANCOIS-IER
Aérodrome de Vauclerc
VITRY-LE-FRANÇOIS
✆ 03 26 74 28 18
www.ac-francois1er.fr
aeroclub.francois.1er@wanadoo.fr
Ouvert toute l'année.
A moins de 3 minutes de Vitry, sur la RN4 en direction de Saint-Dizier, l'aéro-club permet de découvrir d'en haut le lac du Der. Différentes formules de promenades aériennes sont proposées. Pour une personne et un vol de quinze minutes, compter 40 €, 60 € pour 30 minutes ; pour 2 personnes, de 50 € à 70 € et de 60 € à 80 € pour 3. L'aéro-club propose aussi des formations 7 jours sur 7 et un vol d'initiation de 30 minutes après un briefing de 40 minutes – un instructeur est à vos côtés bien sûr ! – pour 70 € la prestation. Chaque été, la fête de l'aéro-club réunit de nombreux visiteurs avec de nombreuses animations : ULM, hélicoptère, ballon...

À voir – À faire

■ CENTENAIRE AERIEN
Association Centenaire Aérien Somme 14-18
Aérodrome Amiens-Glisy – BP 50202
AMIENS
www.centenaire-aerien-somme14-18.fr/
Du 12 au 14 septembre 2014. Journée scolaire (le vendredi), baptêmes de l'air, cinéma en plein air...
Cette grande manifestation aérienne valorise l'Histoire. C'est en effet dans le ciel de la Somme qu'évoluèrent les premiers avions militaires. Le plateau accueillera des répliques et même des originaux des avions mythiques du premier conflit mondial. Les numéros de voltige et de parachutisme devraient attirer une foule de connaisseurs. De même, les baptêmes de l'air annoncés pourraient bien être rapidement pris d'assaut... Une belle page d'histoire, ludique et passionnante, se prépare à Amiens.

■ OSSUAIRE DE DOUAUMONT
DOUAUMONT ✆ 03 29 84 54 81
www.verdun-douaumont.com
reservation.ossuaire@orange.fr
Fermé du 1er janvier à la veille des vacances scolaires de février. Février, décembre : ouvert de 14h à 17h. Mars, octobre : de 9h à 12h et de 14h à 17h30. D'avril à juin : de 9h à 18h. Juillet, août : de 9h à 18h30. Septembre : de 9h à 12h et de 14h à 18h. Novembre : de 9h à12h et de 14h à 17h. Gratuit jusqu'à 8 ans. Adulte : 6 €. Enfant (de 8 à 16 ans) : 3 €. Boutique. L'accès au cloître et au cimetière est gratuit.
L'ossuaire réunit les restes de 130 000 soldats inconnus. Cette nécropole blanche représente une épée fichée en terre jusqu'à la garde, symbole de paix sur laquelle sont gravées 4 croix, symbolisant les points cardinaux et l'universalité du drame. Du haut des 204 marches, des tables d'orientation permettent de visualiser le champ de bataille. Un film retrace l'héroïsme des Poilus. Au pied de l'ossuaire, 16 142 croix sont alignées dans le cimetière national. A 200 mètres le café restaurant L'Abri des Pèlerins avec sa capacité de 180 couverts vous accueille le midi, possibilité de dîner le soir sur réservation uniquement et service brasserie l'après-midi. Fermé en janvier et le lundi hors vacances scolaires.

■ FORT DE SOUVILLE
1 bis, avenue Général-Mangin
FLEURY-DEVANT-DOUAUMONT
✆ 03 29 84 55 55
Ouvert toute l'année. Pour les horaires, se renseigner auprès de l'office de tourisme.
Le fort de Souville a été construit par le général Séré de Rivières dans les années 1875-1879. Ses dessus et environs ont servi de champ de bataille lors de la bataille de Verdun en 1916. De forme peu commune, le fort est équipé de deux coffres simples à ses deux extrémités et d'un coffre double sur sa pointe avant. Dès 1888, il a subi une série de modifications pour le rendre plus résistant. Entre 1890 et 1891, une tourelle est construite à 100 mètres environ à l'ouest du fort. En 1914, juste après la mobilisation, le fort compte une garnison de 350 hommes environ. Il constitue la « base arrière » des ouvrages et forts qui le précèdent, et il est relié par câbles téléphoniques aux forts de Douaumont et de Vaux.

■ BASILIQUE SAINT-REMI
Place Chanoine-Ladame
REIMS ✆ 03 26 85 31 20
www.stremi-reims.cef.fr
Ouvert tous les jours de 8h à 19h. Jusqu'à la tombée du jour en hiver. Visite guidée (s'adresser à l'office de tourisme).
La basilique, qui égale presque en taille la cathédrale, est un joyau de l'art roman que l'art gothique a parfait par la suite. Initialement bâtie hors des murs de la ville, à l'emplacement du tombeau de saint Rémi, célèbre pour avoir baptisé Clovis en 496 ou 498, ouvrant ainsi la tradition du sacre des rois à Reims, elle est aujourd'hui encore légèrement excentrée. Construite sur l'emplace-

ment de l'ancienne abbatiale déjà dédiée à saint Rémi, elle est consacrée en 1049 par le pape Léon IX, lors du concile de Reims. Au XIIe siècle, on agrandit l'édifice : raison pour laquelle la nef romane donne sur un chœur gothique. Mille ans durant, jusqu'à la Révolution, elle sera le cœur d'une intense vie monastique (l'abbaye qui la jouxte est aujourd'hui le Musée historique Saint Remi). La Première Guerre mondiale qui détruit presque tout Reims ne l'épargne pas : charpente brûlée, voûtes abattues, murs éventrés… Quarante années de restauration, sous la houlette de l'architecte Henri Deneux seront nécessaires à sa restitution.

■ CATHEDRALE NOTRE-DAME DE REIMS

Place Cardinal-Luçon
REIMS ✆ 03 26 47 55 34 / 03 26 47 81 79 (tours)
www.cathedrale-reims.com

Accès aux tours fermé de novembre à mi-mars. Ouvert tous les jours de 7h30 à 19h30. Tours : toutes les 30 min. du mardi au samedi de 10h à 11h30 et de 14h à 17h et le dimanche après-midi (de début mai à début septembre) ; samedi à 10h, 11h, 14h, 15h, 16h, dimanche à 14h, 15h, 16h (de mi mars à début mai et de début septembre à octobre). Cathédrale : entrée libre. Tours : 7,50 €. Tarif réduit : 4,50 €. Gratuit pour les moins de 18 ans, les 18-25 ans de l'UE, les handicapés et leur accompagnateur, les demandeurs d'emploi. Visite guidée. Boutique.

Construite au XIIIe siècle à partir de précédents édifices, la cathédrale de Reims est l'un des chefs-d'œuvre de l'art gothique. Ce site a été le théâtre du sacre des rois de France, dès le XIe siècle. Durant la cérémonie, ils étaient oints par l'archevêque de Reims avec de l'huile provenant de la Sainte Ampoule, fiole qui, selon la tradition, avait servie lors du baptême de Clovis. Ayant souffert des bombardements dont a été victime la ville durant la première guerre mondiale, la cathédrale a été patiemment restaurée. Ce magnifique monument possède notamment de superbes vitraux anciens (XIIIe siècle) et modernes, dont trois créations de Marc Chagall (1974) et, depuis 2011, à l'occasion des 800 ans de la cathédrale, six vitraux de l'artiste allemand Imi Knoebel, pour honorer l'esprit de réconciliation franco-allemand qui est le ciment de cette nouvelle cathédrale, avec le célèbre Ange au sourire. La visite de la cathédrale est libre, mais l'accès aux tours est payant. La vue sur la ville y est impressionnante.

■ LA VILLA DEMOISELLE

56, boulevard Henri-Vasnier
REIMS ✆ 03 26 35 80 50
champagne-demoiselle.fr

Ouvert tous les jours de 10h à 18h.

C'est en face de la célèbre maison de champagne Pommery que se situe la Villa Demoiselle, véritable diamant architectural. Aujourd'hui ouvert au public, après sa rénovation, l'hôtel particulier de 1906 respecte le style de ce fleuron de l'art nouveau. Une très belle visite guidée du rez-de- chaussée et de l'étage menée par une passionnée de l'art nouveau. Enfin, la visite se termine par la dégustation des champagnes Demoiselle.

■ LA CITADELLE SOUTERRAINE

Avenue du 5e-R.A.P
VERDUN ✆ 03 29 84 84 42
www.citadelle-souterraine-verdun.fr
citadelle@tourisme-verdun.fr

Fermeture annuelle en janvier. Basse saison : ouvert tous les jours de 9h à 18h. Haute saison : tous les jours de 9h à 19h. Février et décembre : de 10h à 12h et de 14h à 17h. Mars, octobre et novembre : de 9h30 à 17h30. Dernier départ des nacelles 30 mn avant la fermeture. Réservation recommandée. Gratuit jusqu'à 8 ans. Adulte : 8 €. Enfant (de 8 à 16 ans) : 4 €. Tarif réduit : 7 €. Pass famille : 20 € (2 adultes et 2 enfants). Il est recommandé de réserver préalablement la visite en cas de motricité très réduite.

Construite au XVIIe siècle et renforcée par Vauban, cette citadelle souterraine a joué un rôle majeur dans la bataille de Verdun en 1916. Ces galeries furent creusées entre 1886 et 1893. Elle est constituée d'un vaste réseau de 4 km où vivaient plus de 10 000 hommes à l'abri des bombardements incessants. Organisée pour pouvoir abriter 2 000 hommes et les faire vivre, 6 magasins à poudre, 7 magasins de munitions, une boulangerie, un moulin, une centrale téléphonique et télégraphique, des machines élévatrices d'eau et des cuisines. Les 9 fours produisaient jusqu'à 41 000 rations de pains par jour. Le Soldat inconnu est l'une des 500 000 victimes de la monstrueuse bataille de 1916. Afin de rendre le parcours de la mémoire plus intense, la vie des soldats durant le combat a été reconstituée en 15 scènes très réalistes que l'on découvre dans des nacelles sur rail, automatisées. En fin de visite, vous assistez à la reconstitution de la scène du choix du soldat inconnu, qui eut lieu le 10 novembre 1920 ; celui-ci repose aujourd'hui sous l'arc de triomphe à Paris. Incontournable et émouvant ! Le spectacle est disponible en 6 langues. Prévoir une petite laine : à l'intérieur, la température est de 7 °C. Claustrophobes s'abstenir.

■ MISSION HISTOIRE

Centre Mondial de la Paix
Palais épiscopal
VERDUN
✆ 03 29 83 77 68 / 03 29 45 77 29
verdun-meuse.fr
mission-histoire@cg55.fr

Ouvert du lundi au vendredi de 9h à 12h et de 14h à 18h ; le samedi de 9h à 12h et de 14h à 16h.

Département martyr, dévasté par quatre années de combats effroyables, la Meuse est devenue un département de mémoire. Alors que le dernier combattant de la Grande Guerre a disparu, le temps de l'histoire succède à celui du souvenir. Depuis 2008, la Meuse a amorcé un tournant fondamental en initiant une politique du Temps de l'Histoire, mise en œuvre sur l'ensemble du territoire meusien. La Mission Histoire, service rattaché au conseil général de la Meuse, a pour objectif de définir, piloter et coordonner ces politiques mémorielles qui se structurent autour de la mémoire des guerres contemporaines, mais plus particulièrement de la mémoire de la Grande Guerre avec comme objectif de préparer comme il se doit le centenaire 2014-2018 de la Première Guerre mondiale. Chaque année, la Mission Histoire va ainsi mettre une thématique centrale en rapport avec l'histoire du département, si riche et pourtant parfois méconnue... 2014 sera « La Meuse entre Résistance et Occupation ». N'hésitez pas à contacter la mission pour connaître la programmation plus en détail.

Se restaurer

■ L'ABRI DES PELERINS
Place Monseigneur-Ginisty
DOUAUMONT © 03 29 85 50 58
Fermé le lundi. Ouvert du mardi au dimanche. Menu enfant : 8 €. Formule : 16 €. Carte : de 4 à 16 €.
Si vous avez besoin de vous restaurer lors de votre visite des champs de bataille de Verdun, la brasserie de l'Abri des Pélerins s'efforce de répondre à vos besoins. Le cadre est rustique et la carte met en avant des plats simples, de la quiche lorraine à l'omelette, en passant par les pâtes, l'entrecôte et l'andouillette. L'établissement dispose d'une terrasse et accueille également les visiteurs à toute heure de la journée pour une pause café.

■ LES COCOTTES DU CUL DE POULE
70, rue de Cernay
REIMS © 03 26 47 99 57
www.auculdepoule.fr
Ouvert du mardi au samedi de 12h à 16h. Plats de 12 € à 20 €. Sur place ou à emporter.
L'épicerie s'est transformée en une épicerie-restaurant. Cet espace respire la sérénité avec une décoration sur des tons clairs, colorés. Le patron, Michel, vous fera profiter de son humour et de sa gentillesse. Les plats sont à base de cuisine de tradition et de recettes de grand-mère... Vous avez le choix entre la carte et trois délicieuses recettes mijotées en cocotte. Vous pouvez consommer vos plats sur place ou alors les emporter. Le rapport qualité/prix est très intéressant, et vous vous régalerez !

■ AU CUL DE POULE
46, boulevard Carteret
REIMS © 03 26 47 60 22
www.auculdepoule.fr
Ouvert du lundi au vendredi le midi de 12h à 14h ; le lundi, le mardi et du jeudi au samedi le soir de 19h30 à 22h. Réservation recommandée. Menus de 15 € à 30 €. Vin au verre. C'est un décor tout de bleu et de marron que l'on trouve au 46 boulevard Carteret ! Stéphane et Peggy Kikel ont fait de leur enseigne située un peu à l'écart du centre-ville un lieu incontournable de ce qu'ils nomment à juste titre et avec humour la bistronomie, un lieu unanimement apprécié d'une clientèle de vrais fidèles séduits par les préparations quotidiennement renouvelées de ce jeune chef talentueux et créatif qui associe les bons produits du moment choisis au marché du jour, et les saveurs du monde. La gentillesse de l'accueil comme l'efficacité du service doivent être soulignées, ainsi que la sagesse de l'addition.

■ BONSEJOUR RESTAURANT
33, avenue de Metz
VERDUN © 03 29 84 66 63
www.lebonsejour.fr
Ouvert toute l'année, tous les jours sauf le lundi. Tarifs : de 7 € à 22 €. Le Bonséjour est un restaurant-grill-pizzeria qui ravira vos papilles. Les plats et les pizzas sont copieux, et la carte de vins est également intéressante. Vous mangerez dans une ambiance simple, avec une décoration à base de couleurs marron et beige, et une petite cheminée qui apporte encore un peu plus de chaleur à la salle de restaurant. Si vous avez une envie soudaine de pizza et que vous souhaitez l'emporter chez vous, c'est possible. Il suffit de leur passer un coup de fil et elle sera prête quand vous viendrez la chercher !

■ LA PAILLOTE MEUSIENNE
Aérodrome du Rozelier
VERDUN © 03 29 86 49 02
jacquesamandine@msn.com
Ouvert du 2 janvier au 23 décembre. Ouvert du lundi au jeudi le midi, et du vendredi au dimanche midi et soir. Tarifs : de 6 € à 17 €. Animaux acceptés.
Restaurant, grill, buffets... A La Paillote Meusienne, vous avez le choix avec des plats du jour qui changent chaque jour. Il s'agit d'un restaurant familial proposant une cuisine simple mais excellente, et pas chère du tout. Vous pouvez vous installer en toute décontraction sur la jolie terrasse si le temps le permet.L'endroit est, en outre, très bien situé puisqu'il se trouve sur la base de l'aérodrome du Rozelier.

Se loger

■ LE COQ D'OR
5, rue Argonne
MONTFAUCON-D'ARGONNE © 03 29 87 30 01
www.bblecoqdor.com
info@bblecoqdor.com
Ouvert toute l'année. Chambre simple 35 € ; chambre double 55 €. Petit déjeuner inclus.
Dans le village meusien de Montfaucon-d'Argonne, le café Le Coq d'Or dispose de onze chambres d'hôtes à l'étage pour les visiteurs de passage. Celles-ci sont confortables et disposent d'une salle de bains privative récemment rénovée. Le petit déjeuner se prend dans une salle ancienne et charmante aux meubles anciens, à l'image de la salle du café et de son bar en bois. L'établissement fait également table d'hôtes.

■ FERME LAFAYETTE
45, rue Raymond-Poincaré
MONTFAUCON-D'ARGONNE © 03 29 80 16 32
www.ferme-lafayette.com
info@ferme-lafayette.com
Ouvert toute l'année. Chambre simple à partir de 45 € ; chambre double à partir de 65 €. Petit déjeuner inclus (ainsi qu'un encas). La ferme Lafayette, détenue par un sympathique couple belge, dispose de quatre chambres très confortables à la décoration chaleureuse et soignée, chacune équipée d'une salle de bains privative. Le soir, vous pourrez prendre vos repas dans cette charmante demeure, qui fait aussi table d'hôtes et propose une cuisine familiale. Une adresse utile pour passer un agréable séjour et découvrir la région argonnaise et les vestiges de la Grande Guerre.

■ HOTEL ALHAMBRA
38, rue Emile-Zola
REIMS © 03 26 47 27 70
www.hotelalhambrareims.com
info@hotelalhambrareims.com
Ouvert toute l'année. 12 chambres. Chambres simples ou doubles : à partir de 35 €. Wifi. Réception 24h/24 et 7j/7. TV (chaînes internationales). Petit déjeuner continental : 5 €/jour/personne. Terrasse.
L'hôtel jouit d'une excellente situation près du Palais du Tau et de la cathédrale de Reims. Ses 12 chambres sont spacieuses ; pour une ou plusieurs personnes, la gamme proposée est vaste. Toutes possèdent des salles de bains privatives, la télévision et un accès Internet. Vous pouvez prendre le petit déjeuner sur place, et il est copieux ! Pour

info-pilote
www.infopilote.fr
info-pilote
La voiture volante
Retrouvez Info-Pilote sur internet

les repas, si vous souhaitez varier les plaisirs, de nombreux restaurants s'offrent à vous tout près de l'hôtel.

■ **HOTEL D'ALSACE**
6, rue Sarrail
REIMS ✆ 03 26 47 44 08
www.hoteldalsacereims.com
24 chambres. Chambre simple 40 € ; chambre double 50 €. Pension complète : 60 €. Animaux acceptés (3 €). Restauration (formules : de 10,50 € à 18,50 €).
L'hôtel d'Alsace est un bar-brasserie-pension. Ses chambres sont calmes et propres avec des meubles anciens en bois, et un décor simple. L'établissement est idéalement situé pour qui souhaite visiter la ville. Un petit déjeuner continental est servi tous les matins, et le restaurant-brasserie propose des plats traditionnels comme le bœuf bourguignon. Le soir, vous pouvez vous retrouver au bar pour discuter avec les autres clients de l'hôtel.

■ **HOSTELLERIE DU COQ HARDI**
Avenue de la Victoire
VERDUN ✆ 03 29 86 36 36
Ouvert toute l'année. Chambres : à partir de 78 €. Chambre famille : 150 €/nuit (chambre + petit déjeuner buffet). Restauration. Le hall et la réception avec la grande cheminée sont superbes. A L'Hostellerie du Coq Hardi, vous trouverez une décoration ancienne, traditionnelle avec des chambres cosy. L'hôtel est bien décoré avec une ambiance intimiste. Les petits déjeuners sont copieux avec des produits locaux très frais et gastronomiques. Les desserts sont aussi excellents, avec notamment un millefeuille de framboises délicieux. Le restaurant vaut donc le détour !

■ **HOTEL LES COLOMBES***
9, avenue Garibaldi
VERDUN ✆ 03 29 86 05 46
hotel-lescolombes.com
valeriechretien2@wanadoo.fr
30 chambres (de 37 € à 70 €). Lit supplémentaire : 11 €. Petit déjeuner : 6 € en salle, 6,50 € en chambre, gratuit pour les enfants de moins de 6 ans. Animaux acceptés (10 €/jour et par animal).
Voilà un hôtel sur deux étages, agréable et sans prétention. Les prix sont abordables, les chambres (avec ou sans terrasse) sans fioritures mais propres. Elles ont une décoration sobre, avec des couleurs claires. Ici, le mot d'ordre est la simplicité, et les clients s'y sentent donc vite à leur aise. Il est de plus tout proche du centre-ville. N'hésitez pas à demander conseil aux propriétaires sur les endroits à visiter, ils vous donneront de précieux conseils !

Pratique

■ **TAXI RADIO REIMS**
7, rue Labori
REIMS ✆ 03 26 02 15 02
www.taxiradioreims.fr
taxiradioreims@gmail.com
Ouvert toute l'année, 24h/24.
Pour tous vos déplacements, un seul coup de fil et Taxi Radio Reims est là pour vous servir et vous conduire à l'endroit où vous devez vous rendre. Il couvre l'ensemble des aérodromes de la région ; vous ne raterez donc aucun de vos vols. Il vous transporte dans Reims, ou dans toute la France, quelle que soit la distance. Leurs véhicules sont récents et climatisés. Il vous propose également des excursions touristiques et la visite du vignoble champenois.

■ **LES TAXIS DE REIMS**
Cour de la Gare
REIMS ✆ 03 26 47 05 05
www.taxireims.com
Ouvert tous les jours et les jours fériés. Standard ouvert 24h/24. Les Taxis de Reims proposent des déplacements vers les gares parisiennes : Lyon – Nord – Est – Montparnasse – Austerlitz – Massy – Marne la Vallée à Euro Disney. Des liaisons sont possibles au départ de Reims vers les aéroports nationaux d'Orly et Roissy Charles de Gaulle, et internationaux vers les aéroports de Bruxelles et de Luxembourg. Possibilité de réserver une berline, un break, un monospace ou un mini-bus de 8 places. Chaque véhicule est climatisé.

■ **TAXI JACQUET**
BP 30036
VERDUN ✆ 03 29 86 76 90 / 06 08 54 08 67
www.taxi-jacquet.com
Tarif : aller-retour en charge à partir de 0,82 €/km. Majoration de 50% la nuit, le dimanche et les jours fériés.
Les équipes de Taxi Jacquet se tiennent à votre disposition 7 jours sur 7 et 24 heures sur 24. Le confort et la sécurité des clients sont leurs priorités. Vous ne serez donc pas déçus par leur sens duservice. Tous les aéro-clubs de la région sont desservis, afin que vous puissiez profiter au mieux de vos vols en avion à la découverte de cette belle région. Les taxis Jacquet peuvent également venir vous chercher sur votre lieu d'arrivée et vous ramener à votre véhicule, à votre domicile, à la gare ou dans un aéroport. Tout est possible !

Le tour du Léman en 60 minutes chrono

N H F A

Cette boucle suit un cheminement simple mais précis. Elle est à effectuer par bonne visibilité, d'abord pour l'intérêt touristique et surtout pour ne jamais risquer de pénétrer la CTR de Genève. Elle est aussi à mener plutôt par temps calme : la proximité des reliefs, longés sous différents caps (pour rester dans la classe C, les 3 500 feet ne doivent pas être dépassés durant la quasi-totalité du vol), fait que l'on peut, plus qu'ailleurs, rencontrer un air agité à un moment ou à un autre. La navigation se déroule après dépôt d'un plan de vol auprès de Lyon et, bien sûr, en contact avec Annemasse en local de l'aérodrome. Si l'on désire se poser en Suisse, la douane est à demander une heure avant le départ (renseignements au 04 72 82 12 01). La boucle peut être réalisée dans les deux sens. Pour la lumière, le sens horaire, comme ici retenu, est à privilégier le matin (on aura le soleil dans le dos au retour à Annemasse), mais la piste en service peut aussi influencer : en cas de décollage en 12, face au massif du Mont-Blanc, la boucle est plus vite débutée en sens anti-horaire. Attention dans ce cas à bien respecter le circuit « moindre bruit ».

La navigation

Au départ d'Annemasse, nous vous proposons cette navigation transfrontalière autour du plus grand lac d'Europe, qui ne nécessite pas l'utilisation du FCL 1.028.

Il est de toute façon indispensable, avant le vol, d'avoir bien pris connaissance à l'aéro-club des particularités du circuit de piste d'Annemasse. A vitesse « touristique » (85 kt), cette navigation prend un peu moins d'une heure, ou nettement plus si des 360° sont tournés autour de quelques sites remarquables. Dans ce cas, les consignes de vigilance et de respect de la vitesse d'évolution sont à appliquer scrupuleusement.

Annemasse – Saint-Julien-en-Genevois

Cap 234° – 8 Nm – 5 mn

Rappel : Annemasse étant située à 1 617 feet et le lac étant lui-même à 1 220 feet, la boucle est obligatoirement débutée à une hauteur du sol relativement basse (1 800 feet maximum sur la plaine), pour culminer plus tard au-dessus de l'eau à 2 200 feet de la surface. Le plan de vol doit être activé au démarrage. Au besoin, l'aéro-club peut s'en charger. Juste après le décollage, on bascule de la fréquence 125.875 sur Genève Approche (126.350). Dès la sortie du tour de piste, un air agité et des turbulences sont possibles près du Salève. Si le câble du téléphérique ne doit pas poser de problème, à moins d'un passage proche de la falaise, la présence courante de parapentistes impose une attention soutenue. A droite, derrière nous, Annemasse ne se distingue plus, ou presque, dans l'agglomération transfrontalière formée autour de Genève, elle-même seconde ville la plus peuplée de Suisse. Le cheminement doit passer à gauche de l'autoroute A40 avant Saint-Julien, petite ville annoncée par le site d'affaires d'Archamps, où un héliport relativement actif est installé, et la grande douane autoroutière de Bardonnex.

Saint-Julien – Fort l'Ecluse

Cap242° puis 320° – 10 Nm – 6 mn

En restant à gauche de l'autoroute A40 jusqu'à arriver au travers de Fort-l'Ecluse, sous le Jura où le Rhône se retrouve brusquement comprimé entre deux falaises, on survole une vaste plaine agricole. Une fois le cap pris sur Fort-l'Ecluse, le vol à proximité du Vuache peut être accompagné, surtout en cas de vent de nord, de quelques remous créés par un régime de vents assez actif sur cette modeste montagne de la chaîne du Jura, que nous continuerons de longer jusqu'à Lausanne. Au besoin, à proximité du relief, les 1 000 feet autorisés dans la TMA nous permettront de dépasser temporairement la limite des 3 500 feet.

Autres navigations

Le Léman offre de nombreuses possibilités de croisières nautiques, d'une heure, d'un jour ou d'un soir, touristiques ou gastronomiques... La CGN (Compagnie générale de navigation sur le lac Léman) conserve et fait naviguer la plus grande flotte Belle Epoque du monde (en capacité de passagers), avec de magnifiques bateaux construits entre 1904 et 1927. Informations : www.cgn.ch

Fort L'Ecluse – Gex

Cap1° puis 40° – 14 Nm – 10 mn

A proximité du fort édifié pour garder le défilé à la croisée des frontières française, savoyarde et suisse, cap au nord pour suivre l'arc du Jura, sous les sommets (dont le Crêt de la Neige, point culminant du massif à 1 720 m) où cheminent les randonneurs du GR « Balcon du Léman » pour une boucle bien plus large que la nôtre. L'avion doit rester à gauche de la voie rapide qui relie Fort-l'Ecluse à Gex. A 100 m sous la plaine, le Large Hadron Collider (« grand collisionneur de hadrons » en français) du CERN forme un cercle de 27 km. Dotée d'un budget de 9 milliards de dollars, cette expérience scientifique a été récompensée début juillet par l'officialisation de l'existence du boson de Higgs. Le célèbre jet d'eau de Genève – qui ne fonctionnait pas lors de notre départ – est maintenant en activité, signe que l'intensité du vent a probablement diminué, et sa hauteur avoisine 150 m. Le survol de la petite ville de Gex, où débute la longue montée en lacets de la route du col de la Faucille, se déroule peu après le passage du travers du seuil des pistes de Cointrin, côté lac.

Gex – Morges

Cap 59° – 24 Nm – 15 mn

Immédiatement après Divonne-les-Bains, identifiée par le petit lac qui justifie son nom et autorise son casino (on évitera le survol de l'hôpital), nous passons en Suisse. Au niveau de La Dôle, reconnaissable à la boule blanche qui la coiffe, notre navigation commence à s'éloigner de l'arc du Jura. Au nord de Nyon, les chapiteaux du Paléo Festival, qui réunit chaque mois de juillet 230 000 spectateurs pour 210 concerts, sont déjà édifiés. Peu après, à droite, on distingue parmi les champs l'aérodrome de La Côte grâce à l'alignement de ses hangars en lisière de bois. Ensuite, entre Gland et Rolle, ce sont les propriétés de milliardaires qui défilent sous nos ailes. A Rolle, à une centaine de mètres du rivage, la minuscule île de la Harpe a été érigée au XIXe siècle pour protéger le port, car s'il ne risque pas l'incendie (comme l'exprime la sagesse helvète), le lac peut parfois être démonté et des avis de tempête sont donnés aux plaisanciers par un réseau de 22 phares orange répartis sur son périmètre. Puis la balise de Saint-Prex est identifiée visuellement sur le lac et sur le tableau de bord par le basculement de l'indicateur de To en From. Droit devant s'étend la ville de Lausanne, au-dessus de laquelle on distingue l'aérodrome de La Blécherette.

Le tour du Léman en 60 minutes chrono

Le tour complet

Plutôt que de prendre le cap d'Evian à Morges, la navigation peut se prolonger sur la rive suisse par Lausanne, Vevey et Montreux. On sort dans ce cas de la TMA dès l'abord de l'agglomération lausannoise, et la limite des 3 500 feet disparaît. Tout comme ceux du Jura peu avant, les premiers contreforts des Alpes se révèlent couverts de vignes, souvent sur de fortes déclivités. Parmi les sites touristiques remarquables, citons le château de Chillon, popularisé par Jean-Jacques Rousseau et Lord Byron, qui se détache sur le lac peu avant la large embouchure du Rhône. On retrouve la France à Saint-Gingolph, petite ville-frontière dominée par le massif qui surplombe le lac jusqu'à Lugrin.

Morges – Évian

Cap 150° – 7,5 Nm – 5 mn

Notre traversée du Léman est entreprise à proximité de sa plus grande largeur (14 km) et sur sa plus grande profondeur (309 m). Le lac s'est constitué lors du retrait du glacier du Rhône après la dernière période glaciaire, il y a près de 15 000 ans. Sa masse d'eau crée à ses abords un microclimat. A notre gauche, du côté de Montreux, on va jusqu'à y faire pousser palmiers, agaves et autres plantes exotiques... Les vents sont ici particulièrement nombreux : les plaisanciers en comptent plusieurs dizaines, divisés en vents généraux (la bise est le plus connu), vents d'orage (vaudaire, bornan, etc.), brises ou vents thermiques (rebat, séchard, etc.), et bien d'autres encore.

Évian – Yvoire

Cabotage autour du 260° – 11 Nm – 8 mn

A notre gauche, sur le tiers est du lac, face aux stations balnéaires suisses, la côte française est dominée par les montagnes parmi lesquelles culmine la Dent d'Oche (2 221 m). Evian, première ville importante après cette façade escarpée, s'étire au bord du lac, toute en grands hôtels et villas du XIXe. L'Hôtel Royal surplombe le centre-ville. La plaine côtière débute réellement à Thonon, d'où se détachent les vastes unités d'embouteillage des eaux d'Evian qui se visitent à Amphion. La réserve naturelle du delta de la Dranse est un espace préservé, jouxté par la magnifique marina de Port-Ripaille, nichée au cœur d'un massif forestier. A proximité, on admire le château de Ripaille, son parc, ses vignes et ses jardins, voulus comme une « œuvre d'art totale » par Frédéric Engel-Gros, qui avait acquis à la fin du XIXe siècle cette résidence des ducs de Savoie. Jusqu'à la grande plage d'Excenevex, le vol sur lac permet de surprendre de splendides résidences invisibles des terriens. Au nord de la côte du Chablais, sur un éperon rocheux, le village fortifié et fleuri d'Yvoire est aussi justement appelé « perle du Léman ». Mais attention, nous sommes juste dans l'axe des pistes 05-23 de Cointrin. La proximité de la CTR impose de rester à l'est d'Yvoire.

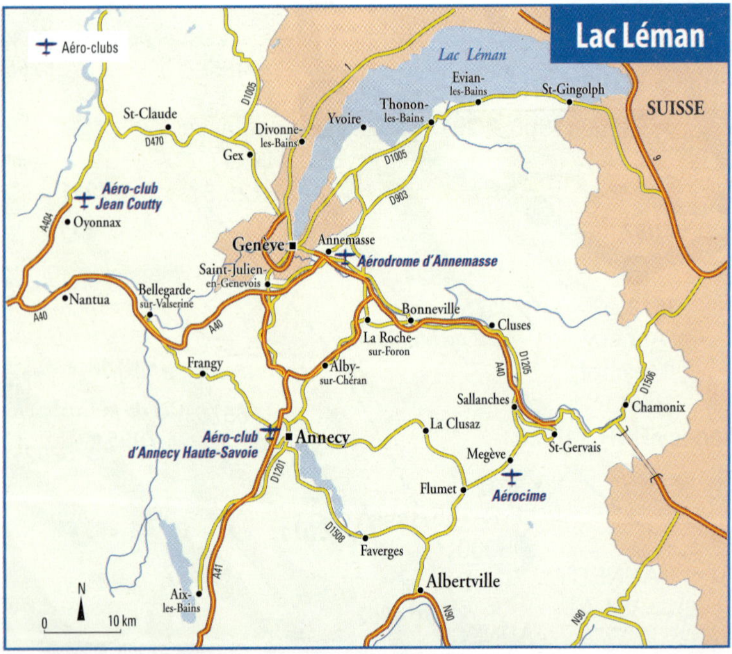

AÉROPORT
ANNECY
MONT BLANC
SNC · LAVALIN
DU LAC D'ANNECY
AU LAC LÉMAN,
LE PLUS BEAU DES VOLS
www.annecy.aeroport.fr

Yvoire – Annemasse

Cap 166° – 11 Nm – 8 mn

Toujours pour ne pas risquer de pénétrer la CTR de Genève, on ne s'éloigne pas du lac pour le retour vers Annemasse. En direction des Voirons, la colline boisée de Ballaison émerge de la plaine. Passé Bons-en-Chablais, où l'on a changé de cap, la tour de Langin domine le petit lac de Machilly sous notre aile droite. Il est temps d'informer Annemasse de notre retour, avant de rejoindre le point d'entrée R, pour Reigner, petite ville au sud du terrain. Selon le régime de bise, l'atterrissage en 30 peut être accompagné de turbulences modérées à fortes en très courte finale. Après clôture du plan de vol, la navigation se terminera naturellement au bar de l'aéro-club, dont la terrasse s'ouvre directement vers la piste et le massif du Mont-Blanc. De quoi être inspiré pour une prochaine boucle !

Aérodromes et aéro-clubs

■ AERODROME D'ANNEMASSE
Route de Thonon
ANNEMASSE ✆ 04 50 37 12 75

Ouvert tous les jours de 8h à 20h.

Ce petit terrain presque urbain propose différents types de vol pour survoler le lac Léman et la vallée Verte. Si vous préférez l'hélicoptère, des parcours du mont Blanc vous feront découvrir aiguilles, glaciers, cols et lacs (de 190 € à 290 € le billet valable deux ans). Il est également possible de préparer sur place son brevet de pilote privé après avoir obtenu le brevet de base. Le brevet de pilote s'obtient après 45 heures de vol qui comprennent des vols doubles et des vols en solo. Renseignements auprès de Mont Blanc Hélicoptères au 04 50 92 78 21 et du Club Aéronautique au 04 50 37 12 75. Avide de sensations fortes, Parachutisme 74 (06 78 24 94 29) vous propose un premier saut en tandem à 280 € avec un petit supplément pour une éventuelle vidéo souvenir. Renseignements sur www.parachutisme74.com

■ AEROCIME
Altiport – 3368, route de Côte 2000
MEGÈVE ✆ 04 50 21 03 21
www.aerocime.com – aerocime@orange.fr

Ouvert toute l'année. Réservation conseillée : 24h à 48 h à l'avance. Tarifs pour 3 adultes (ou 2 adultes + 2 enfants) dans le même avion : 198 € pour vol de 30 min Chamonix ; 297 € pour 40 min de vol Vallée Blanche ; 396 € pour un vol Massif du Mont-Blanc. Demi-tarif pour les -12 ans.

Pour découvrir les panoramas grandioses sur le Haut Val d'Arly et le massif du Mont-Blanc, avec des pilotes professionnels de la première compagnie d'avions agréée par la Direction générale de l'Aviation civile. Depuis l'altiport de Megève, après un décollage impressionnant au plus près des montagnes environnantes, on s'envole dans un « Mousquetaire » (ils sont équipés de skis en période hivernale), en toute sécurité, pour survoler un des trois circuits proposés : le grand circuit du massif du Mont-Blanc avec les aiguilles, les Grandes Jorasses, les glaciers et retour par le massif des Aiguilles Rouges ; la vallée Blanche et le tour du mont Blanc ; le petit tour de la vallée de Chamonix. Grâce aux grandes verrières panoramiques non teintées (idéal pour prendre des photos), chaque passager (2 à 5) dispose d'une vue imprenable. Des moments privilégiés qui nous font nous sentir tout petits dans l'immensité des sommets du « toit de l'Europe ».

■ AÉROCLUB D'ANNECY HAUTE-SAVOIE
60, rue de l'Aérodrome
MEYTHET ✆ 04 50 22 04 25
www.aeroclubannecy.com
acannecy@wanadoo.fr

Ouvert du mardi au vendredi de 9h à 12h et de 14h à 17h ; le samedi de 9h à 12h.

Quoi de plus beau que de voler entre lac et montagne dans l'un des avions de l'aéroclub d'Annecy Haute-Savoie ! Des sensations et des souvenirs impérissables à bord d'un petit avion avec sa grande verrière pour mieux admirer les paysages les plus sensationnels des Alpes. On part survoler le Mont-Blanc, faire le tour des Alpes ou, pourquoi pas, celui de Corse en une grande journée. Une situation privilégiée pour cet aéroclub où l'on peut se former et passer ses brevets.

■ AÉROCLUB JEAN COUTTY
Aérodrome Arbent
OYONNAX ✆ 04 74 77 21 00
http : //aeroyonnax.free.fr
aeroyonnax@free.fr

Transports : taxis nombreux et dispos – aérodrome desservi par une ligne de bus urbain.

Survolez les crêtes du Jura avec vue sur le lac Léman, le parc naturel du Haut Jura, la haute vallée de l'Ain et le Haut Bugey... Voilà une partie du vaste programme de découvertes que vous allez pouvoir faire en décollant d'Oyonnax. A l'aéroclub Jean Coutty, une salle pour préparer les navigations est rendue accessible aux pilotes de passage, ainsi qu'un accès à un ordinateur et à une connexion Internet. Le plus : la possibilité de camper sur l'aérodrome ! Pour votre confort si vous choisissez de dormir sur place, sachez que vous aurez à disposition des douches et des toilettes. Vous apprécierez aussi le bar de l'aéroclub ouvert tous les soirs !

À voir – À faire

■ BOWLING DE L'AÉRODROME
1, rue de l'Industrie
ANNEMASSE ✆ 04 50 38 67 74
www.bowlingannemasse.com
info@bowlingannemasse.com

Sortie bowling ? Pourquoi pas ! Pour s'amuser entre amis ou en famille, le bowling de l'aérodrome à Annemasse est idéal. Et puis si le cœur vous en dit, vous ne serez pas cantonné qu'au jeu de bowling, puisque vous pourrez tout aussi bien ici partager une partie de billard (11 billards sont ici à disposition, dont 1 billard américain) ou vous adonner à des jeux vidéos, faire du simulateur de voiture, du flipper, du baby-foot... Autant de raison de venir se divertir au bowling de l'aérodrome !

■ CASINO D'ANNEMASSE
2, avenue de l'Europe
ANNEMASSE ✆ 04 50 87 07 87
www.casinoannemasse.com

Ouvert toute l'année. Du dimanche au jeudi de 10h à 2h ; le vendredi et le samedi jusqu'à 3h. Les jeux traditionnels ouvrent à 19h30.

A deux pas de la frontière Suisse, mais s'ouvrant largement vers une clientèle locale et française, le Casino d'Annemasse nous accueille dans un cadre grandiose. Dans le décor feutré des salles de jeux, on mise dès cinq centimes avec les nombreuses machines à sous, elles sont 170 au total. On notera que l'accès aux jeux traditionnels est gratuit depuis trois ans. Le casino applique la mixité, les jeux et machines font salle commune. Le restaurant, qui dispose de 160 couverts, propose une cuisine française. La piste de danse s'anime lors des soirées à thème, découvrez l'agenda des animations sur le site.

■ **HIPPODROME ANDRE LONGCHAMP**
Bord du lac, côté douane de Chavannes
La petite Allée
DIVONNE-LES-BAINS
✆ 04 50 20 03 72 / 06 03 00 67 14 / 06 10 88 04 73
www.divonnelesbains.fr
societedescourses.divonne@orange.fr
Courses de galop, meeting de trot et courses nationales. Début des opérations à 14h en juillet, août et septembre. Courses programmées plusieurs fois par semaine à 14h00 (voir calendrier sur le site Internet).
Créé en 1965, l'hippodrome de Divonne-les-Bains est le seul hippodrome du bassin lémanique ! Il appartient au patrimoine de la ville. Il existe deux pistes : la première en herbe pour le galop, la seconde en pouzzolane pour le trot. Elles ont été rénovées en 2012. Affilié à la Fédération des courses du Centre-Est, il est le rendez-vous des amateurs de courses hippiques (trotteurs et galopeurs participants de renommée internationale) venant du Pays de Gex bien sûr, mais aussi de Suisse lémanique, du Jura suisse et français, de Rhône-Alpes et de Franche-Comté. En 2013, deux réunions nationales « premium » ont été programmées pendant le meeting de trot (deuxième quinzaine du mois d'août). Une situation privilégiée au bord du lac, à proximité d'équipements de loisirs familiaux et d'un golf 9-trous, avec une vue panoramique, des évènements attractifs... Des atouts sérieux pour cet hippodrome !

■ **GENÈVE TOURISME & CONGRÈS**
18, rue du Mont-Blanc
GENÈVE ✆ +41 22 909 70 00
www.geneve-tourisme.ch
info@geneve-tourisme.ch
Ouvert 7j/7 : le lundi de 10h à 18h, du mardi au samedi de 9h à 18h et le dimanche de 10h à 16h.
Dynamique, efficace, cette fondation a plusieurs missions. Répondre avec une grande exigence de qualité, aux besoins du tourisme de loisirs et d'affaires, tant dans l'accueil que l'information ; promouvoir Genève comme haute destination de tourisme, et organiser des évènements et manifestations d'intérêt touristique (*Fêtes de Genève*). Dans l'imposant monument qui abrite la Poste, à quelques enjambées de la gare, Genève Tourisme & Congrès est non seulement une mine d'informations mais aussi l'initiateur de projets innovants pour promouvoir Genève, comme les Geneva Amazing Experiences. Présentées dans des *pockets maps*, ces expériences suggèrent des visites originales et personnalisées de la ville et de ses environs. Toutes les cartes sont bilingues anglais et langue du visiteur (arabe, chinois, russe, anglais, allemand, français, brésilien, espagnol et hindi). Il existe aussi une carte sur le thème de l'horlogerie, la Geneva Watch Tour. D'autres initiatives sont à saluer : audioguides de Genève (2 visites : Vieille ville et Quartier international) en 5 langues (français, anglais, allemand, russe et espagnol), des forfaits hôteliers on line super intéressants et le GENEVA PASS, une *city card* proposant plus de 60 attractions gratuites ou à prix particulièrement avantageux durant 24, 48 ou 72h, sans oublier les Geneva Tourists Angels ! De jeunes étudiants formés à l'accueil des touristes et sélectionnés pour leur capacité à s'exprimer dans les langues les plus diverses (de mi-juillet à mi-août). Et cerise sur le gâteau, à Genève, les transports publics sont gratuits pour tous les clients des hôtels, des auberges de jeunesse et des campings durant la durée de leur séjour. Des initiatives qui font aimer Genève aux visiteurs, comme aux Genevois !

Autre adresse : Genève Aéroport – Hall d'Arrivée (Visitor's Center) – Tél. + 41 22 717 80 83

■ **JET D'EAU**
21 quai Gustave Avdor
GENÈVE ✆ +41 22 418 98 70
Le jet fonctionne de début mars (pour le Salon de l'automobile) à mi-octobre, en plein été de 9h30 à 23h15. Il est éteint lorsque les conditions atmosphériques l'exigent.
Ce jet d'eau de 140 m est probablement l'image la plus connue de Genève. A l'origine, en 1886, il agissait comme soupape de sûreté de l'usine hydraulique de la Coulouvrenière, sur le Rhône, et jaillissait quand les artisans fermaient les robinets de leurs ateliers. Jusqu'au jour où, en 1891, le conseil administratif de la ville eut l'idée de génie de le transformer en attraction touristique. Il fut donc déplacé sur la Rade et y fonctionna pour la première fois en juillet 1891. Dès le mois suivant, on envisagea de l'illuminer ; ce qui fut fait aussitôt, pour célébrer les 600 ans de la Confédération. Depuis 1951, le jet est actionné par un système autonome, un petit exploit technique pour l'époque. Les deux pompes électriques qui l'animent aujourd'hui débitent 500 litres par seconde (1 000 kW, 16 bars de pression). Son aspect est déterminé par la tuyère de sortie, qui projette une colonne d'eau creuse (une colonne pleine passerait presque inaperçue) constellée de millions de bulles d'air, pour obtenir un aspect mousseux. Le jet fonctionne de début mars (pour le Salon de l'automobile) à mi-octobre, en plein été de 9h30 à 23h15. Il est surveillé en permanence, depuis le quai des Eaux Vives, par un « gardien du jet d'eau », qui l'éteint lorsque les conditions atmosphériques l'exigent.

■ **CHATEAU DE RIPAILLE**
Avenue de Ripaille
THONON-LES-BAINS
✆ 04 50 26 64 44
www.ripaille.fr – fondation@ripaille.fr
Fermé du 10 novembre au 29 mars. Basse saison : ouvert tous les jours de 11h à 17h. Haute saison : tous les jours de 10h à 18h. Adulte : 7 €. Enfant (de 7 à 15 ans) : 3,50 €. Tarif réduit : 5 €, Pass famille 18 € (2 adultes et 2 enfants et plus) Tarif de la visite guidée (du 30 juin au 1er septembre) : 4 € pour les adultes, 2 € pour les enfants. Visite guidée (tous les jours en haute-saison à 11h, 15h et 17h). Boutique.

Sans nul doute, Ripaille est un site unique et grandiose qu'il faut absolument visiter. En effet, à Ripaille on rencontre l'histoire, l'architecture, la nature et l'âme de notre pays qui se transmet à travers les murs, les arbres et l'esprit des lieux. On entre dans le domaine ceinturé de murs pour découvrir des pins parasols et des magnolias qui profitent, comme la vigne, d'un microclimat exceptionnel. L'expression « faire Ripaille » est attribuée à Voltaire, qui ironisait sur la vie austère que menait au château de Ripaille le duc Amédée VIII de Savoie. En 1619, Saint-François de Sales installera au château les chartreux qui restèrent dans ces murs jusqu'à la Révolution. Le domaine tombe peu à peu en ruines et c'est en 1892 qu'il est racheté par l'industriel et amateur d'art Frédéric Engel-Gros qui le fera restaurer dans ce style si caractéristique mêlant architecture médiévale et Art Nouveau. Ripaille, site remarquable du goût, reste synonyme de bien vivre, notamment grâce à ses vignes de grande réputation qui s'alignent sagement en direction du lac. Les pieds de chasselas donnent un vin blanc exceptionnel. Il est possible de déjeuner à la Tasse à Moustache, le restaurant du château (voir rubrique Le couvert), ou encore d'organiser des anniversaires d'enfants dans ce lieu chargé d'histoires (120 €). A découvrir cette année, l'offre comprenant le déjeuner au restaurant du château de Ripaille (sauf le samedi) pour deux personnnes ainsi que l'accès au château de Ripaille, le parcours de la visite incluant trois expositions et deux films (65 € pour deux personnes).

■ **FORET DE RIPAILLE ET ARBORETUM**
THONON-LES-BAINS
www.ripaille.fr
fondation@ripaille.fr

Fermé en décembre. Basse saison : ouvert du mardi au dimanche de 10h à 16h30. Haute saison : du mardi au dimanche de 10h à 19h.

On se promène dans cette forêt de 53 hectares selon un réseau d'allées en étoiles. Terrain de chasse des contes de Savoie durant le Moyen Age, la futaie des vieux chênes rouvres, remarquable du point de vue historique est emblématique du domaine. La forêt de Ripaille a beaucoup souffert lors des tempêtes de 1999, mais elle reste un endroit magique, où gambadent les chevreuils et où il fait bon flâner. De nombreux oiseaux nicheurs y ont élu domicile. Le site a d'ailleurs reçu le label « ZICO », Zone Importante de Conservation des Animaux.

Se restaurer

■ **AUBERGE RIPAILLE**
382, route des Chavonnets
ALBY-SUR-CHÉRAN ✆ 04 50 68 22 98
www.auberge-ripaille.com
contact@auberge-ripaille.com

Fermé du 1er au 15 août. Ouvert le mardi et du jeudi au samedi le soir de 19h à 21h ; du mardi au dimanche le midi de 12h à 13h30. Menus de 26 € à 38 €. Menu enfant : 10 €. Formule du midi : 19 € (du mardi au vendredi). Vin au verre. Terrasse.

Dans une ancienne ferme restaurée, au bout d'une petite route de campagne sur un promontoire. Belle déco de la salle à manger dominée par une cheminée et un bar d'angle. Au déjeuner le soleil inonde les lieux. On déguste une cuisine sans prétention, saladine à l'effilochée de cuisse de canard confite, féra préparé en nem avec beurre de soja aux herbes du jardin. Un parfait glacé au Grand Marnier au génépi avant de quitter la table et on se dit que l'on a passé un bon moment.

■ **LE TOURNAVEL**
10, rue Adrien-Ligué
ANNEMASSE ✆ 04 50 37 92 08

Ouvert tous les jours le midi de 11h45 à 14h15 et le soir de 19h à 23h. Réservation recommandée. Carte : 15 € environ. Plat du jour : 8,50 €.

Il s'agit du restaurant savoyard par excellence sur Annemasse. Déjà le nom de l'enseigne est bien du cru puisque le mot savoyard « tournavel » signifie « conduit

Un cru d'exception

Le vignoble de Savoie est d'une très grande qualité, et Ripaille est l'un des 22 crus que possède la Savoie. Il est parfumé, élégant, sec et fruité. Grâce à son vin, Ripaille l'un des sites les plus cotés en France.

■ **DOMAINE DE RIPAILLE**
✆ 04 50 71 75 12 – THONON-LES-BAINS
www.ripaille.fr/domaine.php – domaine@ripaille.fr
Prendre la route pour la ville de Thonon-les-Bains et suivre la route qui longe le lac pour arriver à la plage de Thonon. Le château de Ripaille est juste à côté.

Ouvert du lundi au vendredi de 10h à 12h et de 14h à 18h ; le samedi de 10h à 12h.

Un véritable joyau dans un écrin de verdure et une pluie de récompenses pour un cru d'exception élaboré avec passion et savoir-faire, reconnu en 1994, comme l'un des 100 sites remarquables du « Goût en France ». Il faut dire que le domaine de ce château du XVe siècle bénéficie d'une situation privilégiée attestée depuis des temps anciens puisque la vigne était déjà mentionnée à l'époque gallo-romaine. Le vignoble occupe 22 hectares. Terroir et climat adouci par le voisinage du lac Léman s'allient pour que le chasselas confère au vin toute sa finesse et son originalité. La vinification est conduite selon des méthodes rigoureuses et naturelles. Le vin blanc château Ripaille est parfumé, élégant, sec, friand, fruité au nez, frais au palais. Le 26 avril 2010, le comité interprofessionnel des vins de Savoie a décerné, pour la septième fois, la médaille d'or au vin de Ripaille dans la catégorie cépage chasselas. Des bouteilles peuvent être achetées directement au domaine, à la loge du château.

de bois » qui permet de passer le foin du grenier – ou soli – à l'étable. Nous apprécions la sobriété des lieux garnis de bois, mais à l'allure plus contemporaine que rustique. Aux murs, les vaches gardent une allure plutôt stylisée en parfaite harmonie avec le reste du décor. La terrasse légèrement surélevée ne désemplit pas l'été et c'est toujours avec autant de plaisir qu'on s'invite chez la famille Martini. La carte nous offrent les plaisirs des alpages descendus jusqu'en plaine avec de savoureuses spécialités à base de fromage. Outre les traditionnelles fondues servies même pour une personne, on a le choix entre une raclette au brézain, une pela au chèvre, une croziflette, une tartiflette servie sur pierre chaude ou un délice du tournavel servi avec charcuterie. Le fromage est sans conteste la spécialité de la maison jusque dans la viande avec le poulet de Bresse aux morilles. Une adresse recommandée fidèle aux plats des pays de Savoie.

■ CAFÉ PAPON
1 rue Henri-Fazy
GENÈVE ✆ +41 22 311 54 28
www.cafe-papon.com

Cuisine française. Ouvert du lundi au vendredi de 7h à 22h et le samedi de 9h30 à 22h. Fermé dimanche. Plat du jour : 21 CHF. Carte de 70 CHF à 80 CHF.

Tout d'abord un peu d'histoire, car s'il est bien un lieu à Genève où l'on peut remonter le temps jusqu' au Moyen Age, c'est bien au Café Papon. Protégé par la tour Baudet datant de 1455, situé dans le bâtiment de l'hôtel de ville, le Café Papon bénéficie d'un emplacement privilégié. Avec ses voûtes et ses vieilles pierres, tradition et charme sont au rendez-vous pour s'imprégner de l'esprit de Genève. La carte de plats savoureux change toutes les deux à trois semaines, suivant les saisons et les produits qui s'y attachent. A noter quelques incontournables : les ris-de-veau (meunière aux câpres, aux morilles fraîches et artichauts, à la crème façon vol-au-vent, au miel de curry et croquant de pommes vertes) ou la choucroute de Noël (cuisse de canard confite et foie gras poêlé)... Quelques recettes défendent les produits et le patrimoine genevois comme la feuillantine de longeole genevoise ou le filet de féra du lac meunière au céleri et aux cèpes, et aussi les fameux cardons, en gratin à la moelle ou encore en soupe avec parmesan et truffe. David Felisaz et Christophe Bernerd, anciens de l'Hôtel des Bergues ont su s'entourer d'une belle équipe, très professionnelle. L'été, la grande terrasse, protégée par les marronniers de la Treille, est très appréciée même pendant la journée pour siroter un verre ou manger une glace. Il est possible d'organiser des réceptions dans la salle pittoresque et historique de la Grande Grotte.

■ IN FINE
8, place du Bourg-de-Four
GENÈVE ✆ +41 22 318 37 37
www.infine.ch
events@infine.ch

Restaurant raffiné, cuisine italienne. Ouvert du mardi au samedi. 2 menus du jour à 19 CHF : traditionnel ou italien. Espace Lounge sur réservations au sous-sol.

Dans un cadre cosy et sobre, tout en étant chic, ce restaurant a tous les atouts pour séduire le client friand de cuisine raffinée aux couleurs de la Méditerranée. Car oui, dans les plats, on retrouve le soleil du Sud : antipasti en entrée, grand nombre de risotti (celui au homard vaut le détour) et de plats de pâtes, ainsi que poisson entier découpé à la table, salade tomates-mozzarella de bufflone ou encore magret de canard à la mangue. Pour les amoureux du sucré, la carte des desserts est tout aussi variée que séduisante : moelleux au chocolat, trio de crèmes brûlés (Nutella, fève tonka et pistache) ou encore mille-feuille aux fruits de saison. En été, une petite terrasse est aménagée devant le restaurant donnant sur la place Bourg-de-Four.

Se loger

■ HÔTEL ATALANTE**
42, rue de Genève
ANNEMASSE ✆ 04 50 38 47 14
www.atalante-hotel.com
contact@atalante-hotel.com

Ouvert toute l'année, 24h/24. 22 chambres. Chambre : 59 € à 87 €. Suite parentale : 110 € à 150 €. Petit déjeuner : 7,50 €. Soirée étape : 75 € à 97 €. Parking.

Ici rien ne manque : chambres confortables et douillettes, agencées avec goût dans une décoration contemporaine et soignée, possédant un petit espace bureau, literies neuves et confortables, salles de bains impeccables, parfaitement équipées, tv satellite, borne Internet, wi-fi, mais aussi veilleur de nuit, ascenseur, parking... Dans ce bâtiment à la façade flambant neuve, sis à proximité de l'A40, et non loin des stations de la région, un accueil familial exactement dans le ton de l'établissement vous est réservé. Tant d'efforts de rénovation des lieux témoignent de la rigueur des propriétaires. Séjours d'affaires, ou de vacances, seul ou en famille, grâce aux suites parentales tout aussi confortables que les autres chambres. Et pour la petite histoire, on apprendra qu'Atalante, nourrie par une course, affronta des centaures et tua un fameux sanglier, ce qui fit d'elle la plus rapide des chasseresses ! Des prestations 3 étoiles, aux tarifs de deux ! Un lieu propice au travail, et à la détente ! Futé : à tout moment, une petite restauration fine du côté Croq, décidément, tout est pensé !

■ HOTEL LA PLACE**
10, place Jean-Deffaugt
ANNEMASSE ✆ 04 50 92 06 44
www.laplacehotel.com
contac@laplacehotel.com

Ouvert toute l'année. 42 chambres. Chambres simples ou doubles à partir de 57 €. Petit déjeuner : 8 €. wi-fi gratuit dans les chambres et les parties communes. Animaux acceptés. Parking privé. TV écran plat avec Canal +.

L'avantage de cet hôtel est qu'il est très bien situé, en centre-ville, à proximité de divers restaurants. Il est calme, ensoleillé et a été entièrement rénové il y a peu. Les chambres sont spacieuses et propres. Le mobilier est élégant et l'attention portée aux détails est épatante pour un 2-étoiles : coffre-fort, produits de bain, interrupteurs électriques assortis au bois de la tête de lit... Le petit déjeuner est bon et complet. Le lac Léman, les différents aérodromes et les endroits touristiques à visiter sont à quelques kilomètres. Des soirées-étapes sont proposées en partenariat avec deux des restaurants qui se trouvent à proximité. Un arrêt parfait pour aller visiter la région en transports en commun, ou par la voie des airs !

■ **HÔTEL ERMITAGE******
Rive Sud du lac de Genève
EVIAN-LES-BAINS
✆ 04 50 26 85 00
reservation@evianresort.com
Ouvert toute l'année. 80 chambres. A partir de 237 € chambre et petit déjeuner (en occupation double par jour pour 2 personnes). Wifi. Restauration. Hammam, bain bouillonnant, sauna.
Niché au cœur d'un écrin de verdure, cette maison de vacances est un véritable havre de paix autour duquel loisirs et détente s'organisent. Vous séjournez dans l'une des 80 chambres et suites de l'hôtel et profitez d'un service de restauration qui répond à toutes vos envies. Envie d'une cuisine raffinée ? La Table vous accueille, le soir, dans une ambiance feutrée. Son service attentionné et la qualité de ses mets placent vos dîners sous le signe du prestige. A la Bibliothèque règne une atmosphère conviviale, idéale pour les déjeuners et goûters. Installé au bar jazzy le Birdie, on se laisse captiver par les notes de piano au swing communicatif. Pendant tout l'été, The Pool, le bar de la piscine, propose boissons et petite restauration. Les moments de détente se prolongent également à l'intérieur, dans la seconde piscine de l'hôtel et au Spa, pour des rendez-vous bien-être hors-du-temps. Adapté à l'organisation de séminaires, l'hôtel dispose également de 11 salles de réunion. Une adresse parfaite pour se ressourcer en famille ou travailler en toute quiétude.

■ **HÔTEL INTERNATIONAL & TERMINUS**
20, rue des Alpes
GENÈVE
✆ +41 22 906 97 77
www.international-terminus.ch
international-terminus@swissonline.ch
63 chambres et suites dès 125 CHF pour 1 personne et à partir de 145 CHF en fonction des périodes. Petit déjeuner inclus. Parking à proximité. Restaurant La Véranda : menus à 31 CHF et 44,50 CHF, pizzas à partir de 16,50 CHF.
L'hôtel International et Terminus est un lieu cosy et bien situé au cœur de Genève, à 80 m de la gare, à proximité des lieux de shopping et à deux pas du lac. On accède facilement à l'aéroport, à Palexpo et au Centre des congrès grâce aux nombreux moyens de transports au départ de la gare. La salle de remise en forme offre des appareils de dernière génération et pour un séjour de longue durée, une « suite » a été spécialement aménagée en appartement moderne avec chambre séparée, salle de bains, salon et cuisine équipée (prestations de qualité identiques à celles des Junior Suites). L'accueil est très prévenant et sur place le restaurant La Véranda offre une cuisine familiale de qualité, à des prix raisonnables, avec une grande et belle terrasse intime, et un four à pain pour les pizzas. On peut bénéficier d'un tarif promotionnel en insérant le code FUTE, sur la page de réservation du site Internet de l'hôtel.

■ **HOTEL LE JULES VERNE**
Rue du Port
YVOIRE
✆ 04 50 72 80 08
www.hoteljulesverne.com
contact@hoteljulesverne.com
Ouvert toute l'année. 17 chambres. Tarifs : Chambre standard + petit déjeuner : 150 €/personne. Chambre standard (+ douche ou bain) : à partir de 140 €. Chambre luxe : à partir de 230 €. Petit déjeuner au restaurant : 17 €, en chambre : 20 €. Wifi. Balcon. Terrasse. Chambre pour personne à mobilité réduite.
Des chambres tout confort face au lac Léman. Voilà ce que vous proposent les propriétaires du Jules Verne. Les chambres et les suites (17 au total) sont extrêmement confortables, et vous offrent le meilleur confort afin que votre séjour soit parfait. Cet hôtel 4-étoiles est situé à Yvoire, en plein cœur du village médiéval et avec une vue imprenable sur le port et le lac Léman. Vous pourrez donc avoir les pieds dans l'eau si vous le souhaitez... Vous pouvez également opter pour une chambre en rez-de-jardin avec terrasse privative. Vous pourrez enfin embarquer sur le Jules Verne pour une mini-croisière inoubliable au coucher du soleil.

Pratique

■ **ABIES TAXI**
20, rue Germain-Sommeiller
ANNEMASSE
✆ 06 25 94 18 31
www.abiestaxi.com
contact@abiestaxi.com
Ouvert toute l'année, 7j/7.
Abies Taxi est l'une des compagnies les plus réputés à Annemasse. Autant dire que vous ne serez pas déçu ! Les chauffeurs sont agréables, ils connaissent la région comme leur poche, les prix pratiqués ne sont pas excessifs et la ponctualité est leur maître-mot. Abies Taxi, une bonne solution quand on veut voyager en toute tranquilité.

■ **EXCELLENCE TAXI**
30, rue Pallud
DIVONNE-LES-BAINS
✆ 06 25 65 17 61
www.excellence-taxi.com
info@excellence-taxi.com
Ouvert toute l'année, 7j/7, 24h/24.
La société Excellence Taxi porte bien son nom. Le travail est de qualité, les prix sont corrects. Basée à Divonne-les-Bains, Excellence Taxi vous propose de nombreux itinéraires. Leurs véhicules sont spacieux et desservent les aéroports et aérodromes de la région. Pour des renseignements précis sur les prix, et pour organiser au mieux vos déplacements d'aérodrome en aérodrome, n'hésitez pas à les appeler ou à consulter leur site Internet. Vous y trouverez toutes les informations nécessaires.

■ ALLO BURNAT TAXI
280, boulevard du Golf
EVIAN-LES-BAINS ✆ 07 60 61 83 10
www.taxi-evian.com
allo-burnat-taxi@orange.fr
Ouvert toute l'année, 7j/7.
Allo Burnat Taxi vous conduit là où vous le souhaitez. Il intervient principalement dans le Chablais mais aussi vers Lyon, Grenoble, Annemasse, Chambéry et Annecy vous transportant vers les aéroports, les gares ou les aérodomes de la région sans problème. Les véhicules de la gamme sont différents avec notamment un Grand Espace pouvant accueillir jusqu'à six personnes ; ils sont en outre très confortables. Allo Burnat Taxi possède une grande expérience et devrait donc vous servir au mieux si vous faites appel à eux.

Balade gourmande autour de Roanne G H A

La ville de Roanne et son aérodrome (LFLO) sont situés au carrefour des régions Rhône-Alpes, Bourgogne et Auvergne. Un positionnement intéressant pour la balade aérienne mais également pour les spécialités culinaires présentes dans ces trois régions. Nous vous proposons donc de faire votre marché lors d'une navigation de 170 nautiques (1h40 de vol environ). Pour ce faire, vous traverserez les monts du Forez direction Ambert, pays de la fourme (fromage AOC), puis mettrez le cap sur l'aérodrome de Villefranche-Tarare, au cœur des vignes du Beaujolais, avant de rejoindre Saint-Yan et le Charolais pour ensuite retrouver le Pays roannais. A chaque étape de cette navigation, les aéro-clubs vous prodiguent leurs conseils avisés concernant les produits, les meilleures tables et les adresses incontournables pour qui souhaite rapporter un peu de « terroir » dans sa soute à bagages. Cette navigation n'est pas complexe. Sur la dernière branche, entre Saint-Yan et Roanne, veillez simplement à éviter la station de gaz de Vindecy (marque distinctive sur la carte au 1 : 500 000e). Pour cela, suivez les points de reports publiés sur la carte VAC de l'aéroport de Saint-Yan. Une autre solution – qui demande la clearance préalable des contrôleurs de Saint-Yan – consiste à cheminer le long de la Loire, cap au sud, en gardant le fleuve à votre gauche. Si vous décidez de faire le tour de la ville de Roanne, interdiction de survoler la prison située à l'est (point significatif également indiqué sur la 1 : 500 000e). La seule véritable difficulté consiste à bien vérifier, avant de décoller, la compatibilité des conditions météo du jour avec les hauteurs des principaux reliefs de la région, car il est nécessaire de les survoler pour réaliser l'intégralité de la navigation : les monts du Forez et les monts de la Madeleine à l'ouest de Roanne (4 700 à 5 360 feet aux environs d'Ambert), les monts du Beaujolais et du Lyonnais à l'est (jusqu'à 3 300 feet).

La navigation

Cette boucle de 170 Nm au départ de Roanne ne présente aucune difficulté. Elle vous fait survoler les monts du Forez et du Beaujolais et, en effectuant un arrêt dans les étapes proposées, vous pourrez remplir votre soute à bagages de spécialités régionales.

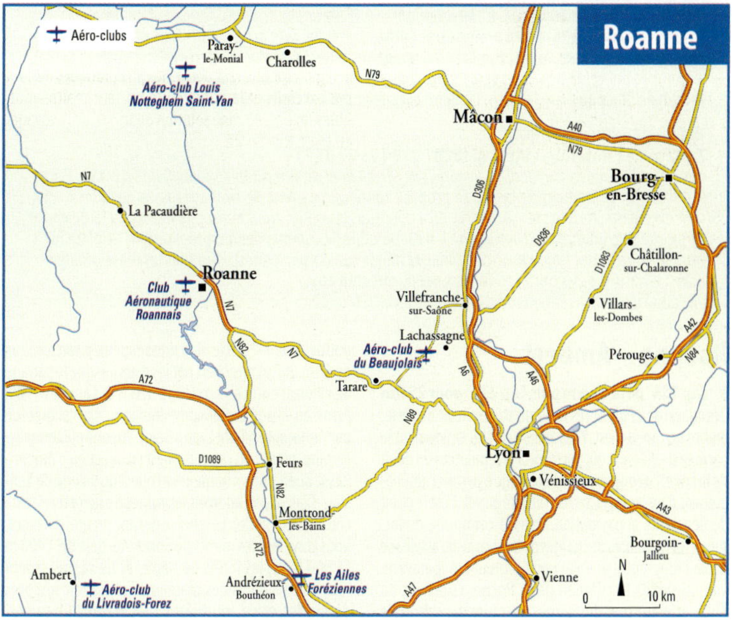

La fourme d'Ambert

Date de reconnaissance de l'AOC : 1972

Histoire : L'origine de ce fromage remonte au Haut Moyen Age. Il était traditionnellement fabriqué dans des jasseries, ces bâtisses précaires servant à la fois d'étable, de fromagerie et d'habitation, installées sur les versants des monts du Forez. Le lait était alors collecté quotidiennement par les femmes et les enfants, de mai à octobre, et la fourme d'Ambert était vendue sur les marchés locaux. Dès le début du XXe siècle, des laiteries se sont installées hors de la zone de production traditionnelle, au détriment des jasseries qui ont progressivement disparu. Ces laiteries utilisèrent très vite de nouvelles techniques de fabrication afin d'augmenter la production de la fourme d'Ambert, qui a été multipliée par 35 en près d'un siècle.

Production : Le berceau de la fourme d'Ambert se situe dans la région du Haut-Forez, aux étés chauds et aux hivers longs et froids. Sept fabricants (industriels ou coopératives) et 3 producteurs fermiers en produisent 5 300 tonnes par an. Aujourd'hui, la fourme d'Ambert ou de Montbrison est produite dans les départements de la Loire et du Puy-de-Dôme, auxquels s'ajoutent quelques cantons montagneux du Cantal.

Description : La fourme d'Ambert est un fromage au lait cru de vache, à pâte persillée, non cuite et non pressée. Recouverte d'une fine croûte sèche, fleurie et grisée, sa teneur minimum en matières grasses est de 50 %. Ce fromage cylindrique d'un poids de 2,2 kg est reconnaissable à sa forme particulière : il est plus haut que large (19 cm de hauteur pour 13 cm de diamètre). A l'œil, la croûte est sèche, feutrée de gris et fleurie de tâches rouge-orangé. La pâte, quant à elle, est grasse et de couleur crème, moyennement persillée.

Fabrication : Six étapes président à la fabrication de ce fromage. Après avoir été travaillé en cuve à une température de 32°C, le lait caillé est découpé et brassé, avant d'être mis en moule, égoutté et salé. Arrive ensuite la fameuse étape du piquage, qui consiste à percer le fromage pour l'oxygéner et permettre au bleu de se développer. La fourme d'Ambert est ensuite affinée en caves très humides, à une température comprise entre 8 et 12°C, pendant un minimum de 28 jours. Il faut 20 litres de lait pour produire une fourme.

Gastronomie : Au toucher, la pâte est souple et onctueuse. Au nez, il se dégage une légère odeur de cave. Quand le fromage est jeune, on peut ressentir un parfum de champignon. En vieillissant, il dégage des arômes plus chauds et plus levurés. La fourme d'Ambert se distingue par une saveur rustique, fine et parfumée. Elle se déguste à toute heure de la journée et s'accompagne à merveille d'un rouge ou d'un rosé (côtes-d'auvergne, côtes-du-forez, côtes-roannaises), mais aussi d'un blanc moelleux comme le coteaux-du-layon. Elle peut être utilisée pour la préparation d'entrées, de soufflés, de crêpes fourrées...

FERME-AUBERGE LE PISE
MARSAC-EN-LIVRADOIS ✆ 04 73 95 66 91
Ouvert toute l'année. Menu : 18 €. Menu enfant : 10 €. Animaux acceptés. Fermé le dimanche soir.
La ferme-auberge Le Pisé vous propose une cuisine familiale, avec des produits frais issus directement de l'exploitation. Nous vous conseillons vivement de goûter la terrine, l'assiette de charcuterie, le filet mignon au miel et la tripe. Les desserts ne sont pas en reste avec la succulente tarte aux myrtilles, ou l'originale glace au pain d'épices. Le cadre est chaleureux et convivial.

FROMAGERIE LE BURON
7, place de l'Hôtel-de-Ville – AMBERT ✆ 04 73 82 07 71
Ouvert toute l'année. Du lundi au vendredi de 9h à 12h et de 14h à 19h, le samedi de 9h à 18h. Fermé le dimanche. La fromagerie Le Buron propose toute une gamme de fromages issus de la ferme. Ils sont excellents, frais et très variés. Il y en a pour tous les goûts. Vous aurez également un large choix d'épicerie fine (miel, pain d'épices, etc.). Il est possible de commander des préparations de plateaux à fromages, de buffet froid à base de fromages (minimum dix personnes). Pour tous les renseignements utiles, n'hésitez pas à contacter la fromagerie directement.

Roanne – Ambert

Cap 154° pour 15 Nm puis Cap 222° pour 25 Nm

Décollage de LFLO. Après avoir quitté le circuit de piste, prenez un cap sud-est. Vous apercevez très rapidement le barrage de Villerest qui participe à la régulation du débit de la Loire. La construction du barrage a permis l'aménagement d'un lac artificiel bien visible en vol. C'est le point de départ de la navigation. Dans la continuité du lac, suivez les méandres des gorges de la Loire jusqu'au village de Balbigny, notre premier point tournant. Auparavant, vous survolez le château de la Roche. Construit au XIIIe siècle au cœur des gorges, restauré dans un style gothique au XXe siècle, il se dresse sur un piton rocheux de 40 m qui fut recouvert par les eaux lorsque le barrage de Villerest entra en service au début des années 1980. Arrivé au village de Balbigny, immanquable car précédé par l'autoroute reliant Lyon à Saint-Etienne et Clermont-Ferrand, prenez un cap sud-ouest en direction d'Ambert. Passé Boën, sur les hauteurs à l'ouest du village de Sail-sous-Couzan, on aperçoit les ruines de la forteresse de Couzan (XIIIe siècle). Le relief se dessine progressivement. Vous traversez les monts du Forez. Au-delà de 1 400 m (4 500 feet), les forêts de hêtres et de sapins cèdent leur place à de vastes plateaux d'altitude composés de landes et de tourbières : les Hautes Chaumes.

Balade gourmande autour de Roanne
PARIS LFFF FIR
MARSEILLE LFM
*2 D 2000 AGL
LFGN
*1 D 2000 AGL
SN
FIS 1 Lyon Info 135.20 > FL
*1.1 E
5000
2000 AGL
*1 D 2000 AGL - FL 85
RNN
LFLO
ROA
E
FL 115
1000 AGL
*2 E 2000 AGL - FL 85
7 D FL 85 - FL 115
4 C FL 70 - FL 115
4.2 C FL 65 - FL 70
LFHV
E
5500
2700(1000 AGL)
7 E 2500 (1000 AGL) - FL 85
C
FL 65
4500
4.1 D FL 85 - FL 95
*1 D 3200(1000 AGL)
LFLZ
EB
LF R-224
LFKM
1800
GND
4 C FL 65 - FL 115
5 E 4500 - FL 65
LFKL
LFHT
4 D FL 95 - FL 145
LFMH
BO
LFHG
C
FL 65
4500
*2 D 4500
FIS 6 Clermont Info 119.37
4 Clermont Info 120.50 < FL85
FIS 3 Lyon Info 135.52
14 E FL 85 - FL 115
LF P-1
3800
GND

Dans votre aile droite, Pierre-sur-Haute, point culminant des monts du Forez (1 634 m/5 360 feet). Sitôt passé le relief, commencez votre descente pour rejoindre Ambert, ville auvergnate renommée pour son fromage, la fourme.

Ambert – Villefranche-Tarare

- **Cap185° pour 6 Nm puis Cap 046° pour 38 Nm**
- **Tour Matagrin puis Cap 067° pour 10 Nm**

Passé Ambert, cap au sud sur 5 Nm afin de survoler le Jardin pour la Terre (à l'ouest de la commune d'Arlanc), 6 hectares regroupant 2 000 variétés et 700 espèces de plantes originaires du monde entier, aménagés comme un planisphère géant. Les espaces végétalisés reprennent la forme des continents. Océans et mers sont symbolisés par la pelouse du parc. Le Jardin pour la Terre ne saute pas forcément aux yeux lorsqu'on ne connaît pas la région ; pour le localiser avec certitude, quelques 360° sont à prévoir. Ce point survolé, cap au nord-est, direction l'aérodrome de Villefranche-Tarare (LFHV). Pour cela, survolez à nouveau les monts du Forez. A l'ouest de l'aérodrome de Feurs, un château est indiqué sur la carte au 1 : 500 000e. C'est la Bastie d'Urfé, construite entre les XIIIe et XVe siècles, dont le blanc des façades contraste avec le vert des champs alentour. C'est ici que résida Honoré d'Urfé, l'auteur du premier roman-fleuve de la littérature française, l'Astrée (40 histoires réparties en 60 livres soit 5 399 pages).

Passé Feurs, la plaine cède sa place aux monts du Lyonnais et du Beaujolais. Sur votre trait, entre le village de Violay et la ville de Tarare, vous survolez le mont Boussuivre, point culminant des monts du Lyonnais (1 004 m/3 300 feet). Sous l'ère napoléonienne, il fut l'un des points de triangulation permettant d'établir une nouvelle carte de France. A son sommet, la tour Matagrin érigée en 1876. D'abord relais de chasse, elle fit office de point de repère pour l'aviation militaire. De nos jours, ce point de vue touristique est encore plus facile à situer en vol VFR. Un relais hertzien encore plus haut que la tour, construit à côté d'elle, est visible à plusieurs dizaines de kilomètres. Progressivement, le décor change. Les vignes font leur apparition. Bienvenue en Beaujolais ! L'aérodrome de Villefranche-Tarare (LFHV), notre seconde escale, est à 10 Nm.

Villefranche-Tarare – Saint-Yan

- **Cap013° pour 13 Nm puis Cap 285° pour 16 Nm**
- **Chauffailles puis Cap 348° pour 13 Nm Charolles puis Cap262° pour 10 Nm**

Nous quittons le pays des Pierres dorées, nommé ainsi en raison des blocs « ocre jaune » utilisés pour construire les maisons de la région. Direction Belleville (LFHW), au nord. Le terrain est à usage restreint ; il s'agit uniquement d'un point tournant. Entre l'aérodrome de Villefranche et Belleville, vous survolerez plusieurs châteaux (la région en compte plus de 150) dont le château de Bagnols, établissement 5-étoiles à moins d'un nautique à l'ouest de l'aérodrome de Villefranche. Plus au nord, à seulement deux nautiques de l'aérodrome de Belleville, vous survolez la chapelle du mont Brouilly, édifiée au XIXe siècle afin de « protéger » le vignoble alors ravagé par l'oïdium (un champignon).

Vertical Belleville, nous mettons le cap au nord-ouest, sur le Charolais et l'aéroport de Saint-Yan où l'ENAC forme des pilotes professionnels depuis 1959. Nous passons par Chauffailles, puis Charolles. Après le survol du mont Saint-Rigaud (1012 m/3310 feet), point culminant des monts du Beaujolais, vous découvrez le viaduc aux dix-huit arches de Mussy-sous-Dun au nord du village de Chauffailles. Long de 561 m, haut de 60 m, il fut construit au XIXe siècle pour accompagner le développement du réseau ferré français. Il est toujours en service aujourd'hui. Profitez de la voie ferrée pour cheminer quelques instants jusqu'au village de La Clayette, avec son étang et son château. A peine plus au nord du village, vous croiserez le château de Drée (XVIIe siècle), son architecture caractéristique en « U » et ses jardins à la française aux 25 000 buis. Poursuivez jusqu'à Charolles, point d'entrée « Echo-Alpha » de la CTR de l'aéroport de Saint-Yan, puis conformez-vous aux consignes des contrôleurs.

La viande charolaise

Elle peut être bovine ou ovine, mais elle est surtout savoureuse ! La viande charolaise a un goût persillé, et est certifiée Label Rouge. Elle fait la fierté du département de la Nièvre depuis des années. La vache charolaise est reconnaissable à sa robe blanche, sa silhouette basse et trapue. Si vous la croisez au détour d'un pâturage, vous verrez d'où vient cette délicieuse viande que vous dégustez avec bonheur.

Saint-Yan – Roanne

- **Cap 203° pour 5 Nm puis Cap145° pour 4 Nm puis Cap185° pour 13 Nm**

Lors de votre escale à Saint-Yan, n'hésitez pas à entrer en contact avec l'APASY (Association du patrimoine aéronautique de Saint-Yan) qui a pour vocation de perpétuer l'histoire du centre de formation aéronautique

La praluline

« Epatante brioche au beurre, farcie de pralines roses ». Voilà la meilleure et plus belle description de la praluline, la brioche aux pralines imaginée par Auguste Pralus en 1955. Elle est devenue l'ambassadrice du savoir-faire gastronomique de la région roannaise et de la Maison Pralus. Depuis 1955, elle a franchi les frontières de Roanne et on trouve désormais cette succulente brioche dans les meilleurs établissements et boulangeries.

charolais. Ses bénévoles se feront un plaisir de vous faire visiter le musée qu'ils ont créé sur l'aérodrome (ouvert chaque jeudi matin ; sur rendez-vous le reste de la semaine ; entrée gratuite – Tél : 03 85 88 71 25). Vous pourrez également visiter les hangars de l'association Nostalgic Aero (www.nostalgic-aero.com) qui renferment notamment un Jaguar E biplace cédé par l'armée, deux Morane-Saulnier 733, deux Aéro 3, un Broussard, un Fouga Magister, deux Morane-Saulnier 880, un Dornier Do 28-A1 et un NC 854 S... Il vous faudra ensuite une quinzaine de minutes pour rallier Roanne. L'occasion de découvrir la dernière spécialité locale de cette navigation.

Aérodromes et aéro-clubs

■ AERO-CLUB DU LIVRADOIS-FOREZ

Aérodrome du Poyet
AMBERT ✆ 04 73 82 01 64 / 06 80 10 73 54
aeroclub-ambert.fr
jpfournioux@orange.fr

Ouvert du lundi au samedi de 9h à 12h et de 13h30 à 18h.

Que de paysages à découvrir en vol en décollant de l'aérodrome d'Ambert ! La cité d'Ambert, les monts du Forez, les hautes chaumes, l'abbaye de la Chaise-Dieu, le Jardin à Arlanc, le train touristique qui relie Ambert à la célèbre abbaye, les volcans, le Parc naturel régional Livradois-Forez... Du côté du club, on prend soin de tous les pilotes. N'hésitez d'ailleurs pas à laisser un message sur le répondeur du club : on vous rappellera à coup sûr ! Les locaux du club, où l'ambiance vintage fait sensation, sont laissés en libre accès à tous les pilotes : un endroit tranquille pour préparer ses vols, avec un accès Internet, bien entendu. Enfin pour vos transports après votre atterrissage sur Ambert, sachez qu'un membre du club se fera toujours un plaisir de vous véhiculer, à moins que vous n'optiez pour un prestataire ou une société de taxis sur Ambert ou Marsac-en-Livradois.

■ LES AILES FORÉZIENNES

Aéroport de Saint-Etienne-Bouthéon
ANDRÉZIEUX-BOUTHÉON ✆ 04 77 36 56 09
www.lesailesforeziennes.fr
aeroclub-andrezieux@wanadoo.fr

Ouvert du lundi au samedi de 9h à 12h et de 14h à 18h.

Survoler le massif du Pilat, les gorges de la Loire et Saint-Etienne, un rêve pouvant devenir réalité depuis l'aérodrome. Si vous n'êtes pas encore pilote, vous pourrez apprendre à voler de vos propres ailes. Sensations fortes garanties pour un vol exceptionnel. Des instructeurs vous apporteront des connaissances théoriques et pratiques à l'aide d'instruments pédagogiques modernes afin de passer le brevet de base et pourquoi pas la licence de pilote privé. Un lieu unique pour des envies d'évasion en toute sécurité et pour découvrir la beauté de notre région vue du ciel !

■ AÉROCLUB DU BEAUJOLAIS

Aérodrome de Villefranche-Tarare
FRONTENAS ✆ 04 74 71 66 44
www.aeroclub-beaujolais.com
contact@aeroclub-beaujolais.com

Ouvert toute l'année, du lundi au samedi de 9h à 17h.

A voir en vol en décollant de l'aérodrome de Villefranche-Tarare : les vignobles du Haut Beaujolais splendides à l'automne, les plaines de la Dombe et ses étangs... Sur place, l'aéroclub propose différents services : si l'aéroclub est ouvert, les membres du club se font un plaisir d'accueillir bien amicalement les pilotes de passage, de leur donner accès à Internet, au dossier MIO, à un espace détente, un distributeur de boissons et un snack. Côté transports, le plus simple pour se véhiculer aux alentours de l'aérodrome reste le taxi, et pour ce faire les sociétés de taxis sont principalement basées à Villefranches-sur-Saône.

■ CLUB AERONAUTIQUE ROANNAIS

Aérodrome Roanne-Renaison
RENAISON ✆ 04 26 54 65 64
http : //caraeronews.blogspot.fr
clubaeronautiqueroannais@sfr.fr

Ouvert toute l'année. Cotisation annuelle : 80 €. Tarifs vols : de 95 € à 157 €/h. Stage découverte : à partir de 375 €.

Le club aéronautique propose de nombreuses activités. Basé à l'aérodrome Roanne-Renaison, il organise plusieurs formations, des stages, et si vous êtes déjà un bon pilote, vous pouvez louer les avions présents sur la base. De quoi faire les plus belles balades de la région et visiter les lieux les plus célèbres du coin, dans les Alpes, la vallée Rhône-Alpes, la Loire avec notamment l'incontournable canal de Roanne à Digoin.

■ AERO-CLUB LOUIS NOTTEGHEM SAINT-YAN

SAINT-YAN ✆ 03 85 88 70 26
www.aeroclub-styan.fr
acstyan@gmail.com

Ouvert toute l'année. Tarifs et horaires d'ouverture sur demande, par téléphone.

Envie de voler ? Venez prendre les commandes d'un des avions de l'aéro-club Louis Notteghem Saint-Yan. Situé en Saône-et-Loire, cet aérodrome est chargé d'histoire puisqu'il a été le berceau de l'aviation moderne avec des pilotes légendaires comme Louis Notteghem, qui ont formé des milliers de pilotes. Avec un parc d'avions parfaitement entretenus, vous pouvez parcourir la région, et vue du ciel elle est superbe. Ne vous privez pas, ce serait dommage...

À voir – À faire

■ EGLISE SAINT-JEAN

9, Place Pontel
AMBERT

Ouvert tous les jours de 9h à 12h et de 14h à 19h.

Bâtie en granit de 1471 à 1518, elle est de style gothique flamboyant et fait partie des églises les plus belles de la région. La partie haute d'une de ses tours est d'époque Renaissance. La décoration extérieure est austère, seul le portail sud ayant reçu un riche ornement. A l'intérieur, l'impression de verticalité domine. Les bas-côtés sont à la même hauteur que la nef, le transept n'est pas saillant, l'abside comporte sept pans. Le maître-autel en plomb doré est contemporain.

Les crus du Beaujolais

À consommer avec modération une fois l'avion bien hangaré

Chénas. C'est le plus rare des crus du beaujolais, couvrant une superficie de 266 ha et côtoyant le moulin à vent. Sa production : 3 795 hl, soit 1,8 million de bouteilles. C'est en 1936 que l'appellation chénas a été reconnue. Cet excellent vin de garde conserve avec l'âge sa subtile élégance et sa finesse. Sur un terrain pauvre, léger, bien drainé, le chénas est produit sur deux communes : Chénas, dans le Rhône, et La Chapelle-de-Guinchay, en Saône-et-Loire.

Brouilly. Haut lieu de la viticulture dès les IVe et Ve siècles, et reconnu comme AOC en 1938, le cru de Brouilly couvre 1 331 ha, étendus sur 6 communes, aux sols maigres, acides, secs et peu fertiles : Cercié, Saint-Lager, Charentay, Odenas, Saint-Etienne-la-Varenne et Quincié. Il se caractérise par un corps vineux et puissant, dans une robe de couleur intense. Equilibré et harmonieux, il exprime le bouquet fruité du gamay. Séducteur et agréable, le brouilly est un vin de bistrot, comme en témoigne son succès sur les comptoirs parisiens : 20 % de la production totale du cru est vendue dans le réseau C.H.R. parisien.

Chiroubles. Classé en AOC depuis 1936, il est cité comme le plus féminin des crus du Beaujolais. Aromatique, tendre, élégant et fruité, il développe des arômes très fins à dominantes florales. C'est le cru le plus élevé, avec une altitude allant jusqu'à 450 m. Il est actuellement cultivé sur 358 ha sur une superficie communale totale de 750 ha. Le sol maigre, peu profond, léger, acide, perméable, permet la production d'un vin de qualité, mais en rendement limité en raison du relief accentué, et des coteaux abrupts. A Chiroubles, une confrérie féminine est née le 13 avril 1996, les Damoiselles de Chiroubles qui, aidées de leurs chevaliers, le font connaître en France et à l'étranger. Par son côté aromatique, le chiroubles est souvent considéré comme le plus beaujolais des crus. L'appellation est particulièrement typique de ce que le gamay peut produire de plus expressif.

Côte-de-Brouilly. D'après Bernard Frangin, une vente de 800 bouteilles avait eu lieu au XVIe siècle. L'appellation Côte de Brouilly, née en 1938, réunit 4 communes : Saint-Lager, Odenas, Quincié et Cercié, produisant 16 236 hl soit 2,15 millions de bouteilles sur 312 ha. Le terrain y est acide et bien drainé, et le sol est constitué de roches d'origine volcanique (dont la fameuse pierre bleue de Brouilly appelée aussi « corne verte »), ce qui nous donne un côte-de-brouilly élégant, charnu et bien équilibré, habillé d'une belle robe pourpre brillante qui se nuance d'éclats rubis. On apprécie ses arômes de raisins frais et d'iris. C'est un vin de garde qui avec le temps évolue en finesse et en élégance. Les 80 vignerons producteurs de la côte misent depuis quelques années sur le développement de la vente directe : plus de 40 % sont vendus en direct, dans les principaux pays d'Europe.

Fleurie. AOC depuis 1936, Fleurie, avec ses 140 exploitations et ses 870 ha de vignoble cultivé entre 220 m et 430 m d'altitude, est la reine des crus du Beaujolais. Depuis plusieurs années, on pratique le grillage qui permet une meilleure extraction de matière, couleur et tanin. Dans sa robe rouge carminée et intense, il est élégant et subtil en bouche. Les arômes floraux et fruités, d'iris, de violette, de rose, de fruits rouges et de pêche de vigne, s'harmonisent en un corps charnu et soyeux. Le cru possède 13 climats différents répertoriés par l'I.N.A.O. qui sont autant de terroirs produisant un type de vin bien marqué. Du nord au sud de l'appellation se succèdent ainsi Labourons, Poncié, Moriers, Roilette, Garants, Montgenas, La Chapelle-des-Bois, La Côte, Le Bon Cru et Champagne.

Morgon. Le décret de reconnaissance de l'aire d'appellation a eu lieu en 1936. Sur une superficie de 1 112 ha, on produit 63 000 hl de ce précieux nectar. Le morgon a une belle robe pourpre profond avec des éclats rubis.

Vignes vues du ciel.

Charpenté, riche, puissant et charnu, ses arômes sont à rechercher parmi l'abricot, la pêche, la cerise, la prune... Il peut vieillir 5 à 10 ans, et davantage. Un plan des climats datant de 1985 permet de distinguer chacun des six de l'appellation, par exemple le grand-cras qui donne des vins ronds, friands et aromatiques. Les vins des Micouds sont souples, avec des notes florales et fruitées à la fois. Sur Corcelette domine la groseille, tandis que la côte du Py, lieu où le terroir s'affirme le mieux, donne un vin charpenté aux arômes de kirsch. Les Charmes produisent un vin de bonne structure, flatteur, plus framboise que pêche. Lors de la foire du 11 novembre, très importante manifestation (autrefois foire de la louée des domestiques), les vins du nouveau millésime sont présentés, regroupés selon les différents climats.

- **Vin de Pays des Gaules**. Eclairage inédit de la production beaujolaise, ce vin de pays produit dans le Rhône et la Saône-et-Loire n'est pas tout de gamay vêtu, contrairement à ses cousins d'appellation AOP (l'AOC, appellation d'origine contrôlée s'est muée en appellation d'origine protégée depuis la récolte 2009). Nous trouverons donc pour les rouges des gamays bien sûr, mais aussi des pinots gris et noirs et du syrah. Quant aux blancs, ces sont les marsanne, viognier, aligoté, pinot blanc et chardonnay qui mènent la danse. Pensé pour permettre aux vignerons de produire des vins faciles selon un cahier des charges moins contraignant, ce vin de pays offre un spectre qualitatif assez large et réserve aux curieux de rafraîchissantes surprises.

- **Juliénas**. La délimitation de l'appellation Juliénas (datée de 1938) s'étend sur 4 communes, Juliénas, Jullié, Emeringes dans le Rhône et Pruzilly en Saône-et-Loire. Le sol est constitué à l'ouest de terrains granitiques maigres et arides, infiltrés de veines de manganèse et de porphyres ; à l'est, de formations de l'ère secondaire, alluvions anciennes, sols plus profonds et plus argileux. Cent vingt vignerons produisent environ 4 300 bouteilles de vin de garde, meilleur avec les années. Le juliénas au corps musclé est un vin de garde viril dans sa robe de rubis intense et profond.

- **Moulin-à-vent.** Dès 1924, pour éviter les contrefaçons de ce vin réputé, le tribunal civil de Mâcon a défini les limites du moulin-à-vent, consacrant définitivement cette dénomination. Elle s'étend sur deux communes, Romanèche-Thorins et Chénas, mais seul le hameau (entre les deux communes) porte son nom. Le moulin (propriété privée), posé sur une butte de granit, domine les coteaux plantés de vignes qui s'étalent en pente douce entre 230 m et 390 m d'altitude, et se situe sur le hameau Moulin-à-Vent, en direction de Chénas, commune de Romanèche-Thorins. Le terrain perméable, maigre et acide, est particulièrement propice à la vigne. La superficie de 650 ha permet une production de plus de 35 000 hl soit 4,6 millions de bouteilles.

- **Régnié**. Le dernier-né des crus du Beaujolais (1988), largement promu par les sportifs. Il est produit presque en totalité sur la commune de Régnié-Durette, s'étageant entre 200 m et 800 m d'altitude réalisé par 120 vignerons pour 20 016 hl, soit 2,6 millions de bouteilles. Les sols sont légers, superficiels, bien drainés et très pauvres. D'une belle robe rouge cerise à rouge rubis, il est aromatique avec des dominantes de petits fruits rouges (framboise, groseille, cassis) ou de pêche bien mûre. C'est un vin pulpeux avec des tanins bien fondus.

- **Saint-Amour**. En 1838, 268 ha sur les 509 que compte la commune sont occupés par la vigne, et le resteront. Entièrement situé en Saône-et-Loire, il est, avec Chénas, le plus exigu en superficie. Le saint-amour peut donner des bouteilles de garde grâce à la nature de son terroir mais certains viticulteurs obtiennent des vins plus légers en écourtant la macération. L'appellation date de 1946 et la superficie de 310 ha de la commune de Saint-Amour-Bellevue produit 17 500 hl, sur 46 exploitations. On y trouve 12 climats, dont certains ont un nom qui sied particulièrement bien au cru : ainsi, les lieux-dits « A la folie » et « En paradis », qui produisent des vins charnus, avec une robuste constitution et de délicats arômes.

■ BEAUJOLAISVIGNOBLE.COM

www.beaujolaisvignoble.com
Offices de tourisme de Beaujeu ✆ 04 74 69 22 88 – Belleville ✆ 04 74 66 44 67 – Fleurie ✆ 04 74 69 85 32 – Saint-Lager ✆ 04 74 82 65 – Crèches-sur-Saône ✆ 03 85 37 48 32 – La Chapelle-de-Guinchay ✆ 03 85 33 85 07

Beaujolaisvignoble.com est le site officiel d'information des offices de tourisme du Beaujolais Vignoble. Vous y trouverez des adresses de vignerons, des circuits à effectuer, des lieux d'hébergement, de restauration et les points forts du patrimoine en Beaujolais.

■ OFFICE DE TOURISME DU BEAUJOLAIS DES PIERRES DOREES

Place de la Mairie ✆ 04 78 47 98 15
www.tourismepierresdorees.com
ot.pierresdorees.chatillon@wanadoo.fr
Ouvert du mardi au vendredi de 13h à 17h ; le samedi de 10h à 12h et de 15h à 18h. Du 1er novembre au 30 avril, les mardi et jeudi de 9h à 16h, le samedi, de 9h30 à 12h.

L'office de tourisme du Beaujolais des Pierres dorées vous accueille tous les jours sauf le dimanche. L'équipe sympathique et professionnelle répond à toutes vos questions et vous conseille sur les meilleurs endroits à visiter dans la région. L'office possède un catalogue très important et vous trouverez, à coup sûr, votre bonheur. L'établissement propose aussi des sorties, des manifestations, et des circuits pour ne rien rater.

La pietà en bois polychrome située dans une des chapelles date du XVIe siècle. Au moment des guerres de Religion, quelques dizaines d'années après sa consécration, l'église fut profanée par des bandes de huguenots venus d'Issoire sous la conduite du terrible capitaine Merle qui entra à cheval dans la nef et attacha souvent par la suite sa monture à l'une des colonnes. Curiosité encore, lors de la semaine sainte les cloches ne sonnent pas ! A Ambert c'est le cornaire qui du haut de la terrasse appelle avec sa corne, un long instrument servant de porte-voix, les fidèles aux offices du vendredi et du samedi saints. On chante à cette occasion des chants grégoriens.

■ **MOULIN RICHARD DE BAS**
Moulin Richard de Bas
AMBERT
✆ 04 73 82 03 11
www.richarddebas.fr
rdb@wanadoo.fr
Ouvert toute l'année. Sauf le 25 décembre et le 1er janvier. Basse saison : tous les jours de 9h30 à 12h30 et de 14h à 18h. Haute saison : de 9h30 à 19h. Gratuit jusqu'à 6 ans. Adulte : 6,90 €. Enfant : 4,90 €. Groupe (15 personnes) : 6,50 € (groupes enfants : 4,40 €). Atelier papier d'initiation en période de vacances scolaires pour les individuels 4.90 €. Visite guidée (1h, départ de la dernière visite 1 heure avant la fermeture).
Le moulin a été fondé à la fin du XIVe siècle et son activité n'a cessé que de 1938 à 1943, date à laquelle l'Association La Feuille Blanche l'a fait revivre. Le visiteur est plongé dans la vie des maîtres papetiers et voit se transformer sous ses yeux les chiffons en feuille blanche. Aucune étape n'est oubliée : triage et découpage des vieux tissus, transformation par les maillets en fibre de cellulose, dépôt dans la cuve, égouttage avec la forme, positionnement sur le feutre, pressage, levage, l'étendage se faisant à l'extérieur du moulin. Aussi, un musée occupe-t-il l'ancienne salle de triage et ce qui tenait lieu d'appartement du papetier – salle commune et chambre à coucher. L'étendage s'effectuait au dernier étage. Une salle est consacrée à l'histoire du papier, de sa naissance en Chine à son arrivée en France et en particulier à Ambert, qui fut très précoce en la matière. L'âge d'or de la papeterie ambertoise est le XVIe siècle. Une animation tout public est proposée sur le même site – minimum dix personnes cependant – où un atelier découverte propose une initiation pour réaliser soi-même sa propre feuille de papier.

■ **LE CANAL DE ROANNE A DIGOIN**
ROANNE
Le canal de Roanne à Digoin, long de 55 km (37 m de dénivelé – 10 écluses), fut construit de 1832 à 1838 dans le but de compléter le cours peu navigable de la Loire. Il permit ainsi de développer les relations avec le Nord et l'Est de la France – expédition de tuiles, de fil et de tissus de Roanne et de Charlieu, d'eaux minérales de Saint-Galmier, Vichy ou Sail-sous-Couzan…, importation de charbon du Nord, de coton de Rouen, de minerais, de sablons de Nemours pour les verreries… – tout en contribuant à l'essor économique de la région avec l'implantation de nombreuses usines le long de ses rives (briqueteries, papeteries, arsenal…). Elargi au gabarit Freycinet en 1905, il a vu passer à son apogée (1938) 3 217 bateaux portant 459 304 tonnes de fret. Avant la motorisation, les bateaux étaient hâlés par les hommes et les chevaux (ou mulets) à raison de 12 km par jour. Mais l'apparition du rail et le développement du réseau routier eurent peu à peu raison de lui et le canal fut complètement abandonné pour le transport de marchandises dans les années quatre-vingts. En revanche, il a parfaitement bien réussi sa reconversion puisqu'il est aujourd'hui très apprécié pour la navigation de plaisance. Il est relié au canal du Centre et au canal latéral à la Loire.

Se restaurer

■ **HOTEL-RESTAURANT LA CHAUMIERE**
41, avenue du Maréchal-Foch
AMBERT ✆ 04 73 82 14 94
www.chaumiere-ambert.fr
contact@chaumiere-ambert.fr
Ouvert toute l'année. Du lundi au samedi et les jours fériés le midi. Haute saison : tous les jours et les jours fériés le soir. Menus de 19 € à 39 €. Carte : 14 € environ. Menu enfant : 9,50 €. Formule du midi : 13 € (en semaine).
Une table à privilégier si vous êtes de passage à Ambert. Vous êtes en premier lieu comblé par le cadre : une très belle salle de restaurant avec cheminée, doublée d'une terrasse aux beaux jours. Puis, par l'accueil du personnel, un savant mélange de chaleur et de discrétion, très appréciable. Et enfin, par la qualité des plats servis, et la fraîcheur des produits qui les composent. Une réussite pas étonnante lorsqu'on sait qu'elle est le fruit d'un savoir-faire familial, qui se transmet chez les Ollier depuis trois générations.

■ **HOTEL-RESTAURANT LES COPAINS**
Place de l'Hôtel-de-Ville
42, boulevard Henri-IV
AMBERT ✆ 04 73 82 01 02
www.hotelrestaurantlescopains.com
info@hotelrestaurantlescopains.com
Logis de France (2 cocottes). Fermeture annuelle 1 semaine pendant les vacances de février et 1 semaine pendant les vacances de Pâques et du 10 septembre au 10 octobre. Ouvert de 12h à 13h30 et de 19h30 à 20h30. Fermé le samedi et le dimanche soir. Menus de 27 € à 56 €. Menu enfant : 11 €.13 € (uniquement le midi). Hébergement (10 chambres de 50 € à 62 € ; petit déjeuner : 7 € ; demi-pension de 48 € à 70 € ; étape affaires : 62 €).
Les Copains c'est d'abord le célèbre roman de Jules Romains. C'est ensuite un établissement familial installé depuis quatre générations face à l'unique mairie ronde de France, à la décoration plaisante et aux chambres calmes et spacieuses. La table de Thierry mérite le détour. En voici quelques extraits : cocotte d'agneau de pays mijoté aux pleurotes, garniture de légumes, filet de lieu de « petite pêche de Bretagne » en écailles de légumes sauce vin rouge, vol-au-vent de grenouilles désossées en persillade, ou encore asperges tièdes en habit de poitrine salée sauce légère au curry. Son frère, Sylvain, sommelier de formation vous propose une carte des vins large et bien sélectionnée. La salle de restaurant est climatisée, et agrémentée d'un pilier-fontaine fleuri au centre.

■ LA TABLE DE LACHASSAGNE

850, route de la colline
LACHASSAGNE ✆ 04 74 67 14 99
www.restaurant-lachassagne.com
contact@restaurant-lachassagne.com

Ouvert du mercredi au dimanche le midi de 12h à 13h ; du mercredi au samedi le soir de 19h45 à 21h. Menu enfant : 20 €. Formule du midi : 35 €. Aujourd'hui, j'ai cuisiné pour vous : 47 € (65 € en menu dégustation servi à l'ensemble de la table). Terrasse. Grand parking.

A 28 ans, Anthony Fusco fait partie de la jeune génération qui monte toujours admirative du travail de Monsieur Paul. Au cœur du vignoble, le chef – le plus jeune étoilé du Rhône depuis 2012 – nous donne un rendez-vous gourmand dans une « petite » maison et une « grande » table. Une salle à manger intime, seulement 6 tables, et une belle terrasse ouvrant sur un panorama exceptionnel. Mais le plus important se trouve dans les assiettes. Du savoir-faire et une véritable recherche pour mettre en valeur les meilleurs produits du terroir. Le « déjeuner d'un jour » à seulement 35 € est une aubaine à ne pas manquer pour approcher la cuisine gastronomique à moindre coût. Selon la saison,

L'Asperge verte « Sylvain Erhardt à Senas », œuf de poule, crème de morilles, ventrèche de cochon Cul noir ; La Fera du Léman, tête de veau, câpres, lait de coco & fruits de la passion ou Le Bœuf Hereford, servi saignant, artichauts, fèves et tomates séchées. Le menu au jour le jour est une autre merveille et chaque assiette devient une œuvre d'art. Création et terroir, une table à découvrir.

■ CAFE-EPICERIE LE CENTRAL

58, cours de la République
ROANNE ✆ 04 77 67 72 72
www.troisgros.fr

Fermé du 1er au 8 mai et en août. Ouvert du mardi au samedi le midi de 12h à 13h30 et le soir de 19h30 à 21h30. Menu unique à 33 €. Menu enfant : 17 €. Formule du midi : 25 € (et 28 €).

La cuisine ici est comme l'épicerie : ouverte sur le monde. Dans les deux salles de 60 couverts qui rendent hommage aux producteurs de la région (leurs portraits en noir et blanc ornent les murs) la fraîcheur des produits est à l'honneur. Selon le marché du jour, Frédéric Garrivier concocte des recettes très originales et pleines de saveurs. Dégustez les rissoles de foies de volailles, puis le filet d'églefin et sa nage à l'orange et au curry, l'onglet de black angus au poivre, le pot-au-feu de cochon aux épices... terminez par le tutti frutti à la meringue brûlée ou la poire Belle-Hélène. La liste des vins – à des prix raisonnables – honore les terroirs locaux et également bien d'autres appellations. Côté épicerie, les étagères sont garnies uniquement des produits qu'apprécient Michel et Marie-Pierre et découvert au cours de leurs voyages.

■ MAISON TROISGROS

Place Jean-Troisgros
ROANNE ✆ 04 77 71 66 97
www.troisgros.fr
info@troisgros.com

Fermé du 22 février au 9 mars et du 2 au 17 août. Ouvert du jeudi au lundi le midi de 12h à 14h et le soir de 19h30 à 21h. Menus de 170 € à 365 €. Carte : 180 € environ. Menu enfant : 45 €. Formule du midi : 100 €. American Express.

Dans l'univers de la gastronomie, lorsque vous prononcez le nom de Troisgros, tout le monde écoute. Le restaurant comprend trois salles climatisées, la salle Jardin de 40 couverts, la salle Paquin pour 10 personnes et la salle Gare de 20 couverts. La cuisine de Michel est un voyage vers une nouvelle dimension, un merveilleux festival de plats et de saveurs, le service des vins et le service à table sont sans fausses notes, la discrétion et le savoir-faire sont remarquables. En voici quelques exemples, mezzaluna de potimarron à la truffe et aux écrevisses, rouget barbet de l'été indien, carré d'agneau brûlé et épicé, navarin de homard bleu, pièce de bœuf de Charolles au vin de Fleurie... fromages frais et affinés, et pour finir soufflé à la menthe et chocolat avec son granité à l'orange ou dim sum à la pistache et au vinaigre de pruneaux... Sublime !

Se loger

■ HOTEL-RESTAURANT LA CHAUMIERE

41, avenue du Maréchal-Foch
AMBERT ✆ 04 73 82 14 94
www.chaumiere-ambert.fr
contact@chaumiere-ambert.fr

Logis (2 cheminées). Fermé en janvier. 19 chambres. Tarif chambre : à partir de 58 €/personne. Tarif demi-pension (minimum 3 jours) : à partir de 48 €/personne. Wifi. Restauration. Tv satellite.

En plein cœur de la ville, La Chaumière s'étend sur une surface de 3 500 m², ce qui permet de bien agréables moments de détente dans le jardin fleuri. Bibliothèque et jeux pour enfants agrémentent également votre séjour. Les chambres, redessinées de belle manière, sont équipées de bains ou douches à l'italiennes et WC, de la télévision câblée, du téléphone direct. La grande salle est chaleureuse, avec poutres apparentes, cheminée, et ses tables joliment décorées. La pièce donne sur un patio et ouvre dans le fond sur une terrasse en été. Conforme aux 2 cocottes décernés par les Logis, la cuisine est bien exécutée et présentée avec soin, tout est de très bon aloi. Le chariot de fromages est digne de ce nom, et le vin, même au pichet, est de qualité. A noter que les viandes grillées au feu de bois sont excellentes.

■ HOTEL RESTAURANT LES COPAINS**

42, boulevard Henri-IV
AMBERT ✆ 04 73 82 01 02
www.hotelrestaurantlescopains.com
info@hotelrestaurantlescopains.com

Ouvert toute l'année. 11 chambres. Chambres : de 52 € à 64 €. Demi pension : de 50 € à 72 €. Petit déjeuner : 7,50 €. Restauration.

C'est en 1935 que cet établissement a vu le jour grâce à Monsieur et Madame Forest. Situé juste en face de la mairie d'Ambert, il s'appelle alors l'hôtel de la Poste avant de devenir en 2000 l'hôtel-restaurant Les Copains. D'année en année, il s'embellit à tel point qu'aujourd'hui les onze chambres sont classées Grand Confort. Au fil des générations, son authenticité a été conservée. Vous vous sentirez comme chez vous, dans une ambiance familiale, simple, et vous pourrez aussi déguster une excellente cuisine du terroir. Les chambres de l'hôtel sont à l'image du reste de l'établissement, décorées simplement mais avec goût. Les Copains vous accueillent toute l'année dans ce joli village, que vous prendrez plaisir à visiter, tout comme les alentours qui recèlent quelques petites merveilles.

■ **CHATEAU DE MATEL**
19, allée du Château-de-Matel
ROANNE ✆ 04 77 69 72 88 / 06 74 42 46 37
www.chateaudematel.fr
contact@chateaudematel.fr
Clévacances (3 clés). Fermé de décembre au 15 mars. 5 chambres. De 75 € à 160 €. Petit déjeuner inclus. Lit supplémentaire : 15 €. Séminaires. Réceptions et mariages. Wifi.
A 5 minutes de Roanne, le château de Matel vous propose cinq chambres de caractère ouvrant sur le parc. Parmi elles, deux suites sont à disposition : l'une de 80 m^2 pour quatre personnes et l'autre pour deux personnes, avec baignoire massante. Au deuxième étage, la chambre Matel dispose d'un lit en baldaquin en 140. Tandis que les chambres Louvre et Josselin disposent chacune d'un lit en 160 et d'un lit en 90, ainsi que d'un bureau. Toutes les chambres comportent une salle d'eau avec WC. Le petit déjeuner est de qualité : il peut être servi dans la salle à manger ou sur le perron aux beaux jours. Sur place, des promenades à pied ou à vélo sont agréables le long du canal.

■ **MAISON TROISGROS*****
Place Jean-Troisgros
ROANNE ✆ 04 77 71 66 97
www.troisgros.fr – info@troisgros.com
Relais & Châteaux. Fermé du 22 février au 9 mars et du 2 au 17 août. 14 chambres. Chambre double de 320 € à 430 € ; studio / appartement de 500 € à 630 €. Petit déjeuner : 28 €. Garage. Séminaires. Wifi. Restauration. Sauna.
L'hôtel 5 étoiles dispose de quatorze chambres et appartements équipés de salle de bains, climatisation, téléphone direct, mini-bar, quinze chaînes câblées, connexion wifi, coffre-fort... Calmes, spacieuses aux tons doux, aux matières naturelles et aux formes épurées ordonnées autour du jardin intérieur. Et partout des peintures d'artistes contemporains comme Favier, Traquandi, Shütte, Tusek, Dörner, ou impressionnistes tel que Jean Puy, peintre roannais, dégagent une atmosphère inoubliable. Accédez librement à la bibliothèque « gourmande » où les amateurs se délecteront devant la belle collection de livres de cuisine du monde et rêveront de voyages. A votre disposition également, l'espace de détente comprenant une salle de sport et un sauna-sanarium. A votre convenance, des massages peuvent être pratiqués dans votre chambre par des kinésithérapeutes diplômés. Havre de douceur et bien-être. Le personnel est charmant et particulièrement attentif à satisfaire vos moindres désirs, le rêve !

Pratique

■ **DELAYRE**
La Sagne – Route de Clermont
AMBERT ✆ 04 73 82 34 41
Ouvert toute l'année, tous les jours.
Les taxis Delayre vous transportent toute l'année, tous les jours. Basé à Ambert, l'entreprise jouit d'une bonne réputation. Le rapport qualité/prix est intéressant. Il s'agit d'une gamme de voitures confortables, les chauffeurs ont de l'expérience et vous emmèneront sur tous les aérodromes de la région, selon votre lieu de départ pour votre envol dans les airs (Roanne-Ambert, Ambert-Villefranche). Après votre sortie, si vous avez besoin d'eux, vous pourrez les rappeler afin qu'ils viennent vous chercher.

■ **TAXI DUNOYER**
Grandchamp
FRONTENAS
✆ 04 74 71 66 23
Courses tous les jours du lundi au samedi.
Frontenas est une petite commune que vous pouvez visiter si vous en avez un peu le temps, elle vaut le déplacement. C'est là que vous trouverez la compagnie de taxi Dunoyer. Gentillesse, professionnalisme et ponctualité : voilà les trois mots qui les caractérisent le mieux. Ils connaissent la région par cœur et répondront à toutes vos attentes. N'hésitez pas à leur demander conseil sur les choses à voir dans la région ou les différents aérodromes pour prendre votre vol. Ils vous guideront avec bon sens.

■ **RADIO TAXIS ROANNAIS**
3, rue de la Résistance
ROANNE ✆ 04 77 70 30 30
Courses toute l'année, 7j/7.
Les Radio-Taxis Roannais existent depuis des années et jouissent d'une grande expérience, avec des chauffeurs de qualité et des véhicules confortables. Ils vous conduiront sur les balades qui démarrent de Roanne ou qui s'achèvent sur l'un des aérodromes de la ville, mais aussi dans d'autres aérodromes de la région si cela est nécessaire. Ils sont disponibles toute l'année, 7j/7, sur un simple coup de fil.

Autour des Vosges

N S F A

Saint-Dié – Lac de Longemer

Cap193° – 12 Nm
A Saint-Dié, vous aurez une pensée pour l'Amérique ! C'est en effet ici, en 1507, que fut créée la première carte nommant officiellement le Nouveau Monde « America », en hommage au navigateur Amerigo Vespucci. Aujourd'hui, un Festival international de géographie attirant les spécialistes du monde entier s'y tient chaque année en octobre. Après avoir décollé de l'aérodrome de Saint-Dié, cap au sud. Sur votre droite, la Meurthe et la N 415. Devant vous, à 5 Nm, se trouve la ville de Fraize. La ligne bleue des Vosges s'imposera à votre œil comme ligne d'horizon. Monuments naturels et lieux de mémoire vont se dévoiler sous vos ailes. Etonnante diversité des milieux naturels liés au relief, aux variations géologiques mais surtout climatiques, le massif des Vosges vous offrira ses formes arrondies, chatoiement de verts profonds, nimbé d'une lumière tamisée qui confère au massif cette coloration bleutée. Le massif vosgien supporte la deuxième plus vaste forêt de France après celle des Landes. Son entretien, l'abattage et le transport du bois font vivre une population considérable de bûcherons. L'exploitation de la forêt, alimentant scieries et papeteries (comme celle de Clairefontaine) dans les vallées, constitue aujourd'hui la principale ressource des 580 000 habitants répartis sur 585 communes, qui bénéficie aussi de l'essor du tourisme. Après la ville de Fraize, vous entrez dans la vallée de la petite Meurthe.

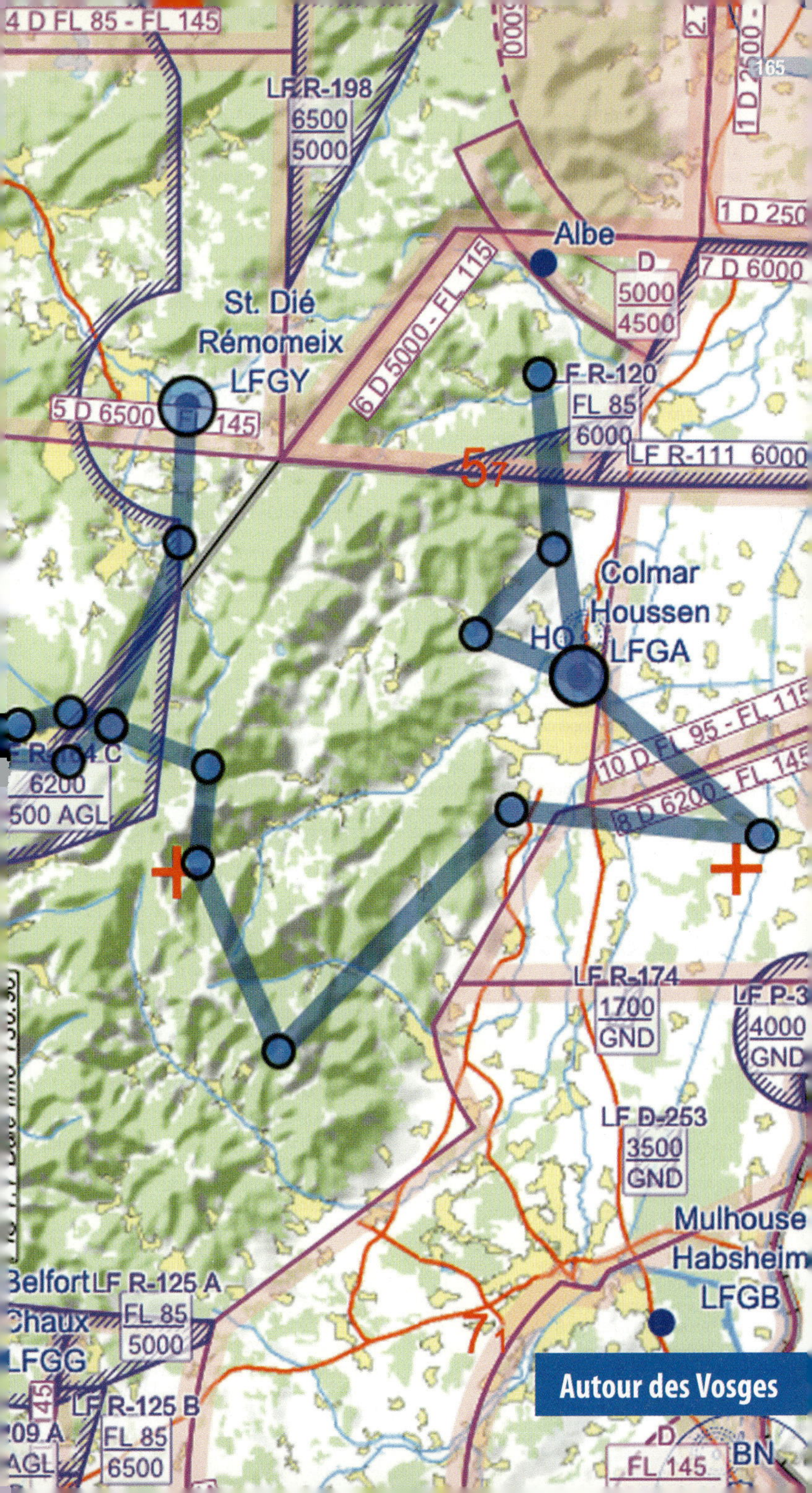

Autour des Vosges

En arrivant sur Longemer, la vallée se fait plus étroite et plus profonde : c'est le défilé de Straiture, constitué de pentes jusqu'à 50%. Dans ce défilé poussent les plus hauts épicéas d'Europe (50 m). En semaine, clearance obligatoire auprès de Polygone Info. Le week-end, vous pouvez toujours les contacter pour vérifier que la zone est toujours inactive depuis que vous avez pris les NOTAM. Si vous restez en contact avec Strasbourg Info ou Bâle Info, vous pourrez également demander si les zones sont actives.

Lac de Longemer, Gérardmer – Le Hohneck

Cap 108° – 10 Nm

Le lac de Longemer occupe un bassin creusé dans l'ancien lit d'un glacier descendu du Hohneck, une montagne sur votre gauche, il y a 80 000 ans. Tournez à droite et suivez le lit du glacier où se nichent les villes de Xonrupt et Gérardmer ; son lac est le plus grand des Vosges, sa profondeur dépasse les 30 m. Il abrite les derniers spécimens de lottes d'eau douce, espèce de l'époque glaciaire. Des digues édifiées au XIXe siècle ont souvent transformés ces lacs en réservoirs, utilisés pour les besoins de l'industrie locale de l'hydroélectricité. Le glacier a fini par rejoindre la Moselle en empruntant la vallée des Granges, que vous reconnaîtrez (mais ne suivrez pas) à son tracé rectiligne à partir de Gérardmer. Après Gérardmer, il vous faudra prendre de l'altitude afin d'atteindre le sommet arrondi du Hohneck qui culmine à 1362 m (près de 4500 feet QNH).

Avant d'arriver au Hohneck, laissez-vous emporter quelques secondes par la magie des lacs tapis au fond des cirques glaciaires typiques comme celui de Blanchemer. Les fermes d'altitude que l'on peut apercevoir de-ci, de là, produisaient en général du munster, dont la ville se trouve un peu plus à l'est. Mais l'essentiel du munster est aujourd'hui fabriqué en plaine, dans des usines.

Le Hohneck – Le Grand Ballon

Cap 205° puis 125° – 11 Nm

Entre le Hohneck et le Grand Ballon, vous pourrez cheminer au-dessus de la route des crêtes, qui suit la ligne de crête des Vosges. Cette route fut percée par les troupes françaises lors de la Première Guerre mondiale pour des raisons stratégiques, afin de relier les vallées de la région selons un axe nord-sud.

Sur le chemin, vous verrez sur votre droite le lac de barrage de Kruth-Wildenstein. Depuis 1965, c'est le plus étendu des 10 barrages du massif vosgien. Egalement connu sous le nom de Ballon de Guebwiller, le Grand Ballon est le point culminant du massif vosgien. Son sommet, d'une altitude de 1424 mètres, offre une vue unique sur la plaine d'Alsace et la Forêt noire à gauche, et le Mont-Blanc en face – quand la visibilité est supérieure à 10 km bien sûr. Le Grand Ballon est généralement le point le plus froid et venté d'Alsace. Le lieu est par conséquent très prisé en hiver, le manteau neigeux y étant très souvent supérieur à un mètre. Il ne faut pas confondre le Grand Ballon avec le ballon d'Alsace, qui se trouve plus à l'ouest et est haut de 1250 m.

La navigation

Sur 75 Nm, cette navigation vous fera survoler l'ouest des Vosges, bordé par le plateau lorrain, à partir de Saint-Dié en vous dirigeant vers le sud jusqu'au point culminant, le Ballon de Guebwiller à 1424 m (4672 feet) d'altitude, avant de passer en Alsace et de prendre cap au nord en direction d'Haguenau.

Le Grand Ballon – Eguisheim

Cap 40°– 10 Nm

Depuis le Grand Ballon, rejoignez le piémont alsacien. Les coteaux se couvrent de vignes alors que les vallées s'élargissent et que l'altitude diminue. Sur votre droite, la ville de Guebwiller conjugue viticulture aux crus réputés et activité industrielle déclinée autour de la mécanique, des services et des nouvelles technologies. Si vous apercevez une longue piste un peu plus loin dans la plaine, il s'agit de la piste fermée depuis 2010 de l'ancienne base aérienne 132. Avant d'arriver au sud de Colmar, le village d'Eguisheim se remarque par ses maisons serrées autour de son château, de sa basilique romano-gothique et si vous avez de bons yeux de ses maisons anciennes à colombages. Il annonce la trilogie des plus jolis bourgs du piémont alsacien, avec Riquewhir et Ribeauvillé que nous survolerons plus loin.

Après Eguisheim, virage à droite vers Neuf-Brisach, une des merveilles de Vauban.

Eguisheim – Neuf-Brisach

Cap 100° – 10 Nm

Neuf-Brisach est un village-forteresse classé au patrimoine mondial de l'Unesco ! Vous devinerez assez facilement pourquoi vu du ciel : il a été entièrement conçu par Vauban au XVIIe siècle, à la demande de Louis XIV. Cette fortification en forme d'étoile est entourée de remparts de 5 m de haut et d'un fossé.

Rejoignez ensuite le piémont alsacien au nord de Colmar, afin de cheminer au-dessus des vignes.

Neuf-Brisach – Kaysersberg

Cap 310° – 12 Nm

La situation du village de Kaysersberg, au pied des Vosges, et sa silhouette si curieuse en font l'une des plus jolies villes parmi les cités du vignoble alsacien. Le haut donjon qui la domine rappelle sa position stratégique.

Kaysersberg – Haut-Kœnigsbourg

Cap 015° – 10 Nm

Prenez ensuite un cap nord pour survoler sans modération la route aérienne des vins d'Alsace qui passe par une série de villages typiques, dont les caractéristiques sont difficiles à voir depuis un avion : rues étroites et tortueuses sont bordées de vieilles maisons à colombages colorées et enseignes typiques. Appréciez néanmoins combien ces villages de Riquewihr, Hunawihr et Ribeauvillé peuvent être blottis entre vignoble et montagne. Si vous avez l'œil, peut-être aurez-vous la chance d'apercevoir l'un des 350 couples de cigognes libres qui vivent en Alsace de mars à fin septembre. Durant cette période, il n'est pas rare de voir des regroupements spectaculaires de plusieurs dizaines de cigognes dans les prés, ou sur les toits des maisons. Au terme de cette navigation, l'impressionnant château du Haut-Kœnisbourg se trouve perché à près de 800 mètres (2405 feet). La célèbre forteresse médiévale domine majestueusement toute la plaine d'Alsace. Construit au XIIe siècle afin de surveiller les routes du vin et du blé au nord, et de celle de l'argent et du sel d'ouest en est, il fut réduit en ruines par les Suédois lors de la guerre de Trente Ans, puis laissé à l'abandon. En 1899, l'Empereur Guillaume II entreprend de le reconstruire entièrement dans l'objectif d'en faire un musée. La construction respecte fidèlement l'architecture du Moyen Age. A l'intérieur, le raffinement des pièces est impressionnant avec des peintures murales, des meubles de la Renaissance et d'énormes poêles en fonte. Une collection d'armes du Moyen Age est conservée au sous-sol avec des arbalètes, des épées en tout genre et des armures. Vous avez ensuite le choix de vous poser à nouveau à Saint-Dié, à quelques Nm à l'ouest, ou à Colmar au sud pour visiter cette ville qui vaut le détour.

Aérodromes et aéro-clubs

■ **AERO-CLUB DE COLMAR**
Route de Strasbourg
COLMAR ✆ 03 89 41 15 25
colmar.aeroclub@wanadoo.fr
Ouvert toute l'année. Cotisation annuelle : 240 € (185 € pour les moins de 25 ans). Tarifs : de 133 €/h à 181 €/h. Vols pour les personnes non membres : 133 € le vol de découverte (de 1 à 3 passagers).
Survoler le chemin des crêtes et ses châteaux, avoir une vue d'avion exceptionnelle sur la vallée du Rhin et succomber à l'émerveillement de découvrir d'avion le Haut-Koenigsbourg, prendre cap à l'ouest en direction des stations de ski vosgiennes, survoler Munster et Riquewihr et son vignoble, admirer du ciel le village d'Eguisheim, puis découvrir l'incroyable ville octogonale de Neuf-Brisach et ses fortifications en étoile... Que de découverte que vous pouvez faire à partir de l'aérodrome de Colmar ! Dans cette ville où est né Frédéric Auguste Bartholdi, à qui l'on doit la statue de la Liberté, tout prend grandeur aux yeux de celui qui s'envole à la découverte de la ville et de ses environs. S'agissant de la statue de la Liberté justement : il faut savoir qu'une réplique de la statue, de 12 mètres de haut tout de même, est érigée sur le rond-point de l'aéroport ! A l'aéro-club de Colmar, on vous accueille avec une grande sympathie. D'ailleurs, au bar de l'Aéro, de style rétro, l'amitié et la passion de l'avion se partagent. Pas moins de 100 membres, 15 élèves et 80 pilotes sont rassemblés au sein du club. Une fine équipe sympathique, passionnée et compétente. Enfin côté flotte, 3 Ecoflyer et un D221 à train classique, dans un état impeccable, font la fierté des membres.

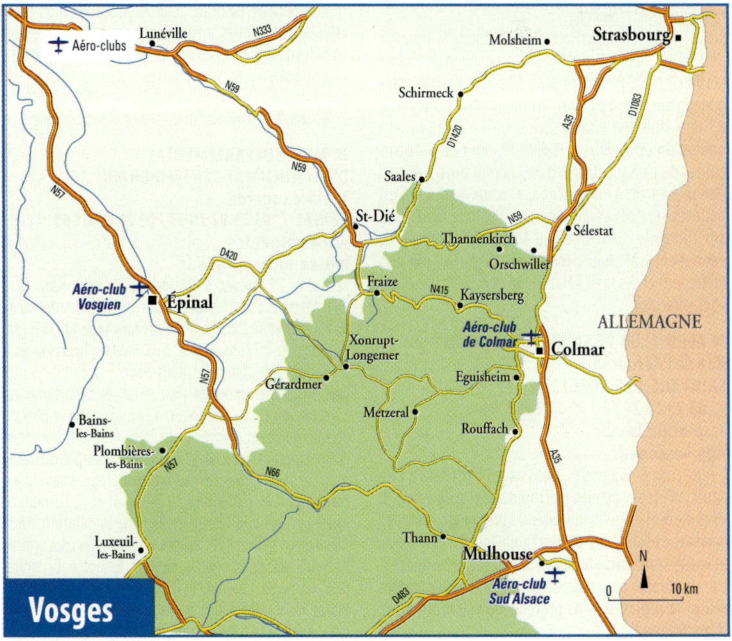

AÉROCLUB VOSGIEN

160, route de l'Aviation
DOGNEVILLE
✆ 03 29 31 97 74 / 09 63 28 67 34
http : //cda88.free.fr
secretariat.aeroclub@wanadoo.fr

Horaires du secrétariat. Ouvert le lundi et le mercredi de 9h à 12h ; le vendredi de 14h à 17h ; le samedi de 9h à 12h et de 14h à 17h.

Envie de prendre de l'altitude ? Voici l'adresse qu'il vous faut. Les instructeurs passionnés de l'Aéroclub Vosgien se feront une joie de vous faire découvrir les Vosges autrement : vues du ciel en avion, en ULM ou même en planeur ! Et pour ceux qui rêvent de prendre les commandes, le club propose des vols d'initiation sur ces trois types d'appareils ainsi que des stages planeurs au printemps et en été. Comptez 80 € pour un baptême de l'air de 30 minutes. Les amoureux d'aéromodélisme pourront également s'adonner à leur passion. La section aéromodélisme, affiliée à la FFAM, profite en effet des exceptionnelles infrastructures du club (piste de 100 mètres en bitume assortie d'un taxiway et d'une zone parking pour préparer les modèles) et permet ainsi à la quarantaine de membres de la section de s'adonner à leur passion dans les meilleures conditions possibles.

AERO-CLUB SUD ALSACE

100, rue de l'Aérodrome
RIXHEIM
✆ 06 88 78 20 33 / 03 89 48 52 51
www.aeroclub-sudalsace.org
graf.rene@wanadoo.fr

Ouvert toute l'année. Pour les horaires et les tarifs, se renseigner par téléphone.

Survolez le château du Haut-Koenigsbourg, le vignoble alsacien, la vallée de Guebwiller, Munster et de Thann, la ville de Neuf-Brisach et sa fortification Vauban octogonale, qui, vue d'en haut, est magnifique ! Sur place, à l'aéro-club Sud Alsace, sachez qu'il y aura toujours quelqu'un pour vous accueillir et venir en aide aux pilotes de passage. Ces derniers auront aussi toujours librement accès à Internet et aux locaux du club... C'est pour ces services assurés avec une grande générosité que l'on aime l'aéro-club Sud Alsace. Côté transports, des bus entre Mulhouse centre et Rixheim (à 5 minutes du terrain) et des taxis à Habsheim et Rixheim pourront vous véhiculer.

AERO-CLUB DE SAINT-DIE REMONEIX

Rue de l'Aérodrome
SAINT-DIÉ-DES-VOSGES
✆ 03 29 56 24 62 / 09 62 25 25 04
acsaintdie.free.fr
lfgy@orange.fr

L'aéro-club de Saint-Dié des Vosges bénéficie d'une situation idéale, au pied des montagnes vosgiennes. Il vous permet de pouvoir visiter les plus beaux sites des environs. C'est un aéro-club où l'ambiance est excellente, et vous y serez parfaitement accueilli. Le personnel est très disponible pour vous conseiller ou vous emmener visiter la région si vous préférez être accompagné. N'hésitez pas !

À voir – À faire

MUSÉE DE L'IMAGE

Cité de l'Image
42, quai de Dogneville
EPINAL ✆ 03 29 81 48 30
www.museedelimage.fr
musee.image@epinal.fr

Fermé le 1er janvier et le 25 décembre. Pâques et Toussaint : contacter le musée. Basse saison : ouvert le lundi de 14h à 18h ; du mardi au jeudi et le samedi de 9h30 à 12h et de 14h à 18h ; le vendredi de 9h30 à 18h ; le dimanche et les jours fériés de 10h à 12h et de 14h à 18h. Haute saison : le lundi de 14h à 18h ; du mardi au dimanche et les jours fériés de 10h à 18h. Haute saison du 1er juillet au 31 août. Gratuit jusqu'à 6 ans. Adulte : 5 € (tarif réduit : 3,50 €). Enfant (de 6 à 18 ans) : 1 €. Groupe (16 personnes) : 3 €. Cité de l'image (musée et imagerie) : Adulte : 8 € (tarif réduit : 6 €), de 6 à 18 ans : 2 €, groupe (16 personnes et plus) : 5 €/personne. Ascenseur, toilettes aux normes, audioguides. Visite guidée. Boutique.

Le musée de l'Image rassemble une collection exceptionnelle de 110 000 images et bois gravés provenant des centres imagiers français et étrangers. La salle d'exposition permanente retrace l'histoire de l'imagerie populaire, du XVIIe siècle à aujourd'hui, et les thèmes traités dans l'imagerie : images religieuses, historiettes pour enfants sages, images de propagande, théâtres de papier, feuilles de soldats, images satiriques et publicité... Toute l'année, des expositions temporaires approfondissent ces thématiques et font mieux découvrir le monde des images anciennes et contemporaines, leurs codes et leur histoire, tout en les confrontant avec d'autres œuvres – photographie contemporaine, peinture, mais aussi œuvres musicales, littéraires, théâtrales. Un pont entre le passé et le présent, entre les différentes époques de l'histoire à travers l'image. Lors de votre visite, vous pourrez également profiter de nombreux équipements comme les bornes interactives et les montages vidéo. Un musée où il fait bon aller.

MUSEE DEPARTEMENTAL D'ART ANCIEN ET CONTEMPORAIN

1, place Lagarde
EPINAL ✆ 03 29 82 20 33 / 03 29 82 01 63
www.vosges.fr
musee-mdaac@cg88.fr

Fermé le 1er janvier, le 1er mai, le 1er novembre et le 25 décembre. Ouvert le lundi et du mercredi au samedi de 9h à 12h30 et de 13h30 à 18h ; le dimanche de 13h30 à 18h. Gratuit jusqu'à 12 ans. Adulte : 5 €. Groupe (10 personnes) : 3 €. Gratuit le dimanche après-midi.

Créé en 1822 et rénové en 1992, le musée départemental d'art ancien et contemporain d'Epinal conserve plus de 30 000 objets et œuvres d'art. Dans l'élégant bâtiment contemporain, les collections d'archéologie, d'ethnographie ou de peintures classiques dialoguent avec l'art contemporain. De La Tour, Rembrandt et Le Lorrain, ce musée présente un large éventail de la peinture européenne des XVIIe et XVIIIe siècles. A la collection des princes de Salm (œuvres de Stella, La Hyre, Lemoine, Brueghel de Velours, etc.) s'ajoutent les achats (Mignard, Robert, Piola), les dons (La Tour, Furini, de Heem) et les dépôts d'œuvres de l'Etat (Le Lorrain, Bourdon, Vignon, Panini).

Les remparts du château du Haut-Koenigsbourg.

© AUTHORS IMAGE - IRÈNE ALASTRUEY

Kaysersberg est considéré comme l'un des plus beaux villages d'Alsace.

© NICOLAS - ICONOTEC

Ruelle du village dEguisheim..

© S. NICOLAS - ICONOTEC

Le Lac blanc.

Unique dans les musées lorrains, le fonds d'art contemporain du musée témoigne des principaux mouvements européens et américains des 60 dernières années, caractérisés par la remise en question de la production de l'art et de sa réception : l'art Conceptuel, l'art Minimal, le Nouveau Réalisme ou l'Arte Povera. Le visiteur pourra découvrir les œuvres de Mario Merz, Christian Boltanski, Jacques Villeglé, Dan Flavin, Joseph Kosuth, François Morellet, Gilbert and George, Andy Warhol, etc.

Autre adresse : www.epinal.fr

LAC DE GERARDMER
GÉRARDMER

« Le lac de Gérardmer en sa belle vallée nous enchante dans l'ombre et nous rit au réveil. C'est un pur diamant sous la voûte étoilée, c'est une perle exquise aux baisers du soleil ». Abel Hugo, frère du grand Victor Hugo. Situé à une altitude de 660 m, il s'étend sur 115,5 ha, 2 200 m de long et 75 m de large. Sa profondeur peut atteindre 38,50 m. D'origine glaciaire, il attire de nombreux estivants, mais attention, c'est un lac de montagne et la baignade est réservée aux moins frileux. Beaucoup préféreront en faire le tour en barque ou en bateau à pédales, voire même s'essayer à la planche à voile. On peut également le longer par une boucle de 6 km environ. Une portion est d'ailleurs aménagée en piste cyclable.

GRAND BALLON
GUEBWILLER

Qui ne connaît pas le Grand Ballon ou Ballon de Guebwiller, en référence à la ville la plus proche ? La capitale du Florival restant en effet le point de départ idéal pour les amoureux de la montagne et du patrimoine. Randonnées pédestres, circuits VTT – labellisés FFC –, raquettes à neige et ski en hiver... pour les plus actifs, repas marcaires en ferme-auberge, dégustations et visites de caves viticoles pour les autres, il y en a pour tous les goûts. D'une altitude de 1 424 mètres, la route des Crêtes en est son point culminant (1 325 mètres). Le col a d'ailleurs été franchi à six reprises par le peloton du Tour de France et Laurent Fignon s'y est imposé en 1992. On peut y apercevoir, quand les conditions sont réunies, le massif du Mont-Blanc, situé à 229 km.

LE HOHNECK
METZERAL

Le Hohneck est un sommet du Massif des Vosges (1 363 mètres d'altitude) qui se partage entre un versant ouest lorrain et un versant est alsacien. On peut y accéder par la fameuse route des Crêtes, qui traverse le Grand Ballon. Si quelques troupeaux de chamois y ont trouvé refuge, ce sont les skieurs qui prennent possession des lieux, une fois les premières neiges tombées sur la station de ski de La Bresse Hohneck.

CHÂTEAU DU HAUT-KOENIGSBOURG
Route du Château
ORSCHWILLER ✆ 03 69 33 25 00
www.haut-koenigsbourg.fr
haut-koenigsbourg@cg67.fr

En janvier, février, novembre et décembre, billeterie ouverte tous les jours de 9h30 à 12h et de 13h à 16h30. En mars et en octobre de 9h30 à 17h. En avril, mai et septembre de 9h15 à 17h15. En juin, juillet et août de 9h15 à 18h. Gratuit jusqu'à 18 ans. Adulte : 8 €. Groupe (20 personnes) : 6 €. Label Tourisme & Handicap. Visite guidée (et audio-guide : 4 €). Restauration. Des supports de visite et des activités destinées aux personnes handicapées sont proposés toute l'année. Se renseigner par téléphone ou Internet.

Depuis le XIIe siècle, le château du Haut-Koenigsbourg fascine petits et grands et, aujourd'hui, sa visite s'avère toujours aussi éblouissante. Dominant la plaine d'Alsace depuis ses 757 mètres, cette place forte stratégique est passée de main en main durant toute son histoire : construit par les Hohenstaufen en 1147, il est détruit en 1462 et confié aux Tiersen qui le reconstruisent et lui donnent le nom définitif de Hohkoenigsbourg. Durant la guerre de Trente ans, le château est pillé et incendié par les Suédois puis abandonné durant deux siècles. C'est au XIXe siècle qu'est envisagée la restauration de l'édifice, commencée par Guillaume II sous l'Alsace allemande et achevée en 1908. De nos jours, la visite du château vous entraîne dans les coulisses passionnants de ce géant de pierre : visite libre ou guidée, en individuel ou en groupe, classique, insolite ou même ludique. La visite du jardin médiéval est également d'actualité de mai à septembre. Tout au long de l'année, des manifestations sont organisées et donnent vie à ce lieu magique. Nuit des Musées et Rendez-vous aux jardins sont les exemples récurrents d'une programmation événementielle sans cesse renouvelée.

CAMP CELTIQUE DE LA BURE
SAINT-DIÉ-DES-VOSGES

En partant de Saint-Dié, prendre la direction de Raon-l'Étape, aller au village La Pêcherie, puis direction le col de la Crénée, duquel un sentier balisé mène au camp celtique de la Bure (comptez 20 minutes de marche à partir du Col de la Crénée). Accessible par la GR533 par le sud du promontoire. Comptez 2 heures de randonnée pédestre en forêt de montagne.

Situé au nord-ouest de la ville, ce site archéologique a conservé les traces d'une occupation humaine qui remonte au Néolithique. Occupé de manière irrégulière aux alentours de 2000 avant Jésus-Christ, le site a ensuite été occupé en permanence à partir du Ier siècle avant Jésus-Christ et jusqu'en 352 de notre ère. Les fouilles ont mis à jour plusieurs bassins consacrés aux divinités gauloises ainsi qu'un atelier sidérurgique. Les objets récupérés sont exposés au musée de Saint-Dié-des-Vosges. En partant à la découverte du camp celtique de la Bure, vous doublerez les plaisirs : celui d'une belle randonnée en pleine nature et celui d'une sortie enrichissante d'un point de vue historique.

LA CATHEDRALE ROSE
Rue de la Cathédrale
SAINT-DIÉ-DES-VOSGES

Visite libre permanente. Visite guidée sur demande auprès de l'Office de tourisme de Saint-Dié-des-Vosges au 03 29 42 22 22.

Construite au VIIe siècle, elle fut d'abord église abbatiale avant de devenir la collégiale de plusieurs chanoines séculiers. Elle fut ensuite érigée en cathédrale en 1777 et incendiée à plusieurs reprises. La cathédrale est restée un superbe édifice en grès rose (l'une des fameuses roches vosgiennes) qui mérite le détour. Sa façade et ses deux imposantes tours sont de l'Italien Giovanno Betto qui a participé à la construction de plusieurs églises en Lorraine.

Seule partie romane de l'édifice, la nef est typique de la Lorraine Sud. Son chœur, son abside et son transept typiques sont, quant à eux, du gothique champenois. Cette cathédrale possède également 53 verrières réalisées en 1987, sur le thème Mort et Résurrection, signées par 10 artistes, dont A. Manessier et J. Le Moal. L'ensemble fut coordonné par Jean Bazaine. Une œuvre en tout point moderne comme la ville qui l'abrite.

Se restaurer

■ RESTAURANT LE PONT DES FEES

34, le village – Les Voivres
BAINS-LES-BAINS
✆ 03 29 31 03 09

Ouvert tous les midis. Réservation recommandée. Menu unique à 10 € (entrée, plat, fromage et dessert).

A quelques minutes du centre de Bains-les-Bains, quelle magnifique découverte que cette table, dénichée par hasard en plein cœur de ce tout petit village vosgien des Voivres. En traversant distraitement le village, on remarque à peine ce restaurant situé pourtant au bord de la rue principale, mais quelle erreur de ne pas s'y attarder… A peine entrés, vous vous sentirez enveloppés par une douce et infinie chaleur. Chaleur du lieu, cette belle salle à l'ambiance champêtre, chaleur des hôtes, Rémi en salle et Monique en cuisine. Quant à la cuisine, elle est tout simplement excellente. Elle est préparée avec grand soin et uniquement à base de produits frais et de qualité. Vous pourrez par exemple y déguster un délicieux émincé de veau aux petits légumes, suivi d'un gâteau aux pommes maison. Un vrai coup de cœur pour ces hôtes et pour cette table à ne pas manquer.

■ LE BISTROT GOURMAND

5-7, rue du Chapitre
EPINAL ✆ 03 29 34 20 77
www.lebistrotgourmand.com

Ouvert du mardi au vendredi de 12h à 14h et de 19h30 à 21h30 ; le samedi de 12h à 14h et de 19h30 à 22h ; le dimanche de 12h à 14h. Menus de 22 € à 65 €. Carte : 30 € environ. Menu enfant : 9 €. Plat du jour : 9,80 €. Chèque Restaurant. Accueil des groupes (devis pour séminaires, banquets ou repas de groupes). Terrasse. Vente à emporter.

Situé à quelques pas de la basilique Saint-Maurice, Le Bistrot Gourmand célèbre les produits du terroir à travers une cuisine raffinée et moderne. Installé dans une ancienne dépendance de la maison canoniale, le cadre du restaurant est tout simplement magique. Côte cuisine, diverses formules vous seront proposées : menu tradition, menu du chapitre, menu des chanoinesses, menu dégustation. Parmi les incontournables, citons le croustillant de ris de veau et de rognons de veau et son gratin dauphinois ou le crumble de St Jacques, dos de cabillaud et gambas. En dessert, laissez-vous tenter par les profiteroles maison et leur chocolat chaud ou la charlotte aux fruits rouges et sa quenelle de mousse chocolat blanc/passion. En été, profitez de la belle terrasse pour un déjeuner en toute tranquillité. Le Bistrot Gourmand est une excellente table rivalisant avec les restaurants gastronomiques.

■ LA TABLE DU BOUCHER

56, rue Charles de Gaulle
GÉRARDMER
✆ 03 29 41 23 57
www.latableduboucher-gerardmer.fr
contact@latableduboucher-gerardmer.fr

Ouvert du mardi au dimanche de 12h à 14h30 et de 18h30 à 22h. Menus de 11,90 € à 27 €. Carte : 30 € environ. Menu enfant : 8 €. Plat du jour : 7,90 €. Vin au verre. Chèque Vacances, Chèque Restaurant. Accueil des petits groupes.

A Gérardmer, tous les amateurs de cuisine du terroir se retrouvent à La Table du Boucher. Banquettes beiges, chemins de table rouges, murs marron et sol rouge… vous vous retrouverez dans un cadre épuré. Pour les spécialistés régionales, il y a la fondue au munster, la tourte aux grenouilles… Vous pourrez également goûter à la côte de bœuf ou au tartare au couteau qui est réalisé devant le client. Les desserts variés respirent eux aussi le terroir : tarte aux myrtilles, crème brûlée au sapin…

■ RESTAURANT LES TERRASSES – DOMAINE DU LAC

244, rue de la République
GUEBWILLER
✆ 03 89 76 15 76
www.domainedulac-alsace.com
contact@domainedulac-alsace.com

Ouvert du dimanche au vendredi de 12h à 14h et de 18h30 à 22h ; le samedi soir. Réservation recommandée. Menus de 17 € à 55 €. Carte : 20 € environ. Menu enfant : 7,90 €. Formule du midi : 17 € (entrée + plat ou plat + dessert) servis du lundi au vendredi (sauf jours fériés, 23 € les 3 plats). Menu enfant offert le dimanche soir hors jours fériés. American Express. Accueil des groupes. Terrasse.

Non loin des vignes pentues, sur la route qui va de Guebwiller à Murbach, le Domaine du Lac est un havre pour tous les visiteurs, clients des deux hôtels 3-étoiles du domaine ou visiteurs de passage, le temps d'un repas. Le restaurant des Terrasses affiche un décor assez contemporain et lumineux, dans une salle d'une centaine de couverts. Aux beaux jours, il est bien agréable d'occuper une table à la terrasse donnant sur le lac. La cuisine se veut pleine de créativité et de nuance, à l'image de cette ballottine de lapin, croûte de marrons et persil, et sa mijotée de légumes anciens. On apprécie également le mariage des saveurs du menu du marché, proposé tous les jours en semaine. La carte des vins fait la part belle aux viticulteurs locaux, notamment le domaine Schlumberger qui réserve quelques pépites. A noter enfin, les sorbets maison aux fins cristaux de caramel, l'alliance de l'onctueux et du croquant, un vrai régal !

■ LA VIEILLE FORGE

1, rue des Écoles
KAYSERSBERG
✆ 03 89 47 17 51
gutleben.marie@orange.fr

Ouvert toute l'année. Tous les jours de 12h à 13h30 et de 18h45 à 21h. Menus de 20 € à 39 €. Carte : 20 € environ. Menu enfant : 9,50 €. Chèque Vacances, Chèque Restaurant.

Cette adresse est un véritable coup de cœur que ce soit par l'accueil chaleureux – la famille Gutleben est véritablement aux petits soins – que par la qualité des mets servis. Dans un cadre *cosy* et soigné, le chef revisite avec passion les plats traditionnels de la cuisine alsacienne et française. On vous conseille vivement de goûter le risotto d'épinards aux escargots persillés, et le dos de sandre sur son lit de choucroute, vos papilles seront enchantées. Pour les amoureux du sucré, la crème brûlée aux oranges est un vrai régal. Les menus vont de 20 à 39 € et vous donnent un bon aperçu de cette délicieuse cuisine de terroir. Les enfants ne sont pas oubliés avec un menu proposant émincé de volaille sauce crémée, spatzles maison et glace vanille pour la modique somme de 9,50 €. La carte des vins d'Alsace est à la hauteur de cette cuisine raffinée et propose un choix bien senti de quelques incontournables blancs du cru. Le nombre de tables étant limité (34 couverts), mieux vaut réserver, même si l'on peut toujours tenter sa chance à l'improviste : on sera toujours accueilli avec le sourire.

■ LE PETIT CHANTILLY
7, rue du 11 Novembre 1918
SAINT-DIÉ-DES-VOSGES
✆ 03 29 50 67 83
lepetitchantilly@orange.fr
De 12h à 14h et de 19h à 21h. Fermé le dimanche soir, le lundi toute la journée et le samedi midi. Menus de 15 € à 30 €. Carte : 33 € environ.
Vous serez agréablement accueillis par la maîtresse des lieux dotée d'un délicieux accent irlandais. Celle-ci assure le service pendant que son mari prépare les plats. Vous les dégusterez dans un décor feutré comme du velours où se mêlent harmonieusement des tons d'or, d'ivoire, de brique et d'acajou. Filet de bar, raviolis de truffe blanche au beurre de ciboulette et concassés de tomates... La carte change régulièrement pour varier les plaisirs. Le dessert vous conquerra avec, entre autres, les mini-crêpes au coulis d'orange et glace coco qui jouissent d'un véritable succès. Le service très attentionné est totalement en osmose avec la grande qualité de la cuisine. Cela confirme l'immense talent d'Eric Frieden. Celui-ci possède une solide expérience acquise à l'étranger, en Italie, en Irlande et surtout dans une noble maison de Berlin.

■ AUBERGE LA MEUNIÈRE
30, rue Sainte-Anne
THANNENKIRCH
✆ 03 89 73 10 47
www.aubergelameuniere.com
info@aubergelameuniere.com
Logis de France (3 cocottes). Fermé de fin décembre à mi-mars. Ouvert tous les jours le midi et le soir. Menus de 17 € à 39 €. Menu enfant : 8 €. Formule du midi : 13 €. Hôtel (3 cheminées). Chambre double petit déjeuner inclus de 80 € à 146 €. Terrasse.
Vaste et belle auberge à l'autrichienne que celle de La Meunière. L'édifice massif, spacieux et rutilant possède une magnifique enseigne. De la terrasse, on a vue à la fois sur le château du Haut-Koenigsbourg et sur les cuisines, ouvertes aux regards. L'endroit, qui mêle pierre apparentes et grandes planches de bois brut, regorge d'objets anciens, dont des meules en grès et une grande collection de moulins... à café, amassés et présentés avec passion par les propriétaires des lieux, Jean-Luc et Francesca Dumoulin. On y goûte le calme et la volupté en toutes saisons. Volupté du repas, car la cuisine suit le mouvement et ne déçoit pas. Comme cette poêlée de Saint-Jacques aux fruits de la passion, la mitonnée de joue de veau au pain d'épices ou pourquoi pas le parfait glacé de spéculos et chutney exotique. Accueillante, La Meunière est montagnarde mais bourgeoise, et fière de l'être.

■ LES JARDINS DE SOPHIE
Domaine de la Moineaudière
Route du Valtin
XONRUPT-LONGEMER
✆ 03 29 63 37 11
jardinsdesophie@compagnie-dhdl.com
Maîtres cuisiniers. Ouvert tous les jours et les jours fériés de 12h à 14h et de 19h à 21h. Menus de 46 € à 76 €. Carte : 65 € environ. Menu enfant : 18 €. Formule du midi : 29 € (sauf samedi, dimanche et jours fériés). Jardin. Terrasse.
Hervé Cune, maître cuisinier, vous propose une cuisine inventive, authentique et très raffinée. Il utilise pour cela des produits locaux ainsi que des herbes et des légumes de sa serre aromatique. Si vous souhaitez découvrir de nouvelles saveurs, deux menus changeant selon les saisons sont faits pour vous. A la carte, vous pourrez choisir la caille dorée au beurre salé ou l'escargot et l'écrevisse fricassée au lard paysan en guise d'entrée. Poisson ou viande, quatre plats de chaque vous sont ensuite proposés. Il y a même un plat confectionné spécialement pour les végétariens. En dessert, ce sont des fruits qui sont déclinés comme par exemple la mandarine et la châtaigne. Les amoureux du chocolat ne seront pas en reste puisque celui-ci est également décliné de diverses façons.

Se loger

■ HOSTELLERIE DU PAPE***
10, Grand-Rue
EGUISHEIM ✆ 03 89 41 41 21
www.hostellerie-pape.com
info@hostellerie-pape.com
Ouvert toute l'année. Chambre double de 69 € à 149 €. Demi-pension (de 74 à 105,50 €). Petit déjeuner buffet : 11 €. Parking fermé inclus. Animaux admis (supplément de 10 €). Wifi gratuit. Restauration (menus de 23,70 € à 44,30 € ; menu enfant à 10,50 €).
Au cœur d'une des plus belles cités médiévales de la région, l'Hostellerie du Pape est un concentré de la légendaire hospitalité alsacienne. En 2012, sa façade a été entièrement rénovée et affiche à présent « Ferme du Pape Hostellerie ». Une fois la porte franchie, on est agréablement surpris par l'accueil, enfermé dans un caisson en bois rappelant un peu l'entrée d'un sauna norvégien. A votre disposition : 47 chambres calmes et confortables, dont 11 climatisées et 3 accessibles aux personnes à mobilité réduite. Petit plus de l'établissement : le parking privé bien pratique dans un village où les places de stationnement valent de l'or.

Côté fourchette, on vous propose des mets traditionnels comme l'incontournable choucroute ou les tartes flambées. Votre choix pourra également s'arrêter sur des burgers, viandes et poissons, ou encore une grande assiette de légumes spécialement conçue pour les végétariens. L'établissement vous propose également de nombreuses offres spéciales comme l'Alsace Gourmande, comprenant 2 nuitées pour deux personnes, le petit déjeuner en buffet, un dîner traditionnel à 5 plats (apéritif offert) et un dîner gourmand à 6 plats (apéritif offert).

■ HÔTEL-RESTAURANT LE JAM'S

4, route d'Epinal
GÉRARDMER © 03 29 63 38 23
www.hotel-restaurant-lejams.com

13 chambres (dont 1 suite). Chambre double de 70 € à 82 € ; chambre triple de 143 € à 154 €. Pension complète : 63 €. Demi-pension : 50 €. Petit déjeuner : 9 €. Lit supplémentaire : 15 €. Animaux acceptés (5 € par jour et par animal). Restauration.

Face au lac, l'hôtel est idéalement situé. Votre chambre pourra avoir soit une vue sur le lac, soit une vue sur les montagnes vosgiennes. Elles sont tout confort, toutes équipées d'une salle de bains avec toilettes, téléphone et télévision. La plupart d'entre elles ont un balcon. Cet hôtel est à 200 m du centre-ville de Gérardmer et à proximité de toutes les activités. Vous pourrez en effet vous rendre rapidement à la piscine, à la patinoire, au bowling, au tennis, au mini-golf, au club de voile et au casino. La cuisine du restaurant est bonne et variée avec une jolie recherche de présentation des plats.

■ DOMAINE DU BEAUPRE

allée des Marronniers
GUEBWILLER © 03 89 74 28 57
direction@domainedebeaupre.com

Ouvert toute l'année. 19 chambres. Chambre simple à partir de 75 € ; suite à partir de 210 €. Petit déjeuner buffet : 13 €. Séminaires. Restauration (menus de 18 € à 26 €). Vente (une boutique gourmets avec les produits du terroir et une boutique d'artisanat d'art).

Le Domaine de Beaupré a ouvert ses portes dans un château anciennement connu comme le château de la Prairie. Loin d'être un simple hôtel de charme comme un autre, ses nouveaux propriétaires Dominique et William Pralong le destinent à quelque chose de plus : un lieu de rencontres et d'échanges pour tous les passionnés d'art en général. Déjà, lorsque l'on franchit la grille en fer forgé, on a l'impression de se retrouver dans un décor digne de la Belle au Bois dormant. Toutes les chambres, auxquelles on accède par un magnifique escalier dans un cadre classieux et haut de plafond, portent un nom : Frédéric Bartholdi, Albert Schweitzer, Théodore Deck. Le décor est classique, avec des salles de bains équipées de baignoires, bidets et lavabos vintage des années 1940. La partie restauration est inventive, façon table d'hôtes ; autrement dit, pas de carte ou de menu pour choisir, on mange ce qu'il y a. On apprécie les objets d'art disséminés un peu partout et le projet de salles d'expositions.

■ HOTEL-RESTAURANT LE REGAL***

189, route d'Epinal – RN 420
SAINT-DIÉ-DES-VOSGES © 03 29 56 61 41
www.leregal.fr – contact@leregal.fr

Logis (3 cheminées). Fermé du 28 juillet au 10 août et du 22 décembre au 5 janvier. 39 chambres. Chambre double de 67 € à 75 € ; chambre triple à partir de 85 €. Demi-pension : 68 €. Petit déjeuner : 9,50 €. Parking fermé. Soirée étape : 75 €. Diners Club. Jeux pour enfants. Animaux acceptés. Séminaires. Wifi gratuit. Restauration (menu du jour à 17,50 € ; menus de 26,50 à 48 € ; menu enfant à 10 €). Tv satellite.

Ancienne ferme, cet hôtel est l'endroit idéal pour se reposer au cœur des Vosges. Il dispose de chambres spacieuses, équipées et fonctionnelles, pouvant accueillir d'une à quatre personnes. Il y a aussi un restaurant qui propose une cuisine traditionnelle. En entrée, vous pourrez ainsi goûter au foie gras de canard au pinot noir d'Alsace. Le millefeuille de filet de bœuf aux morilles, servi avec une sauce à la crème et au vin jaune, est délicieux. En dessert, vous aurez le choix parmi la tarte amandine aux myrtilles, le gratin de fruits de saison, les anneaux au chocolat et aux framboises... Une belle palette de fromages est également proposée. Une adresse où vous passerez du bon temps.

■ HÔTEL DU HAUT-KOENIGSBOURG***

9, rue Rodern
THANNENKIRCH © 03 89 22 46 60
www.hotel-haut-koenigsbourg.com
hotel.hk@orange.fr

Congés annuels 2014 : du 1er février au 1er mars. 9 chambres. Chambre simple de 65 € à 70 € ; chambre double de 70 € à 85 €. Petit déjeuner : 11 € (gratuit pour les moins de 15 ans). Parking inclus. Table d'hôtes lors de soirées à thème organisées chaque mois en haute saison (tartes flambées, barbecue, etc.).

Dans le pittoresque village de Tannenkirch, à sept kilomètres environ du château du Haut-Koenigsbourg, se trouve un petit hôtel plein de charme. Composé de 9 chambres coquettes et douillettes, cette adresse fait un point d'honneur à vous faire vous sentir comme à la maison. Les chambres sont lumineuses, pourvues de salles de bains privatives et décorées avec de nombreux objets chinés ici et là. Ambiance campagne, brocante, voyage ou romantique, un vrai petit cocon vous attend. Mais n'oubliez pas pour autant de jeter un coup d'œil par la fenêtre où vous pourrez admirer le Taennchel, un des sommets du massif des Vosges, ou bien un charmant jardin arboré de cerisiers. Petite originalité : l'hôtel-boutique où vous pourrez ramener chez vous un petit souvenir de votre séjour alsacien. Outre le salon de thé et la cave à vins, il n'y a pas de restauration sur place. Mais pas de panique, on se fera à plaisir de vous conseiller l'un des quatre très bons restaurants de Tannenkirch. Bref, rien à redire !

■ HOTEL-RESTAURANT BALVEURCHE**

Carole et Patrick Copp
Chaume de Balveurche
XONRUPT-LONGEMER © 03 29 63 26 02
www.chaume-de-balveurche.fr
chaume-balveurche@wanadoo.fr

Logis (2 cheminées). 17 chambres. Chambre simple 62 € ; chambre double 60 € ; chambre triple de 71 € à 87 €. Demi-pension (de 59 € à 68 € par jour et par personne. 33 € pour les enfants de 2 à 6 ans et 40 € pour les enfants de 7 à 12 ans). Petit déjeuner : 10 €. Animaux acceptés (9 € par jour et par animal). Restauration (menus de 18,50 à 33 €). Vente.

Vous rêvez d'une escapade à 1 100 m d'altitude, dans un site exceptionnel, au milieu des sapins et des prairies ? Ici, vous serez au calme, vous pourrez skiez, faire de la luge ou de la randonnée même en raquettes, manger tout en profitant de la vue imprenable sur la montage, la piste de ski et les enfants qui jouent dans la neige. Votre vœu est réalisé. Ici, en hiver, il peut tomber 30 cm de neige en une seule nuit. L'accès est toutefois vite dégagé. Ce sont Patrick et Carole qui sont les heureux propriétaires de cette immense bâtisse. A l'intérieur, il y a un magnifique bar semi-circulaire, une petite boutique et plusieurs salles. La plus typique est celle qui possède une grande peinture murale représentant un paysage vosgien inspiré du lieu, une cheminée en bois clair faisant partie intégrante d'un bahut. Dans cette ambiance chalet de montagne, on savoure une cuisine de qualité aux couleurs locales. Enfin, sachez qu'ici on loue des skis, des luges et des raquettes. Une belle virée en perspective !

Pratique

■ **A2T**
✆ 06 24 32 43 65
www.alsace-transports-tourisme.com
alsace-transports-tourisme@orange.fr
7/7 jours. Tarifs jour/nuit : Colmar intramuros, 8/11 € ; périphérie de Colmar, 10/14 € ; aéroport Bâle/Mulhouse, 85/120 €. Circuit Route des vins – 5 villages (3h) : 120 €. Véhicule jusqu'à 6 places. Supplément de 2 €/personne au-delà de 4 passagers.
Avec plus de 30 ans d'expérience dans le transport de personnes, n'ayez aucun doute quant aux compétences et au professionnalisme de cette agence ! Contrairement aux taxis, les tarifs sont calculés sur des bases forfaitaires. Ainsi, vous ne payez pas au compteur mais à la course, à l'heure, à la demi-journée ou à la journée. Embouteillages ou déviations, rassurez-vous, vous ne paierez pas un centime de plus que le forfait annoncé. C'est un bon compromis, que ce soit pour un déplacement professionnel ou personnel, pour vous emmener à l'aéroport ou faire vos courses. Fini les tracas, on se laisse conduire en toute tranquillité dans une voiture confortable pouvant accueillir jusqu'à six personnes. L'agence est également spécialisée dans le transport ambulancier, le transport de personne à mobilité réduite ainsi que ainsi que les circuits touristiques, mariages et autres évènements. Pour être certain qu'une voiture soit disponible pour venir vous chercher à votre domicile, au travail ou à la gare, le mieux est d'appeler au moins la veille pour le lendemain, ou le matin pour l'après-midi. En cas d'urgence, il y aura toujours quelqu'un de disponible pour vous dépanner. Le service est professionnel et arrangeant, et les prix loin d'être excessifs. Un numéro bien utile, à garder toujours sur soi !

■ **TAXI SENIURA ETIENNE**
22, rue de la République
GÉRARDMER ✆ 03 29 63 05 41
Disponible toute l'année, tous les jours.
Vous souhaitez faire un tour des Vosges en avion et vous ne savez pas comment vous rendre dans l'un des aérodromes où débuter votre balade ? Pas de problèmes, la société Taxi Seniura Etienne est là pour vous véhiculer. Elle est sérieuse, couvre un large rayon de kilomètres autour de Gérardmer. Le taxi que vous aurez commandé sera à l'heure, et vous serez confortablement véhiculé.

■ **AGENCE TAXI FLEURENTIN**
13, rue Charles-et-Joséphine-Linck
SAINT-DIÉ-DES-VOSGES
✆ 06 61 81 59 82
agence.taxifleurentin@bbox.fr
7j/7 et 24h/24.
L'Agence Taxi Fleurentin est une entreprise familiale qui vous accueille pour vous transporter sur l'ensemble de la région, ou vers Saint-Dié-les-Vosges afin que vous démarriez votre balade à travers les Vosges. Si vous avez besoin d'un taxi pour vous récupérer après votre tour en avion, pas de problème : il suffit de les appeler et ils viennent vous chercher. Le temps d'attente n'est pas long car la première ambition de l'agence est de satisfaire le client au plus vite.

La Bourgogne G N H A

De vestiges gaulois en clochers romans, des trésors des villes d'art aux splendeurs des châteaux, entre la mémoire du monde industriel et les créations du futur, la Bourgogne vous accueille à bras ouverts avec aussi ses 24 aérodromes !

L'abbaye de Fontenay

Cap 010° – 10 NM depuis Semur LFGQ
A partir de l'aérodrome de Sémur (LFGQ), l'abbaye se situe à 10 Nm au cap 010°, à 3 Nm au nord-est de la ville de Montbard (où passent la Brenne et le canal de Bourgogne), dans une forêt, à la confluence de deux petits cours d'eau. La plus ancienne abbaye cistercienne au monde (fondée en 1118) est caractéristique par son dépouillement dans l'ornementation. L'ordre cistercien joue un rôle de premier plan dans l'histoire religieuse du XIIe siècle. Par son organisation et par son autorité spirituelle, il s'impose dans tout l'Occident, jusque sur ses franges. L'ordre cistercien promeut ascétisme, rigueur liturgique et érige, dans une certaine mesure, le travail comme une valeur cardinale. Elle est inscrite au Patrimoine Mondial de l'Unesco depuis 1981. Zone aérienne : attention à la R45S2 (de 300 feet à 800 feet, c'est-à-dire 4700 feet ASML quand même !). Prenez les NOTAM et vérifiez auprès de Seine Info (SIV) !

Chablis

Cap 310° puis 260° – 29 Nm
Depuis l'abbaye de Fontenay, retrouvez le canal de Bourgogne et le cours parallèle de l'Armançon avec un cap nord-est (environ 340°) jusqu'à Tonnerre. Tournez alors à gauche vers le 220° vers Chablis. Restez avec Seine Info. Vous survolerez les vignobles de l'Yonne, département le plus viticole de France avant la crise phylloxérique des années 1880-90. Le phylloxéra ravage le vignoble, comme partout en France. La vigne n'a pu être sauvée qu'en pratiquant des greffes de plans français sur des plans américains résistant au parasite. Ces nouveaux plans ne furent replantés que dans les terroirs les plus favorables à la production de vins de qualité, et dans les expositions les moins sensibles aux gelées printanières. Aujourd'hui, seulement environ un dixième est replanté. Une grande part de la production est exportée vers les principaux marchés étrangers : Grande-Bretagne, Allemagne, Belgique, Pays-Bas, Etats-Unis, Canada, Japon.

La Basilique de Vézelay

Cap 185° – 21 Nm

Cette basilique perchée sur sa colline fait partie du patrimoine mondial de l'humanité presque depuis les débuts de la fameuse liste de l'Unesco. C'est dire sa renommée ! Restauré par Viollet-le-Duc en 1840, le bâtiment de 120 m de long, dont les voûtes du vaisseau central de la nef atteignent 18,55 m de hauteur, contient en effet les reliques de Marie de Magdala, une des femmes qui accompagna Jésus Christ. À partir du VIIIe siècle, des miracles se produisent à Vézelay, les pèlerins affluent et font de cette ville une étape sur le chemin de Saint-Jacques-de-Compostelle. La réputation de l'abbaye attire les plus grands : Bernard de Clairvaux (saint Bernard) vient pour prêcher la Deuxième Croisade en 1146, Philippe-Auguste et Richard Cœur de Lion, avant leur départ pour la Troisième Croisade en 1190. L'archevêque de Canterbury Thomas Beckett y prononce même dans l'église l'excommunication du roi Henri II d'Angleterre. Zones aériennes : vous êtes toujours en classe G, alors pourquoi ne pas rester avec Seine Info ? Juste avant Vézelay, vous changez de SIV ; Seine Info vous indiquera la fréquence...

Lac de Pannecière dans le Morvan

Cap 160° – 20 Nm

Au nord, le Morvan ressemble à un vaste plateau bosselé qui s'élève lentement lorsque l'on avance vers le sud. Ces ondulations forment le Bas-Morvan. L'altitude n'y dépasse pas 600 mètres (1970 feet). Le massif du Morvan connaît des pluies fréquentes et abondantes. Il pleut ou il neige près de 180 jours par an sur les sommets ! Pour les pilotes VFR, le survol du Morvan est donc une opportunité qu'il fait savoir saisir ou contourner... Cette pluie ne s'infiltre pas en profondeur, et les nombreux cours d'eau alimentent ainsi des lacs artificiels spectaculaires, qui constituent un fort atout touristique pour la région. Le lac des Settons a été créé en 1858 pour permettre le flottage du bois, et alimenter Paris en bois via la Cure et l'Yonne, puis après les inondations de Paris de 1910, il fut décidé de réguler le débit de la Seine grâce à des retenues d'eau. De ce projet sont nés les lacs de Chaumeçon, Saint-Agnan, du Crescent, et l'important lac de Pannecière et son barrage hydro-électrique. Le Morvan reste très marqué par l'agriculture (29% des actifs).

L'activité est essentiellement basée sur l'élevage bovin (Charolais) dans des parcelles très morcelées. La culture du bois du Morvan, quant à elle, fournit tous les hivers la France en sapins de Noël. La forêt recouvre près de 50% du Morvan. Au sud se dressent les plus hauts sommets du Haut-Morvan. Le point culminant du massif du Morvan est le Haut-Folin (901 mètres, soit 2956 feet). Zones aériennes : faites très attention la zone R45, et vérifiez impérativement les NOTAM avant le départ pour connaître leur activité. Si vous êtes en contact avec un SIV, il se fera un plaisir de vous indiquer si les zones sont actives ou non.

Autun

Cap125° – 19 Nm

Après le Morvan, rejoignez les prestigieux vignobles bourguignons en passant par la ville d'Autun.

Autun vient du latin *Augustodunum*, « la forteresse d'Auguste » ; elle a été fondée sous le règne cet empereur romain. Il avait la volonté de créer une grande cité en Gaule qui montrerait la puissance romaine. La ville fut donc doté de splendides monuments qui font aujourd'hui encore sa renommée : une enceinte en forme de losange, longue d'environ 6 km et comportant de nombreuses tours, et un théâtre romain pouvant contenir jusqu'à 20 000 personnes, le plus grand en capacité de la partie occidentale de l'Empire romain. La création d'Autun attira les populations environnantes, et notamment les habitants de Bibracte, cité gauloise proche, qui tomba peu à peu dans l'oubli. Zones aériennes : évitez de pénétrer dans la classe D de Saint-Yan, ou contactez-les.

Beaune, les vins de Bourgogne

Cap 085° – 26 Nm

Juste après avoir passé Autun, rejoignez la plaine en direction de la ville de Beaune, la porte d'entrée des vins de Bourgogne. Les vignobles qui ont fait la réputation de la région occupent, depuis près de 2 000 ans, une étroite bande de coteaux s'étirant du nord au sud sur une soixantaine de kilomètres à partir de Dijon. La côte de Nuits puis la côte de Beaune sont adossées aux plateaux bourguignons qui surplombent la plaine de la Saône. A quelques nautiques au nord de Beaune, la vision de 80 avions de chasse entre deux pieds de vignes n'est pas le fruit d'un délire éthylique, mais un bref aperçu de la formidable collection de véhicules anciens (motos, avions et voitures de course) que le propriétaire du château de Savigny-les-Beaune expose aux yeux du public (http : //reception-aviation.chateau-savigny.com). Au sud de Beaune, la côte s'incurve, laissant peu à peu place à des paysages plus ronds, plus verts, plus ouverts. Si les châteaux de Bourgogne sont moins célèbres que ses églises romanes et ses villes d'art, ils n'en constituent pas moins un patrimoine d'une richesse et d'une variété remarquables. Sur votre route, vous en survolerez une vingtaine comme le château de Cormatin, construit au début du XVIIe siècle, qui conserve des détails d'origine rares comme son escalier et la décoration de certaines pièces. Le domaine comporte un parc de douze hectares avec des parterres fleuris, un grand labyrinthe de buis et un potager à l'ancienne.

L'Abbaye de Cluny

Cap 195 – 35 Nm

A l'approche de la Saône-et-Loire, un seul clocher se dresse encore dans le ciel bourguignon, témoin impressionnant de la grandeur et du déclin de l'abbaye qui fut la plus grande, la plus influente, la plus prestigieuse du Moyen Age. L'abbaye de Cluny, fondée en 910, devait son rayonnement à la rigueur dans l'observance de la règle bénédictine. En moins de deux siècles, Cluny se transforma en capitale européenne d'un empire spirituel et temporel considérable qui comprenait plus de 1 100 prieurés et plus de 10 000 moines, de l'Angleterre à l'Italie et de la péninsule ibérique jusqu'au cœur de l'Allemagne.

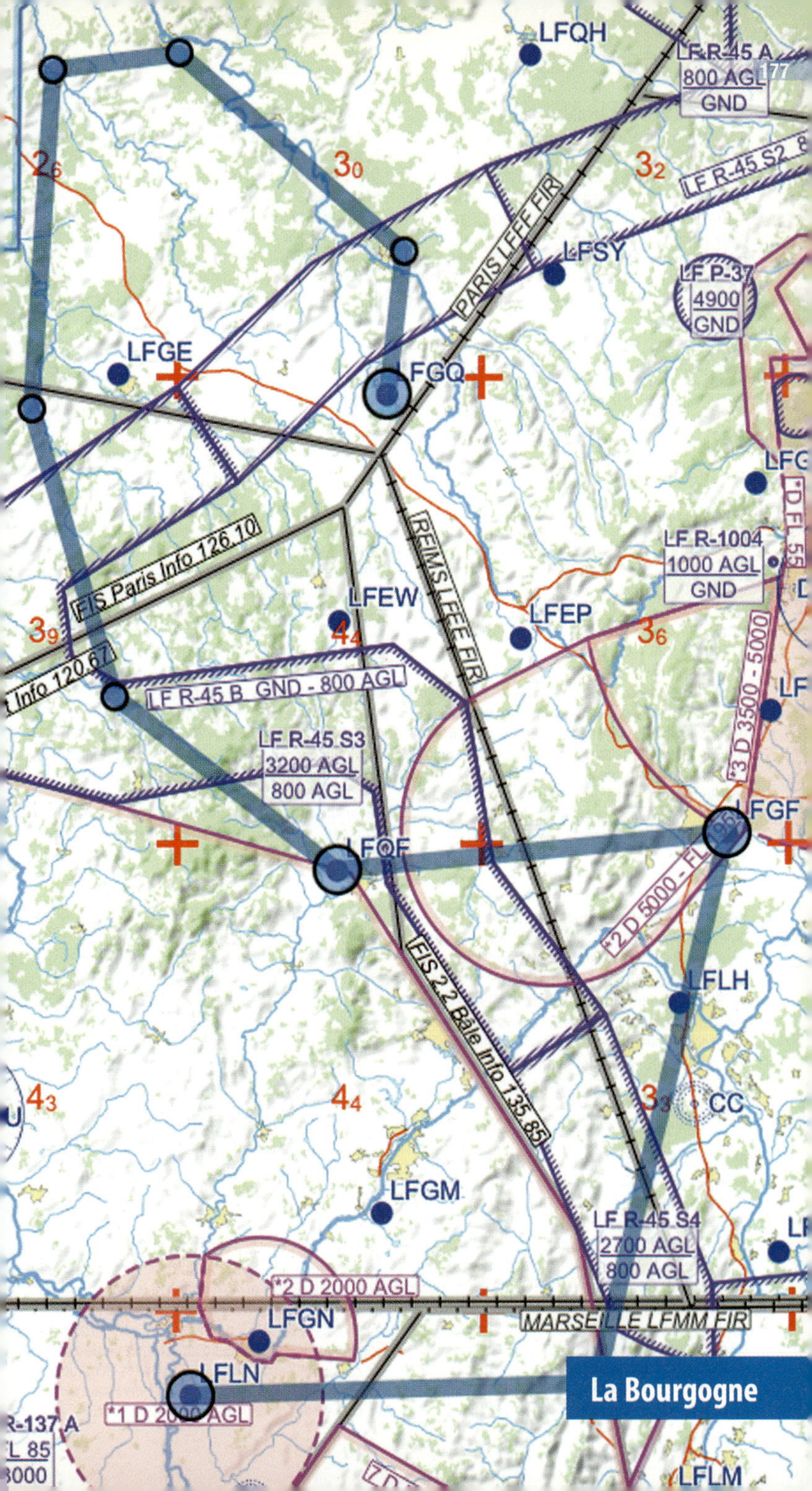

LFQH
LF R-45 A
800 AGL
GND
LF R-45 S2
PARIS LFFF FIR
LFSY
LF P-37
4900
GND
LFGE
FGQ
FIS Paris Info 126.10
Info 120.67
REIMS LFEE FIR
LFEW
LFEP
LF R-1004
1000 AGL
GND
LF R-45 B GND - 800 AGL
LF R-45 S3
3200 AGL
800 AGL
*3 D 3500 - 5000
LFGF
LFQF
*2 D 5000 - FL
FIS 2.2 Bâle Info 135.85
LFLH
CC
LFGM
LF R-45 S4
2700 AGL
800 AGL
*2 D 2000 AGL
MARSEILLE LFMM FIR
LFGN
LFLN
*1 D 2000 AGL
R-137 A
LFLM
La Bourgogne

Son influence sur tous les problèmes de son temps fut énorme. Les papes, les rois et les empereurs étaient des hôtes réguliers de ce haut lieu de la spiritualité, mais aussi des arts et de la pensée, y compris dans le domaine politique. Cluny fut la plus grande église de la chrétienté : 187 m de long, des hauteurs de plafond de 30 m et une décoration époustouflante. Une pure merveille donc, mais une merveille dont il ne reste hélas pas grand chose. Au XIIIe siècle, l'âge d'or est terminé. C'est une lente agonie qu'a vécu l'abbaye jusqu'en 1789, où elle devint une vulgaire carrière de pierres. Vendue comme bien national en 1798, l'abbaye est démantelée, et son église presque détruite. En 2010, l'abbaye a célébré son 1100e anniversaire !

Aérodromes et aéro-clubs

■ AERO-CLUB DU MORVAN

Aérodrome de Bellevue
AUTUN ✆ 03 85 52 14 40
http : //aeroclubdumorvan.com/
contact@acm-construction.fr
Ouvert toute l'année, horaires variables ; se renseigner par téléphone.
Les membres de l'aéro-club du Morvan sont à votre disposition pour vous véhiculer si besoin, à votre arrivée en avion sur l'aérodrome de Bellevue ; à votre disposition aussi pour vous faire partager leur connaissance parfaite de leur région et vous conseiller les meilleures balades aériennes à faire en partance de l'aérodrome de Bellevue. Parmi ces balades, ne manquez pas de survoler les grands lacs du Morvan, le massif du Morvan et les châteaux de la plaine !

■ AERO-CLUB BEAUNOIS

Challanges
BEAUNE ✆ 03 80 22 21 93
www.aeroclub-beaunois.com
lucette.tupinier-galland@wanadoo.fr
Ouvert toute l'année.
L'Aéro-club Beaunois est situé sur l'aérodrome de Beaune-Challanges. Depuis 2013, il possède une piste toute neuve pour le plus grand plaisir des nombreux pilotes qui se pressent dans cet endroit convivial. De Beaune, vous pouvez vous élancer pour de magnifiques balades dans la campagne bourguignone, vers Nuits-Saint-Georges notamment. La Bourgogne est l'une des plus vastes régions de France, riche en terme de patrimoine (château de Guédelon, roche de Solutré notamment).

■ AERODROME CHALON CHAMPFORGEUIL

Aéroport de Chalon-Champforgeuil
CHAMPFORGEUIL ✆ 03 85 46 14 48
www.chalon.aeroport.fr/
A l'aérodrome de Chalon-Champforgeuil, les voyageurs se trouvent dans les meilleures conditions une fois qu'ils arrivent dans l'enceinte de l'établissement qui se trouve dans une zone importante puisque le Grand Chalon est le 2ème pôle économique de Bourgogne. Un soin particulier est mis pour l'accueil des passagers et des équipages. Le parking est gratuit et les demandes spécifiques avant le vol ou en escale (catering, taxis, location de voitures etc...) sont traitées avec beaucoup d'attention.

■ AÉROCLUB DE CÔTE-D'OR

Aérodrome de Dijon Darois
2, route de Troyes
DAROIS ✆ 03 80 35 61 09
http : //aeroclub.cotedor.free.fr/
aeroclub-cote-d-or@wanadoo.fr
Taxi dijon : 03 80 41 41 12.
Dijon et son agglomération dijonaise, la côte viticole Gevrey-Chambertin, le clos Vougeot, Alesia, le château de Vauxois, l'abbaye de Fontenay, ces sites vous parlent mais vous ne les avez jamais vus d'avion ? Courez à l'aéroclub de Côte-d'Or, ses membres se feront un plaisir de vous conseiller des balades aériennes à faire dans le coin et de vous faire découvrir leur région ! Vous pourrez ainsi, si vous êtes pilote, vous programmer un vol ici pour admirer les paysages de toute beauté. Enfin, toujours pour les pilotes de passage, vous aurez librement accès ici à Internet pour préparer vos vols, ainsi qu'à la salle des pilotes prévue à cet effet.

■ AERO-CLUB LES AILES JOVINIENNES

Aérodrome – Route de Dixmont
JOIGNY ✆ 03 86 62 11 82
www.lesailesjoviniennes.fr
lesailesjoviniennes@free.fr
Thierry Caland, pilote : 03 86 96 06 02 ou 06 08 96 05 33.
Ouvert toute l'année, se renseigner pour les horaires.
Attendez-vous à recevoir l'accueil chaleureux réservé à tous les visiteurs, à pouvoir être dépanné en AVGAS 100LL, en huile, à avoir accès à une salle équipée de grandes tables pour étaler les cartes, à avoir accès aux services aéronautiques par Internet, au wi-fi... Autre avantage : ici, vous n'aurez pas à payer de taxe d'atterrissage ! Pour accéder au centre-ville, le côté pratique de l'aérodrome de la route de Dixmont est que vous n'aurez qu'à marcher 5 minutes à pied, par un chemin coupant à travers les vignes, pour y arriver. Enfin, les balades aériennes à partir de l'aérodrome de Joigny sont les suivantes : la vallée de l'Yonne de Sens à Auxerre via Villeneuve-sur-Yonne, Saint-Julien-du-Sault et son église fortifiée, Joigny, à flanc de coteau, dominée par l'église Saint-Jean, les vignes de la côte Saint-Jacques et la forêt d'Othe qui jouxte l'aérodrome, les vignes de Chablis à l'est d'Auxerre, la Puisaye bocagère au sud-ouest du Jovinien...

■ AERO-CLUB DU VAL D'IS

Aérodrome du Val d'Is – RD974
TIL-CHÂTEL ✆ 03 80 95 17 87
www.acvi.org
3 passagers dans un avion : 30 € par personne ; 2 passagers : 40 € par personne ; 1 passager : 50 €. Réduction de 5 € pour les enfants de moins de 12 ans. Initiation au pilotage : 50 €.
L'aéro-club du Val d'Is, sur l'aérodrome de Til-Châtel, est une association loi 1901 qui compte environ 140 membres et qui gère un parc de 7 appareils avec plus de 2 000 heures de vol. L'aérodrome de Til-Châtel est la propriété de la Covati. Le club propose notamment des vols au-dessus des paysages issois. Pour les plus passionnés, vous pouvez vous offrir un stage d'initiation au pilotage d'un ULM. En compagnie d'un instructeur, vous prenez les commandes d'un ULM après un briefing de 25 minutes suivi d'un vol de 20 minutes. Sensations fortes garanties. Renseignements et réservation auprès du club, ou de l'office de tourisme d'Is-sur-Tille.

Aéro-clubs
La Bourgogne
Troyes
Bar-sur-Aube
Chaumont
Sens
Aéro-club Les Ailes Joviniennes
Joigny
Tonnerre
Chablis
Auxerre
Montbard
Aéro-club du Val d'Is
Til-Châtel
Aéro-club de Côte-d'Or
Dijon
Avallon
Vézelay
Clamecy
Chaumard
Château-Chinon
Aéro-club du Morvan
Autun
Beaune
Aéro-club Beaunois
Aérodrome Chalon Champforgeuil
Chalon-sur-Saône
Nevers
Bourbon-Lancy
Dompierre-sur-Besbre
Paray-le-Monial
Charolles
Cluny
Mâcon
Bourg-En-Bresse
Varennes-sur-Allier
La Pacaudière
Vichy
Roanne
Villefranche-sur-Saône
A5
A6
A26
A31
A36
A38
A40
D619
D677
D660
D671
D606
D905
D974
D674
D1079
D1083
D936
N77
N151
N6
N81
N80
N74
N78
N5
N7
N70
N79
N209
N67
N
0
15 km

À voir – À faire

■ CATHEDRALE SAINT-LAZARE-D'AUTUN

Place du Terreau
AUTUN ✆ 03 85 86 80 38

Aux portes du Morvan, l'ancienne Augustodunum des Romains est dominée par l'imposante cathédrale Saint-Lazare, considérée comme l'un des plus beaux édifices de l'art roman clunisien. Edifié au XIIe siècle, le site accueillait, principalement, les pèlerins venus se recueillir sur les reliques de saint Lazare. Son tombeau n'est malheureusement plus visible, car il fut détruit en 1766. Au XVe siècle, le cardinal Rolin fit ajouter une flèche de 80 m de haut, pour remplacer le clocher roman, détruit quelques années plus tôt par la foudre. Le tympan du portail central (1135) sculpté par Gislebertus et représentant le Jugement dernier est un véritable chef-d'œuvre, l'art roman bourguignon s'affiche au sommet, la sculpture s'est emparée de l'architecture, en témoigne la soixantaine de chapiteaux historiés illustrant des scènes bibliques : La Fuite en Egypte ou encore Eve couchée. Après plusieurs mois de restauration le tympan l'élément le plus remarquable de la cathédrale Saint Lazare s'est offert une nouvelle jeunesse. L'ensemble des sculptures a été minutieusement nettoyé à coup de micro abrasion et de laser, laissant apparaitre des traces de polychromies.Des travaux de rénovation qui s'inscrivent dans le cadre du plan de relance. Après l'extérieur de la cathédrale, c'est bientôt l'intérieur qui va connaître un bain de jouvence.

■ LES HOSPICES CIVILS DE BEAUNE – L'HÔTEL-DIEU

Rue de l'Hôtel-Dieu
BEAUNE ✆ 03 80 24 45 00
www.hospices-de-beaune.com
hospices.beaune@ch-beaune.fr

Basse saison : ouvert tous les jours de 9h à 11h30 et de 14h à 17h30. Haute saison : tous les jours de 9h à 18h30. Gratuit jusqu'à 10 ans (et pour els personnes à mobilité réduite). Adulte : 7 €. Enfant (de 10 à 18 ans) : 3 €. Groupe (10 personnes) : 6 € (scolaires, 10-18 ans, 2,30 €). Tarif réduit : étudiant et famille nombreuse, 5,30 €. Visite guidée. Boutique. Animations.

Également nommés Hôtel-Dieu, les Hospices de Beaune présentent sans doute l'image de la Côte-d'Or la plus connue au monde.

Avec leurs clochers pointus et leurs tuiles vernissées, ils demeurent sans conteste l'un des fleurons du patrimoine médiéval. L'histoire commence au XVe siècle, dans un pays ravagé par la guerre de Cent Ans. Nombre de démunis cherchent du réconfort auprès des puissants seigneurs de l'époque. En 1440, Nicolas Rolin, chancelier du duc de Bourgogne Philippe le Bon, et son épouse Guigone de Salins décident alors de créer une fondation pieuse et fait bâtir un hôpital pour les malades et les déshérités. Le premier patient est ainsi accueilli en 1452. Après quelques difficultés financières, les choses rentrent dans l'ordre jusqu'en 1810 où le statut des religieuses est restauré par un décret napoléonien. Si les Hospices de Beaune demeurent avant tout un hôpital, les deux maisons de retraite et le centre Nicolas Rolin accueillent toujours les personnes âgées. Autre activité : le domaine viticole. Il génère une activité importante et la vente aux enchères de ses produits est un événement annuel incontournable de la vie des Hospices et de toute la Bourgogne viticole.

■ LAC DE PANNECIÈRE

CHAUMARD

Le lac de Pannecière est le plus grand lac du Parc naturel régional de Morvan (520 hectares). D'une longueur de 7,5 km, il s'étend sur quatre communes : Chaumard, Corancy, Montigny-en-Morvan et Ouroux-en-Morvan. La construction du barrage est quant à elle devenue nécessaire après les nombreuses inondations survenues sur la Seine : il fallait construire des réservoirs pour contrôler les crues du fleuve. Entrepris en 1939, les travaux ne s'achevèrent qu'en 1949. Etablit sur les granits du Morvan qui lui donne son étanchéité, le barrage mesure 49 m de haut pour une longueur de 352 m.

Le lac et ses eaux poissonneuses sont particulièrement appréciés des pêcheurs de carnassiers, et sa position au creux de la vallée de l'Yonne procure au site une multitude d'activités de plein air, avec notamment 27 km de balade autour du lac. La vidange décennale du lac effectuée durant l'automne 2011, l'ensemble du lac est resté à sec durant toute l'année 2012. Au 1er janvier 2013, la barage réhabilité a repris son cycle de remplissage. A noter que la pêche au coup et à la carpe se fera dès le 1er mai 2013, et il faudra patienter un an de plus pour la pêche aux carnassiers.

■ ABBAYE DE CLUNY

Palais Gélase
Place du 11-Août-1944
CLUNY
✆ 03 85 59 15 93
cluny.monuments-nationaux.fr
abbaye-de-cluny@monuments-nationaux.fr

Basse saison : ouvert tous les jours de 9h30 à 12h et de 13h30 à 17h. Haute saison : tous les jours de 9h30 à 18h30. Gratuit jusqu'à 25 ans. Adulte : 7 €. Groupe (20 personnes) : 5,50 €. Tarif réduit : 4,50 €. Label Tourisme & Handicap. Accueil enfants. Visite guidée (visite commentée (03 85 59 15 93) ; visite-conférence pour les groupes sur réservation (03 85 59 82 72)). Boutique.

On ne présente plus la célèbre abbaye, berceau de l'ordre clunisien, qui a affirmé sa suprématie dans le monde monastique de l'Europe médiévale. L'ordre s'incarna dans ses illustres abbés tels Pierre le Vénérable, abbé de Cluny de 1122 à 1156, ou Hugues de Semur, abbé de 1049 à 1109, qui fit ériger la troisième église abbatiale (Cluny III), consacrée en 1130 et plus grand édifice de la Chrétienté – 187 mètres de long – avant la construction de Saint-Pierre de Rome. Aujourd'hui, peu de choses subsistent de la puissance d'autrefois. La Révolution est passée par là : devenu bien national, Cluny fut utilisée comme carrière de pierre, avant d'être progressivement démantelée jusqu'en 1823. L'endroit respire encore néanmoins la grandeur des Clunisiens qui, malgré leur vœu originel de pauvreté et l'observance de la règle de Saint Benoît, avaient peu à peu pris goût à l'opulence, jusqu'au déclin de Cluny à la fin du Moyen Âge. On peut aujourd'hui admirer une partie du bras sud du transept, qui donne une idée du gigantisme de l'église abbatiale, deux palais abbatiaux du XVe siècle ainsi que des bâtiments conventuels construits au XVIIIe siècle. Dans le musée Ochier sont conservés des vestiges et maquettes de l'ancien monastère et du bourg médiéval.

aéroport
chalonbourgogne
SNC·LAVALIN
ATTERRISSEZ
AU CŒUR DES VIGNES
BOURGUIGNONNES,
SAVOUREZ LES PLUS
GRANDS CRUS DU MONDE
www.chalon.aeroport.fr

■ ABBAYE DE FONTENAY

D32 – MONTBARD
✆ 03 80 92 15 00
www.abbayedefontenay.com
info@abbayedefontenay.com
A 6 km au nord-est de Montbard, via Marmagne.

Ouvert toute l'année. Basse saison : tous les jours de 10h à 12h et de 14h à 17h. Haute saison : tous les jours de 10h à 18h. Haute saison du 12 avril au 11 novembre. Messe annuelle dans l'église de l'abbatiale fin septembre. Adulte : 10 € (12,50 € la visite guidée). Enfant (jusqu'à 26 ans) : 7 € (7,90 € la visite guidée). Groupe (15 personnes) : 8,80 € (5,70 € pour les moins de 26 ans en visite libre ; forfait guide : 90 € sur réservation). Pas de visite guidée en basse saison. Boutique. Expositions.

La visite de l'abbaye de Fontenay est un moment inoubliable ; on découvre pourquoi les moines de Cîteaux choisirent ce lieu en 1119 pour commencer la construction d'un monastère. L'abbaye cistercienne prospérera jusqu'au XVIe siècle. A la Révolution, l'abbaye fut vendue et transformée en papeterie. Mais il faudra attendre le XXe siècle pour qu'elle soit reconnue comme étant un patrimoine architectural et culturel important de Fontenay. Tous les ans, plus de 100 000 personnes visitent l'abbaye qui est inscrite au patrimoine mondial de l'Unesco depuis 1981. Et l'on comprend cette reconnaissance tant le lieu est beau, grandiose et apaisant à la fois. Les bâtiments ont été remarquablement restaurés ; on imagine facilement qu'elle pouvait être la vie des moines à l'époque où l'abbaye était un lieu de prière mais aussi de travail. L'abbaye de Fontenay possède d'ailleurs une reconstitution du marteau de forge hydraulique, avec sa roue à aube de 5 m de diamètre. Pour les plus intéressés, il est possible de faire des visites guidées et ce dans plusieurs langues. La librairie de l'abbaye vous retiendra encore quelques instants, car riche de nombreux ouvrages et produits d'autres abbayes.

■ LE CHANTIER MEDIEVAL DE GUEDELON

RD955 – TREIGNY
✆ 03 86 45 66 66
www.guedelon.fr

Ouvert du 17 mars au 5 novembre 2014. Ouvert tous les jours de 10h à 18h. Basse saison : du lundi au vendredi de 10h à 17h30 ; le week-end de 10h à 18h. Haute saison : tous les jours de 10h à 19h. Gratuit jusqu'à 5 ans. Adulte : 12 €. Enfant (de 5 à 17 ans) : 10 €. Groupe (20 personnes) : 10 € (scolaires : 7 €). Atelier à partir de 7 ans, 6 €. Nouveau : réservation possible en ligne des billets d'entrée, des visites guidées et des ateliers. Visite guidée (supplément de 2,50 €/personne, à partir de 8 ans). Restauration (la Taverne et L'Encas (restauration rapide), et les écuelles du chantier (à partir de 9,80 €). Pour les groupes à partir de 10 personnes, menu à 25 €). Boutique. Animations.

Michel Guyot, propriétaire et restaurateur du château de Saint-Fargeau, lança un jour le pari de construire un château fort selon les méthodes du XIIIe siècle, avec à ses côtés Marilyne Martin. L'idée est née en 1997 : c'est parti pour 25 ans de chantier ! L'été, les ouvriers costumés œuvrent chaque jour : carriers, tailleurs de pierre, bûcherons ou charretiers, pour ne citer qu'eux, vous font partager leur passion dans cette aventure reconnue d'intéret pédagogique. Le site, qu'on ne présente plus, a fait l'objet de nombreux reportages TV ; pas surprenant que se soit le point touristique payant le plus visité de l'Yonne, et le deuxième de Bourgogne aprés les hospices de Beaunes... Une balade agréable au cœur de la Puisaye, avec la visite de ce chantier particulier, des premières salles du château au sympathique village animé par les artisans et leurs animaux. La visite idéale en famille !

■ BASILIQUE SAINTE-MARIE-MADELEINE

VÉZELAY ✆ 03 86 33 39 50
www.basiliquedevezelay.org
retraites@vezelay.cef.fr

Ouvert tous les jours de 7h à 20h. Pas de visite pendant les offices. Visite guidée (l'été de 10h à 12h et de 15h à 17h avec un guide, ou avec les frères et sœurs de Jérusalem à 14h30 l'été (sauf le lundi) et le jeudi à 11h, et toute l'année sur demande. Visites thématiques sur l'art roman. Participation libre).

A l'origine, un couvent fut fondé au IXe siècle dans la commune voisine de Saint-Père-sous-Vézelay par Girard de Roussillon. Des moines remplacèrent les religieuses par la suite mais le monastère fut détruit lors des invasions normandes. Sur la colline de Vézelay, position moins vulnérable, une nouvelle abbaye fut consacrée à la fin du IXe siècle. Le 31 mai 1146, saint Bernard de Clairvaux y prêcha la deuxième croisade en présence du roi Louis VII. Pour la troisième croisade en 1190, le roi de France Philippe Auguste et le roi d'Angleterre Richard Cœur de Lion se retrouvèrent à Vézelay avant le départ. Au XIIIe siècle, saint François d'Assise décida d'y fonder la première mission de ses frères mineurs dans la province française. Saint Louis s'y rendra en pèlerinage à quatre reprises. Ce fut au XIe siècle que l'abbatiale prit le nom de sainte Madeleine, la pécheresse repentie. En effet, le monastère conservait ses reliques. Attirant de plus en plus de pèlerins, et ville étape sur la route de Saint-Jacques-de-Compostelle, l'église carolingienne dut être agrandie. Mais un incendie détruisit toute la nef, qui fut reconstruite. Le nouveau chœur et le transept, de style gothique, furent achevés début XIIIe. A cette époque, saint Maximin en Provence annonça la découverte des vraies reliques de sainte Madeleine. Peu à peu, Vézelay perdit de son prestige. Pillée et ravagée par les protestants en 1569, l'abbaye n'échappa pas aux fureurs de la Révolution et fut en partie rasée fin XVIIIe. C'est à Mérimée, inspecteur des monuments historiques, que le bâtiment sur le point de s'écrouler dut sa renaissance. En 1840, le jeune Viollet-le-Duc se chargea de la restauration et reconstruisit entre autre la façade. Aujourd'hui, la basilique conserve son magnifique narthex roman début XIIe avec son tympan richement sculpté. Un splendide Christ, entouré d'une mandorle, semble sur le point de se lever. A voir dans l'ancien dortoir des moines, le musée de l'oeuvre de Viollet-le-Duc.

Le clocher de l'Eau-Bénite
et la tour de l'Horloge de l'abbaye de Cluny.

Se restaurer

■ LA TÊTE NOIRE

3, rue de l'Arquebuse
AUTUN
✆ 03 85 86 59 99
www.hoteltetenoire.fr
welcome@hoteltetenoire.fr

Ouvert tous les jours le midi de 12h à 14h et le soir de 19h à 21h15. Menus de 18,50 € à 47 €. Accueil des groupes.

Vous voulez découvrir la cuisine du Morvan ? Vous avez frappé à la bonne porte. Celle de ce restaurant d'hôtel dont la salle est loin d'être dans les codes branchés du moment mais qu'importe. La tradition, ce n'est pas que le contenu de l'assiette, c'est aussi la décoration. Dans l'assiette justement, le pressé de volaille aux escargots, la pièce de charolais grillée, sauce marchand de vin, le coq au vin, l'andouillette à la moutarde, les escargots de Bourgogne et les fromages de cette belle région. La tradition, ça a du bon et cette Tête Noire ne dira pas le contraire.

■ L'INCONTOURNABLE

29, rue Carnot
BEAUNE
✆ 03 80 26 14 95 / 06 07 02 38 87
www.restaurant-lincontournable.com
contact@restaurant-lincontournable.com

Ouvert du mardi au samedi midi et soir. Réservation recommandée. Menus de 25 € à 30 € (menu groupe à 32 €). Carte : 35 € environ. Menu enfant : 13 €. Plat du jour : 9,50 €. Vin au verre. Forfaits vins à 10 € par personne pour 6 personnes. Diners Club, Chèque Restaurant.

L'Incontournable, c'est par définition le restaurant beaunois qui répond à toutes les envies. Quotidiennement (le midi en semaine), Robert Lavier nous concocte de petits plats du jour succulents qui se renouvellent avec toujours autant de délicieuses saveurs, et une qualité de produits supérieure. C'est toujours fameux, l'osso buco reste notre plat du jour préféré. Pour des instants plus conviviaux et gastronomiques, les menus et la carte de Robert nous proposent sa palette de plats emblématiques, du jambon persillé à l'escarbœouf (de la joue de bœuf confite aux escargots) en passant par l'os à moelle ou le gratin de queues d'écrevisses. Robert Lavier a construit sa réputation avec des produits de première fraîcheur, admirablement travaillés, un accueil franc et sincère, le tout dans le cadre chaleureux ou frais de son caveau, selon les saisons – car en effet, même en plein été, la magie du caveau agit. La carte évolue au fil des saisons, et celle des vins propose des prix raisonnables, ce qui n'est pas déplaisant. Cherchez la porte coiffée de bleu du 29, rue Carnot, et surtout, n'hésitez pas à descendre !

■ LOISEAU DES VIGNES

31, rue Maufoux
BEAUNE
✆ 03 80 24 12 06
www.bernard-loiseau.com
loiseaudesvignes@bernard-loiseau.com

Fermé de début février à début mars. Ouvert du mardi au samedi de 12h à 14h et de 19h à 22h. Menus de 59 € à 75 € (forfaits accompagnement vins de 45 à 55 €). Carte : 85 € environ. Formule du midi : 20 € (de 20 à 28 €). Vin au verre. De 5 € à 45 €. American Express. 1 étoile au Guide Michelin. Terrasse.

Depuis Juillet 2012 Mourad Haddouche est le nouveau chef de Loiseau des Vignes. Déjà bien expérimenté dans plusieurs tables aux multiples étoiles Michelin, il a choisi de rejoindre le groupe Bernard Loiseau en prenant la direction du restaurant Beaunois. Il apporte à la Carte de Loiseau des Vignes ses propres subtilités tout en respectant l'esprit de la maison. Le cadre très agréable de l'Hôtel le Cep confère à ce restaurant un style de grande classe, la salle joue l'alliance de l'authentique et du design, le tout dans des teintes doré-bronze et rouge très apaisantes. Le style Bernard Loiseau, se retrouve aussi dans le service, efficace, discret, rapide et de qualité ! Les fameux œufs en meurette du regretté maître tout comme pour le soufflé au Grand-Marnier sont toujours à la carte. Le restaurant reste très accessible avec la formule du midi en semaine à 20 € pour un plat et un dessert – et sa mise en bouche - qui a tout pour séduire les gourmets pressés. Une des richesses de Loiseau des Vignes est son œnothèque, un bar à vin sous azote de plus de 70 références, de quoi déguster des vins au verre en total accord avec vos mets sous les conseils du sommelier.

■ HOSTELLERIE DES CLOS

18, rue Jules-Rathier
CHABLIS ✆ 03 86 42 10 63
www.hostellerie-des-clos.fr
contact@hostellerie-des-clos.fr

Fermé du 20 décembre au 20 janvier. Restaurant ouvert tous les jours midi et soir. Réservation recommandée. Menus de 43 € à 90 € (les soirs et le week-end). Vin au verre. Menu à 35 € le midi en semaine. Carte. American Express, Chèque Vacances. Accueil des groupes. Jardin. Terrasse. Salle climatisée.

Les différents menus du restaurant déclinent une cuisine du terroir créative et légère, conçue en harmonie avec les grands vins de Chablis. Monsieur Vignaud, en cuisine, fait évoluer la carte au gré des saisons laissant la part belle aux produits régionaux. Un très beau cadre pour une table d'excellence où vous prendrez plaisir à déguster les mets suivants : œufs meurette au pinot noir et champignons sauvages, filet d'omble chevalier au bleu et amandes effilées grillées, perdreau gris rôti en cocotte aux cèpes du Morvan, fraîcheur de poires, coulis et sorbet cassis. Une expérience troublante pour les papilles ! A noter, l'exceptionnelle terrasse de 250 m², récemment créée, où il sera désormais très agréable de se délecter des plats du chef.

■ À LA FORTUNE DU POT
6, place du Champ-de-Foire
VÉZELAY ✆ 03 86 33 32 56 / 06 16 96 09 64
http : //resto.fortunedupot.fr
resa.fdp@hotmail.com

Fermé du 17 décembre au 31 janvier. Fermé le mercredi sauf pour le groupes. Menus de 15,50 € à 23 €. Menu enfant : 7 € (pour les enfants de moins de 12 ans). Vin au verre. Carte. Accueil des groupes (sur réservation). Terrasse. WIFI.

Pour prendre un repas tranquillement l'été, en terrasse, bien agréable avec ses végétaux en îlôt et son mobilier chaleureux ou à l'intérieur dans un décor cosy, chaud et contemporain où se retrouvent ceux qui souhaitent partager un repas entre amis ou en famille. Côté carte, ici c'est la cuisine traditionnelle régionale qui est mise à l'honneur. Laissez-vous tenter par la tarte à l'époisse et les ravioles de cèpes et ricotta. Accueil sympathique tant sur la terrasse l'été qu'au coin du feu l'hiver !

■ HÔTEL-RESTAURANT DE LA POSTE ET DU LION D'OR
Place du Champ-de-Foire
VÉZELAY ✆ 03 86 33 21 23
www.laposte-liondor.com
contact@laposte-liondor.com

Fermé de janvier à février. Réservation recommandée. Menus de 27,50 € à 58 €. Carte : 40 € environ. Menu enfant : 11,50 €. Formule du midi : 18 € (2 plats le midi en semaine). American Express. Jardin. Terrasse. Vente à emporter. Boutique.

Dans le cadre feutré de la salle de restaurant de l'Hôtel de la Poste et du Lion d'Or, ou à la terrasse s'ouvrant dès les beaux jours sur la grande place de Vézelay, le chef déploie des trésors d'ingéniosité pour perpétuer la tradition culinaire « à la bourguignonne », faite de générosité et de bons produits du terroir, tout en apportant sa touche personnelle de saveurs d'ici et d'ailleurs, et de créativité. Belle carte des vins de la région pour accompagner chaque plat. Un service mêlant à juste dose courtoisie et convivialité. Une table gourmande labellisée Cuisineries Gourmandes depuis juin 2011. L'établissement fait aussi hôtel.

Se loger

■ LA TÊTE NOIRE
3, rue de l'Arquebuse
AUTUN ✆ 03 85 86 59 99
www.hoteltetenoire.fr
welcome@hoteltetenoire.fr

Logis (3 cheminées). Fermé du 15 décembre au 28 janvier. 31 chambres. Chambre simple de 73 € à 88 € ; chambre double de 84 € à 114 €. Demi-pension (de 60 € à 112 €). Petit déjeuner : 11,50 €. Lit supplémentaire : 16,50 €. Gratuité pour 2 enfants de moins de 12 ans partageant la chambre des parents. 4 personnes 109 €. Animaux acceptés (supplément de 8 €). Séminaires. Wifi gratuit. Ascenseur. Coffre fort. Tv satellite, Canal +.

Bien située dans la vieille ville, cette étape fait partie des classiques touristiques à Autun. L'établissement de Catherine et Patrick Maugé propose en effet trente et une chambres réparties sur trois étages. Deux chambres sont adaptées aux personnes à mobilité réduite. A disposition : salles de bains privatives et télévision satellite avec écran plat. La partie restaurant d'une grande capacité d'accueil peut contenir jusqu'à 120 couverts, autrement dit les groupes, banquets et séminaires sont ici chez eux !

■ HOTEL DE LA PAIX***
45, rue du Faubourg-Madeleine
BEAUNE ✆ 03 80 24 78 08
www.hotelpaix.com
contact@hotelpaix.com

Qualys Hôtel. 40 chambres (dont 10 dans l'annexe à 100 m de l'hôtel). Suite de 135 € à 180 €. Basse saison : chambre double de 79 € à 135 € ; chambre triple de 115 € à 125 € ; studio / appartement de 160 € à 205 €. Haute saison : chambre double de 89 € à 175 € ; chambre triple de 140 € à 160 € ; studio / appartement de 199 € à 255 €. Petit déjeuner buffet : 14,50 € (grand Buffet. Petit déjeuner français : 10,50 €. Enfant de moins de 12 ans : 8 €). Lit supplémentaire : 25 €. Parking fermé : 8 €. Animaux acceptés (12 €). Séminaires. Wifi. Tv satellite.

L'hôtel de la Paix situé à proximité du centre de Beaune ne peut que plaire. Patricia et Henri Bolatre, les propriétaires de l'établissement, n'en finissent pas de l'embellir. Il est devenu partenaire du réseau de 3 et 4 étoiles à forte personnalité, Qualys-Hôtel. Il dispose de 40 chambres, dont 30 occupent la partie principale du bâtiment. Elles sont contemporaines, décorées de couleurs chaudes, de moquettes épaisses, de salles de bain originales et d'éclairages raffinés, conservant parfois des poutres ou des pierres apparentes. Elles ont toutes un vrai charme. Depuis 2012, une annexe proche de l'hôtel offre 10 nouvelles chambres ainsi qu'un appartement pour 6 personnes totalement neuf. Après de gros travaux, cette nouvelle partie dispose de la climatisation, d'une nouvelle literie et leurs salles de bains seront bientôt rénovées. Le style respecte l'esprit auberge de ce bâtiment typique de Beaune qui dispose d'une cour intérieur propice au relax. Confortable, élégant, décoré de manière originale dans chaque chambres l'hôtel pousse aussi le soin du confort phonique. La salle du petit déjeuner respecte la charte de l'Hôtel, tout comme le salon idéal pour déguster un verre de vin.

■ AUX LYS DE CHABLIS***
38, route d'Auxerre
CHABLIS ✆ 03 86 42 49 20
www.hotel-lys-chablis.com
contact@hotel-lys-chablis.com

38 chambres (dont 2 pour les personnes à mobilité réduite). De 67 € à 97 €. Demi-pension (97 € et 137 €). Petit déjeuner buffet ou en chambre : 10 € (5€ pour les enfants de moins de 10 ans). Lit supplémentaire : 10 €. Parking inclus. Soirée étape VRP 84 €. American Express, Chèque Vacances. Animaux acceptés (10 €). Séminaires. Wifi gratuit. Tv satellite.

À l'entrée de Chablis, ce grand établissement, propriété du domaine œnotouristique Daniel-Etienne Defaix, rend hommage au fameux vin en prenant le nom d'un de ses premiers crus : les Lys de Chablis. Anne-Claire Defais dispenser un accueil chaleureux, à l'image des chambres qui se veulent spacieuses et fonctionnelles. Vous aimerez également les copieux petits-déjeuners servis sur la grande terrasse dès le retour des beaux jours. Notez que l'établissement fait aussi restaurant les soirs de dimanche à jeudi.

■ **HOSTELLERIE DES CLOS**
18, rue Jules-Rathier
CHABLIS ✆ 03 86 42 10 63
www.hostellerie-des-clos.fr
contact@hostellerie-des-clos.fr
Fermé du 20 décembre au 20 janvier. Ouvert 7j/7. 36 chambres. De 67 € à 160 €. Demi-pension (de 131 € à 288 €). Petit déjeuner buffet : 14 €. Lit supplémentaire : 20 €. Garage : 7 € (fermé). Animaux acceptés (7 €). Séminaires. Réceptions et mariages. Wifi gratuit.
Un très bel hôtel au cœur de Chablis où 26 chambres ont été entièrement rénovées en juin 2013, laissant place à une déco élégante et épurée. Les salons spacieux vous offriront un instant de détente pour déguster un apéritif. Les lieux sont charmants, le personnel discret mais présent si l'on a besoin, et on se laisse vite aller au bien-être de ne rien faire et de se laisser choyer ! L'établissement fait aussi restaurant.

■ **GRAND HÔTEL DE LA CLOCHE********
2, avenue de la Première-Armée
DIJON ✆ 03 80 30 12 32
www.hotel-lacloche.fr/
H1202@accor.com
Ouvert toute l'année. Accueil 24h/24. 68 chambres. Petit déjeuner buffet : 20 €. Parking fermé inclus. Chambre à partir de 165 €, Suite à partir de 500 €. American Express. Animaux acceptés (20). Séminaires. Réceptions et mariages. Poste Internet. Connexion Internet payante. Wifi gratuit. Voiturier. Massages sur réservation.
C'est l'incontournable institution dijonnaise en matière d'hébergement de luxe, aujourd'hui labellisé par le groupe Accor hôtels, le grand hôtel de la Cloche appartient désormais à la collection MGallery soit un hôtel mémorable, à la personnalité particulière dont le supplément d'âme est lié à son histoire. Une image de marque que l'on croirait élaborée sur-mesure pour cet hôtel dont la réputation n'est plus à faire.
Depuis sa création, au XVe siècle, l'hôtel à toujours reçu des personnalités en quête de confort, d'originalité et de prestige. L'histoire, incarnée par des hommes et des femmes d'exceptions (Albert 1er, Bourvil, Louis de Funès, Grace de Monaco,…), a traversé les murs de ce grand hôtel. Ses cinq étoiles sont justifiées par ses nombreux atouts : jardin paysager, salles de réunion au cadre magnifique, parking privé, voiturier, room-service, service de massage, spa... Tout y est et plus encore. Le chef cuisinier, Aurélien Mauny, vous fera découvrir des plats subtils et raffinés. Côté cave, ne vous privez pas de la dégustation de l'un des 150 nectars issus des vignes de Bourgogne. Quant à l'avenir de l'hôtel, l'extension de 26 chambres est entamée et offrira un nouveau visage à cette emblématique étape dijonnaise. Les 68 chambres existantes sont déja l'objet de rénovations et vous accueillent avec tout le confort et la quiétude attendus. Accueil, confort, plaisir...tous les ingrédients sont réunis pour un séjour magique au cœur de la Cité des Ducs.

■ **LE COMPOSTELLE**
Place du Champ-de-Foire
VÉZELAY 03 86 33 28 63
www.lecompostellevezelay.com
le.compostelle@wanadoo.fr
Fermé les 3 premières semaines de décembre. 18 chambres. Petit déjeuner : 9,50 €. Lit supplémentaire. Chambre double avec vue sur le village, 58 €, avec vue sur le jardin, 66 €. Chambre quadruple : 86 €. Animaux acceptés (7 €). Wifi gratuit.
Cette ancienne maison rénovée conserve beaucoup de charme, accentué par son jardin privatif, sa salle des petits-déjeuner avec vue panoramique, et sa terrasse fleurie donnant sur les rues de la ville. Des chambres simples, agréables et confortablement équipées feront votre bonheur pour des nuits sereines. Le nom rappelle que Vézelay se trouve sur l'une des routes menant les pèlerins à Saint-Jacques-de-Compostelle. Accueil agréable.

Pratique

■ **TAXIS BRAGUE**
5, rue de la Grange-Vertu
AUTUN ✆ 03 85 52 20 42
Disponible toute l'année, 7j/7.
Les Taxis Brague sont basés à Autun. Cette société qui a une bonne expérience vous conduit dans un rayon kilométrique important, selon vos besoins ; elle dessert aussi les principaux aéro-clubs de la région. Le service est agréable et le rapport qualité/prix très intéressant. Dès que vous les appelez et commandez une voiture, elle est rapidement à votre disposition. Un seul coup de fil pour trouver votre bonheur en somme !

■ **TAXI MICHEL LAUTISSIER**
Montée du Loup
Les Plaines
CLUNY ✆ 06 99 98 82 82
www.taxi-lautissier-cluny.fr
taxi.lautissier@hotmail.fr
Disponibles toute l'année, tous les jours.
Les Taxis Michel Lautissier assurent des transports sur tout type de distance. Le service est de qualité et vous pouvez les solliciter pour vous conduire afin de visiter la Bourgogne, ses châteaux, ses hauts lieux historiques ou culturels. Région des vins et de la gastronomie, la Bourgogne a également des richesses culturelles qu'il vous faut découvrir si vous êtes dans le coin. Et avec les Taxis Michel Lautissier, ce sera plus facile pour vous de ne pas les manquer !

■ **TAXI DIJON**
18, rue de Cracovie
DIJON ✆ 03 80 41 41 12
www.taxis-dijon.fr
taxis-dijon@taxis-dijon.fr
Ouvert tous les jours 24h/24.
Taxi Dijon est la plus grosse centrale de réservation à Dijon. 75 taxis y sont affiliés. Dix stations de taxis existent à Dijon (Bocage, Champagne, Fontaine d'Ouche, Gare, Grangier, Hôpital Général, Montchapet, République, Théâtre, Toison d'Or), autant dans le Grand Dijon. Nous avons fait plusieurs fois appel à ses services. De manière générale, nous avons globalement été plutôt satisfaits. Saviez-vous que les taxis Les artisans de Taxi Dijon vous propose également de faire du tourisme découverte ? Tous ont en effet reçu une formation pour vous faire profiter des plus beaux sites de la Bourgogne. La visite de Dijon en taxi est un moyen simple et rapide pour la découvrir en détail. Faites-vous transporter pour découvrir la côte des vins, la ville de Beaune et ses Hospices, l'arrière côte et ses paysages magnifiques ainsi que ses innombrables châteaux.

Navigation en Champagne, à consommer sans modération G H A

Champagne. Le nom de cette région est devenu un synonyme de joie et de festivité partout dans le monde. Le vignoble de Champagne débute à Château-Thierry et longe la Marne jusqu'à Epernay. Mondialement reconnus, les vins de Champagne sont identifiables à leur effervescence. Ils obéissent à des réglementations d'une extrême rigueur orchestrées par l'Appellation d'Origine Contrôlée (AOC) depuis 1927 : une délimitation géographique, 3 cépages autorisés (pinot noir, pinot meunier et chardonnay), et des assemblages propres à chaque maison qui font leur réputation. Ces assemblages sont le fruit d'un long savoir-faire et d'une grande expérience. Différents crus, différentes années, ayant été travaillés par le chef de cave, garant de l'identité du vin, sont ainsi assemblés pour donner ce vin inimitable. Que ce soit le petit producteur, ou les grandes maisons internationalement connues, ils ont à cœur de vous faire partager leur passion... Les chiffres du champagne : 293 millions de bouteilles expédiées par an, 10 607 marques, 15 113 exploitations viticoles, 60 coopératives de commercialisation, et 284 négociants employant 5000 personnes.

Aérodrome de Reims-Prunay

Après le décollage du terrain de Reims-Pruney, en prenant un cap ouest pendant 5 à 6 Nm, longez la ville de Reims par le sud. Elle recèle rien de moins que trois édifices inscrits sur la liste du patrimoine mondial de l'humanité de l'Unesco. Vu du ciel, vous apercevrez l'impressionnante cathédrale Notre-Dame, chef-d'œuvre de l'art gothique du XIIIe siècle où trente rois de France ont été sacrés au cours des siècles. En 1914, un bombardement mis le feu à la charpente et l'énorme brasier fit fondre les cloches, les plombs des verrières et éclater la pierre. Des obus l'atteignirent tout au long des affrontements et à la fin de la guerre, la restauration fut réalisée en grande partie par les fonds provenant de la donation Rockefeller. La cathédrale conserve une horloge astronomique du XVe siècle qui déclenche toutes les heures deux cortèges de figurines symbolisant l'Adoration des Mages et la Fuite en Egypte. Il vous sera plus difficile de voir l'ancienne abbaye Saint-Rémi, où est inhumé ce dernier (qui a donné son nom à Reims), et le Palais de Tau qui abrite le trésor de la cathédrale. Le Palais reçut ce nom tout simplement en raison de sa forme en T, évoquant les premières crosses épiscopales. La salle de Tau servait de théâtre au festin qui suivait le sacre d'un roi de France, évoqué sur les étoffes tendues et fleurdelisées. Le trésor renferme des présents royaux très rares préservés à la Révolution, dont le reliquaire de sainte Ursule, délicat vaisseau de cornaline décoré de statuettes émaillées en 1505, et les ornements du sacre de Charles X. La chapelle a reçu comme garniture d'autel la croix et les six chandeliers de vermeil réalisés pour le mariage de Napoléon avec Marie-Louise.

Prenez ensuite un cap sud direction Epernay en passant par-dessus la montagne de Reims, dont le point culminant est le mont Sinaï (286 mètres d'altitude). Vous pouvez suivre la longue ligne droite de la route départementale D951 qui va de Reims à Epernay, en passant par la montagne, royaume du pinot noir, l'un des trois cépages utilisés pour l'élaboration du champagne.

Hautvillers

Hautvillers, le village natal de dom Pérignon, l'inventeur du champagne, se trouvera sur votre droite après la forêt et avant Epernay. Selon la tradition, c'est à ce cellérier de l'abbaye bénédictine d'Hautvillers, que l'on doit l'idée géniale d'assembler les différents crus de champagne et l'utilisation du bouchon de liège au XVIIe siècle. Deux innovations majeures qui ont traversé les siècles.

Epernay

Sur la rive sud de la Marne s'étend la ville d'Epernay, capitale du champagne, dont l'activité « de surface » contraste avec la quiétude des cents kilomètres de caves où reposent des millions de bouteilles. Entourée d'immenses coteaux de vignes, la ville d'Epernay est, plus encore que Reims, la véritable capitale du champagne, située dans la région phare du vignoble (plus de 30 000 hectares en production). Ville fleurie et florissante, Epernay regroupe pas moins de quinze maisons de champagne, parmi les plus prestigieuses : plus de 130 kilomètres de caves qui contiennent deux milliards de bouteilles... De quoi donner le vertige !

D'Epernay à Vertus : la Côte des Blancs

Dépassez Epernay vers le sud jusqu'à Vertus à 10 Nm, vous survolerez la Côte des Blancs, plantée presque exclusivement de chardonnay (cépage blanc). L'aérodrome d'Epernay est niché au cœur de ces vignes. Cette côte donne naissance à un champagne qui allie finesse et élégance : le Blanc de Blancs. La tradition d'hospitalité des villages de la Côte des Blancs se retrouve dans le caractère de ces villages à flanc de colline, très fleuris et accueillants.

Château de Boursault

Il vous faudra ensuite reprendre un cap presque nord pour revenir dans la vallée de la Marne et trouver le magnifique château de Boursault, situé à quelques Nm à l'oOuest d'Epernay. Il ressemble au château de Chambord : alors que ce dernier possède 35 cheminées, le château de Boursault compte 365 ouvertures. Un parc somptueux de onze hectares entoure ce bel édifice. Dans le petit village viticole classé Premier Cru de Boursault, le château domine fièrement la vallée. Il fut érigé en 1845 à la demande de la veuve Clicquo, par l'architecte Jean-Jacques Arveuf-Franquin dans le style néo-Renaissance. Célèbre propriétaire de la maison de champagne du même nom, la veuve Clicquot-Ponsardin l'a décoré et conçu pour organiser des réceptions fastueuses.

C'est son arrière petite-fille, Anne de Rochechouart-Mortemart, duchesse d'Uzès, qui en a hérité en 1866. L'architecture est monumentale, avec une haute toiture décorée d'épis fantaisie. Une copie parfaite existe à Arcachon, réalisée en 1870 par le maire de la ville, Adalbert Deganne : une curiosité pas encore tout à fait expliquée par les historiens.

Châtillon-sur-Marne

Une fois que vous avez passé Boursault, cheminez le long de la Marne vers l'ouest. Dans la vallée de la Marne, les coteaux sont implantés sur des sols à dominante argilo-calcaire, à tendance marneuse. Le cépage dominant y est le pinot meunier. Au nord de la rivière, vous découvrirez Châtillon-sur-Marne. Le bourg, fortifié dès le XIe siècle, est fier de sa statue colossale (33 m de haut) érigée en l'honneur du pape Urbain II, natif du pays et initiateur de la Première croisade en 1095. Un escalier intérieur permet d'accéder jusqu'au bras de la statue.

Château-Thierry

La ville de Château-Thierry se situe aux confins de trois régions : la Picardie au nord, l'Ile-de-France à l'ouest, et la Champagne à l'est. Le poète Jean de la Fontaine y naquit le 8 juillet 1621 et y vécut jusqu'en 1676. Sa maison natale est devenue un musée à la gloire du fabuliste, qui abrite aujourd'hui quelques lettres, des autographes, des éditions de ses œuvres, des objets d'art ornés de contes et de fables ainsi qu'une riche iconographie, illustrée par les plus grands, de Chauveau jusqu'à Chagall, notamment. Vous pourrez également découvrir le cabinet de travail de l'auteur, mis au grand jour par l'équipe du musée. L'aérodrome de Château-Thierry a été récemment ouvert à la Circulation Aérienne Publique ; n'hésitez donc pas à y faire escale pour découvrir la ville ensuite. Après Château-Thierry, la région parisienne vous ouvre ses portes !

Aérodromes et aéro-clubs

■ **AÉROPORT DE TROYES BARBEREY**
Aéroport de Troyes Barberey – RD 619
BARBEREY-SAINT-SULPICE
✆ 03 25 71 79 00
www.troyes.aeroport.fr
contact@troyes.aeroport.fr

Situé à dix minutes du centre ville, l'aéroport de Troyes Barberey est très bien placé et bien desservi. Géré par la société d'exploitation SEATB, il est ouvert toute l'année, 7 jours/7 et offre de nombreux services à ses clients et des commodités comme le bar restaurant « Le Coucou », un salon VIP, le wifi sur place, l'hôtel « Golden Tulip » qui se trouve à 200 mètres de l'aéroport ou encore des services personnalisés sur demande (taxis, locations de salles, de voitures, catering etc...). Le site propose aussi des services aéronautiques (METAR H24, STAP et PCL, Service AFIS 7/7, SSLIA Niveau 04 (niveau 02 le week-end), Procédures RWY 07 ILS CAT I, NDB, Avitaillement JET A1 et AVGAS etc...) et un atelier de maintenance agréé Part 145, FAA Repair Station (Mooney, Piper, Daher Socata...).

AÉROPORT
DE REIMS
EN CHAMPAGNE
SNC·LAVALIN
POSEZ-VOUS
AU PIED DES VIGNES
DE CHAMPAGNE,
DÉCOUVREZ
LES PLUS GRANDES MAISONS
DE CES BOISSONS D'EXCEPTION
www.reims.aeroport.fr

■ AERO-CLUB DE CHATEAU-THIERRY

Aérodrome Champ Cadet (LFFH)
2, route départementale 9
CHÂTEAU-THIERRY
✆ 03 23 69 19 62
www.aeroclub-chateau-thierry.org
contact@aeroclub-chateau-thierry.org

Ouvert toute l'année. Carburant : 100 LL revendus à 2,10 €/litre (tarif au 1er août 2011) ; distribution effectuée aux heures d'ouverture du club. Si le club est fermé, téléphoner à l'un des contacts ci-dessus. Hangar (possibilité de stationner un aéronef de passage). Ordinateur avec imprimante et accès Internet. Bar et Club House. Pompe essence pour ravitaillement en carburant.

Les pilotes de passage sont les bienvenus à l'aéro-club de Château-Thierry. Ici, place est faite aux avions de passage pour être stationnés dans le hangar du club (assez vaste pour y accueillir jusqu'à 12 aéronefs), et toutes les autres installations et aménagements sont bien entendu ouverts très gentiment aux pilotes de passage. Grande salle polyvalente, atelier, accueil, sanitaires, salle de préparation des vols, bureau administratif, salle pilotes, club-house et une salle de préparation des vols équipée d'un micro-ordinateur, d'une imprimante et d'un accès Internet pour consulter la météo, l'AIP et les NOTAM, déposer les plans de vol (Olivia), réserver un avion (Mancheaair) ou interroger son compte-pilote, rien, absolument rien n'a été oublié ! C'est un aéro-club complet, qui propose de nombreux services et de bonnes installations, et réserve aux nouveaux venus un accueil toujours amical.

Autres adresses : DGAC (DSAC Nord, délégation Picardie) – (Tél.) 03 44 11 49 00 ; Fax : 03 44 11 49 09. • En cas d'urgence (besoin de carburant et aéro-club fermé) téléphoner à l'un des contacts suivants : le Président (06 68 56 01 71) ou le Secrétaire Général (06 07 88 01 55).

■ AERO-CLUB LES AILES SOISSONNAISES

Aérodrome de Soissons (LFJS)
COURMELLES
✆ 03 23 74 85 00
www.ailes-soiss.fr
ailes-soiss@wanadoo.fr

Ouvert toute l'année. Possibilité de stationner un avion léger. Ravitaillement possible en AVGAS, sur préavis également. Libre accès à Internet quand le club est ouvert. Possibilité d'être déposé en ville par un membre de l'aéro-club, sur préavis de 48 heures si possible, sinon contacter la centrale de taxis : 03 23 53 63 96.

La liste des sites à survoler à partir de l'aérodrome de Soissons est fournie par l'aéro-club Les Ailes Soissonnaises : Château-Thierry, le donjon de Septmont, la voie romaine, la chaussée Brunehaut, le fort de Condé, ancien bunker allemand, Coucy-le Château, la route du Chemin des Dames, les châteaux de Pierrefonds ou de la Ferté-Milon, les abbayes de Vauclair et de Saint-Jean-des-Vignes. Outre ces conseils, des équipements pour préparer vos vols sont mis à votre disposition lorsque le club est ouvert, et les membres du club se tiennent à votre disposition pour vous véhiculer en ville (à condition de leur en faire la demande 48 heures au préalable).

Autre adresse : Les contacts pour tout renseignement : Jean-Paul Loublier (Pdt) au 06 81 14 03 00 ou Jean-Paul Rendu (Secr.) au 06 20 94 03 65

■ LES AILES SPARNACIENNES

Aérodrome Epernay-Plivot
PLIVOT
✆ 03 26 57 64 04
www.aeroclub-epernay.com
info@aeroclub-epernay.com

Ouvert toute l'année. Accueil ouvert les lundis, jeudis, vendredis, samedis et dimanches de 10h à 12h et 14h à 18h ; et le mercredi de 14h à 18h.

Au fil des années, l'aéro-club Les Ailes Sparnaciennes d'Epernay s'est construit une bonne réputation grâce au travail incessant de ses bénévoles. Les pistes ont été aménagées et l'aérodrome d'Epernay est l'un des plus accueillants de la région. Et vous pourrez faire l'une des plus belles balades de la région, d'Epernay à Vertus, la Côte des Blancs orientée nord-sud, avec ses villages aux noms célèbres qui sont bâtis en amphithéâtre sur le flanc des collines. Les coteaux viticoles et les plaines céréalières s'étendent à perte de vue, ponctués d'églises et de châteaux. L'aérodrome d'Epernay-Plivot accueillera, du 30 juillet au 1er août, le Tour aérien des jeunes pilotes. Une étape placée sous le thème du centenaire 1914.

■ AERO-CLUB DE CHAMPAGNE

Aéroport de Reims-en-Champagne
PRUNAY
✆ 03 26 49 11 05 / 03 26 49 18 68
www.accraf.com
accraf@orange.fr

Ouvert toute l'année. Se renseigner par téléphone pour les horaires.

Envie d'une balade dans les airs, de survoler les magnifiques monuments qui se trouvent du côté de Reims ou dans la région Champagne-Ardennes ? L'aéro-club de Champagne et ses adhérents vous accueillent. A l'entrée de l'aérodrome, à proximité des hangars, vous serez immédiatement mis dans l'ambiance avec un monument à la mémoire du premier vol inter-ville, effectué par Henry Farman. L'aérodrome dispose de toutes les installations vous permettant de planifier au mieux votre vol, avec notamment deux pistes orientées est-ouest.

■ AEROPORT DE REIMS EN CHAMPAGNE

Aéroport de Reims Prunay
PRUNAY ✆ 03 26 49 50 10
contact@reims.aeroport.fr

L'aéroport de Reims, qui se trouve dans la commune de Prunay depuis 1967 (il était à Reims auparavant). Il est géré par la société SERA et est ouvert toute l'année, 7jours/7. Il abrite aussi un hôtel-restaurant bar « l'Escale », un salon VIP et vous avez accès au wifi ainsi qu'à des services personnalisés sur demande (taxis, location de véhicules, location de salles etc...). Des services aéronautiques (METAR H24, PCL, service AFIS 7/7, SSLIA niveau 02, procédures RWY 07 RNAV, RWY 07/25 VOR/MVL, ravitaillement JET A1 et AVGAS etc...) sont également dispensés.

Navigation en Champagne, à consommer sans modération

À voir – À faire

■ CHÂTEAU DE BOURSAULT
BOURSAULT
✆ 03 26 53 35 86

Ne se visite pas. Un château de style néorenaissance inspiré de Chambord et un parc de 11 ha privés. Construit en 1843 par Mme veuve Clicquot, l'actuel château de Boursault est construit sur l'emplacement de l'ancien château fort qui appartenait aux barons de Boursault. Une architecture monumentale, avec une haute toiture décorée d'épis fantaisie au sommet, des fenêtres aux frontons lourdement ornés, un édifice conçu pour le faste des réceptions. On pourrait imaginer que la veuve Clicquot y menait grand train… hé bien non ! Elle menait une vie simple et active. C'est pour sa petite-fille, qui épousa Louis de Mortemart-Rochechouart en 1839, qu'elle entreprit, 4 ans plus tard, ce grand projet. Sur la façade du château on voit de part et d'autre de la porte les initiales des deux noms des deux époux en question, « C » et « M » entrelacés au-dessous d'une couronne de comte. Le château était la demeure des jeunes mariés.

■ LA PORTE SAINT-JEAN
Château médiéval – Rue du Château
Allée Victor-Gardeur
CHÂTEAU-THIERRY
✆ 03 23 83 51 14
www.chateau-thierry-tourisme.com

Véritable forteresse autonome, située à l'Est de l'enceinte fortifiée donnant accès au château, l'édifice se compose de deux massives tours de plan rectangulaire formant galeries, terminés à l'Est du côté de l'attaque par des éperons à angle droit. Ces deux éléments défensifs, cantonnent le passage d'entrée sans le couvrir complètement, afin d'assurer une défense en vue directe. « L'existence d'éperons triangulaires, l'appareil à bossages des maçonneries, le sas découvert montrent que cette porte est l'aboutissement des recherches menées par les ingénieurs royaux, à la fin du XIIIe siècle. La porte Saint-Jean se place dans la lignée des portes d'Aigues Mortes et de Carcassonne dont elle reprend, en les améliorant, les caractères » (Jean Mesqui, Ile de France Gothique).

■ LA ROUTE TOURISTIQUE DU CHAMPAGNE
CHÂTEAU-THIERRY
✆ 03 23 27 76 76
contact@cdt-aisne.com

Gratuit.

On le sait peu, mais l'Aisne est un département réputé pour son champagne. Ce circuit est justement l'occasion de combler cette méconnaissance. Il vous mènera sur les terres de Jean de La Fontaine, au travers de charmants villages, et des haltes vous seront proposées chez les vignerons du coin afin de découvrir leurs méthodes de fabrication et leur savoir-faire. Parfois même, une dégustation vous sera proposée.

■ CHAMPAGNE MERCIER
68-70, avenue de Champagne
EPERNAY
✆ 03 26 51 22 22
www.champagnemercier.com
visitescaves@mercier.tm.fr

Ouvert de mi-mars à mi-novembre de 9h30 à 11h30 et 14h à 16h. Fermé les mardis et mercredis de mi-novembre à mi-mars. Fermeture annuelle de mi-décembre à mi-février. Moins de 10 ans : gratuit. Visite Eugène Mercier : 13 € (week-ends et jours feriés : 15 €). Visite Miss Mercier : 18 € (week-ends et jours feriés : 19 €). Visite Bulles d'Or : 21 € (week-ends et jours feriés : 25 €). Tarif Adolescent (10-17 ans, sans dégustation) : 6 €.

Découvrir les caves Mercier, c'est vivre le modernisme du fondateur de la maison : Eugène Mercier. Admirez le spectaculaire foudre de 213 000 bouteilles, qui fut construit en 16 ans pour participer à l'exposition universelle de 1889. Après un support audiovisuel sur l'histoire de la maison fondée en 1858, on descend vers les caves voûtées en ascenseur panoramique. Les caves sont magnifiques, décorées de hauts reliefs, de sculptures… Une fois en bas, on s'installe dans le petit train pour découvrir les galeries, une trentaine conçues sur un seul niveau, avec un accès de plain-pied aux lignes de chemin de fer en 1870. Riches idées ! L'homme n'en manque pas : il multiplie les actions publicitaires, affiches, films, et ses vols en montgolfière comme sa participation aux expositions universelles qui font parler de lui. Le vignoble Mercier s'étend sur 249 ha, soit 50 % des raisins (le reste est acheté). Retrouvez tout l'univers Mercier présenté dans la boutique.

■ MUSEE CHAMPENOIS DE L'IMPRIMERIE
37, rue de Verdun
EPERNAY
✆ 03 26 51 19 11
www.castellane.com

Fermé du 23 décembre au 15 mars. Ouvert de 10h à 12h (dernière visite à 11h15) et de 14h à 18h (dernière visite à 17h). Musée et cave avec dégustation, adultes : 6,50 €, enfants et groupes : 5 €. Cinq salles de réception pour les groupes de 10 à 400 personnes.

Ce musée a été créé par la maison De Castellane dans le cadre du musée de la tradition champenoise. En effet, il a été conçu et mis en place par de maîtres imprimeurs honoraires, et fut inauguré en 1990. Ici, on découvre de nombreuses machines et matériel anciens qui témoignent du travail d'antan. En ces lieux sont exposés les outils relatant des techniques anciennes illustrant la vie passée. Une très belle visite qui nous fait voyager dans le temps et qui s'achève par une dégustation de champagne De Castellane.

■ CATHEDRALE NOTRE-DAME DE REIMS
Place Cardinal-Luçon
REIMS ✆ 03 26 47 55 34

Voir page 143.

■ LA CHAPELLE FOUJITA
33, rue du Champ-de-Mars
REIMS
✆ 03 26 35 36 00 / 03 26 40 06 96
sylvie.leibel@mairie-reims.fr
Bus : ligne 7 arrêt Foujita

Fermé du 1er novembre au 1er mai. Fermée le 14 juillet. Ouvert du jeudi au mardi et les jours fériés de 14h à 18h. Gratuit jusqu'à 18 ans. Adulte : 4 €. Groupe (20 personnes) : 3 €. Tarfif réduit 3 €.

aéroport Troyes en Champagne
SNC·LAVALIN
ATTERRISSEZ DANS LA CAPITALE
DES COMTES DE CHAMPAGNE,
PERCEZ LE SECRET DE
SES FINES BULLES
www.aeroporttroyeschampagne.fr

Lors de son baptême en 1964 à la basilique Saint-Rémi de Reims, Léonard Foujita, peintre japonais de l'Ecole de Paris, et son parrain, René Lalou, décident la construction de cette chapelle. L'artiste choisi le style roman, accentuant ainsi la notion de recueillement et gardant une large place à la réalisation de ses fresques. Une technique difficile qu'il aborde pour la première fois, alors qu'il est âgé de 80 ans. Durant deux mois, l'été de cette année-là, il peignit la vie du Christ. Les vitraux traités dans les jaunes, les verts et les bleus, complètent un décor admirable. Un haut lieu de l'art, un peu à l'écart, où l'on peut encore goûter le calme.

■ **MUSÉE DES BEAUX-ARTS DE REIMS**
8, rue Chanzy
REIMS ✆ 03 26 35 36 00
www.ville-reims.fr
sylvie.leibel@mairie-reims.fr
Reims : 2 gares TGV (Reims Centre et Champagne Ardenne TGV (environ 45 min de Paris) En bus : Lignes 2, 4 et 5, arrêt RockfellerEn tram : lignes A et B arrêt Opéra
Ouvert du mercredi au lundi de 10h à 12h et de 14h à 18h. Fermé le mardi et les 1er janvier, 1er mai, 14 juillet, 1er et 11 novembre, 25 décembre. Adulte : 4 € (musée des Beaux-arts/Chapelle Foujita). Groupe (20 personnes) : 3 €. Gratuit pour les étudiants (sur présentation de la carte), les jeunes de moins de 18 ans, les handicapés, les demandeurs d'emplois. Accessibilité aux personnes à mobilité réduite seulement dans les salles XXe siècle du rez-de-chaussée, accès par la cour. Visite guidée (4 €). Un parcours est proposé aux personnes sourdes et malentendantes sur certains chefs-d'oeuvre, au moyen de « visioguides ». Ces appareils sont accessibles gratuitement (pour le grand public également) sur demande à l'accueil – la carte d'identité – ou autre.
Fondé en 1794 à partir des saisies révolutionnaires, le musée fut installé à l'Hôtel de ville, puis transféré dans l'ancienne abbaye Saint-Denis, acquise par la Ville en 1908. C'est cet emplacement qu'il occupe encore aujourd'hui et qui correspond en partie au palais abbatial du XVIIIe siècle, remanié au XIXe siècle. Des thématiques illustrent, par des noms célèbres, les plus grands mouvements de l'histoire de l'art du XVIe au XIXe siècle : des portraits de Cranach père et fils, Delacroix, Courbet et de nombreux impressionnistes. Au rez-de-chaussée la salle XXe fait peau neuve. Elle valorise l'Art déco, l'art sacré et le surréalisme. Cette salle évoque aussi les Nabis ; le fauvisme ; le cubisme et la seconde moitié du siècle avec Elena Viera da Silva, Charles Marq, Brigitte Simon…

■ **LA VILLA DEMOISELLE**
56, boulevard Henri-Vasnier
REIMS ✆ 03 26 35 80 50
Voir page 143.

■ **CHAMPAGNE DOYARD MAHE**
Moulin d'Argensole
28, chemin des Sept Moulins
VERTUS ✆ 03 26 52 23 85
champagne-doyard-mahe.fr
contact@champagne-doyard-mahe.fr
Fermé pendant les congés scolaires de Noël. Ouvert du lundi au samedi de 8h à 12h et de 14h à 17h30. Visite. Dégustation dans la salle de réceptions. 5 chambres d'hôtes.
Le champagne Doyard-Mahé se situe dans un ancien moulin où l'on fabriquait autrefois des paillons, c'est-à-dire des étuis en paille évitant la casse de bouteilles. Odile et Martine reçoivent plaisamment, emmènent aux pressoirs en bois, puis à la cuverie en Inox et enfin à la cave éclairée aux chandelles. On apprend qu'un aïeul de la maison fut cofondateur du CIVC, que la maison fabrique sa liqueur et que le champagne est manipulé 40 fois avant d'arriver sur la table : après vieillissement de plusieurs années en cave, chaque bouteille est remuée et dégorgée à la main. Quant au ratafia, il vieillit en fûts de chêne et il est mis dehors aux premières gelées afin d'être saisi au froid selon la tradition. Aux beaux jours, la visite permet également de profiter du jardin fort agréable. Un accueil très chaleureux comme on les aime.

Se restaurer

■ **LE BACCHUS**
7, place Maréchal-Leclerc
CHÂTEAU-THIERRY
✆ 03 23 69 13 97
reservation@bacchus-restaurant.fr
Ouvert toute l'année. Le lundi et le mercredi de 12h à 14h ; le mardi et le jeudi de 12h à 14h et de 19h à 21h30 ; le vendredi et le samedi de 12h à 14h et de 19h à 22h. Réservation recommandée. Menus de 10,50 € à 23 €. Carte : 13 € environ. Menu enfant : 6 €. Plat du jour : 8 €. Vin au verre. American Express, Chèque Vacances, Chèque Restaurant. Terrasse. Vente à emporter.
Découvrez cet endroit agréable où l'Art Déco fait son show. Les plats de cuisine traditionnelle concoctés par le chef viennent ajouter leur touche de couleurs et de senteurs à une salle habillée de tons chauds. Entre autres, ficelle picarde, saumon fumé et ses toasts, tartare et entrecôte de bœuf, goûtez le steack de requin ou encore du filet de saint-pierre façon champennoise. A moins de vous laisser tenter par les grandes salades et appétissantes omelettes de la maison. Et pour clore ce repas, que dire d'une crème brûlée, mousse au chocolat et autres profiteroles, le tout fait maison.

■ **BEST WESTERN HÔTEL ILE DE FRANCE – LA SYMPHONIE DES SAISONS**
RD 1 – 60, rue Léon-Lhermitte
CHÂTEAU-THIERRY
✆ 03 23 69 10 12
www.hotel-iledefrance.com
hotelidf@orange.fr
Ouvert toute l'année. Tous les jours et les jours fériés de 12h à 13h45 et de 19h à 21h. Réservation impérative. Menus de 24,90 € à 44,90 €. American Express, Diners Club, Chèque Vacances, Chèque Restaurant. Accueil des groupes. Chaises bébé. Terrasse.
Un cadre chic et assez exceptionnel pour ce restaurant/brasserie situé sur les hauteurs de la ville. En vous laissant séduire par la vue sur la callée de la Marne, vous dégusterez une cuisine gastronomique régionale dans le restaurant, ainsi que des plats un peu plus simples, mais tout aussi savoureux et surtout moins coûteux dans la brasserie, le tout préparé par les deux chefs que compte l'établissement. Service chaleureux.

AERODROME D'EPERNAY -PLIVOT

EPERNAY PLIVOT - LFSW - CENTEN'AIR - LES AILES SPARNACIENNES -

DU MERCREDI 30 JUILLET AU SAMEDI 2 AOÛT 2014

CENTEN'AIR 1914

et

TOUR AERIEN 2014 DES *jeunes pilotes*

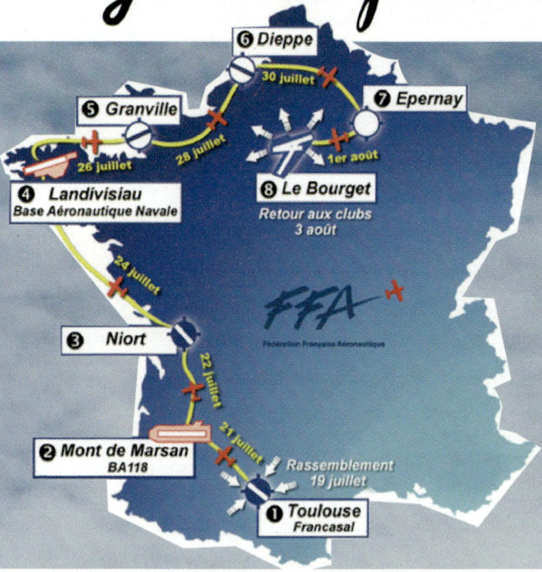

AERO-CLUB D'EPERNAY

Les Ailes Sparnaciennes

Aérodrome Epernay-Plivot

51150 PLIVOT

■ **RESTAURANT LA PORTE OUBLIEE**
6, place Urbain II
CHÂTILLON-SUR-MARNE
✆ 03 26 58 37 58
www.la-porte-oubliee.fr/
laporte.oubliee@orange.fr
Ouvert le lundi, le mardi, le jeudi et le vendredi de 12h à 14h ; le week-end de 12h à 14h30 et de 19h à 21h. Traiteur. Menus de 11 € à 25 € (menu champenois 32 €). Carte : 25 € environ.
Une halte très agréable à faire dans cet établissement qui représente entièrement l'esprit du village de Châtillon sur Marne. On entre et on admire l'endroit magnifiquement rénové et à la décoration rustique, puis on s'installe à de jolies tables bien dressées. Et nous voilà dans une ambiance conviviale ! L'ambiance est chaleureuse, l'équipe de Vincent Deruelle est souriante, les menus complets et à des prix abordables ! On mange, on passe un très bon moment et on sort en se souvenant de La Porte Oubliée.

■ **LA GRILLADE GOURMANDE**
16, rue de Reims
EPERNAY ✆ 03 26 55 44 22
www.lagrilladegourmande.com
grilla2gourmande@aol.com
Ouvert du mardi au samedi de 12h à 14h et de 19h30 à 22h – Fermeture lundi et dimanche. Menus de 19 € à 57 €. Vin au verre. Chèque Vacances, Chèque Restaurant. Accueil des groupes. Chaises bébé. Terrasse. Jardin d'été, chien accepté.
Nul besoin de publicité pour cet établissement, dont le bouche à oreille suffit à faire sa réputation. Son chef propriétaire, Christophe Bernard, est un ancien de Paul Bocuse et d'Alain Ducasse. Ancien chef de la Briqueterie, il a le sens des cuissons justes et réussies. Spécialisé dans une cuisine de saison au feu de bois (viandes et poissons) et au champagne, le restaurant, entièrement rénové, propose également des escargots toute l'année. Dans la salle principale, le grand feu de cheminée et la simplicité de Christophe et de sa femme Kristel contribuent à apporter une réelle chaleur humaine au lieu. Les amateurs du grand air pourront toutefois privilégier le jardin d'été. Mention spéciale pour l'accueil sympathique et le service attentionné.

■ **L'ŒIL DE BŒUF**
40, rue de Sezanne
EPERNAY ✆ 03 26 54 81 90
www.restoepernay.fr
Ouvert du mardi au jeudi de 12h à 14h et de 19h30 à 23h30 ; le vendredi de 12h à 14h et de 19h30 à 1h ; le samedi et les jours fériés de 19h30 à 1h. Menu à 24 €. Plat du jour : 8,50 € (formules du midi à 10,50 €, 12,80 € et 14,80 €). Accueil des groupes (sur réservation). Terrasse.
On entre dans une salle agréable, parquet clair et murs d'un agréable gris, que prolonge une salle vitrée, plus lumineuse, décorée sobrement et donnant sur la terrasse intérieure. Le restaurant de Laurence Demarle est connu ici pour ses façons de cuisiner la viande de bœuf, mais les formules du midi sont également très tentantes, proposant trois entrées, trois plats, trois desserts. Ce jour-là, ce sera un tartare de saumon en entrée, bon et délicatement présenté, puis un navarin d'agneau. Le goût est fin, la chef s'attache manifestement à toujours faire plaisir, le service est professionnel et détendu, les prix justes et les horaires d'ouverture, surtout le week-end, permettent de dîner assez tard.

■ **LE JARDIN**
7, avenue du Général-Giraud
REIMS ✆ 03 26 24 90 00
www.lescrayeres.com
contact@lescrayeres.com
Fermé de mi décembre à début janvier. Ouvert de 12h15 à 14h30 et de 19h15 à 22h30. Menu unique à 45 € (du terroir). Carte : 55 € environ. Formule : 28 € (entrée/plat ou Plat/dessert). American Express. Terrasse. Groupes acceptés. Service voiturier. Parking privé.
Pouvoir goûter chaque jour dans une ambiance décontractée à l'excellence des Crayères, c'est possible à La Brasserie Le Jardin. Ici, l'aménagement inspiré de l'histoire du site privilégie la transparence et la convivialité : grande véranda, matériaux traditionnels (brique, parquet de chêne, ardoise...), cuisine ouverte sur l'extérieur et sur les salles de la Brasserie, vaste terrasse donnant sur le magnifique parc... Prolongement du Restaurant gastronomique Le Parc des Crayères, la cuisine renouvelle avec bonheur et simplicité les grands classiques des terroirs champenois et d'ailleurs (carpaccio de noix de Saint-Jacques neige de chorizo, entrecôte de bœuf échalottes au vinaigre de Reims, millefeuille aux biscuits roses de Reims...). Côté cave, une exceptionnelle sélection de champagnes, des grandes marques aux meilleurs vignerons, qui concourt à rendre incomparable chaque instant passé au Jardin.

■ **LOUISE**
15, rue Marx-Dormoy
REIMS ✆ 0326780061
Ouvert le lundi de 12h à 14h ; du mardi au samedi de 12h à 22h. Réservation recommandée. Carte : 8,50 € environ. Vin au verre.
Bien qu'il n'y ait plus de Louise derrière les fourneaux, on aime cette charmante crêperie au décor cosy et girly (papier peint rococo, fauteuils roses, jolis lustres). A quelques pas de la place d'Erlon, l'endroit, qui fait aussi salon de thé, est parfait pour une pause gourmande entre copines, après un après-midi shopping. Les crêpes sont bonnes, les prix sont abordables, l'ambiance est chaleureuse et le personnel agréable. On peut également déguster des gaufres (salées et sucrées) et des tartines. Pour les palais sucrés, vaste choix de crêpes : caramel au beurre salé, crème brûlée, after eight...

Se loger

■ **HOTEL HEXAGONE****
50, avenue d'Essômes
CHÂTEAU-THIERRY
✆ 03 23 83 69 69
www.hotelhexagone.com
contact@hotelexagone.com
Accueil jusqu'à 23h. 41 chambres. Chambre double 57 €. Petit déjeuner buffet : 8 €. Lit supplémentaire : 70 €. Gratuit moins de 12 ans. American Express, Chèque

Vacances. Animaux acceptés (gratuit). Séminaires. Réceptions et mariages. Wifi gratuit. Restauration (uniquement le soir, menus de 16 € à 24 € ; menu enfant : 10 €). Tv satellite, Canal +.

Cet hôtel se situe au bord de la Marne dans un environnement calme et à 5 minutes à pied du centre-ville. Côté restaurant, on y sert une cuisine traditionnelle et familiale assortie de spécialités régionales. Les 41 chambres de l'établissement sont agréables, calmes, bien décorées, avec des tons sobres. L'hôtel Hexagone constitue donc une bonne étape dans votre visite de Château-Thierry et des environs.

■ LE ROOSEVELT
19, rue Quentin-Roosevelt
CHÂTEAU-THIERRY ✆ 03 23 83 32 50

Chambre simple à partir de 55 € ; chambre double à partir de 65 € ; chambre triple à partir de 75 €. Parking. Animaux acceptés. Wifi gratuit.

On se trouve ici à mi-chemin entre la chambre d'hôtes et l'hôtel. Ce charmant cottage, situé à 2 km du musée Jean de La Fontaine, à 2,5 km du château médiéval et à 3 km de la gare, vous propose en effet un hébergement « comme à la maison », composé de 5 chambres sobrement décorées, et de nombreux espaces de vie communs, comme la salle de bains, la cuisine ou encore le salon, équipé d'un lecteur DVD. L'accueil est chaleureux, et vous pourrez bénéficier en prime d'un parking privé, et même louer des vélos pour partir à la découverte des environs.

■ HOTEL LA VILLA EUGENE*****
82-84, avenue de Champagne
EPERNAY ✆ 03 26 32 44 76
www.villa-eugene.com
info@villa-eugene.com

Fermé une semaine à Noël et quinze jours en février. 15 chambres. Chambre double de 149 € à 320 € ; suite à partir de 375 €. Petit déjeuner : 17 €. Connexion Internet gratuite. Tv satellite.

Ouvert depuis septembre 2005, cet hôtel est une ancienne maison bourgeoise de la fin du XIXe siècle, ayant appartenu à Eugène Mercier, fondateur du champagne Mercier, et transformé en hôtel de quinze chambres ayant chacune leur propre style et une décoration unique : inspiration Louis XVI, thème colonial ou cocon romantique. Les chambres conjuguent à merveille tradition et modernité. Elles sont toutes équipées de minibar, coffre-fort, air conditionné, salle de bains avec baignoires et bénéficient des dernières technologies (téléphone, Internet, téléviseur à écran plat LCD avec satellite). Vous pourrez vous détendre dans le tout nouveau bar à champagne, dans les petits salons feutrés ou prendre votre petit déjeuner dans la verrière restaurée dans le style de cette demeure et profiter de la vue sur le parc. Au bord de la terrasse, vous pourrez, également, profiter, à tout moment, de la piscine extérieure chauffée. La Villa Eugène possède un parking, gratuit et fermé, dans la propriété.

■ HOTEL-RESTAURANT DE LA CLOCHE**
3-5, place Mendès-France
EPERNAY ✆ 03 26 55 15 15
www.hotel-la-cloche.com
hotel-de-la-cloche.c.prin@wanadoo.fr

Fermé du 30 décembre au 6 janvier. Anglais et allemand parlés. Réception ouverte de 7h à 22h. 19 chambres (de 49 à 63 €. Promotion en basse saison de mi décembre à début mars). Demi-pension : 79 € (pour 1 personne ; pour 2, 55 € par personne). Petit déjeuner buffet : 7,50 €. Parking public. Soirée étape à partir de 67 € en chambre individuelle. Animaux acceptés (sans supplément). Wifi gratuit. Restauration (menus de 15 € à 48 €). Tv satellite.

C'est dans une bâtisse traditionnelle à proximité de la gare SNCF et du centre-ville d'Epernay que se trouve l'hôtel de la Cloche. Cet établissement nous offre 19 chambres très confortables et très bien aménagées. Des chambres douillettes, multi équipées, un calme olympien à des prix vraiment raisonnables ! Que demander de plus ? On aime également les visites ainsi que les événement à proximité. En effet, on ne s'ennuie pas lorsqu'on loge à l'hôtel de la Cloche.

■ HOTEL AU TAMBOUR***
60, rue de Magneux
REIMS
✆ 03 26 40 59 22
www.hoteltambour.com
contact@hoteltambour.com

Réception ouverte de 7h à 23h. 24 chambres. Chambre simple à partir de 73 € ; chambre double de 85 € à 90,50 € ; chambre triple de 96 € à 111 €. Chambre Twin : 90,50 €. Petit déjeuner buffet : 10,50 €. Garage : 7 €. Soirée étape : 89,50 €. Animaux acceptés (5 €). Wifi gratuit. Tv satellite, Canal +. Excursions (hammam : 8 €).

C'est à quelques minutes du centre-ville de Reims que nous trouvons cet hôtel Logis de France. L'établissement propose de belles chambres confortables et bien équipées ainsi qu'une piscine extérieure chauffée, un espace hammam, un bar en terrasse et un garage fermé. Un hôtel familial dans lequel Christine et Bernard Platteaux souhaitent maintenir une ambiance conviviale et chaleureuse. Et le pari est réussi : en effet, séjourner à l'Hôtel au Tambour est très agréable !

■ HÔTEL DE LA CATHEDRALE**
20, rue Libergier
REIMS
✆ 03 26 47 28 46
www.hotel-cathedrale-reims.fr
contact@hotel-cathedrale-reims.fr

Ouvert toute l'année. Accueil jusqu'à 21h. 17 chambres. Chambre double de 67 € à 62 € ; chambre triple de 70 € à 82 € ; suite 85 €. Petit déjeuner : 8 €. Chèque Vacances. Animaux acceptés (supplément de 6 €). Wifi gratuit. Tv satellite, Canal +.

A deux pas de la cathédrale, cet hôtel est propice aux moments tranquilles : les dix-sept chambres réparties sur quatre étages – sans ascenseur – sont équipées d'un double vitrage, apprécié sur cette grande artère, d'autant que l'hôtel se trouve face à un lycée. Sobres mais bien décorées, ces chambres disposent toutes d'une salle de bains (douche ou baignoire) et d'un w.c., d'un téléphone avec une ligne directe, d'une connexion Wifi et de la télévision à écran plat (11 chaînes disponibles). Le petit déjeuner se prend à côté de la réception, dans une petite salle, donnant sur la rue.

■ **HOSTELLERIE DE LA REINE BLANCHE*****
18, avenue Louis-Lenoir
VERTUS ✆ 03 26 52 20 76
www.hotel-reine-blanche.com
hotelreineblanche@wanadoo.fr

Chambre simple à partir de 84 € ; chambre double de 89 € à 99 € ; suite à partir de 139 €. Pension complète : 114 € (en single). Demi-pension : 84 €. Petit déjeuner : 11 €. Forfait escapade en Champagne : pour 2 nuits, à partir de 185 € par personne. Wifi. Restauration. Tv satellite. Voici un hôtel, très confortable, qui s'avère être une belle étape de charme. La climatisation et l'équipement des chambres (téléphone, tv satellite et mini-bar) sont appréciés. On aime aussi la piscine, couverte et chauffée, la salle de remise en forme et le sauna, tout est pensé pour la détente. La maison propose à la demande des circuits touristiques dans le vignoble champenois avec visite des caves et dégustation. Pour se restaurer : le Thibault IV.

Pratique

■ **TAXI MANGOTTE**
1, rue du Faubourg-de-la-Barre
CHÂTEAU-THIERRY ✆ 03 23 69 05 44

Disponible toute l'année, 7j/7.

Vous pouvez reserver votre taxi par téléphone ; il vous conduira dans la région de Château-Thierry, vers l'aérodrome de votre choix, ou vous fera visiter les principaux endroits à découvrir dans les environs. Le rapport qualité/prix est très intéressant, les taxis Mangotte étant en prime très ponctuels et bénéficiant d'une excellente réputation. Entre la porte de Saint-Jean, les aigles de Château-Thierry, la route touristique de Champagne, le Mémorial américain de la Côte 204, il y a beaucoup de belles choses à découvrir.

■ **LES TAXIS DE REIMS**
Cour de la Gare
REIMS ✆ 03 26 47 05 05

Voir page 145.

■ **ARTISANS RADIO TAXIS SOISSONNAIS**
2, rue des Chaperons-Rouges
SOISSONS ✆ 03 23 53 63 96

Ouvert toute l'année, tous les jours.

Abbaye Saint-Jean-des-Vignes, tour Mace, arsenal de Soissons : des balades et circuits tout autour de Soissons et des environs. Si vous optez pour une promenade aérienne ou terrestre dans le secteur et que vous avez besoin d'un moyen de transport, les artisans Radio Taxis Soissonnais vous attendent du côté de Soissons. Ils couvrent un périmètre kilométrique important et sont expérimentés. Ils connaissent donc la région comme leur poche...

La navigation

Au départ de l'aérodrome de Chambley, nous vous proposons une navigation spatio-temporelle originale. Nous sommes dans les années 1950 et partons sur les traces de Chuck Yeager et Michael Collins pour survoler les bases militaires situées près de la frontière franco-allemande, dont la plupart sont aujourd'hui abandonnées.

Le Nord-Est de la France OTAN de la Guerre Froide

H A

A la fin des années 1940, les tensions politiques croissantes opposant l'Union soviétique aux Etats-Unis font redouter une Troisième Guerre mondiale. Depuis 1945, l'Allemagne et notamment Berlin cristallisent cette discorde. Enclavés dans la zone d'occupation soviétique, les trois secteurs occidentaux de la ville irritent Staline. L'Allemagne est une zone de friction pouvant se transformer à tout moment en un nouveau front. En avril 1949, onze pays s'associent aux Etats-Unis pour ratifier un accord de défense mutuelle : le Traité de l'Atlantique Nord. Les pays d'Europe occidentale, toujours en pleine reconstruction, se placent ainsi sous la protection nord-américaine en cas d'agression soviétique. C'est d'autant plus vrai pour la France, dont l'armée sous-équipée est déjà engagée en Indochine. De vastes travaux sont alors entrepris pour établir un réseau de bases aériennes le long de la frontière franco-allemande. Cette « ligne Maginot aérienne » se compose, certes, de terrains réservés à l'Armée de l'air, mais aussi de plusieurs bases destinées à l'US Air Force et à la Royal Canadian Air Force...

Terrain de Chambley

Le brouillard d'automne tardant à se lever, ce n'est qu'en début d'après-midi que débute notre périple, au départ du terrain de Chambley, à 13 Nm au sud-ouest de Metz. A l'instar de toutes les plateformes construites au standard OTAN, cette ancienne base de l'US Air Force disposait d'une piste de 2 400 m et d'un taxiway parallèle. A chaque extrémité, des aires d'alerte pouvaient accueillir les avions armés et prêts à décoller en quelques minutes. Au plus fort de son activité, cette base accueillait une escadre de 75 chasseurs-bombardiers F-86F Sabre à vocation nucléaire. La piste est prolongée par des *overrun* de 250 m chacun, jadis équipés de barrières d'arrêt. Enfin, ce sont surtout les trois aires de dispersion d'escadrons, les fameuses « marguerites », qui rendent ces bases OTAN si reconnaissables et caractéristiques. Bien que toutes conçues sur le même modèle, ces bases, par leur QFU, le nombre et la répartition de leurs marguerites, ont chacune leurs propres caractéristiques visuelles. Les pilotes pouvaient ainsi les identifier en un clin d'œil et connaître précisément leur position. L'astronaute Michael Collins, qui participa avec Armstrong et Aldrin à la mission Apollo XI en juillet 1969, fut pilote à Chambley plusieurs années durant. Aujourd'hui, cette base accueille tous les deux ans (années impaires) l'un des plus grands rassemblements de montgolfières au monde.

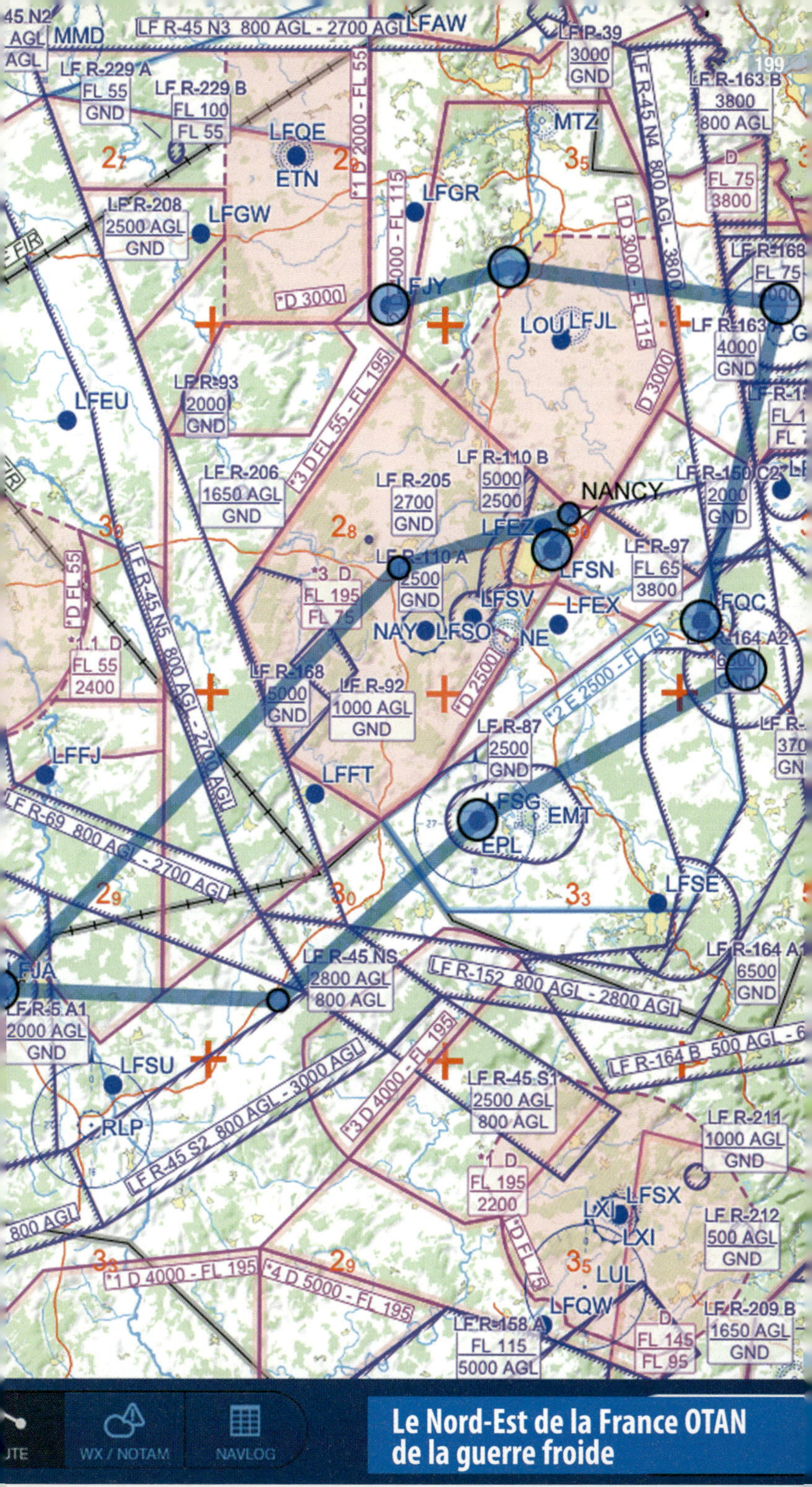

Le Nord-Est de la France OTAN de la guerre froide

La société Pilâtre de Rozier, à l'initiative de cette manifestation, est implantée sur l'aérodrome et propose au public la visite de son Aéromusée, consacré à l'histoire de l'aérostation, mais aussi à l'histoire de la base américaine de Chambley. L'accès se fait sur rendez-vous en semaine, le samedi de 10h à 18h et le dimanche de 15h à 19h au tarif de 3,50 €. Dans le hangar voisin, la société L'Europe vue du ciel, spécialisée dans la photo aérienne, consacre elle aussi une partie de ses locaux à une exposition permanente retraçant l'histoire de la photographie aérienne et son évolution technique. Ouverte en semaine aux horaires de bureau, l'entrée de cette exposition est libre. Elle est complétée par un musée virtuel, accessible en ligne (sur le site www.leuropevueduciel.com). Enfin, dans un troisième hangar, on trouve l'aéro-club Les Ailes mosellanes, fort de cinq avions et cent dix-neuf licenciés. Son président, Philippe Muller, est un familier des bases de l'OTAN car après des années passées aux côtés de l'Armée de l'air sur la base de Metz-Frescaty, fermée en 2012, il a dû gérer le déménagement du club vers l'ancienne base américaine de Chambley. Il revient sur cet épisode : « Avec l'éloignement de Metz, nous avons perdu une vingtaine de membres, ce qui s'est, bien sûr, répercuté sur l'activité. » Pourtant, ce déménagement n'a pas eu que des inconvénients : « Etre désormais basé sur un terrain ouvert à la CAP nous a permis d'accueillir les interrégionaux de rallye aérien en 2012 et le championnat de France de pilotage de précision l'été dernier, ce qui aurait été impossible à Frescaty. En outre, avec un événement estival comme le Mondial Air Ballons, le club a profité d'une visibilité exceptionnelle puisque nous avons réalisé de nombreux baptêmes de l'air en moins de deux semaines ». Quant au secteur de Chambley, Philippe Muller témoigne : « Nos visiteurs de clubs d'autres régions sont toujours étonnés de l'aspect vallonné du secteur. En plein cœur du Parc naturel régional de Lorraine, nous sommes en effet à dix minutes de vol des côtes de Meuse, de la vallée de la Moselle et même de certains champs de bataille de la Première Guerre mondiale, comme les Eparges. »

Ancienne base aérienne 128 de Metz-Frescaty

En quittant Chambley au cap 075, on atteint justement l'ancienne base aérienne 128 de Metz-Frescaty, distante d'une dizaine de nautiques, en seulement six minutes de vol. Occupée par l'Armée de l'air, elle accueillait la 9e Escadre de chasse et ses deux escadrons de F-84F Thunderstreak, aux grandes heures de la Guerre froide. Continuant plein est pendant une douzaine de minutes, en s'aidant au besoin du VOR de Grostenquin (111.25), on découvre l'ancienne base aérienne canadienne éponyme. Dès 1952, trois escadrons de Canadair Sabre spécialisés dans l'interception et la défense aérienne y étaient installés en permanence. En 1957, une unité d'intercepteurs tout-temps CF-100 Canuck vint remplacer un escadron de Sabre. Fin 1963, l'arrivée du CF-104 Starfighter et de sa mission nucléaire sonna le glas pour cette base, Paris n'autorisant plus le stationnement de telles unités sur le sol français. En 1964, les CF-104 déménagèrent donc en Allemagne et la base ferma définitivement ses portes.

Ancienne base de Lunéville-Croismare

Prenons à présent le cap 195 pendant un petit quart d'heure pour rejoindre l'ancienne base de dispersion de Lunéville-Croismare, qui accueille aujourd'hui l'aéro-club de Lorraine. Utilisée dans la première moitié des années 1950 lors d'exercices, cette base est dépourvue de marguerites. La proximité des agglomérations empêcha en effet son développement au profit de la base de Lunéville-Chenevières, éloignée d'à peine cinq nautiques au sud-est. Là, des escadrons américains se déployèrent occasionnellement dans la seconde moitié des années 1950. Aujourd'hui, si la piste est fermée, Chenevières demeure pourtant l'un des pôles français du polygone de guerre électronique de l'Armée de l'air. Pour évoluer dans ce secteur, privilégiez donc un appareil muni d'un transpondeur, car en semaine, le terrain est fréquemment la cible de simulacres d'attaque au sol. Ainsi, lors de notre passage, l'approche d'une patrouille de Mirage 2000 nous a incités à vite mettre le cap au sud-ouest sur notre prochaine étape : l'aéroport d'Epinal-Mirecourt, où est situé l'aéro-club du Xaintois. Egalement dotée d'un VOR (113.00), cette ancienne base de dispersion servit très peu, principalement aux Sabre canadiens lorsque la piste de Grostenquin fut fermée pour travaux. Continuant au cap 230, les artefacts de la base de Damblain se révèlent à l'observateur affûté après douze minutes de vol. Si des tronçons de piste et de taxiway se distinguent encore, on ne devine plus que les traces des marguerites parmi la végétation. Damblain fut longtemps le terrain de desserrement des unités françaises basées à Nancy-Ochey.

Base de Chaumont-Semoutiers

Poursuivant plein ouest pendant un petit quart d'heure supplémentaire, c'est la base de Chaumont-Semoutiers qui se dévoile ensuite. A usage restreint (mais accessible sur simple demande au gestionnaire), elle accueille l'aéro-club de la Haute-Marne et l'aéro-club de Chaumont. Comme celle de Chambley, cette base accueillait une escadre américaine chargée du bombardement nucléaire. Dotée de F-86F Sabre, l'unité fut par la suite rééquipée de F-100D Super Sabre. Ces deux types d'appareils opérèrent également depuis l'ex-base américaine (puis française) de Toul-Rosières, dernière étape de notre périple, que l'on rejoint au cap 040 au terme d'une demi-heure de survol de champs d'éoliennes. A l'heure des énergies renouvelables, ce terrain est aujourd'hui une des plus grandes concentrations d'aérogénérateurs d'Europe. Auparavant, Toul connut la plus grande diversité de missions et d'appareils de toutes les bases américaines en France, accueillant tour à tour des unités de transport, de bombardement nucléaire et de reconnaissance. Chuck Yeager, le premier pilote supersonique, y commanda un escadron de F-86 en 1956. Par la suite, et jusqu'à sa fermeture, Toul fut l'antre des Jaguar de la 11e Escadre de chasse de l'Armée de l'air.

OTAN
Reims
Aéro-club de Champagne
Châlons en-Champagne
Troyes
Mailly-le-Camp
Vitry-le-François
Saint-Dizier
Aéro-club de St-Dizier-Robinson
Bar-le-Duc
Joinville
Chaumont
Aéro-club de Haute-Marne
Bar-sur-Aube
Bar-sur-Seine
Ste-Menéhould
Verdun
Étain
Metz
Marieulles
Les Ailes Mosellanes
Toul
Nancy
Neufchâteau
Lunéville
Épinal
St-Dié
Saales
Schirmeck
Colmar
Sarrebourg
Saverne
Aéro-club Région d
Sarrebour
Sarre-Union
Sarreguemines
A4
A26
A5
A31
A33
A35
A320
N4
N19
N57
N59
N61
N66
N67
N77
N333
N415
D3
D420
D603
D619
D635
D656
D662
D671
D674
D931
D951
D955
D964
D977
D1061
D1420
D1916
N
0
15 km

Cette boucle aérienne offre un petit aperçu des nombreuses bases de l'OTAN réparties dans le Nord-Est de la France, et évacuées en grande partie en 1967 en raison de la politique d'indépendance de la France sous la présidence du général De Gaulle. D'autres plateformes réinvesties par l'Armée française sont également dignes d'intérêt, comme Laon-Couvron, Etain, Phalsbourg, Brienne-le-Château, Châlons-Vatry... Pour approfondir la découverte de ces vestiges de la Guerre froide, rendez-vous sur le site Internet d'Info-Pilote.

Aérodromes et aéro-clubs

■ AERO-CLUB REGION DE SARREBOURG

Aérodrome Henri Metz
1, rue du Moulin
BUHL-LORRAINE
✆ 03 87 07 10 27 / 03 88 12 58 36 / 06 08 50 84 23
http : //aerobuhl.free.fr
lise.jm@wanadoo.fr

Ouvert toute l'année. 1 heure de vol : 135 €. 1 heure d'instruction : 25 €. Cotisation à 190 € (90 € pour une première inscription au club).

Pour une visite de la région vue d'en haut, l'aéro-club de Sarrebourg ouvre ses portes en grand. La tête dans les nuages, les pieds en l'air, pour aérer son esprit : les activités ici sont de toute façon dans le vent ! La région Lorraine, les Vosges vues du ciel et leurs multiples atouts s'offrent à vous. L'une des balades préférées des pilotes est de partir de Sarrebourg vers Dabo puis le Donon, vers le lac de la Pierre percée, puis le parc des éoliennes, et retour sur Sarrebourg par Lorquin et Abreschviller. En manque d'inspiration ? Prévoyez une petite escapade dans le ciel lorrain et alsacien, pour des sensations... à couper le souffle !

■ AERO-CLUB DE HAUTE-MARNE

Aérodrome de Chaumont-Semoutiers
CHAUMONT
✆ 03 25 03 05 92
www.aeroclub-hautemarne.com

Ouvert toute l'année. Du lundi au samedi de 14h à 18h.

L'aéro-club de Haute-Marne est ouvert à tous, avec des vols et des promenades aériennes qui sont possibles. Il s'agit donc d'un aéro-club complet où vous pouvez prendre des cours et organiser des balades. Et les destinations sont nombreuses avec, au choix, Langres et ses digues, Colombey-les-Deux-Eglises, la vallée de la Marne et Vignory, ou bien encore la forêt d'Arc-en-Barrois et Châteauvillain. Un bien beau programme.

■ LES AILES MOSELLANES

Chambley Planet'Air – Hangar D
Boulevard Antoine de Saint-Exupéry
Hageville
METZ ✆ 09 60 39 84 23
www.lesailesmosellanes.com

Ouvert toute l'année. Cotisation de 120 à 192 € selon l'âge. Cours de 135 à 160 € (à titre indicatif).

Pour s'envoyer dans les airs, rendez-vous aux Ailes Mosellanes. Vols et cours d'aviation seront à votre programme à travers des activités de premier choix pour des sensations fortes garanties ! Plusieurs formules d'apprentissage pour les adolescents et les adultes (découverte, approfondissement) sont proposées ainsi que plusieurs modèles d'avions vous attendent de pied ferme avant de quitter le sol pour vous emmener en altitude et voir la vie de très haut !

■ AERO-CLUB DE SAINT-DIZIER-ROBINSON

34, rue Godard-Bruilliard
SAINT-DIZIER
✆ 03 25 05 04 67 / 06 86 74 64 21 / 06 82 44 20 65
http : //aeroclubstdizier.free.fr
aero-clubstdizier@free.fr

Ouvert toute l'année, tous les jours.

L'aéro-club de Saint-Dizier est parfaitement géré. Des instructeurs bénévoles assurent les cours et proposent des vols. Pendant 30 minutes, le curieux pourra survoler la région, des panoramas et paysages superbes qui permettent d'apprécier le charme de la campagne bragarde. On peut donc admirer le lac du Der, la vallée de la Blaise et ses châteaux, ou bien encore l'abbaye de Trois-Fontaines. Un joli moyen de découvrir les lieux !

À voir – À faire

■ LES TOURELLES

Place de la Concorde
CHAUMONT

Dans la vieille ville, où demeurent de beaux hôtels particuliers des XVe et XVIe siècles, on verra que ces maisons bourgeoises sont généralement agrémentées de tourelles en encorbellement. De ces tourelles, fleuron de l'architecture chaumontaise, on peut encore en voir une quarantaine. Elles contiennent l'escalier à vis desservant les étages. L'encorbellement laisse apparaître quelques marches au-dessus de la porte. Selon les maisons, on verra des blasons sculptés ou des niches.

■ CONSERVATOIRE DES BRODERIES DE LUNEVILLE

Château de Lunéville
Aile sud des Communs du château
LUNÉVILLE
✆ 03 83 73 56 86 / 03 83 74 48 13
www.broderie-luneville.com
contact@broderie-luneville.com

Ouvert toute l'année. Entrée libre. Du mercredi au lundi de 14h à 17h. Ouvert jusqu'à 18 h à partir du 1er mars. Fermé le mardi.

Depuis sa création en 1998, le Conservatoire des Broderies de Lunéville s'attache à valoriser un véritable patrimoine. Conduite par Maryvonne Rémy et sa fille Aude, la structure défend un héritage dont les origines remontent au XIXe siècle. A l'époque, dans le but d'imiter certaines dentelles comme Venise ou Bruges, Lunéville se spécialise dans une technique de broderie sur tulle de coton qui deviendra une activité populaire et dominante de la région. Travaillant d'abord à l'aiguille puis au crochet, cette technique prend alors la dénomination de « Point de Lunéville ». Une méthode talonnée par la broderie perlée, autre spécificité remarquable. Cette dernière, « magique » tant ses effets peuvent être variés, permet de créer des rendus qui font merveille en haute couture et dans le monde du spectacle. Le musée présente donc des collections très variées de pièces brodées, témoins d'une longue aventure un peu oubliée, mais qui retrouve ses lettres de noblesse sous l'impulsion du Conservatoire. Mieux, une école de broderie a été créée et accueille des stagiaires du monde entier. Un enseignement unique en France. Des séances d'initiation ouvertes à tous sont aussi organisées régulièrement.

■ PARC DES BOSQUETS
Château de Lunéville
LUNÉVILLE
www.chateauluneville.cg54.fr
chateauluneville@cg54.fr

Ouvert toute l'année. Ouvert de 6h à 20h du 1er octobre au 30 avril, et de 6h à 22h du 1er mai au 30 septembre. Fermé la nuit et en cas de tempête. Gratuit.

Au XVIIIe siècle, Léopold puis Stanislas firent entreprendre la conception de jardins réguliers dits « à la française », en prolongement du château des ducs de Lorraine. Un embellissement du parc destiné à accueillir les divertissements de la cour. Classés Monuments historiques depuis 1998, les Bosquets offrent une perspective toute en longueur, un havre de paix qui fait aujourd'hui le bonheur des locaux et des touristes. Parfaitement entretenu, le parc du château accueil des massifs floraux savamment composés, d'impeccables pelouses, plusieurs bassins et des allées ombragées. Un lieu de promenade et de jogging très prisé toute l'année. En période estivale, outre la beauté des couleurs, les animations y sont nombreuses autour du kiosque à musique par exemple. Un spectacle original est également proposé chaque année. Autre point fort, l'entrée est libre et gratuite.

■ L'ARSENAL
3, avenue Ney
METZ
✆ 03 87 74 16 16
www.arsenal-metz.fr
fschoenenberger@arsenal.mairie-metz.fr

Ouvert du mardi au vendredi de 12h à 19h ; le week-end de 14h à 19h. Ouvert en continu les soirs de spectacle. Plusieurs formules d'abonnements au choix. Tarifs étudiants. Chèques culture, Multipass pour les lycéens lorrains et Pass Avant'âges acceptés. Chèque Vacances. Restauration. Boutique.

L'Arsenal, édifié sous Napoléon III en 1857, a été transformé en 1989 par l'architecte catalan Ricardo Bofill. Il manquait à la ville de Metz une salle pour accueillir la grande musique et offrant une acoustique irréprochable. Ricardo Bofill eut alors l'idée géniale de creuser et d'enterrer la salle promise. Réputée dans le monde entier, cette architecture audacieuse dispose donc de salles de concert, dont la Grande Salle, couverte d'une remarquable marqueterie de bois de hêtre et de sycomore. Au cœur des gradins à étages se trouve la scène. Ce modèle, avec les artistes placés au centre du public, est nommé « boîte à chaussures » et assure une parfaite diffusion du son. Ce temple prestigieux de la musique accueille les manifestations des grandes associations musicales et chorégraphiques du monde entier. Salons et orangerie abritent des expositions, des colloques ou réceptions d'ordre national ou international. Lors de l'inauguration, le célèbre musicien Mstislav Rostropovitch s'exclama sur l'atmosphère exceptionnelle dégagée par des proportions idéales pour la musique, pour toutes les musiques !

■ CATHÉDRALE SAINT-ÉTIENNE
Place d'Armes
METZ
✆ 03 87 75 54 61
www.cathedrale-metz.fr
contact@cathedrale-metz.fr

Basse saison : ouvert de 8h à 18h. Haute saison : de 8h à 19h. Messe capitulaire du lundi au samedi à 9h, messes le dimanche à 8h, 9h, 10h, 11h15. Visite guidée (pour les groupes de 10 personnes minimum. Plusieurs formules possibles, de 1h à 1h30 de visite. De 4,50 à 5,50 € pour le public, et de 2,50 à 3 € pour les scolaires. Réservation obligatoire 10 jours à l'avance).

Un édifice majeur, le grand monument historique de la ville qui la surplombe, la domine de toute sa splendeur et sa majesté. Un vrai bijou avec sa couleur jaune atypique, son art gothique, sa formidable rosace et, surtout, ses vitraux (dont quelques-uns de Chagall). Comme bon nombre d'édifices messins, la cathédrale utilise une pierre calcaire dorée extraite d'une carrière située à une vingtaine de kilomètres au nord-ouest de Metz : la pierre de Jaumont. La dimension imposante de la cathédrale et son style gothique rehaussé par cette couleur lumineuse surprennent et attirent les premiers regards. Il faut savoir qu'elle est le résultat d'une fusion de deux églises : la collégiale Notre-Dame-la-Ronde et la cathédrale, toutes deux édifiées vers 1220 mais dans des directions opposées. Les clochers sont conservés dans leur positionnement initial et en 1359 une voûte unique réunit les deux églises. On ne parle plus que d'une église épiscopale. Le style gothique s'affirme par la suite et jusqu'au XVIe siècle elle connaît moult modifications. Chevet, tour de Mutte, portails... Cette cathédrale présente la plus grande surface vitrée des cathédrales de France : 6 500 m² (Chartres en possède 2 000). De nombreux artistes à travers les siècles, comme Valentin Busch (XVIe siècle), ont contribué à ces vitraux qui valent au lieu, de par sa position dominante, le surnom de « Lanterne de Dieu ». Outre son architecture, elle regorge de belles pièces telles que le trône épiscopal taillé dans un fût de colonne antique, la cuve baptismale, baignoire romaine en porphyre, et l'adorable petit buffet d'orgue (XVIe siècle) en « nid d'hirondelle » que l'on découvre en levant le regard et qui est joué régulièrement. À voir sans faute, mieux, à découvrir lors d'une visite guidée avec l'office de tourisme ou l'association.

■ **CENTRE POMPIDOU – METZ**
1, parvis des Droits-de-l'Homme
METZ
✆ 03 87 15 39 39
www.centrepompidou-metz.com
contact@centrepompidou-metz.fr
Fermé le 1er mai. Ouvert le dimanche, le lundi et du mercredi au vendredi de 11h à 18h ; le samedi de 10h à 20h. Gratuit jusqu'à 26 ans. Adulte : 7 €. Tarifs modulables en fonction du nombre d'espaces expositions ouverts : 7, 10 ou 12 € (adhésion annuelle : 33 €). Visite guidée (réservation obligatoire sur le site Internet ou par téléphone, du lundi au vendredi, de 9h à 12h et de 14h à 18h, au 03 87 15 39 85). Restauration. Librairie-boutique. Audioguides accessibles aux déficients auditifs (BIM).
Situé au cœur de l'Europe, le centre Pompidou-Metz est un lieu de vie animé, dédié à la création contemporaine sous toutes ses formes. Puisant dans la célèbre collection du centre Pompidou, musée national d'Art moderne, il présente des expositions temporaires et une programmation culturelle pluridisciplinaire. Des rendez-vous spécifiques dans le prolongement des expositions ont lieu dans le studio et l'auditorium du centre Pompidou-Metz. Du mercredi au dimanche, des spectacles de danse, de théâtre, des performances, des concerts, des films et des conférences offrent une lecture inédite de l'art moderne et contemporain. Des ateliers permettent aux enfants et aux adolescents de se familiariser avec l'art contemporain en conjuguant acte de création et rencontre avec des artistes. Des spectacles jeunes publics sont également proposés tout au long de la saison.

Chaumont.

■ **CHAPELLE DES CORDELIERS**
Place des Cordeliers
SARREBOURG ✆ 03 87 08 08 68
www.ville-sarrebourg.fr
Ouvert le lundi et du mercredi au samedi de 10h à 12h et de 14h à 18h ; le dimanche de 14h à 18h. Gratuit jusqu'à 18 ans. Adulte : 6 €. Tarif réduit : 4 €. Audio-visites guidées. Visite guidée. Renseignements auprès du musée du Pays de Sarrebourg.
De style gothique, cette chapelle doit sa notoriété à son immense vitrail réalisé par Marc Chagall en 1976. Il s'agit du plus grand de ses vitraux (12 m de haut, 7,50 m de large), évoquant le thème de la paix à travers des scènes bibliques. D'autres vitraux plus petits, du même artiste, entourent cette œuvre monumentale. La visite de cette exceptionnelle chapelle trouve son complément dans le parcours « Marc Chagall ». Il s'agit d'une belle promenade dans le jardin du même nom, dont les senteurs et les détours s'apprécient au rythme de poèmes écrits par l'artiste et diffusés à l'aide d'audioguides. Le circuit s'achève au musée juste à côté qui, selon les saisons, complète la visite avec d'autres œuvres de l'artiste.

Se restaurer

■ **LES BOSQUETS**
2, rue des Bosquets
LUNÉVILLE ✆ 03 83 74 00 14
www.restaurant-lesbosquets.fr
restaurant.lesbosquets@wanadoo.fr
Ouvert tous les midis (sauf le mercredi) et les soirs (sauf mardi, mercredi et dimanche). Menus de 14,50 € à 34 €. Menu enfant : 9 € (jusqu'à 12 ans). Formule du midi : 12 € (sauf le week-end). Chèque Vacances, Chèque Restaurant. Accueil des groupes (repas d'affaires, de famille et séminaires). Terrasse. Grand parking public à proximité.
C'est à l'international et dans des établissements 5 étoiles que Philippe Bar s'est forgé une jolie expérience, en Afrique ou aux Emirats notamment, mais c'est bien dans sa ville natale que le chef a choisi de régaler. Aux commandes de l'une des plus anciennes tables de Lunéville, il harmonise les saveurs dans un cadre raffiné, sublimé par le parc du Château qui s'ouvre de l'autre côté de la rue. L'établissement compte deux espaces, dont l'un se trouve à l'étage, où l'on vous servira une cuisine fraîche, française et riche en saveurs lorraines. La créativité du chef s'exprime dans une cuisine de saison et des spécialités de poissons. A la carte, les propositions se déclinent, plus alléchantes les unes que les autres. Le dîner débute par un dégradé de pastel, celui des crevettes roses mêlées à la mangue. Fin, original, inventif. Puis la subtilité d'un navarin de biche nous emporte, bercés par la musique douce des transistors. Le tout est copieux, mais les desserts nous font de l'œil et s'avèrent être du même acabit. La crêpe soufflée à la mirabelle vient donc clore en feu d'artifice le repas.

■ **L'OVARIUS**
18, rue de Lorraine
LUNÉVILLE ✆ 03 83 77 43 60
Ouvert toute l'année. Le mardi midi ; du mercredi au samedi le midi et le soir. Plats à la carte, entrée, plat et

dessert pour environ 27 €. Pas de menu enfant. Vin au verre. Chèque Restaurant. Accueil des groupes. Terrasse.
Ovarius : carafe à décanter au profil particulier qui permet au vin de développer ses arômes. Un nom original pour un restaurant qui est également un bar à vins. Outre un choix évident de nombreux cépages, une vingtaine de vins référencés, l'Ovarius propose de délecter les papilles grâce notamment à ses tartines maison. Une cuisine moderne dont la carte se complète au gré des saisons et des arrivages. Renouvelés chaque semaine, cinq entrées, plats et desserts sont présentés, assurant aux mets une fraîcheur non négligeable. Côté ambiance, on évolue dans une décoration épurée qui délasse, avec un coin lounge et une terrasse intérieure. Un restaurant dans lequel on prend vite l'habitude de se rendre. On regrette juste des prix de boissons parfois un peu élevés.

■ AUBERGE DE VEZON

58, rue des Vignerons– Vezon
MARIEULLES ✆ 03 87 69 91 98
www.auberge-de-vezon.fr
auberge.vezon@orange.fr

Ouvert le lundi et du jeudi au samedi le midi de 12h à 14h et le soir de 19h à 21h30 ; le mardi et le dimanche le midi de 12h à 14h. Menus de 12 € à 30 €. Carte : 18 € environ. Formule du midi : 12 € (entrée-plat-dessert). Plat du jour 8 €. Chèque Vacances, Chèque Restaurant. Terrasse. Espace enfants.

En plein cœur du petit village de Vezon, à dix minutes de Metz direction Fey, M. et Mme Germain reçoivent dans un cadre chaleureux. À l'intérieur, le rustique l'emporte avec vieilles pierres et poutres apparentes, cheminée en hiver et terrasse en été. Un espace enfant a été également aménagé pour le plus grand confort des plus petits qui, en général, au bout d'une heure ne tiennent plus en place. En cuisine, Bernard (maître restaurateur) mitonne de bons plats traditionnels. Il excelle dans la préparation des cuisses de grenouille (tous les vendredis soirs en saison) et de la tête de veau. Des produits certes classiques mais qui font honneur à la région et à l'établissement. Les desserts sont faits maison. Un espace enfant est à disposition pour le plus grand bonheur des parents et des enfants. Après avoir goûté au gris de Vezon au cours du repas, vous pourrez arpenter les vignes dont il est issu, en guise de promenade digestive !

■ L'ASSIETTE AU BŒUF

1, rue du Pont-des-Morts
METZ ✆ 03 87 32 43 12
www.assietteauboeuf.fr
metz@assietteauboeuf.fr

Ouvert tous les jours de 12h à 14h30 et de 19h à 23h. Menus de 13,90 € à 16,50 €. Menu enfant : 8 €. Formule express du déjeuner à 10,90 €. Terrasse.

L'Assiette au Bœuf, c'est avant tout un cadre exceptionnel. Sa terrasse vous permettra de manger sur les rives de la Moselle, à quelques coups de fourchettes à peine de ses majestueux pensionnaires, les cygnes. Le décor du restaurant est moderne et épuré, et l'agréable personnel assure parfaitement son service. L' assiette est, quant à elle, placée sous le signe de la spécialité maison, le bœuf. La formule Paradis, composée d'une salade fraîche aux copeaux de jeune parmesan et d'un plat au choix, pourrait bien vous envoyer au septième ciel. Que ce soit avec le « tigre qui pleure », cœur de faux-filet tranché accompagné de sa brochette de gambas et sa sauce thaï épicée, ou encore avec le tartare au couteau et sa tapenade de tomates. Le tout servi avec des pommes frites maison, à volonté. Une adresse à noter précieusement avec l'arrivée des beaux jours !

■ LA CAVE DES TRAPPISTES

20, place de Chambre
METZ ✆ 03 87 36 71 17

Ouvert du lundi au samedi de 8h à 23h. Café-bar toute la journée. Restaurant le midi. Réservation recommandée. Plat du jour : 10 €. Vin au verre. Terrasse.

Niché dans un petit coin de la place de Chambre, ce bar connaît l'animation des grands jours... tous les jours ! Nombreux sont les habitués qui y passent un moment dans la journée pour boire un verre ou papoter avec le patron, c'est tellement agéable ! À midi, on peut s'y restaurer avec des plats du jour très bien cuisinés, des salades bien garnies ou des spécialités françaises à des prix plus que raisonnables. Une mention spéciale pour les desserts bons et pas chers et pour le choix étoffé de vin au verre. Le soir, d'octobre à janvier, le bar à huîtres est ouvert. Vous pouvez déguster les reines de l'hiver à la terrasse chauffée, y manger une soupe de poisson maison ou des escargots. À l'apéritif une assiette de charcuterie italienne avec un petit verre de vin soigneusement sélectionné par le patron. On adopte sans façon La Cave des Trappistes pour son ambiance unique et sa clientèle éclectique. Les serveurs sont charmants et prévenants.

■ CHEZ L'AMI FRITZ

76, Grand-Rue
SARREBOURG ✆ 03 87 03 10 40
www.ami-fritz.fr
contact@ami-fritz.fr

Ouvert toute l'année. Tous les jours le midi et le soir. Café-gâteau l'après-midi. Réservation recommandée. Menus de 21 € à 30 €. Vin au verre. Accueil des groupes. Terrasse.

Dans un décor rustique particulièrement soigné, l'Ami Fritz reçoit dans la bonne humeur et la convivialité. Un bon coup de fourchette est de mise pour apprécier la cuisine traditionnelle lorraine et alsacienne proposée ici. Spécialisé dans les choucroutes, la tête de veau, les *spätzles* et autres particularités du coin, le restaurant décline les plaisirs autour d'assiettes copieusement servies. Il est vivement conseillé de réserver le midi et les week-ends tant l'Ami Fritz revigore et nourrit son homme avec succès.

Se loger

■ LE GRAND VAL

Route de Langres
CHAUMONT ✆ 03 25 03 90 35
www.relais-sud-champagne.com
grandval@relais-sud-champagne.com
RN 19

Qualité Tourisme. Ouvert toute l'année. 53 chambres. Chambre simple de 45 € à 75 € ; chambre double de 45 € à 75 €. Petit déjeuner : 8 €. Garage. Forfaits pour VRP à 60 €, menu enfant à 9,80 €. Animaux acceptés. Wifi gratuit. Restauration (menu dès 19,85 €). Tv satellite.

Le Grand Val vous propose des chambres, propres, tout confort. C'est un établissement labellisé « Qualité Tourisme » et « Relais Sud Champagne », il se situe à l'extérieur du centre-ville de Chaumont. Ici, on passe des séjours reposants, dans des chambres bien équipées, calmes et surtout à petits prix. Côté restaurant, on se régale à petit prix également, avec des salades, de délicieux burgers dont le véritable Cheesburger Texas Grill et toute une variété de brochettes. A découvrir : Les fajitas de la maison. Le restaurant est d'ailleurs référencé dans le guide des « Maîtres Restaurateurs ». Il y a aussi une terrasse, un parking en sous-sol chauffé, un bar et est accessible aux personnes à mobilité réduite.

■ LE CHÂTEAU D'ADOMÉNIL****

Rehainviller
LUNÉVILLE
✆ 03 83 74 04 81
www.adomenil.com
adomenil@relaischateau.com

Fermeture quelques semaines en janvier et durant les vacances scolaires de février. Accueil jusqu'à 22h. 14 chambres. Tarif à la nuit de 195 € à 220 € selon la chambre. Chambre en duplex : 265 €. Appartement : 330 €. Junior suite : 275 €. Lit supplémentaire : 30 €. Petit déjeuner : 23 €. Parking. Menus du restaurant gastronomique : 63 € (les soirs de semaine), 110 € (par personne pour l'ensemble des convives d'une même table). Menu enfant : 28 €. Menu bistrot : 34 € (déjeuners du mercredi au vendredi). Possibilité de réservation en ligne. American Express. Séminaires. Wifi gratuit.

Situé à quelques minutes de Lunéville. Le château d'Adoménil accueille ses visiteurs dans un cadre enchanteur. Château de la fin du XVIIIe siècle, il allie avec raffinement l'ancien et la modernité. L'hôtel compte 14 chambres et duplex. Les 10 chambres se situent dans le château et son aîle droite, les anciennes écuries. La Maison du vigneron réaménagée accueille quant à elle les 4 duplex. Le restaurant gastronomique d'une trentaine de couverts est ouvert tous les soirs, sauf le lundi, et le samedi et dimanche midi. Son chef, Cyril Leclerc, a d'ailleurs été récompensé par une étoile au guide Michelin. Le second restaurant, de type brasserie et baptisé Version A, se veut plus contemporain avec son bar en ardoise, sa décoration cosy et chaleureuse. Ce dernier est ouvert pour les déjeuners du mercredi au vendredi et peut accueillir une quinzaine de personnes. Sa terrasse permet également aux visiteurs de se délasser avant ou après le repas et d'admirer la beauté du parc qui les entoure. Un parc de 7 ha, idéal pour les promenades, où l'on peut croiser parfois quelques animaux et oiseaux sauvages. Une piscine extérieure chauffée est ouverte dès les beaux jours.

■ HOTEL DES PAGES – RESTAURANT LE PETIT COMPTOIR***

5, quai des Petits-Bosquets
LUNÉVILLE
✆ 03 83 74 11 42
www.hotel-les-pages.com
contact@lespageshotel.fr

Logis (3 cheminées). Chambre simple de 60 € à 78 € ; chambre double de 80 € à 110 € ; chambre triple de 90 € à 120 €. Soirée étape semaine 72 €. Petit déjeuner : 12 €. Parking. Restaurant (3 cocottes) ouvert les midis du dimanche au vendredi, les soirs du lundi au samedi. Menus de 17 € à 36 €. Formule : 17 €. Accueil des groupes. American Express, Chèque Vacances. Animaux acceptés. Séminaires. Connexion Internet gratuite.

Face à l'aile est du château de Lunéville, et séparé par le canal d'agrément, cet établissement, hôtel et restaurant, se situe au fond d'une vaste cour, en pierres de taille. L'hôtel est composé d'une quarantaine de chambres équipées dont certaines ont été fraîchement rénovées. Le décor est raffiné, tout comme l'art culinaire. Le cadre du restaurant « comptoir parisien », en bois clair, retient l'attention, avec ses nombreux petits objets décoratifs. Le Petit Comptoir jouit d'une excellente réputation à Lunéville. La carte et les menus sont variés et renouvelés au gré des saisons. Parmi les spécialités, du pain perdu aux escargots, du sandre en croûte de tomme de Pierre Percée, du filet d'agneau à l'ail et ses tomates confites, du soufflé à la mirabelle, régalent nos papilles. Enfin, la tatin d'abricots au chocolat, dessert créé par la maison, nous permettra de finir le repas sur une succulente touche sucrée.

■ HÔTEL DU THÉÂTRE***

3, rue du Pont-Saint-Marcel
METZ ✆ 03 87 31 10 10
www.port-saint-marcel.com
reception@hoteldutheatre-metz.com

Ouvert toute l'année. Accueil 24h/24. 66 chambres. Chambre simple de 75 € à 99 € ; chambre double de 108 € à 135 € ; studio / appartement à partir de 195 € ; suite à partir de 155 €. Petit déjeuner buffet : 12,50 €. Lit supplémentaire : 18 €. Parking fermé inclus. American Express. Animaux acceptés (9,50 €). Séminaires. Connexion Internet. Restauration. Tv satellite. Hammam, bain bouillonnant, sauna.

Emplacement de choix pour cet hôtel 3-étoiles en plein cœur du port de plaisance Saint-Marcel, dominant un bras de la Moselle et les quelques embarcations des résidents du complexe. Installé dans un immeuble du XVIIIe siècle, l'hôtel du Théâtre est membre de Symboles de France et de Demeures de tradition, et a fait de cette distinction son principal atout. Chambres de charme aux poutres apparentes, boiseries et alcôves, les parties communes telles que la réception, ses tapisseries et son mobilier lorrain, en font un hôtel musée qui ravira les amateurs du genre. Chaque chambre est équipée de la climatisation, d'un mini-bar, téléphone, télévision satellite, d'Internet haut débit sur demande, il vous faudra cependant débourser un peu plus pour accéder au confort d'un bain bouillonnant privé, ou vous contenter de la piscine à déversoir. Un hôtel quelque peu luxueux donc, mais dont la localisation en plein centre ville en fait le point de départ idéal d'une visite touristique. Possibilité de demander à la réception une formule incluant une nuitée et une visite de la ville.

■ HÔTEL MÉTROPOLE***
5, place du Général-de-Gaulle
METZ © 03 87 66 26 22
www.hotelmetropole-metz.com
Ouvert toute l'année. Check-in check-out de 12h à 13h. Accueil 24h/24. 72 chambres (taxe de séjour par personne 0,85€). Chambre simple à partir de 56 € ; chambre double de 63 € à 68 € ; chambre triple de 72 € à 76 €. Petit déjeuner buffet : 8 € (supplément de 1 € en chambre). Parking fermé : 8 € (parking de la gare). Soirée étape : 21 € en plus du tarif chambre. Séminaire ou showroom au Grand Hôtel de Metz : 115 €. Animaux acceptés (6 €). Poste Internet. Wifi. Restauration. Tv satellite, Canal +.
À proximité du nouveau Centre Pompidou et face à la gare, cet hôtel 3-étoiles est abrité dans une belle bâtisse du XIXe siècle en plein cœur du quartier Impérial de Metz. Ses soixante-douze chambres totalement rénovées, sont calmes et confortables. Elles sont équipées d'écran plat, de wifi gratuit et de salle de bains avec WC. À noter, à la réception, il y a un espace Internet et un salon pour consommer des boissons chaudes et froides à toute heure de la journée. Le petit-déjeuner est un buffet à volonté proposant sucré et salé pour satisfaire les goûts de chacun. Pour réserver, nous vous conseillons de le faire via son site Internet. Des offres spéciales y sont régulièrement proposées.

■ HÔTEL MODERNE**
1, rue Lafayette
METZ © 03 87 66 57 33
www.hotel-moderne-metz.com
hotelmoderne@wanadoo.fr
Ouvert toute l'année. Accueil 24h/24. Chambre simple 43 € ; chambre double 63 € ; dortoir de 71 € à 79 €. Petit déjeuner buffet : 9 €. Lit supplémentaire : 8 €. Garage. Taxe de séjour : 0,85 € par personne et par nuit. American Express, Diners Club, Chèque Vacances. Séminaires. Poste Internet. Wifi gratuit. Tv satellite, Canal +.
Cet hôtel possède un charme indéniable. Très bien entretenu et rénové, il accueille autant les touristes que les entreprises, avec son salon de travail d'une capacité de 20 personnes (équipements audiovisuels sur demande). Toutes les chambres répondent aux normes et disposent d'un écran plat et certaines d'une climatisation. À Metz, cet hôtel est l'un des meilleurs rapports qualité/prix de sa catégorie et bénéficie d'une situation idéale, juste en face de la gare, à mi-chemin entre le centre Pompidou et le centre-ville.

Pratique

■ ALPHA 52
CHAUMONT © 06 08 64 22 20
En service toute l'année, 7j/7.
La société de taxis Alpha 52 est basée à Chaumont et peut donc vous conduire, notamment, à l'aérodrome de Chaumont-Semoutiers afin que vous preniez votre envol dans les meilleures conditions pour faire un tour de la région. Du ciel, vous pourrez admirer l'abbaye cistercienne d'Auberive, les différents châteaux (Pailly, etc), les cathédrales... Si vous préférez aller les visiter par la route, il suffit d'en parler à Alpha 52 !

■ RADIOS TAXIS DE METZ
2, rue Lafayette
METZ © 03 87 56 91 92 / 03 87 63 11 01
www.taximetz.com – taxis_metz@hotmail.fr
Ouvert tous les jours et les jours fériés.
Pour une course sur Metz ou sur la grande agglomération, 112 radio-taxis sont en service 24h/24 et 7j/7. Liaisons diverses, transport pour des visites de la région, etc : le catalogue des prestations proposées par les Taxis de Metz est très important. Tout cela se fait sur réservation avec la possibilité de transport en véhicule six-places, que ce soit sur des petites ou des grandes distances.

Chaumont.

■ TAXIS NANCY
2, place de la République
NANCY ✆ 03 83 37 65 37
www.taxis-nancy.com
taxis.nancy@orange-business.fr
Le service est permanent, 24h/24 et 7j/7.
Il est bon de savoir, pour ceux utilisant fréquemment le taxi que des tarifs préférentiels sont possibles. Pour les autres, il faut retenir que le prix de la course fait l'objet d'une réglementation précise. Plusieurs éléments sont à prendre en compte pour déterminer le prix d'une course : la prise en charge, le tarif kilométrique (qui diffère selon que l'on roule en semaine ou un jour férié, de jour ou de nuit), le tarif de marche lente (due aux embouteillages), le tarif d'attente et les suppléments que représentent de nombreux bagages, plusieurs passagers ou un animal. 126 véhicules sont mis à disposition dans Nancy et son agglomération pour couvrir petites et grandes distances.

Sud-Ouest

Cathares Airways H A

Découvrez les châteaux cathares en un peu plus d'1h30 de vol, au départ de l'aérodrome de Toulouse-Lasbordes (LFCL). Au décollage, vous survolerez la mntagne Noire, le château de Saissac et les quatre châteaux de Lastours, puis vous partirez vers le sud en direction des Corbières et des premiers contreforts des Pyrénées. Vous longerez la cité médiévale de Carcassonne avant de survoler les châteaux de Quéribus, Peyrepertuse, Puylaurens, Puivert et Montségur. Cette boucle longue de 160 Nm prend 1h40 de vol (en considérant que votre vitesse est de 100 kt). Nous vous conseillons vivement de partir un matin sans vent et sans nuage, afin de profiter d'un air calme. Et si vous n'êtes pas matinal, évitez les périodes chaudes. Cette navigation vous fera rencontrer un relief pouvant potentiellement provoquer des turbulences difficiles à gérer. Toujours à cause des montagnes, il faudra bien veiller à respecter les hauteurs réglementaires et ne pas vous laisser piéger par le vent et les vallées. N'oubliez pas de prendre la dernière météo, les NOTAM et les cartes d'approche pour le jour J. L'utilisation d'un GPS pour la navigation pourra vous apporter une aide supplémentaire pour ne pas « rater » les points d'intérêt. Il ne doit cependant pas se substituer à une préparation minutieuse du vol.

Toulouse-Lasbordes – Saissac

- **N43°35'23" E001°29'55"**
- **Cap 115° – 32 Nm – Z sécu : 3100 ft**

Fréquences LFCL : TWR 122.7 – ATIS 128.1. Prenez votre mal en patience en fonction du trafic de cette plateforme importante. Comptez de 5 à 15 minutes au roulage. En sortie de zone, contactez Toulouse Info sur 121.25. Jusqu'au premier point tournant et avant d'arriver sur la montagne Noire, vous aurez 80% de paysage de plaine. Attention, la région est prisée par les planeurs. Ouvrez l'œil, surtout en été. Vous survolerez un petit barrage hydroélectrique avant le château de Saissac. La forteresse a été construite à partir de l'an 960, et domine sur son promontoire rocheux le ravin de la Vernassonne, ce qui lui donnait une position stratégique importante à l'entrée de la montagne Noire. Le château est situé à l'extrémité méridionale du village de Saissac.

Saissac – Lastours

- **N43°21'34" E002°10'04"**
- **Cap 100° – 10 Nm – Z sécu : 3100 ft**

Entre ces deux points, faites attention à une haute antenne signalée sur la carte comme une zone interdite. Les quatre châteaux, situés sur un éperon rocheux au-dessus du village de Lastours, sont isolés par les profondes vallées de l'Orbiel et du Grésilhou. Ils faisaient office de verrou du Cabardès d'où le nom du château principal : Cabaret. Les édifices sont bâtis à 300 mètres d'altitude dans le même axe : Cabaret, la tour Régine, Surdespine et Quertinheux, légèrement en retrait. Vous pouvez cercler autour de Lastours sans souci, en respectant les altitudes de sécurité.

Lastours – Carcassonne

- **N43°20'06" E002°22'45"**
- **Cap 158° – Nm – Z sécu : 3200 ft**

Vous laisserez la cité médiévale de Carcassonne sur votre droite. Ce n'est pas un château cathare, mais ses remparts valent vraiment la peine d'être admirés d'en haut. Il faudra demander une clairance pour transiter par la CTR de Carcassonne (TWR 121.0). Signalons la gentillesse maintes fois constatée des contrôleurs. Vous pourrez également demander de vous approcher plus près de la cité pour avoir un meilleur point de vue. En sortie, contactez Perpignan Info sur 120.75.

Carcassonne – Termes

- **N43°12'21" E002°21'42"**
- **Cap 158° – Nm – Z sécu : 3200 ft**

A partir de Carcassonne, le décor change et devient plus escarpé en raison du relief. Là encore, nous insistons sur la préparation de la navigation, notamment au niveau des altitudes de sécurité. Siège d'une puissante seigneurie féodale, le site a donné son nom à la région, le Termenès.

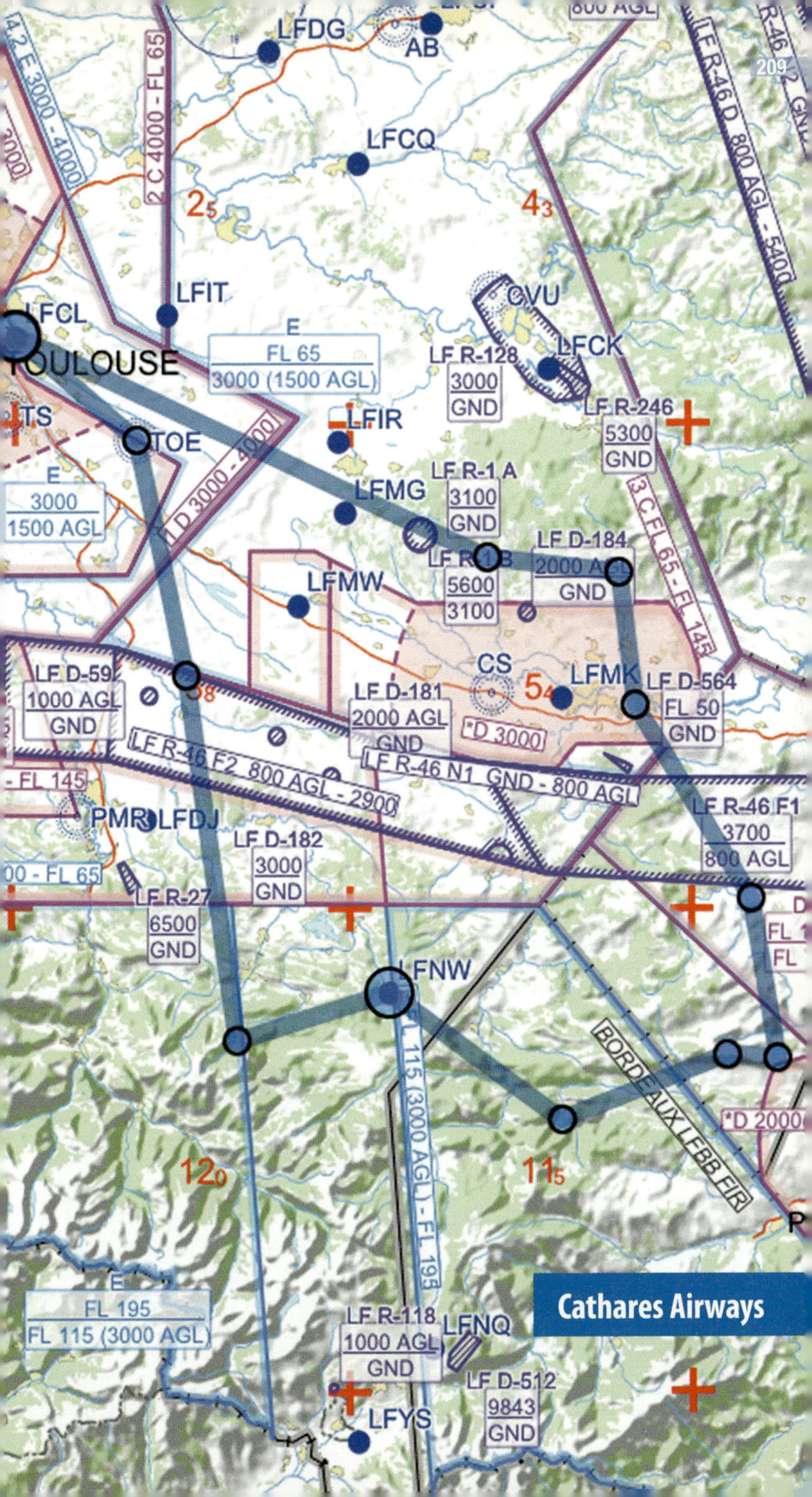

Cathares Airways

On notera plusieurs petits châteaux disséminés. Les seigneurs du château de Termes sont connus depuis la seconde moitié du XIe siècle. Les mentions du château se multiplient au cours du XIIe. Jusqu'au XIIIe siècle, son histoire est intimement liée à celle du comté puis de la vicomté de Carcassonne et à celles des vicomtes Trencavel. Possibilité d'effectuer des 360° autour de Termes.

Termes – Peyrepertuse

- **N43°00'13" E002°33'48"**
- **Cap 165° – 10 Nm – Z sécu : 3400 ft**

Le château de Peyrepertuse fait partie des « Cinq fils de Carcassonne » avec les châteaux de Quéribus, Puylaurens, Termes et Aguilar, tous situés en haut de pitons rocheux imprenables. Il est surnommé la Carcassonne céleste, car c'est le plus grands des cinq châteaux et qu'il était aussi vaste que Carcassonne. Un des moments les plus impressionnants de la navigation : vous longez le château sur l'aile gauche à la même altitude que celui-ci !

Peyrepertuse – Quéribus

- **N42°52'13" E002°33'23"**
- **Cap 305° – 3 Nm – Z sécu : 3700 ft**

Cette forteresse est perchée sur un piton rocheux à 728 mètres d'altitude, à la frontière du département de l'Aude et des Pyrénées-Orientales. Le château de Quéribus, dont l'existence remonte sans doute au Xe siècle, était un des points de défense du pays cathare. Après sa prise, il est intégré au dispositif de défense de la frontière entre France et Aragon.

Quéribus – Puylaurens

- **N42°50'11" E002°37'15"**
- **Cap 250° – 12 Nm – Z sécu : 5500 ft**

Cette forteresse est perchée sur un éperon rocheux dominant la vallée de la Boulzane à 697 mètres d'altitude. Il verrouillait les portes du Fenouillèdes. Sur votre route, vous quitterez avec Perpignan Info pour repasser avec Toulouse Info sur 121.25.

Puylaurens – Puivert

- **N42°48'11" E002°17'57"**
- **Cap 301° – 12 Nm – Z sécu : 5500 ft**

Vous cheminez d'est en ouest le long des contreforts des Pyrénées. Vous arrivez à la verticale du terrain de Puivert en Quercorb. Là aussi, attention aux planeurs fréquentant ce terrain à usage restreint. Le château de Puivert est à droite. Posé sur une colline surplombant le village et son lac, l'édifice culmine à une altitude de 605 mètres. La construction daterait du XIIe siècle. Les premières mentions remontent à 1170 : il appartient alors à la famille de Congost, au moment de la Croisade des Albigeois. Ces seigneurs pratiquaient le catharisme et étaient montrés comme des hérétiques.

Puivert – Montségur

- **N42°55'19" E002°02'56"**
- **Cap 258° – 10 Nm – Z sécu : 8100 ft**

Le château de Montségur, dominant la ville du même nom et construit en 1206, est un château implanté à l'emplacement arasé de l'ancien village fortifié qui constituait, jusqu'au siège de 1244, le lieu de résistance des Cathares et des faydits. Cercler autour du château est un must.

Montségur – ADF TOE 415

- **N42°52'20" E001°50'06"**
- **Cap 350° – 37 Nm – Z sécu : 6800 ft**

Le passage par ce point permet de contourner les zones contrôlées de Blagnac.

ADF TOE 415 – Toulouse-Lasbordes

- **N43°28'53" E001°40'47"**
- **Cap 309° – 10 Nm – Z sécu : 1400 ft**

Après le point ADF TOE 415, restez à 2000 feet : c'est la hauteur du tour de piste de Toulouse-Lasbordes et cela sera plus confortable pour s'intégrer dans le trafic chargé.

Château de Peyrepertuse.

Carcassonne

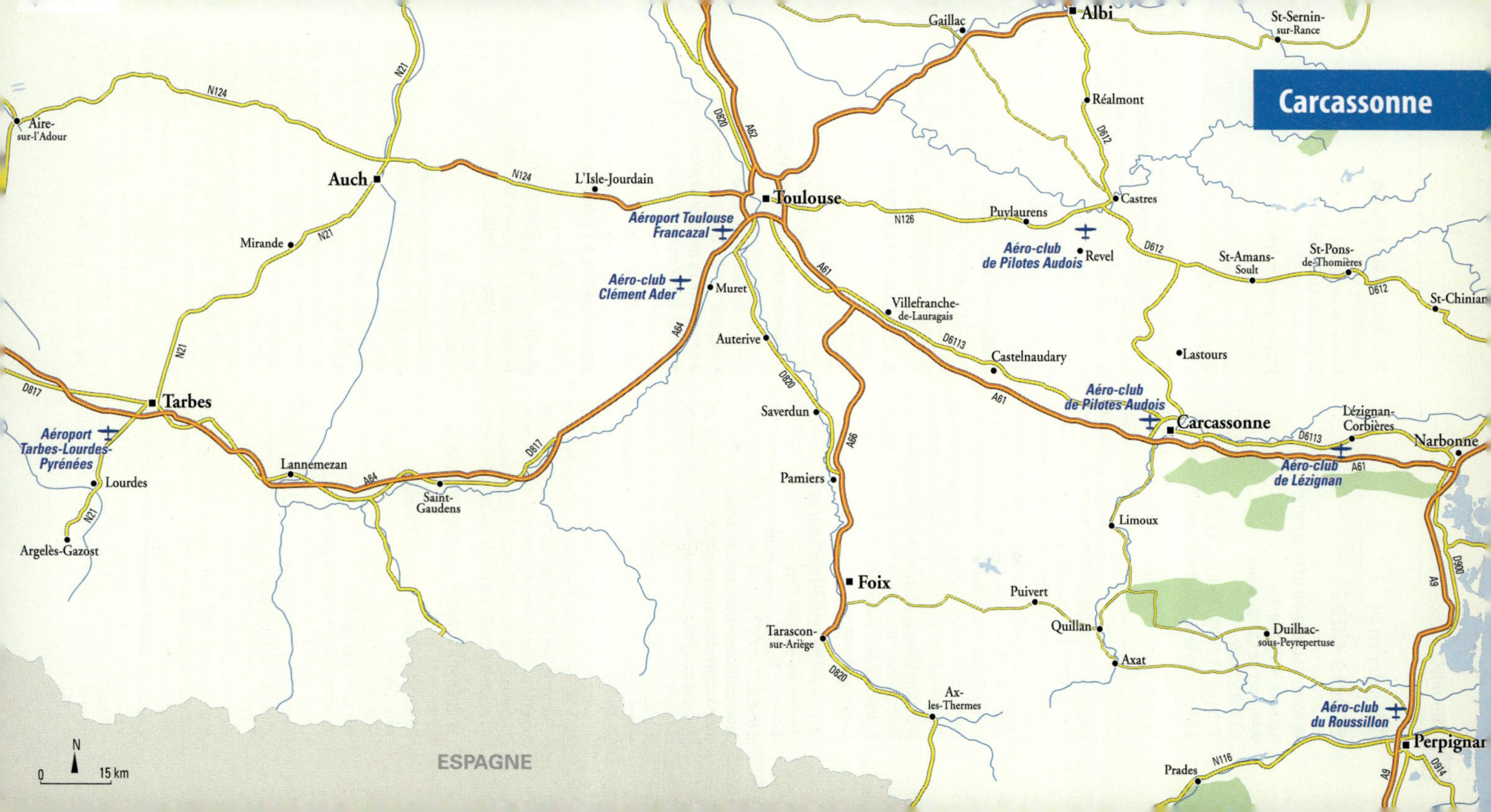

Aérodromes et aéro-clubs

■ AERO-CLUB DE PILOTES AUDOIS
Salvaza Hangar n°1
Aéorport de Carcassonne
CARCASSONNE
✆ 04 68 71 38 78 / 06 07 61 11 43
amicalepilotesaudois@wanadoo.fr
Ouvert toute l'année.
Un aéro-club bien convivial que l'aéroclub des pilotes audois ! A Carcassonne, le soleil chauffe aussi dans les cœurs et diffuse ici une amitié entre pilotes, qui contamine très vite les visiteurs et pilotes de passage ! Bien agréable que de rendre visite aux membres du club ! Ici, les activités sont variées : vols d'initiation, formations théorique et pratique en vue de l'obtention du Brevet de base (BB), du brevet Pilote Privé (PPL) ou en vue de se perfectionner en matière de pilotage... L'aéro-club des pilotes audois de Carcassonne possède l'agrément aviation civile, l'affiliation FFA et l'agrément Jeunesse et Sports. De cet aéro-club de Carcassonne, vous pourrez vous envoler pour découvrir les plus beaux sites de la région. Un aéro-club dynamique et fort sympathique.

■ AEROPORT TOULOUSE FRANCAZAL
Avenue du General Bares
Aéroport Toulouse Francazal
CUGNAUX ✆ 05 34 51 24 30
www.toulouse-francazal.aeroport.fr
contact@francazal.aeroport.fr
7j/7, horaires hiver : de 8h à 18h, horaires d'été : de 8h à 20h.
Francazal a été, historiquement, le premier aéroport public toulousain. Il se trouve à Cugnaux, au sud-ouest de Toulouse. Autrefois, il abritait des activités civile et militaire mais depuis la fermeture en 2011 de la base aérienne 101 de Francazal le site est devenu un aérodrome civil géré par la société SNC-Lavalin. Son objectif principal étant de fournir les services aéroportuaires et l'assistance en escale adaptés aux clients ou encore d'accueillir les vols de l'Aviation d'Affaires.

■ AEROPORT TARBES-LOURDES-PYRENEES
BP 3
Aéroport de Tarbes Lourdes Pyrénées
JUILLAN
✆ 05 62 32 92 22
www.tlp.aeroport.fr
aeroport@tarbes-lourdes.aeroport.fr
L'aéroport de Tarbes-Lourdes-Pyrénées est géré par la société SEATLP. Il s'agit d'un aéroport civil ouvert au trafic international. Il possède une aérogare indépendante de 500 m² avec tous les services nécessaires au bien-être des clients (bar, salon VIP, salle de briefing, de repos WC etc...) et un personnel accueillant qui vous accompagnera au mieux. Il y a aussi un service personnalisé (taxi, location de véhicules etc...) sur demande. Le parking avions fait 9 000 m² et la piste 3000 x 45 M (orientation 02/20). D'autres services aéronautiques sont proposés : aides à l'atterrissage (RWY 20 ILS Cat I / RWY 02), SSLIA Niveau 08 ou 07, ravitaillement JET A1 et AVGAS, ATC (DGAC).

■ AÉROCLUB DE LÉZIGNAN
Aérodrome
Route de Ferrals
LÉZIGNAN-CORBIÈRES
✆ 04 68 27 32 57
http : //aerolcm.free.fr
Ouvert toute l'année.
Survol des châteaux cathares, de la Cité de Carcassonne, de la Cité de Minerve, du canal Royal (canal du Midi), des paysages des Corbières, de la côte littorale audoise... Le choix des sites à survoler est large tant les sites touristiques dignes d'intérêt sont nombreux dans la région ! Les abbayes, les châteaux foisonnent comme autant de sites à sillonner à pied en suivant des itinéraires de randonnées pédestre et, bien entendu, comme autant de sites qui méritent d'être survolés ! A l'aéroclub de Lézignan, vous aurez accès à Internet, pour faire le point météo, préparer votre plan de vol...

▸ Autre adresse : Taxis : 04 68 27 36 79, 06 77 52 25 80, 04 68 27 03 19, 06 75 48 94 71. Locations automobiles : 04 68 27 11 12, 04 68 27 74 00, 04 68 27 20 77, 04 68 27 54 98

■ AERO-CLUB CLEMENT ADER
Lherm
MURET
✆ 05 61 51 00 60
www.aeroclub-clementader.org
chefpilote@aeroclub-clementader.org
Ouvert toute l'année.
L'aéro-club Clément Ader se trouve non loin de Puylaurens. Familial, il vous permettra de vous envoler pour découvrir les beaux paysages qui se trouvent aux alentours de Puylaurens, et plus largement Toulouse et la région de Midi-Pyrénées. Vous pourrez également faire une visite des châteaux cathares, du pic du Midi et des gorges du Tarn. Rien ne vous échappera, et si vous avez des questions, les instructeurs de l'aéro-club vous guideront au mieux.

■ AERO-CLUB DU ROUSSILLON
Aéroport de Perpignan-Rivesaltes
Avenue Maurice-Bellonte
PERPIGNAN
✆ 04 68 73 48 18
www.aeroclub-roussillon.com
aeroclub-roussillon@hotmail.fr
Ouvert toute l'année.
Depuis l'aérodrome Perpignan-Rivesaltes, vous pourrez partir pour une balade aérienne au choix entre terre et mer au-dessus des châteaux cathares, du Canigou ainsi que de la Côte Vermeille (Port-Vendres, Banyuls, Collioure)... Vous pourrez aussi partir pour un vol proposé par l'aéro-club du Roussillon, parmi le panel d'activités qu'il vous propose. Pour les services proposés par l'aéro-club, il suffit de prévenir à l'avance de votre arrivée et des membres du club pourront vous accompagner et vous guider vers un hôtel ou vous appeler un taxi... Sur place, une station Total est mise à la disposition des pilotes, ainsi qu'une salle avec des ordinateurs et un accès Internet pour tous. Enfin, un bureau météo vous accueillera sur le terrain.

aéroport
Tarbes Lourdes Pyrénées
SNC·LAVALIN
SUR TERRE
OU DANS LES AIRS,
ÉTÉ COMME HIVER,
DE GRANDS SITES À DÉCOUVRIR
www.tlp.aeroport.fr

■ **AERO-CLUB DE REVEL**
Vaure
REVEL ✆ 05 61 83 53 73
acrevel.fr – contact@reveailes.org
Ouvert toute l'année. L'aéro-club de Revel comprend dans sa flotte un Tecnam P 2002 JF, un Cessna 172 SP et un Skyline (avion léger). Ecole de pilotage, vous pourrez y passer votre brevet d'initiation aéronautique, votre Brevet de base ou votre brevet PPL. Vous pourrez vous initier ou faire du tourisme. Les membres du club se feront un plaisir de vous accueillir et de vous faire découvrir leur région avec des balades passionnantes, très belles, pour des souvenirs qui resteront gravés à jamais dans votre mémoire.

À voir – À faire

■ **LE TRAIN ROUGE (DU PAYS CATHARE ET DU FENOUILLEDES)**
18-19, rue du 19 Mars 1962
AXAT ✆ 04 68 200 400
www.tpcf.fr – info@tpcf.fr
Ouvert d'avril à novembre. Haute saison : ouvert tous les jours. Hors juillet et août renseignez-vous dans les gares du parcours pour connaitre les jours et heures de départ. Durée de 1h30 à une journée. Gratuit jusqu'à 4 ans (famille 2 adultes et 2 enfants 29 € à 57.50 € selon parcours). Adultes de 10.20 € à 20.30 € selon le parcours. Enfants 7.70 € à 14.20 € selon le parcours. Groupes de 7.40 € à 17.50 € selon le parcours. Tarifs aller-retour. Chiens, poussettes et vélos (sauf groupes) gratuits. Réservation en ligne possible.Tarif réduit pour les PMR. Chèque Vacances. Accès au train possible de la gare d'Axat pour les personnes à mobilité réduite. Possibilité de télécharger le dépliant 2013 sur le site Internet. Visite guidée (commentaires en français ; anglais, allemand ou espagnol sur demande).
Les trains au départ d'Axat partent à la nouvelle gare, située entre l'ancienne gare SNCF (aujourd'hui salle polyvalente) et la piscine découverte. Les jours de circulation sont variables selon la saison (Renseignez-vous). Avec cet autorail diesel garanti d'époque, vous prendrez place à bord d'une Caravelle de 130 places ou d'une des voitures baignoire (couvertes ou découvertes) tractées par une puissante locomotive diesel. Plusieurs parcours vous sont proposés : le grand parcours (de la forêt de la Haute-vallée de l'Aude à la plaine du Roussillon en aller/retour), le parcours des viaducs et du Fenouillèdes (d'Axat à Lapradelle ou Caudiès selon saison) et d'autres à découvrir sur la brochure que vous trouverez aisément dans la plupart les gares SNCF de l'Aude et des Pyrénées-Orientales. Des viaducs, le château de Puilaurens, les gorges de Galamus, des vignes... Quelle que soit la durée de votre « croisière ferroviaire », vous sillonnerez des paysages exclusifs, d'une beauté à couper le souffle, ainsi que de magnifiques ouvrages d'art... A chaque tour de roue de nouvelles émotions, c'est une balade exceptionnelle et inoubliable !

■ **CITÉ MÉDIÉVALE DE CARCASSONNE**
CARCASSONNE
✆ 04 68 11 75 87 / 04 68 10 24 37
Ouvert toute l'année. Visite libre. Visites commentées au départ du château Comtal : parcours promenade sur les remparts, départs à partir de 10h15, tous les jours. Des visites-conférences sont également proposées.
Visible de loin et surtout de l'A61, elle apparaît dans le paysage comme une météorite posée dans cet environnement méditerranéen. Il faut dire qu'elle en impose, avec ses 52 tours chapeautées pour la plupart d'ardoise et ses 3 km de remparts. Une vraie image sortie tout droit d'un livre d'histoire ! Le Petit Futé ne peut que vous inciter à faire une halte dans ce lieu chargé d'histoire, car dites-vous que ce que vous voyez de loin n'est rien comparé à ce que vous découvrirez en son sein... Un voyage dans le temps qui vous ouvrira les portes de l'art médiévial dans toute sa splendeur !

■ **MUSÉE DE L'INQUISITION**
Cité médiévale – 7, rue Saint-Jean
CARCASSONNE ✆ 06 03 84 13 86 /
✆04 68 71 44 03 – www.croa-at.com
Ouvert toute l'année. Basse saison : tous les jours et les jours fériés de 10h à 18h. Haute saison : tous les jours et les jours fériés de 10h à 20h. Adulte : 7 €. Enfant (de 5 à 12 ans) : 4,50 €. Plus de 12 ans et étudiants : 5,50 €. Tarif de groupe à partir de 20 personnes. Commentaires en 5 langues. Les férus d'histoire et les novices en la matière franchiront le seuil de ce curieux musée au cœur de la cité. Egalement nommé « musée de la torture » pour être plus explicite, nous conseillons aux âmes sensibles de s'abstenir ! Non seulement vous aurez un aperçu des instruments de torture datant du XIIe siècle jusqu'à la Révolution française, mais vous aurez également des scènes de supplices recréées avec des mannequins en costumes d'époque. Salle de tortures, cellule de prisonnier, animations, gravures et reproductions. Les instruments sont mis en situation réaliste et un parcours rempli d'histoires vraies est proposé aux visiteurs. Le tout expliqué en cinq langues pour comprendre que nos ancêtres ne faisaient pas dans la dentelle. On vous déconseille donc d'y amener vos chérubins, à moins de leur bander les yeux pour leur faire admirer au second étage des modèles illuminés des principaux châteaux cathares. Comptez 40 bonnes minutes pour la visite.

■ **CHÂTEAU DE PUILAURENS**
PUILAURENS ✆ 04 68 20 65 26
chateau.puilaurens@orange.fr
Par la D118 jusqu'à Quillan puis par la D117.
Fermé de novembre à janvier. Juillet et août : 9h-20h ; février, mars (week-ends et vacances scolaires) : 10h-17h ; avril et du 1er octobre au 15 novembre : 10h-17h ; mai : 10h-18h ; juin et septembre : 10h-19h. Adulte : 4 €. Enfant (de 6 à 15 ans) : 2 €. Groupe (10 personnes) : 3 €. Boutique. Animations. Aux portes du Fenouillèdes, s'élève la forteresse de Puilaurens, véritable chef-d'œuvre de l'architecture militaire médiévale. Perchée sur une crête rocheuse, à 697 m d'altitude, elle domine le village de Lapradelle et la vallée de la Boulzane. On trouve trace de Puilaurens dès le milieu du Xe siècle, mais l'essentiel des fortifications encore visibles ont été bâties entre le XIIe et le XIIIe siècle. Elle perdit son intérêt militaire en 1659 avec le traité des Pyrénées et fut peu à peu abandonnée aux assauts du vent et du temps. Un chemin rocailleux aménagé en sentier botanique mène jusqu'aux premiers murets et conduit au château. Des panneaux disposés sur le site en complémentarité avec le repère culturel qui vous est donné à l'accueil, vous aideront à mieux appréhender cette architecture militaire. Ce château est le mieux conservé, sur le plan architectural, de toutes les citadelles de l'Aude... et renferme une légende, celle de sa « Dame blanche ».

■ **BASILIQUE SAINT-SERNIN**
Place Saint-Sernin
TOULOUSE ✆ 05 61 21 70 18
www.basilique-st-sernin-toulouse.fr
basilique-saint-sernin@wanadoo.fr

Ouvert du lundi au samedi de 8h30 à 18h ; le dimanche de 8h30 à 19h30. De juin à septembre : jusqu'à 19h du lundi au samedi. Accès libre. Crypte et déambulatoire : ouvert du lundi au samedi de 10h à 12h et de 14h à 17h30, dimanche de 14h à 17h30 (d'octobre à mai) ; du lundi au samedi de 10h à 18h ; dimanche de 11h30 à 18h (de juin à septembre). 2€. Groupe : 1€. Concerts.

Vous ne pouvez manquer en passant à Toulouse de jeter un coup d'œil sur la majestueuse basilique Saint-Sernin. La construction en a été décidée à la fin du XIe, alors que la basilique primitive était trop petite pour accueillir les chrétiens qui venaient en pèlerinage. Cette église primitive se visite encore, puisqu'elle fait office de crypte, en accueillant des reliques sacrées. L'achèvement du transept et d'une partie de la nef est effectif en 1180. En fait, tout remonte au IIIe siècle, avec le premier évêque de Toulouse, saint Saturnin. Ayant provoqué la colère des autochtones païens, faute de donner des sacrifices efficaces, il fut attaché à un taureau. L'animal sortit, furieux, par la porte nord de la ville et traîna le saint homme qui en mourut. Deux femmes, appelées saintes Puelles, inhumèrent son corps à l'endroit précis de sa chute, et une petite église fut édifiée sur son tombeau, Notre-Dame-du-Taur. Saint-Sernin resta une « simple » église collégiale jusqu'en 1878, date à laquelle elle fut enfin consacrée basilique. Les grandes orgues de la basilique Saint-Sernin sont réputées dans le monde entier, achevées en 1889 par la maison Cavaillé-Coll. Inauguré le 3 avril 1889 par Alexandre Guilmant, l'instrument compte cinquante-quatre jeux répartis sur trois claviers et un pédalier (soit exactement 3458 tuyaux). Rénovée, entièrement éclairée, la basilique Saint-Sernin est l'un des plus impressionnants monuments toulousains.

■ **CAPITOLE**
Place du Capitole
TOULOUSE

Ouvert toute l'année. Des salles historiques de Pâques à Toussaint tous les jours de 9h à 19h. Samedi, dimanche et jours fériés de 10h à 19h. Basse saison : du lundi au samedi de 9h à 17h ; les jours fériés de 10h à 19h. Le premier dimanche du mois de 10h à 17h. Gratuit.

Ne manquez pas de découvrir le cœur de Toulouse et son joyau… Le Capitole ! Ce grand bâtiment à la façade colorée de pierre et de brique du XVIIIe siècle abrite aujourd'hui l'hôtel de ville ainsi que l'opéra… Il tire son nom des capitouls, ces édiles qui géraient la politique locale du XIIe au XVIIIe siècles. La façade s'en inspire également puisque les huit colonnes de marbre qui agrémentent le centre du Capitole, de part et d'autres de l'horloge, se chargent de les représenter. Ne manquez pas de pénétrer dans la cour du Capitole, au centre de l'édifice, où, sous la statue de Henri IV, fut jadis exécuté le duc de Montmorency, pour être entré en rébellion contre Louis XIII… Découvrez également la salle des Illustres, accessible depuis la cour par un grand escalier du XVIIe siècle, dessinée par les architectes Paul Pujol et Pierre Esquié à la fin du XIXe siècle et décorée par les peintres toulousains Jean-Paul Laurens, Paul Pujol ou Paul Gervais, avant de découvrir les magnifiques fresques de Henri Martin. La visite est gratuite ! Enfin, en sortant, profitez des beautés de la place du Capitole en vous baladant près de la Croix Occitane sur le pavé, agrémentée des douze signes du zodiaque ou en prenant un café sous les arcades et les toiles de Raymond Moretti !

Se restaurer

■ **LE LABYRINTHE**
Domaine la Bouriette – Route d'Arzens
CARCASSONNE
✆ 04 68 24 61 77 / 06 08 21 14 37
www.carcassonne-gite-wine.com
info@carcassonne-gite-wine.com
Situé à environ 5 minutes de Carcassonne, suivre la direction de l'aéroport, puis la direction Arzens, prendre à droite avant de passer sous le pont de l'autoroute, le domaine se trouve à 500 m

Ouvert toute l'année. Basse saison : ouvert le midi du jeudi au samedi et le samedi soir. Haute saison : ouvert du mercredi au samedi le midi et le soir. Bar et caveau ouverts de 18h à 2h. Réservation recommandée. Assiette tapas viande ou poisson de 9 € à 15 €. Accueil des groupes (sur réservation). Terrasse. Animations.

Le domaine de la Bourriette est bien connu des Carcassonnais pour toutes les possibilités qu'il offre côté loisirs en famille. Mais c'est avant tout un domaine viticole où vous pouvez découvrir des monocépages : en blanc du chardonnay vieilli en barrique et du sauvignon ; en rosé un cinsault médaillé d'or à Paris ; et en rouge un merlot, un syrah et un cabernet, vin de garde. Ces vins, vous pourrez les déguster avec de fabuleuses tapas maison, copieuses et préparées à partir de produits frais. Le soir venu, le domaine organise des soirées conviviales sur des thèmes très variés. L'occasion une fois encore de goûter les vins « Labyrinthe » en accompagnement de paëlla, de grillades, de zarzuela ou de cassoulet ! Pour l'organisation de vos fêtes privées (anniversaire, mariage, repas de famille…), une salle de réception avec terrasse de 250 m² surplombant les vignes du labyrinthe est à votre disposition.

■ **LA TERRASSE DES JACOBINS**
2, boulevard Barbès
CARCASSONNE
✆ 04 68 25 26 71
laterrassecarcassonne@gmail.com

Ouvert toute l'année. Ouvert du mardi au dimanche midi. Réservation recommandée. Vin au verre. Accueil des groupes (sur réservation). Terrasse. Juste en face du parking souterrain de la place des Jacobins.

Une adresse idéale pour découvrir les charmes de la bastide Saint-Louis. Pratique, le restaurant se trouve sur le boulevard Barbes, juste au niveau du parking souterrain ; garez-vous là, et vous trouvez le restaurant juste en face de la sortie piétonne. Nouvelle décoration à la terrasse : on reste dans un esprit moderne et une cuisine de marché. Le restaurant déploie sa terrasse dès que les beaux jours reviennent et vous apprécierez de vous y attabler. Avec son service efficace et sympathique, ce lieu ne laisse pas indifférent.

■ **LE PUITS DU TRÉSOR**
21, route des Quatre-Châteaux
LASTOURS ✆ 04 68 77 50 24
www.lepuitsdutresor.fr
contact@lepuitsdutresor.com

Fermé durant les vacances de la Toussaint. Ouvert du mercredi au dimanche de 12h à 14h ; du mercredi au samedi de 20h à 21h30. La table du « diable au Thym » est ouverte en haute saison du 1er juin au 15 Septembre 7/7 Midi et soir. En basse saison : horaires identiques au « Puits du Trésor ». Menus de 45 € à 90 € (menus gastronomiques hors vins). Menu enfant : 13 €. Chaises bébé. Terrasse.

Dans un lieu atypique, une ancienne usine textile en bordure de rivière, avec vue sur les châteaux cathares. Deux tables se côtoient : un restaurant gastronomique étoilé au guide Michelin et l'auberge du « Diable au Thym ». Ici tout est sublime ! Le chef propose des recettes aux couleurs méditerranéennes où créativité et raffinement sont les maîtres mots. Jean-Marc Boyer travaille des produits locaux, de saison pour une cuisine de parfums et de sensations, tout droit sorties de son imagination : vol au vent de légumes à l'huile de basilic, la darne de truite de Banka mi-cuite et son infusion de cerfeuil légèrement anisée, l'agneau de lait de la montagne Noire et sa timbale de haricots Tarbais et la mosaïque aux agrumes, crème glacée au gingembre. Quant à son auberge les menus à l'ardoise, sont composés avec des produits du marché à la fois savoureux et semi-gastronomique. Un soin particulier apporté aux choix des textures et des saveurs qui font la griffe de la maison !

■ **LA COTE DE BŒUF**
12, rue des Gestes
TOULOUSE ✆ 05 61 21 19 61
www.lacotedeboeuf-toulouse.fr/
jeanlouis.amen@neuf.fr

Ouvert du lundi au jeudi le soir, le vendredi et le samedi midi et soir (dernier service à 22h30). Menus de 18 € à 24 €. Formule côte de bœuf pour 2 (1,2 kg de viande) : 59 €. Formule cassoulet avec salade : 17 €. Réservation recommandée. Vin au verre. Chèques non acceptés. Terrasse.

Amateurs de bonne viande, vous frappez à la bonne porte ! A deux pas du Capitole, Jean-Louis Amen vous accueille dans ce charmant restaurant au décor traditionnel et à l'ambiance chaleureuse. Le Sud-Ouest se décline dans les assiettes en une cuisine de marché et de qualité, avec son foie-gras maison, ses salades copieuses aux gésiers, magrets ou cabécous chauds, dorés de miel fondant. Mais c'est pour la tendresse de la viande et sa cuisson impeccable au feu de bois, que les Toulousains se précipitent rue des Gestes depuis plus de trente ans. La côte de bœuf est la spécialité maison, mais le pavé de bœuf et le magret entier n'ont rien à lui envier, accompagnés de pommes de terre sautées à la graisse de canard. Les desserts maison sont plus classiques avec mousse au chocolat ou panacotta aux fruits rouges. *La Côte de Bœuf* vous séduira par son service soigné, sympathique et rapide, ses copieuses assiettes, ses produits frais et son excellent rapport qualité/prix : une table incontournable !

■ **CREPERIE DE L'ECLUSE**
7, allée de Brienne
TOULOUSE ✆ 05 61 12 46 45

Ouvert du mardi au samedi le midi de 12h à 14h et le soir de 19h30 à 22h. Dernière commande à 23h le week-end. Menus de 12 € à 17,50 €. Formule : 9,90 €.

La crêperie de l'écluse est située dans un cadre splendide, à proximité de la Garonne et devant le canal de Brienne. C'est un magnifique bâtiment du XVIIe siècle en briques, décoré d'une belle roue de charrette, qui abrite ce restaurant entièrement dédié aux spécialités bretonnes. Le service est rapide à midi pour les travailleurs du quartier, beaucoup plus romantique le soir, avec en prime un feu de cheminée qui réchauffe les esprits, pendant les mois d'hiver ! Autre plus, la belle terrasse Monsieur Mirouze concocte de délicieuses crêpes qui font fondre les amateurs gourmands, avec même une galette au confit de canard et une galette basque, tradition du Sud-Ouest oblige ! Ne manquez pas, nouveauté 2012, de goûter au cidre rosé, qui pétille au palais ! Une des adresses les plus chouchoutées des futées !

■ **LA PERGOLA**
262, avenue de Lardenne
TOULOUSE ✆ 05 61 49 29 10
www.lacompagniedespergos.fr
resa.hotel@lacompagniedespergos.fr

Fermé en août. Ouvert le lundi midi ; du mardi au vendredi le midi et le soir ; le samedi soir. Service tardif le soir d'événements, concerts ou matches. Menus de 25 € à 35 €. Carte : 25 € environ. Menu enfant : 7 €. Formule du midi : 15 €. Accueil des groupes. Terrasse.

Dans cette demeure toulousaine typique de Lardenne, la Pergola a établi son QG depuis des années, et elle est devenue une véritable institution ! Vous retrouverez le charme et la convivialité d'un établissement branché, décoré avec goût et modernité, où il fait bon partager un repas entre amis ou organiser un déjeuner d'affaires... Vous pourrez également rencontrer quelques rugbymen, puisqu'ils aiment à s'y rassasier, comme nous d'ailleurs, de belles assiettes Sud-Ouest et esprit brasserie, concoctées à partir de produits de qualité. Au menu, foie gras, buffet d'entrées, charcuterie de chez Garcia, saumon fumé maison, tartare de bœuf, bavette d'Aloyau, aligot/saucisse, jarret de veau, tripes à l'ancienne... à déguster sur la belle terrasse ombragée, pourquoi pas ? Thomas Fantini, le charmant maître des lieux s'entoure ici d'une équipe de choc, dynamique et accueillante. Il va ouvrir une adresse à Paris au printemps... à quand New York ?

▶ **Autres adresses :** 4, rue Isatis – LABEGE Tel. 05 62 47 54 50 • Sporting Village – 272, route de Launaguet Tel. 05 34 40 50 58

Se loger

■ HÔTEL DU PONT VIEUX**

32, rue Trivalle
CARCASSONNE ✆ 04 68 25 24 99
www.lacitedecarcassonne.fr
info@hoteldupontvieux.com

Ouvert toute l'année. Accueil jusqu'à 21h (et avec digicode). 19 chambres. Chambre double de 55 € à 100 € ; chambre triple de 95 € à 114 €. Petit déjeuner : 7,50 €. Animaux acceptés (10 €). Poste Internet. Connexion Internet gratuite. Wifi gratuit.

L'accueil qui vous sera réservé dans cet hôtel au caractère familial sera des plus agréables. C'est ce que l'on apprécie le plus lorsque l'on arrive dans cet établissement à deux pas de la Cité, que l'on peut admirer à volonté depuis l'une des chambres ou de la terrasse panoramique. Certes pas bien grande, elle permet toutefois d'y faire de fabuleux clichés du monument. Par contre, le 14 Juillet, elle restera fermée pour des raisons de sécurité. Outre les chambres confortables et le grand jardin à l'arrière de l'hôtel avec ses petits coins ambiance lounge, un autre atout de cet hôtel demeure incontestablement son très copieux buffet petit déjeuner. De quoi être d'attaque pour passer enfin de la contemplation de la Cité à son ascension !

■ L'HOSTELLERIE DU VIEUX MOULIN

24, rue de la Fontaine
DUILHAC-SOUS-PEYREPERTUSE
✆ 04 68 45 02 00 / 04 68 45 03 00
www.auberge-vigneron.com
contact@auberge-vigneron.com

Logis (2 cheminées). Fermé du 11 novembre au 5 mars. Ouverture du restaurant du Moulin à partir du 01/04/2013. Accueil jusqu'à 20h. 14 chambres. Chambre double 55 € ; chambre triple 59 €. Petit déjeuner : 7 €. Parking. Chèque Vacances. Animaux acceptés (5 €). Tv satellite.

Située près de la fontaine des Amours, cette hostellerie entièrement rénovée vous offre le caractère et l'authenticité de la pierre. Cette maison est gérée par les propriétaires de l'Auberge du Vigneron de Cucugnan, à seulement 4 km de là, où vous pourrez d'ailleurs vous restaurer. Vous apprécierez le mobilier, l'aménagement et le confort des chambres, l'espace des salles de bains avec fenêtre... Une étape tranquille, mais surtout l'endroit idéal pour découvrir le pays cathare et ses châteaux... sans oublier le célèbre village de Cucugnan, où le curé du même nom a été immortalisé par Alphonse Daudet.

■ LA RÉSIDENCE***

6, rue du 1er-Mai
NARBONNE ✆ 04 68 32 19 41
www.hotel-laresidence-narbonne.fr
hotellaresidence@free.fr

Ouvert toute l'année. Accueil 24h/24. 26 chambres. Basse saison : chambre double de 88 € à 115 €. Haute saison : chambre double de 97 € à 135 €. Petit déjeuner buffet ou en chambre : 12 €. Lit supplémentaire : 20 €. Garage : 9 € (6 € pour une moto). Pause café 6 €. American Express, Diners Club. Animaux acceptés (9 €). Poste Internet. Wifi gratuit. Vente (produits locaux).

Il s'agit là du plus bel établissement de la ville, vous y passerez un séjour fort agréable tout près du centre historique. Mélanges de style réussi dans ce bel hôtel de charme entièrement rénové où la décoration baroque se marie à merveille à l'architecture du XIXe siècle. Coup de cœur pour la chambre supérieure avec plancher pont de bateau, lit en 160, grande salle de bains contemporaine avec vasque en verre et balnéothérapie, et une très belle vue sur la cathédrale. Dans un des salons, le bar à vin, vous pourrez déguster un des vins de la région sélectionnés par les propriétaires de l'hôtel. Un autre salon, aménagé de fauteuils baroques revus au goût du jour et d'un lustre Murano, fait office de bibliothèque. De gros travaux réalisés l'an dernier rendent l'hotel plus charmant encore.

■ LA PEYROUSE

la Peyrouse
PUIVERT ✆ 04 68 20 24 19
www.gitelapeyrousepuivert.fr/
lapeyrousepuivert@yahoo.fr

Accueil de groupes de randonneurs, cavaliers, VTTistes... Pour 20 personnes. Gîte à la semaine : 350 €. 43€ par nuit pour 2 personnes petits-déjeuners, draps et serviettes compris. Tarif de groupe à partir de 5 personnes : 19.50 € par personne. Jeux pour enfants. Restauration (demi-pension : 7.50 € pour un pique-nique et 17.50 € par personne pour la table d'hôtes).

Ce n'est pas sur un bateau que vous embarque le gîte de La Peyrouse mais bien en pleine campagne audoise sur pas moins de 8 hectares entre prairies, forêts et montagnes ! Un gîte simple et convivial où vous poserez vos valises que ce soit entre amis ou en famille. Ici, c'est le paradis des animaux, plus principalement des chevaux, qui gambadent avec bonheur derrière leur enclos. On cultive aussi le potager dont les légumes se retrouveront le soir venu dans votre assiette, tandis qu'au petit matin, on déguste les confitures artisanales du coin. Vous aurez le choix entre quatre chambres avec sanitaires privés, ou bien le gîte pour 6 personnes, sympa et tout en bois. Aux alentours, que d'activités : ferme pédagogique pour les enfants, balades à vélo, en moto, à pied, un lac où se baigner à proximité, des monuments cathares à découvrir...

■ HÔTEL DE BORDEAUX

4, boulevard Bonrepos
TOULOUSE ✆ 05 61 62 41 09
www.hoteldebordeaux31.fr

Ouvert toute l'année. Accueil 24h/24. 31 chambres (single à partir de 49€). Chambre double de 59 € à 64 €. Petit déjeuner : 7,50 €. Parking fermé : 7,50 €. Single à partir de 49€. American Express. Wifi gratuit. Tv satellite, Canal +.

Même si il est plutôt insolite pour un hôtel toulousain de porter le nom d'une autre ville, sachez qu'ici vous ne serez en rien déçu par les prestations ! Cet établissement existe depuis plus de cent ans, et au vu de la chaleur de l'accueil et de la qualité des services, nous prenons le pari qu'il ne fermera pas de si tôt ! L'hôtel a été repris par Pascal et Dominique Laquêche, qui depuis le début de l'année 2008, perpétue un savoir-faire hôtelier reconnu. Sur les berges du Canal du midi, classé patrimoine mondial de l'Humanité par l'UNESCO, l'Hôtel de Bordeaux vous offre calme et confort. Face à la gare Matabiau et à la gare routière, à deux pas de la place du Capitole et de la Basilique, l'hôtel vous permet un accès direct à l'aéroport et aux autoroutes. Entièrement non-fumeur, l'hôtel dispose de 31 chambres insonorisées et climatisées et de garages fermés.

■ **HÔTEL OURS BLANC WILSON****
2, rue Victor-Hugo
TOULOUSE ✆ 05 61 21 62 40
www.hotel-oursblanc.com
wilson@hotel-oursblanc.com
Métro : Ligne A arrêts Capitole ou Jean Jaurès. Ligne B arrêt Jean d'Arc. Navette aéroport arrêt Jean d'Arc ou Jean Jaurès.
Ouvert toute l'année. Accueil 24h/24. 32 chambres (les chambres sont équipés d'un mini bar et d'un coffre fort). Chambre simple à partir de 88 € ; chambre double à partir de 98 € ; chambre triple. Petit déjeuner : 7 €. Sèche-cheveux. Gratuit enfants -3 ans. Lit bébé : 10 € par nuit. Chèque Vacances. Wifi gratuit. Canal +.
Grandes baies vitrées. Le hall de réception de cet hôtel classé deux étoiles se donne un air contemporain et chic très appréciable. A 5 minutes à pied du Capitole et proche des stations de métro, c'est l'endroit idéal pour découvrir le centre-ville de Toulouse. L'accueil y est chaleureux, les chambres spacieuses et très confortables. Insonorisées, équipées de téléphone avec prise modem, d'un écran LCD, d'un sèche-cheveux, d'un minibar et d'un coffre-fort, elles offrent en plus la climatisation. L'Ours Blanc fait partie du groupe Quatrès, une chaîne d'hôtels de charme répartis dans le Sud-Ouest, qui propose des offres spéciales même en période de vacances scolaires. De quoi vous donnez envie de revenir et de tester ses petits frères... car un ours blanc peut en cacher deux autres ! Tous situés en plein centre, ils proposent à eux trois 114 chambres. Accès facile depuis l'entrée de la ville aux parkings Victor-Hugo et Jean-Jaurès, situés à 20 mètres des hôtels.

▸ **Autres adresses :** 14, place Victor-Hugo • 25, place Victor-Hugo

Pratique

■ **TAXIS CARCASSONNE**
Square André-Chénier
9, avenue Maréchal-Joffre
CARCASSONNE
✆ 04 68 71 50 50
www.taxi-carcassonne.fr
infos@taxi-carcassonne.fr
Toutes distances, de jour comme de nuit. Tarifs en fonction de la distance parcourue et des horaires de jour ou de nuit. Supplément de 0,98 € par animal ; 0,50 € par valise ; 0,60 € par objet encombrant (colis). La somme perçue par le chauffeur ne peut être inférieure à 6,40 €.
Ah, lever le bras à la manière si prompte des parisiens ou des new-yorkais pour héler une voiture et crier avec mesure « taxi ! »... Un petit plaisir que l'on ne se refuse pas grâce à la compagnie Taxis Carcassonne par laquelle il fait bon de se laisser conduire... Une flotte de 14 véhicules climatisés, avec une capacité de 4 à 6 passagers avec bagages, est à votre disposition 7 jours /7, 24h/24, pour tous types de transport et sur toutes distances : liaisons aéroport, gare vers le centre-ville, les hôtels, les gîtes ou les chambres d'hôtes... Bref, de quoi vous conduire à bon port et sans encombres ou de vous permettre de laisser votre véhicule sur place afin de profiter pleinement et en toute sécurité de vos virées nocturnes. Alors, en route Simone !

■ **ALLO ASSOCIATION TAXIS TOULOUSE**
2, impasse Général-Baurot
TOULOUSE ✆ 05 62 16 26 16
www.taxi-toulouse.net
Ouvert tous les jours.
La société Allo Taxi est spécialisée dans le transport de personnes et de colis, jusqu'à six personnes autour de Toulouse. La centrale de réservation est ouverte à toutes les heures du jour et de la nuit, toute l'année. Quelques services s'ajoutent au transport classique en taxi : presse à bord, livraison express, chauffeurs bilingues (anglais et espagnol), possibilité de location de véhicules avec chauffeur... et taxi touristique, grâce aux deux circuits proposés (1h15 et 2h) avec un chauffeur guide qui vous fera découvrir les nombreuses beautés de la ville rose !

■ **CAPITOLE TAXI**
2, impasse Alphonse-Bremond
TOULOUSE ✆ 05 34 250 250
www.capitole-taxi.com
capitoletaxi@wanadoo.fr
Ouvert tous les jours. Ouvert 24h/24. Le montant minimum d'une course est de 6,60 €. Tarif de 0,78 € le kilomètre de 8h à 19h, 1,09 € la nuit, le dimanche et les jours feriés.
Vous avez un avion à prendre ou une course urgente à faire ? N'hésitez pas à recourir aux services de la société Capitole Taxi, qui réunit 170 taxis toulousains et constitue de ce fait le groupe leader dans toute la région. Un taxi peut vous prendre sur rendez-vous ou quelques minutes après votre appel grâce au service informatique très performant lié à une localisation GPS instantanée des véhicules disponibles à proximité. Le service en sera d'autant plus rapide et économique, avec des frais d'approche particulièrement réduits ! Et puis Capitole Taxi propose aussi des services spécifiques tels que le transport de six personnes en même temps, la livraison de colis ou le taxi touristique, suivant des itinéraires soigneusement organisés en partenariat avec l'Office du Tourisme...

Navigation entre Lot et Dordogne : châteaux et bastides G H F A

Villeneuve-sur-Lot

Au départ de Villeneuve-sur-Lot (LFCW), après avoir admiré les trois ponts permettant d'accéder au centre historique de Villeneuve-sur-Lot (pont des Cieutat, pont de Bastérou et pont de la Libération) et son église Sainte-Catherine (reconnaissable à la couleur rosée de ses briques), naviguez le long du Lot en direction de Fumel (LFDX). Après Fumel, virez au nord pour trouver les châteaux de Biron (XIIe siècle) et de Bonaguil (XIIIe siècle). Le premier, qui servit de décor au film *La Fille de d'Artagnan* (1994) avec Sophie Marceau et Philippe Noiret, se trouve entre Monpazier et Lacapelle-Biron. Le second, une forteresse unique en Europe (car illustrant l'évolution des techniques de défense, du Moyen Age à la Renaissance) se dresse entre Sauveterre-la-Lémance et l'aérodrome de Fumel.

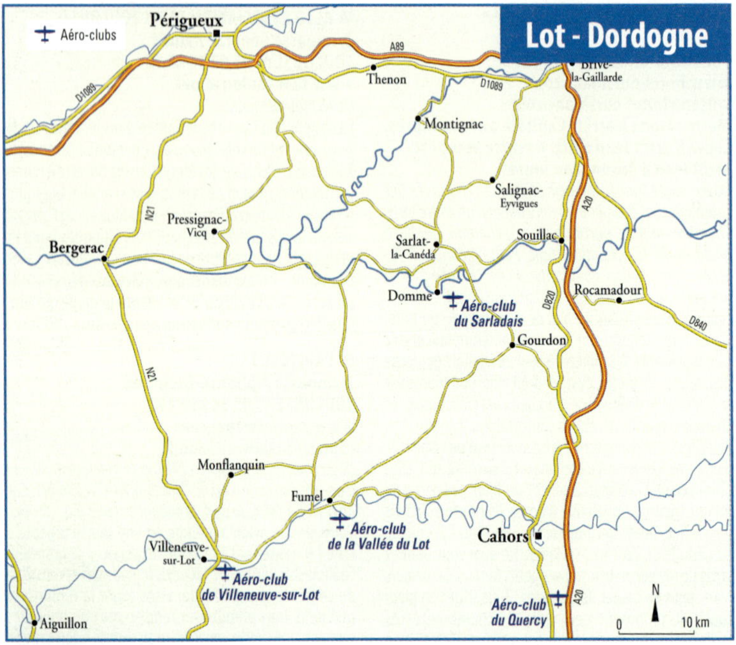

En direction de Cahors

Une fois votre quête des châteaux achevée, rejoignez la verticale du Lot en direction de Cahors. Sur le chemin, partez à la découverte d'une bastide, un village médiéval fortifié emblématique de la région, et classé parmi les plus beaux villages de France : Monflanquin, au nord-ouest de Fumel, fondé au XIIIe siècle par Alphonse de Poitiers.

Cahors

Cahors, lovée dans un méandre du Lot, est entourée par des collines escarpées et les hauteurs arides des causses. La cité est riche d'une parure monumentale d'une grande diversité, héritée notamment de l'Antiquité et du Moyen Age (centre historique aux ruelles tortueuses et aux riches hôtels particuliers, cathédrale Saint-Etienne et surtout le célèbre pont Valentré, classé au patrimoine mondial de l'humanité par l'Unesco au titre des chemins de Saint-Jacques-de-Compostelle). Pôle touristique majeur, célèbre pour son vignoble et sa gastronomie (truffes, foie gras), cette petite ville typiquement méridionale bénéficie du label « Ville d'Art et d'Histoire ».

Figeac

Après Cahors, poursuivez le cheminement au-dessus du Lot jusqu'à Figeac, où se niche la société aéronautique Ratier, spécialisée dans la conception et la fabrication d'équipements d'avions depuis cinquante ans. Cette entreprise, la plus importante du Lot, est le premier facteur de la vitalité de la cité.

Direction Sousceyrac

Ensuite, cap plein nord direction Sousceyrac et le château de Grugnac, construit au XIVe siècle au nord-ouest de la commune. Il est flanqué de trois tours rondes et d'un chemin de ronde.

Saint-Sozy

A présent, prenez un cap plein ouest pour rejoindre la Dordogne au niveau de Saint-Sozy. Vous survolerez sur le chemin le gouffre de Padirac (35 m de diamètre, 103 m de profondeur), où une rivière souterraine longue de 20 km a été découverte en 1889 par le spéléologue Edouard-Alfred Martel.

Rocamadour

En poussant vers le sud-ouest, vous aurez l'occasion d'apercevoir la ville de Rocamadour accrochée à une puissante falaise dominant de 150 mètres la vallée encaissée de l'Alzou. Cette cité est un lieu de pèlerinage réputé depuis le XIIe siècle pour y vénérer la Vierge noire et le tombeau de saint Amadour. En arrivant par le nord, il faudra presque vous retourner pour bien l'admirer. En suivant vers l'ouest la rivière qui coule au pied de Rocamadour, vous devriez avoir le bon cap pour rejoindre la vallée de la Dordogne.

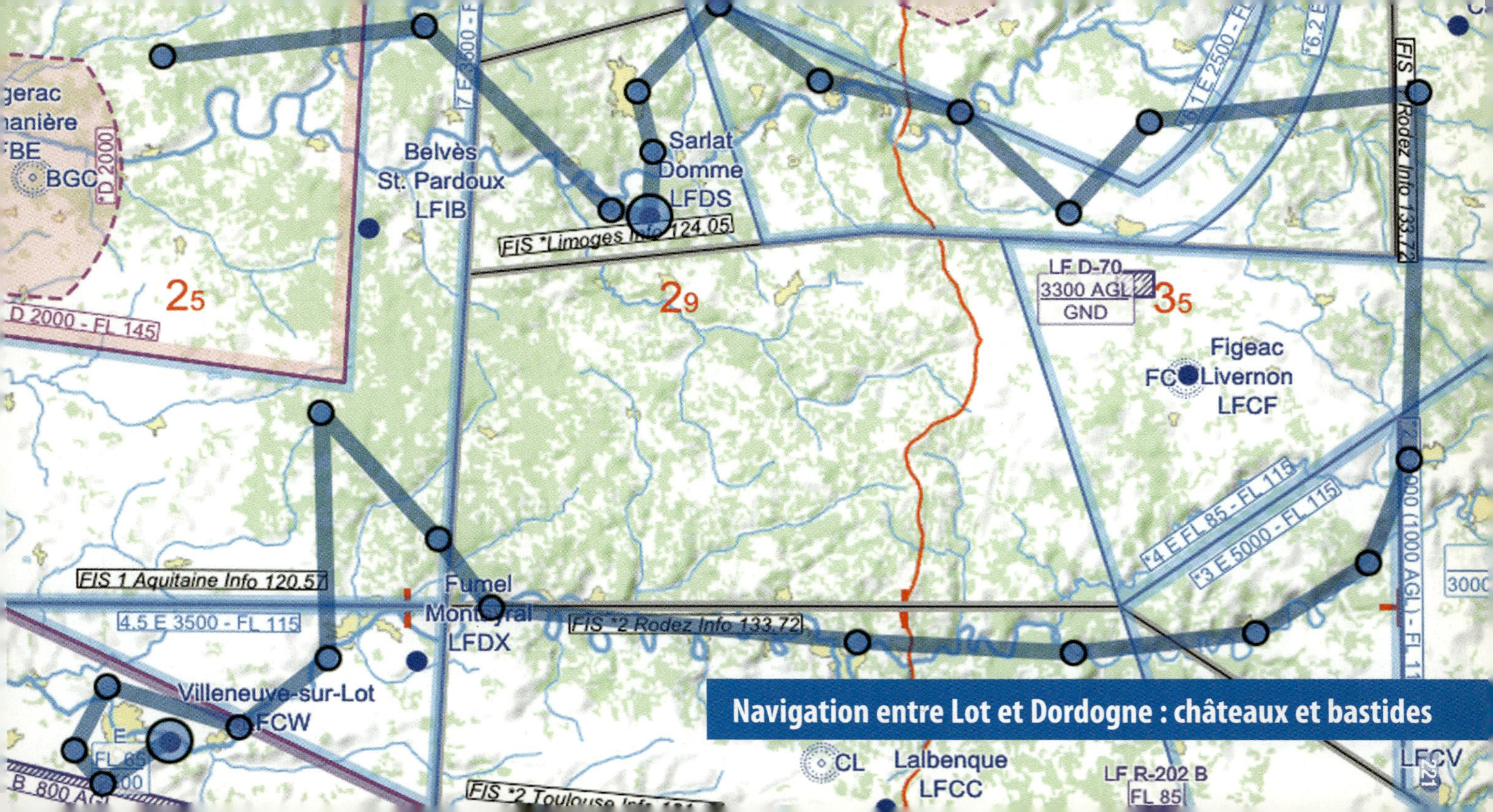

Navigation entre Lot et Dordogne : châteaux et bastides

Les jardins d'Eyrignac

Nous vous suggérons ensuite de passer sur la rive nord et de remonter jusqu'aux jardins d'Eyrignac, créés à l'origine au XVIIIe siècle, dans le style très particulier des jardins à la française. Ils ont été réalisés en mélangeant le style à la française et l'art topiaire toscan (l'art de tailler les arbres et les arbustes en des formes figuratives ou géométriques). Ils ont été transmis en héritage par les fils et les filles de la même famille depuis cinq cents ans : vingt-deux générations se sont succédées depuis la construction du premier castel. Cerise sur le gâteau, les jardins disposent d'une piste d'atterrissage privée ! Il est donc impératif de demander l'autorisation avant d'atterrir (eyrignac@perigord.com). De plus, une expérience de l'atterrissage en montage sera un plus sur cette piste en pente. Vous trouverez les caractéristiques de la piste sur le site carte.f-aero.fr. Restaurant sur place. Possibilité de visiter les jardins.

Sarlat

Après un arrêt éventuel aux jardins d'Eyrignac, nous vous suggérons de prendre un cap sud pour rejoindre le terrain de Sarlat Domme (LFDS) en passant à travers la ville de Sarlat. Capitale du Périgord noir, cette cité historique est renommée pour ses monuments datant essentiellement de la période médiévale et du début de la Renaissance (du XIIIe au XVIe siècle). Son centre-ville, d'une grande homogénéité, est ainsi composé d'un lacis de ruelles et de venelles pittoresques, et de placettes ombragées et bordées d'hôtels particuliers aux toits de lauze, dont les plus célèbres sont la maison de La Boétie, l'hôtel du Barry, l'hôtel de Savignac ou encore le présidial. Centre névralgique de la ville, la place de la Liberté, bordée de terrasses, est le siège du marché où se vendent les spécialités de la région : foie gras, truffes, figues et noix. Dans son prolongement s'ouvrent en perspective la cathédrale Saint-Sacerdos et le palais des évêques, qui rappellent que Sarlat fut une cité épiscopale pendant plusieurs siècles.

Le château de Montfort

Avant de rejoindre l'aérodrome de Sarlat Domme, vous pourrez passer à l'à-pic du château de Montfort, surplombant un cingle (nom local donné aux méandres de la rivière) de la Dordogne. Il ne se visite pas, mais connut une période de gloire au Moyen Age. Il fut détruit et reconstruit cinq fois entre 1214 et 1606 !

Domme

Sur la rive sud de la Dordogne, vous arrivez à la verticale du terrain. Vous pourrez suivre le QFU 290 pour apercevoir à quelques nautiques le village de Domme, « l'approximation la plus exacte du paradis » selon l'écrivain Henry Miller. Bastide édifiée pour la guerre, c'est aujourd'hui un village paisible. Traversez Domme prenez un cap 300° en direction des Eyzies, où se trouve la grotte de Lascaux. Vous apercevrez La Roque-Gageac, ce village niché sous l'impressionnant à-pic de la falaise, puis le château de Castelnaud, forteresse médiévale faisant face à Beynac, son éternelle rivale médiévale (pendant la guerre de Cent ans, Castelnaud était anglaise et protestante, alors que Beynac était française et catholique), et le village de Beynac-et-Cazenac, accroché à l'une des somptueuses falaises de la vallée de la Dordogne. Paul Eluard y vécut ses dernières années.

Enfin, nous vous suggérons de terminer votre périple sur la piste d'atterrissage de la ferme du Rebeyrotte. Attention, c'est une piste privée, vous devrez donc demander l'autorisation.

Aérodromes et aéro-clubs

■ AERO-CLUB DU QUERCY – CAHORS

Aérodrome Cahors-Lalbenque
CAHORS ✆ 05 65 21 05 96 / 06 08 54 12 03
www.ac-quercy.fr – ac.quercy@wanadoo.fr
Ouvert toute l'année. Tous les jours.

Les vallées du Quercy jouissent d'une excellente réputation. Elles sont énormément visitées, notamment les villages typiques comme Montcuq, Lauzerte ou Montaigu-de Quercy. La richesse patrimoniale y est très importante. Les villes de Cahors et de Figeac sont à voir, tout comme le village de Saint-Céré. Vous survolerez également un nombre incalculable de châteaux aussi beaux les uns que les autres.

■ AERO-CLUB DE LA VALLEE DU LOT

Montayral
FUMEL ✆ 05 53 40 83 42
aero-fumel@orange.fr
Ouvert toute l'année. Tous les jours.

La vallée du Lot est l'une des plus belles de France ; elle se situe entre la Dordogne et les gorges du Tarn, et vous surprendra avec ses paysages variés et ses beaux châteaux. Depuis l'aéro-club, vous partez à la découverte de cette vallée de Carjac à Puy-l'Evêque en passant par Cahors et le joli et typique village de Saint-Cirq-Lapopie. Figeac, Najac ou Conques sont autant de lieux qui méritent également le détour.

■ AERO-CLUB DU SARLADAIS

Domme
SARLAT-LA-CANÉDA ✆ 09 62 10 09 18
www.aeroclubdusarladais.fr
lacombe.bernard2@wanadoo.fr
Ouvert toute l'année. Se renseigner pour les jours et les horaires d'ouverture.

A l'aéro-club du Sarladais, vous découvrirez une équipe de passionnés. Vous vous élancerez depuis le très bel aérodrome de Sarlat Domme, doté d'un parking au pied de la tour de contrôle. Concernant les balades, vous avez le Périgord noir, le Lot et le Quercy à découvrir, ainsi que les magnifiques châteaux de la région et des villages pittoresques. Les vallées de la Dordogne et de la Vézère n'auront plus de secrets pour vous. Allez, en route...

■ AERO-CLUB DE VILLENEUVE-SUR-LOT
Aérodrome de Rogé
VILLENEUVE-SUR-LOT
✆ 05 53 70 43 07
www.aeroclub-villeneuve.com
info@aeroclub-villeneuve.com

Ouvert toute l'année. Pour les horaires, se renseigner par téléphone. Du côté de Villeneuve-sur-Lot, la gastronomie s'imposera à vous : l'occasion d'allier à votre voyage du shopping gourmand et local : foie gras, truffes, asperges, pruneaux d'Agen (la raison de leur appellation : les embarcations qui les transportaient jadis partaient du port d'Agen, vers Bordeaux puis Paris ou le reste du monde, mais les pruneaux étaient bien originaires de la vallée du Lot), vins (vin du Tzar, côtes-du-brulhois, côtes-du-buzet, côtes-de-duras, côtes-du-marmandais)... Côté tourisme, nombreux sont les sites merveilleux que vous pourrez découvrir au sol, et en vol vous pourrez survoler les magnifiques paysages des bastides et des châteaux : vous découvrirez du ciel les splendeurs de Villeneuve-sur-Lot, Montfanquin, Tournon-d'Agenais, Pujols ou Penne-d'Agenais, sans oublier de nombreux châteaux : Bonaguil, Biron, forteresse de Gavaudun... Que de beauté ! Seule recommandation : avant de venir rendre visite à l'aéro-club de Villeneuve-sur-Lot, vous devrez déposer une petite demande auprès de la DSAC/SO, car LFCW est réservé aux pilotes autorisés (le document de demande spécifique est à votre disposition sur le site Internet www.aeroclub-villeneuve.com). C'est à bras ouverts que les membres vous accueilleront alors, avec un café qui vous sera offert. Et comme la gentillesse est toujours de mise ici, il y a toujours un moyen de vous véhiculer jusqu'au centre-ville si vous le souhaitez ! Côté pratique, vous aurez au club librement accès à tous les services pour préparer vos balades (ordinateur, Internet, MTO, etc.). Originalité des lieux : vous pourrez ici découvrir ou pratiquer la voltige, et Mika (membre de l'équipe de France) sera à votre disposition ; n'hésitez pas à tenter l'aventure et les sensations ! Enfin, le must des services : celui que vous proposent les membres du club de vous préparer, sur votre demande, votre arrivée. A savoir, s'occuper pour vous de la réservation de votre hébergement à proximité de l'aérodrome en hôtel ou en gîte, réserver pour vous votre couvert dans un restaurant non loin de là, vous commander un taxi pour vos transports après atterrissage et vous préparer entièrement une balade, pour naviguer à la découverte de la région ! Et combien vous coûtera ce service très appréciable ? Rien. Comme disent les membres du club : il ne vous en coûtera qu'un sourire et ils seront heureux de vous avoir rendu service !

À voir – À faire

■ CATHEDRALE SAINT-ETIENNE
Place Jean Jaques Chapou
CAHORS

Ouvert toute l'année. Basse saison : du lundi au samedi de 9h à 19h. Haute saison : tous les jours de 9h à 19h. Basse saison : dimanche matin.

Sur l'emplacement d'une cathédrale construite au VIIe siècle par saint Didier, cet édifice est totalement rebâti à partir du XIIe siècle : son maître-autel est consacré en 1119 par le pape Calixte II. L'édifice d'aujourd'hui s'échelonne entre le début du XIIe et la fin du XIXe siècle. Le portail nord (vers 1140) figure en son tympan l'Ascension du Christ et le martyre de saint Etienne. Chef-d'œuvre roman du Sud-Ouest, il annonce aussi l'art gothique. La nef unique à deux travées est couverte de deux coupoles sur pendentifs, de 18 m de diamètre, les plus grandes du sud-ouest. Des peintures murales du XIVe siècle. Sont visibles sous la coupole occidentale et au revers du massif occidental. Des aménagements sont réalisés aux XVIIe et XVIIIe siècles tandis que le chœur est redécoré à la fin du XIXe siècle. Le trésor de la cathédrale, et notamment la relique de la Sainte-Coiffe du Christ, est visible sur réservation dans une chapelle du début du XVIe siècle. Le cloître, inachevé, est un bel ensemble gothique flamboyant. Accolé au cloître, l'Archidiacôné possède une remarquable façade de la première Renaissance française, répondant à un « jardin secret » de plantes comestibles.

■ PONT VALENTRÉ
CAHORS

Monument historique, classé au titre du Patrimoine mondial de l'Unesco et créé sur décision consulaire de 1306, il est bâti entre 1308 et les années 1380. Monument emblématique de la ville, édifice défensif en même temps qu'ostentatoire, il fut le troisième pont de pierre de Cahors. Soutenu par sept arches principales, son tablier en dos d'âne est surmonté de trois tours culminant à près de 50 m au-dessus du Lot. Un châtelet situé rive gauche en défendait à l'origine l'accès. Restauré en 1879 par l'architecte Paul Gout, émule de Viollet-le-Duc, il est le plus impressionnant des ponts médiévaux fortifiés en France. Pour célébrer les 700 ans du pont Valentré, plusieurs manifestations ont eu lieu sur le pont, notamment les journées internationales du malbec en 2008, la nuit internationale d'astronomie en 2009, les illuminations en juillet 2009. Et bien sûr, pour honorer cet édifice médiéval, le feu d'artifice du 14 juillet est tiré depuis le pont.

■ TERRASSES DU CHÂTEAU DE FUMEL
Place Georges-Escande
FUMEL
✆ 05 53 71 13 70 (office de tourisme)

Ouvert toute l'année. Entrée libre.

Le château date à l'origine du Moyen Age, il fut radicalement modifié au XVIIIe siècle par Joseph de Fumel, seigneur du lieu, qui fit entreprendre des travaux et notamment l'aménagement des jardins. Depuis 1950, il est la propriété de la commune. Allez admirer le jardin à la française avec ses massifs ceinturés d'une bordure de buis et sa pièce d'eau centrale. Allez vous promener sur la terrasse qui surplombe le théâtre de la nature réalisé au début du XXe siècle. A ne pas manquer, les journées nationales « Rendez-vous aux jardins » en juin. Une table de lecture du paysage permet d'en savoir plus sur la vue qui s'offre à vous. Depuis les terrasses, un chemin encercle le château, permettant l'accès au théâtre de nature, la promenade peut se poursuivre sur le chemin du baladoir (ancienne voie de chemin de fer Fumel-Cahors réhabilitée) jusqu'au village de Condat. Cette balade vous offre de jolies ouvertures paysagères sur le Fumélois et longe le Lot qui coule en contrebas. L'audiovidéoguide « Tout un Lot d'histoires » vous guide durant cette promenade (prêt gratuit à l'office de tourisme Fumel-Vallée du Lot et commentaires téléchargeables gratuitement sur www.tourisme-fumelois.fr).

■ MUSEE DES BASTIDES
Place des Arcades
MONFLANQUIN ✆ 05 53 36 40 19

Basse saison : ouvert du lundi au vendredi de 10h à 12h et de 14h à 17h. Haute saison : du lundi au samedi de 10h à 19h ; le dimanche de 10h à 18h. Moyenne saison (mai, juin et septembre) : du lundi au samedi de 10h à 12h et de 14h à 18h. Ouvert le dimanche (en septembre de 10h à 18h et en mai-juin de 15h à 17h). Gratuit jusqu'à 12 ans. Adulte : 4 €. Enfant (de 12 à 18 ans) : 1,50 €. Contacter l'office de tourisme pour les groupes. CB non acceptée. Visite guidée (sur demande uniquement). Boutique.

Cette organisation rigoureuse de la ville, qui prévalut dans le Sud-Ouest, sous domination anglaise ou française, entre le XIIe et le XIVe siècle, a donné naissance à près de 300 villes nouvelles. Elles jouaient un rôle à la fois économique (lieu de culture et de marché), politique et militaire, d'où les remparts qui les entourent le plus souvent. Les bastides sont construites autour d'une place à arcades et les rues organisées selon un quadrillage orthogonal. Le département du Lot-et-Garonne compte quelques 40 bastides, dont la plupart ont conservé de nombreux éléments d'époque. Les bastides aux alentours de Monflanquin sont Castillonès (25 km), Villeréal (12 km), Monpazier (27 km) et Villeneuve-sur-Lot (18 km). Une initiation ludique qui raconte l'un des plus grands bouleversements économiques du Moyen Age.

■ LASCAUX II
MONTIGNAC
✆ 05 53 51 95 03 / 05 53 05 65 65
www.semitour.com
semitour@perigord.tm.fr

Fermé en janvier. Basse saison : ouvert du mardi au dimanche de 10h à 12h et de 14h à 18h. Haute saison : tous les jours de 9h à 19h. Ouvert entre 13h et 14h pendant les vacances scolaires. Gratuit jusqu'à 5 ans. Adulte : 9,70 €. Enfant (de 5 à 12 ans) : 6,20 €. Groupe (20 personnes) : 7,50 €. Billet couplé avec Le Thot : adulte 13,40 € et enfant 9,30 €. Billetterie en centre-ville (place Bertran de Born) du 1er avril au 30 septembre. Visite guidée (40 min).

Le 12 septembre 1940, quatre adolescents découvrent dans une obscurité à peine troublée par la flamme incertaine de leur lampe, un rétrécissement où ils discernèrent les premières peintures sur les parois. Ces « inventeurs » de la grotte de Lascaux avaient mis au jour l'une des plus belles grottes ornées du monde. Menacée de disparaître pour cause de pollution par le gaz carbonique dégagé par les visiteurs et la lumière, « la chapelle Sixtine de la préhistoire », chère à l'abbé Breuil, est fermée au public en 1963. Son état de conservation ne cesse de mobiliser les chercheurs et un comité scientifique, présidé par Yves Coppens, est à l'œuvre en permanence. Les objets trouvés sur place sont visibles au musée national de la Préhistoire, aux Eyzies. Un fac-similé a été réalisé en 1983, à 200 mètres de la grotte originale. Pas d'autre solution que cette réplique pour conserver intacte la véritable grotte. Le travail réalisé par les plasticiens reproduit au centimètre près les peintures polychromes qui ont été exécutées il y a 17 000 ans. Il rend parfaitement le volume de la cavité originale, le relief des parois, et plus étonnant encore, l'épiderme de la roche. Les deux galeries reproduites sont la Salle des Taureaux et le Diverticule Axial, qui rassemblent 90 % des peintures de Lascaux : chevaux, aurochs, bisons, cerfs, bouquetins et un ours. On ressort à coup sûr différent de ce voyage au cœur du berceau de l'humanité. Sur place, le centre d'accueil permet de collecter de la documentation et la boutique propose toutes sortes de livres et souvenirs.

■ JARDIN DU MANOIR D'EYRIGNAC
SALIGNAC-EYVIGUES
✆ 05 53 28 99 71
www.eyrignac.com
contact@eyrignac.com

Ouvert toute l'année. Basse saison : tous les jours de 10h30 à 12h30 et de 14h30 à 17h30. Haute saison : tous les jours de 9h30 à 19h. Gratuit jusqu'à 5 ans. Adulte : 12,50 € (9,50 € du 15 novembre à fin février). Enfant (de 5 à 12 ans) : 6,50 € (13-18 ans : 8,50 €). Groupe (20 personnes) : 7,70 €. Pass famille (2 adultes et jusqu'à 3 enfants et adolescents) : 38 €. Avec votre billet, 2 € de réduction sur un repas au restaurant. Restauration. Boutique de cadeaux. Sentiers botaniques inclus dans la visite. Label Jardin remarquable.

Le manoir fut construit par Antoine de Costes de la Calprenède au XVIIe siècle tandis que les premiers jardins furent conçus au XVIIIe siècle par son arrière-petit-fils. Inspirés des jardins italiens très en vogue à l'époque, les jardins à la française d'Eyrignac furent redessinés et complètement transformés au XIXe siècle afin de suivre la mode et de devenir des jardins à l'anglaise. Patrick Sermadiras, en compagnie de sa femme Capucine, poursuit l'œuvre de son père qui avait souhaité redonner vie à ce domaine familial tel qu'il devait être au XVIIIe siècle. Il s'en remit à sa propre inspiration et rechercha sur le terrain toutes les traces de l'ancien jardin : murets, escaliers, ancien bassin… Il dessina lui-même le jardin à la française, qui se décline sur 10 ha, mêlé d'influences italiennes, dans toutes les teintes de vert. Plus de 300 références de sculptures taillées en topiaire font toute l'intelligence d'Eyrignac : cônes de buis, ifs à plateaux, spirales, boules, arabesques et de nouvelles œuvres. On découvre la Pagode chinoise, le Manoir d'Artaban datant du XVIIe siècle et de nouveaux univers poétiques en pleine gestation : le Jardin Potager et le Jardin Fleuriste, le Jardin des Sources et les Prés Fleuris et le Jardin Blanc ce qui permet d'agrandir le circuit de visite. Le parcours est ponctué de lieux de détente : visite de la volière aux oiseaux, nouvel accès à la chambre des amoureux cachée derrière des haies de buis centenaires, dédale dans le labyrinthe de buis, etc.

■ MAISON DE LA BOËTIE
Place du Peyrou
SARLAT-LA-CANÉDA

La maison de la Boétie (XVIIe), à l'opposée de la cathédrale, qui présente une façade mêlant harmonieusement style médiéval et Renaissance. Construite en 1525 par Antoine de la Boétie, elle a vu naître Etienne de la Boétie (1530-1563), ami de Michel de Montaigne auquel il légua la totalité de sa bibliothèque. Au rez-de-chaussée se trouvait autrefois une échoppe. Au dessus, les deux étages de style renaissance italienne sont percés de larges baies a meneaux, encadrées de pilastres à médaillons et losanges.

▸ **Autre adresse :** Impasse des Violette

Vue de Cahors
et du pont Valentré.

© PHOVOIR

■ EGLISE SAINTE-CATHERINE D'ALEXANDRIE
VILLENEUVE-SUR-LOT

De style roman byzantin et située au cœur de la vieille ville de Villeneuve-sur-Lot, cette église a été érigée à la fin du XIXe siècle (terminée en 1937) à la place de l'ancienne église du XIIIe siècle, devenue trop vétuste. Les beaux vitraux des XIVe et XVe siècles de l'ancienne église ont fort heureusement été conservés. Son clocher de 55 mètres est aussi magnifique. Ses briques rosées et ses pierres blanches peuvent surprendre. Les colonnes en granit poli contrastent avec la couleur des briques. Un édifice original, lumineux, à visiter !

■ MUSÉE DE GAJAC
2, rue des Jardins
VILLENEUVE-SUR-LOT
✆ 05 53 40 48 00
www.amisdegajac.com/

Ouvert toute l'année. Sauf jours fériés. Du lundi au vendredi de 10h à 12h et de 14h à 18h ; le week-end de 14h à 18h. Gratuit jusqu'à 7 ans. Adulte : 3 € (tarif réduit 1 €). Gratuit pour les groupes de plus de 10 personnes. Accueil enfants. Visite guidée (sur demande). Animations.

Les archives municipales ont rejoint le musée de Gajac dans cet ancien moulin posé au bord du Lot, créant ainsi un intéressant Pôle mémoire. Le fonds permanent a ainsi pu être scénarisé en 3 espaces : un espace XVIIIe siècle dédié à Piranèse ; un espace XIXe siècle dédié à l'académisme et à l'impressionnisme et enfin un espace XXe siècle dédié au courant artistique « les réalités nouvelles » pour reprendre l'expression d'Apollinaire, espace dédié aux créations plus abstraites. Le musée fait preuve d'un joli dynamisme et présente des expositions temporaires que Petit Futé vous invite à découvrir, il vous suggère aussi de prendre contact auprès du musée pour suivre les différents ateliers mis en place par des animatrices autour de ces expositions temporaires et vous assure d'un joli moment à vivre.

Se restaurer

■ AU CARRE NOIR
40, bis Boulevard Gambetta
CAHORS
✆ 05 65 23 74 06 / 09 63 06 14 60

Ouvert toute l'année, le midi du mardi au samedi et les soirs du jeudi au samedi. Réservation recommandée. Plat du jour : 12 €. Formule du midi : 17 €. Entrée + plat : 14 € 50. Chèque Restaurant. Terrasse. Vente à emporter. Boutique.

Au Carré Noir, la bistronomie est dans tous ses états : tartes fines, veloutés de légumes et champignons, tartares de poissons et autres délices du marché en entrée ; viandes et magret de canard napés, dos de cabillaud frais, volailles safranées, agneau du Quercy de sept heures. Le Rossini ou la brouillade aux truffes sont dignement garnis de diamants noirs toujours fraîches en saison. Choix de desserts et pâtisseries, fromages affinés... Une belle carte de vins de Cahors et d'autres appellations renommées en recherche d'accords mets-vins. Un lieu atypique pour une sortie gastronomique typique du terroir. Cerise sur le gâteau la cuisine du Carré Noir se déplace pour vos événements, contact au Tél 06 15 81 19 97.

■ AU COMPTOIR D'OLT
274, allées des Soupirs
CAHORS
✆ 05 65 35 04 87 / 06 32 13 89 06
aucomptoirdolt@orange.fr

Ouvert toute l'année. Basse saison : du lundi au samedi le midi. Haute saison : tous les jours le midi. Tous les soirs sauf le mercredi. Nouveauté : menu quercynois. Menu enfant : 8,50 €. Formule du midi : 12,50 € (entrée + plat ou plat + dessert). Entrée + plat + dessert : 15 €. Plat du jour : 8,50 €. Chèque Vacances, Chèque Restaurant. Terrasse. Parking – Salle de séminaires gratuite à l'étage.

Une adresse explicite, celle des soupirs de satisfaction que vous laissez échapper une fois repus. Cette adresse confirme tous les espoirs que nous avions en elle, d'autant qu'elle se situe vers un point névralgique de Cahors : le pont Valentré ainsi que du départ du petit train et du bateau touristique. Loin de l'adresse attrape-touriste, Le Comptoir d'Olt étale son savoir-faire au travers de ses plats comme l'aligot, le farçou maison, le pavé de romsteck et son foie gras poêlé, ou encore une grande variété de salades et de charcuteries aveyronnaises. C'est incontestablement une adresse qui monte (et qui grandit, à voir la capacité de ses terrasses). Durant la haute saison, vous avez la possibilité de vous rafraîchir les après-midis avec des glaces et des boissons. Le diable du pont Valentré, à 100 mètres, vient même y danser dès la nuit tombée... A savoir, l'établissement propose également la location d'un gîte pour quatre personnes (basse saison : 210 € la semaine, moyenne saison : 260 €, haute saison : 380 € ; en hiver : 470 € par mois). Pour les séminaires et autres réunions, une salle est disponible à l'étage gratuitement pour les clients.

■ CABANOIX ET CHÂTAIGNE
3, rue Geoffroy-de-Vivans
DOMME
✆ 05 53 31 07 11
www.restaurantcabanoix.com
cabanoix@restaurantcabanoix.com

Fermé de janvier à février. Ouvert du dimanche au mardi, le jeudi et le vendredi le midi et le soir. Menus de 29 € à 37 €. Carte : 50 € environ. Formule du midi : 23 € (et 26 €). Terrasse. Boutique. Animations.

Dans cet ancien relais de poste, devenu au fil du temps boulangerie, discothèque et même soi-disant bar à hôtesses, les propriétaires des lieux Armelle et Laurent Secouard assurent une cuisine du marché, préparée maison à partir de produits d'origine contrôlée et touchée par quelques pointes d'exotisme et de créativité. On peut se régaler, en entrée, d'un foie de canard préparés maison selon plusieurs formules : poché au vin de Malbec et épices de Noël, grillé à la fleur de sel aux épices grillées ou au torchon macéré dans l'Armagnac... parmi les plats, un magret de canard vinaigre de framboises maison, poisson du jour et gambas au chorizo. Pour finir, de sublimes desserts comme une banane citron vert, sabayon craquant. En prolongement du restaurant, des concerts et une épicerie fine est un véritable voyage initiatique dans l'univers du thé, sans oublier la découverte du terroir. Pour les enfants, pas de menu spécifique mais une option demi-tarif et demi-portion sur les formules de la carte.

■ **LE ROYALTY**
8, rue Notre-Dame
FUMEL
✆ 05 53 71 13 73
Ouvert tous les midis et du mercredi au dimanche, le soir. Carte : 20 € environ. Menu enfant : 7,50 €.
Le Royalty est une brasserie-crêperie située dans une ancienne maison à colombages, la décoration intérieure est dans le même esprit, la cuisine proposée est assez classique mais a le mérite d'être honnête. En été, vous pourrez déguster les salades composées ou les galettes sur la charmante terrasse au calme à l'arrière. La cuisine régionale est aussi bien représentée. Il est à noter que le restaurant partipe à promouvoir les produits du terroir en vous proposant l'Assiette découverte et un verre de vin pour 16 €. Ces assiettes sont proposées dans plusieurs restaurants du Fumélois qui s'engagent ainsi à vous faire découvrir les produits authentiques du territoire. C'est un plat unique souvent inspiré de recettes traditionnelles.

■ **AUBERGE DE LA SALAMANDRE**
6, rue Consuls
SARLAT-LA-CANÉDA
✆ 05 53 31 04 41
salajo2@wanadoo.fr
Fermé du 15 novembre au 15 décembre. Ouvert tous les jours le midi et le soir. Menus de 14 € à 24 €. Menu enfant : 9 €. Plat du jour : 10 €.
L'auberge de Joëlle Castagnau est située dans l'hôtel Tapinois de Bétoud datant du XVe siècle. Le cadre chaleureux : les pierres apparentes et les magnifiques poutres offrent au lieu un charme rustique et apaisant. La cuisine est familiale, traditionnelle, authentique et les produits du terroir ont toute leur place sur la carte, à des prix modiques. Les plats sont simples : escalope de foie gras sauce aux truffes, omelette aux cèpes, coq au vin font partie des spécialités du chef.

■ **HOSTELLERIE DU ROOY**
Chemin de Labourdette
VILLENEUVE-SUR-LOT
✆ 05 53 70 48 48
www.hostellerie-du-rooy.com
contact@hostellerie-du-rooy.com
Ouvert toute l'année. Du mardi au samedi de 12h à 14h et de 19h30 à 21h30 ; le dimanche midi. Le samedi soir, ouvert jusqu'à 22h. Réservation recommandée. Menus de 28 € à 38 €. Carte : 35 € environ. Menu enfant : 10 € (et 14 €). Formule du midi : 18,50 €. Accueil des groupes. Jardin. Terrasse.
Cette belle maison où il a installé l'hostellerie du Roy, Jean-Michel Brouat la connaissait bien puisque c'était la ferme familiale. Depuis 1976, il est au piano et son épouse Annie assure l'accueil. Jean-Michel n'a jamais renié ses origines et propose une cuisine bourgeoise traditionnelle mais avec les produits de la région. Carré d'agneau, fricassée de cèpes, nem de lapereaux au blanc de seiche et au piment d'Espelette, ravioles de langoustines, duo de foie chaud et leur pomme caramélisée… Au dessert, le nem au chocolota et au piment d'Espelette ne manque pas d'originalité. Petit Futé adore la délicieuse simplicité de l'omelette aux cèpes.
L'Hostellerie du Rooy est une table de fidèles qui reviennent régulièrement demander au chef ce qu'il ramène du marché du jour. Une petite ardoise sur votre table vous indiquera les trouvailles de Jean-Michel… ragoût d'asperges au foie chaud et civet en saison vous attendent ainsi que des poissons selon l'arrivage. Le tout avec le sourire ! Petit Futé apprécie la terrasse qui donne sur le parc à l'arrière de l'Hostellerie. Ombragée à midi et très agréable en soirée.

■ **LA TABLE DES SENS**
8, rue de Penne
VILLENEUVE-SUR-LOT
✆ 05 53 36 97 04
www.latabledessens.com
info@latabledessens.com
Ouvert toute l'année. Du mercredi au samedi le midi de 12h à 13h30 et le soir de 19h30 à 21h30 ; le dimanche midi de 12h à 13h30. Réservation impérative. Menus de 38 € à 76 €. Carte : 38 € environ. Menu enfant : 15 €. Formule du midi : 25 €. Vin au verre. Accueil des groupes (12 personnes maximum).
Incontournable sur Villeneuve ! Hervé Sauton, sa compagne Chritelle Rudelle et son compère Jean-Yves Tholly, véritable chef pâtissier, ont investi la bastide. La Table des Sens mérite son nom et le bonhomme Bibendum ne s'y est pas trompé en leur accordant une étoile sur leur guide rouge moins d'un an après leur installation ! Réussissant l'amalgame d'une cuisine régionale et innovante, le chef ajoute aux mets gascons la finesse moderne qui leur manquent parfois. Sous cloches le soir, les assiettes font fi du protocole en journée. A la formule midi à 25 € s'ajoutent plusieurs menus dégustation, notamment le Canaille (38 €), frito misto de confit de canard et pied de cochon et sa sauce ravigote, suivi d'un pavé de cabillaud roti, crème de moules et vermicelles de légumes pour finir par des cannelloni croustillants aux fruits exotiques et sorbet passion. La carte, aussi restreinte que choisie, finira de vous convaincre : le ris de veau entier caramélisé, marmelade de potimarron, jus court au fèves de Tonka ou encore le homard bleu en chou farci, pinces poêlées, bisque au Vadouvan ! Un bémol s'il en faut : les 25 couverts disponibles imposent la réservation.

Se loger

■ **LA CHARTREUSE*****
Saint-Georges
CAHORS
✆ 05 65 35 17 37
www.hotel-la-chartreuse.com
la-chartreuse@wanadoo.fr

Logis (3 cheminées). 50 chambres. Chambre double de 75 € à 99 € ; chambre triple de 109 € à 119 €. Petit déjeuner : 10 €. Lit supplémentaire : 15 €. Etape VRP : 90 €. Séminaires. Wifi gratuit. Restauration (menus de 18 € à 35 €). Logis 2 (cocottes). Tv satellite.

La Chartreuse est une maison où la douceur de vivre se ressent immédiatement. Il y a juste ce qu'il faut, et même un peu plus... Les chambres, climatisées, avec salles de bains privatives et TV (Canal+), offrent un confort 3-étoiles et une jolie vue sur le Lot et la vieille ville. Pour l'art culinaire, nous conseillons l'omelette aux truffes, la brochette de noix de Saint-Jacques et sa purée de panais, le filet de bœuf à la truffe, l'escalope de foie gras de canard et sa tatin de pommes ; le tout proposé dans la salle donnant sur le Lot, ou mieux encore, sur la terrasse au-dessus du Lot. Au bord du Lot, non loin du pont Valentré, voici donc un *home sweet home* douillet, lumineux et renommé qui s'est embelli en 2011 avec la rénovation entière de l'hôtel.

■ KYRIAD

33, côte des Ormeaux
CAHORS
✆ 05 65 30 00 00
www.hotel-kyriad-cahors.com
contact@kyriad-cahors.com

Ouvert toute l'année. 102 chambres (dont 5 chambres aménagées pour handicapés). Chambre double de 70 € à 75 €. Petit déjeuner : 9 €. Séminaires. Wifi gratuit. Restauration (menus : 13,50 €, 17,50 € et 23,50 €. Menu enfant : 7,70 €). Sauna. Sauna (payant). Piscine extérieur (de mai à octobre).

Hôtel de chaîne dont toutes les chambres entièrement ont été rénovées et climatisées. Toutes les chambres sont équipées de salle de bains avec baignoire ou douche, d'un téléphone direct (programmation réveil), tv écran plat HD, tisanières, couettes. Avec ses cinq salles de séminaires, l'hôtel Kyriad est paré pour recevoir de nombreux rendez-vous sur Cahors tel séminaires, show room. Un restaurant accueillant (terrasse en saison) est là pour combler les petites faims avec des menus reprenant les standards des spécialités locales avec des plats ayant du goût, et ça, on aime.

■ HOTEL CHATEAU DU VIGUIER DU ROY

52, rue Emile-Zola
FIGEAC
✆ 05 65 50 05 05
www.chateau-viguier-figeac.com
contact@chateau-viguier-figeac.fr

Ouvert du 1er avril au 31 octobre. 16 chambres. Chambre double de 179 € à 299 € ; studio / appartement de 409 € à 599 € ; suite de 299 € à 329 €. Petit déjeuner : 19 €. Garage : 12 € (avec service voiturier). 150 € pour la petite salle, 225 € la journée pour la salle de 50 personnes. Animaux acceptés (10 €). Séminaires. Réceptions et mariages. Jardin privatif. Bain bouillonnant.

Voici une adresse qui est un vrai trésor caché en plein cœur de la ville. L'hôtel se situe dans un ensemble restauré et récemment repensé. Edifié en 1302 par Philippe IV le Bel pour son viguier, son représentant local, ce château propose des formules adaptées à tous les budgets, avec ses chambres troubadour, écuyer, chevalier, viguier et castel. Pour ceux qui veulent se faire plaisir, la formule « royale » n'usurpe pas son appellation, avec mobilier médiéval et renaissance et son salon prince Frédéric, peut-être la meilleure suite du Lot. Toutes les chambres portent le nom des viguiers qui se sont succédé à Figeac. L'accueil est exemplaire. Le restaurant, annexe de l'hôtel, La Dînée du Viguier rue Boutaric, est à la hauteur de l'adresse, royale.

Château de Montfort.

LA FERME DE REBEYROTTE
Bourg de Vicq
Rebeyrotte
PRESSIGNAC-VICQ
✆ 06 86 77 52 30 / 05 53 61 13 87
thierry.roussel5@wanadoo.fr

Tarifs hébergement sur place : 37 à 47 € pour une nuit en chambre double (supplément petit déjeuner de 6 € par personne).

En plein Périgord et dans le décor charmant et champêtre de la ravissante ferme de Rebeyrotte, vous atterrirez ici sur un terrain privé, pour programmer un voyage qui sort de l'ordinaire et l'assurance d'y passer un séjour de qualité, ne serait-ce qu'une nuit. Réservation obligatoire et assurez-vous des possibilités d'atterrir auprès du sympathique et très accueillant maître des lieux : Thierry Roussel. Fermier de métier, propriétaire des lieux, exploitant et lui-même pilote, il vous aidera volontiers à préparer votre arrivée (à savoir : la fréquence est 123,50 et les repères visuels pour se guider en vol sont nombreux : entre autres le point d'eau facile à repérer qui est situé à l'ouest de la piste). Un conseil : prévoyez de passer au moins une nuit sur place ! Pour cela, il vous faudra réserver une chambre au préalable. De même on vous conseille de réserver également le repas : pour déjeuner ou dîner, vous serez installé dans un ancien séchoir transformé en gîte et vous y savourerez une cuisine locale délicieuse ! Au menu : cou farci, magrets, confits, foie gras, bergerac côté vins ! Entre autres merveilles à déguster et à acheter sur place : vous pourrez remporter quelques victuailles. Autres avantages qui participeront à votre bonheur de séjourner ici : la piscine, dont vous pourrez profiter aux beaux jours, ainsi que la mise à votre disposition d'une voiture pour vos déplacements touristiques dans le coin ! Que du bonheur à la ferme de Rebeyrotte !

HOTEL-RESTAURANT LES VIEILLES TOURS***
Lafage
ROCAMADOUR
✆ 05 65 33 68 01
www.vtrocamadour.com
les.vieillestours@wanadoo.fr

Fermé de janvier à mars et en novembre. 15 chambres (suite luxe et suite junior : de 111 à 128 €. Suite de la Tour : de 129 à 146 €. Suite familiale de la Grange : de 144 à 162 €). Chambre double de 75 € à 100 €. Petit déjeuner buffet : 12 €. Animaux acceptés (5 €). Restauration (menus de 29 à 39 €). Excursions (circuits et guides de randonnées à disposition).

Le lieu est superbe. Sur un plateau sauvage dominant les vallées de l'Ouysse et de l'Alzou, se dissimule une magnifique gentilhommière (ancienne fauconnerie) des XIIIe et XVIIe siècles, rénovée avec goût en hostellerie de charme. Le grand parc qui entoure la propriété offre un calme absolu et une vue panoramique imprenable sur la vallée de l'Alzou. Quel plaisir de venir se reposer au calme après un bain de foule dans les rues de la cité médiévale, et de profiter de la piscine qui jouit d'une vue magnifique. La table est aussi à l'honneur, avec une cuisine inventive et savoureuse qui fait la part belle aux produits régionaux. Une adresse vraiment authentique qui fait honneur à la fois au patrimoine gastronomique et au patrimoine architectural de la région.

LA VERPERIE**
Allée des Acacias
SARLAT-LA-CANÉDA ✆ 05 53 59 00 20
www.laverperie.com
hotellaverperie@wanadoo.fr

Logis (2 cheminées). Ouvert toute l'année. 24 chambres. Chambre double de 58 € à 68 € ; chambre triple de 78 € à 130 €. Demi-pension. Petit déjeuner : 9,50 €. Chèque Vacances. Wifi gratuit. Restauration (menus de 28 € à 35 €). Tv satellite.

L'hôtel-restaurant est idéalement situé à 500 mètres de Sarlat. Tout proche du centre-ville, sans en avoir les inconvénients. L'hostellerie de charme d'Eric Jaeck et des son épouse, est aménagée dans une charmante maison de famille bénéficiant d'un emplacement exceptionnel avec son parc ombragé de 2 hectares, un jardin fleuri et une piscine. Les chambres sont toutes personnalisées et l'une d'elles, en rez-de-chaussée, est adaptée aux personnes à mobilité réduite (rampe d'accès et bonne circulation dans l'établissement). Dans la belle salle de restaurant à la décoration rustique avec, en hiver, un joli feu de cheminée, le chef met dans votre assiette la tradition culinaire issue des produits de la région. Le parking privé facilite l'accès direct à l'établissement.

HÔTEL RESTAURANT LE GLACIER***
11, boulevard Georges Leygues
VILLENEUVE-SUR-LOT ✆ 05 53 70 70 14
www.hotel-leglacier.com
hotel-le-glacier@hotmail.fr

Logis (3 cheminées). Ouvert toute l'année. Accueil 24h/24. 10 chambres. Chambre simple à partir de 49 € ; chambre double à partir de 55 € ; chambre triple à partir de 65 €. Petit déjeuner : 7,50 €. Soirée étape : 65 €. Restauration (plat du jour : 7,90 €. Entrée + plat ou pla + dessert : 12 €. Entrée + plat + dessert : 13,90 €. Menu enfant : 6,70 €). Tv satellite.

L'établissement Le Glacier est une institution à Villeneuve, surtout pour sa brasserie, siège du célébre rugby à XIII villeneuvois. Récemment, le propriétaire a changé, et Le Glacier s'est refait une beauté. Idéalement situé au cœur de la ville, près des commerces, des restaurants et du théâtre, l'hôtel dispose d'une dizaine de chambres spacieuses et récemment rénovées. Elles sont toutes équipées de téléviseurs et d'un accés WiFi gratuit, sans oublier la présence de la brasserie, où vous pourrez vous restaurez. Une adresse au bon rapport qualité/prix.

LES REMPARTS**
1, rue Etienne-Marcel
VILLENEUVE-SUR-LOT
✆ 05 53 70 71 63 / 06 60 98 14 47
www.hotel-des-remparts.eu
hoteldesremparts.villeneuve@yahoo.fr

Ouvert toute l'année. Accueil jusqu'à 22h. 9 chambres (dont une suite pour 5 personnes). Chambre simple de 38 € à 45 € ; chambre double de 45 € à 50 € ; chambre triple de 50 € à 55 € ; suite de 60 € à 70 €. Petit déjeuner : 6 € (5 € en basse saison). Garage : 5 €. Soirée étape à partir de 60,60 € pour 1 pers., et 75 € pour 2. Animaux acceptés. Wifi gratuit. Canal +.

Hôtel idéalement situé en plein cœur du centre-ville de Villeneuve et à deux pas du Lot. Vue d'extérieur, il ne paie pas de mine mais les chambres sont magnifiquement décorées avec des objets chinés dans les brocantes. Le tout réaménagé dans des tons colorés et lazurés, cela donne une déco rustique et chic comme on les aime. L'équipe de l'hôtel vous offre un accueil chaleureux et vous conseillera sur les lieux à visiter à Villeneuve. Le petit plus de cette adresse : le wifi gratuit accessible partout, c'est aussi le seul hôtel de la ville à proposer Canal+. Il est d'un excellent rapport qualité/prix !

Pratique

■ **ALLO TAXI**
742, chemin Junies
CAHORS ✆ 05 65 22 19 42
Disponibles toute l'année, 7j/7.
Les vallées du Lot et du Quercy sont couvertes par la société Allô Taxi, qui a déjà prouvé à maintes reprises ses compétences. Les chauffeurs sont très expérimentés et l'agence couvre une grande partie de la région ; l'attente n'est pas très importante, ce qui n'est pas négligeable. Le chauffeur peut vous conduire à un aérodrome, ou dans un village ou endroit que vous avez repéré et que vous souhaitez visiter.

■ **TRANSPORT TAXIS SALIGNACOIS**
Les Sebastures
SALIGNAC-EYVIGUES
✆ 06 82 44 40 63 / 05 53 29 18 39
www.transport-taxis-salignacois.com
taxisalignacois@hotmail.fr
Disponibles toute l'année, 7j/7, 24h/24.
Pour des transports longs ou courts, les Taxis salignacois vous conduisent sans véritable attente car ils ont un important parc de véhicules. Que vous souhaitiez vous rendre à Sarlat ou ailleurs dans la région, les chauffeurs seront à même de répondre à vos attentes, car ils connaissent la région parfaitement. Pour visiter les nombreux sites touristiques qu'il y a dans la région, pour vous conduire ou aller vous chercher sur un aérodrome afin que vous preniez votre envol, les Taxis salignacois sont toujours là.

■ **TAXI 47**
38, rue Virebeau
VILLENEUVE-SUR-LOT
✆ 06 85 52 12 92
www.taxi-47-aatv.com
aatv.taxi.roucaud@wanadoo.fr
Disponibles toute l'année, 7j/7.
A Villeneuve-sur-Lot, ce ne sont pas les sociétés de taxi qui manquent, mais si vous recherchez la rigueur et la qualité, appelez Taxi 47. Des chauffeurs à l'écoute, des véhicules confortables et un temps d'attente réduit : il n'en faudra pas plus pour vous séduire et faire de votre trajet un succès. Pour visiter le Lot, le Quercy et les différents points d'intérêt de la région, il faut être bien installé et cela, Taxi 47 vous l'assure !

Centre-Méditerranée, Sud-Est

Les volcans d'Auvergne N H F A

LFLC – Lac Chambon

Cap 245° – 21 Nm
Au départ de Clermont-Ferrand, rejoignez le point Sierra en cheminant le long de l'Allier. La navigation débute ici. Prenez un cap 245 vers le lac Chambon et le château de Murol. Profitez de la belle vue sur la chaîne des Dômes, du sud vers le nord, en face la chaîne des Dores (massif volcanique), avec le puy de Sancy (point culminant du Massif central à 1886 m). Sur la route, vous croiserez les églises romanes de Saint-Saturnin et de Saint-Nectaire.

Lac Chambon – Lac de Bourdouze

Cap 180° – 6,25 Nm
A hauteur du Chambon, cap au sud. On laisse à droite Besse-en-Chandesse, puis le lac Pavin, d'origine volcanique et de forme presque parfaitement circulaire, qui se trouve aussi être le plus profond d'Auvergne (92 m). Un peu plus au sud, on arrive sur trois autres lacs d'origine volcanique : le lac de Bourdouze, le lac de Montcineyre (en forme de croissant) et le lac Chauvet, où allait se ressourcer François Mitterrand et sa « cour ». Plus au sud, admirez les monts du Cantal.

Lac de Bourdouze – Orcival

Cap 312° puis 006° – 15,2 Nm
Cap au nord-ouest pour survoler le puy de Sancy après avoir passé à droite la station de Super-Besse. Prenez alors un cap nord et n'hésitez pas à grimper à 7000 feet pour arriver à la verticale du Mont-Dore. Cap sur les roches Tuilière et Sanadoire, avec en premier plan le lac (d'origine volcanique) de Guéry. Ce dernier est gelé l'hiver ; le premier dimanche de mars, on y pratique la pêche au trou comme en Scandinavie ! Plus à l'est, observez le lac de Servières, où la Sioule prend sa source. Vous arrivez à Orcival, avec sa basilique romane dont la nef est ouverte latéralement, car construite contre un rocher.

La navigation

A l'ouest de Clermont-Ferrand, dans le département du Puy-de-Dôme et la région Auvergne, 80 volcans s'élèvent sur une quarantaine de kilomètres la chaîne des Puys. Si la chaîne des Puys était une piste d'atterrissage, elle serait orientée 36-18. La largeur totale de l'alignement ne dépasse pas 8 km. L'altitude moyenne est d'environ 1100 m, la moyenne des sommets se situant vers 1200 m. Certains se distinguent par leur forme en cloche, d'autres affichent des cratères égueulés, témoins de grandes colères. Le sommet du puy de Dôme est le plus haut d'entre tous (1465 m/4400 feet). Plus au sud surgit le massif du Sancy, site touristique incontournable des Grands Espaces d'Auvergne. Le Sancy (1886 m/3600 feet) est le point culminant du centre de la France.

Orcival – Gour de Tazenat

Cap 100° puis 350° puis 005° – 25 Nm

Cap sur la chaîne des Dômes, soit environ 80 volcans du sud au nord. Depuis Orcival, prenez un cap est qui amène entre le lac d'Aydat (lac de barrage volcanique) et le lac de la Cassière. Vous êtes juste au sud des puys de la Vache et de Lassolas, dont les coulées de lave ont bloquées le cours de la Veyre, créant ainsi le lac d'Aydat. De là, cap sur le puy de Dôme dont le chemin piétonnier sur le flan ouest et le train à crémaillère ont été remis en service le 2 mai dernier. Vous apercevez le puy de Côme à l'ouest et le puy Pariou à l'est, qui présentent deux cratères emboîtés. Repère à l'ouest : Vulcania, à droite de la route, avec son jet d'eau jaillissant toutes les 20 minutes à partir d'un cercle bleu pâle. Le volcan à ciel ouvert de Lemptégy arrive à gauche, puis le puy Chopine (en forme de cône) à l'intérieur du puy des Gouttes (en forme de croissant, pointes tournées vers le nord) car ces deux structures sont imbriquées. Continuer de remonter au nord, pour couper l'A89 et découvrir le Gour de Tazenat, lac d'origine volcanique qui marque la limite nord de la Chaîne des Puys.

Gour de Tazenat – LFLC

Cap 125° puis 165° – 15,3 Nm

Retour vers le point Novembre en jetant un œil à droite sur les industries locales : embouteillage des eaux de Volvic, piste d'essais Michelin de Ladoux et, à gauche, les industries céréalières de la plaine de Limagne.

Aérodromes et aéro-clubs

AERO-CLUB D'AUVERGNE
Aéro-club d'Aulnat
Avenue Youri-Gagarine
AULNAT ✆ 04 73 92 00 56
www.aeroclubauvergne.fr
aero-club-auvergne@orange.fr
Ouvert toute l'année.

L'aéro-club d'Auvergne est basé dans les bâtiments nord-est du terrain de Clermont-Ferrand Auvergne, en direction d'Aulnat. Sa flotte, composée de 5 avions et d'un ULM, est destinée au vol touristique et à l'apprentissage. Après vous être acquittés de votre adhésion au club (comprenant la cotisation, l'assurance et la carte fédérale), vous disposez d'un compte rechargeable, regroupant vos crédits en terme d'heure de vol. Réservation la veille pour voler en semaine, plusieurs jours avant pour le week-end.

Conseils au pilote

- Le circuit avec une sortie sud permet de prendre tranquillement l'altitude nécessaire pour franchir le Sancy, puis de redescendre tout aussi tranquillement vers la plaine.
- Attention, car même si ce vol se fait en « petite montagne », il ne faut pas ignorer que sous le vent du relief, on peut rencontrer turbulences et rabattants. Il est donc important de voler à 500 ou 1 000 feet au-dessus du relief le plus élevé.
- Choisir de préférence son itinéraire pour être entre le Soleil et ce qu'on veut voir.
- Attention aux parapentes : notamment quand on fait le tour du puy de Dôme. Ils s'éloignent souvent du sommet et on les trouve parfois même au niveau 70. Suivant le type d'avion, il faut se méfier davantage, car en virage une aile haute peut cacher un parapente.
- Veiller à ne pas rentrer dans les zones R68, qui sont souvent actives.
- Le terrain de départ peut se choisir en fonction de différents paramètres, notamment la redevance d'atterrissage : Clermont, Vichy ou Issoire (piste en herbe).
- A Aulnat, ne pas hésiter à demander les pistes en herbe 01/19 et 08/26 (celles-ci permettent d'éviter un roulage de 3 km sur la 26 dure). Les installations d'Aulnat permettent de recevoir les informations de vol pendant toute la durée du circuit.

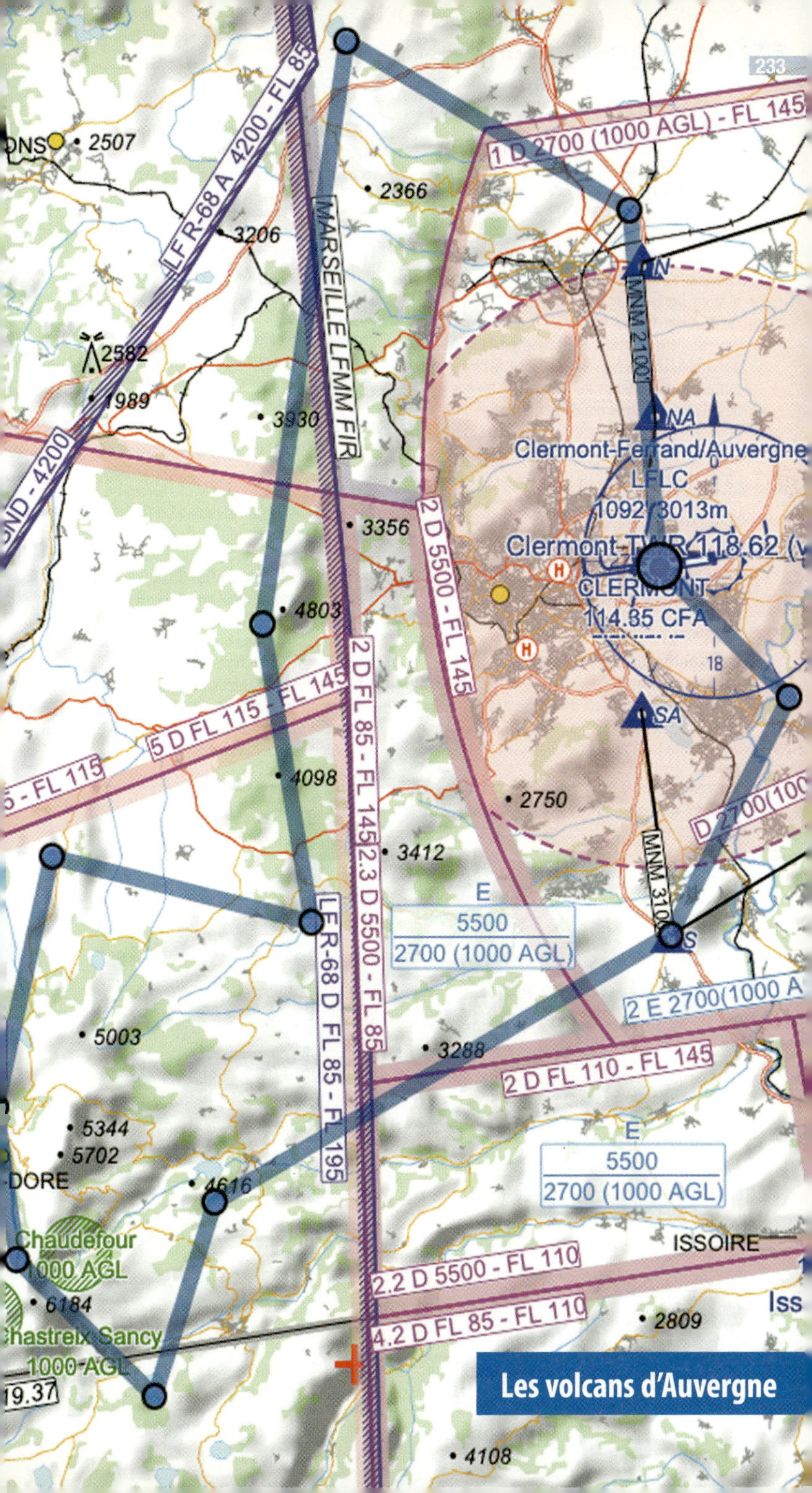

Les volcans d'Auvergne

■ AERO-CLUB DE LA BRIOUDE

Plateau Chaumaget
BRIOUDE
✆ 04 71 50 13 53
http : //aeroclub-brioude.fr
brioudeclub@free.fr

Ouvert toute l'année, tous les jours ; se renseigner pour les permanences.

L'Auvergne avec un grand « A » : le Plomb du Cantal, le Mont-Dore, le puy de Dôme, les lacs auvergnats, le Pavin, Aydat, les lacs de Carter en général… Autant de superbes lieux à survoler. Plus au sud, on trouve le viaduc de Garabit, Le Puy-en-Velay, la vallée de l'Allier (qui se termine par la retenue de Naussac)… Des possibilités de balades aériennes multiples depuis l'aérodrome de Brioude ! Sur la plateforme : l'accès wi-fi et à une borne informatique pour un accès à Internet sont offerts aux pilotes, dans la mesure où un responsable est présent sur le site au moment voulu. Enfin, en cas d'intempéries, la possibilité est donnée aux pilotes de passage de garer leur avion sous abri.

■ AERO-CLUB DE VICHY

Aérodrome de Vichy-Charmeil
CHARMEIL
✆ 04 70 59 88 28
www.aeroclub-vichy.fr
acvichy@yahoo.fr

Ouvert tous les jours jusqu'à 18h ou sur rendez-vous.

Château de Busset, volcans et lacs d'Auvergne, gorges de la Sioule, montagne bourbonnaise et ses éoliennes sont les balades aériennes à faire à partir de l'aérodrome de Charmeil. Côté services, l'aéroclub propose un accès Internet, le dépannage possible en essence et met des locaux à disposition des pilotes de passage.

■ AERO-CLUB DE CLERMONT-LIMAGNE

Aéro-club Clermont-Limagne
Cité de l'Aéronautique
Rue Youri-Gagarine
CLERMONT-FERRAND
✆ 04 73 91 29 75
chalardpierre@orange.fr

Ouvert toute l'année, tous les jours. Essence 100ll et Super 98 disponibles. Mise à disposition Internet, téléphone. Transport : à proximité immédiate : le bus et la gare pour rallier le centre-ville à l'aérodrome, sinon taxis à proximité.

Survol des volcans d'Auvergne, de la Chaîne des Puys, du massif du Sancy, du Mont-Dore, de la Bourboule, des lacs d'Auvergne, de l'Allier, de Clermont-Ferrand à Langeac en passant par Issoire et Brioude, de la Sioule avec les méandres de Queille, du lac de Bourdouze, du viaduc des Fades, du pont du Boucher, de la vallée d'Ambert et des monts du Forez… Que de sites époustouflants à survoler depuis l'aérodrome de Clermont ! Sur place, un atelier agréé PART M/F M/G est accessible. Les équipages de passage sont accueillis avec une grande générosité. La possibilité de garder une place pour eux dans un hangar leur est donnée – à condition de prévenir à l'avance le club. Que des commodités offertes aux pilotes de passage et aux habitués : c'est un paradis de passionnés !

Les volcans d'Auvergne

Comment reconnaître les différents types de volcans ?

Il existe trois types de volcans dans la Chaîne des Puys.

- **Le type strombolien,** le plus fréquent ; 80% des volcans de la Chaîne sont des cônes stromboliens. Le cône est formé par l'accumulation des scories éjectées. Au sommet se forme un cratère, et quand la pression devient trop forte, des coulées de laves sont émises. La lave étant généralement assez fluide, ces coulées peuvent être très longues. Certaines, en barrant le lit d'une rivière, peuvent former des lacs, comme le lac d'Aydat.
- **Le type peléen.** Il se forme par l'extrusion progressive d'une lave très visqueuse, s'accumulant en forme de dôme. Le dôme peut exploser brutalement libérant des gaz : les nuées ardentes, qui partent à l'horizontale à très grande vitesse, détruisant tout sur leur passage. Aucun cratère n'est visible, il n'y a pratiquement pas de coulée de lave, celle-ci étant trop visqueuse. Le puy de Dôme est le sommet le plus connu de ce type, mais il y en a quelques autres : le puy Chopine, le Grand-Sarcouy...
- **Les maars.** Ce sont des dépressions, qui généralement forment aujourd'hui un lac, résultant de l'effondrement du plateau sous l'effet d'une éruption phréatique : par exemple, le Gour de Tazenat.

À voir – À faire

■ MUSEE DE LA RESISTANCE DU MONT MOUCHET
AUVERS ✆ 04 71 74 11 91
www.resistance-mont-mouchet.com
p.koller@haut-allier.com

Fermé d'octobre à avril. Basse saison : mai, juin, septembre. Basse saison : ouvert du mardi au dimanche de 10h à 12h30 et de 14h à 18h. Haute saison : tous les jours de 10h à 12h30 et de 14h à 18h. Groupes reçus sur réservation. Gratuit jusqu'à 10 ans. Adulte : 5 €. Enfant (de 10 à 15 ans) : 2 €. Groupe (20 personnes) : 4,50 € (visite guidée sur demande avec un supplément). Visite guidée (2h) scolaires : 6 €, groupes adultes : 7 € (à partir de 30 personnes) et 7,50 € (de 25 à 30 personnes le mardi et jeudi).

Haut lieu de la Résistance, le mont Mouchet est un lieu chargé d'histoire. La mémoire y est enracinée. Comme pour nous rappeler le courage, la bravoure et les aspirations humanistes des hommes qui ont résisté à l'occupation, le mont Mouchet se situe au cœur d'un paysage grandiose, au sein des forêts de la Margeride, à 1 335 mètres d'altitude. Le monument national aux maquis de France y fut érigé le 9 juin 1946. Entièrement remis à neuf en 2009, le Musée national de la Résistance abrite de nombreux documents et souvenirs de l'époque : photographies, objets divers et une maquette reconstituant la région à l'époque des combats. Des témoignages de résistants sont présentés en vidéo. On y revit (ou on imagine) l'occupation, la Gestapo, le pétainisme... Et on se met alors à penser à la Résistance, aux résistants, aux maquisards sans qui les choses seraient sûrement différentes aujourd'hui. Et on se sent investi d'une mission : celle de transmettre ce passé pour ne plus jamais revivre cela. On ne ressort pas indemne des lieux.

■ PUY DE BESSOLLES
BESSE-ET-SAINT-ANASTAISE

On atteint le sommet du puy de Bessolles en une heure à pied (aller-retour), par un chemin forestier. Et quand vous serez arrivé au but, vous vous apercevrez immédiatement que vous n'avez pas fait tous ces efforts pour rien. La récompense est là, à portée de vous, sous la forme d'un beau panorama sur le Mont-Dore, Murol et le lac Chambon. Vous aurez du mal à quitter ce petit coin de paradis !

■ VIEILLES RUES
BESSE-ET-SAINT-ANASTAISE

Au cours d'une promenade dans les rues et ruelles pittoresques de la ville, on découvre un patrimoine architectural des plus intéressants. Le château du Bailli, ancienne demeure seigneuriale, est situé sur le chemin de ronde. La ville fortifiée était accessible par trois portes. La rue de la Boucherie est l'une des plus charmantes, avec ses anciennes taules et maisons, dont celle dite de la reine Margot, où cette dernière aurait séjourné l'espace d'une nuit. La place Docteur-Pipet, bordée de maisons médiévales et dotée d'une belle fontaine ne manque pas de charme. Les places de la Pairie et de la Gayme offrent tout autant de belles demeures. La porte de la ville, au bout du Mèze, l'un des seuls vestiges des remparts, est surmontée d'un beffroi carré et couronnée d'un lanternon à la surprenante girouette représentant une tête de loup. Le manoir Sainte-Marie, construit sur le rempart, a été restauré récemment.

■ LAC CHAMBON
CHAMBON-SUR-LAC

Le lac Chambon est une promenade facile que vous pouvez faire en famille. Elle commence sur la plage, longeant le camping, et on peut parfaitement la rallonger en grimpant jusqu'aux falaises abruptes de la Dent du Marais ou du Saut de la Pucelle. Que vous soyez à la recherche d'un peu de détente au bord de l'eau ou d'activités ludiques ou sportives, vous y trouverez votre bonheur !

■ RESERVE NATURELLE DE LA VALLEE DE CHAUDEFOUR
Maison de la Réserve – Chaudefour
CHAMBON-SUR-LAC ✆ 04 73 88 68 80

Crée le 14 mai 1991, la réserve de Chaudefour s'étend sur 820,5 ha, à cela s'est rajouté un périmètre de protection de 117,5 ha, le 27 février 1992. Un dénivelé de 700 m sépare le fond de vallée avec le puy Ferrand, son nom viendrait du fait que sa base dessine un fer à cheval, quand au nom de Chaudefour, il aurait pour origine qu'autrefois lorsque les paysans fanaient les jours de chaleurs on se serait cru dans un four chaud. Bien que situé sur la commune de Chambon-sur-Lac, elle est sous l'autorité du préfet assisté d'un comité consultatif dont le maire du Chambon-sur-Lac, des scientifiques, des administrations et bien d'autres.

La gestion de la Réserve est assurée par le Parc des Volcans qui détache un excellent conservateur chargé de faire appliquer la réglementation, ainsi que de l'animation et de l'accueil des visiteurs. L'Office national des forêts participe aussi à la gestion du site, un agent technique est chargé de l'entretien, la surveillance et l'animation. Les sentiers de randonnées sont nombreux dans la réserve : si vous disposez de peu de temps, profitez tout de même de la faune et de la flore exceptionnelles en suivant le chemin « fond de la Vallée » qui mène au cœur de la vallée de Chaudefour, où vous pourrez contempler la dent de la Rancune et la crête de Coq, deux sites d'escalade magnifiques. Arrêtez-vous également près de la cascade le Saut de la Biche pour une pause fraîcheur.

■ **CHATEAU DE LA BATISSE**
CHANONAT
✆ 04 73 79 41 04 / 09 75 27 12 63 (visite périodes scolaires) / 04 73 88 67 11 (groupes)
www.chateaudelabatisse.com
contact@chateaudelabatisse.com
Visite guidée des jardins toute l'année (5 €). Visite guidée intérieure (et visite libre des jardins) : du 2 novembre au 1 er avril (7 €). Visite guidée par Les Compagnons de Gabriel : adulte 8,50 €, enfant 7 €, étudiants 7,50 €. Boutique.
A 15 km au sud de Clermont sur la D52, ce château primitif du XIVe siècle a été transformé en belle demeure au XVIIe siècle. Les visites sont animées par les compagnons de Gabriel sur le thème du Moyen Age : mobilier, armes, joutes, une magnifique mise en perspective de la vie médiévale. Les magnifiques jardins à la française ont été dessinés par l'école Le Nôtre. Les parterres, roseraies et terrasses verdoyantes mènent à une superbe allée bordée de tilleuls, de charmes et d'érables puis à 4 cascades. Des salles sont disponibles pour cérémonies, réceptions, expositions, concerts.

■ **EGLISE NOTRE-DAME-DU-PORT**
Rue du Port
CLERMONT-FERRAND
✆ 04 73 29 29 73
Ouvert de 8h à 19h. Pas de visites pendant les offices, le dimanche à 9h (communauté portugaise) et 11h. Visite guidée (programmes et tarifs variables, disponibles à l'office de tourisme : 04 73 98 65 00).
Édifiée au XIIe siècle, Notre Dame du Port, classée au patrimoine mondial de l'UNESCO, se dissimule discrètement dans une rue piétonne curieusement peu fréquentée, d'où elle est à peine visible. Une fois dans l'enceinte, on ne peut que s'extasier devant l'architecture de ce joyau de l'art roman. Ce qui frappe d'abord en pénétrant à l'intérieur, c'est la luminosité de l'arkose, vraiment exceptionnelle à certaines heures de la journée, et qui révèle un contraste saisissant avec les autres monuments de la ville, généralement en pierre de Volvic. La beauté de cette basilique réside en son dépouillement ; son principal ornement en est la lumière, qui perce à travers les vitraux multicolores, pour aller se déposer sur la blancheur des murs. Le monument comporte quatre chapelles étrangement disposées, dont l'une contient la statue d'une Vierge allaitant. Toutes les quatre sont ornées de couleurs chatoyantes que la restauration récente du lieu a restituées identiques à ce qu'elles étaient il y a deux siècles. Pas de dorures, pas de fioritures : quelques tableaux d'inspiration classique, une architecture remarquable, de grandes colonnes finement sculptées, une sacristie extrêmement sobre, le tout offre un spectacle de pureté simple et grandiose.

■ **CHEMIN DES ARTISTES**
3, avenue des Belges
LE MONT-DORE
A travers le Chemin des Artistes, vous effectuez une petite promenade de 2h en sous-bois qui permet de gagner le Capucin. On peut également rejoindre d'autres chemins comme celui des Médecins ou des Mille-Gouttes. De nombreux autres sentiers partent de la station. C'est le cas du chemin de Melchi-Roze (du nom des deux artistes qui l'ont créé) qui mène à la Grande Cascade. Des paysages magnifiques et une promenade bien sympathiques vous attendent.

Se restaurer

■ **L'OUSTAOU**
18, rue Notre-Dame
BESSE-ET-SAINT-ANASTAISE
✆ 04 73 79 59 61
www.restaurant-loustaou.fr
Réservation recommandée. Menus de 19 € à 29 €. Suggestion du jour : 14 €.
Ce restaurant chaleureux propose une cuisine raffinée, originale préparée avec des produits frais. En été comme pendant les sports d'hiver cette table est un havre de réconfort. Les plats raffinés et roboratifs font honneur à la cuisine locale et à ses spécialités. Thomas est aux fourneaux, avec talent pour préparer truffade, côte de bœuf Salers et autre gratinée de fourme d'Ambert. Une trentaine de couvert dans ce restaurant qui bénéficie d'une bonne publicité de bouche à oreille. La réservation est vivement souhaitée le soir.

■ **AUBERGE DES 500 DIABLES**
Auberge de montagne
Chambon-des-Neiges
CHAMBON-SUR-LAC ✆ 04 73 88 81 71
www.500diables.com
500diables@gmail.com
Fermé du 2 novembre au 15 décembre. Menus de 29 € à 34 €. Menu enfant : 10 €.
L'auberge des 500 diables vous accueille toute l'année (sur réservation hors saison) à 5 minutes de la vallée de Chaudefour, à 3 minutes du lac Chambon. Au pied d'un des sommets du massif du Sancy, vous êtes à 8 km du château de Murol dans un restaurant qui vous propose une cuisine auvergnate traditionelle telle que l'aligot, la truffade, de la viande de Salers ou encore des cuisses de grenouille. L'auberge des 500 diables se situe à 1200 mètres d'altitude. La décoration du restaurant vous rappellera l'ambiance de cette ancienne station de ski. Vous pourrez y trouver bon nombre d'objets d'autrefois hérités de la station.

■ **BURON DU COL DE LA CROIX-MORAND**
D996 Col de la Croix-Morand
CHAMBON-SUR-LAC ✆ 04 73 22 14 25
www.buronducol.fr
Réservation recommandée. Formule du midi : 15,80 € (truffade + Dessert du jour). Vin au verre. Assiette du randonneur (charcuterie et fromage) : 9,80 €. Omelette : 9,80 €. Tartines : 10,80 €. Truffade : 13,80 €. Accueil des groupes. Terrasse. Boutique.

On pourrait vous conseiller de monter au col de la Croix-Saint-Morand juste pour apprécier ce paysage à couper le souffle... Vous êtes au milieu des estives, à 1 401 m d'altitude et les panoramas de part et d'autre du col sont splendides. Une fois en haut, c'est un buron typique, rénové avec une belle terrasse en bois qui vous ouvrira ses portes. Les plats mettent à profit les produits de la région (jambon de pays, saint-nectaire, bleu d'Auvergne, tome fraîche...) grâce à de généreuses truffades, tartines ou omelettes. Simple et efficace, voilà l'idée. En période estivale, l'affluence peut ralentir un peu le service, mais quitte à être là-haut, prenez le temps ! Etape du GR4, le Buron propose également un gîte de 12 couchages. Non loin du GR30, des lacs volcaniques et de pistes de ski de fond, c'est un point stratégique pour les amoureux de sport nature.

■ L'ARBRE À VIN

10, rue des Archers
CLERMONT-FERRAND ✆ 04 73 90 44 02
arbre.a.vin@gmail.com

Fermé les 2 premières semaines d'août. Ouvert du lundi au vendredi le midi et le soir. Samedi sur réservation pour les groupes. Réservation recommandée. Carte : 25 € environ. Plat du jour : 9 € (à midi). Formule du midi : 12 € (Entrée+Plat / Plat+Dessert). Terrasse.

C'est pour nous l'une des adresses les plus sûres de Clermont... Le tandem que forment les deux sympathiques frangins, Ludovic en cuisine et Yann en salle, nous montre le chemin d'une réussite méritée. Toutes les propositions sont sur l'ardoise : que du frais, et cela change souvent (pour garder les habitués déjà nombreux). Nous citerons dans le désordre carpaccio de dorade au citron vert, onglet de veau aux morilles, pana cotta aux fruits rouges, le tout accompagné de vins rigoureusement et amoureusement sélectionnés par Yann (laissez le choisir pour vous... Il s'y connaît !). À cela s'ajoute un cadre vraiment dans l'air du temps, une déco vouée aux vins et une immense terrasse très agréablement située hors des bruits du boulevard Trudaine néanmoins si proche. Bravo !

■ LA TABLE MÉDIÉVALE

16, rue des Minimes
CLERMONT-FERRAND ✆ 04 73 29 16 16
www.latablemedievale.com

Ouvert toute l'année. Tous les jours le midi et le soir. Menus de 18 € à 22 €. Menu enfant : 7,90 €. Vin au verre. Terrasse. Dans la petite rue des Minimes, Franck, vous reçoit cordialement sept jours sur sept dans son antre médiéval redécoré. Côté cuisine, toute la carte est pensée pour vous régaler de plats bien copieux aux noms évocateurs. Viandes, poissons, salades géantes et spécialités atypiques sont bien maitrisés et servis avec le sourire. A noter que le travers de porc sauce barbecue est un des meilleurs de Clermont-Ferrand ! La terrasse est agréable et l'accueil sympathique.

■ AUBERGE LE CANTOU

Orcival
ORCIVAL ✆ 04 73 65 82 07 / 04 73 65 82 31
www.aubergelecantou.com
aubergelecantou@orange.fr

Ouvert toute l'année. Réservation recommandée.

Découvrez le goût de la cuisine traditionnelle régionale. Ici vous serez accueillis à toute heure. Les repas vous permettront de découvrir les subtiles saveurs de plats qui font la réputation des cuisinières auvergnates. Des menus simples, roboratifs, la cuisine maison est préparée au jour le jour, avec des produits de saison. Entre les repas, le Cantou devient salon de thé : encas salés ou sucrés et pâtisseries maison accompagnent chocolat chaud et cafés ou thé. L'accueil est... parfait.

■ LE FLAMBOYANT

21 bis, rue de l'Horloge
RIOM ✆ 04 73 63 07 97
www.restaurant-le-flamboyant.com
info@restaurant-le-flamboyant.com

Ouvert le mardi et du jeudi au dimanche de 12h à 13h30 ; le mardi et du jeudi au samedi de 19h30 à 21h30. Réservation recommandée. Menus de 30 € à 80 €. Formule du midi : 22 € (sauf le dimanche et jours fériés). Vin au verre. Accueil des groupes. Vente à emporter.

Si l'accueil est un peu timide, la décoration plutôt minimaliste, c'est bien parce que chez Hervé Klein l'essentiel est dans l'assiette. Nul besoin de fioritures, il suffit de s'asseoir et de commencer à manger pour comprendre que l'on est bien à l'une des meilleures tables du département. Parmi les différentes formules, le menu « Au fil des saisons » permet de se délecter d'un repas quasiment divin, pour un prix très abordable. Lotte rôti, jarret de porc confit, choux Pack Choi, filet de canette rôti, cuisse confite, jus au vinaigre miel, rocher chocolat noisette... On ne peut s'empêcher à chaque bouchée de laisser échapper sa satisfaction et son plaisir. Si vous êtes de passage à Riom, voici un établissement à privilégier.

Se loger

■ AUBERGE DE LA PETITE FERME***

Lieu dit Le Faux
BESSE-ET-SAINT-ANASTAISE
✆ 04 73 79 51 39
www.auberge-petite-ferme.com
info@auberge-petite-ferme.com

Ouvert de mi-décembre à fin mars et du 1er mai au 30 septembre. 32 chambres. Chambre double de 65 € à 95 € ; suite de 149 € à 179 €. Pension complète : 37 €. Demi-pension : 30 €. Petit déjeuner : 9,50 €. Lit supplémentaire : 20 €. Restauration (menus de 24 à 32 €).

Un hôtel-restaurant confortable situé dans un environnement exceptionnel et il l'est de plus en plus depuis d'énormes travaux d'aggrandissement et de modernisation. La nouvelle entrée donne sur un salon avec cheminée et une boutique de produits du terroir. Au restaurant L'Authentique, vous admirez la brigade à l'oeuvre grâce à une cuisine ouverte, vous pouvez vous installer au bar en ardoises pour converser avec les hôtes, convivialité garantie. Vous dégusterez les spécialités régionales de ce maître restaurateur : pounti, duo de terrines campagnardes – canard aux girolles et fromage –, truffade, sandre en papillote, entrecôte au bleu d'Auvergne, crème brûlée aux myrtilles... Les chambres et les suites, toutes superbement refaites, avec écrans plats et chaines du câble, vous permettront de garder un bon souvenir de Besse et alentours... et de surfer en Wifi gratuitement... La charmante auberge vous réserve aussi un restaurant en annexe où les truffades et pizzas sont les stars, habillées de plusieurs garnitures, que vous pouvez emporter. L'Auberge de la Petite Ferme confirme sa position d'hôtel-restaurant le plus agréable du Bessoi.

■ **HÔTEL DE LA PROVIDENCE ET DE LA POSTE****
2, rue de l'Abbé Blot
BESSE-ET-SAINT-ANASTAISE
✆ 04 73 79 51 49
www.hotel-providence-besse.com
info@hotel-providence-besse.com
10 chambres. Chambre simple à partir de 45 € ; chambre double de 59 € à 62 € ; chambre triple de 65 € à 72 €. Demi-pension : 67,50 €. Petit déjeuner : 7,50 €. Animaux acceptés (4 €). Restauration.
Valérie et Patrick Seby tiennent avec soin cet hôtel-restaurant de la cité médiévale bessoise. A taille humaine avec 10 chambres pouvant accueillir jusqu'à 4 personnes, c'est un excellent point de chute pour partir à la découverte de cette partie du Sancy. Les activités ne manquent pas aux alentours, autant pour les amoureux de vieilles pierres que pour les passionnés de nature. Le restaurant vous permettra de découvrir les incontournables de la région, et il y en a !

■ **HOTEL-RESTAURANT LE GRILLON****
Lac Chambon
CHAMBON-SUR-LAC ✆ 04 73 88 60 66
www.hotel-grillon.com
info@hotel-grillon.com
Logis (2 cheminées). Fermé en novembre. 22 chambres. Chambre double de 45 € à 60 €. Demi-pension à partir de 50 €, pension complète à partir de 68 €. Wifi gratuit. Restauration (menus de 19,50 à 40 €. Formule rapide à 14,20 €).
A 15 km au nord de Besse sur la D996, l'hôtel est situé au bord du lac Chambon dans un cadre résolument magnifique. Les chambres bien entretenues, le jardin et le salon propice au repos forment un bel établissement. Une cuisine de terroir et de tradition, concoctée avec soin par le patron (feuilleté d'escargots au bleu d'auvergne, salade aux gésiers confits maison, fricassée de cuisses de grenouilles, mignon de porc aux girolles, croustillant aux myrtilles...) est servie dans les deux salles de restaurant. N'hésitez pas à profiter de la terrasse dès les beaux jours.

■ **HOTEL LE BELVEDERE***
7, rue du Général-De-Gaulle
CHÂTEL-GUYON
✆ 04 73 86 06 62
www.chatel-belvedere.com
info@chatel-belvedere.com
30 chambres. De 29 € à 41 €. Soirée étape à 55 €. Animaux acceptés. Wifi gratuit.
Cette adresse mérite vraiment le détour. Il y a tout d'abord l'accueil, qui est franchement convivial. Puis on découvre les chambres, agréables et décorées avec goût. Et que dire de la table ? Un pur régal avec des spécialités du Sud-Ouest comme on les aime : foie gras, magret de canard sauce Madiran, coq au vin ou escalope de saumon au vin de Cahors, cassoulet, confit, et aussi des poissons pour les amateurs. Le Belvédère se trouve face aux courts de tennis, et est donc très facile à trouver.

■ **HÔTEL LE CANTALOU**
15-17, rue du Lac Saint-Hippolyte
CHÂTEL-GUYON ✆ 04 73 86 24 36
info@hotel-le-cantalou.com
Fermé du 1er décembre au 31 janvier. Chambre double de 32 € à 87 €. Garage. Animaux acceptés. Restauration. Tv satellite.
Les propriétaires retapent et améliorent sans cesse literie, plomberie, moquettes… Ceux qui étaient des clients déjà fidèles apprécieront les efforts, les autres découvriront avec plaisir les deux jardins, la piscine, la salle de gym, et tous les petits équipements qui agrémentent un week-end détente à la campagne : baby-foot, ping-pong, jeux de société... Le restaurant étonne avec son ambiance chinoise et sa décoration aux objets uniques. Les chambres sont toutes équipées d'une douche ou baignoire, télévision et téléphone, et accueillent jusqu'à 6 personnes.

■ **LES COMMERCANTS**
51, avenue de l'Union-Soviétique
CLERMONT-FERRAND
✆ 04 73 92 37 19
www.lescommercants.fr
lescommercants@club-internet.fr
Logis (2 cheminées). Ouvert toute l'année. 20 chambres. Chambre simple à partir de 61,50 € ; chambre double à partir de 72 € ; chambre triple à partir de 75 €. Petit déjeuner : 9 €. Animaux acceptés. Wifi gratuit. Restauration. Tv satellite, Canal +.
L'hôtel du restaurant Les Commerçants a entièrement été rénové et propose aujourd'hui une vingtaine de chambres tout confort. Situé à 100 m de la gare SNCF, à 5 min du centre des congrès du Polydôme et largement desservis par les transports en commun clermontois, l'établissement ne déçoit pas. L'accueil est très sympathique et le sourire de la patronne toujours agréable même pendant le rush de midi ! Car Les Commerçants, c'est également un restaurant où il fait bon déjeuner (ou dîner), les travailleurs du quartier ne s'y trompent pas et savent profiter de la cour intérieure quand les beaux jours arrivent.

■ **CAMPANILE CLERMONT-FERRAND NORD RIOM*****
4, rue Louis-Armstrong
RIOM ✆ 04 73 38 60 00
riom@campanile.fr
51 chambres. Chambre double à partir de 46 €. Parking inclus. Animaux acceptés. Wifi gratuit.
A l'est de Riom, difficile de trouver un accès plus direct (depuis l'autoroute) pour cet hôtel Campanile nouvelle génération, étape idéale pour découvrir la région, étant proche de tous les sites, notamment du golf du Riom. En famille, à deux ou entre collègues pour affaires, cet hôtel labellisé Qualité Tourisme propose 51 chambres confortables, toutes climatisées, avec une literie haut de gamme et des terrasses privatives à la belle saison. Au restaurant, on retrouve les fameux buffets signés Campanile et des plats à la carte.

Pratique

■ **ALLO TAXI RADIO**
9, Allée Pierre de Fermat
CLERMONT-FERRAND
✆ 04 73 19 53 53
www.allotaxiradio.com
Centre d'appels regroupant la plupart des taxis clermontois. Ouvert toute l'année, 7j/7, 24h/24.

Besoin d'un taxi ? Un numéro de téléphone et un site web vous permettent d'obtenir un devis, de réserver une course (au moins 48h à l'avance) ou plus communément d'appeler une voiture, c'est Allo Taxi Radio. C'est pratique quand la majorité des chauffeurs se regroupent, et c'est plus clair. Tarifs sans surprise et service optimal, n'est-ce pas ce que l'on recherche quand le besoin s'en fait sentir ? Attention toutefois, la disponibilité laisse parfois à désirer quand vous avez besoin d'un taxi rapidement. Prévoyez un autre numéro au cas où.

■ **TAXIS DEFRANCE**
1, lotissement Clos
LAQUEUILLE
✆ 04 73 81 11 84
www.taxi-defrance.fr
taxi206@gmail.com
Disponibles toute l'année. 7j/7.
Rochefort-Montagne, La Bourboule, Laqueuille, Perpezat... Partout, dans la région, vous trouverez des taxis Defrance. Dans des véhicules très confortables, climatisés et éventuellement avec la radio branchée sur les nouvelles touristiques de la région si vous le souhaitez, vous voyagez en toute sécurité et dans le plus grand confort. Spectacles, restaurants, visites, aéro-clubs, les taxis Defrance vous conduisent toujours à bon port, dans les meilleurs délais.

■ **LES TAXIS DE L'AUZON**
Chemin de la Prairie
LA ROCHE-BLANCHE
✆ 04 73 79 45 14
Disponibles toute l'année, 7j/7.
Si vous souhaitez visiter le plateau de Gergovie, l'Anatolia Parc, le puy de Dôme ou celui de Sancy, le Mont-Dore, les monts du Forez et bien d'autres merveilles de la région, les taxis de l'Auzon vous prennent en charge. Ils sont disponibles tout au long de l'année et sillonent les routes du Puy-de-Dôme et même parfois plus loin. Ils desservent également les aéro-clubs de la région.

Destination Mont Blanc : les 10 règles de la montagne N S F A

Il n'y a pas que les alpinistes qui partent à l'assaut du mont Blanc : les pilotes d'avion aiment aussi flirter avec le toit de l'Europe. Mais la beauté du site n'a d'égal que sa dangerosité, voici donc notre petit « guide de haute montagne » pour vous aiguiller en toute sécurité sur cette superbe destination.

4810,45 m, c'est la nouvelle altitude officielle du mont Blanc, établie en 2009. Certes, c'est 45 centimètres de moins que la mesure réalisée en 2007, mais c'est 3,45 m de plus que les fameux 4807 m appris sur les bancs de l'école. Le GPS tord désormais le cou au calcul d'altitude ellipsoïdale géopotentielle. Mais qu'importe, car la plus belle vue que vous pourrez avoir du mont Blanc, ce n'est pas à la verticale du sommet mais bien au cœur du massif. L'aile bien calée près de la paroi, vous entrerez dans les cirques enneigés, torturés par le temps, et admirerez la roche couleur chocolat se mêlant au bleu intense des glaciers et vous sentirez le sentiment de petitesse qu'impose la montagne. Débarquez votre ego avant de décoller : ici, seule l'humilité est bienvenue à bord. Remontez la vallée de Chamonix, entrez dans le glacier du Tour, tutoyez l'aiguille du Chardonnet, le glacier d'Argentière, passez l'aiguille Verte, rejoignez le Talèfre et enchaînez le glacier de Leschaux avec celui du Géant. Dévalez le Tacul avant de surfer sur la mer de Glace. Admirez la vallée Blanche et l'aiguille du Midi sur votre aile gauche... Vous êtes en train de faire un des plus beaux vols de votre vie ! La balade est tout simplement époustouflante. Mais attention, *« la montagne n'est ni juste, ni injuste, elle est dangereuse »*, comme a coutume de dire le célèbre alpiniste Reinhold Messner. Les pilotes de montagne de nos aéro-clubs français ne le contrediront pas. Aussi, pour vous parler du mont Blanc, nous avons réuni les témoignages d'instructeurs et de pilotes d'aéro-clubs qui connaissent bien l'endroit. En dix points, voici leurs conseils.

1. Un voyage d'initié

Au début, ne partez jamais seul ! Tout le monde vous le dira, n'allez pas dans le massif du Mont-Blanc pour la première fois sans être accompagné d'une personne qui connaît les environs. Comme pour un rite initiatique, il vous faut être parrainé, et ce parrain doit être soit un instructeur de montagne (cf. liste des aéro-clubs), soit un pilote qui a lui-même été initié (de préférence qualifié montagne). Les secrets du lieu sont nombreux et se transmettent de maître à élève...

2. La météo

En montagne, la météo change très vite. L'aérologie est la première des choses à prendre en compte. Pour Alexandre Combes, instructeur à l'aéro-club des Trois vallées, il faut bien distinguer les courants thermiques des courants dynamiques. *« Une bonne étude de vos cartes Wintem doit s'accompagner d'une lecture appropriée*

Association Française des Pilotes de Montagne (AFPM)

■ **ASSOCIATION FRANÇAISE DES PILOTES DE MONTAGNE (AFPM)**
Route de l'Escale – VOLONNE
www.afpm.fr
Ouvert toute l'année. Tous les jours.
Glacier, moyenne montagne, aviation verte de terroir : la conduite en montagne est assez particulière. C'est une activité sportive, très technique, et l'AFPM est là pour vous en enseigner les bases. Vous pourrez ensuite partir en toute confiance à la découverte des magnifiques paysages qu'offrent le mont Blanc et ses environs.

Rappel : baptêmes de l'air, théorie et pratique

Le mont Blanc est une destination spectaculaire pour vos passagers ; néanmoins, n'oubliez pas de respecter la réglementation. Un aéro-club peut faire effectuer, par des membres bénévoles, des vols locaux à titre onéreux en avion, au profit de personnes étrangères à l'association, mais aux conditions fixées par le décret N° 98-884 du 28 septembre 1998. Les baptêmes de l'air répondent à des conditions strictes de mise en œuvre :

- Le vol local doit être un vol de moins de trente minutes entre le décollage et l'atterrissage.
- Ce vol ne s'éloigne pas à plus de 40 kilomètres de son point de départ.
- Ce vol n'implique pas de transport entre deux aérodromes.

■ **AEROCIME**
Altiport – 3368, route de Côte 2000 – MEGÈVE
© 04 50 21 03 21 – www.aerocime.com – aerocime@orange.fr
Ouvert toute l'année. Réservation conseillée : 24h à 48 h à l'avance. Tarifs pour 3 adultes (ou 2 adultes + 2 enfants) dans le même avion : 198 € pour vol de 30 min Chamonix ; 297 € pour 40 min de vol Vallée Blanche ; 396 € pour un vol Massif du Mont-Blanc. Demi-tarif pour les -12 ans.
Pour découvrir les panoramas grandioses sur le Haut Val d'Arly et le massif du Mont-Blanc, avec des pilotes professionnels de la première compagnie d'avions agréée par la Direction générale de l'Aviation civile. Depuis l'altiport de Megève, après un décollage impressionnant au plus près des montagnes environnantes, on s'envole dans un « Mousquetaire » (ils sont équipés de skis en période hivernale), en toute sécurité, pour survoler un des trois circuits proposés : le grand circuit du massif du Mont-Blanc avec les aiguilles, les Grandes Jorasses, les glaciers et retour par le massif des Aiguilles Rouges ; la vallée Blanche et le tour du mont Blanc ; le petit tour de la vallée de Chamonix. Grâce aux grandes verrières panoramiques non teintées (idéal pour prendre des photos), chaque passager (2 à 5) dispose d'une vue imprenable. Des moments privilégiés qui nous font nous sentir tout petits dans l'immensité des sommets du « toit de l'Europe ».

du ciel. Savoir reconnaître un nuage cumuliforme d'un lenticulaire, c'est bien, mais c'est beaucoup plus utile de savoir ce qu'ils signifient ». Au sommet du mont Blanc, il n'est pas rare de rencontrer des vents de 150 km/h et des températures de -40°C. Maudit vent du Sud ! Synonyme de turbulences et de rabattants, imprévisible, c'est l'ennemi du pilote de montagne. Prudence ! Jean Wiacek, président de l'aéro-club de Darrois est qualifié montagne. Plusieurs fois par an, il organise pour les pilotes de son club des sorties Mont-Blanc à partir de Dijon. « Lorsque je remonte la vallée de Chamonix, je vérifie une dernière fois l'aérologie avant de m'aventurer plus loin ». Réévaluez plusieurs fois la météo au cours du vol et n'hésitez pas à consulter ce très bon site local : www.meteo-chamonix.org/drupal.

3. La bonne altitude

Il y a souvent des écarts de QNH importants avec les avions qui viennent de l'extérieur, ainsi que le remarque Bruno Muller de l'aéro-club de Megève, la plateforme la plus proche du mont Blanc. L'écart peut parfois atteindre 8 millibars. Genève ou Chambéry vous donneront le dernier QNH si vous venez de plus loin. Pour plus de sécurité, n'hésitez pas à demander aux autres aéronefs quel est leur QNH.

4. L'absence d'horizon

En montagne, l'horizon n'existe plus. Lorsque vous entrez dans un glacier, cet absence de repères est encore plus flagrante. Plusieurs accidents ont souligné ce problème. Le pilote a tendance à garder la même valeur angulaire entre le capot de l'avion et le sommet de la montagne. Du coup, l'assiette et l'incidence augmentent, et la vitesse diminue. Yves Croze applique une technique qu'il tient de son instructeur : « tu prends la montagne la plus éloignée, tu divises sa hauteur par deux et ça te donne sensiblement l'horizon ». Ajoutons à cela qu'un moteur perd 10% de sa puissance tous les 1000 feet. A 4000 m, un 180 ch atmosphérique équivaut donc à un moteur de 108 ch. Il n'est donc pas raisonnable d'embarquer quatre passagers ainsi que les pleins, etc., pour réaliser ce type de vol.

5. Un lieu très fréquenté

Aux difficultés de la météo, du relief et de l'altitude, il faut ajouter celle de la fréquentation. C'est l'été que le site est le plus chargé. Largage de parachutistes au-dessus de Chamonix, parapentes, deltaplanes, planeurs, hélicoptères de sauvetage et autres usagers de l'aviation légère se retrouvent dans l'espace confiné de la vallée. Tout le monde n'est en outre pas sur la fréquence. Redoublez de vigilance !

6. Le bon sens

Une pratique s'est établie au fil du temps. « Annoncer « je suis sur la mer de glace côté gauche », ça ne veut rien dire » explique Jacques Brun. « Ici on parle de rive, comme pour un fleuve. C'est-à-dire qu'on se situe à gauche ou à droite par rapport au sens de la descente. On entre dans un glacier rive droite et on en sort rive gauche. Le tour se fait dans le sens horaire. Attention, dans certains cas précis, en raison du soleil qui peut être aveuglant, il arrive que le tour se fasse dans l'autre sens ». Bref, c'est une question de bon sens !

LFLI
A/A 125.87
7 C FL 105 - FL 195
6 C FL 85 - FL 195
CLUSES
Col de la Colombière
Col des Aravis
Sallanches
Mont Blanc
LFHZ
Sallanches 123.50
Passy
1000 AGL
Sixt Passy
1000 AGL
Col de Balme
Col des Montets
Vallon de Berard
3300 AGL
CHAMONIX-MONT-BLANC
LF R-30 A
FL 115 (3300 AGL)
GND
LF R-30 B
FL 115 (3300 AGL)
GND

7. Radio : parlez peu, parlez bien

N'encombrez pas 130.00 MHz, la fréquence montagne. « Certains pilotes parlent beaucoup trop et reportent mal leur position. Ceux qui parlent le plus sont ceux qui ne sont pas à l'aise », confie un pilote du cru. Il faut annoncer sa position, mais ne le faites pas de manière excessive. Faites des messages courts, car les professionnels de la montagne et notamment les hélicos de secours ont parfois du mal à pouvoir communiquer sur la fréquence.

8. Rayon de virage

La relation vitesse/inclinaison/facteur de charge/décrochage est plus que jamais importante en montagne. Le rayon de virage d'un avion dépend de sa vitesse propre et de son inclinaison. Par exemple, pour une inclinaison à 30° à une vitesse de 80 kt, le rayon de virage sera de 560 m ; à 100 kt de 870m, à 120 kt de 1250 m ; à 160 kt de 1950 m... Pour une inclinaison à 60° à 80 kt, le rayon de virage sera de 200 m ; à 100 kt de 300 m ; à 120 kt de 420 m ; à 160 kt de 650 m... Sachant que la vitesse de décrochage augmente avec l'inclinaison, les pilotes de montagne privilégient des virages de 30°, ce qui implique une anticipation des trajectoires et un bon placement par rapport à la paroi.

9. Hypoxie et passagers

Plus on monte, plus la pression atmosphérique diminue. Une personne normale commence à ressentir les premiers effets de l'hypoxie vers 10 000 feet, mais certains individus peuvent y être sujet dès 5 000 feet. Jean Wiacek emporte toujours à bord une petite bouteille d'oxygène, d'une autonomie d'une dizaine de minutes, et observe à intervalles réguliers ses passagers. « Même s'ils sont pilotes, je regarde si leur respiration est rapide, s'ils transpirent ». Maux de têtes, sensation de fatigue, somnolence, troubles du comportement : surveillez-vous ainsi que vos passagers. Même si réglementairement, un avion léger non pressurisé a le droit de voler entre 12 500 et 14 000 feet pendant 30 mn, ne tentez pas le diable... Petit détail, pensez à vérifier que le chauffage de votre avion fonctionne avant le départ !

10. Attention aux câbles !

Votre vol ne peut tenir qu'à un fil ! Il y a plusieurs câbles téléphériques autour du mont Blanc. Repérez-les sur une carte, parlez-en au briefing et faites participer vos passagers. Ouvrez l'œil et surtout appliquez ce que recommandent les instructeurs montagne : « le meilleur moyen de ne pas prendre un câble, c'est de passer à la verticale du pylône ». Simple et efficace.

Aérodromes et aéro-clubs

■ AERO-CLUB DU DAUPHINE
ALPE-D'HUEZ (LFHU)
ALPE D'HUEZ
✆ 04 76 11 35 81 / 06 88 48 70 49
www.aeroclubdudauphine.fr

L'aéro-club de l'Alpe-d'Huez se trouve sur l'altiport Henri Giraud, qui est spécialisé dans les secours en montagne mais qui accueille aussi les activités touristiques et de loisirs. Vous aurez à votre disposition une piste bitumée de 448 mètres de long. Les communications s'effectuent en auto-information sur la fréquence de 120.60 MHz. L'Alpe-d'Huez est le camp de base idéal pour partir à la découverte de prestigieux sommets et de panoramas exceptionnels.

■ AEROCLUB DU HAUT BUGEY (LFJD)
CORLIER ✆ 04 74 38 55 85

Ouvert toute l'année.

Cet aéro-club est basé à l'altiport de Corlier qui possède un hangar qui peut héberger des avions de passage après préavis. La pente est de 15% et la plateforme régulière. Les communications s'effectuent en auto-information sur la fréquence de 130.00 MHz. En vous élançant de l'aéro-club du Haut Bugey, vous pourrez survoler le Bas Bugey (Amberieu-en-Bugey, etc.) et le Haut Bugey (Nantua, plateau du Retord, etc.), le point culminant du massif étant le Grand Colombier.

■ AERO-CLUB DES TROIS VALLEES
COURCHEVEL (LFLJ)
COURCHEVEL
✆ 04 79 00 20 64 / 06 22 06 06 07
www.aeroclub3vallees.com
contact@aeroclub3vallees.com

Ouvert toute l'année. Tous les jours.

Parcourir les Alpes comme vous ne l'avez jamais fait, c'est possible avec l'aéro-club des trois vallées de Courchevel. Courchevel vous offre un cadre complet et idéal pour en prendre pleins les yeux. L'Altiport de Courchevel est situé à proximité des pistes de ski ; la piste est déneigée en hiver et cela vous permet donc de pratiquer votre passion toute l'année. Depuis Courchevel, vous pouvez survoler les lacs Merlets, la vallée de la Vanoise et bien d'autres lieux superbes.

■ AERO-CLUB DU DAUPHINE
COURCHEVEL (LFLJ)
COURCHEVEL ✆ 04 79 08 31 23
www.aeroclub-courchevel.com
acd-courchevel@wanadoo.fr

Ouvert toute l'année.

Un aéro-club au cœur des Alpes, avec des terrains accessibles pour une expérience extraordinaire et une équipe de professionnels pour faciliter votre vol, et mettre à votre disposition tout le nécessaire. Envolez-vous pour profiter au mieux de la diversité de sites, à quelques minutes seulement de Courchevel. Comme les montagnes ne viennent pas à vous, allez à elles !

■ AERO-CLUB DE LA MOTTE-CHALANCON (LFJE)
Altiport La Motte-Chalançon
LA MOTTE-CHALANÇON
✆ 04 75 27 22 94
francbernard@wanadoo.fr

Vous rêvez de voir la Drôme depuis les airs ? Eh bien, réalisez votre rêve en décollant de l'Altiport de la Motte-Chalançon si vous êtes qualifié montagne, pour faire un tour au-dessus des châteaux de la Drôme, des montagnes du Vercors ou bien du Ventoux tout proche. Un vol d'une beauté absolue !

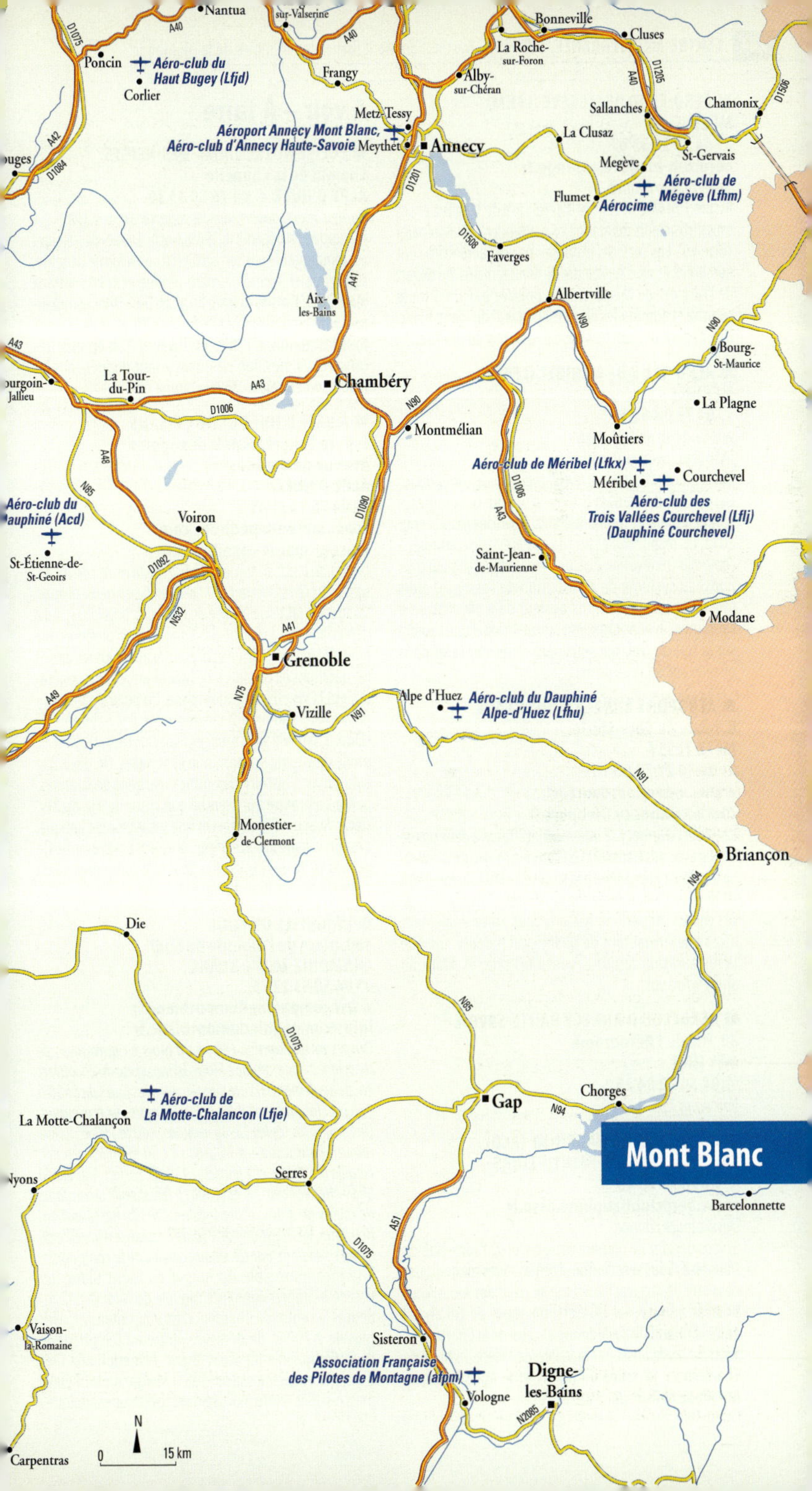
Nantua
sur-Valserine
Bonneville
Cluses
D1075
A40
Poncin
Aéro-club du
Haut Bugey (Lfjd)
Corlier
Frangy
La Roche-
sur-Foron
Alby-
sur-Chéran
D1205
Chamonix
D1506
Sallanches
Metz-Tessy
Aéroport Annecy Mont Blanc,
Aéro-club d'Annecy Haute-Savoie
Meythet
Annecy
La Clusaz
St-Gervais
Megève
Aéro-club de
Mégève (Lfhm)
Flumet
Aérocime
A42
ouges
D1084
D1201
D1508
Faverges
Aix-
les-Bains
A41
Albertville
N90
Bourg-
St-Maurice
A43
ourgoin-
Jallieu
La Tour-
du-Pin
Chambéry
D1006
Montmélian
La Plagne
Moûtiers
A48
Aéro-club de Méribel (Lfkx)
Méribel
Courchevel
Aéro-club des
Trois Vallées Courchevel (Lflj)
(Dauphiné Courchevel)
N85
Aéro-club du
auphiné (Acd)
St-Étienne-de-
St-Geoirs
Voiron
D1090
D1092
Saint-Jean-
de-Maurienne
N532
Modane
Grenoble
A49
N75
Vizille
N91
Alpe d'Huez
Aéro-club du Dauphiné
Alpe-d'Huez (Lfhu)
Monestier-
de-Clermont
Briançon
N94
Die
D1075
Aéro-club de
La Motte-Chalancon (Lfje)
La Motte-Chalançon
Gap
Chorges
Mont Blanc
Nyons
Serres
Barcelonnette
A51
Vaison-
la-Romaine
Sisteron
Association Française
des Pilotes de Montagne (afpm)
Digne-
les-Bains
Vologne
N2085
N
0
15 km
Carpentras

■ AERO-CLUB DE MEGEVE (LFHM)

MEGÈVE

✆ 04 50 21 33 67

aeroclub-megeve@orange.fr

Ouvert toute l'année.

Au pied du Massif central, l'aéro-club de Megève et ses trois instructeurs montagne vous attendent pour préparer votre vol. Les services proposés par cet aéro-club sont nombreux et vous serez entre de bonnes mains. Au départ de l'Altiport de Megève, vous pourrez partir en toute sécurité et admirer les glaciers du massif du Mont-Blanc. Une expérience qui ne vous laissera pas de marbre !

■ AERO-CLUB DE MERIBEL (LFKX)

MÉRIBEL

✆ 04 79 08 61 33

www.ac-meribel.com

info@ac-meribel.com

Ouvert toute l'année ; se renseigner pour les horaires.

L'aéro-club de Méribel est une structure qui progresse régulièrement et tranquillement. Parmi les projets pour 2014, les responsables du site ont prévu de continuer à l'embellir (rénovation du club-house et installation d'un nouveau système de distribution de l'essence) alors que d'importants travaux avaient déjà été réalisés à l'automne, avec notamment l'installation d'une caméra sur le toit du club qui vous permet de voir l'état de la piste avant de vous poser.

■ AEROPORT ANNECY MONT BLANC

8, route de Côte-Merle

METZ-TESSY

✆ 04 50 27 30 06

www.annecy.aeroport.fr/

contact@annecy.aeroport.fr

L'aéroport d'Annecy se trouve à Metz-Tessy, à deux pas de la ville avec des transports en commun qui le desservent. Sa gestion a été confiée à la société SAMBA. Idéalement situé pour l'aviation de loisirs, il met à disposition de ses clients un parking gratuit. Vous aurez également accès à un restaurant de qualité qui propose aussi de la restauration rapide si vous êtes pressés avant ou après votre vol.

■ AÉROCLUB D'ANNECY HAUTE-SAVOIE

60, rue de l'Aérodrome

MEYTHET

✆ 04 50 22 04 25

Voir page 150.

■ AERO-CLUB DU DAUPHINE (ACD)

SAINT-ETIENNE-DE-SAINT-GEOIRS

✆ 04 76 77 28 46

www.aeroclubdauphine.asso.fr

Ouvert toute l'année.

Si vous décidez de prendre votre envol de l'aéro-club du Dauphiné, vous serez entouré de paysages magnifiques dès votre départ, car il est situé au cœur des Alpes. Vous pourrez admirer les glaciers, naviguer de col en col entre le massif de Belledonne et celui de la Chartreus... Vous passerez aussi par la vallée de l'Isère, la forêt de Chambaran, la vallée du Rhône et le Massif central. Autant de plaisirs pour vos yeux !

À voir – À faire

■ EGLISE NOTRE-DAME-DES-NEIGES

Chemin de la Chapelle

ALPE D'HUEZ ✆ 04 76 80 33 30

Haute saison : ouvert tous les jours de 8h30 à 19h.

Inaugurée en décembre 1969, Notre-Dame-des-Neiges est remarquable par son architecture en forme de tente, son orgue en forme de main tendue et ses 13 vitraux réalisés par l'artiste peintre Arcabas. Des visites commentées sont organisées par le musée d'Huez et de l'Oisans tous les mardis à 17h30 en hiver et 18h en été. Des concerts de musique classique y sont donnés tous les jeudis soir en saison, hiver comme été.

■ MUSEE D'HUEZ ET DE L'OISANS

Espace Congrès Palais des Sports

Avenue de Brandes

ALPE D'HUEZ

✆ 04 76 11 21 41

www.musee-alpedhuez.com

musee@mairie-alpedhuez.fr

Ouvert du lundi au samedi de 10h à 12h et de 14h à 19h, sauf jours fériés. Ouvert le 1er dimanche du mois. Gratuit.

Un musée, labellisé Musée de France depuis 2003, qui a déménage vers le Centre des Congrès pour proposer une nouvelle muséographie et présenter au mieux les arts et les traditions de ce canton de montagne, et plus généralement la vie en haute montagne. Un beau « parcours » pour mieux comprendre le quotidien des habitants de l'Oisans, leur vie sous tous ses aspects : rites, croyances, mode de vie, vie économique et sociale... On découvre également l'histoire des mines d'argent de Brandes, petite commune qui prendra son essor du XIIe au XIVe siècle. Avec des maquettes et une scénographie ludique, c'est un voyage dans le temps qui nous est présenté. De plus, la visite de l'exposition peut être complétée par la visite du site de Brandes en été.

■ L'AIGUILLE DU MIDI

100, place de l'Aiguille du Midi

CHAMONIX-MONT-BLANC

✆ 04 50 53 22 75

www.compagniedumontblanc.fr

info@compagniedumontblanc.fr

Ouvert toute l'année. Fermé un mois en automne : se renseigner. Panoramique Mont-Blanc : visite de 2h, ouvert en été seulement. Haute saison : tous les jours de 8h30 à 16h30. Horaires variables selon les mois : se renseigner. Une benne toutes les 15-30 minutes. Adulte : 50 € (aller-retour). Enfant (de 4 à 15 ans) : 42,50 € (aller-retour). Famille (2 adultes et 2 jeunes) : 150 €. Forfait Aiguille du Midi – Helbronner : 78 € (adulte). Déconseillé aux enfants de moins de 3 ans. Visite totale : 2 à 3 h. Restauration. Boutique. Réservation : de 7 jours à l'avance à la veille du départ ; en ligne par tél. et aux caisses de la compagnie.

Site incontournable du massif du Mont Blanc, on accède à l'impressionnante Aiguille du Midi (3 842 m) depuis le centre de Chamonix, en vingt minutes, avec plus de 2 700 m de dénivelé, grâce au téléphérique de la Compagnie du Mont-Blanc. Attention aux files d'attente en pleine saison d'été ! Malgré un tarif élevé mais justifié... cette montée dans les cimes est unique !

Ouverte en 1924, la compagnie n'a cessé d'améliorer ses équipements et les conditions d'accueil de ses visiteurs : une nouvelle série de travaux a commencé en 2011 et devrait se terminer en 2014. Le Plan de l'Aiguille (2 317 m) est la station intermédiaire : point de départ pour les skieurs, alpinistes... et de la randonnée jusqu'au site du Montenvers. Le Piton Nord (3 777 m) accueille la gare d'arrivée et de départ, le restaurant 3842m ainsi que des boutiques et une terrasse surplombant Chamonix. Depuis la galerie du Mont-Blanc qui fait maintenant le tour du Piton Central, l'ascenseur conduit à la terrasse sommitale de l'Aile du Mont-Blanc (3 842 m). L'espace panoramique abrité y dévoile, à 360°, les plus hauts sommets du Toit de l'Europe (avec vue sur le Mont Rose, le plus haut massif de la Suisse voisine). Le visiteur peu craintif, peut même y expérimenter un « pas dans le vide » à couper le souffle ! Depuis la passerelle Rebuffat, le téléphérique du Panoramic Mont-Blanc permet de survoler la vallée Blanche jusqu'à la pointe Helbronner, en Italie. Sensations garanties !

■ LE MONT BLANC
CHAMONIX-MONT-BLANC
www.chamonix-mont-blanc.fr

Si vous êtes venus à Chamonix, c'est d'abord pour lui. Après tout, la ville n'a-t-elle pas été rebaptisée Chamonix-*Mont-Blanc* au début du XXe siècle, de peur que les voisins italiens ou suisses ne revendiquent le majestueux sommet ? Difficile de résumer en quelques mots l'objet de tant de passions. Essayons néanmoins, avec deux chiffres. 1786 d'abord, date de la première ascension réussie du géant par le chasseur de chamois Jacques Balmat et le docteur Michel Gabriel Paccard (voir plus loin). 4 807, ensuite. Ou plutôt 4 810, puis 4 808, puis de nouveau 4 810 mètres… Le toit de l'Europe n'a jamais autant changé d'altitude que depuis ces dix dernières années. Aujourd'hui mesuré tous les deux ans par une équipe de géomètres de Haute-Savoie, la dernière estimation de septembre 2011 confirme ce que l'on savait déjà : le petit a grandi. Au sommet, le thermomètre dépasse rarement les 0 °C (pour combien de temps encore ?) et le manteau neigeux varie en volume. Sans cette couverture qui a tendance à fondre ou à croître selon les années, le mont Blanc ne mesurerait que 4 792 m – ce qui lui ferait perdre son titre de gloire au profit d'un pic rocheux, toujours français, situé plus à l'ouest. La dernière poussée de croissance n'est pas sans faire quelques malheureux : on pense notamment à la pléiade d'hôtels et de restaurants qui ont choisi de prendre l'altitude historique du mont Blanc pour nom de leur enseigne. Au diable les scientifiques disent certains : pour nombre d'écoliers de Chamonix, le toit de l'Europe restera perché à 4 807 mètres, aussi sûr que 7 fois 7 font 49.

■ MONTENVERS – MER DE GLACE
35, place de la Mer de Glace
CHAMONIX-MONT-BLANC
✆ 04 50 53 22 75
www.compagniedumontblanc.fr
info@compagniedumontblanc.fr

Fermé du 30 septembre au 18 octobre. Horaires variables selon la saison : se renseigner. Grotte fermée du 20 mai au 8 juin et du 30 septembre jusqu'au 21 décembre. Basse saison : ouvert tous les jours de 8h30 à 15h30. Haute saison : tous les jours de 8h à 16h30. Hiver : départ de 10h à 15h. Horaires variables en basse saison. Adulte : 27,50 € (aller-retour + télécabine + visite). Enfant (de 4 à 15 ans) : 23,50 €. Télécabine + visite : 15 € (adulte) ; 12,80 € (enfant). Restauration (à l'arrivée, possibilité de déjeuner au Grand hôtel du Montenvers). Boutique. Prévoir 2h à 3h de visite au total.

Montenvers est le point de départ pour la visite du plus grand glacier français : la Mer de Glace (7 km de long, 200 m d'épaisseur) ! Depuis le XIXe siècle, il reçoit la visite du monde entier : il est l'un des plus vastes glaciers d'Europe (40 km²) – il perd maintenant près de 40 m par an en longueur et jusqu'à 4 m d'épaisseur – et son panorama sur les sommets grandioses des Drus et des Grandes Jorasses est magnifique. Depuis 1908, le mythique train à crémaillère du Montenvers permet d'accéder, en vingt minutes, au pied de la Mer de Glace, à 1 913 mètres d'altitude. Sa fameuse grotte de glace est creusée à même le glacier et retaillée chaque année : elle retrace la vie en montagne au début du XIXe siècle. Pour la visiter : un sentier pédestre de vingt minutes de marche (à condition d'être équipé) ou le télécabine. Attention ! 398 marches séparent celui-ci de l'entrée de la grotte ! A visiter également : la galerie des cristaux du massif du Mont-Blanc et, depuis 2012, le Glaciorium, un espace dédié à la glaciologie – sur la formation et l'évolution des glaciers – près du Grand Hôtel du Montenvers (1880). Le site est un formidable voyage au cœur du fameux glacier !

■ MUSEE DU HAUT VAL D'ARLY
84, rue Dr Charles Socquet
MEGÈVE ✆ 04 50 91 81 00 / 06 48 73 32 31
Face à Megève Tourisme.

Fermé du 15 avril au 1er juillet et du 1er septembre au 15 décembre. Ouvert sur réservation uniquement. Adulte : 3,50 €. Enfant : 2,80 €. Groupe (10 personnes) : 3,20 € (2,50 € groupes enfants). C'est dans une authentique ferme du XIXe siècle que se cache ce musée, consacré à la vie traditionnelle dans le Haut Val d'Arly. Un véritable témoignage de la vie domestique, sociale et montagnarde au quotidien ! Collections d'objets et reconstitutions de scènes dans les différentes pièces de la ferme permettent d'imaginer la vie de ces savoyards jusque dans leurs costumes et leurs coutumes ainsi que dans leurs activités saisonnières : le travail agricole et artisanal. Cette exposition permanente s'intitule, à juste titre, « La Mémoire du Pays ». Pour les enfants, des livrets d'accompagnement son prévus (sur demande).

■ MUSEE DES ALLUES
Maison Bonnevie
Les Allues
MÉRIBEL ✆ 04 79 00 59 08

Ouvert en juillet et août, le mardi, le mercredi et le jeudi de 14h à 18h. De Noël à fin avril, ouvert le mardi et le jeudi de 14h à 18h30. Entrée libre. Animations.

Ce musée est abrité dans une maison centenaire, la Maison Bonnevie, au cœur du village des Allues. Sa façade est remarquable avec ses fenêtres cintrées. Vous y découvrirez les traditions de cette vallée. Objets de la vie quotidienne, baratte à beurre, rouet… l'activité agricole se décline avec le travail du bois, l'agriculture, la fenaison, le filage du chanvre ou de la laine. L'histoire de la Savoie est complexe, elle a connu tellement d'envahisseurs. Vous trouverez des pistes et des jalons pour comprendre les différentes périodes historiques savoyardes : des édits et règlements royaux, des mappes sardes, des documents de l'annexion de la Savoie à la France en 1860…

■ **ABBATIALE DE NANTUA**
NANTUA
Située approximativement au centre du bourg, l'abbatiale de Nantua porte beau le poids des ans et offre au visiteur le spectacle d'une belle architecture en croix latine datant du XIe siècle pour partie (sur une base plus anciennes et plusieurs fois remaniée). Intéressant aussi le superbe portail, meurtri par les vandales de la Révolution ou la richesse du mobilier intérieur, parmi lequel on remarquera un retable sculpté datant de la Renaissance et classé aux Monuments historiques. Et pour la petite histoire, à noter également la présence d'un tableau de Delacroix (si, si) de 1836 intitulé Le Martyr de Saint-Sébastien. Sa présence est le fruit d'un imbroglio puisque le tableau aurait du servir à payer une partie de l'orgue mais l'annulation de ladite vente pour des arguties juridiques valent aujourd'hui au visiteur d'admirer une toile de l'illustre romantique.

Se restaurer

■ **L'EDELWEISS**
Route de la Poste
ALPE D'HUEZ ✆ 04 76 80 65 64
Ouvert toute l'année. Menus de 20 € à 27 €. Menu enfant : 9 €.
Quand le bonheur se cueille avec un Edelweiss sur les pentes de nos belles montagnes, c'est que l'on est à L'Alpe d'Huez ! C'est dans cet établissement tenu par Jean-Luc et Valérie que l'on vient trouver la bonne humeur constante d'une ambiance conviviale et les bonnes saveurs de notre terroir que le chef nous prépare avec un soin tout particulier. On aime être reçu comme un véritable hôte privilégié, presque comme un membre de la famille, et non pas comme un touriste dans cet adorable chalet. On adore la gentillesse et le sourire de Valérie qui nous présente la carte des nombreuses spécialités de la maison : fondues, pierrades, grillades, sans manquer une fameuse potence de bœuf flambé au cognac à table ou la pagode qu'il faut absolument découvrir. Et si vous l'air des montagnes ne vous fait pas oublier l'air marin, une mention Futée pour le menu pêcheur avec une soupe de poisson maison, un trio de saumon fumé du monde et ses toasts, un filet de saint-pierre meunière ou une marmite de Saint-Jacques. Décor et repas garantis plus que chaleureux, mis en scène par une équipe professionnelle. Une authentique adresse Futée ouverte toute l'année dont on ne saurait se passer.

■ **RESTAURANT L'ALTIPORT**
Altiport
ALPE D'HUEZ
✆ 04 76 80 41 15
www.restaurant-altiport.fr
du-chamond@wanadoo.fr
Fermé de mai à juin et de septembre à novembre. Ouvert tous les jours le midi et le soir. Ouvert toute la journée non stop pour limonade et solarium. Menu enfant : 10 €. Suggestions de 14 € à 28 €. Menu : 28 €. Plats à emporter sur demande.
Et si l'on se contentait d'écrire : « le meilleur chef cuisinier de l'Alpe d'Huez », cela devrait vous suffire pour réserver une table et monter illico vers l'Altiport. Mais votre curiosité de Futé vous pousse à vouloir en savoir davantage. Philippe Piloz, formé dans à l'école hôtelière de Chambéry et passé par des cuisines de palace, a repris avec sa compagne Véronique Sarret le restaurant de l'Altiport en 1989. Depuis 25 ans déjà, ils ne cessent de nous enchanter les papilles et les pupilles, car les lieux sont d'une beauté inouïe. Sur les sommets de la station, au-dessus des nuages, l'Altiport offre un coin de paradis et sa terrasse panoramique avec solarium ouvrant sur un paysage de montagne compte parmi les plus beaux endroits des Alpes. Le restaurant a profité d'une rénovation en 2012 pour nous recevoir dans un cadre chaleureux, aux superbes boiseries, donnant des lignes contemporaines à cet ancien chalet remis au goût du jour. Les groupes d'amis profitent d'une grande table, façon table d'hôtes, pour se retrouver en toute convivialité. Accueil adorable pour savourer une cuisine d'exception, variant en fonction des saisons, réalisée avec des produits frais et originaux. Quelques suggestions délicieuses : une pastillade de bar au beurre de réglisse, des saint-jacques fraîches au beurre d'agrume et risotto, des tartines aux morilles servies avec un os à moëlle gratiné, un oeuf à la coque mousse de panais, une joue de bœuf parmentière... Sans oublier les incontournables fondues et raclettes aux saveurs particulières. Les pâtisseries sont elles aussi maison : tarte aux myrtilles, tarte citron meringuée, tiramisu aux noix, pain perdu au miel, avec une mention spéciale pour le baba au rhum. Belle carte des vins. L'adresse Futé qui va vous faire décoller.

■ **CREPERIE LA NORMANDISE**
Rue des Rois
Courchevel 1550
COURCHEVEL
✆ 04 79 08 16 18
Fermé du 1er au 31 mai. En hiver, service non stop. Menus de 12 € à 13 €. Menu enfant : 10 €. Plat du jour : 13 €. Chèque Restaurant.
Quand des Normands s'installent en Savoie et qu'ils font des crêpes, qu'est ce que cela donne ? La Normandise ! Un lieu sympathique pour déguster de bonnes crêpes faites maison et à la commande. Le couple qui tient l'affaire est très sympathique. Ils arrivent du côté Avranches. Ils mixent leurs spécialités avec les savoyardes et cela donne, une tartinormande avec andouille et camembert ou une crêpe aux pommes et au calvas. La galette berger est garnie de chèvre chaud et de lardons. Vous pourrez vous dépayser avec une croziflette. Mais goûtez juste une crêpe au sucre, juste pour bien sentir le mœlleux et l'odeur de la crêpe ! Un lieu intime dans une ambiance bois, pierres et vieux outils de fenaison. L'addition est légère comme leurs crêpes ! Sympathique les goûters avec des crêpes dans cet établissement situé à côté de la télécabine des Grangettes !

■ **FLOCONS DE SEL**
1775, route de Leutaz
MEGÈVE
✆ 04 50 21 49 99
www.floconsdesel.com
contact@floconsdesel.com
Ouvert du jeudi au mardi le soir de 19h30 à 22h ; du jeudi au dimanche le midi de 12h30 à 14h. Menu unique à 149 €. Carte : 120 € environ. Formule du midi : 42 €. American Express. Terrasse.
Hier Futé annonçait qu'Emmanuel Renaut serait le grand chef de demain. Depuis le 27 février 2012, c'est

confirmé ! Emmanuel Renaut est désormais le grand chef d'aujourd'hui. Des flocons et une troisième étoile qui brille sur cet établissement, nouvelle étape gastronomique incontournable en Haute-Savoie sur les traces d'un certain Marc Veyrat. Sur les hauteurs de Megève, les Flocons de Sel offrent de la haute-couture et des saveurs d'exception dans un cadre magique où l'on prend le temps de faire une étape gourmande. Une adresse raffinée où chaque détail est étudié à la perfection pour un rendu impeccable tant en salle que dans l'assiette. Simplement splendide. Art de vivre en montagne dans un cadre magnifique pour une cuisine de saison pleine d'esprit et d'inspiration : salsifis en fines lamelles légèrement fumées, lard poudre ; premières asperges de Pertuis, tarte inversé noisette ; betterave rouge en gnocchi moelleux, Beaufort été 2010 et Xeres ; Poisson du lac Léman par « Eric Jacquier », pâte de citron et blanc de poireaux ; Ecrevisses moelleuses, jus des carcasses amandes et Campari ; sans oublier les fameux Flocons de sucre avec un « ballon chocolat grand cru » flambé à la poire William ou un Biscuit soufflé chaud aux goûts de montagne. Rien n'est plus beau, rien n'est meilleur que ces Flocons de Sel dans les étoiles.

■ LA TAVERNE DU MONT D'ARBOIS

2811, route Edmond-de-Rothschild
MEGÈVE
✆ 04 50 21 03 53
www.domainedumontdarbois.com
montarbois@relaischateaux.fr

Fermé en mai et en novembre. Ouvert tous les jours le soir de 19h à 23h. Menu unique à 48 €. Carte : 50 € environ. Terrasse.

Annexe canaille du Relais & Châteaux voisin, propriété de la famille Rothschild, la Taverne du Mont d'Arbois, imposant chalet de montagne aux accents autrichiens, à la convivialité, l'accueil et la chaleur d'une maison de famille. Une maison de famille, toute de bois et de poutres anciennes construite et où le bar du rez-de-chaussée précède le centre du foyer : la monumentale cheminée. La cuisson au feu de bois, grillé ou rôti à la broche dans l'âtre, est en effet au centre de la cuisine de cette taverne d'un nouveau genre. Si le costume autrichien des serveurs peut surprendre, la « cuisson de cheminée », elle, séduit d'emblée. La classique côte de bœuf grillée est, bien sûr, au menu, et le jarret de veau au miel de sapin à la broche et le pigeon et lard paysan à la broche font désormais partie des classiques de la maison. Il ne reste plus qu'à s'installer à proximité de la cheminée où rôtissent pigeons et cochons de lait, histoire de profiter de la chaleur et du spectacle.

■ CHEZ LE PÈRE DURDU

3, route de la Cluse
NANTUA ✆ 04 74 75 11 32
www.restaurant-chezperedurdu.com
hakan.durdu@orange.fr

Ouvert toute l'année. Basse saison : du mardi au dimanche le midi de 12h à 14h30 ; du jeudi au samedi le soir de 19h à 22h. Haute saison : du mardi au dimanche le midi de 12h à 14h30 ; du mardi au samedi le soir de 19h à 22h30. Menus de 19 € à 30 €. Menu enfant : 10 €. Formule du midi : 12,90 € (entrée, plat et dessert). Formule midi (entrée, plat, café) : 11,90 €. Accueil des groupes. Terrasse. Vue sur le lac.

Le long de la route qui longe la rive Nord du lac de Nantua, un panneau nous invite à faire escale Chez le Père Durdu, indiquant un parking privé. Alors, soit vous êtes de la région et cette adresse d'excellente réputation ne vous est pas inconnue ; soit vous n'êtes pas de la région et vous allez vous faire plaisir en découvrant non seulement l'un des plus beaux points de vue sur le lac de Nantua depuis la terrasse « les pieds dans l'eau », mais encore en savourant une cuisine authentique, une cuisine qui ne triche pas, savoureuse et généreuse à la fois. Dès les beaux jours, la terrasse ouvre sur un petit paradis de nature préservée juste au-dessus des flots bleus. La salle, lumineuse et suffisamment spacieuse pour accueillir les groupes, n'en est pas moins chaleureuse, à l'image de l'acccueil et du service de cette belle affaire de famille. Outre son environnement, on vient surtout Chez le Père Durdu pour se régaler des spécialités de la maison. A commencer par la fameuse quenelle sauce Nantua gratinée au feu de bois, un délice, mais encore les grenouilles à la persillade – qui ne sont pas servies en été –, le filet de sandre, les grillades au barbecue ou les pizzas cuites au feu de bois. Les gourmands terminent avec une tarte Tatin ou une île flottante. Toutes les occasions sont bonnes pour allez Chez le Père Durdu, où sont organisées régulièrement des soirées thématiques. Une maison vraiment Futé.

Se loger

■ HÔTEL AIGUILLE DU MIDI***

479, chemin Napoléon – Les Bossons
CHAMONIX-MONT-BLANC
✆ 04 50 53 00 65
www.hotel-aiguilledumidi.com
info@hotel-aiguilledumidi.com

Logis (3 cheminées). Fermé du 14 avril au 15 mai et du 20 septembre au 20 décembre. 39 chambres. Chambre double de 73 € à 140 €. Pension complète : 90 € (à 128 €). Demi-pension : 72 € (à 110 € par personne). Petit déjeuner : 13 €. Jeux pour enfants. Animaux acceptés (4 €). Séminaires. Poste Internet. Wifi gratuit. Restauration (menus de 18 € à 23 €). Tv satellite. Bain bouillonnant, sauna.

Profiter de tous les charmes de Chamonix, d'une nature splendide où que l'on pose son regard, sans les inconvénients d'un centre ville encombré en saison, voilà ce que vous propose depuis plus de cent ans -l'établissement a fêté son centenaire en 2008 avec la 5e génération d'hôteliers- l'Aiguille du Midi. Un trois étoiles de rêve où toutes les activités sont possible été comme hiver, grâce aux installations (piscine, tennis en terre battue, Spa...), mais aussi grâce aux navettes gratuites qui nous emmènent vers les pistes et autres aires de loisirs. Les chambres, dont une partie est rénovée chaque année, sont revêtues de bois, décorées avec goût et parfaitement équipées. Mention d'excellence au restaurant tenue par un chef amoureux des bons produits de saison fournis par son potager. En terrasse ou dans une salle mélangeant les matériaux naturels, on découvre une cuisine où modernité et tradition font bon mélangea avec un bavarois d'avocat au saumon fumé et sa vinaigrette crémée au curry, un filet d'omble chevalier au beurre blanc, sans oublier la farandole de gourmandises au buffet. L'Aiguille du Midi, un autre sommet Futé à ne pas manquer.

■ HOTEL DES GOURMETS***

96, rue du Lyret
CHAMONIX-MONT-BLANC
✆ 04 50 53 01 38
www.hotelgourmets-chamonix.com
info@hotelgourmets-chamonix.com

Fermé du 1er mai au 15 juin et d'octobre au 15 décembre. Chambre double de 98 € à 264 €. Petit déjeuner : 14,50 €. Parking. Wifi. Navette à 20 mètres de l'hôtel. Tv satellite. Hammam, sauna. Piscine d'été.

Depuis cinq générations, cette famille d'hôteliers cultive l'art de recevoir. Attentive aux souhaits et au bien-être de leurs clients, avec lesquels ils partagent des valeurs ancestrales d'authenticité et de convivialité, elle perpétue une qualité d'accueil et de confort qui fait leur bonheur. A deux pas du centre piéton de Chamonix, dans une petite rue discrète et tranquille, cet hôtel de charme ravit par son style montagnard, chaleureux et raffiné, et sa situation privilégiée au bord de l'Arve, bercé par le doux murmure de la rivière. Un hôtel familial dans un cadre naturel charmant, avec une vue magnifique sur les hautes montagnes environnantes, des chambres spacieuses, fonctionnelles, élégantes, entretenues à la perfection et disposant d'un excellent confort, avec une literie totalement renouvelée. Certaines donnent côté mont Blanc, et la plupart ont un balcon pour mieux profiter du paysage. Une décoration où le bois se marie aux essences contemporaines : les tonalités sont douces et l'atmosphère propice à la détente. En hiver, on savoure son cocktail au coin du feu, pendant que d'autres s'affrontent aux échecs, ou se détendent au sauna et au hammam. A la douceur des nuits s'ajoute le plaisir d'un délicieux petit déjeuner complet : confitures artisanales, viennoiseries maison, une belle palette de thé, des yaourts de marque, des fromages savoureux (tomme de Savoie, Beaufort), des céréales, des œufs brouillés... Très agréable en été, la terrasse (complètement rénovée avec des matériaux de qualité) permet de profiter de la petite piscine. Rien ne manque à cet hôtel de qualité qui séduira nombre de vacanciers !

■ HÔTEL LE CHABICHOU****

Courchevel 1850
COURCHEVEL
✆ 04 79 08 00 55
www.chabichou-courchevel.com
info@lechabichou.com

Suites avec petit déjeuner de 480 euros à 1 450 euros en hiver, et 245 euros à 300 euros en été. Lit offert pour les moins de trois ans. Chambres doubles avec petit déjeuner hiver de 288 euros à 975 euros, été de 130 euros à 200 euros. Animaux acceptés (de 10 à 40 euros par jour). Séminaires. Réceptions et mariages. Wifi gratuit. Restauration (deux étoiles Michelin). Soins : carte de 10 accès de 250 euros à 300 euros, accès gratuit au centre de bien-être si un soin. Tv satellite. Hammam, sauna.

Michel Rochedy a su faire de sa maison, l'hôtel le Chabichou, un espace de bien-être absolu. Un établissement familial et convivial composé d'une clientèle très variée et cosmopolite. Un grand chalet savoyard blanc au cœur de la station à 1 850 m d'altitude toujours en mouvement, en perpétuelle évolution, qui sait encore recevoir dans la tradition française. Les chambres sont luxueuses pour profiter de l'ambiance de Courchevel, elles gardent des tonalités de bois blond. Du côté du spa et centre de bien-être, 1 100 m² pour vous détendre et vous ressourcer dans un espace multi-sensoriel accessible aux enfants. Maîtres nageurs, esthéticiennes, coachs sportifs sont là pour vous chouchouter. Aqua-tonique, anti-stress, tonique, à vous de choisir. Le banya sauna, un sauna russe à tester avant de plonger sous un bain polaire à 10 °C et de vous frictionner avec de la glace. Vivifiant ! A essayer la grotte saline à 35 °C qui pulvérise délicatement du sel, ou le bassin mer morte à 40 °C... La piscine offre des nages à contre-courant, des jets, un canal de marche et des zones d'hydro-massages. Des soins Carita mixtes dont certains sont réservés aux hommes. Du côté de la restauration, une cuisine signée Michel Rochedy !

■ CHALET DU MONT D'ARBOIS*****

447, chemin de la Rocaille
MEGÈVE
✆ 04 50 21 25 03 / 04 50 21 21 16
www.domainedumontdarbois.com
montarbois@relaischateaux.fr

Relais & Châteaux. Fermé du 5 avril au 7 juin et du 14 septembre au 20 décembre. 6 chambres (et 5 suites). Chambre double de 210 € à 1 150 €. Pension complète : 110 €. Demi-pension : 80 €. Petit déjeuner : 28 €. Restauration (restaurant Le 1920, menus de 55 à 110 €). Hammam, bain bouillonnant, sauna.

A 500 mètres des pistes et du club de golf du Mont d'Arbois, un superbe hôtel chalet de charme composé de trois chalets dont deux sont anciens : le chalet principal du Mont d'Arbois et le chalet Noémie, construit en 1920 par l'architecte Jacques-Henri Le Même. Le chalet Alice, d'une facture plus récente, respecte strictement le style de l'architecture savoyard – avec quelques touches de modernité. Cet ensemble rénové à merveille offre un très grand confort : un luxueux spa (hammam, bain à remous et bain suédois), une salle de remise en forme, une piscine intérieure et une extérieure chauffée. On accède à un ensemble de services réservés dans chacun des établissements du domaine du Mont d'Arbois, sans contraintes. Dans le chalet principal, le restaurant gastronomique Le 1920 sert une cuisine raffinée.

■ **FERME DU GOLF*****
3048, route Edmond de Rothschild
MEGÈVE ✆ 04 50 21 14 62
www.domainedumontdarbois.com
ferme.golf@sfhm.fr
Ouvert en haute saison d'été et d'hiver. 19 chambres (doubles, familiales ou en duplex). De 80 € à 395 €. Demi-pension : 30 €. Petit déjeuner : 15 €. Restauration (taverne du Mont d'Arbois : menu à 42 €). Bain bouillonnant, sauna.
Cette ferme hôtel du Domaine du Mont d'Arbois est idéalement située au pied des remontées mécaniques et du golf. Ici le séjour en famille est favorisé avec des chambres adaptées, dans un cadre idéal pour profiter des installations sportives. La décoration est cosy, d'un esthétisme contemporain qui privilégie les matériaux nobles du grès, de la pierre et du verre, allié au bois traditionnel très chaleureux. Le panorama est superbe sur la vallée ou les monts environnants et l'on en bénéficie même depuis le bain bouillonnant installé sur la terrasse ! Le bar et le salon sont très cosy avec sa cheminée et la table de billard invite à la convivialité. L'après-midi, le retour de ski s'accompagne d'un mémorable goûter au salon de thé de la Ferme, tandis que le soir le restaurant de La Taverne acceuille les affamés avec une carte variée, de qualité. On accède également aux services du spa cossu du Chalet du Mont d'Arbois.

■ **HÔTEL-RESTAURANT L'EMBARCADÈRE*****
13, avenue du Lac
NANTUA ✆ 04 74 75 22 88
www.hotelembarcadere.com
contact@hotelembarcadere.com
Logis (2 cheminées). 47 chambres. Chambre double de 63 € à 77,50 €. Pension complète : 112,50 € (à partir de). Demi-pension : 78,50 € (à partir de). Petit déjeuner buffet : 10 €. Chèque Vacances. Animaux acceptés (5,50 €/nuit). Connexion Internet. Wifi gratuit. Restauration (menus de 23,60 € à 69 €. Maître Restaurateur).
Certainement la référence hôtelière de Nantua et sa région. Une superbe maison entièrement rénovée en 2011, dans un bel esprit contemporain, s'ouvrant à la fois sur les montagnes et sur le lac. Un spectacle de nature que l'on contemple depuis la terrasse ou depuis sa chambre. 47 chambres parfaitement équipées, climatisées et équipées de TV satellite écran plat et salle de bains avec sèche-cheveux. On se détend au bar lounge dans une ambiance zen, tout en composant son menu à la table gastronomique de l'Embarcardère : déclinaison de foie gras sous différentes formes ou une côtelette de truite de la Voûte marinée à l'aigre doux, la fameuse quenelle de brochet sauce Nantua ou un dos de sandre à la crème de savagnin et morilles fraîches ; à moins que l'on ne préfère un délicieux agneau de lait, jus au romarin, copeaux de pomme de terre et artichaut ; avant de terminer avec une belle déclinaison de chocolat blanc, lait et noir ou, en saison, un tartare de fraises au basilic. Une adresse incontournable pour un séjour autour de Nantua.

Pratique

■ **ALLO-TAXI CHAMBERY**
217, place de la Gare
CHAMBÉRY
✆ 04 79 69 11 72
www.taxi-chambery.com
info@taxi-chambery.com
Disponibles toute l'année.
Sur un simple appel, les chauffeurs d'Allo-Taxi sont là 24h/24 pour vous conduire à votre destination dans les meilleurs délais. Ils desservent de nombreux points de la région, qui n'a pas de secret pour eux, et ils se feront aussi un plaisir de vous en parler et de vous donner des conseils de balades. La gentilesse et le respect du client sont les deux points importants que les responsables de la société demandent à leurs chauffeurs de respecter. Et le respect des consignes est strict !

■ **MOUNTAIN DROP-OFFS**
58, allée Louis-Lachenal
CHAMONIX-MONT-BLANC
✆ 04 50 47 17 73
www.mountaindropoffs.com
info@mountaindropoffs.com
Chèques non acceptés.
L'un des plus anciens transporteurs privés de la station, membre officiel des offices de tourisme des Houches et de Chamonix, Mountain Drop-Offs propose des transferts collectifs ou privés depuis les aéroports de Genève, Chambéry et même Grenoble. Réservation en ligne ou par téléphone, prise en charge gratuite du matériel de ski, des vélos ou des clubs de golf et dépôt devant l'hôtel, même en formule collective. Deux options disponibles : *SuperSaver,* à partir de 20 € le trajet pour Genève ou *Flexishared*, pour les plus indécis. Dans les deux cas, un service nickel et abordable.

■ **AEROPORTS CHAMONIX TAXI**
503, route du Pont
LES HOUCHES
✆ 06 11 27 23 21
www.aeroports-chamonix-taxi.fr
info@aeroports-chamonix-taxi.fr
Disponibles toute l'année, tous les jours.
Membre agréé de l'office du tourisme de Chamonix, Jean-François Mounier est un spécialiste des trajets entre les aéroports et les gares ferroviaires de la région et la vallée de Chamonix Mont-Blanc. En France et jusqu'à l'étranger (Genève, Verbier ou Courmayeur), demandez Aéroports Chamonix Taxi et vous arriverez à destination en temps et en heure. Au cours de votre trajet, vous pourrez également solliciter les chauffeurs qui connaissent parfaitement la région.

La Camargue N H S F

Un vol en Stampe, ça ne se refuse pas ! Qui plus est au-dessus de la Camargue... Même si son propriétaire (et instructeur voltige), Bruno Gallois, commandant triple 7, s'amuse à vous faire regretter d'avoir choisi les lasagnes au déjeuner. F-PBAT est basé à Candillargues, dans le hangar de l'aéro-club de Camargue, petite structure hautement conviviale et meilleur point de départ pour découvrir cette région si particulière formé par le delta du Rhône. Une fois posé, faute de taxiway, le biplan remonte la 32 en zigzaguant, passe la pompe à carburant et s'arrête dix mètres plus loin entre les trois DR400 bleu et jaune du club. En ce beau jour d'octobre, toute la flotte est de sortie. Physique de talonneur, accent qui va avec, le président Jean Ruelle s'avance vers le Stampe pour recueillir, à chaud, les impressions de ce vol aux allures de bizutage. Chef de tour à l'aéroport de Montpellier Méditerranée, Jean arrive à Candillargues en 2000 comme instructeur. L'association s'est d'abord appelée Aéro-club des 3J, en référence aux prénoms de ses trois créateurs (Jean Gimenez, Jean Triay et Jean Othenin-Girard). Après la fonction de chef pilote, Jean Ruelle devient président en mai 2006. L'aéro-club est alors renommé Aéro-club de Camargue. Dans un souci d'homogénéité, sa première tâche sera de revendre un PA28 pour s'équiper exclusivement en Robin. Aujourd'hui, les trois avions réalisent environ 1 700 heures par an. Le club compte 140 membres, 11 femmes (une bonne moyenne nationale !), dix FI dont un salarié. Ce dernier poste étant ici une sorte de tremplin si l'on considère que les trois derniers instructeurs salariés ont rejoint l'ESMA de Montpellier, école où Jean donne des cours d'anglais aéronautique. Heureux ! En ces temps difficiles, il est presque honteux de l'avouer mais l'aéro-club de Camargue est heureux... Les composantes de ce bonheur sont d'abord une excellente ambiance entre des pilotes copains : le buffet organisé tous les dimanches d'été contribue à alimenter l'atmosphère amicale ; idem pour le sympathique esprit entretenu toute l'année par Yann au Looping, l'incontournable restaurant-paillote situé à l'entrée du terrain.

Le club a également la chance d'être basé sur l'aérodrome de l'Etang de l'Or (LFNG). Les avions se posent ici depuis 1925, à l'époque un rudimentaire champ d'aviation entouré de marais. Pas de soucis avec les riverains. En auto-information, l'aéroclub de Camargue se partage la plateforme et la piste en dur de 900 m avec un club ULM, une association de constructeurs amateurs et des hélicoptères de la sécurité civile. Tout se déroule en bonne intelligence. Même si samedi, tout le monde a envie de voler en même temps. Jean-Marie Collin termine la prévol de X-Ray Delta, un DR400 prêt à partir en balade. Ce septuagénaire obtient son PPL en 2006. Depuis, il enchaîne les vols et fait partie des pilotes les plus assidus du club.

Après s'être signalé (le club possède pour l'instant sa propre fréquence, le 120.6), alignement en 14 pour un superbe local. Le spectacle commence dès le bout de piste. En montée initiale, l'avion est déjà au-dessus de l'eau. Surpris par le bruit du moteur, une quinzaine de flamants roses décollent à leur tour. La Camargue est peuplée de 122 000 oiseaux et malgré cela, les accidents aviaires sont plutôt rares.

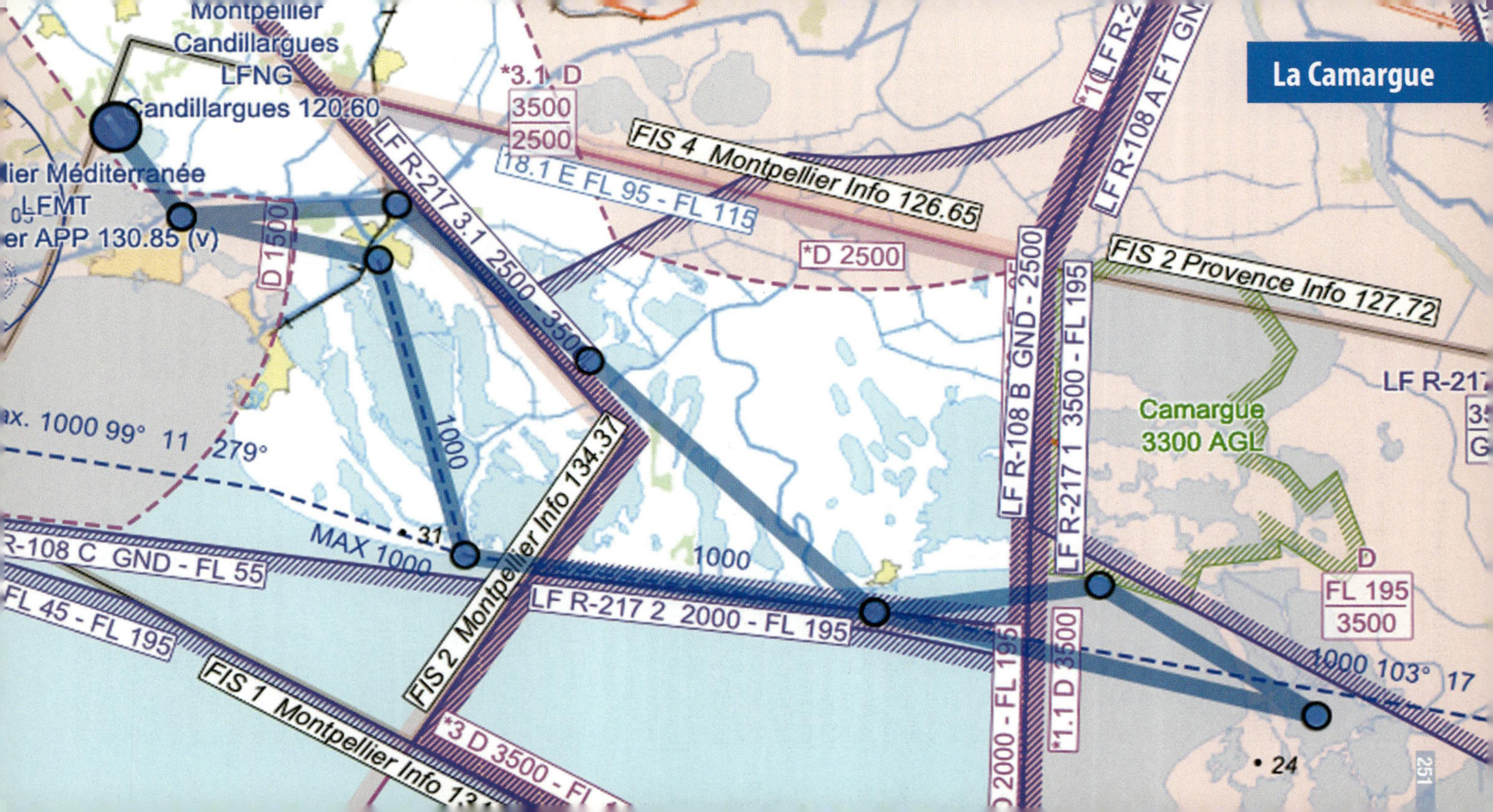
Montpellier
Candillargues
LFNG
Candillargues 120.60
Méditerranée
LFMT
APP 130.85 (v)
D 1500
*3.1 D
3500
2500
LF R-217 3.1 2500 - 3500
18.1 E FL 95 - FL 115
FIS 4 Montpellier Info 126.65
*D 2500
LF R-108 A F1 GND
LF R-108 B GND - 2500
LF R-217 1 3500 - FL 195
FIS 2 Provence Info 127.72
Camargue
3300 AGL
LF R-217
D
FL 195
3500
1000
1000 99° 11 279°
MAX 1000
31
R-108 C GND - FL 55
FL 45 - FL 195
FIS 2 Montpellier Info 134.37
LF R-217 2 2000 - FL 195
FIS 1 Montpellier Info
*3 D 3500 - FL
D 2000 - FL 195
*1.1 D 3500
1000 103° 17
24

Toutefois, par respect pour ces colonies sur certaines zones, spécialement au printemps en période de nidification, des NOTAM sont publiés. Palier à 1 000 feet. La topographie de la région permet de voler relativement bas. L'architecture discutable de la Grande-Motte apparaît droit devant. Virage à gauche, puis cap sur la belle cité médiévale d'Aigues-Mortes. Les nuages se reflètent dans l'eau rose des salins aux pieds des remparts... Le DR400 survole maintenant la Grande Camargue en suivant le Petit Rhône jusqu'aux Saintes-Maries-de-la-Mer. Les manades se succèdent. On peut facilement compter les *bious*, nom provencal pour désigner ces taureaux locaux aux cornes en forme de lyre. Aux abords de la ville, pèlerinage pour des milliers de gitans ; les complexes hôteliers se multiplient.

Les files de chevaux blancs promène-touristes sillonnent le marais en tous sens. Entre la mer Méditerranée à droite et l'étang du Vaccarès à gauche, Jean-Marie suit la bande de terre jusqu'à Beauduc et le phare de la Gacholle. Les kilomètres de plages désertes, au sable bien dur, sont tentants... Mais oubliez, l'atterrissage y est strictement interdit. Retour à LFNG via les dunes de la pointe de l'Espiguette puis Port-Camargue, plus grand port de plaisance d'Europe. Les abords du terrain sont dégagés. Le vent est quasi nul, ce qui n'est pas souvent le cas. Précisément situé entre mistral et tramontane, Candillargues peut être soumis à de fortes instabilités par vent de nord-est. Le plein travers à 30 kt est fréquent. C'est là que l'on regrette l'ancien champ d'aviation ! Autre spécificité de l'endroit, la rentrée de stratus maritimes. Ce dangereux phénomène de nuage bas collant à la mer survient trois à cinq fois par an, plutôt en fin de journée estivale. Dans un tel cas, aucune hésitation à avoir : il faut absolument passer au-dessus de cette couche et se dérouter sur un autre terrain. Soit dit en passant, celui de Montpellier pratique une taxe d'atterrissage un peu élevée au goût de son voisin le plus proche. Débriefing dans la salle des pilotes. Jean Ruelle sort une bouteille de muscat de Lunel, village à quelques kilomètres de l'aérodrome. La douceur de ce vin s'accorde plutôt bien avec cette fin de journée camarguaise...

Aérodromes et aéro-clubs

■ AÉROCLUB D'ALÈS ET DES CÉVENNES

Route Méjannes-les-Alès
Deaux
ALÈS
✆ 04 66 83 56 18
http : //aeroclub-ales-cevennes.fr
aeroclub.ales@gmail.com

Ouvert toute l'année. Tous les jours. L'école est ouverte les mercredi et samedi toute la journée avec prise de rendez-vous sur internet via AEROGEST-RESA. Cotisation annuelle : 90€ (moins de 25 ans), 180€. Heure de vol : de 126€ à 166€.

Cet aéroclub créé en 1937 a été relancé en 1974 par sept pilotes, avec pour objectif de commencer immédiatement la formation de nouvelles recrues. Au fil du temps, l'infrastructure s'est développée petit à petit, et l'aérodrome est à présent utilisable de jour comme de nuit et indépendamment des conditions météorologiques. L'activité s'est intensifiée de telle sorte que de nombreux avions de l'aviation générale y atterrissent désormais. Au sein de l'aéroclub, un bon encadrement et des instructeurs compétents fournissent une formation solide aux brevets de pilotage, mais aussi des baptêmes de l'air ou bien un vol d'initiation. Laissez-vous donc porter et survolez votre région comme si vous étiez pilote professionnel !

■ AÉROCLUB DE CAMARGUE

Aérodrome de l'étang de l'Or
CANDILLARGUES
✆ 04 67 29 57 60
www.accamargue.fr
contact@accamargue.fr

Ouvert toute l'année, tous les jours.

Le ton est donné avec ces locaux aux murs rosés de l'aéroclub : ambiance Camargue, sympathique et ensoleillée garantie ! Depuis l'aérodrome de l'étang de l'Or, vous décollerez pour de bien belles balades aériennes, qui vous dévoileront toutes les plus belles couleurs, les plus belles lumières, les plus beaux paysages de Camargue ! Aucune autre visite de la Camargue que celle que vous ferez depuis le ciel ne vous donnera ces images inoubliables ! La Camargue en avion : c'est à faire absolument ! Avec l'aéroclub de Camargue !

■ AERO-CLUB DE NIMES

Aérodrome de Courbessac
NÎMES
✆ 04 66 28 16 00
http : //aeroclubnimes.free.fr
aeroclubnimes@free.fr

Ouvert toute l'année, tous les jours.

Ici, vous pouvez prendre des cours avec des pilotes confirmés ou alors partir pour faire des balades aériennes qui vous permettront de découvrir autrement Nîmes et ses environs, la Camargue, le Languedoc-Roussillon... Cette belle région possède des paysages magnifiques et des petits trésors en matière d'architecture. Depuis l'aéro-club de Nîmes, il y a pleins de balades à faire pour le plaisir des yeux !

■ AERO-CLUB DU GARD

Chemin de l'aérodrome
NÎMES
✆ 04 66 26 19 63
www.aeroclubdugard.fr
aeroclubdugard@wanadoo.fr

Ouvert toute l'année, tous les jours.

L'aéro-club du Gard est géré par une équipe de passionnés, qui est prête à vous faire découvrir la région, et notamment des coins moins connus que d'autres mais tout aussi beaux, dans cette magnifique terre sauvage du Sud qu'est la Camargue. Elle offre des paysages magnifiques, à vous couper le souffle. Avec les instructeurs qui connaissent parfaitement la région, vous apprendrez beaucoup de choses sur les marais, les manades et les hauts lieux que vous traverserez comme le Domaine de Méjanes, les arènes de Nîmes et bien d'autres choses passionnantes...

À voir – À faire

■ REMPARTS ET TOUR D'AIGUES-MORTES

Logis du gouverneur
AIGUES-MORTES ✆ 04 66 53 61 55
www.monuments-nationaux.fr

Ouvert toute l'année. Fermé les jours fériés (1er janvier, 1er mai, 1er novembre, 11 novembre, 25 décembre). Basse saison : tous les jours de 10h à 17h30. Haute saison : tous les jours de 10h à 19h. Fermeture de la billeterie 45 min. avant les tours et les remparts ; de 13h à 14h de septembre à avril. Gratuit jusqu'à 25 ans (pour les ressortissants de l'Union européenne et les – de 18 ans accompagnés). Adulte : 7,50 €. Groupe (20 personnes) : 5,50 €. Tarif réduit : 4,50 €. Visite guidée. Boutique. Accès interdit aux chiens.

Il y a plus de 750 ans, le roi de France Louis IX (Saint-Louis pour les intimes) décida de faire naître, dans le sud méditerranéen de son royaume, une ville et un port d'où les croisés pourraient s'embarquer pour la Terre sainte. Le site qui fut choisi était une vaste étendue de marais, de sable et d'eau. En 1244, un architecte dressa les premiers plans du port et de la cité future et l'on raconte que, durant quatre ans, le roi surveilla de très près l'avancement des travaux... qui mirent un demi-siècle à être achevés ! Aujourd'hui, ces fortifications dominent toujours la Camargue. Classée aux Monuments historiques, l'enceinte longue de plus de 1634 m et flanquée de 20 tours offre, quelles que soient l'heure et la saison, de splendides points de vue sur la ville, les étangs, les vignes et les salins. Point de passage « obligé » de la visite, la tour Constance rappelle par son impressionnant donjon que le Moyen Age ne fut pas souvent tendre avec ses prisonniers : transformée en prison dès 1307, elle « accueillit » ensuite des protestantes, une vingtaine, après la révocation de l'Edit de Nantes (1685) par Louis XIV. Un lieu imprégné d'histoire religieuse, politique et sociale.

■ LES ARENES D'ARLES

Rond-point des Arènes
ARLES
✆ 04 90 49 38 20 / 04 90 49 59 05 / 08 91 70 03 70
www.arenes-arles.com
contact@arenes-arles.com

Ouvert toute l'année. Basse saison : tous les jours de 10h à 17h. Haute saison : tous les jours de 9h à 19h. Adulte : 6 €. Animations.

Visiblement inspirées du Colisée de Rome, légèrement plus anciennes, les Arènes ont fait la fierté d'Arles pendant près de quatre siècles. Ce temple des jeux pouvait accueillir jusqu'à 21 000 personnes, se pressant pour admirer les combats à mort des gladiateurs ou encore des reconstitutions de scènes de chasse. A la chute de l'Empire, les arènes se transforment en forteresse avec la construction de quatre tours, près de deux cents habitations et même deux chapelles. C'est finalement à l'initiative de l'écrivain Prosper Mérimée que ce lieu unique est classé Monument historique en 1840. Sa vocation première, l'accueil de grands spectacles, est toujours d'actualité : les jeux romains du Ier siècle laissent aujourd'hui place aux corridas organisées lors des deux férias annuelles. Les arènes, il y a peu au centre d'un vaste plan de restauration et de mise en valeur (les travaux ont duré 10 ans et ont coûté 25 millions d'euros), ont depuis juillet 2013 retrouvé leur éclat originel. D'un point de vue architectural, l'amphithéâtre mesure 21 mètres de haut avec deux niveaux de 60 arcades en plein cintre, séparés par des piédroits massifs de section rectangulaire. Avec un grand axe de 136 mètres de longueur et un petit axe de 107 mètres, l'amphithéâtre d'Arles est légèrement plus grand que celui de Nîmes, et occupe le vingtième rang parmi ceux du monde romain.

■ DOMAINE PAUL RICARD

Route de Méjanes
ARLES
✆ 04 90 97 10 10 / 04 90 97 10 51
www.mejanes.camargue.fr
mejanes@camargue.fr

Ouvert tous les jours. Accueil location VTT : 04 90 97 06 17 - Promenade en petit train : 04 90 97 10 10 - Balade à cheval : 04 90 97 10 62 - Journées camarguaises : 04 90 97 10 62 - Spectacles taurins : 04 90 97 10 62 - Restaurant Le Méjanes : 0490971051. Restaurant Le Mazet du Vaccarès : 0490971079.

Le Domaine de Paul Ricard s'étend entre les bras du Rhône sur 600 hectares. Le mas n'est autre qu'une demeure fortifiée des Templiers avec des bâtiments datant du XIe siècle. On peut donc visiter le domaine en petit train sur une boucle de 3,5 km en VTT, ou encore à cheval et en poney pour les plus jeunes. On peut également s'attabler au restaurant Le Méjanes, tout juste refait à neuf. Les propriétaires viennent aussi de reprendre et de rénover l'hôtel du Mazet. Le domaine propose enfin une promenade gratuite sur le sentier de Vaccarès pour observer et comprendre la Camargue. Sur 2,5 km vous pourrez ainsi approcher au plus près chevaux, taureaux, ragondins, flamants roses, aigrettes et hérons et bénéficier ainsi d'une vue unique sur cet espace.

■ MUSEE DEPARTEMENTAL DE L'ARLES ANTIQUE

Presqu'île du Cirque-Romain
ARLES ✆ 04 90 18 88 88
www.arles-antique.cg13.fr
info.mapa@cg13.fr

Ouvert toute l'année. Du mercredi au lundi de 10h à 18h. Nocturne : tous les premiers vendredis du mois jusqu'à 20h. Fermé les 1er janvier, 1er mai, 1er novembre et 25 décembre. Groupe (10 personnes) : 5,50 €. Collections permanentes + exposition temporaire : 7,50 €. Collections permanentes : 6 €. Visite guidée.

Inauguré en 1995, ce bâtiment moderne conçu par l'architecte Henri Ciriani abrite les collections archéologiques pré et post-romaines de la ville. Les différents thèmes y sont abordés dans des espaces individualisés et couvrent la période allant de la préhistoire à l'Antiquité tardive (du IVe au VIe siècle), en passant par la protohistoire et le Haut-Empire. Un incontournable pour les passionnés. Le musée présente en maquette la majorité des monuments de la ville dans leur construction initiale. Trois éléments structurent la visite, la statuaire en marbre du Ier siècle, les mosaïques et la collection de sarcophages paléochrétiens. Implanté en bordure du cirque romain, le musée, vaste et accessible aux personnes à mobilité réduite, abrite également un institut de recherche archéologique. C'est également ici que vous pourrez voir le fameux buste de César retrouvé récemment dans lors de fouilles dans le Rhône.

■ **LE GITAN SAFARI NATURE CAMARGUE**
17, avenue de la République
SAINTES-MARIES-DE-LA-MER
✆ 04 90 97 89 33
www.camargue.com
info@camargue.com
Ouvert toute l'année. Tous les jours. Jusqu'à 7 à 8 personnes. Circuits de 2h ou à la journée (possibilité de déjeuner dans une manade).
Authenticité et interactivité sont les maîtres mots de ces balades. Vous serez guidé par des gens du cru pour une vraie découverte de la Camargue, des étangs aux marais à la recherche des merveilles cachées dans les roseaux et la saladelle : les oiseaux, les taureaux, les chevaux, les flamants roses... Grâce à ces visites guidées et commentées en 4x4, vous serez incollable sur la faune et la flore mais également sur les traditions, l'histoire et la culture camarguaise. Le plus : le guide s'adapte à vous. Si vous voulez vous arrêter le temps de prendre une photo, il suffit de demander !

■ **PARC ORNITHOLOGIQUE DU PONT-DE-GAU**
Route d'Arles
SAINTES-MARIES-DE-LA-MER
✆ 04 90 97 82 62
www.parcornithologique.com
info@parcornithologique.com
Fermé le 25 décembre. Basse saison : ouvert tous les jours et les jours fériés à partir de 10h. Haute saison : tous les jours et les jours fériés à partir de 9h. Jusqu'au coucher du soleil. Gratuit jusqu'à 4 ans. Adulte : 7,50 €. Enfant (de 4 à 10 ans) : 4 €. Visite guidée. Situé à 4 km au nord des Saintes-Maries, sur la route d'Arles, ce parc est à l'origine une création familiale. Depuis 1949, date à laquelle les premières volières furent exposées sur 6 000 m^2 par André Lamouroux, le parc géré maintenant par le fils et ses enfants s'étale sur 60 hectares. Deux promenades à travers étangs et marais sont proposées. L'une, très sauvage, appelée sentier du nord, offre une vision assez complète de la diversité de la Camargue. Un observatoire judicieusement placé permet de découvrir à loisir sarcelles, colverts, tadornes et oies. On peut également apercevoir une belle densité oiseaux de proie, hérons, râles, gros becs et becs fins migrateurs ou sédentaires, accompagnés de ragondins. Le second sentier se faufile entre deux étangs occupés par une grande colonie de flamants roses que l'on peut approcher de très près. Entre les deux, un grand espace à caractère pédagogique et éducatif, illustré de grandes planches descriptives et attrayantes, au gré d'une succession de volières accueillant des oiseaux de grande taille blessés ou handicapés.

Se restaurer

■ **CHEZ PAPY MOÏSE**
10, rue Alsace-Lorraine
AIGUES-MORTES
✆ 06 13 08 01 40 / 04 66 93 23 82
www.barahuitres-30.com
vincentculotte@yahoo.com
Ouvert toute l'année. Réservation recommandée. Carte : 25 € environ. Formule du midi : 15 €. Vin au verre. Terrasse. Vente à emporter. Animation. Livraison à domicile.
Ce charmant lieu de dégustation aura le double avantage de faire taire vos gargouillements d'inanition tout en développant la finesse de votre palais. Présenté comme bar à huîtres, on n'y savoure pas uniquement ces coquilles ovales qui sont la coqueluche du sud méditerranéen, le chef vous sert aussi des tapas, pour un voyage convivial et gustatif en Espagne. Une des spécialités de la maison est le plateau de fruits de mer, clé de voûte de la gastronomie camarguaise. Sur la terrasse ensoleillée, c'est toute l'ambiance de la ville médiévale qui berce votre repas.

■ **LE DIT-VIN**
6, rue du 4-Septembre
AIGUES-MORTES
✆ 04 66 53 52 76
www.restoleditvin.com
le.dit.vin@orange.fr
Qualité Tourisme. Sud de France. Ouvert toute l'année. Tous les jours et les jours fériés le soir. Service tardif continu en haute saison. Réservation recommandée. Menu unique à 30 € (à la carte). Formule du midi : 14 €. Vin au verre. Terrasse. Animations.
Le Dit-Vin allie un design extrêmement soigné, fin mélange de couleurs chaudes, d'ocres et de rouges se mariant au blanc des pierres du Gard, de bois, de pierre et de métal, une atmosphère qui invite au repos. Vous ne pourrez pas manquer la superbe ouverture vitrée qui a été réalisée au sol afin que votre regard puisse se distraire d'une vue sur la cave plutôt fournie du patron ! Côté cuisine, vous avez le choix d'une entrée plus un plat et un dessert. Et vous serez également très bien traités avec des produits frais, agréablement cuisinés et généreusement servis : côté poisson, goûtez à la lotte fraîche tout simplement grillée, ou la petite Bouillabaisse façon Dit Vin et légumes vapeur (rouget, lotte, St-Jacques juste planchées, soupe maison, rouille et croutons). En viande, optez pour la pièce de taureau grillée ou bien le classique filet de bœuf. Terminez par un somptueux tiramisu à la mangue ou le colonel, la williamine ou le mojito, des coupes glacées alcoolisées. L'été le service est continu et dure, selon la demande, jusque tard dans la soirée. Une cuisine raffinée et teintée d'un zeste d'audace. Testez, vous ne serez pas déçu par la maison et l'équipe est fort sympathique.

■ **LE MINOS**
7, place Saint-Louis
AIGUES-MORTES
✆ 04 66 53 83 24
www.restaurant-leminos.camargue.fr
noemieclaudel@orange.fr
Ouvert du 10 février au 15 novembre. Fermé le mercredi, ouvert tous les jours en juin, juillet et août. Basse saison : ouvert le lundi midi ; du mercredi au dimanche le midi et le soir. Haute saison : tous les jours et les jours fériés le soir. Menus de 15,90 € à 29 €. Formule du midi : 9,90 €. Vin au verre. Terrasse.
C'est en famille que tout le monde travaille ici, avec un grand respect des produits et du client. L'établissement est spacieux et peut donc recevoir des groupes. Qu'il est bon de déjeuner sur la place dès que le soleil pointe son nez, en compagnie de la statue du bon roi Saint-Louis ! Les tables joliment nappées de vert tendre et les petits bouquets de fleurs printanières vous invitent à y prendre votre temps. Goûtez à la salade Minos avec poivrons, fruits de mer marinés et filet de rouget, suivie d'une rouille de

poulpe à l'aigues-mortaise, ou d'un steak de thon à la provençale. Comme le dit Lionel, la mer n'étant pas un jardin, son humeur, celle des marins et celle des poissons déterminent l'approvisionnement. Si vous préférez la viande, laissez-vous tenter par le tartare de bœuf coupé au couteau ou par la gardianne de taureau. Bon appétit !

■ AU VICE-VERSA
1, rue du 4-Septembre
AIGUES-MORTES
✆ 04 66 51 75 89
www.au-viceversa.com
resto@au-viceversa.com
Ouvert de 12h à 14h et de 19h à 21h l'hiver, de 12h à 15h et de 19h à 22h30 l'été. Menus de 22 € à 32 € (entrée, plat dessert). Menu enfant : 12 € (boisson comprise). Accueil des groupes. Terrasse.
En été david et son équipe vous servent les meilleures salades repas de la région (entre 13 et 15 euros) ; ce retaurant est bistronomique ; tous les grands classiques de la gastronomie française sont revisités : blanquette de veau, pot au feu, daube et le violon d'ingre du patron : les abats. Le taureau bio de camargue trône aussi en ce lieu. Tout est maison : les tartes, les salaisons, les sauces. Vous pourrez déguster un filet de bœuf sauce pata negra aux cèpes ou des St-Jacques fraiches et son foie gras poelé maison. Les produits viennent des producteurs locaux achetés au marché d'Aigues-Mortes. La carte des vins est atypique, vous pouvez boire un Châteauneuf-du-Pape 2003 domaine de Villeneuve en biodynamique pour 65 euros à table. Les excellentes bières viennent de la brasserie des Garrigues de Sommières. Leur devise : Brillat Savarin disait : les animaux se repaissent, l'homme se nourrit, seul l'homme d'esprit sait manger.

■ LE LOOPING
Aéro-club de Camargue
Aérodrome de l'étang de l'Or
CANDILLARGUES
✆ 06 99 36 95 94
Ouvert toute l'année, tous les jours. A partir de 4 €.
Si vous choisissez l'aéro-club de Camargue pour partir à l'assaut des cieux et que vous avez une petite faim, faites un détour par le Looping, le restaurant de la plateforme. Au Looping, on vous servira toute sorte de mets dont des sandwichs, ainsi que des boissons rafraîchissantes. L'endroit est facile à trouver puisque Candillargues se trouve entre les villes de Mauguio et de Lansargues. Lorsqu'il y a des évènements organisés au sein de l'aérodrome, il est conseillé de réserver au Looping !

■ L'EXAEQUO
11, rue Bigot
NÎMES ✆ 04 66 21 71 96
www.exaequo-nimes.fr
contact@exaequorestaurant.com
Fermé du 5 au 25 août. Ouvert du mardi au vendredi le midi et le soir. Lundi soir et samedi midi sur réservation. Menus de 18 € à 53 €. Formule du midi : 14,90 € (à 17,90 €). Vin au verre. Formule business : 20 €. American Express. Accueil des groupes. Terrasse.
Prés des arènes, ce restaurant dans ce quartier ancien a tourné résolument le dos aux siècles passés. Tons blanc, orange, mobilier design en bois foncé, chaises confortables dans un cadre parfaitement lounge. Une artiste décline et tisse une multitude de fils pour une éclosion de silhouettes élégantes et poétiques apportant une touche irréelle et légère à l'ensemble. La salle est le domaine de Sabine qui saura vous conseiller sur le meilleur accord mets vins. Attentive, souriante, elle prendra soin de vous pour que cet instant reste un fabuleux souvenir. Dans la cuisine officie David, jeune chef inventif qui apprécie la créativité sous toutes ses formes, dans les techniques de cuisson ou l'utilisation de méthodes innovantes, dans la recherche de nouvelles associations de goûts, de textures, de couleurs, dans la sortie de l'oubli des vieux légumes. C'est une cuisine novatrice dans le respect des bons produits. Le choix est tellement difficile que je ne saurai vous proposer un plat en particulier. À la seule lecture, c'est déjà un voyage dans le paradis culinaire. Rêvez à l'énoncé « Foie gras de canard du Sud Ouest à la truffe noire, salade de roquette et julienne de légumes croquants, vinaigrette framboise et huile de noix »

■ LA MAISON DE JEANNE
4, place Jouse-d'Arbaud
SAINTES-MARIES-DE-LA-MER
✆ 06 86 89 38 10 / 06 83 43 63 15
Ouvert tous les jours sauf le mercredi. Basse saison : ouvert de 9h à 19h. Haute saison : de 9h à 0h. Menus de 8 € à 22 €. Formule : 14 €.
Le restaurant est situé devant l'église des Saintes, sur une place, avec une jolie terrasse à l'ombre d'un mûrier. Là, Corinne, une pure Saintoise de la famille de Jeanne, et Matthieu vous accueillent pour vous faire (re) découvrir ce que la Camargue a de meilleur : le taureau ! En filet, en côte ou en tartare, vous allez littéralement fondre pour cette viande accompagnée de frites maison, de ratatouille et/ou de salade. Et pour les adeptes des produits de la mer, vous trouverez également une sélection de seiches et de Saint-Jacques à la plancha, accompagnées d'un risotto aux épinards ou aux poireaux. Une très bonne adresse qui offre également l'avantage d'être située loin de la circulation (idéal pour les enfants). Sachez enfin que l'établissement fait aussi salon de thé : vous pourrez succomber aux crêpes de Matthieu tout au long de la journée !

■ LA TABLE DES BAUMELLES
Mas des Baumelles
SAINTES-MARIES-DE-LA-MER
✆ 06 16 84 85 89
www.camargue-traiteur.com
info@camargue-traiteur.com
Menu unique à 30 €.
Cette ancienne bergerie est un endroit unique pour découvrir l'atmosphère authentique des soirées gitanes et la gastronomie camarguaise. D'ailleurs, il est prudent de réserver avant ! Ce soir-là, la salle était comble et l'ambiance au rendez-vous. Au menu, le foie gras maison à la carthagène, les faux filets de taureau cuit à la cheminée à la ficelle – et découpés devant les convives s'il vous plaît – et la farandole de douceurs étaient tout simplement délicieux. Pour une soirée inoubliable ! L'établissement propose également un service traiteur pour toutes vos réceptions.

■ **LE BOUCANIER**
4, quai de l'Aspirant-Herber
SÈTE ✆ 09 80 61 21 45
Ouvert tous les jours le midi et le soir. Menu unique à 17,90 €. Formule du midi : 14,90 €. Tapas à l'ardoise : de 4 à 12 €. Situé face au quai et à la marina, ce restaurant installé depuis 2013 est l'une des belles révélations de cette année. Une grande terrasse sur le quai au bord du canal permet, à l'apéro, de déguster une belle cuisine méditerranéenne et basque. Mais aux heures plus fraîches, l'intérieur a aussi de quoi séduire : un grand comptoir, des banquettes et des tables sur plusieurs niveaux, le tout habillé de couleurs sombres et de bois rehaussés d'un éclairage tamisé qui garantit une certaine ambiance. On peut aussi s'installer au comptoir. Le choix des vins est impressionnant, et les prix très raisonnables, tant à la bouteille qu'au verre, cela étant suffisamment rare pour le citer. On se sera régalés de tapas, d'accras de morue, de chipirons ou de moules à la plancha, et de rillettes de canard à l'ossau iraty. Les planches de charcuterie sont belles, et inutile de dire que 3 ou 4 tapas suffisent largement à nourrir son homme ! Côté restaurant : côte de veau, côte de bœuf, poisson à la plancha, morue à la biscaïna, coquillages et de belles salades. Les assiettes sont copieuses, les prix raisonnables. Une bien belle adresse !

Se loger

■ **L'HOSTELLERIE DES REMPARTS*****
6, place Anatole-France
AIGUES-MORTES ✆ 04 66 53 82 77
www.hotel-des-remparts.fr
hoteldesremparts@wanadoo.fr
Ouvert toute l'année. 12 chambres. Studio / appartement de 60 € à 110 €. American Express, Chèque Vacances. Animaux acceptés. Séminaires. Vue panoramique.
L'hôtel-restaurant a changé de propriétaire en 2011. C'est donc sous un nouveau visage que l'Hostellerie des remparts vous accueille. Au pied de la tour de Constance, en plein cœur des remparts historiques de la ville, la bâtisse colorée vieille de quatre siècles était autrefois une garnison de chevaliers. Elle offre un cadre spacieux pour une décontraction de charme sous les pierres et poutres apparentes qui rappellent aux visiteurs l'architecture de l'époque. Sur terrasse ombragée, on peut apprécier les chaleurs estivales en dégustant les excellentes saveurs de la mer toute proche, grâce au restaurant attenant. Ensuite, vous partez à la découverte de la ville médiévale, de la petite Camargue, perdue entre ses étangs, ses lagunes et son cadre méditerranéen. Les amateurs d'Histoire, de vacances au soleil et les plus fins gourmets seront comblés !

■ **HÔTEL CANAL*****
440, route de Nîmes
AIGUES-MORTES ✆ 04 66 80 50 04
www.hotelcanal.fr
hotel@hotelcanal.fr
Qualité Tourisme. Sud de France. Fermeture annuelle du 8 janvier au 6 février, du 28 novembre au 19 décembre, du 5 janvier au 4 février. Accueil 24h/24. Chambre double de 80 € à 135 €. Petit déjeuner buffet ou en chambre : 12 € (moins de 9 ans : 8€). Lit supplémentaire : 25 € (lit bébé 12€). Parking inclus (garage : 12 €). Animaux acceptés (12 €). Wifi gratuit. Restauration. Tv satellite.
Entre Cévennes, Provence et Camargue, ce très bel hôtel contemporain a trouvé sa place au bord du canal. Baies vitrées, acier, couleurs vives, palmiers et autres végétaux confèrent un charme extrêmement moderne à cet établissement de qualité qui vous ouvrira ses portes avec autant de style que de gentillesse. Les chambres, calmes, sobres et élégantes, meublées avec ce goût contemporain qui fait la pâte de l'hôtel, sont toutes climatisées, insonorisées, et chacune bénéficie des avantages d'une télé à écran plat. Cerise sur le gâteau, le bassin-piscine panoramique à l'étage vous permettra de vous rafraîchir, de retour de la plage ou avant d'aller dîner : une merveille qui vous offre une généreuse vue sur le canal et sur les remparts de la cité médiévale. Les amateurs de style provençal ou de nids cosy doivent immédiatement passer leur chemin. En revanche, ceux pour qui vacances et confort riment avec lignes pures et déco design, n'hésitez plus, vous avez trouvé le lieu de votre séjour !

■ **LE MAS DE LA MONTILLE**
Route des Saintes-Maries-de-la-Mer
AIGUES-MORTES
✆ 04 66 35 59 43 / 06 18 92 63 63
www.masdelamontille.com
masdelamontille@free.fr
Ouvert toute l'année. Chambre double 140 € ; suite 220 €. Petit déjeuner inclus. Restauration. Bain bouillonnant.
Le Mas de la Montille, à quelques encablures de la Grande Bleue, offre un chaleureux cadre de résidence temporaire, et ce lieu de villégiature est un bon compromis entre les hôtels des zones urbaines et les campings de campagne. Le site est classé Gîtes de France et n'a pas usurpé l'obtention de son label. Le cadre est tout simplement charmant. De l'extérieur, les pins et les palmiers respirent le Sud et la chaleur. Puis, sortant d'un bon bain de la piscine, l'on peut se prélasser ou bien parader dans des préaux sur un divan ou un sofa qui rappellent une atmosphère exotique. Côté chambres, la décoration est splendide, sur un audacieux mélange entre fonds de couleurs orientales et de styles provençaux. Un espace de restauration suffira à vous sustenter de produits frais de la mer et de spécialités régionales récoltés sur le marché. Parlons sans ambages : de passage dans ce mas, le bonheur n'est pas un mirage et à tout âge, on nage dans le plaisir !

■ **HÔTEL CÉSAR****
17, avenue Feuchères
NÎMES ✆ 04 66 29 29 90
www.hotel-nimes.net
nimeshotelcesar@orange.fr
Qualité Tourisme. Ouvert toute l'année. Accueil 24h/24. 33 chambres. Chambre simple de 42 € à 59 € ; chambre double de 49 € à 73 € ; chambre triple de 57 € à 73 € ; studio / appartement de 65 € à 110 €. Petit déjeuner : 7 €. Chambre familiale 5 personnes de 70€ à 80€ selon saison. Animaux acceptés (chiens de moins de 5 kg pour 8 €). Wifi gratuit.
Vous débarquez à l'improviste à Nîmes et vous devez y passer la nuit, ou tout simplement des vacances bien méritées ? Il est toujours agréable de trouver un bon hôtel près de la gare. C'est le cas du César Hôtel qui, rapport qualité/prix des chambres, est sans nuls doutes l'un des meilleurs de Nîmes. La réception annonce la tonalité chromatique de l'établissement : vive et pétillante pour

une décoration aux lignes épurées. Dans les chambres, c'est beau, les couleurs éclatantes rayonnent sur le charme d'une décoration insolite et soignée. Chaque chambrée offre ainsi sa propre atmosphère, son ambiance particulière. Entre la gare et les arènes, l'hôtel César a une position centrale sur la majestueuse avenue Feuchères, et se prête autant au séjour agréable à Nîmes qu'à l'étape d'une nuit pour professionnel de passage. Tous y trouveront un lieu reposant, accueillant et ensoleillé. Sauf si l'escale tombe pendant la feria, où, sachant que les Nîmois sont férus de ferias et de manades, les rues pourraient être moins calmes que d'habitude et les chambres un peu plus chères !

■ **LA REGIE DE FRIGOULES**
Route de Cacharel – Pioch-Badet
SAINTES-MARIES-DE-LA-MER
✆ 04 90 97 52 92
www.regie-frigoules.camargue.fr
regie-frigoules@wanadoo.fr
Fermé en janvier. Chambre double de 45 € à 54 €. Petit déjeuner : 5,80 €. Animaux acceptés (supplément : 4 €). Parking fermé.
A quelques kilomètres des Saintes et des plages (et donc de l'effervescence !), cette maison accueillante vous propose de profiter de sa quiétude dans une ambiance familiale. Vous trouverez bon repos dans ses chambres, plutôt petites (surtout la salle de bains très exiguë) mais très propre et dotée de la climatisation. La Régie sert également une cuisine simple basée sur des spécialités locales. Suivant votre souhait et la saison, votre repas sera servi en salle ou sur la terrasse ombragée sous des platanes centenaires. Le prix est plus que raisonnable pour la région.

■ **VILA DE LA MAR**********
1 bis, rue Camille Pelletan
SAINTES-MARIES-DE-LA-MER
✆ 04 90 97 06 68
www.viladelamar.com
contact@viladelamar.com
De 138 € à 228 € ; chambre double de 118 € à 178 €. Demi-pension : 50 €. Petit déjeuner : 16 €. Lit supplémentaire : 25 €.
Il porte l'ancien nom des Saintes (au XIIIe siècle). Mais cet hôtel spa et restaurant, le seul 4 étoiles du centre, joue au contraire à fond la carte de la modernité. Vous serez complètement subjugué par ce décor design et zen où chaque détail a été soigné. Des chambres, toutes avec terrasse, décorées sur le thème de la nature avec des lits en rondins et couvertures en fourrure, à la salle de restaurant grandiose. Sans oublier le spa voluptueux et finement luxueux : tout est magnifique ! Et tout ça à 50 mètres de la plage (pour ceux qui préfèrent plonger dans la Grande bleue car l'établissement dispose également d'une piscine couverte). A table, vous pourrez déguster les plats de Gregory Sédat, un jeune chef formé à Kobé au Japon. Il propose une cuisine du terroir revisitée avec les traditions culinaires japonaises ainsi que des sushis réalisés uniquement avec des poissons sauvages ou bio (également à emporter). Une adresse atypique, branchée et superbe !

■ **HÔTEL LOU GARBIN****
210, avenue des jardins
SAINT-LAURENT-D'AIGOUZE ✆ 04 66 88 12 74
www.lou-garbin.com – contact@lou-garbin.com
Fermé du 15 octobre au 1er mars. 20 chambres. Chambre triple de 90 € à 100 €, de 105 € à 115 € la nuit. Petit déjeuner : 10 €. Lit supplémentaire : 15 €. Gratuit pour les moins de 3 ans. Lou-Garbin fait aussi office de gîte, et loue des appartements de 2 à 4 personnes, de 700 € à 950 € la semaine. Label Tourisme & Handicap. Animaux acceptés (4 €). Séminaires. Poste Internet. Connexion Internet gratuite. Terrasse d'été, séances de massage 1h-1h30.
Ne vous y trompez pas, dans cet hôtel, vous êtes bel et bien en Petite Camargue. Les vingt chambres (dont dix en maison de maître et dix autres dans le jardin avec terrasses privatives) vous le rappelleront sans cesse : ici, on est en pays de traditions. Le portail décoré d'un superbe taureau donne le ton. Pour ceux qui ne sont pas de la région, dépaysement assuré. Lou-Garbin est un agréable endroit où séjourner, à quelques kilomètres des plages, au calme d'un charmant village typique. Le buffet du petit déjeuner est servi dès les beaux jours sur une terrasse décorée de tables et de chaises marocaines en fer forgé (fougasses d'Aigue-Mortes et aux grattons...) et constitue un véritable moment de détente avant de commencer une bonne journée de vacances. De nombreux travaux ont été effectués dans les chambres qui sont maintenant toutes équipées d'un coffre fort et répondent davantage aux normes d'un trois étoiles qu'à celles d'un deux étoiles. Deux piscines, dont une réservée aux mamans et aux enfants qui ont besoin de calme... et un accueil sympathique viennent compléter le tableau. Un lieu à découvrir.

Pratique

■ **ALLO TAXI LA GRANDE-MOTTE**
367, avenue Jean-Béné
LA GRANDE-MOTTE
✆ 04 67 56 75 54 / 06 74 28 94 30
www.allotaxi-lagrandemotte.com
eric.viguier1@aliceadsl.fr
24h sur 24 et 7 jours sur 7. Paiement par carte bancaire à partir de 20 €. Chèques non acceptés. American Express.
Ce taxi de deux à huit places assure des transports vers les gares et les aéroports, ainsi que vers toute autre destination, que ce soit sur de courtes ou de longues distances (le taxi étant conventionné). Il dessert également les principaux aérodromes de la région. Le service est très professionnel, l'attente limitée ; vous serez, à n'en pas douter, extrêmement ravis d'avoir fait confiance à Allo Taxi !

■ **ATLAS TAXIS**
Chemin du Thym
LUNEL
✆ 04 67 71 46 06
Ouvert tous les jours, toute l'année.
La société Atlas Taxis est situé à Lunel dans l'Hérault. De Lunel, vous pouvez partir vers le Grau-du-Roi où il y a des balades très sympas à faire, ou prendre la direction de la plaine de Mauguio, de la Petite Camargue ou de Marsillargues pour rejoindre l'aérodrome de Camargue. Si vous souhaitez que le taxi vienne vous chercher à l'aérodrome après votre vol, c'est possible : il suffit d'appeler Atlas Taxis et de se mettre d'accord avec eux !

■ **ABS TAXI VALERGUES**
130, chemin Bourgidou
VALERGUES
✆ 04 67 86 32 37
Ouvert toute l'année, tous les jours.
Valergues se trouve non loin de Mauguio, Vendargues et Candillargues ; autant de jolis coins qui méritent le détour. Différents aérodromes se situent également à proximité. Son église romane, et des festivals locaux pourraient également vous intéresser. Si vous n'êtes pas motorisés, la société ABS Taxi de la ville est là pour vous rendre service et vous conduire où vous le souhaitez. Le rapport qualité/prix est très intéressant !

De Aix les Milles à Cannes en passant par la côte G N H F A

Les paysages de la Côte d'Azur font assurément rêver pilotes et passagers. Mais à la lecture des cartes aéronautiques, les zones peuvent paraître un peu compliquées pour celui qui n'est pas de la région. Lisez donc le récit de cette navigation pour vous ouvrir le ciel méditerranéen. En préparant cette navigation, j'avais prévu de contourner Marseille par l'est pour rejoindre les calanques et le bord de mer. Mais un pilote d'Aix me glisse qu'il est plus sympa de passer par la verticale de l'aéroport international de Marseille Provence ! Eh oui, c'est une zone de classe D, tout à fait accessible aux VFR sur autorisation des contrôleurs. Et les contrôleurs intègrent naturellement les VFR dans les arrivées IFR...

Aix les Milles et Marseille Provence

Après le décollage du terrain d'Aix-les-Milles, qui a la particularité d'avoir presque tout le temps du vent de travers, nous prenons un cap au sud-ouest en nous demandant finalement comment nous allons être accueillis par les contrôleurs de Marseille. Accueil très simple en fait : un code transpondeur et une autorisation de transit pour un passage travers du seuil de piste 13. Arrivés sur l'étang de Berre en vue de la longue piste de Marseille, nous voyons sur notre droite les liners alignés en finale. Nous avons soudain le sentiment que cela ne va pas passer avec l'avion en courte finale... Nous demandons au contrôleur de faire un 360°, mais il nous répond d'ouvrir simplement de 20° à droite pour laisser passer la finale. C'est qu'ils vont vite, ces avions ! Le trafic me dépasse rapidement et nous rétablissons notre cap pour passer presque au-dessus du seuil de piste afin d'admirer le *kiss landing* de cet A320. Pourquoi ce qui paraît simple ici est considéré comme de la folie ailleurs en France ? Merci au contrôleur d'avoir été efficace pour la fluidité de tous les trafics...

La rade de Marseille

La Méditerranée nous tend déjà ses vagues, cachée derrière la chaîne de la Nerthe. Nous rejoignons les points de sortie SA et S en passant par Châteauneuf-les-Martigues, où l'on peut voir un monument commémoratif en l'honneur d'Henri Fabre (qui fit voler le premier hydravion au monde). Mais vous verrez beaucoup plus la carrière de calcaire, étalée sur plusieurs centaines d'hectares. Ces matériaux servent depuis les années 1970 à l'élaboration des castines sidérurgiques, des chaux industrielles, des bétons et éléments préfabriqués... Pour rejoindre les calanques de l'autre côté de Marseille, il vous faudra suivre l'itinéraire imposé pour de S à SC puis à SR (à 1500 max). Vous allez passer au large de Marseille. En raison de la difficulté de la terre en cas de panne moteur, il est prudent de tenir les gilets de sauvetage à portée de main dans l'avion, voire même autour du cou. Rappelez-vous quand même que votre moteur ne sait pas, lui, qu'il survole l'eau... et n'éprouve donc aucune appréhension à cet exercice. Il n'est pas nécessaire de déposer un plan de vol, restez simplement en contact radio avec Provence Info. Au milieu de la traversée de la rade sur votre gauche, l'archipel du Frioul (*Frieu* en provençal), constitué de quatre îles. Ces îles constituent un des 111 quartiers de Marseille, rattaché au 7e arrondissement. Sur l'une ces îles, la célèbre ancienne prison du Château d'If, qui aurait abrité Edmond Dantès, le héros imaginaire du roman *Le Comte de Monte Cristo* d'Alexandre Dumas.

Les calanques

Le point SC se trouve au niveau du cap Croisette et marque l'entrée dans les fameuses calanques. Restez bien sur le trait de l'itinéraire imposé pour rester à 1500 max puis 1650 feet, sinon vous devrez monter à plus de 3 300 feet. En effet, le trajet traverse une zone naturelle. Les calanques sont les résultat du travail de la mer, qui a exploité des failles géologiques dans la roche calcaire, donnant au littoral un profil très découpé, pour la plus grande joie des randonneurs, des plaisanciers et des pilotes. La multiplicité des calanques sur la côte du massif de Marseilleveyre, au sud de Marseille, a donné à l'endroit le nom de *massif des Calanques*. De ce fait, l'appellation « calanques » désigne souvent le massif en question, et pas seulement les calanques elles-mêmes. Elles bénéficient de la protection du parc national des Calanques depuis avril 2012. Là encore, vous devrez suivre l'itinéraire publié en montant vers 1 650 feet. Vous ne pourrez pas longer les calanques au plus près. Le prochain point SR est en réalité l'île du Riou, qui n'est plus visitée aujourd'hui. C'est à l'est de cette île qu'on été retrouvés ce que l'on suppose être les restes de l'avion d'Antoine de Saint-Exupery, un P-38. Autour de vous le cadre est idyllique, les calanques à gauche, la mer avec toutes les déclinaisons de bleu. Laissez-vous envoûter par le paysage, mais pas trop quand même, n'oubliez de piloter et d'assurer l'anti-abordage. En passant Cassis (prononcez « cassi » sans faire sonner le *s* final) et La Ciotat, il faudra songer à contacter Toulon Approche pour demander le transit de leur zone D.

Retrouvez l'index général en fin de guide

De Aix les Milles à Cannes en passant par la côte

Toulon

La ville de Toulon se dévoile après le passage du cap Sicié. Ce dernier culmine à 352 mètres à la chapelle de Notre-Dame-du-Mai, formant ainsi une des falaises de bord de mer les plus hautes d'Europe. Vous serez particulièrement attentif à ne pas écorner la zone P62, protégeant le port militaire de Toulon et le porte-avion Charles De Gaulle (lorsqu'il n'est pas en opération). Située entre mer et montagnes, la capitale économique du Var bénéficie de nombreux atouts naturels. Le tourisme, le commerce, les administrations (publiques ou privées) et la recherche (pôle Mer PACA, IFREMER, etc.) occupent une place importante dans l'activité économique de la ville. Elle accueille le plus grand port militaire français : la base navale de Toulon, encore appelée arsenal (Toulon est la première base de défense française). Le port de commerce de Toulon est le premier port français pour la desserte de la Corse. Tout se suite après Toulon dans la CTR de Hyères, une bande de terre s'avance dans la mer : il s'agit de la presqu'île de Giens. A l'origine, Giens était une île. Jusqu'au jour où, il y a plusieurs milliers d'années, s'opéra lentement un phénomène naturel : un cordon de sable et de galets relia l'île au littoral et constitua petit à petit un tombolo. A Giens, la proximité des deux embouchures du Gapeau et du Roubaud, et la présence de courants marins favorables, ont permis la formation, non pas d'un, mais de deux cordons de dépôts de sédiments entre le littoral et l'île. De 1848 à 1996, la lagune formée entre les deux tombolos a été en partie exploitée comme marais salant, produisant jusqu'à 30 000 tonnes de sel par an.

Les îles

En face de la presqu'île de Giens, l'île de Porquerolles arrive sur votre droite avec ses plages de sable couvertes de pins, de bruyères et de myrtes au nord. Le petit village de Porquerolles, au fond d'une petite rade, a donné son nom à l'île tout entière et a été bâti il y a une centaine d'années par l'administration militaire. Après le passage du point ST dans la CTR de Hyères, vous changerez de cap vers le nord-est afin de passer entre la P60 et la P63. Visez bien : la première protège le fort Brégançon (la résidence d'été des Présidents de la République) ; la seconde sur votre gauche, encercle l'île du Levant qui sert de centre d'essai pour les lancements de missiles pour le compte de la Direction Générale de l'Armement. Passez au large ! Seul un dixième de la surface du Levant est accessible au public, car c'est un centre de vacances naturiste.

Plage de Pampelonne

Si vous avez bien visez, ce cap vous amènera au point ET. Votre cheminement vous conduira bientôt sur la plage de Pampelonne, un haut-lieu touristique fréquemment (et abusivement) rattachée aux « plages de Saint-Tropez ». Cette plage devient internationalement célèbre à partir des années 1950, en même temps que Saint-Tropez, avec le phénomène médiatique mondial de 1956 du film *Et Dieu… créa la femme* de Roger Vadim, avec Brigitte Bardot.

Fréjus

Un peu après le golfe de Saint-Tropez, vous serez peut-être surpris d'apercevoir ce qui ressemble à une piste d'atterrissage dans Fréjus, sur le bord de mer. Ce terrain est malheureusement fermé de nos jours, mais il fut une base de l'Aéronavale, depuis laquelle décolla Roland Garros pour la première traversée de la Méditerranée le 3 septembre 1913, de Fréjus à Bizerte en Tunisie (qu'il accomplit en 7h53 à bord de son Morane Saulnier).

Fou de calissons

Si vous aimez les fruits confits, vous adorerez les calissons. Cette spécialité d'Aix-en-Provence est, en effet, réalisée à base de melon confit (ou d'autres fruits) s. C'est un petit losange blanc bourré de délicieuses choses : amandes douces broyées, écorces d'oranges, blanc d'œuf... En dessert, au goûter ou dans la journée en cas de petit creux, vous apprécierez les calissons à n'importe quel moment de la journée.

■ CONFISERIE LEONARD PARLI
La Boutique Traditionnelle – 35, avenue Victor-Hugo – AIX-EN-PROVENCE
© 04 42 26 05 71 – www.leonard-parli.com – leonard-parli@wanadoo.fr
Boutique Traditionnelle Centre Ville : ouvert du lundi au samedi de 9h à 19h (non stop) – Magasin d'Usine de La Grande Fabrique aux Milles : (voir article).
La famille Parli a pignon sur rue dans le domaine si concurrentiel du calisson et autres spécialités gourmandes régionales, depuis 1874 ! C'est la référence dans les environs ; quatre générations de calissonniers ! La maison est régulièrement primée par la profession en la matière. Les calissons sont confectionnés artisanalement dans l'atelier, derrière la boutique, avec des produits de première qualité. C'est le secret de leur saveur et de leur fondant, si particuliers ! Les fruits confits Parli sont aussi parmi les meilleurs de la région, sans oublier le nougat sous toutes ses formes, les biscotins, les pralines, les confitures et le kirsch bescué, un cake aux fruits confits trempés dans le kKirsch. Pas étonnant que la boutique soit toujours pleine !

▸ Autre adresse : La Grande Fabrique, 65 rue Famille Laurens, pôle d'activité des Milles 13290 Aix en Provence © 04 42 52 19 20

Cannes
Orange
Carpentras
Vologne
Digne-les-Bains
Forcalquier
Villars-sur-Var
Entrevaux
Villeneuve-lès-Avignon
Avignon
Apt
Castellane
Nîmes
Tarascon
Orgon
Arles
Aéro-club Rossi-Levallois
Lambesc
Salon-de-Provence
Peyrolles-en-Provence
Grasse
Miramas
Istres
Étang de Vaccarès
Aix-en-Provence
Barjols
Draguignan
Le Muy
Union Aéronautique de la Côte d'Azur-Uaca
Aéro-club Marseille Provence
Étang de Berre
Vitrolles
Marignane
Martigues
Fos-sur-Mer
Saintes-Maries-de-la-Mer
Port-St-Louis-du-Rhône
Brignoles
Fréjus
St-Raphaël
St-Aygulf
Marseille
Aubagne
Aéroport International du Castellet
Aéro-club du Soleil
Ste-Maxime
St-Tropez
Ramatuelle
Cuers
Cassis
Le Castellet
Solliès-Pont
Cavalaire-sur-Mer
La Ciotat
Bandol
Le Lavandou
La Seyne-sur-Mer
Toulon
Hyères
Île de Porquerolles
Mer Méditerranée
N106
D6086
N580
A9
D613
A54
D570
D6572
D7
A7
D113
N1569
N568
A55
A8
DN7
A51
D4100
D4096
A501
A52
D560
D952
N2085
D6202
D6185
D6007
A50
DN8
D97
A57
A570
D559
N
0
15 km

Après le départ de l'Aéronavale, la piste de Fréjus a été transformée en terrain de jeux pour enfants. Il sera temps de contacter Cannes pour vous annoncer. Sur votre gauche, le massif de l'Esterel, un massif montagneux volcanique. Le relief est déchiqueté et profondément raviné. Le massif est majoritairement composé de roches porphyriques (volcaniques), notamment de rhyolite qui lui donnent sa coloration rougeâtre (avec des veines ponctuelles d'esterellite bleue). Des roches de l'Esterel se retrouvent en Corse, la dérive datant du Tertiaire.

Cannes

Cannes Mandelieu est un aérodrome très sympathique, mais attention, évitez à tout prix la période du Festival de Cannes...

Aérodromes et aéro-clubs

■ **UNION AERONAUTIQUE DE LA COTE D'AZUR-UACA**
Aérodrome de Cannes-Mandelieu
CANNES-LA-BOCCA
✆ 04 93 47 20 27
http ://aeroclub-uaca.org
uaca@aeroclub-uaca.org
Ouvert toute l'année, tous les jours.
Venez découvrir les joies du pilotage au sein de l'aéro-club de la Côte d'Azur. Vous évoluerez dans d'excellentes conditions, car il dispose de locaux vastes et conviviaux adaptés aux besoins des pilotes avec les moyens vidéos et informatiques nécessaires pour la préparation de vos vols. Au départ de Cannes-La Bocca, vous pourrez survoler la Croisette, vous diriger vers la promenade des Anglais à Nice ou vers l'île de Porquerolles dans le Var. Les paysages s'étendent à perte de vue, et les balades sont magnifiques.

■ **AÉRO-CLUB DU SOLEIL**
Aérodrome de Cuers-Pierrefeu
CUERS
✆ 04 94 33 56 44 / 06 22 15 40 59
www.aeroclubdusoleil.com
acsoleil@wanadoo.fr
Ouvert toute l'année. Flotte de l'aéroclub : avion école Robin DR 400 de 120 cv et avion de voyage Piper PA 28 de 180 cv.
L'illustre Paul Ricard, homme d'affaires brillant et créateur du breuvage portant son nom, communiquant hors pair, dynamique, passionné, mais aussi mécène et engagé... Ce grand homme, décédé en 1997, a marqué son époque, la France, le Sud, a laissé son empreinte en bien des domaines et en bon nombre d'endroits – notamment sur le circuit du Castellet qu'il a créé, et à l'aéro-club du Soleil ! Un aéro-club qu'il a créé en 1962.... L'aéro-club du Soleil a maintenant déménagé et a été accueilli sur la plateforme de Cuers. Il porte bien son nom tant il est chaleureux ! Toute l'année, les membres du club se font un plaisir d'accueillir les pilotes : pilotes de passage ou futurs pilotes ! Si vous souhaitez des

renseignements, n'hésitez pas à contacter ou rendre visite aux très sympathiques membres de l'aéro-club du Soleil ! Ici, la passion de l'aviation se partage dans la plus grande convivialité. Un aéro-club à l'image de son créateur, Paul Ricard, artiste dans l'âme et talentueux, dont l'ambition et la philosophie sont résumées sous sa propre plume en ces quelques mots : « Je n'ai jamais voulu imiter personne, j'ai travaillé pour le bonheur des hommes et la qualité de la vie. »

■ AEROPORT INTERNATIONAL DU CASTELLET

3100, route des Hauts du Camp
LE CASTELLET
✆ 04 94 98 39 99
www.aeroportducastellet.com
infos@aeroportducastellet.com

A 5 km au nord du Castellet, l'aéroport international se trouve également à proximité du circuit Paul Ricard. Il a subit de nombreux aménagements et est, aujourd'hui, un aéroport d'affaires haut de gamme. Balisage lumineux de la piste, nouveaux bâtiments d'accueil des passagers, cinq hangars supplémentaires offrant un service de grande qualité aux utilisateurs. L'architecture du lieu se marie parfaitement avec le style provençal de la région.

■ AÉROCLUB MARSEILLE PROVENCE

Aviation Générale – Hall 4,
Aéroport Marseille Provence
MARIGNANE
✆ 04 42 89 97 54
www.ac-mp.fr
secretariata@ac-mp.fr

Ouvert toute l'année.
L'aéro-club se situe au premier étage du hall 4 de l'aérogare Aviation générale. Créé en 1958, l'aéroclub Marseille-Provence est installé sur l'aéroport Marseille-Provence à Marignane. A 20 minutes de Marseille et d'Aix-en-Provence, il vous permet de réaliser des voyages dans un contexte unique où vous pouvez admirer la mer et la montagne. Pour le plaisir des yeux, adonnez-vous au plaisir du vol sur des appareils de qualité et en toute convivialité.

■ AERO-CLUB ROSSI-LEVALLOIS

Aérodrome de Salon-Eyguières
SALON-DE-PROVENCE
✆ 04 90 42 02 52
http : //aeroclubrossilevallois.fr
acrl.rossilevallois@laposte.net

Ouvert toute l'année. Le secrétariat est ouvert les lundis, mercredis, jeudis, vendredis et dimanches de 8h30 à 16h30, et le samedi de 8h30 à 12h30. Fermé le mardi.
Chaîne des Alpilles, Lubéron, la Sainte-Victoire, la Camargue, les calanques de Marseille à Cassis, depuis l'aérodrome de Salon-Eyguières, c'est un peu toute la magie du Sud qui va défiler sous vos yeux ! Au club-house de l'aéro-club, on vous accueillle chaleureusement, tous les jours sauf le jeudi. Pour vos transports une fois sur place, plusieurs sociétés de taxis sur Salon-de-Provence pourront se tenir à votre disposition.

À voir – À faire

■ SITE MEMORIAL DU CAMP DES MILLES

40, chemin de la Badesse
AIX-EN-PROVENCE
✆ 04 42 39 17 11
www.campdesmilles.org
contact@campdesmilles.org

Ouvert tous les jours de 10h à 19h (fermeture de la billetterie à 18h). Fermé les 1/01, 1/05 et 25/12. Gratuit jusqu'à 9 ans. Adulte : 9,50 €. Tarif réduit : 7,50 €. Restauration. Boutique. C'est le seul grand camp français d'internement et de déportation encore intact et accessible au public. Entre 1939 et 1942, 10 000 personnes de 38 nationalités y furent internées. Plus de 2 000 d'entre elles furent déportées vers Auschwitz, dont une centaine d'enfants. Le Site Mémorial, situé sur les lieux mêmes du camp, est un lieu résolument tourné vers l'enseignement de la fraternité et du respect de l'autre, refusant l'engrenage des discriminations, de l'antisémitisme, du racisme et de la xénophobie. Monument historique, présenté comme l'un des neuf hauts lieux de mémoire en France, le Camp des Milles propose au visiteur un parcours muséographique inédit en trois volets : historique, mémoriel et réflexif à l'intérieur d'un impressionnant bâti de 15 000 m² sur un espace de 7 ha. C'est aussi un lieu où des hommes et des femmes, inconnus, ou célèbres comme Max Ernst ou Hans Bellmer, ont su résister par la création artistique dont de très nombreuses traces (plus de 300) existent encore sur le site et dans la salle des Peintures Murales. Outre la visite elle-même, des activités diverses sont proposées sur ce site – ateliers pédagogiques, conférences et débats – qui abrite également un centre de ressources et de formation et programme des événements culturels et des expositions temporaires. Voilà un lieu qui pousse vraiment à la réflexion.

■ LA CROISETTE

Boulevard de la Croisette
CANNES

Restauration. Boutique.
Au début du XIXe siècle, le chemin du bord de mer orné d'une petite croix s'appelait « Le chemin de la Petite-Croix ». En 1838, à l'occasion des travaux d'aménagement du port, la plupart des artères bordant la mer furent baptisées et en souvenir de la petite croix, la nouvelle promenade reçut le nom de « Promenade de la Croisette ». Artère la plus prestigieuse de Cannes, elle est aujourd'hui bordée de palaces à la renommée internationale dont les noms évoquent l'aristocratie, la jet-set, le monde des arts et du cinéma : le Carlton, hôtel mythique avec ses 150 m de façade et ses 2 dômes coiffant les extrémités inspirés par le galbe des seins de la Belle Otero, l'hôtel Majestic et l'hôtel Martinez. Tous reçoivent au mois de mai la fine fleur du cinéma international. A la pointe de la Croisette, admirez le panorama sur le Massif de l'Estérel, le golfe de La Napoule, Golfe-Juan, le Cap d'Antibes, les Préalpes et les Îles de Lérins. Poursuivez votre balade jusqu'au Palm Beach avec ses espaces plus calmes et ombragés : légèrement excentrées, les plages sont ici plus discrètes et moins peuplées.

LES ILES DE LERINS
CANNES

Départs assurés régulièrement par des navettes maritimes depuis le quai Laubeuf, ou au départ du port de Nice.

A quelques encâblures de la célèbre Croisette se trouvent les deux îles de Lérins, deux sites qui offrent aux visiteurs une belle sortie mêlant nature, terroir, histoire, légende, spiritualité et contemplation. Autrefois très connues des navigateurs, ces îles constituaient une étape régulière et importante des principaux itinéraires marins de l'Antiquité.

- Saint-Honorat : c'est la plus petite (1,5 km de rivages et 400 m de large). Elle raconte l'histoire de Cannes. Autrefois appelée Lerinum, elle tient son nom moderne de l'ecclésiastique Honorat d'Arles, futur saint Honorat, qui voulut y trouver la solitude. Mais bientôt rejoint par de nombreux disciples, il fonda au Ve siècle un monastère dont l'ascétisme rigoureux fit école dans toute la Provence. Vers 1703, pour protéger les moines des raids des pirates, une forteresse y fut bâtie, constituant l'un des rares exemples de monastère fortifié : la porte était située en hauteur et il fallait descendre une échelle pour entrer ou sortir ! D'autres aménagements sont venus ceindre les anciens au cours du XIXe siècle. L'ensemble fait face à la mer dans une configuration idéale pour conduire à la réflexion. Des moines y habitent toujours : priant, méditant et cultivant la vigne, ils produisent d'excellents crus ainsi qu'une liqueur devenue la spécialité locale : la Lérina. Aujourd'hui, l'île est un lieu de quiétude très spirituel (tenue de rigueur obligée et interdiction de fumer) dont on peut aisément faire le tour à pied grâce au chemin de ronde qui longe le littoral.

Un bras d'environ 700 m de long, appelé le canal du Frioul, sépare les deux îles.

- Sainte-Marguerite : quatre fois plus étendue, les plaisanciers ont un faible pour ce bel endroit et ses fonds sous-marins très riches. Depuis Cannes, la rive est toute proche et les plus téméraires pourraient presque s'y rendre à la nage, car seulement 1 100 m séparent la pointe du Palm Beach du fort royal de l'île ! Les senteurs méditerranéennes de pins et d'eucalyptus viennent vous chatouiller les narines aussitôt que vous débarquez : la particularité de l'île Sainte-Marguerite réside en effet dans sa forêt, la seule forêt littorale de tout le département des Alpes-Maritimes. Oiseaux migrateurs, eaux cristallines, essences rares... Le cadre est idyllique. Un sentier botanique aménagé par l'Office National des Forêts (ONF) permet de découvrir le site, bordé à l'ouest par l'étang du Batéguier et doté d'un observatoire naturel pour observer la faune et les autres richesses naturelles. Au nord se dresse le fort royal construit par Richelieu puis renforcé par Vauban au début du XVIIIe siècle. Ancienne prison d'Etat, le site est tristement connu pour avoir retenu pendant 11 ans le Masque de Fer. Transformé en geôle militaire, l'endroit abrite aujourd'hui le Musée de la Mer. Peu importe l'île sur laquelle on se trouve, la vue sur les chaînes de montagnes environnantes y est spectaculaire avec à l'ouest les contours du Massif des Maures ou de l'Estérel, et de l'autre côté, l'arrière-pays grassois avec la chaîne pelée du Cheiron surmontée au loin par la frange du Mercantour. Pour y aller, plusieurs compagnies maritimes assurent des rotations régulièrement, en moyenne toutes les 20 minutes pendant la période estivale.

COMPAGNIES MARITIMES CALANQUES ET CHÂTEAU D'IF
Quai du Port (Billeterie et embarquement angle quai des belges/quai du port face Samaritaine)
Vieux-Port (1er)
MARSEILLE
✆ 04 91 58 50 57
www.croisieres-marseille-calanques.com
Métro Vieux Port

Ouvert toute l'année. Pour l'intégrale des calanques, 29 euros pour les adultes ; tarifs réduits pour les personnes handicapées, enfants, étudiants et famille. Pour l'essentiel des calanques, 23 euros pour les adultes, mêmes tarifs réduits. La billetterie est ouverte tous les jours à partir du 13 avril jusqu'à mi-novembre. Cependant de mi-novembre au 13 avril, elle est ouverte seulement les week-ends et pendant les vacances scolaires de notre zone. Plusieurs circuits sont proposés : château d'If : 9 € pour le transport et possibilité d'escale avec visite du château en achetant l'entrée en sus de 5,50 €.

Premier parc péri-urbain de France, les calanques de Marseille à Cassis sur près de vingt-cinq kilomètres étirent leurs beautés fascinantes. Pour admirer ces splendides côtes déchiquetées qui recèlent une vingtaine de vallons composés d'eaux bleues cristallines, de falaises blanches immaculées, de pins verts en équilibre, la plus belle des manières l'est encore par la mer. Des balades maritimes inoubliables... Deux compagnies, Croisières Marseille Calanques et Icard Maritime, sous l'appellation Compagnies maritimes Calanques et Château d'If, ont mis en commun leurs billetteries et leurs lignes régulières, tout en gardant chacune leur identité. L'achat de billets s'effectue directement sur le Vieux Port, quai du Port, à l'office de tourisme de la ville ou directement sut le site Internet des compagnies respectives. Plusieurs visites vous sont proposées en fonction de votre temps et de vos intérêts. En juillet et en aout, les compagnies organisent un circuit avec baignade (32 €)... Si ce n'est pas le paradis, ça y ressemble !

MUSÉES DE MARSEILLE
Direction de la Communication
2, Place François Mireur (1er)
MARSEILLE
✆ 0826 500 500

Ouvert du mardi au dimanche. Certains sont ouverts 7j/7, se renseigner ! Visite guidée. Publications et catalogues d'expositions sur demande : tél 04 91 55 31 52.

Marseille a magnifié son visage en quelques temps et notamment grâce à ses musées rénovés, repensés sur leur scénographie, et aussi par la création de tout nouveaux musées sortis de terre et de mer.... Le MuCEM est un musée national dédié aux Civilisations de l'Europe et de la Méditerranée. Son architecture extraordinaire et sa mantille de béton en font un lieu phare de Marseille, il rejoint d'ailleurs par une passerelle au dessus de la mer le Fort St-Jean et ses différentes expositions et jardins. Le MuCEM est l'héritier du musée national des Arts et Traditions Populaires de Paris, avec des collections nouvelles et hétéroclites et a ouvert ses portes le 7 juin 2013 sur le J4. Pour apprécier au mieux sachez qu'il s'étend sur plus de 40 000 m^2.

La calanque Saint-Barthélémy dans le massif de lEstérel.

La Croisette.

L'île de Porquerolles.

Le Vieux Port et la basilique Notre-Dame-de-la-Garde.

Le Musée Regards de Provence est également un musée hors du commun, dédié à la peinture (et sculpture) classique, moderne et contemporaine sous toutes ses formes, dans les locaux de l'ancienne station sanitaire maritime signée par l'architecte Fernand Pouillon, et l'ouverture (enfin !) du Musée des Beaux Arts du Palais Longchamp : sans oublier le Château de la Buzine de Pagnol, le splendide Château Borély qui accueille désormais le Musée des arts décoratifs, de la mode et de la faïence.... D'autres préparent leur arrivée et une métamorphose totale comme le nouveau et gigantesque Musée d'Histoire et du Port Antique, 26 siècles depuis la fondation de Massalia par les Phocéens, et le Musée Mémorial des Camps de la Mort. La ville abrite également le Mémorial de la Marseillaise, dans le quartier de Belsunce qui fait honneur à l'histoire avec une scénographie animée et époustouflante. Répartis à travers la ville, les musées de Marseille sont reconnus pour la qualité et la richesse patrimoniale de leurs collections, qui représentent près de 120 000 œuvres : la merveilleuse Vieille Charité, le Musées des Docks Romains, le MAC (Musée d'Art Contemporain), le Musée Cantini, Muséum d'Histoire Naturelle, le Musée Grobet-Labadié. Les musées de Marseille, ainsi que le Muséum d'Histoire Naturelle et le Cabinet des Monnaies et Médailles, ont tous trois reçu le label « Musées de France » en 2003. Le Service des musées de la Direction de l'action culturelle de la Ville de Marseille gère 12 des musées qui sont présentés ici. A découvrir et à redécouvrir en 2014 !

■ BASILIQUE NOTRE-DAME-DE-LA-GARDE

Place Colonel-Edon (7e)
MARSEILLE © 04 91 1340 80
www.notredamedelagarde.com
Bus 60.

Basse saison : ouvert de 7h à 18h15. Haute saison : de 7h à 19h15. Attention, le dernier parking est fermé à 19h en hiver et à 20h en été, tous les véhicules doivent avoir quitté celui-ci avant la fermeture. Gratuit.

Culminant à 147,85 m au-dessus de la ville, la colline de la Garde a toujours été un poste d'observation, fonction qui perdure jusqu'en 1978. Afin de protéger Marseille des armées de Charles Quint, François Ier fit construire, en 1524, un fort au sommet de la colline, destiné à assurer une bonne défense de la ville. Protection qui vient conforter celle apportée par château d'If. Les fondations du fort servent d'assises à l'église construite en 1214. La colline prend son sens sacré lors de la construction de la basilique, qui devient mère protectrice de la ville. En témoigne l'extraordinaire collection d'ex-votos. Au XIXe siècle, le sanctuaire s'avère trop petit pour accueillir tous ses visiteurs. Monseigneur de Mazenod décide de construire sur l'édifice existant un bâtiment beaucoup plus grand. Les travaux, confiés à l'architecte Espérandieu, débuteront en 1853. De style romano-byzantin, l'édifice se compose d'une église basse, d'une crypte voûtée qui abrite un crucifix polychrome (XVIe siècle) et d'une mater dolorosa du sculpteur Carpeaux. L'église haute, nommée le sanctuaire, est consacrée à la Vierge. L'ascension est difficile, surtout l'été avec l'affluence de touristes mais une visite à la Bonne Mère est un passage obligé à Marseille.

■ ÎLE DE PORQUEROLLES

PORQUEROLLES
www.porquerolles.com
contact@porquerolles.com

Accès par la mer, toute l'année au départ de Giens, à la Tour Fondue. En saison, possibilité de rallier l'île via Le Lavandou, Cavalaire et La Croix-Valmer.

À quelques encablures de la côte, située sur le même parallèle que le cap Corse, la plus grande des trois îles d'Or avec ses 1 254 hectares de superficie, ses 7,5 km de long sur 3 km de large, est le point le plus méridional de la côte provençale. Son point culminant, qui se trouve au sémaphore à 142 mètres, bénéficie d'une vue à 360°. La côte nord est la plus accueillante, avec de nombreuses plages de sable que bordent des pinèdes et garrigues plantées de genêts, bruyères, myrtes, arbousiers. La côte sud-est, avec ses falaises qui dominent la mer, est plus abrupte, plus découpée.

© MAGAZINE INFO PILOTE

En 1971, l'Etat français acquiert les 1 000 hectares du domaine Fournier, mettant ainsi l'île à l'abri du bétonnage intempestif et les remet en dotation au parc national de Port-Cros qui en assure la gestion et la mise en valeur. Depuis 1979, le Conservatoire botanique de Porquerolles sauvegarde la flore méditerranéenne et, grâce à l'isolement sanitaire de l'île, il conserve des collections de ressources génétiques fruitières à l'abri des agents pathogènes qui ravagent les arbres fruitiers. Devenue site classé en 1988, l'île réserve aux visiteurs de magnifiques promenades pédestres et cyclables.
Aujourd'hui, le village de Porquerolles est presque un hameau, comprenant quelques hôtels et restaurants, quelques maisons de pêcheurs autour de la place d'Armes, et un tout petit port de plaisance. Un petit paradis si proche, que l'on oublie parfois que l'on est en France, et qui prend toute sa mesure en dehors du grand rush estival.

■ PLAGE DE PAMPELONNE
RAMATUELLE
Un ruban de sable fin et doré s'étend sur 5 kilomètres, du cap Pinet au cap Camarat. Ce lieu célèbre du débarquement allié le 15 août 1944, abrite aujourd'hui vingt-cinq établissements de plage, réputés et connus dans le monde entier.

■ LE MASSIF DE L'ESTEREL
SAINT-RAPHAËL
Entre les rivages de la Méditerranée et la Provence calcaire, l'Estérel est un massif volcanique de 32 000 hectares dont 14 000 sont classés. Ce massif, parfaitement préservé, est remarquable par son étonnante couleur rouge, due à la rhyolite, roche volcanique de l'ère primaire. D'un relief très tourmenté, avec ses pentes escarpées, ses couloirs et ses gorges aux multiples étranglements, ses paysages où alternent les parois déchiquetées et les couloirs touffus, l'Estérel séduit le promeneur par sa beauté sauvage.
Ses principales curiosités sont le pic de l'Ours (départ du parking du col de Notre-Dame, 1h30 en faisant une boucle de 2,5 km), la pointe du cap Dramont, le rocher Saint-Barthélemy, la grotte de la Sainte-Baume (départ du parking de la Sainte-Baume, 1h aller-retour soit 2 km), le belvédère du cap Roux, un panorama exceptionnel sur les roches rouges et la Méditerranée, le mont Vinaigre (614 mètres au-dessus du niveau de la mer), le ravin du Perthus, et le ravin du Malinfernet, doté de multiples sources. Le massif de l'Estérel s'étend sur cinq communes ; trois du Var – Fréjus, Les Adrets et Saint-Raphaël – et deux des Alpes-Maritimes – Mandelieu et Théoule.

■ PORTE MONUMENTALE DE L'ARSENAL
Musée de la Marine – Place Monsenergue
TOULON
Classée monument historique, la Porte Monumentale de l'Arsenal fut construite dès 1736 d'après les plans d'un maître sculpteur du roi Louis XV. Ce chef d'oeuvre en pierre de Calissane ouvre depuis 1976 les portes du Musée de la Marine de Toulon. Quatre colonnes grecques supportent un fronton orné de deux statues : à gauche Mars, dieu de la guerre, et à droite Minerve, déesse de l'intelligence et de la stratégie. Au dessus de la porte, vous remarquerez un attique avec un grand écusson entouré d'armes et de drapeaux, et de chaque côté deux enfants qui soutiennent un bouquet de feuilles d'acanthe.

Se restaurer

■ IL ETAIT UNE FOIS
4, rue Lieutaud
AIX-EN-PROVENCE
© 04 42 58 78 56
www.iletaitunefois-aix.fr
contact@iletaitunefois-aix.fr
Ouvert du jeudi au lundi le midi et le soir. Menus de 23 € à 37 € (entrée-plat-dessert). Formule du midi : 16,50 € (plat du jour-dessert du jour-verre de vin-café). Vin au verre. Menu dégustation : 51 € (1 entrée-1viande-1poisson-fromage-dessert). Tapas : 12,50 €. 19,50 € pour deux personnes.
La cuisine gastronomique à prix raisonnables, tel est l'objectif de cette enseigne. Pari gagné pour le tandem Julie Mazet et Joan Sampietro aux commandes du restaurant. C'est un super bon plan pour déguster des plats originaux. L'ambiance est dans l'air du temps, avec une cuisine ouverte qui permet d'apprécier le travail de l'équipe. Au fond, la salle arbore une décoration contemporaine : tons gris rehaussés par la couleur vive des tableaux, pan de mur en ardoises anthracite taillées dans la masse pour le côté minéral. Les tables sont suffisamment espacées pour préserver l'intimité des convives. Pas de congélateur ici, tout est frais, fait maison. La carte change tous les deux mois environ et s'enrichit chaque semaine de nouvelles suggestions. Joan, ex-chef de la Bastide de Cabriès qui a officié également dans plusieurs établissements étoilés, laisse ici libre cours à son inventivité. En entrée : des encornets farcis rehaussés d'huile essentielle de citron et leur chiffonnade de serrano. Puis : noix de veau rôtie et ses tagliatelles aux petits légumes ou un effeuillé de quasi de veau et cébettes juste saisies, crémeux de carottes aux épices douces et risotto. Les gourmands apprécieront le lingot orange-framboise accompagné de son financier à l'huile essentielle d'orange douce et sa crème au chocolat à l'ancienne. En nouveauté, un espace aménagé à l'entrée, avec tables hautes et tabourets, pour savourer des tapas gastronomiques issues de la carte. Attention, il n'y a que huit places dans cet espace, il est donc prudent de réserver...

■ L'ARDOISE
5, rue Rouguière
CANNES © 04 93 68 60 43
Menu 17 €. Carte : 15 € environ (à 30 €). Chèque Restaurant. Terrasse.
Le nom et les ardoises qui encadrent l'entrée de ce restaurant proche de la rue d'Antibes, affichent déjà l'ambiance bistrot préservée ici entre les murs rouges et crème, le mobiler couleur chocolat, le bar, les chaises typiquement bistrot et les tables en bois foncé. Dans cette atmosphère de tradition, les plats de cuisine française lorgnent du côté de la Provence et de ses bons produits de saison. Optez pour l'assiette provençale et installez-vous en terrasse... Couleurs, saveurs et soleil enchanteront vos pauses déjeuner comblées par un service rapide et prévenant. L'heure du dîner insuffle, quant à elle, une ambiance plus cosy. On s'attable alors sous les miroirs accrochés aux murs de ce petit resto au grand esprit bistrot !

■ MAÎTRE RENARD
4, rue Saint-Antoine
CANNES ✆ 04 93 39 99 38
www.maitrerenard.fr
accueil@maitrerenard.fr

Menus de 29 € à 34 €. Carte : 50 € environ. Accueil des groupes. Terrasse. Animations.

Au pied du quartier du Suquet, Philippe Renard mène son restaurant cosy et convivial d'une main… de maître ! La salle aux couleurs rougeoyantes est divisée en trois espaces, « le bouchon cannois » et ses 30 places dans l'ambiance intime d'un petit bouchon parisien des années 40, avec le bar en fond de salle, « le salon du chef » et ses 12 places sous le grand tableau « Renard » signé Michel Guyon et « le petit salon » de 16 places, plus isolé avec sa mini-terrasse. La grande terrasse d'angle ensoleillée offre une vue charmante sur le vieux port. Ici, la cuisine traditionnelle concoctée au wok, à la vapeur et sur plaques à induction cherche l'équilibre sain et le plaisir des saveurs. Le goût des produits traditionnels est respecté et s'associe parfois aux herbes aromatiques et aux épices prisées par le chef (noix de veau à la citronnelle, tagliatelles aux queues de gambas à la vanille, moelleux au chocolat et sa crème mentholée…). Des dîners concerts s'organisent le samedi soir dans le décor suranné de ce lieu gay-friendly avec banquettes, tableaux et chandeliers.

■ LA BOÎTE À SARDINE
2, boulevard de la Libération (1er)
MARSEILLE ✆ 04 91 50 95 95
www.laboiteasardine.com
Métro ou Tramway Réformés Canebière

Ouvert du mardi au samedi de 11h à 15h. Poissonnerie ouverte du mardi au dimanche de 9h à 19h. Réservation recommandée. Carte : 22 € environ. Plat du jour : 15 €. Terrasse. Sur place ou à emporter poissonnerie : commander et se renseigner par téléphone.

La Boîte à Sardine, vous connaissiez cette toute petite adresse au numero 7, sur le boulevard de Libération ? Forcément, mais l'endroit était souvent très prisé (et petit !) ! Depuis quelques mois, Fabien, son frère Hervé, sa Chef Céline et toute son équipe occupent désormais le numéro 2, juste en face ! Dans ce lieu de vie gigantesque, ils ont complètement imaginé leur déco – des plus originales – qui laisse bien penser à la pêche et à la mer : filets de pêches, lampes de bateaux, murs de mille boîtes de sardines en tout genre, tableaux... Sans oublier les chaises d'écoliers et grandes tablées, le superbe comptoir, des baies vitrées dans un large espace pour déguster du poisson toujours frais du jour et mille recettes du sud. Un restaurant ? Une poissonnerie ? Les deux mon capitaine ! Vous pouvez commander et emporter vos plateaux de poissons et coquillages : loup, dorade, sole, baudroie, sardines et calamars issus de la pêche locale, coquillages et crustacés... Une superbe ambiance au comptoir où du coup on ne mange plus seul, avec une équipe dynamique et vraiment adorable ! Les plats et cuissons sont parfaits, tout est délice pour les papilles. Vous vous régalerez et reviendrez ça c'est sûr ! Le plus, les anémones en beignet – un pur bonheur – et des accompagnements qui sortent de l'ordinaire : salicorne, polenta grillée, légumes de saisons en poêlée.... On n'oublie pas les bonnes bouteilles de vins blancs, les fromages fermiers et desserts ! Sans doute le meilleur restaurant de poissons de Marseille ! Bravo !

■ MIRAMAR
12, quai du Port (2e)
MARSEILLE
✆ 04 91 91 10 40 / 04 91 91 41 09
www.bouillabaisse.com
contact@bouillabaisse.com
Métro Vieux Port

Maître Restaurateur. Ouvert toute l'année. Du mardi au dimanche le midi de 12h à 14h et le soir de 19h à 22h. Réservation recommandée. Carte : 95 € environ. Menu enfant : 20 €. Vin au verre. Bouillabaisse 59 € (2 personnes au minimum). Accueil des groupes (à partir de 10 personnes. Possibilité de privatisation du restaurant pour 100 personnes en salle). Terrasse. Service traiteur sur commande, 48 heures à l'avance. Cours de cuisine thématiques.Cave à cigares et cave à vins de plus de 300 références.

Le Miramar est l'un des restaurants les plus emblématique du Vieux-Port, notamment grâce à sa bouillabaisse et sa fine cuisine ! En effet, Christian Buffa – le chef, membre fondateur et vice-président de la Charte de la Bouillabaisse – est également distingué Maître Cuisinier de France et Maître Restaurateur, intronisé par l'association Prosper Montagné. Cet admirable et sympathique chef a débuté ses classes avec Paul Bocuse, puis Roger Vergé au Moulin de Mougins. Travailleur, doué, sachant révéler saveurs et créativité dans une cuisine toute en finesse et noblesse, il ne pouvait que reprendre le Miramar en 2003 à l'âge de 30 ans ! De quoi réjouir le tout Marseille et sa clientèle internationale : car il a su redonner toutes ses lettres de noblesse à la gastronomie française dans sa ville tant aimée ! Côté cuisine, nul doute, sur la spécialité : poissons et crustacés ! Ainsi vos papilles ne pourront que se délecter des nombreuses recettes de la mer faites de poissons frais, de l'authenticité de plats typiques et créatifs, sans oublier sa recette « secrète » de la vraie bouillabaisse et de la vraie bourride (à commander 24h à l'avance). Ici, l'excellence se décline et se savoure dans une valse de savoureuses recettes à découvrir, et un service professionnel hors pair ! En entrées, caviar d'Aquitaine sur purée de pommes de terre rattes à l'huile d'olive, œuf mollet frit, blinis minute, crème épaisse, panini aux truffes cuit à l'estranciné et sa confiture, saladette au parmesan, Saint-Jacques et son risotto crémeux, trompettes de la mort, coulis de brocolis à la pistache… Que de choix ! Côté mets, le raffinement continue côté terre et mer : loup ou bar en croûte cuit dans un feuilletage garni de truffes et foie gras sauce au porto, tagliatelles au homard à la façon de son grand-père Jean-Baptiste, tournedos Rossini, foie gras, sauce au porto, mousseline de truffes… Côtés douceurs (préparées pendant votre repas !), comment ne pas succomber au dessert de la bouillabaisse (une surprise de saveur !), à la tarte fine aux pommes et sa glace vanille bourbon ou au tout chocolat du Lacydon, un assortiment autour du chocolat et sa confiture d'orange amère… Délicieusement posés en terrasse ou dans la splendide salle à manger au décor feutré, où se dégage toute l'élégance du Miramar avec sa nouvelle alcôve, vous admirerez la vue panoramique face à la Bonne-Mère et au Vieux-Port.

■ **LA PLAGE D'ARGENT**
Chemin du Langoustier
PORQUEROLLES
✆ 04 94 58 32 48
www.plage-dargent.com
laplage.porquerolles@orange.fr
Fermé de fin septembre à fin mars. Ouvert tous les jours à déjeuner à partir du mois d'avril, le soir uniquement le vendredi et le samedi. Carte : 50 € environ. Menu enfant : 11,50 €. Terrasse.
A 1,4 kilomètre à l'ouest du village, ce restaurant vous accueille depuis plus de cinquante ans. Sur la belle terrasse en bois qui surplombe une plage de sable blanc, le chef vous propose différentes salades fraîcheur, entrecôte à la plancha, brochette de la mer, dorade grillée entière, desserts faits maison, crème brûlée, soupe de framboises en infusion de verveine et des glaces artisanales de chez Coco frio.

■ **GRAND CAFÉ DE LA RADE**
224, avenue de la République
TOULON ✆ 04 94 62 76 69
legrandcafedelarade@orange.fr
Bateau-bus et bus
Ouvert toute l'année. Le midi et le soir. Menu 22,90 €. Carte : 25 € environ. Formule du midi : 11,90 € (menu bureau, plat + dessert et 19,90 € entrée + plat ou plat + dessert). Grandes salades et woks à partir de 13,90 €. Terrasse.
Le chef vous propose une cuisine raffinée comme sa plancha de la mer, ou créative comme son French burger au foie gras. Les menus s'adressent à tout le monde et sont adaptés à toutes les bourses. L'équipe vous accueille à toute heure pour déjeuner ou diner, pour prendre un apéritif entre ami(e) s, siroter un cocktail, déguster des coupes de glace ou tout simplement pour profiter d'un moment de détente sur le carré du port, installé sur l'immense terrasse ensoleillée, face aux plus beaux bateaux.

Se loger

■ **HOTEL CEZANNE******
40, avenue Victor-Hugo
AIX-EN-PROVENCE
✆ 04 42 91 11 11
www.hotelaix.com
hotelcezanne@hotelaix.com
55 chambres. Chambre simple de 165 € à 230 € ; chambre double de 185 € à 250 € ; suite 320 €. Petit déjeuner buffet : 19,50 € (+ 3 € en chambre). Lit supplémentaire : 25 €. Parking fermé inclus. Garde d'enfants. Poste Internet. Wifi gratuit.
Magnifiquement rénové, cet établissement du centre-ville, à proximité du cours Mirabeau, a pris un virage radical – et réussi ! – en faisant le choix du luxe et de la modernité. Un coup de chapeau pour les lits *king size*, le confort des matelas et le moelleux des oreillers ! Design et confort sont au rendez-vous, art contemporain (dont les œuvres de l'artistes berlinois Zidan) et *high tech* (wifi, poste Internet) aussi, un supplément d'âme en prime, car le Cézanne est installé au cœur de la vieille ville. On doit la décoration des chambres, toutes originales et lumineuses, au designer Charles Montemarco. Le service et l'accueil se sont adaptés à cette impressionnante mutation. On apprécie les boissons offertes dans les chambres et la possibilité de boire un verre ou croquer un fruit librement au bar de la réception à toute heure du jour ou de la nuit. On appréciera aussi le petit déjeuner servi jusqu'à midi ! Et pas n'importe quel petit déjeuner : des *pancakes* à la lavande ou aux truffes, du saumon, du champagne... Soyons fous !

■ HOTEL LITTLE PALACE**
18, rue du 24-Août
CANNES ✆ 04 92 98 18 18
www.littlepalace-hotel.com
little.palace@wanadoo.fr

Accueil 24h/24. 20 chambres (non fumeur). Chambre simple à partir de 48 €; chambre double à partir de 58 €; chambre triple à partir de 78 €. Parking public à proximité. American Express, Diners Club. Wifi payant. Tv satellite.

Situé à deux pas des plages, du Palais des festivals et de la gare SNCF, cet établissement 2-étoiles offre un accueil chaleureux et un service personnalisé dans un cadre soigné et convivial. Les chambres sont confortables, toutes insonorisées et climatisées, et équipées de douches, de WC privatifs, de TV à écran plat, du wi-fi, du téléphone et d'un coffre-fort.

■ 3.14 CANNES****
5, rue François-Einesy
CANNES
✆ 04 92 99 72 00 / 04 92 99 72 25
www.3-14hotel.com
info@3-14hotel.com

Ouvert toute l'année. Accueil 24h/24. 94 chambres (incluant 15 suites). Basse saison : chambre double 175 €. Haute saison : chambre double 400 €. Petit déjeuner : 25 €. Lit supplémentaire : 50 €. Garage : 30 €. American Express, Diners Club. 3 chambres adaptées (surtout téléphoner pour réserver selon vos besoins spécifiques). Séminaires. Réceptions et mariages. Poste Internet. Connexion Internet gratuite. Wifi gratuit. Service de ménage. 3.14 Restaurant Bar Club. Ouvert du mardi au samedi de 20h à 23h. Menu du marché 38 €. Carte 60 € à 65 € environ. Tv satellite, Canal +. Hammam, bain bouillonnant. Animations. Excursions (sur demande par prestataire extérieur).

Comment décrire cet établissement totalement atypique ? Il s'agit d'une réalisation très personnelle de Karine Ellena Partouche et de sa sœur Alexandra – architecte d'intérieur. Chaque étage correspond à un continent… Amérique : des couleurs acidulées, une déco parfois psychédélique et kitsch. Afrique : un univers des mille et une nuits. Océanie : un goût de paradis originel avec des parfums d'embrun… Asie : ambiance zen s'inspirant du Japon. Europe : Paris à la Belle Époque ! Et si la déco vous plaît, vous pouvez acheter tous les objets et meubles de l'hôtel ! Pour votre bien-être, le 3.14 dispose également d'un espace détente avec hammam, cabine de massage et sur la terrasse une piscine extérieure avec bain bouillonnant. Le restaurant, situé au rez-de-chaussée, propose une cuisine teintée d'exotisme, où le chef Mario d'Orio met en place une carte bio et sans gluten. Le bar est, quant à lui, le lieu où faire la fête. Et pour les beaux jours, la plage 3.14, est à 50 m de l'hôtel. Un univers magique en dehors de tous les schémas classiques de l'hôtellerie !

■ HOTEL VERTIGO
42, rue des Petites Maries (1er)
MARSEILLE ✆ 04 91 91 07 11
www.hotelvertigo.fr
contact@hotelvertigo.fr

Ouvert toute l'année. Accueil 24h/24. Chambres doubles à partir de 55 €. Chambres à partager de 2, 4 ou 6 personnes, de 19,90 € à 23,90 €. Animaux acceptés. Wifi.

Sur l'idée des pensions espagnoles, des Marseillais ont cherché à recréer un concept similaire sur la cité phocéenne. Dans le quartier Belsunce, où la mixité des populations, de tout temps, a attiré les voyageurs, deux hôtels mitoyens, une maison de ville et des cabanons ont été réunis, en 2010, autour de la cour commune. Tous les batiments ont été rénovés dans une intention de confort contemporain. Résultat ? Des pièces à vivre ensemble en centre-ville, des chambres individuelles, Internet et wifi gratuits, une réception ouverte 24h/24. A partir de là, l'ambiance d'un quartier polyglotte, qui vit avec ses habitants marseillais et ses résidents temporaires, s'est animée. La formule originale marche si bien qu'une autre idée s'imposait. Ouvrons un Vertigo au Vieux-Port ! Une autre grande auberge espagnole de luxe est donc née, un gîte-hôtel jeune, cosy et branché. Avec toujours le même principe, des espaces à partager ou pas, un coin cuisine pour tout le monde, des grandes tables pour la convivialité, les rencontres amicales. En plus, le petit déjeuner est offert !

▸ **Autre adresse :** 38, rue du Fort – 13007 Marseille ✆ 04 91 54 42 95.

■ MAMA SHELTER**
64, rue de la Loubière (6e)
MARSEILLE ✆ 04 84 35 20 00
www.mamashelter.com

Ouvert toute l'année. 127 chambres. De 59 € à 169 €. Petit déjeuner inclus. Poste Internet. Connexion Internet. Wifi. Restauration. Tv satellite. Animations. Soirées musicales le week-end.

Un hôtel design à Marseille, conçu par Philippe Starck, dans une rue pas franchement touristique ? Un bâtiment tout gris et fermé de l'extérieur ? Il faut oser pousser la porte du 64 rue de Loubière, entre la place Castellane et Notre-Dame-du-Mont. A l'intérieur, les volumes ultra cubiques, les lignes pures, géométriques, la lumière sur les peintures toutes fraîches, où les tons de blanc et jaune dialoguent calmement.

La côte.

20 BALADES EN FRANCE

Toutes ces premières impressions sautent aux yeux et rassurent. Visites des pièces, des chambres minimalistes, dans lesquelles l'optimisation de l'espace semble avoir été étudiée au millimètre près. Toutes disposent d'armoires penderies intégrées, d'un desk à angles (un peu trop) droits et des équipements de confort high tech. Le tout est proposé à la clientèle – que l'on imagine jeune et connectée – à des prix très compétitifs. Ce fut la dernière grande idée de Serge Trigano, l'ex-patron du Club Med, épaulé par l'urbaniste Cyril Aouizerate et le célèbre désigner. Le concept ? Coller à l'air du temps, adopter l'art de la simplicité. Le luxe accessible, la chasse à l'accessoire inutile, l'épure, comme des tendances fortes jusque dans l'hôtellerie. Un détail pourtant, toutes les chambres sont équipées d'un iMac 27 pouces… Autres points positifs, la table du chef Alain Senderens et les soirées musicales de la fin de semaine avec DJ sets ou lives. On aime.

■ **AUBERGE DES GLYCINES*****
22, place d'Armes
PORQUEROLLES
✆ 04 94 58 30 36
www.auberge-glycines.com
auberge.glycines@orange.fr
Ouvert toute l'année. Accueil jusqu'à 22h (pour l'hôtel). 11 chambres (100 % non fumeur). Demi-pension : 159 € (à 298 € par jour pour 2 personnes en basse saison, de 338 € à 358 € par jour pour 2 personnes en haute saison). Lit supplémentaire : 29 €. Langues parlées à l'accueil : français, anglais. American Express. Accueil handicapés au restaurant, pas à l'hôtel. Séminaires. Poste Internet. Connexion Internet gratuite. Wifi gratuit. Restaurant, formule déjeuner : 20 €, menu : 25 €, carte de 40 € à 60 €, vins au verre, menu enfant : 10 €.
Cette auberge située en lisière de la place du village respire la Provence, de la décoration des chambres, couleurs et matériaux typiques, tissus, meubles, à la cuisine servie au restaurant, où l'on vous sert des plats simples à l'accent méditerranéen, camerones flambées au pastis, poêlée de calamars, aïoli, poissons grillés de la pêche locale, tarte aux pignons. L'auberge dispose également d'une maison d'hôtes de 7 chambres, « La villa des glycines » située dans le village, à 50 mètres de l'auberge, avec un jardin privatif.

■ **CELENYA HOTEL****
7 bis, rue de Chabannes
TOULON
✆ 04 94 92 37 44
www.hotel-celenya-toulon.com
celenyahotel@orange.fr
29 chambres. Chambre double de 57 € à 130 €. Petit déjeuner buffet : 7,50 € (par personne et par jour). Animaux acceptés (moyennant 5 € par jour hors nourriture). Connexion Internet. Wifi. Tv satellite.
Au cœur de Toulon, donnant sur la magnifique place de la Liberté, l'équipe du Celenya Hôtel vous accueille dans des chambres décorées autour du thème des 5 continents. Elles vous transportent dans des univers différents, en Afrique, en Asie, en Océanie, en Europe ou aux Amériques… Grâce à une ambiance vraiment chaleureuse et des services attentionnés, l'hôtel Celenya représente la solution idéale pour passer un séjour des plus agréables à Toulon, à proximité des gares SNCF et routière, du Zénith Omega, du palais omnisports et du port.

Pratique

■ **ALLO TAXI CANNES**
29, boulevard de la Ferrage
CANNES
✆ 0890 712 227 015 / 0892 780 028 034 48
http://allo-taxis-cannes.com
taxi.allo@wanadoo.fr
24h/24, 7j/7.
Les 153 véhicules de la compagnie sont à votre disposition jour et nuit, pour une course (petite ou longue distance) mais aussi pour une découverte touristique du Cannet au Suquet, des vieux villages (Mougins, Valbonne, Bar-sur-Loup, Pont-du-Loup, Tourrettes-sur-Loup, Saint-Paul), de Nice et de Monaco en passant par le Cap d'Antibes ou le Var (Estérel et massif des Maures) avec chauffeur privé, à votre rythme et en toute tranquilité. Ils peuvent aussi vous conduire dans les différents aéro-clubs de la région.

■ **TAXI TOURISME MARSEILLE**
La Canebière (1er)
MARSEILLE
✆ 06 72 83 34 52
www.taxitourisme-marseille.com
laurent@taxitourisme-marseille.com
Ouverture et rendez-vous à l'office du tourisme : du lundi au samedi de 9h à 19h, le dimanche et jours fériés, de 10h à 17h.
Labellisés par l'office de tourisme, les taxis tourisme de Marseille ne présentent pas de mauvaise surprise a priori pour les promeneurs : voiture confortable, chauffeur conventionné à qui on demande le sens de la convivialité. Il en est de même pour le prix qui est fixé au préalable en fonction d'un circuit unique, entre le centre-ville et la Corniche Kennedy. Comptez 66 € pour 2 à 3 heures de balade. Vos tickets sont à retirer à l'office de tourisme et votre taxi particulier arrivera dans les 10 minutes qui suivent. Le circuit couvre les principaux sites marseillais (Vieux-Port, abbaye Saint-Victor, Castellane…) et se fait avec des commentaires du chauffeur dans la langue choisie (français, anglais). Ce système s'avère agréable, car vous pouvez sortir du taxi à votre guise et visiter certains monuments (Notre-Dame-de-la-Garde, abbaye Saint-Victor…) Le taxi vous attend. Chaque véhicule peut emmener au maximum 4 personnes ou 3 adultes et 2 enfants de moins de dix ans.

■ **TAXIS REGION TOULONNAISE**
119, chemin du Temple
TOULON
✆ 04 94 93 51 51
www.taxis-region-toulonnaise.fr
Ouvert tous les jours et les jours fériés. 24h/24.
Besoin d'un taxi pour rejoindre un aéro-club ? Les Taxis Région Toulonnaise sont à votre service. Que ce soit pour le transport vers une gare, l'aéroport, la SNCF, les bateaux, ouun aéro-club, la société toulonnaise vous mènera à bon port. Elle organise même des visites de la région en voiture. L'agence est là pour tous les services de transport, toutes distances, tous les jours et 24 heures sur 24.

Autres aérodromes et aéro-clubs en France

Autres aérodromes et aéro-clubs en France

Alsace

Bas-Rhin

■ **CERCLE AÉRONAUTIQUE DE STRASBOURG-ENTZHEIM**
Zone Ouest aéroport
Bâtiment Louis Blériot
ENTZHEIM
✆ 03 90 29 74 59 / 09 52 35 39 48
www.aeroclub-entzheim.com
info@aeroclub-entzheim.com

■ **AERO-CLUB HAGUENAU**
Aérodrome n°5
HAGUENAU ✆ 03 88 93 88 59
www.aeroclub-haguenau.com/
secretariat@aeroclub-haguenau.com

■ **ALSACE VOLTIGE**
Aérodrome
HAGUENAU
✆ 06 13 55 58 51
www.alsace-voltige.com
alsace.voltige@aliceadsl.fr

■ **AERO-CLUB DE SARRE-UNION**
Aérodrome Victor Hamm
RN 61
SARRE-UNION
✆ 03 69 35 25 22
www.acrsu.org
acrsu@sfr.fr

■ **AÉROCLUB AIR FRANCE – SXB**
Entzheim
STRASBOURG
✆ 03 88 49 21 51
www.acafsxb.fr
contact@acafsxb.fr

■ **AERO-CLUB D'ALSACE**
Aérodrome du Polygone
38, rue Guynemer
STRASBOURG ✆ 03 88 34 00 98
www.aero-club-alsace.org
aero-club-alsace@wanadoo.fr

■ **AÉROCLUB POLYGONE 67**
Aérodrome du Polygone
80, rue de la Musau
STRASBOURG
✆ 03 88 84 51 15
www.polygone67.com
info@polygone67.com

Haut-Rhin

■ **PATROUILLE-ASSOCIATION REVA**
Aérodrome de Colmar-Houssen
25, allée de la Foire-aux-Vins
COLMAR
✆ 06 81 19 41 25
real.weber@free.fr

■ **AÉROCLUB DE MULHOUSE**
Route de l'aérodrome
MULHOUSE
✆ 03 89 54 13 33
www.aeroclub-mulhouse.com
contact@aeroclub-mulhouse.com

■ **AERO-CLUB DES TROIS FRONTIERES**
Rue de l'Aérodrome
Terrain de Mulhouse Habsheim
MULHOUSE
✆ 03 89 65 50 15
www.ac3f.org
ac3f.bureau@wanadoo.fr

■ **AÉRO-CLUB DU HAUT-RHIN**
Rue de l'Aérodrome
RIXHEIM
✆ 03 89 44 01 41
www.achr.asso.fr
contact@achr.asso.fr

■ **AIR ALSACE**
6a, rue de Mulhouse
SAUSHEIM ✆ 06 20 53 13 71
www.airalsace.fr
info@airalsace.fr

Aquitaine

Dordogne

■ **ASSOCIATION SPORTIVE AERONAUTIQUE DE PERIGUEUX**
Aérodrome de Périgueux Bassillac
BASSILLAC
✆ 05 53 54 41 19 / 06 80 93 57 84
aeroclub.perigueux@wanadoo.fr

■ **AERO-CLUB BELVES PERIGORD**
BP27 – Camp de César
BELVÈS
✆ 05 53 29 01 50 / 06 08 53 44 71
www.aeroclub-belves.fr
aeroclubelves@free.fr

■ **AERO-CLUB DE BERGERAC**
Aérodrome de Roumanière
BERGERAC
✆ 05 53 57 31 36
bergerac-aeroclub.com
acb24@wanadoo.fr

■ **ASSOCIATION AERONAUTIQUE LA ROCHEBEAUCOURT ET ARGENTINE**
Beix
LA ROCHEBEAUCOURT-ET-ARGENTINE
✆ 05 53 60 37 52
boyer-lucien@orange.fr

■ **AERO-CLUB JEAN MERMOZ**
Saint-Aulaye
RIBÉRAC
✆ 05 53 90 10 41
www.aeroriberac.com
aeroclubriberac@hotmail.fr

■ **CLUB AERONAUTIQUE DU RIBERACOIS**
Aérodrome de Tourette
RIBÉRAC
✆ 05 53 90 00 25
club-aeronautique-riberacois@orange.fr

■ **HELICLUB DU PERIGORD**
Eyrissou
SAINT-CRÉPIN-ET-CARLUCET
✆ 05 53 29 35 33
http://heliclubperigord.free.fr
heliclubperigord@free.fr

Gironde

■ **AERO-CLUB ANDERNOS**
BP 4 – Agence postale du Mauret
ANDERNOS-LES-BAINS
✆ 05 56 82 18 77
www.aeroclubandernos.com
contact@aeroclubandernos.com

■ **AÉROCLUB FRANÇOIS HUSSENOT**
La Teste-de-Buch
ARCACHON
✆ 05 57 15 45 34 / 05 57 15 40 39
aeroclub.acfh@gmail.com

■ **AEROCLUB DU SUD GIRONDE**
Poussignac
BAZAS ✆ 05 56 25 03 16

■ **AERO-CLUB DU BASSIN D'ARCACHON**
Aérodrome de Villemarie
LA TESTE-DE-BUCH ✆ 05 56 54 72 88
www.acba-fr.com
acbarcachon@wanadoo.fr

■ **AEROCLUB SEPAVIA**
CE Snecma propulsion solide les 5 chemins
LE HAILLAN
✆ 06 63 72 64 46

■ **AERO-CLUB DE BORDEAUX**
Aérodome Bordeaux-Léognan-Saucats
305, avenue de Mont-de-Marsan
LÉOGNAN
✆ 05 56 64 03 64 / 06 80 21 82 55
www.aero-club-bordeaux.com
secretaire@aero-club-bordeaux.com

■ **DASSAULT AERO-CLUB AQUITAINE**
Aérodrome de Bordeaux-Léognan-Saucats
LÉOGNAN
✆ 05 56 64 12 35 / salle pilote : 09 62 56 14 37
www.daca.fr

■ **LIBOURNE AERO-CLUB**
Les Artigues-de-Lussac
3255, route de Lyon
LUSSAC ✆ 05 57 24 31 50
www.libourne-aeroclub.com
libourne.aeroclub@wanadoo.fr

■ **AERO-CLUB MARCILLAC ESTUAIRE**
1, La Grande Lande
MARCILLAC ✆ 05 57 32 40 50
avionmarcillac@wanadoo.fr

■ **CAPAM**
Zone Aviation Générale –
Aéroport de Bordeaux
Rue de Beaudésert
MÉRIGNAC
✆ 05 56 55 61 24
http://capam.pagesperso-orange.fr/
secretariat.capam@wanadoo.fr

■ **CERCLE AERONAUTIQUE FOYEN**
SAINTE-FOY-LA-GRANDE
✆ 05 53 24 72 50 / 06 61 13 88 69
www.aeroclubfoyen.com
contact@aeroclubfoyen.com

■ **AERO-CLUB DU MEDOC**
4, route de l'Aérodrome
Sémignan
SAINT-LAURENT-MÉDOC
✆ 05 56 59 42 25
http://acmedoc.herobo.com/
amaroger@orange.fr

■ **AERO-CLUB DE MONTALIVET**
Aérodrome Vendays-Montalivet (LFIV)
Route de Vendays
VENDAYS-MONTALIVET
✆ 05 56 09 30 48
aeromonta@wanadoo.fr

■ **AERO-CLUB D'YVRAC**
3, chemin de Mirefleur
YVRAC ✆ 05 56 06 68 14
www.byac.org
yvrac.aeroclub@wanadoo.fr

Landes

■ AERO-CLUB AIRE-SUR-L'ADOUR
Route du Houga
AIRE-SUR-L'ADOUR
✆ 05 58 71 64 66 / 06 11 26 85 91 / 06 08 45 25 61
www.aeroclub-aire.fr
aeroclub.aire@wanadoo.fr

■ AÉROCLUB DES GRANDS LACS
Aérodrome de Biscarosse-Parentis
BISCARROSSE
✆ 05 58 78 83 43 / 06 03 31 15 25
http : //aeroclubdesgrandslacs.com
rene.greslon@club-internet.fr

■ AQUITAINE HYDRAVIONS AC REGIONAL HENRI GUILLAUMET
Aéroclub Régional Henri Guillaumet
Parentis
BISCARROSSE
✆ 06 08 92 41 64
www.aquitaine-hydravions.fr
jeanluclangeard@orange.fr

■ AERO-CLUB DE DAX
101, route de Tercis
DAX
✆ 05 58 74 14 20
www.aeroclubdedax.fr
contact@aeroclubdedax.fr

■ AÉROCLUB DE MIMIZAN
Route d'Escource
MIMIZAN
✆ 05 58 09 10 00
http : //mimizan.aero.free.fr
mimizan.aero@free.fr

■ AÉROCLUB JEAN CAUSSEQUE
RION-DES-LANDES
✆ 05 58 57 11 61
acjcausseque@orange.fr

Lot-et-Garonne

■ AÉROCLUB DE L'AGENAIS
Agen-La Garenne
AGEN
✆ 05 53 96 36 67
www.aeroclubagenais.fr
acagen@orange.fr

■ AÉROCLUB DE GASCOGNE
Virazeil
MARMANDE
✆ 05 53 64 26 36
www.acg-lfdm.com
info@acg-lfdm.com

■ CENTRE DE VOL À VOILE DU MARMANDAIS
Virazeil
MARMANDE
✆ 06 26 83 61 15
cvvm47@aliceadsl.fr

Pyrénées-Atlantiques

■ AÉROCLUB BASQUE
3, allée des aéroclubs
ANGLET
✆ 05 59 23 93 79
www.aeroclub-basque.com
aeroclub.basque@wanadoo.fr

■ AÉROCLUB TURBOMECA
5, allée des aéroclubs
ANGLET
✆ 05 59 23 63 60
aeroclub.turbomeca@wanadoo.fr

■ AÉROCLUB DASSAULT BRÉGUET BIARRITZ
Bayonne-Anglet
BIARRITZ
✆ 05 59 41 03 58
aeroclub.dassault.free.fr
acdbb@free.fr

■ AÉROCLUB D'OLORON-SAINTE-MARIE
Route de l'aérodrome
HERRÈRE
✆ 05 59 39 07 05
www.aeroclub-oloron.fr
ac-oloron@orange.fr

■ AERO-CLUB DE PAU – PYRENEES AIR CLUB
17, rue Saint-Exupéry
SAUVAGNON
✆ 05 59 21 76 20
www.pau-pyrenees-air-club.fr
ppac@neuf.fr

■ AERO-CLUB DU BEARN
3, rue Saint-Exupéry
SAUVAGNON
✆ 05 59 33 22 00
http : //aeroclubdubearn.free.fr
president@aeroclubdubearn.com

Auvergne

Allier

■ AEROCLUB DU VAL D'ALLIER-VICHY
Aérodrome Vichy-Charmeil
Zone aéroportuaire
CHARMEIL
✆ 04 70 96 11 96
ac.valdallier.vichy@gmail.com

■ **AERO-CLUB LEON BIANCOTTO**
Aérodrome de Villars
DOMÉRAT ✆ 04 70 29 48 42
http://acbiancotto.com
alain.sillon@orange.fr

■ **LES AILES MONTLUÇONNAISES**
Aérodrome Montlucon Domerat
DOMÉRAT
✆ 04 70 29 18 99
www.lesailesmontluconnaises.fr
ailes.montluconnaises@wanadoo.fr

■ **AÉROCLUB DE LURCY-LÉVIS**
Levis
LURCY-LÉVIS
✆ 06 09 45 63 46
www.aerolurcy.fr
postmaster@aerolurcy.fr

■ **AERO-CLUB DU PAYS DE LAPALISSE**
Aérodrome Lapalisse-Périgny
PÉRIGNY
✆ 04 70 99 02 00
http://acpla.akeonet.com
loys.carrier@wanadoo.fr

■ **AERO-CLUB DE MOULINS**
Aérodrome de Moulins Montbeugny
TOULON-SUR-ALLIER
✆ 04 70 20 04 56
http://aeroclub.moulins.free.fr
aeroclub.moulins@wanadoo.fr

Cantal

■ **AÉRO-CLUB DU CANTAL**
Tronquières
AURILLAC
✆ 04 71 64 22 00
www.aeroclub-cantal.com
aeroclubducantal@club.fr

Haute-Loire

■ **AERO-CLUB DU PUY**
Aérodrome de Loudes
CHASPUZAC
✆ 04 71 08 60 59
contact@aeroclubdupuy.com

Puy-de-Dôme

■ **AEROCLUB D'AUVERGNE « GILBERT SARDIER »**
rue Youri Gagarine
CLERMONT-FERRAND
✆ 04 73 92 00 56
www.aeroclubauvergne.fr
aero-club-auvergne@orange.fr

■ **AÉROCLUB DE L'ATELIER INDUSTRIEL DE L'AÉRONAUTIQUE**
161, avenue du Brezet
CLERMONT-FERRAND
✆ 04 73 42 42 04
http://acaia.fr
didier.laupin@laposte.net

■ **AÉROCLUB PIERRE HERBAUD**
33, route de l'aérodrome
LE BROC ✆ 04 73 89 16 62
www.aeroclub-issoire.fr
acph@wanadoo.fr

Bourgogne

Côte-d'Or

■ **AÉROCLUB DU CHÂTILLONNAIS**
Rue de l'Aviation
CHÂTILLON-SUR-SEINE
✆ 03 80 91 05 02
bernadette.royer@wanadoo.fr

■ **DIJON VOLTIGE**
DAROIS
✆ 03 80 52 12 06
www.dijon.voltige.com
dijon-voltige@wanadoo.fr

■ **AÉROCLUB DE NUITS-SAINT-GEORGES**
BP 81 – LONGVIC
✆ 03 80 61 05 16
www.lfgz.fr

■ **LES AILES DE POUILLY**
Aérodrome de Pouilly-Maconge
POUILLY-EN-AUXOIS
✆ 03 80 90 71 32 / 03 80 90 74 73
mathieu.bligny@free.fr

■ **AÉROCLUB SAULIEU – LIERNAIS**
Liernais
SAULIEU
✆ 03 80 64 30 32
http://acsaulieu.free.fr
aeroclubsaulieu@free.fr

■ **AERO-CLUB DE SEMUR-EN-AUXOIS**
Avenue Jean-Mermoz
SEMUR-EN-AUXOIS
✆ 03 80 97 12 04
www.lfgq.fr
lfgq@wanadoo.fr

Nièvre

■ **AÉROCLUB DE COSNE – LOIRE**
RN 7 – Bois Rabot
COSNE-COURS-SUR-LOIRE
✆ 03 86 28 19 64 / 06 08 46 83 50
www.aeroclubcosne.fr
aeroclubcosne@gmail.com

■ **AÉROCLUB DES PILOTES DU CENTRE**
Sangsue
FOURCHAMBAULT
✆ 03 86 36 56 87 / 06 66 43 17 14
www.acpc.asso.fr
contact@acpc.asso.fr

■ **AÉRONAUTIQUE DU NIVERNAIS**
Sangsue
FOURCHAMBAULT
✆ 03 86 57 27 51
adn.avion@wanadoo.fr

Saône-et-Loire

■ **AERODROME CHALON-CHAMPFORGEUIL**
CHALON-SUR-SAÔNE
✆ 03 85 46 14 48
www.chalon.aeroport.fr
contact@chalon.aeroport.fr

■ **AIR CHALON CLUB**
Aéroport de Chalon-Champforgeuil
CHAMPFORGEUIL
✆ 03 85 47 42 36 / 06 89 72 59 17
http : //airchalonclub.com
contact@airchalonclub.com

■ **AÉROCLUB DU MÂCONNAIS LOUIS BERRARD**
MÂCON
✆ 03 85 34 18 54
www.aeroclubmacon.fr
ac.maconnais@wanadoo.fr

■ **AÉROCLUB DU BASSIN MINIER**
Pouilloux
MONTCEAU-LES-MINES
✆ 03 85 79 10 83
http : //perso.orange.fr/club-acbm
club-acbm@wanadoo.fr

■ **AÉROCLUB CHAROLAIS**
Forêt
PARAY-LE-MONIAL
✆ 03 85 81 51 51
http : //aerodromeparay.free.fr

■ **AÉROCLUB DU VAL DE SAÔNE**
Cuisery
TOURNUS
✆ 03 85 40 09 60
ac.valdesaone@orange.fr

Yonne

■ **AÉROCLUB DE L'YONNE**
Branches
AUXERRE
✆ 03 86 48 31 95
aero-club-de-lyonne@wanadoo.fr

■ **AÉROCLUB DE L'AVALLONNAIS**
AVALLON
✆ 03 86 34 15 11

■ **AÉROCLUB DE SENS**
3, rue de l'Aérodrome
PONT-SUR-YONNE
✆ 03 86 67 04 73
www.aeroclubdesens.com
ac.sens@wanadoo.fr

■ **ASSOCIATION SÉNONAISE DE CONSTRUCTEURS AMATEURS**
1, rue de la Vanne
PONT-SUR-YONNE
✆ 03 86 64 05 73
jacquespage@orange.fr

■ **LA MAISON DU PILOTE**
PONT-SUR-YONNE
✆ 03 86 67 14 56
www.lamaisondupilote.net
lamaisondupilote@sfr.fr

■ **LES AILES FLORENTINOISES**
Cheu
SAINT-FLORENTIN
✆ 03 86 35 06 08 / 06 79 34 56 43
www.ailes-florentinoises.fr
delot.alain@neuf.fr

Bretagne

Côtes-d'Armor

■ **AERO-CLUB DE DINAN-TRELIVAN**
Bel Air
Trélivan
DINAN
✆ 02 96 39 00 25
aeroclub-dinan.fr

■ **AERO-CLUB DE LA COTE DE GRANIT**
Rue du Commandant-Coadou
LANNION
✆ 02 96 48 47 42
www.accg.asso.fr
contact@accg.fr

■ **AERO-CLUB SAINT-BRIEUC ARMOR**
Aéroport de Saint-Brieuc Armor
TRÉMUSON
✆ 02 90 03 23 71
http : //acsba.nuxit.net
acsba@sfr.fr

Finistère

■ **CERCLE AERONAUTIQUE ET SPORTIF D'IROISE – CASI**
5, square des Sternes
GOUESNOU
✆ 06 77 21 93 40
cercleaerosportiroise@gmail.com

■ **AERO-CLUB BREST FINISTERE**
Aéroport de Brest-Bretagne
GUIPAVAS
✆ 02 98 84 61 86
www.ac-brest-finistere.fr
secretariat@ac-brest-finistere.fr

■ **AERO-CLUB DE MORLAIX**
Ploujean
MORLAIX
✆ 02 98 88 32 80 / 02 98 62 17 62
http : //aeroclub-morlaix.new.fr
aeroclub.morlaix@free.fr

■ **ARMOR AERO PASSION**
Aéroport – Ploujean
MORLAIX
✆ 06 62 59 89 78
www.aeropassion.fr
jm.laporte@aeropassion.fr

■ **AERO-CLUB DE QUIMPER – J.-M. LE BRIS**
Cidex 114-1
Aéroport de Quimper Cornouaille
PLUGUFFAN
✆ 02 98 94 05 22 / 02 98 94 01 30
www.aeroclub-quimper.fr
contact@aeroclub-quimper.fr

Ille-et-Vilaine

■ **AERO-CLUB REDONNAIS**
Aérodrome de Redon / Bains-sur-Oust
BAINS-SUR-OUST
✆ 02 99 71 00 59
www.acredon.fr
ac.redon@wanadoo.fr

■ **AERO-CLUB DE HAUTE BRETAGNE**
Moulin de Gérard
MONTREUIL-SOUS-PÉROUSE
✆ 02 99 75 14 01
aristide.texier@orange.fr

■ **AÉROCLUB RENNES ILLE-ET-VILAINE**
Aéroport Joseph Lebrix
SAINT-JACQUES-DE-LA-LANDE
✆ 02 99 31 91 81
www.acriv.org
acriv@wanadoo.fr

■ **RENNES AIR CLUB**
50, rue Jules-Vallès
SAINT-JACQUES-DE-LA-LANDE
✆ 02 99 31 69 91
http : //rennesairclub.free.fr
rennesairclub@free.fr

■ **RENNES UNIVERSITE AERO-CLUB**
12, avenue Joseph-le-Brix
SAINT-JACQUES-DE-LA-LANDE
✆ 02 99 65 22 99 / 06 07 60 15 33
www.aeroclub-rennes.com
contact@aeroclub-rennes.com

■ **AERO-CLUB DE LA COTE D'EMERAUDE**
Aéroport Dinard-Pleurtuit
SAINT-MALO
✆ 02 99 88 23 42
www.premiumorange.com/aeroclubdinard/
aeroclubdinard@wanadoo.fr

■ **AERO-CLUB SABENA TECHNICS DNR**
Aéroport de Dinart-Pleurtuit
SAINT-MALO
✆ 02 99 82 73 32
aeroclub.dnr@sabenatechnics.com

Morbihan

■ **SECTION SPORTS AÉRIENS**
Lann-Bihoue
LORIENT
✆ 02 97 12 90 82
http : //ssalbh.free.fr/login.php

■ **AERO-CLUB DE PONTIVY CENTRE BRETAGNE**
Aérodrome de Pontivy (LFED)
NOYAL-PONTIVY
✆ 02 97 25 57 79 / 06 30 05 93 47
www.aeroclub-pontivy.fr
contact@aeroclub-pontivy.fr

■ **QUIBERON AIR CLUB**
37, rue de l'Aérodrome
QUIBERON
✆ 02 97 50 11 05 (Aéroclub) /
02 97 29 55 80 (Restaurant de la plateforme et Gestionnaire)
www.quiberonairclub.com
info@quiberonairclub.com

Centre

Cher

■ **AERO-CLUB D'AUBIGNY**
Aérodrome de la Théau
BP 24 – AUBIGNY-SUR-NÈRE
✆ 02 48 58 04 72
aeroclubaubigny@free.fr

■ **UNION AERONAUTIQUE DU CENTRE**
10, rue Joseph-le-Brix
BOURGES
✆ 02 48 50 41 83
www.aeroclub-bourges.com
aeroclub.bourges@laposte.net

■ **UNION AÉRIENNE DE CHÂTEAUNEUF-SUR-CHER**
Aérodrome Serruelles
CHÂTEAUNEUF-SUR-CHER
✆ 02 48 60 50 75

■ **LES AILES VIERZONNAISES**
Méreau
VIERZON
✆ 02 48 75 12 87
ailes-vierzon.aero-club@orange.fr

Eure-et-Loir

■ **AERO-CLUB D'EURE ET LOIR**
Aérodrome de Chartres-Métropole-LFOR
Route de Coltainville
CHARTRES
✆ 02 37 34 43 48
www.acelchartres.com
aeroclub28@wanadoo.fr

■ **AEROCLUB DE DREUX GEORGES LIBERT**
Aéorodrome de Dreux-Vernouillet
DREUX
✆ 02 37 46 26 49
www.aero-club-dreux.com
aeroclub.dreux@orange.fr

Indre

■ **AÉROCLUB VALLÉE DE LA CREUSE**
ARGENTON-SUR-CREUSE
✆ 02 54 24 28 98 / 02 54 22 38 60
christian.demay@aliceadsl.fr

■ **AERO-CLUB DU BLANC**
Aérodrome du Blanc-Les Bergereaux
LE BLANC
✆ 02 54 37 09 18 / 06 80 02 82 74 / 02 54 37 06 97
www.aeroclubdublanc.sitew.com
internet.acleblanc@gmail.com

■ **AERO-CLUB DE CHATEAUROUX**
Aérodrome Châteauroux-Villers
SAINT-MAUR
✆ 07 81 39 11 43
ifej.free.fr
ifej@free.fr

Indre-et-Loire

■ **AERO-CLUB LES AILES TOURANGELLES**
4, route de l'Aérodrome
Aérodrome de Dierre
BLÉRÉ ✆ 02 47 57 93 91
Voir page 128.

■ **AÉROCLUB DE TOURAINE**
Aérodrome, RN 10
SORIGNY
✆ 02 47 26 01 14
Voir page 130.

■ **TOURS AÉROCLUB**
Aéroport de Tours/Val de Loire
40, rue de l'Aéroport
TOURS
✆ 02 47 51 25 68
www.toursaeroclub.fr
contact@toursaeroclub.fr

Loir-et-Cher

■ **AIR CLUB BLOIS – VENDÔME**
Aérodrome Blois-le-Breuil
BLOIS 02 54 20 17 68
www.acbv.fr – acbv@wanadoo.fr

■ **AERO-CLUB DE SOLOGNE**
Le Bois Ribault
GIÈVRES
✆ 02 54 96 35 07
www.ac-sologne.fr
contact@ac-sologne.fr

■ **AÉROCLUB DES BRUYÈRES**
Le Rabot
VOUZON ✆ 02 54 88 01 58

Loiret

■ **AÉROCLUB DU GIENNOIS**
Châtillon
BRIARE ✆ 02 38 31 18 70
http ://acgiennois.monsite.wanadoo.fr
acgiennois@orange.fr

■ **AERO-CLUB DU GATINAIS**
11, rue de l'Aérodrome
Vimory
MONTARGIS
✆ 02 38 85 03 90
http ://ac-gatinais.com
contact@ac-gatinais.com

■ **CLUB DE VOLTIGE AERIENNE D'ORLEANS–CVAO**
Saint-Denis-de-l'Hôtel
ORLÉANS
✆ 06 85 84 99 66
l.romanin@wanadoo.fr

■ **AERO-CLUB DU PITHIVERAIS**
BP 314 – Lotissement Petit Bondieu
Rue Guigne-Soleil
PITHIVIERS
✆ 02 38 30 08 27
www.ac-ptv.org
acptv@free.fr

Champagne-Ardenne

Ardennes

■ **LES AILES ARDENNAISES AEROCLUB**
Mézières
CHARLEVILLE-MÉZIÈRES
✆ 03 24 52 90 42
www.ailes08.fr
ailes.ardennaises@wanadoo.fr

■ **AÉROCLUB DE RETHEL**
Perthes – RETHEL
✆ 03 24 38 46 67
http : //rethelaero.free.fr
rethelclub@aol.com

■ **AÉROCLUB ROGER SOMMER**
Douzy
SEDAN
✆ 03 24 26 30 36
www.aeroclub-sommer.com
bureau@aeroclub-sommer.com

Aube

■ **AEROCLUB DE TROYES**
RD 60
BARBEREY-SAINT-SULPICE
✆ 03 25 74 46 70
aeroclub.troyes@orange.fr

■ **ASSOCIATION AIR CAMPUS TROYES**
Barberey-Saint-Suplice
Route Départementale 619
BARBEREY-SAINT-SULPICE
✆ 06 13 71 20 11
www.aircampustroyes.fr/
aeroclub.troyes@orange.fr

■ **SEATB**
Aerodrome de Troyes Barberey
Rd 619
BARBEREY-SAINT-SULPICE
✆ 03 25 71 79 00
www.aeroporttroyeschampagne.fr

■ **ASSOCIATION AÉRONAUTIQUE BRIENNOISE**
Aérodrome de Brienne
BRIENNE-LE-CHÂTEAU
✆ 06 89 67 74 51 / 03 25 27 15 15
aab.ass-aero-briennoise@wanadoo.fr

■ **AÉROCLUB DU BARSURAUBOIS**
JUVANCOURT
✆ 03 25 27 81 06
www.aeroclub-du-barsuraubois.fr

■ **TROYES AVIATION**
Aéroport de Troyes-Barberey
LA CHAPELLE-SAINT-LUC
✆ 03 25 74 60 14
Voir page 32.

■ **AÉROCLUB CÔTE DES BARS**
3, rue du Sénateur Lesaché
Celles-sur-Ource
LES RICEYS
✆ 06 08 47 65 60 / 06 08 25 52 49
www.lffr-aeroclub.fr/indexb1b.htm
champarno@aol.com

■ **AÉROCLUB DE ROMILLY-SUR-SEINE**
ROMILLY-SUR-SEINE
✆ 03 25 24 47 08 / 06 64 11 15 63
http : //aeroclub.romilly.free.fr
aeroclub.romilly@free.fr

Marne

■ **AÉROCLUB FARMAN CLÉMENT**
ECURY-SUR-COOLE
✆ 03 26 67 61 01
http : //perso.wanadoo.fr/aeroclub-fc
aeroclub.farman-clement@wanadoo.fr

■ **AÉROCLUB DU CRNA – EST**
PRUNAY
✆ 03 26 84 60 63
acb.crna.est@wanadoo.fr

■ **AÉROCLUB REIMS-AVIATION**
Aérodrome de Reims Prunay
BP 1058 – PRUNAY
✆ 03 26 48 46 21
pascal-raimond@wanadoo.fr

■ **REIMS VOLTIGE**
Aérodrome de Reims-Prunay
PRUNAY
✆ 06 12 58 33 37
http : //asso.reimsvoltige.free.fr
asso.reimsvoltige@gmail.com

■ **AÉROCLUB SEZANNAIS**
Route de Gayes
Aérodrome de Sezanne Saint-Rémy
BP 82 – SÉZANNE
✆ 03 26 80 66 40
http : //acsezanne.over-blog.com
aero-club-sezannais@wanadoo.fr

Haute-Marne

■ **AÉROCLUB DE CHAUMONT**
5, rue de la côte au bonheur
FOULAIN
✆ 03 25 32 23 22
jeanmichel.berlingue@cegetel.net

■ **AERO-CLUB LANGROIS**
Aérodrome de Langres-Rolampont
LANGRES
✆ 03 25 84 94 30 / 06 70 13 67 04 /
03 25 31 19 92
www.aeroclub-langres-rolampont.fr
daniele.barril@orange.fr

Corse

Corse-du-Sud

■ **AÉROCLUB DE LA CORSE**
Aéroport Napoléon Bonaparte
Campo Dell'Oro
AJACCIO ✆ 04 95 22 35 00
www.flyingcorsica.fr/

■ **CORSE VOLTIGE**
Campo Dell'Oro
AJACCIO
✆ 04 95 23 18 29 / 06 12 44 09 79
pharmaciedesalizes@orange.fr

■ **AERO-CLUB SUD CORSE**
FIGARI ✆ 04 95 71 00 44
http : //aeroclubsudcorse.free.fr
aeroclub.figari@gmail.com

■ **AÉROCLUB DU VALINCO**
Aérodrome de Tavaria
Tavaria – PROPRIANO
✆ 04 95 76 09 82
machamerat@wanadoo.fr

▶ **Autre adresse :** Taxi : www.taxipropriano.com.

Haute-Corse

■ **AÉROCLUB BASTIA – PORETTA**
Poretta
BASTIA
✆ 04 95 36 64 50
www.aeroclub-bastia.fr
aeroclub.bastiaporetta@wanadoo.fr

■ **AÉROCLUB BASTIA – SAINT-EXUPÉRY**
Poretta
BASTIA
✆ 04 95 36 24 85
http : //aeroclub-saint-exupery.fr/
contact@aeroclub-saint-exupery.fr

■ **AÉROCLUB CALVI – BALAGNE**
Route de l'Aéroport
Sainte-Catherine
CALVI
✆ 04 95 65 02 97 / 06 85 54 37 50
www.aeroclubcalvi.fr
jose.vittori@wanadoo.fr

■ **AÉROCLUB DE CORTE CENTRE CORSE**
RN200 – CORTE
✆ 04 95 46 21 00
aerocorte@aliceadsl.fr

■ **AÉROCLUB DE GHISONACCIA – ALZITONE**
GHISONACCIA
✆ 04 95 56 17 50
www.aerodromedeghisonaccia.com/
contact@aerodromedeghisonaccia.com

Franche-Comté

Doubs

■ **AERO-CLUB DE BESANCON-LA VEZE**
BESANÇON ✆ 03 81 81 50 82
www.aeroclub-besancon.fr
aero25660@yahoo.fr

■ **AERO-CLUB DE MONTBELIARD**
Rue de l'Aérodrome
COURCELLES-LÈS-MONTBÉLIARD
✆ 03 81 99 36 70
www.aeroclub-montbeliard.new.fr
aeroclub.montbeliard@laposte.net

■ **CLUB AERONAUTIQUE COMTOIS (CAC)**
LA VÈZE ✆ 03 81 58 96 17
http : //aeroclub.comtois.free.fr
aeroclub.comtois@free.fr

■ **AERO-CLUB DE PONTARLIER**
Route de Salins
PONTARLIER ✆ 03 81 39 09 70
www.aeroclub-pontarlier.org
info@aeroclub-pontarlier.org

■ **ASSOCIATION VOL MOTEUR**
AERO-CLUB DU DOUBS
Route de l'Aérodrome
THISE
✆ 03 81 61 27 00
aeroclub-besanconthise.e-monsite.com
association-vol-moteur@orange.fr

Jura

■ **AÉROCLUB DE CHAMPAGNOLE – CROTENAY**
Aérodrome de Champagnole
CHAMPAGNOLE
✆ 03 84 51 21 03
rene.busi@wanadoo.fr

■ **AÉROCLUB DE LONS-LE-SAUNIER**
BP 62
LONS-LE-SAUNIER
✆ 03 84 24 71 81
www.aeroclub-lonslesaunier.com
info@aeroclub-lonslesaunier.com

■ **AÉROCLUB DE SAINT-CLAUDE**
Platz
SAINT-CLAUDE
✆ 03 84 42 83 42 / 03 84 45 15 84
sotty.mireille@wanadoo.fr

■ **AÉROCLUB DE FRANCHE-COMTÉ**
15, rue de Dole
TAVAUX
✆ 03 84 81 18 17
www.ac-fc.org
infos@ac-fc.org

Haute-Saône

■ **AÉROCLUB DE LA HAUTE-SAÔNE**
Aérodrome du Sabot
2500, route de l'aérodrome
FROTEY-LÈS-VESOUL
✆ 03 84 76 43 66
http : //aeroclub70.free.fr
aeroclub70@wanadoo.fr

■ **AEROCLUB DES MONTS DE GY**
VELLECLAIRE
✆ 03 84 32 80 05
mparmentier70@gmail.com

Territoire de Belfort

■ **ASSOCIATION BELFORTAINE DE VOL MOTEUR**
52, Grande Rue
SERMAMAGNY
✆ 03 84 29 21 44
http : //abvm90.free.fr
abvm90@free.fr

Île-de-France

Essonne

■ **ASSOCIATION AERONAUTIQUE DU VAL D'ESSONNE**
BUNO-BONNEVAUX
✆ 01 64 99 49 41
www.aave-buno.net
aave@free.fr

■ **ACKRO-ZLIN**
Montdésir – ETAMPES
✆ 06 09 57 55 71 / 01 46 26 56 15
http : //ackro-zlin.monsite-orange.fr
roland.othnin-girard@wanadoo.fr

■ **AERO-CLUB BROCARD**
Montdésir – ETAMPES
✆ 01 60 80 97 80
http : //aeroclub.brocard.free.fr
aeroclub.brocard@free.fr

■ **AERO-CLUB DES CHEMINOTS**
Guillerval
Aérodrome d'Etampes-Montdésir
ETAMPES
✆ 01 60 80 99 57 / 06 43 65 64 36
http : //ac-cheminots.fr
contact@ac-cheminots.fr

■ **AERO-CLUB DES FINANCES**
Hangar n°11
Aérodrome d'Etampes-Montdésir
ETAMPES
✆ 01 60 80 99 26 / 01 53 18 25 99
www.atscaf.fr/9912
acf91@wanadoo.fr

■ **AÉROCLUB DES NAVIGANTS**
Montdésir
ETAMPES
✆ 01 60 80 98 31
www.acdn.fr
aeroclub.navigant@wanadoo.fr

■ **AÉROCLUB FRANÇOIS RICHET**
Montdésir
ETAMPES
✆ 01 60 80 31 78
www.acfr.fr
aeroclubfrancoisrichet@wanadoo.fr

■ **CENTRE DE PILOTAGE RÉGIONAL**
Montdésir
ETAMPES
✆ 01 60 80 94 64
aeroclub-cpr.fr
contact@aeroclub-cpr.fr

■ **GROUPE AÉRONAUTIQUE DU MINISTÈRE DE L'AIR**
Montdésir
ETAMPES
✆ 01 69 58 88 88
www.aeroclub-gama.org
gamaops@wanadoo.fr

■ **AMICALE J.B. SALIS**
Aérodrome Salis
LA FERTÉ-ALAIS
✆ 01 64 57 55 85 / 01 60 75 10 07
www.ajbs.fr
bureau@ajbs.fr

■ **AEROCLUB DES METIERS DE L'AERIEN « C.G. JOUSSE »**
Aérodrome de Toussus le Noble
Zone Est Hangar 106
TOUSSUS-LE-NOBLE
✆ 01 64 47 77 20
www.aeroclub-jousse.fr
president@aeroclub-jousse.fr

Seine-et-Marne

■ **AÉROCLUB DE LA RÉGION DE CHELLES**
Le Pin
CHELLES
✆ 01 64 21 71 35
http : //aerochelles.com
b.pilot@numericable.com

■ **AÉROCLUB DU PERREUX**
Le Pin
CHELLES
✆ 01 64 21 41 86 / 06 68 48 45 13
http : //acduperreux.free.fr
acduperreux@free.fr

■ **AÉROCLUB LUCIEN BOSSOUTROT**
Le Pin
CHELLES
✆ 01 60 20 73 62
www.ac-bossoutrot.com
aeroclubbossoutrot@sfr.fr

■ **AÉROCLUB DE COULOMMIERS ET DE LA BRIE**
Avenue du Général-de-Gaulle
COULOMMIERS
✆ 01 64 03 07 22
www.accb-aeroclub.fr/133479394
ACCBCLM77@gmail.com

■ **AÉROCLUB DE LA VALLÉE DU MORIN**
COULOMMIERS
✆ 01 64 20 75 17
http : //acvm77.bettymarchand.fr
acvm77@wanadoo.fr

■ **ASS. DES PILOTES D'AVIONS RARES – APAR**
COULOMMIERS
✆ 01 64 20 69 30
www.apar.free.fr
aeroclubapar@free.fr

■ **ASSOCIATION AÉRONAUTIQUE COULOMMIERS MEAUX**
Aérodrome de Coulommiers
COULOMMIERS
✆ 01 64 03 04 36
www.planeur-aacm.net
info@planeur-aacm.net

■ **AERO-CLUB DE CHAUBUISSON**
Aérodrome de Chaubuisson
FONTENAY-TRÉSIGNY
✆ 01 64 25 91 45
www.aeroclub-chaubuisson.com
info-chaubuisson@wanadoo.fr

■ **L'AERONAUTIQUE CLUB DE FRANCE**
Aérodrome de Meaux-Esbly
ISLES-LÈS-VILLENOY
✆ 01 60 04 24 40
contact@ruedesloisirs.com

■ **AÉROCLUB AÉROPORTS DE PARIS – ADP**
Emerainville
LOGNES
✆ 01 60 05 38 25
aeroclub.adp@free.fr

■ **AÉROCLUB AIR FRANCE LOGNES**
Emerainville
LOGNES
✆ 01 60 05 38 25
www.agile-aeroclub.net
aflognes@gmail.com

■ **AÉROCLUB DE LA BRIE**
Emerainville
LOGNES
✆ 01 60 17 75 38
www.aeroclubdelabrie.fr
aeroclubdelabrie@aol.fr

■ **AÉROCLUB HENRI GUILLAUMET**
Emerainville
LOGNES
✆ 01 60 17 24 71
http : //achg.asso.fr
achg@achg.asso.fr

■ **AÉROCLUB LES AIGLONS**
Emerainville
LOGNES
✆ 01 60 05 19 54
http : //ac.aiglons.free.fr
ac.aiglons@free.fr

■ **AÉROCLUB MARNE-LA-VALLÉE**
Emerainville
LOGNES
✆ 01 60 05 38 25
acmlv@wanadoo.fr

■ **AÉROCLUB PARIS EST – LES GOÉLANDS – CRÉTEIL**
Emerainville
LOGNES
✆ 01 60 06 33 44
http : //acparisest.free.fr
acparisest@free.fr

■ **AÉROCLUB SADI LECOINTE**
Emerainville
LOGNES
✆ 01 60 05 37 24
www.sadilecointe.fr
acsl2@wanadoo.fr

■ **AÉROLOISIRS**
Emerainville
LOGNES
✆ 01 64 61 14 41
http : //aeroloisirs.free.fr
aeroloisirs@free.fr

■ **PLANE AIR CLUB**
Emerainville
LOGNES
✆ 06 46 80 63 41
www.plane-air.fr
acplaneair@gmail.com

■ **AÉROCLUB D'ESBLY**
Esbly
MEAUX
✆ 01 60 04 26 27
www.acesbly.org
secretaire-ace@laposte.net

■ **ASSOCIATION AÉRONAUTIQUE MARCEL LAURENT**
Esbly
MEAUX
✆ 01 60 04 73 04
www.aaml.fr
roger.michelle@free.fr

■ **UNION DES PILOTES CIVILS DE FRANCE – UPCF**
Esbly – MEAUX
✆ 01 60 04 28 45

■ **AÉROCLUB DE LA VALLÉE DU LOING**
Episy
MORET-SUR-LOING
✆ 01 64 45 83 63
http : //acvl.episy.free.fr/
secretariat.acvl@free.fr

■ **AÉROCLUB ALBERT MOREAU MELUN**
Les Loges
NANGIS
✆ 01 64 08 08 70
www.aeroclubnangis.fr
contact@aeroclubnangis.fr

■ **AÉROCLUB MARCEL DASSAULT**
Les Loges
NANGIS
✆ 01 64 08 30 34
www.dassault-nangis.com
dassault.nangis@free.fr

Yvelines

■ **AÉROCLUB DASSAULT ILE-DE-FRANCE**
Villepreux
CHAVENAY ✆ 01 34 62 30 60
www.acdif.fr
secretaire@acdif.fr

■ **AÉROCLUB GASTON CAUDRON**
Villepreux
CHAVENAY
✆ 01 34 62 27 34
www.aeroclubcaudron.com
info@aeroclubcaudron.com

■ **AÉROCLUB JEAN BERTIN**
Villepreux
CHAVENAY
✆ 01 34 62 30 66
http : //acjb.net
secretaire.acjb@gmail.com

■ **AÉROCLUB RENAULT**
Villepreux
CHAVENAY
✆ 01 34 62 30 90
www.aeroclubrenault.fr
secretariat@aeroclubrenault.fr

■ **AVIATION ET RELATIONS CULTURELLES**
Villepreux
CHAVENAY
✆ 06 61 82 10 92
www.aeroclub-arc.com
andreauburtin@gmail.com

■ **CENTRE D'ENTRAÎNEMENT À LA VOLTIGE AÉRIENNE – CEVA**
Villepreux
CHAVENAY
✆ 01 30 56 29 15 / 01 34 62 30 66 / 01 69 85 02 62
mreisser@wanadoo.fr

■ **CERCLE AÉRIEN PEUGEOT**
Villepreux
CHAVENAY
✆ 01 34 62 30 58
www.aeroclub-cercle-aerien-peugeot.com
aeroclub.peugeot@gmail.com

■ **CERCLE AÉRONAUTIQUE DU MINISTÈRE DE L'INTÉRIEUR – CAMI**
Villepreux
CHAVENAY ✆ 01 30 56 28 02
www.cami-aero.fr
pierre.benat@1webpourtous.fr

■ **AÉROCLUB DU VAL DE SEINE**
Aérodrome
Route de Verneuil
LES MUREAUX
✆ 09 53 64 54 52
http : //ac.vs.free.fr
ac.vs@free.fr

■ **AÉROCLUB PAUL-LOUIS WEILLER**
Route de Verneuil
LES MUREAUX
✆ 01 34 74 03 22
www.aeroclub-plweiller.fr
contact@aeroclub-plweiller.fr

■ **AÉROCLUB ROGER JANIN**
Route de Verneuil
LES MUREAUX
✆ 01 34 74 12 32
www.ac-rogerjanin.com
acrj@wanadoo.fr

■ **AÉROCLUB ANDRÉ TESSON RUEIL-MALMAISON**
SAINT-CYR-L'ECOLE
✆ 06 76 99 91 46 / 01 39 42 03 10
http : //aerotesson.net
alain.henry21@wanadoo.fr

■ **AEROCLUB BANQUE DE FRANCE**
Aérodrome Saint-Cyr-l'Ecole
SAINT-CYR-L'ECOLE
✆ 06 77 05 32 42

■ **AÉROCLUB DE COURBEVOIE GASTON SAMSON**
SAINT-CYR-L'ECOLE
✆ 01 30 58 92 49
www.ac-courbevoie.com
contact@ac-courbevoie.com

■ **AÉROCLUB LES ALCYONS D'ISSY-LES-MOULINEAUX**
SAINT-CYR-L'ECOLE
✆ 01 30 45 18 44
www.alcyons.com
secretariat.alcyons@wanadoo.fr

■ **AÉROCLUB PAUL TISSANDIER**
SAINT-CYR-L'ECOLE
✆ 01 30 45 02 55
www.actissandier.com
courrier@actissandier.com

■ **AÉROCLUB PIERRE TREBOD**
SAINT-CYR-L'ECOLE
✆ 01 30 45 06 76
http://aeroclub.trebod.free.fr
aeroclub.trebod@free.fr

■ **AÉROCLUB U.T.A**
SAINT-CYR-L'ECOLE
✆ 01 30 58 59 89
aeroclub.uta78@wanadoo.fr

■ **AMICALE DE VOLTIGE AÉRIENNE**
SAINT-CYR-L'ECOLE
✆ 06 14 49 27 97
http://amicale-voltige.com
regis.alajouanine@aliceadsl.fr

■ **CERCLE AÉRONAUTIQUE DU SGAC**
SAINT-CYR-L'ECOLE
✆ 01 30 45 07 59
casgac.com
contact@casgac.com

■ **AEROCLUB AIR FRANCE**
Aérodrome de Toussus-le-Noble
TOUSSUS-LE-NOBLE
✆ 01 39 56 22 34
www.acairfrance.com
ac.airfrance@wanadoo.fr

■ **AÉROCLUB ALLINTAIR**
Aérodrome de Toussus-le-Noble
TOUSSUS-LE-NOBLE
✆ 01 39 56 93 93
www.allintair.com
allintair@club-internet.fr

■ **AÉROCLUB AS MATRA**
Aérodrome Toussus-le-Noble
TOUSSUS-LE-NOBLE
✆ 06 85 30 20 53 / 06 09 04 02 54
www.ac-matra.fr

■ **AÉROCLUB DE L'OUEST PARISIEN**
TOUSSUS-LE-NOBLE
✆ 01 39 56 80 26
www.acop.net
acop@trotro.net

■ **AÉROCLUB DES IPSA**
TOUSSUS-LE-NOBLE
✆ 01 39 56 51 08
www.aeroclub-ipsa.org
info@aeroclub-ipsa.org

■ **AIR' EUROP CLUB**
TOUSSUS-LE-NOBLE
✆ 09 54 87 24 15
www.aireuropclub.fr
aeroclub.aireurop@free.fr

Val-d'Oise

■ **LES AILERONS D'ENGHIEN – MOISSELLES**
Moisselles
ENGHIEN-LES-BAINS
✆ 01 39 91 05 60
www.lesailerons.fr
info@lesailerons.fr

■ **AÉROCLUB ASPTT PARIS**
Beaumont
PERSAN
✆ 06 85 91 52 01
acasptt@wanadoo.fr

■ **AÉROCLUB CENTRAL DES MÉTALLURGISTES**
Beaumont
PERSAN
✆ 01 34 70 07 00
http://accm95.free.fr
accm95@wanadoo.fr

■ **AÉROCLUB PARIS NORD**
Beaumont
PERSAN
✆ 01 30 34 49 10
http://acpn.net
info@acpn.net

■ **AÉROCLUB HISPANO SUIZA**
Cormeilles-en-Vexin
PONTOISE
✆ 01 34 41 77 00
www.hispano-suiza.com
info@hispano-suiza.com

■ **ASSOCIATION SPORTIVES THALES COLOMBES**
Cormeilles-en-Vexin
PONTOISE
✆ 01 30 38 10 39 / 01 41 30 24 28
yves.poujol@fr.thalesgroup.com

■ **CERGY PONTOISE AIR CLUB**
Cormeilles-en-Vexin
PONTOISE
✆ 01 30 32 64 31
www.aeroclub-cpac.fr
cpac2@wanadoo.fr

Languedoc-Roussillon

Aude

■ **AÉROCLUB DES PERSONNELS DU SFACT**
Villeneuve
CASTELNAUDARY
✆ 04 68 23 34 45 / 06 86 91 84 81

■ **AÉROCLUB J. DOUDIES CASTELNAUDARY**
Villeneuve
CASTELNAUDARY
✆ 04 68 23 10 50 / 06 86 87 46 37 / 06 71 04 56 81
http : //jean.doudies.free.fr
ac.jd@freesbee.fr

■ **AEROCLUB DE NARBONNE**
Route d'Armissan
NARBONNE
✆ 04 68 32 10 13
www.aeroclubnarbonne.com
aeronarb@club-internet.fr

■ **LES PLANEURS DE PUIVERT EN QUERCORB**
Hameau Campgast
PUIVERT ✆ 04 68 20 80 14
www.planeursdepuivert.net
jm.burgat@laposte.net

Gard

■ **AÉROCLUB D'UZÈS**
Camp Roux
BELVÉZET
✆ 04 66 59 65 62
http : //acbuzes.free.fr

Hérault

■ **AÉROCLUB BÉDARIEUX-LATOUR**
Aérodrome CV N° 4
BÉDARIEUX
✆ 04 67 95 08 33
www.aeroclub-bedarieuxlatour.fr

■ **AÉROCLUB DE BÉZIERS**
Vias
BÉZIERS
✆ 04 67 90 99 30 / 06 34 43 94 28
www.aerobeziers.com
contact@aerobeziers.com

■ **AÉROCLUB DE L'HÉRAULT LANGUEDOC-ROUSSILLON**
Aéroport International de Montpellier Méditerranée
MAUGUIO
✆ 04 67 15 05 05
www.achlr.org
contact@achlr.org

■ **AÉROCLUB DES PERSONNELS DU SFACT**
Aéroport de Montpellier Méditerranée
MAUGUIO
✆ 04 67 20 62 00

■ **AERO-CLUB DE MONTPELLIER-HERAULT**
Aéroport international de Montpellier Méditerranée
MONTPELLIER
✆ 04 67 65 59 38
http : //aeroclub-montpellier.fr
secretariat@aeroclub-montpellier.fr

■ **CENTRE D'INSTRUCTION AERONAUTIQUE DE MONTPELLIER**
Aéroport de Montpellier Méditerranée
MONTPELLIER
✆ 04 67 64 35 41 / 06 12 78 40 20
www.mediterranee-air-training.fr
mediterranee.air.training@gmail.com

■ **AÉROCLUB DE PÉZENAS-NIZAS**
Nizas
PÉZENAS
✆ 04 67 01 57 94 / 06 07 79 16 50 / 06 87 25 58 05
http : //acpezenas.fr
membres@acpezenas.fr

Lozère

■ **AERO-CLUB DE LA LOZERE**
Aérodrome de Mende-Brenoux
BRÉNOUX
✆ 04 66 65 39 50
www.aeroclub-lozere.com
aeroclub.lozere@free.fr

■ **AEROCLUB GILBERT TREMOLET**
Aéroclub de Langogne Lespéron
L'hermet Chabalier
LANGOGNE
✆ 04 66 69 00 90 / 06 86 98 14 81 / 09 64 07 66 35
www.aeroclub-langogne.com
aerolang@orange.fr

Pyrénées-Orientales

■ **BASE LATECOERE CATALANE**
Aérodrome de Perpignan Rivesalte
Avenue Maurice Bellonte
PERPIGNAN
✆ 06 69 98 89 92
baselatecoerecatalane@gmail.com

■ **AÉROCLUB ICARIA**
SAINTE-LÉOCADIE
✆ 06 09 30 89 24
www.aeroclubicaria.fr
svop@club-internet.fr

Limousin

Corrèze

■ **LES AILES PEYRELEVADOISES**
Aérodrome
✆ 05 55 94 70 46
dambon.p@free.fr

■ **AERO-CLUB DE BRIVE**
Aéroport de Brive-Souillac Vallée de la Dordogne
BRIVE-LA-GAILLARDE
✆ 05 55 86 88 37
http : //acbrive.asso.free.fr
aero-club@wanadoo.fr

■ **AERO-CLUB DES TROIS PROVINCES**
Aérodrome de Brive Vallée de la Dordogne
BRIVE-LA-GAILLARDE
✆ 05 55 87 68 12 / 05 55 92 05 75 / 06 75 46 53 33
fredbarlot@yahoo.fr

■ **AEROCLUB EGLETONNAIS**
Aérodrome La Bole
EGLETONS
✆ 05 55 93 09 50
http : //lfde.org/Accueil.html
aeroclub@lfde.org

■ **AERO-CLUB DE TULLE**
Aérodrome de Brive Vallée de la Dordogne
CCS
Avenue Alsace-Lorraine
TULLE
✆ 05 55 26 32 95 / 05 55 24 46 92
http : //aeroclubdetulle.free.fr
aeroclubdetulle@free.fr

■ **AÉROCLUB D'USSEL**
Thalamy
USSEL
✆ 05 55 72 18 57
www.aeroclub-ussel.fr
aeroclub-ussel@hotmail.fr

Creuse

■ **AERO-CLUB DE LA CREUSE**
Aérodrome de Guéret-Saint-Laurent
GUÉRET
✆ 05 55 52 26 07
www.aeroclubcreuse.fr
aeroclub.creuse@orange.fr

Haute-Vienne

■ **AEROCLUB DE LIMOGES**
Aéroport international de Limoges-Bellegarde
LIMOGES
✆ 05 55 00 11 50
aeroclub.limoges@orange.fr

■ **AÉROCLUB DU LIMOUSIN**
Bellegarde
Avenue de l'Aéroport
LIMOGES
✆ 05 55 00 13 48 / 09 64 48 93 03
http : //aeroclubdulimousin.blogspot.fr
aeroclub.du.limousin@orange.fr

■ **AEROCLUB NASA CENTRE HAUTE-VIENNE LIMOGES VOLTIGE**
Aéroport international Limoges-Bellegarde
81, avenue de l'Aéroport
LIMOGES
✆ 05 55 00 13 42
www.aeroclub-nasa.fr
nasavoltige@yahoo.fr

■ **AERO-CLUB DE SAINT-JUNIEN ET SA REGION**
Aérodrome Maryse Bastié
La Croix Blanche
SAINT-JUNIEN
✆ 05 55 02 97 04 / 06 19 55 90 75 / 06 80 30 14 35
aeroclub.saintjunien@gmail.com

Lorraine

Meurthe-et-Moselle

■ **AÉROCLUB DE LORRAINE**
Route nationale
CROISMARE
✆ 03 83 74 10 08

■ **LES AILES DE FRANCE**
CROISMARE
✆ 06 82 12 48 88

■ **CENTRE D'AVIATION DU BASSIN DE BRIEY**
DONCOURT-LÈS-CONFLANS
✆ 03 82 33 05 89
www.cabb-lfgr.fr

■ **AÉROCLUB DE L'EST**
ESSEY-LÈS-NANCY
✆ 03 83 29 34 58
www.aero-club-est.fr
ace.nancy@free.fr

■ **AÉROCLUB FRONTIÈRES LORRAINES**
Aérodrome de Longuillon-Villette
LONGUYON
✆ 03 82 39 40 31
http : //acfl54.com
info@acfi54.com

■ **AEROCLUB DE LA MORTAGNE**
3, rue F.Geminel
MONT-SUR-MEURTHE
✆ 03 83 75 85 85
http : //aeroclub.mortagne.free.fr/
cfredon@wanadoo.fr

■ **AÉROCLUB ALBERT MANGEOT**
PONT-SAINT-VINCENT
✆ 03 83 47 33 54 / 06 48 81 35 37
http : //acam54.free.fr/
acam54@free.fr

■ **ECOLE DE PILOTAGE FRANCIS MAILLET**
Compétition Ecole de conduite et pilotage
Site Chambley Planet'Air
SAINT-JULIEN-LÈS-GORZE
✆ 03 82 33 71 83
www.fmaillet.com/
fmcbureau@yahoo.fr

■ **AÉROCLUB NORD LORRAINE**
VILLERUPT
✆ 03 82 89 29 22 / 06 43 18 16 89 /
06 11 94 68 23
http : //aeroclub.villerupt.free.fr
loris.mancini@wanadoo.fr

Moselle

■ **AEROCLUB DE SAINT-AVOLD ET ENVIRONS**
Aérodrome de St Avold
2, route de l'aérodrome
SAINT-AVOLD
✆ 03 87 29 94 00

■ **ESPOIR AÉRONAUTIQUE**
Aéroclub de Sarreguemines
SARREGUEMINES
✆ 03 87 95 33 50
www.lfgu.fr
espoir.aeronautique@lfgu.fr

■ **AEROCLUB DE LA BASSE MOSELLE**
Rue de la République
YUTZ
✆ 03 82 56 08 45
ac@dafadi.net

Vosges

■ **AÉROCLUB BOURBONNE-LES-BAINS**
DAMBLAIN
✆ 03 29 07 33 58
delamotte.jacky@wanadoo.fr

■ **AÉROCLUB DU XAINTOIS**
Mirecourt
EPINAL
✆ 03 29 37 15 41
www.adx.freeserver.me
acx.epinal@gmail.com

Midi-Pyrénées

Ariège

■ **AÉROCLUB DE PAMIERS-LES PUJOLS**
Les Pujols
PAMIERS
✆ 05 61 68 60 60
aeroclub-pamiers@gmail.com

■ **AERO-CLUB DE L'ARIEGE**
Aérodrome de Saint-Girons-Antichan
B.P. 32
SAINT-GIRONS
✆ 05 61 66 11 00 / 06 75 46 59 74
aeroclub.ariege@wanadoo.fr

Aveyron

■ **AERO-CLUB DU SEGALA**
Le Caucart
CASSAGNES-BÉGONHÈS
✆ 05 65 46 75 26 / 06 87 40 43 98
www.aeroclub-cassagnes.fr
aeroclub.segala@free.fr

■ **AÉRO-CLUB MILLAU-LARZAC**
MILLAU
✆ 05 65 62 72 91
http : //aeroclub-millau.fr
contact@aeroclub-millau.fr

■ **AERO-CLUB AV'AIRON CLUB**
Aéroport de Rodez-Marcillac
Route de Decazeville
SALLES-LA-SOURCE
✆ 05 65 61 81 36 / 06 88 08 43 99
http : //aero-club-rodez.blogspot.com/
avaironclub@hotmail.fr

■ **AERO-CLUB LES AILES RUTHENOISES**
Aéroport de Rodez – Marcillac
SALLES-LA-SOURCE
✆ 05 65 42 21 75 / 06 31 03 97 32
www.ailes-ruthenoises.fr
ailesruthenoises@gmail.com

■ **AÉROCLUB DU ROUERGUE**
Graves
VILLEFRANCHE-DE-ROUERGUE
✆ 05 65 45 05 27
www.aeroclub-du-rouergue.com
aeroclub-rouergue@wanadoo.fr

Haute-Garonne

■ **AÉROCLUB DE LUCHON**
Rue André-Malraux
BAGNÈRES-DE-LUCHON
✆ 05 61 79 00 48
http : //aeroluchon.fr
contact@aeroluchon.fr

■ **AÉROCLUB AIR FRANCE TOULOUSE**
Lasbordes
BALMA
✆ 05 61 34 85 11
www.acaf-toulouse.com

■ **AÉROCLUB CE AIRBUS-FRANCE TOULOUSE – ACAT**
18, avenue Jean-René Lagasse
BALMA
✆ 05 61 54 27 30 / 09 72 11 76 14
www.acat-toulouse.org
secretariat@acat-toulouse.org

■ **AÉROCLUB CLAUDE CHAUTEMPS**
Aérodrome de Toulouse-Lasbordes
46, avenue Jean René Lagasse
BALMA
✆ 05 61 20 00 92 / 09 65 38 29 63
http : //a3chautemps.free.fr
a3clasbordes@wanadoo.fr

■ **AÉROCLUB DE L'ENAC**
Aérodrome de Toulouse-Lasbordes
38, avenue Jean-René Lagasse
BALMA
✆ 05 61 20 67 34
http : //acenac.org
contact@acenac.org

■ **AÉROCLUB MARCEL DASSAULT – LOUIS BRÉGUET**
Aérodrome de Lasbordes
16, avenue Jean-René Lagasse
BALMA ✆ 05 61 20 35 75
http : //dassaultbreguet31.free.fr/
dassault.breguet@free.fr

■ **AÉROCLUB TOULOUSE MIDI-PYRÉNÉES**
Aérodrome de Toulouse-Lasbordes
34, avenue René Lagasse
BALMA
✆ 05 62 47 91 60
http : //actmp.fr

■ **LES AILES TOULOUSAINES**
42, avenue Jean-René Lagasse
BALMA
✆ 05 62 16 29 92
http : //ailes.toulousaines.free.fr
ailes.toulousaines@free.fr

■ **ASSOCIATION SPORTIVE & CULTURELLE – ASCAB**
Impasse Santos Dumont
ZA Aviation d'Affaire, Hangar 19
BLAGNAC
✆ 09 53 90 37 20
www.ascab-vm.fr
contact@ascab-vm.fr

■ **AÉROCLUB PALAMINY-CAZÈRES**
Palaminy
CAZÈRES
✆ 05 61 90 12 45
aeroclubpalaminy@free.fr

■ **AÉROCLUB JEAN-MARIE BONNAFÉ**
18, rue Henri Dunant
MURET
✆ 05 61 51 08 81

■ **AÉROCLUB JEAN MERMOZ**
14, avenue de l'Aviation
MURET
✆ 06 76 94 09 89 / 09 66 42 08 73
http : //acmermozmuret.free.fr
contact@acjmermoz.com

■ **CLUB DE LA FORMATION AÉRONAUTIQUE**
BP 80
Aérodrome de Lherm
MURET
✆ 05 62 14 79 78
http : //acsefa.free.fr
acsefa@free.fr

■ **AÉROCLUB DU COMMINGES**
BP 95 – Montréjeau
SAINT-GAUDENS
✆ 05 61 89 13 08
ac.comminges@wanadoo.fr

■ **MIDI PYRÉNÉES VOLTIGE**
Lasbordes
TOULOUSE
✆ 06 81 78 05 63 / 06 12 44 59 59
http : //midipyreneesvoltige.blogspot.fr

Gers

■ **AERO-CLUB GASCON**
Place René-Maret
Lamothe
AUCH
✆ 05 62 63 37 23
www.aeroclub-gascon.com
acgascon@wanadoo.fr

■ **AEROCLUB MIRANDAIS**
Aérodrome
MIRANDE
✆ 06 82 18 57 05 / 06 89 17 27 71
michel.balanne@aeroclub-mirande.org

■ **AERO-CLUB DU BAS-ARMAGNAC**
BP 17
NOGARO
✆ 05 62 08 80 82
www.aeronogaro.com
info@aeronogaro.com

Lot

■ **AÉROCLUB DE FIGEAC – LIVERNON**
Aérodrome de Figeac Livernon
DURBANS
✆ 05 65 40 57 04

Hautes-Pyrénées

■ AERO-CLUB DE CASTELNAU-MAGNOAC
Aérodrome
CASTELNAU-MAGNOAC
✆ 05 62 39 81 18 / 05 62 39 85 55 /
05 62 39 84 14
http : //perso.infonie.fr/magnoac

■ AEROPORT TARBES-LOURDES-PYRENEES
BP 3
Aéroport de Tarbes Lourdes Pyrénées
JUILLAN
✆ 05 62 32 92 22
Voir page 212.

■ AEROCLUB DE BIGORRE
Aérodrome de Tarbes-Laloubère
LALOUBÈRE
✆ 05 62 93 22 16
www.aerobigorre.org
aeroclub@aerobigorre.org

■ PEYRAGUDES AIR CLUB
Maison de Peyragudes
Peyresoude-Balestas
PEYRAGUDES
✆ 06 75 53 15 39
www.peyragudes-air-club.fr
contact@peyragudes-air-club.com

■ AERO-CLUB LEON MORANE
Aéroport Tarbes Lourdes Pyrénées
TARBES
✆ 05 62 32 90 36
ronan.bodet@socata.eads.net

Tarn

■ AERO-CLUB D'ALBI
Le Séquestre
ALBI
✆ 05 63 54 27 68
www.albi.aero/
aeroclub@albi.aero

■ ASSOCIATION AÉRONAUTIQUE LES AILES DE L'AUTAN
Mazamet
CASTRES
✆ 05 63 50 86 13 / 06 79 25 84 83
http : //ailesdelautan.com
aeroclubailesdelautan@sfr.fr

■ AÉROCLUB DU GAILLACOIS
BP 80115
Aérodrome de Longueville
GAILLAC
✆ 05 63 57 98 52
http : //aeroclubdugaillacois.fr
gaillacois.aeroclub@wanadoo.fr

■ AERO-CLUB DE GRAULHET
Aérodrome
GRAULHET
✆ 05 63 34 51 07
www.aeroclub-graulhet.com
aeroclubdegraulhet@yahoo.fr

■ AÉROCLUB DE CASTRES-MAZAMET
Mazamet
LABRUGUIÈRE
✆ 05 63 73 22 45 / 06 09 50 85 33
c-mader@club-internet.fr

Tarn-et-Garonne

■ AÉROCLUB MOISSAC-CASTELSARRASIN
Route de Gandalou
CASTELSARRASIN
✆ 05 63 32 55 36
aerodrome-castel-moissac@wanadoo.fr

■ AÉROCLUB MONTALBANAIS
300, rue Maurice-Delpouys
MONTAUBAN
✆ 05 63 66 47 44
www.aeroclubmontalbanais.com
contact@aeroclubmontalbanais.com

■ AÉROCLUB OCCITAN
300, rue Maurice-Delpouys
MONTAUBAN
✆ 05 63 20 76 06
http : //aeroclub-occitan.fr

Nord-Pas-de-Calais

Nord

■ AÉROCLUB DE DUNKERQUE
Chemin des Limites
LES MOËRES
✆ 03 28 26 88 40
www.aeroclub-dunkerque.com
secretaire@aeroclub-dunkerque.com

■ CLUB AÉRIEN LILLE MÉTROPOLE – CALM
Aéroport de Lille-Lesquin (LFQQ)
LESQUIN
✆ 03 20 60 18 54
www.calm.asso.fr
infocalm@wanadoo.fr

■ UNION AÉRIENNE DE LILLE-ROUBAIX
Aérodrome de Lille-Marcq
Avenue du Général-de-Gaulle
MARCQ-EN-BAROEUL
✆ 03 20 72 40 98
www.ualrt.org
secretariat@ualrt.org

■ **UNION AÉRIENNE SAMBRE ET HELPE**
Aérodrome de Maubeuge
Route d'Elesmes – MAUBEUGE
✆ 03 27 68 40 25
www.aeroclub-maubeuge.fr
infos@aeroclub-maubeuge.fr

■ **AÉROCLUB DE LA LYS ET DE L'ARTOIS**
Calonne – MERVILLE
✆ 03 21 26 17 09
http : //aeroclublys.org
secretariat@aeroclublys.org

■ **NORD PAS-DE-CALAIS VOLTIGE**
Calonne
NPCV C/O Aéroclub de la Lys et de l'Artois
MERVILLE
✆ 03 21 26 17 09

■ **UNION AERONAUTIQUE DU CAMBRESIS – CLUB LOUIS BLERIOT**
Aérodrome de Cambrai-Niergnies (LFYG)
Grande-Rue
NIERGNIES
✆ 03 27 81 26 56
http : //aeroclubcambrai.com
aeroclub.cambrai@free.fr

■ **AÉROCLUB VALENCIENNES**
VALENCIENNES
✆ 03 27 21 27 27
www.aeroclubvalenciennes.com
contact@aeroclubvalenciennes.com

Pas-de-Calais

■ **AERO-CLUB DE BERCK-SUR-MER**
Aérodrome
BERCK
✆ 03 21 84 98 12 / 06 88 33 49 37
www.aeroberck.com

■ **AÉROCLUB DE CALAIS**
CALAIS
✆ 03 21 82 71 41 / 07 82 04 44 25
http : //aeroclub.calais.free.fr
aeroclub.calais@free.fr

■ **AÉROCLUB DE LA CÔTE D'OPALE**
CALAIS
✆ 03 21 97 40 98
http : //acb.cotedopale.free.fr
acb.cotedopale@free.fr

■ **CERCLE AERIEN DE LESTREM**
60, Basse-rue
LESTREM
✆ 06 21 01 28 75
aeroclub-cal@orange.fr

■ **AÉROCLUB DU TOUQUET**
La Mouillerette
LE TOUQUET-PARIS-PLAGE
✆ 03 21 05 82 28
http : //aeroclubtouquet.free.fr
aeroclub-touquet@wanadoo.fr

■ **LES AILES ARRAGEOISES**
Chemin de Blangy
ROCLINCOURT
✆ 03 21 24 89 09 / 06 80 65 71 81
www.ailesarrageoises.fr
ailesarrageoises@orange.fr

■ **AÉROCLUB DU BOULONNAIS**
SAINT-INGLEVERT
✆ 03 21 33 74 91 / 09 54 16 52 87
www.aeroclub-boulonnais.fr
aeroclub@acduboulonnais.com

■ **AERO-CLUB DE SAINT-OMER**
Aérodrome Saint-Omer-Wizernes (LFQN)
Plateau des Bruyères – BP 10 007
62967 Longuenesse Cédex
SAINT-OMER
✆ 03 21 38 25 42
http : //acsto.free.fr
acsto@free.fr

■ **AERO-CLUB DE LENS**
Aérodrome de Lens-Benifontaine (LFQL)
Route de la Bassée
VENDIN-LE-VIEIL
✆ 03 21 67 72 60
http : //aeroclub-lens.com
aeroclublens@wanadoo.fr

Normandie

Calvados

■ **AEROCLUB ASPTT CAEN**
Zone aéroportuaire Est
Route de Caumont
CAEN ✆ 02 31 08 29 02
http : //caen.asptt.com/aeronautique/
aspttcaen.aeroclub@orange.fr

■ **AEROCLUB DE FALAISE**
B.P. 57 – FALAISE
✆ 02 31 90 06 54
acfalaise@outlook.fr

■ **AERO-CLUB DE DEAUVILLE**
Aéroport de Deauville Saint-Gatien (LFRG)
SAINT-GATIEN-DES-BOIS
✆ 02 31 64 00 93
acdeauville@wanadoo.fr

Eure

■ **AERO-CLUB DE BERNAY**
Route de Thiberville
BERNAY
✆ 02 32 43 15 62
www.aeroclubbernay.fr
aeroclubbernay@wanadoo.fr

■ **AÉRO-CLUB DU VEXIN**
BP 15
Route de Gisors
ETRÉPAGNY
✆ 02 32 55 73 29
aeroclubduvexin.com
contact@aeroclubduvexin.com

■ **A. A. DE LOUVIERS LES FONTENELLES**
LOUVIERS
✆ 02 32 40 12 40 / 02 32 40 92 60
aeroclublouviers@free.fr

■ **AÉROCLUB D'ÉVREUX LES AUTHIEUX**
SAINT-ANDRÉ-DE-L'EURE
✆ 02 32 37 52 80
aeroclub.evreux@wanadoo.fr

■ **CLUB AÉRONAUTIQUE DE SAINT-ANDRÉ-DE-L'EURE**
SAINT-ANDRÉ-DE-L'EURE
✆ 02 32 37 24 74
www.aerocasa.fr

Orne

■ **AERO-CLUB D'ALENCON ET SA REGION**
BP 28
Aérodrome d'Alençon-Valframbert (LFOF)
ALENÇON
✆ 02 33 29 25 86
www.aeroclub-alencon.org
contact@aeroclub-alencon.org

▸ **Autre adresse :** Autre aéro-club du terrain : Association de Voltige Alençonnaise.

■ **ASSOCIATION DE VOLTIGE ALENÇONNAISE**
Aérodrome d'Alençon-Valframbert
ALENÇON
✆ 02 33 27 61 83
www.a3a.org
alainodolant@sfr.fr

■ **LES AILES ARGENTANAISES**
Route de Sées
2, rue des Roitelets
Aérodrome d'Argentan (LFAJ)
ARGENTAN
✆ 02 33 36 78 11
ailesargentanaises@wanadoo.fr

■ **BAGNOLES AIR CLUB**
Aérodrome des Bruyères
BAGNOLES-DE-L'ORNE
✆ 02 33 37 20 81
jean-pierre.letellier7@wanadoo.fr

■ **AERO-CLUB D'ANDAINES**
Aérodrome de Bagnole-de-l'Orne Les Bruyères (LFAO)
Lignou Est
COUTERNE
✆ 02 33 37 91 84
www.aeroclubdandaines.com
ac-andaines@orange.fr

■ **AERO-CLUB DE BASSE NORMANDIE FLERS-CONDE**
La Lande Patry
Aérodrome de Flers (LFOG)
BP 382
FLERS
✆ 02 33 65 96 36
http : //aeroclub-de-flers.fr
aeroclubdeflers.conde@gmail.com

■ **AMICALE DES PILOTES DE L'AIGLE SAINT-MICHEL – APAM**
Aérodrome de l'Aigle
Route de Paris
L'AIGLE
✆ 02 33 24 21 52
http : //aeroclub.apam.free.fr
apam61@orange.fr

■ **AÉROCLUB DE MORTAGNE-AU-PERCHE**
RN12
La Fleuse
MORTAGNE-AU-PERCHE
✆ 02 33 83 23 19
acmortagne.pagesperso-orange.fr
aeroclubdemortagne@wanadoo.fr

Manche

■ **AERO-CLUB JEAN PIQUENOT**
8, rue Jean-Mermoz
GONNEVILLE
✆ 09 63 52 80 49
www.ac-cherbourg.com
contact@ac-cherbourg.com

■ **CENTRE AÉRONAUTIQUE DE LESSAY**
30, route de l'Aérodrome
LESSAY
✆ 02 33 46 44 22
http : //aeroclub.lessay.free.fr/
aeroclub.lessay@free.fr

■ **AERO-CLUB GREVES DU MONT-SAINT-MICHEL**
Aérodrome d'Avranche (LFRW)
LE VAL-SAINT-PÈRE
✆ 02 33 58 02 91
www.aeroclub-avranches.org

Seine-Maritime

■ **AEROCLUB D'YVETOT**
Route d'Hautot le Vatois
BAONS-LE-COMTE
✆ 02 35 56 43 05
www.aeroclub-yvetot.fr/
didier.breuque@wanadoo.fr

■ **AERO-CLUB EU MERS LE TREPORT**
Aérodrome d'EU Mers Le Tréport (LFAE)
Route Saint-Valéry
EU
✆ 02 35 86 56 34
http : //aeroclubetm.free.fr
aeroclubetm@free.fr
L'aérodrome se situe sur la D.925, entre Eu et Saint-Quentin-Lamotte.

■ **AERO-CLUB DE GRAVENCHON**
Terrain du Havre-Saint-Romain (LFOY)
NOTRE-DAME-DE-GRAVENCHON
✆ 02 35 53 20 58 / 02 35 31 68 90
www.aeroclub-gravenchon.net/
jci.fi@orange.fr

▶ **Autre adresse :** Pour contacter le club par la poste : Aéro-club de Gravenchon – Hôtel de Ville, BP 29 – 76330 Notre-Dame-de-Gravenchon

■ **AERO-CLUB DU HAVRE JEAN MARIDOR**
Aérodrome du Havre (LFOH)
OCTEVILLE-SUR-MER
✆ 02 35 48 35 91 / 06 60 50 37 23
http : //acbjm.free.fr/
aeroclub.lehavre@wanadoo.fr

■ **AERO-CLUB DE L'ESTUAIRE DE LA SEINE**
Aérodrome du Havre
1177, rue de la Brûlerie
SAINT-ROMAIN-DE-COLBOSC
✆ 02 35 20 82 61
http : //aces.aero.free.fr
aces.aero@free.fr

■ **AÉROCLUB CAUCHOIS**
Aérodrome de Saint Valéry en Caux
SAINT-VALÉRY-EN-CAUX
✆ 02 35 97 10 33 / 09 53 86 08 56
http : //aeroclub.cauchois.free.fr
aeroclub.cauchois@gmail.com

Pays de la Loire

Loire-Atlantique

■ **AÉRO-CLUB DU PAYS D'ANCENIS**
60, place Hélène-Boucher
ANCENIS ✆ 02 40 83 28 14
http : //ac.ancenis.free.fr
aeroclub.pays-ancenis@wanadoo.fr

■ **AÉROCLUB LOIRE-ATLANTIQUE**
Zone aéroportuaire
BOUGUENAIS
✆ 02 40 75 13 16
www.aeroclub-loire-atlantique.fr

■ **AÉROCLUB DE L'ESTUAIRE – SAINT-NAZAIRE**
Aéroport Saint-Nazaire-Montoir
Rue Henri-Gautier
MONTOIR-DE-BRETAGNE
✆ 02 51 10 82 53
http : //ace.lfrz.free.fr
aeroclub.ace@gmail.com

■ **AERO-CLUB AIRBUS NANTES**
Aéroport de Nantes-Atlantique
NANTES
✆ 02 40 89 26 22
www.acan.asso.fr
contact-aero@acan.asso.fr

Maine-et-Loire

■ **CENTRE DE PERFECTIONNEMENT DE VOLTIGE AÉRIENNE**
Angers-Loire aéroport
MARCÉ
ANGERS
✆ 02 41 33 50 63 / 06 74 80 94 32
www.cpva.fr
cpva@sfr.fr

■ **GROUPEMENT POUR LA PRÉSERVATION DU PATRIMOINE AÉRONAUTIQUE (G.P.P.A.)**
ANGERS
✆ 02 41 33 04 10
www.musee-aviation-angers.fr
info@musee-aviation-angers.fr

■ **AÉRIENNE DU CHOLETAIS**
Le Ponteau
CHOLET
✆ 06 88 41 41 36 / 02 41 64 02 21
http : //cholet-aero.fr
aerienneducholetais@orange.fr

■ **AÉROCLUB DU PONTREAU CHOLET**
Le Pontreau
CHOLET
✆ 02 41 58 76 61
www.acp-cholet.fr
accueil@acp-cholet.fr

■ **AERO-CLUB D'ANGERS-MARCE**
Aéroport d'Angers-Marcé
MARCÉ ✆ 02 41 33 50 61
ac.angers.marce@free.fr

■ **SAUMUR AIR CLUB**
Terrefort
Saint-Hilaire-Saint-Florent
SAUMUR
✆ 02 41 50 20 27
www.aeroclub-saumur.net
aeroclubsaumur@wanadoo.fr

Mayenne

■ **AÉROCLUB DE LA MAYENNE**
ENTRAMMES
✆ 02 43 53 02 09
http ://acm53.ovh.org
aero.club.laval@orange.fr

Sarthe

■ **AÉROCLUB PAUL MÉTAIRIE**
Thorée-les-Pins
LA FLÈCHE
✆ 02 43 94 05 24 / 06 45 70 49 23
www.aeroclublafleche.fr
acpm72@live.fr

■ **LES AILES DU MAINE AVION**
Aérodrome Le Mans
Route d'Angers
LE MANS
✆ 02 43 84 10 23
www.adm-avion.com

Vendée

■ **AERO-CLUB DE BEAUVOIR-FROMENTINE**
BEAUVOIR-SUR-MER
✆ 06 22 43 38 51
aeroclubdebeauvoirfromentine@yahoo.fr

■ **AERO-CLUB DE LUCON CHASNAIS**
Route de l'Oulerie
CHASNAIS
✆ 02 51 97 77 31
http ://voureuils.jimdo.com/

■ **AERO-CLUB DE VENDEE**
Aérodrome de la Lande
CHÂTEAU-D'OLONNE
✆ 02 51 22 07 30

■ **AERO-CLUB DE FONTENAY-LE-COMTE**
FONTENAY-LE-COMTE
✆ 02 51 51 09 32
www.aeroclub-fontenay.com
lffk@aeroclub-fontenay.com

■ **VENDEE SPORTS AERIENS**
LA ROCHE-SUR-YON
http ://vsaeriens.blogspot.fr

■ **AERO-CLUB DE LA TRANCHE-SUR-MER**
Aérodrome de la Tranche-sur-Mer
Route de la Roche-sur-Yon
B.P. 105
LA TRANCHE-SUR-MER
✆ 02 51 27 70 40
www.aclatranchesurmer.fr
aclatranche@wanadoo.fr

■ **AERO-CLUB RAYMOND PRIET**
Aérodrome d'Ile-d'Yeu Grand Phare
Quai Vernier
L'ILE-D'YEU
✆ aéroclub : 02 51 58 56 00 / aérodrome : 02 51 58 38 22 / contact aéroclub : Nicolas Matthieu : 01 41 15 22 02
aeroclub.iledyeu@wanadoo.fr

Picardie

Aisne

■ **ASSOCIATION DE VOLTIGE AÉRIENNE DE CHÂTEAU-THIERRY**
Belleau
CHÂTEAU-THIERRY
✆ 06 08 32 41 58
j-m.dhulst@trescal.com

■ **AERO-CLUB DE LAON**
Aérodrome de Laon-Chambry (LFAF)
Route de Crecy
LAON
✆ 03 23 23 00 87
www.aeroclub-laon.com

■ **AÉROCLUB DE L'AISNE**
Roupy
SAINT-QUENTIN
✆ 03 23 68 79 08 / 03 23 68 70 75
http ://roupyairclub.free.fr

■ **AÉROCLUB DE SAINT-QUENTIN PICARDIE**
Roupy
SAINT-QUENTIN
✆ 03 23 62 00 00 / 09 66 91 09 97
www.aero-club-st-quentin-picardie.fr

Oise

■ **AÉROCLUB DE BEAUVAIS-TILLÉ**
Aéroport de Beauvais-Tillé
BEAUVAIS
✆ 03 44 48 28 52 / 09 71 52 23 86
http ://acbt60.free.fr
acbt60@free.fr

■ **AERO-CLUB DU BEAUVAISIS**
Route de l'aéroport
BEAUVAIS ✆ 03 44 06 22 73
acbeauvaisis@live.fr

■ **AEROCLUB DE SENLIS CHANTILLY CREIL**
CHOISY-LA-VICTOIRE
✆ 03 44 25 03 39
http ://aeroclub-creil.org

■ **AERO-CLUB RENE MOUCHOTTE**
Aérodrome du Plessis-Belleville
Terrain du Plessis-Belleville
ERMENONVILLE
✆ 03 44 60 58 87
www.acrm.fr – acrm@acrm.fr

■ AÉROCLUB AIR FRANCE NORD
Aérodrome
LE PLESSIS-BELLEVILLE
✆ 03 44 60 53 49
www.acairfrance-nord.fr
acairfrance.nord@wanadoo.fr

■ AÉROCLUB DASSAULT FALCON SERVICE
Aérodrome
LE PLESSIS-BELLEVILLE
✆ 03 44 60 59 85
aeroclub-dfs@wanadoo.fr

■ AÉRO-CLUB DE COMPIÈGNE-MARGNY
2085, avenue Octave-Butin
MARGNY-LÈS-COMPIÈGNE
✆ 03 44 83 32 12
www.aeroclub-compiegne-margny.com
acoise@wanadoo.fr

■ PICARDIE R
Aérodrome
MARGNY-LÈS-COMPIÈGNE
✆ 03 64 21 62 69 / 06 03 00 42 15
www.a-g-s-s.com
picardie-r@a-g-s-s.com

■ AÉROCLUB UNIVERSITAIRE DE PICARDIE – AUP
Beaumont
PERSAN ✆ 03 44 24 17 05
http : //aeroclub.aup.free.fr
aeroclub-aup@orange.fr

Somme

■ AERO-CLUB D'AMIENS-GLISY
Aérodrome d'Amiens-Glisy
AMIENS ✆ 03 22 38 01 01
www.aero-club-amiensglisy.fr
aeroclub.amiens@wanadoo.fr

■ AÉROCLUB DE MONTDIDIER
Route de Fignières
MONTDIDIER ✆ 06 84 35 93 42
http : //aeroclubmtd.free.fr
vionalooping@hotmail.com

■ AÉROCLUB DE PÉRONNE
Aérodrome Péronne Haute-Somme
PÉRONNE
✆ 03 22 84 09 09 / 03 22 85 67 80 / 06 82 66 35 73

Poitou-Charentes

Charente

■ AÉROCLUB D'ANGOULÊME
Brie-Champniers
ANGOULÊME ✆ 05 45 69 88 22
http : //ac.angouleme.free.fr
accueil@aeroclub-angouleme.fr

■ AÉROCLUB LES AILES CHALAISIENNES
CHALAIS
✆ 05 45 98 28 34
les.ailes.chalaisiennes@orange.fr

■ LES AILES COGNAÇAISES
Château-Bernard
COGNAC
✆ 05 45 82 13 51
http : //aeroclub.cognac.free.fr
aeroclubcognac@yahoo.fr

Charente-Maritime

■ AÉROCLUB JONZACAIS
Neulles
JONZAC
✆ 05 46 48 06 47
www.aeroclub-jonzacais.com
info@aeroclub-jonzacais.com

■ AERO-CLUB ALBERT BARON
Aérodrome de Marennes (LFJI)
Fief du Bournet – BP 29
MARENNES
✆ 05 46 85 06 51
aero.albert.baron@hotmail.fr

■ AERO-CLUB DE PONS
Aérodrome de Pons-Avy (LFCP)
31, route de l'Aérodrome
PONS
✆ 05 46 96 14 60
www.aeropons.fr

■ AERO-CLUB CHARENTAIS
Aérodrome de Rochefort-Saint-Agnant (LFDF)
BP 90015
ROCHEFORT
✆ 05 46 83 03 16
http : //accharentais.free.fr
accharentais@free.fr

■ AÉROCLUB DE ROYAN CÔTE DE BEAUTÉ
Médis
ROYAN
✆ 05 46 06 86 00
www.aeroclub-royan.com
contact@aeroclub-royan.com

■ AERO-CLUB DU PAYS ROCHEFORTAIS
Aérodrome de Rochefort Saint-Agnant (LFDF)
SAINT-AGNANT ✆ 05 46 83 15 88
http : //acpr17.over-blog.com/
acpr17@orange.fr

■ AERO-CLUB DE SAINTES
THENAC
SAINTES
✆ 05 46 93 08 97
http : //pagesperso-orange.fr/acsaintes/
aeroclub-saintes@wanadoo.fr

▶ **Autre adresse :** Planeurs : ✆ 06 99 73 50 44. E-mail : planeurs.saintonge@free.fr

■ **AÉROCLUB ANGÉRIEN**
SAINT-JEAN-D'ANGÉLY
✆ 05 46 32 19 38
aeroclub.angerien@orange.fr

Deux-Sèvres

■ **AÉROCLUB DU BOCAGE**
Rorthais – Aérodrome
MAULÉON
✆ 05 49 81 85 54 / 06 83 10 16 47 / 06 17 30 84 81
www.aeroclubdubocage79.fr
frboisard@hotmail.com

■ **AÉROCLUB DE NIORT ET AÉROCLUB DES DEUX-SÈVRES**
Aérodrome de Niort Souché
Avenue de Limoges
NIORT
✆ 05 49 24 37 22 / 06 15 92 37 63
www.aeroclub-niort.net
aeroclub.niort@wanadoo.fr
A seulement 4 kilomètres du centre-ville

■ **AÉROCLUB THOUARSAIS**
L'Aérodrome
79100 Missé
THOUARS ✆ 05 49 66 21 69
www.aeroclubthouarsais.info
contact@aeroclubthouarsais.info

Vienne

■ **AERO-CLUB DE POITIERS**
Aérodrome de Poitiers
BIARD
✆ 05 49 58 47 10 (le samedi après midi)
www.acaspttpoitiers.fr
jeanpierre.puisais@club-internet.fr

■ **LES AILES CHÂTELLERAUDAISES**
Aérodrome de Châtellerault
CHÂTELLERAULT
✆ 05 49 21 00 82
www.aileschat.org
bureau@aileschat.org

■ **AERO-CLUB DE CHAUVIGNY**
BP 75
CHAUVIGNY
✆ 05 49 46 31 48
http://acch.free.fr
acch@free.fr

■ **AERO-CLUB DE COUHE-BRUX ET DU CIVRAISIEN**
BP 8
COUHÉ
✆ 05 49 37 97 98
www.lfdv.blogspot.com
aeroclub-couhe-verac@wanadoo.fr

■ **AEROCLUB LOUDUNAIS**
Aérodrome de Bellevue
Véniers
LOUDUN
✆ 05 49 98 12 81
www.aeroclubloudun.fr
aeroclubloudun@orange.fr

■ **AÉROCLUB DU POITOU**
POITIERS
✆ 05 49 58 22 14
www.acpvolmoteur.com
acp8@wanadoo.fr

Provence-Alpes-Côte d'Azur

Alpes-de-Haute-Provence

■ **AÉROCLUB DE HAUTE-PROVENCE**
Saint-Auban
CHÂTEAU-ARNOUX-SAINT-AUBAN
✆ 06 62 23 72 18 / 04 92 62 66 09
ivan@bolusset.fr

■ **AÉROCLUB DES PERSONNELS DU SEFA**
Saint-Auban
CHÂTEAU-ARNOUX-SAINT-AUBAN
✆ 04 92 33 16 17

■ **AERO-CLUB SISTERON**
Aérodrome – Le Plan
VAUMEILH
✆ 04 92 62 17 45
www.aeroclubsisteron.fr
info@aeroclubsisteron.fr

Hautes-Alpes

■ **ASSOCIATION AÉRONAUTIQUE D'ASPRES**
ASPRES-SUR-BUËCH
✆ 04 92 43 62 18
www.aerofly.fr

■ **ASSO. AÉRONAUTIQUE DU VAL DE DURANCE**
GAP-TALLARD
Tallard
GAP
✆ 04 92 54 14 70 / 06 73 46 62 27
http://aeroclub-val-durance-aavd.fr
d.gercou@free.fr

■ **AÉROCLUB DES QUATRE VALLÉES**
SAINT-CRÉPIN
✆ 04 92 45 02 95
www.stcrepin-aero.com
stcrepaero@aol.com

■ **AERO-CLUB ALPIN GAP-TALLARD**
Aérodrome de Gap-Tallard
TALLARD
✆ 07 86 67 95 63 / 04 92 54 18 80
www.aeroclubalpin.fr
contact@aeroclubalpin.fr

Alpes-Maritimes

■ **AÉROCLUB D'ANTIBES**
Mandelieu
CANNES
✆ 04 93 47 64 43
www.aeroclub-antibes.com
info@aeroclub-antibes.com

■ **AÉROCLUB DE SAINT-RAPHAËL-EST VAROIS**
Mandelieu
CANNES
✆ 04 93 90 40 67 / 06 74 04 55 47
http : //aeroclub.saintraph.free.fr
aeroclub.saintraphael@wanadoo.fr

■ **ASS. PERFECT. COMPÉT. VOLTIGE AÉRIENNE – APCVA**
Mandelieu
CANNES
✆ 06 13 29 06 34 / 06 20 65 66 17
http : //perso.orange.fr/apcva
apcva.voltige@gmail.com

Bouches-du-Rhône

■ **AÉROBATIC CLUB DE LA MÉDITERRANÉE**
Les Milles
AIX-EN-PROVENCE
✆ 04 42 24 46 61 / 06 10 20 04 94
micheltardieu@neuf.fr

■ **AEROCLUB AIR FRANCE PROVENCE**
Les Milles
AIX-EN-PROVENCE
✆ 06 77 20 59 53
www.acaf-provence.fr
contact@acaf-provence.fr

■ **AÉROCLUB AIX-MARSEILLE**
Chemin de la Badesse
Les Milles
AIX-EN-PROVENCE
✆ 04 42 24 21 70
www.aeroclub-acam.org
aeroclub.aixmarseille@wanadoo.fr

■ **AÉROCLUB DU SOLEIL XIII**
Les Milles
AIX-EN-PROVENCE
✆ 04 42 24 34 19 / 06 84 61 74 91
http : //ac.soleil.free.fr
ac.soleil@free.fr

■ **AERODROME D'AIX-EN-PROVENCE**
Chemin de la Badesse
Les Milles
AIX-EN-PROVENCE
✆ 04 42 24 48 70

■ **HANDY FLYING AÉROCLUB**
Les Milles
AIX-EN-PROVENCE
✆ 06 79 31 93 21
www.handyflying.asso.fr
charpentieralain@neuf.fr

■ **PROVENCE AVIATION**
Les Milles
AIX-EN-PROVENCE
✆ 04 42 24 46 61
www.provenceaviation.free.fr
secretariat@provenceaviation.fr

■ **AEROCLUB LOUIS BONTE**
405, chemin Eugène Sixdenier
BERRE-L'ETANG
✆ 04 90 45 40 36
denis.deshayes@sfr.fr

■ **AÉROCLUB LOUIS ROULAND**
La Fare
BERRE-L'ETANG
✆ 04 90 42 64 52
louis.rouland.perso.neuf.fr
louis.rouland@neuf.fr

■ **AÉROCLUB MARCEL DASSAULT PROVENCE**
Eyguières
SALON-DE-PROVENCE
✆ 04 90 42 36 50
www.acmdp.com
acmdp@laposte.net

Var

■ **AEROCLUB DE CAVALAIRE**
CAVALAIRE-SUR-MER
✆ 04 94 64 09 28
www.aeroclub-cavalaire.fr
christianroche83@gmail.com

■ **AÉROCLUB DU VAR**
Pierrefeu
CUERS
✆ 04 94 33 53 19
www.aeroclubduvar.com
acv10@wanadoo.fr

■ **ASSOCIATION AÉRONAUTIQUE DE PROVENCE**
Pierrefeu
CUERS
✆ 04 94 33 50 04
http : //aapcuers.blogspot.fr
roger.vallais@free.fr

■ **ASSOCIATION CASTEL MAUBOUSSIN**
Pierrefeu
CUERS ✆ 04 94 33 54 42
www.castel-mauboussin.com
luc.adrien@wanadoo.fr

■ **AERO-CLUB DU GOLFE DE SAINT-TROPEZ**
LA MÔLE
✆ 04 94 97 20 27

■ **AEROPORT INTERNATIONAL DU CASTELLET**
3100, route des Hauts du Camp
LE CASTELLET
✆ 04 94 98 39 99
Voir page 263.

■ **AERO-CLUB DE CADARACHE-PROVENCE**
Aérodrome de Vinon
VINON-SUR-VERDON
✆ 04 92 78 81 09 / 06 83 92 38 51
aeroclub.cadarache@orange.fr

■ **AÉROCLUB DE MANOSQUE-VINON**
Route de l'Aérodrome
VINON-SUR-VERDON
✆ 04 92 78 80 29
www.manosque-vinon.aero
acmv@wanadoo.fr

Vaucluse

■ **AERO-CLUB VAUCLUSIEN**
Aérodrome d'Avignon – Caumont
141, allée de la Chartreuse
AVIGNON
✆ 04 90 84 17 17
www.aeroclubvauclusien.com
aeroclubvauclusien@wanadoo.fr

■ **AÉROCLUB DU PLAN DE DIEU**
Quartier Plan de Dieu
CAMARET-SUR-AIGUES
✆ 04 90 70 96 33
www.aeroclubduplandedieu.fr
Le plan de Dieu s'étend sur les communes de Camaret-sur-Aigues, Jonquières, Travaillan et Violès

■ **AERO-CLUB DU COMTAT VENAISSIN**
Aérodrome Edgar Soumille
BP 68
PERNES-LES-FONTAINES
✆ 04 90 63 01 41
www.acdcv.fr
info@acdcv.fr

■ **AÉROCLUB DU HAUT COMTAT ET DE LA RÉGION**
Visan
VALRÉAS
✆ 04 90 41 91 71
http : //aerovisan.fr
achc@free.fr

Rhône-Alpes

Ain

■ **CLUB AÉRONAUTIQUE DU BUGEY**
Club aéronautique du Bugey
BP 215
AMBÉRIEU-EN-BUGEY
✆ 04 74 46 80 20
www.aeroclub-amberieu.fr
info@aeroclub-amberieu.fr

■ **CLUB FOURNIER DE DRUILLAT**
9, rue des Bouleaux Le Malafan
AMBRONAY
✆ 06 07 76 20 40
jlgirbig@airfrance.fr

■ **AÉROCLUB DE BELLEGARDE**
Nouvray
BELLEGARDE-SUR-VALSERINE
✆ 04 50 48 06 54
www.aeroclub-bellegarde.fr
info@aeroclub-bellegarde.fr

■ **AÉROCLUB DE BELLEY-PEYRIEU**
Peyrieu
BELLEY
✆ 04 79 42 00 19
www.aeroclub-belleypeyrieu.com
belleypeyrieu.aero@free.fr

■ **AÉROCLUB DE BOURG EN BRESSE**
Ceyzeriat
BOURG-EN-BRESSE
✆ 04 74 24 65 09
www.aeroclub-bourg-en-bresse.com
contact@aeroclub-bourg-en-bresse.com

■ **CLUB AÉRONAUTIQUE DE PÉROUGES-PLAINE DE L'AIN**
Meximieux
PÉROUGES
✆ 04 74 61 12 90
http : //aeroclub.perouges.free.fr/Web/
aeroclubdeperouges@chez.com

Ardèche

■ **AÉROCLUB AUBENAS-VALS LANAS**
Vals Lanas
AUBENAS
✆ 04 75 93 42 08 / 04 75 38 89 59 / 04 75 36 52 03
aeroclubaubenas.wifeo.com
aeroclub-aubenas@wanadoo.fr

■ AÉROCLUB DE L'ARDÈCHE
RUOMS
✆ 04 75 39 62 57 / 04 75 39 26 67

Drôme

■ AERORETRO
Aérodrome de Saint-Rambert
ALBON
✆ 04 75 03 03 58
http : //aeroretro.free.fr
aeroretro@orange.fr

■ VOLTIGE AÉRIENNE RHÔNE-ALPES – VARA
Le Creux de la Thine
Aérodrome de St Rambert d'Albon
ALBON
✆ 06 84 24 36 16 / 06 12 95 57 94
www.v-a-r-a.fr
contactvara@v-a-r-a.fr

■ AÉROCLUB DE MONTÉLIMAR ET SA RÉGION
Ancône
MONTÉLIMAR
✆ 04 75 01 42 75
www.aeroclubmontelimar.com
aeroclub.montelimar@sfr.fr

■ AÉROCLUB DES PORTES DE PROVENCE
Ancône
MONTÉLIMAR
✆ 04 75 46 01 76
www.acpp.net
acpp@voila.fr

■ AERO-CLUB DU TRICASTIN
Route de l'Aérodrome
PIERRELATTE
✆ 04 75 04 01 49
www.aeroclubtricastin.com
aeroclubdutricastin@gmail.com

■ AERO-CLUB DE ROMANS
Aérodrome les Chasses
ROMANS-SUR-ISÈRE
✆ 04 75 70 06 76
www.aeroclub-romans.fr
aeroclubderomans@orange.fr

■ AÉROCLUB DU ROYANS-VERCORS
Terrain Champlong
SAINT-JEAN-EN-ROYANS
✆ 04 75 48 61 29
www.acrv.org

■ AÉROCLUB D'ANNONAY ET DE LA VALLÉE DU RHÔNE
SAINT-RAMBERT-D'ALBON
✆ 04 75 03 13 53
www.aeroclubdannonay.org
aeroclubdannonay.str@free.fr

■ AEROCLUB DE VALENCE
Chabeuil
VALENCE
✆ 04 75 85 29 12
www.aeroclub-valence.com
contact@aeroclub-valence.com

Isère

■ AÉROCLUB DU GRÉSIVAUDAN
Aérodrome
LE VERSOUD
✆ 04 76 77 09 83
www.aeroclub-gresivaudan.com
aeroclub-gresivaudan@sfr.fr

■ AERO-CLUB DE MORESTEL
Route de Lyon
MORESTEL
✆ 04 74 80 09 57
www.aeromorestel.com
info@aeromorestel.com

■ AÉROCLUB DE VIENNE
Aérodrome de Vienne – Reventin
REVENTIN-VAUGRIS
✆ 09 52 20 07 89
http : //acvienne.free.fr/
acvienne@gmail.com

■ AERO-CLUB DU DAUPHINE
Plateforme de Saint-Geoirs
SAINT-ETIENNE-DE-SAINT-GEOIRS
✆ 04 76 65 41 07 / 04 74 84 65 17
www.aeroclubdudauphine.fr/
acd-st-geoirs@wanadoo.fr

▶ Autre adresse : Les 3 autres plateformes sont : Le Versoud (04 76 77 28 46 et acd-versoud@wanadoo.fr), Alpe d'Huez (04 79 08 31 23 et info@aeroclubalpedhuez.fr) et Courchevel (04 76 11 35 81 et aeroclub.courchevel@wanadoo.fr)

■ AÉROCLUB DES PERSONNELS DU SEFA GRENOBLE
SAINT-GEOIRS
✆ 04 74 54 69 19
acsefagre@gmail.com

Loire

■ AIR CLUB DU FOREZ
Aérodrome de Feurs-Chambéon
CHAMBÉON
✆ 04 77 27 81 25
www.air-club-forez.org
baudouingerard@wanadoo.fr

■ AÉROCLUB DE SAINT-CHAMOND ET DE LA VALLÉE DU GIER
Aéro-club de Saint-Chamond
Planèze
L'HORME
✆ 04 77 22 03 45
aero.st.chamond.free.fr
aeroclubdestchamond@orange.fr

■ **AMICALE DES PILOTES DU ROANNAIS**
Aéroport de Roanne-Renaison
RENAISON ✆ 06 08 11 03 12
42155apr@gmail.com

■ **AEPHV- »LES MIRAUDS VOLANTS »**
8, rue de loti
SAINT-ETIENNE
✆ 04 77 32 41 84
www.mirauds-volants.com
mirauds.volants@free.fr

Rhône

■ **AÉROCLUB DE L'OUEST LYONNAIS**
100, chemin Roulattes
BRINDAS
✆ 04 78 45 11 40
http : //acol-brindas.com

■ **AÉROCLUB CE RENAULT TRUCKS**
BRON
✆ 04 72 37 61 40
http : //aeroclub.rt.free.fr
aeroclub.rt@free.fr

■ **AÉROCLUB DU GRAND LYON**
Avenue Louis-Mouillard
BRON
✆ 04 72 37 51 32
www.acgl.fr
info@acgl.fr

■ **AÉROCLUB DU RHÔNE ET DU SUD-EST**
Avenue Louis-Mouillard
BRON
✆ 04 78 26 83 97
http : //aeroclubdurhone.com
contact@aeroclubdurhone.com

■ **AÉROCLUB LES AILES LYONNAISES**
Avenue Louis Mouillard,
BRON
✆ 09 50 05 80 01 / 06 40 36 92 29
www.aileslyonnaises.com
contact@aileslyonnaises.com

■ **AÉROSPORT**
BRON
✆ 06 07 66 68 21
gilduthel@aol.com

■ **AMICALE AÉRONAUTIQUE TANGO CHARLIE LIMA – AATCL**
BRON
✆ 04 72 37 33 46 / 06 50 25 72 11
www.aatcl.org
aatcl.lfly@free.fr

■ **LES AMIS DU CLAP 69**
BRON
✆ 04 72 37 62 13 / 06 30 20 49 75
www.clap69.fr

■ **CERCLE AÉRONAUTIQUE AÉROPORT DE LYON-BRON – CAALB**
Avenue Louis-Mouillard
BRON
✆ 06 19 40 11 33 / 04 69 67 33 10
www.aeroclublyoncaalb.com
contact@aeroclublyoncaalb.com

■ **AÉROCLUB DE VILLEURBANNE**
CORBAS
✆ 04 72 50 28 42 / 08 75 24 73 13
http : //acv1.fr
acv@acv1.fr

■ **AILES ANCIENNES DE CORBAS**
Boîte Postale Mairie
Place Charles Jocteur
CORBAS
✆ 04 72 50 15 89 / 06 10 12 18 09
http : //ailesanciennesdecorbas.com
ailesdecorbas@gmail.com

Savoie

■ **AÉROCLUB D'ALBERTVILLE**
ALBERTVILLE
✆ 04 79 38 48 03
www.acalbertville.com
alirot.jeanlouis@free.fr

■ **AERODROME CHALLES-LES-EAUX**
CHALLES-LES-EAUX
✆ 06 84 34 34 52
j.borgese@orange.fr

■ **AEROCLUB LES AMIS DU CLAP 73**
Challes-Les-Eaux
CHAMBÉRY ✆ 04 79 72 79 64
www.aeroclub-clap73.org
contact@aeroclub-clap73.org

■ **AERO-CLUB LES AILES DE MAURIENNE**
Aérodrome Le Canada
SAINT-RÉMY-DE-MAURIENNE
✆ 04 79 83 10 16 / 06 62 65 27 78
www.lesailesdemaurienne.com
yloisel@gmail.com

■ **AÉROCLUB DE HAUTE-MAURIENNE**
SOLLIÈRES-SARDIÈRES
✆ 04 79 05 04 06 / 06 60 47 03 06
achm73@gmail.com

■ **AEROCLUB DE SAINT-MARTIN DE BELLEVILLE**
107, chemin de Belledonne
TRESSERVE
✆ 04 79 61 24 53

■ **AEROCLUB DE VALLOIRE**
Altisurface de Bonnenuit
VALLOIRE ✆ 04 79 83 31 22
www.aeroclub-de-valloire.com
aeroclub-de-valloire@hotmail.fr

Aidons
nous
les
uns
...les
autres
et aussi
Paul
Leila
Elie
Moussa
www.secours-catholique.org
BP455 PARIS 7
AGRÉÉE PAR
COMITÉ DE LA CHARTE
don en confiance
Secours Catholique
Réseau mondial Caritas
Être près de ceux qui sont loin de tout

■ **AERO-CLUB DE SAVOIE**
Aéroport de Chambéry Aix-les-Bains
VIVIERS-DU-LAC
✆ 04 79 54 41 81
www.aeroclub-savoie.com
aero.clubdesavoie@wanadoo.fr

Haute-Savoie

■ **CLUB AERONAUTIQUE D'ANNEMASSE**
Aérodrome – Route de Thonon
ANNEMASSE
✆ 04 50 37 12 75
www.caa.asso.fr
information@caa.asso.fr

Aéroclubs des territoires d'Outre-Mer

■ **AÉROCLUB CALEDONIEN**
BP 741
NOUMÉA / MAGENTA
✆ + 68 7 2 5 49 2 2

■ **AÉROCLUB CALÉDONIEN HENRI MARTINET**
Nouvelle-Calédonie
NOUMÉA / MAGENTA
✆ +687 25 49 22
http : //aeroclubcal.olympe.in
aeroclub@canl.nc

■ **AÉROCLUB DE BOURAIL**
Nouvelle-Calédonie
BOURAIL / POE
✆ 06 87 44 13 38
capaularge@lagoon.nc

■ **AÉROCLUB DE CAYENNE**
Guyane
CAYENNE / ROCHAMBEAU
✆ 05 94 35 61 28
acb.caymat@wanadoo.fr

■ **AÉROCLUB DE GUADELOUPE**
Guadeloupe
POINTE-À-PITRE / LE RAIZET
✆ 05 90 26 66 82
acguadeloupe@gmail.com

■ **AÉROCLUB DE KOUROU**
Guyane
KOUROU
✆ 05 94 32 09 66
http : //perso.wanadoo.fr/ac-kourou
aero.club.kourou@wanadoo.fr

■ **AÉROCLUB DE L'AVIATION CIVILE ET DE GUADELOUPE**
Guadeloupe
POINTE-À-PITRE / LE RAIZET
✆ 05 90 48 21 46 / 06 90 30 83 82
http : //acacg.net/acacg
bureau_acacg@yahoo.fr

■ **AÉROCLUB DES ÎLES SOUS-LE-VENT**
Polynésie Française
RAIATEA / UTUROA
✆ 66 28 88 / 22 96 53
cauvinmr@mail.pf

■ **AEROCLUB SAINT FRANCOIS CARAIBES**
Guadeloupe
SAINT-FRANÇOIS
✆ 06 90 32 68 25
vdkruk@wanadoo.fr

■ **LES AILES GUADELOUPÉENNES**
Guadeloupe
POINTE-À-PITRE / LE RAIZET
✆ 05 90 83 24 44 / 06 90 62 46 83
www.ailes-guadeloupe.com
lesailes.gp@wanadoo.fr

■ **AIMÉ CÉSAIRE AÉROCLUB HORIZON CARAÏBES**
Martinique
LE LAMANTIN
✆ 06 96 82 48 39
www.horizoncaraibes.fr
president@horizoncaraibes.fr

■ **AIMÉ CÉSAIRE MADININA PILOT CLUB**
Martinique
LE LAMANTIN
✆ +596 0 596423889 / +596 0 696701771
www.mpc972.fr/le-terrain.htm
madinina.pilotclub@only-entreprise.fr

■ **UNION TAHITIENNE AÉRONAUTIQUE – ASS AÉRO UTA-ADF**
Polynésie Française
TAHITI FAA'A
✆ +689 83 81 09
www.ailesfenua.net
aeroclub@mail.pf

■ **AEROCLUB EVASION CARAIBES**
Aéroport de Grand'Case
SAINT-MARTIN
✆ 06 90 38 53 20
http : //aeroclubsxm.free.fr
info@evasioncaraibes.com

■ **AEROCLUB SAINT MARTIN SFG**
SAINT-MARTIN GRAND'CASE
B.P. 874
✆ 06 90 67 56 38
www.aeroclubsaintmartin.org
club@aeroclubsaintmartin.org

■ **AEROCLUB MARTINIQUE**
Zac de Riviere Roche
FORT-DE-FRANCE
✆ 05 96 60 97 08
www.aeroclubmartinique.fr
secretaire@aeroclubmartinique.fr

Index

A

B

C

D - E

F - G

H - I - J

K - L

M